中国民族统计年鉴

CHINA'S ETHNIC STATISTICAL YEARBOOK

1997

国家民族事务委员会经济司
国家统计局国民经济综合统计司 编

EDITED BY ECONOMIC DEPARTMENT
STATE ETHNIC AFFAIRS COMMISSION
&
DEPARTMENT OF INTEGRATED
STATISTICS STATE STATISTICAL BUREAU
PEOPLE'S REPUBLIC OF CHINA

民族出版社

ETHNIC PUBLISHING HOUSE

责任编辑:虞　农
封面设计:周　方

图书在版编目(CIP)数据

中国民族统计年鉴　1997/国家民族事务委员会经济司,国家统计局国民经济综合统计司编.-北京:民族出版社,1997.10
ISBN 7-105-02832-7

Ⅰ.中…　Ⅱ.①国…②国…　Ⅲ.民族工作-统计资料-中国-年鉴-1997　Ⅳ.D633-66

中国版本图书馆 CIP 数据核字(97)第 06742 号

民族出版社出版发行
(北京市和平里北街 14 号　邮编 100013)
冶金印刷总厂照排印刷
各地新华书店经销
1997 年 10 月第 1 版　1997 年 10 月北京第 1 次印刷
开本:787×1092 毫米　1/16　印张:34.5　字数:800 千字
印数:0001—1400 册　定价:80.00 元
ISBN 7-105-02832-7/Z·227
(汉 62)

《中国民族统计年鉴》编辑委员会和编辑出版人员

福　建　雷炳恩　江　西　蓝祥平　山　东　米　扬　河　南　金艳华
湖　北　黑凤生　湖　南　谭玉勋　广　东　王　丹　广　西　袁宝琼
海　南　王儒民　四　川　杨　剑　贵　州　吴国才　云　南　鲁永禄
西　藏　次仁卓玛　陕　西　刘开岚　甘　肃　周毛草　青　海　才　让
宁　夏　王生军　新　疆　姜国利

英文编辑：张　弛、于文华

编 者 说 明

一、《中国民族统计年鉴》(1997)是一部全面反映中华人民共和国民族自治地方国民经济和社会发展情况的统计资料工具书。全书由四部分组成。

第一部分收集了1996年国家民委颁发的有关民族工作方面的文件以及党和国家领导人的有关讲话。

第二部分收编了国家民委有关司厅室撰写的民族工作条目。

第三部分收编了全国30个省、自治区、直辖市民委撰写的民族经济、社会发展和民族工作情况的有关条目。

第四部分统计资料,包括:综合、人口、从业人员、农业、工业、运输和邮电业、固定资产投资、国内贸易、财政、金融、人民生活、教育、科技、文化、出版、卫生和体育。该部分是按全国民族自治地方区域内的全面资料进行统计的(不作重复计算),各项指标的发展指数扣除了区域变动和价格变动因素,年度之间可比。各部分末附有《主要统计指标解释》,对主要统计指标的含义、统计范围和统计方法作了简要说明。

附录收集了民族工作机构情况,包括:国家民委及所属单位、30个省、自治区、直辖市民委机构情况。

二、书中涉及到的全国性统计数据均不包括台湾省和香港、澳门地区;资料所使用的度量衡单位均使用国际统一标准计量单位。

三、本年鉴的资料来源大部分来自各民族自治地方的统计资料;一些反映民族特色的指标,如教育、文化、出版、卫生、体育等资料来源于有关主管部门。

四、本年鉴表中的符号使用说明:“空格”表示该项统计指标数据不详或无该项数据;“#”表示其中的主要项;“*”表示本表下有注解。

五、由于时间紧迫,资料来源有限,疏漏和不妥之处在所难免,恳请读者批评指正。同时,谨对各有关部门、单位和各方面人士的大力支持表示感谢。

Preface

1. China's Ethnic Statistical Yearbook 1997 is a statistics reference book, which reflects various aspects of social and economic development of autonomous regions in the People's Republic of China. The Yearbook is composed of four parts.

   Part I a compilation of documents on ethnic works issued by the State Council in 1996 and texts of relevant important speeches given by the Party and State Leaders.

   Part II a compilation of clauses and items related to ethnic works composed by related departments of the State Ethnic Affairs commission of China.

   Part III a compilation of clauses and items on social and economic development of autonomous regions and ethnic works composed by 30 municipal, provincial and autonomous region ethnic affairs commissions of the country.

   Part IV Statistical Data including integrated data and data of population and labour force, agriculture, industry, transport and post and telecommunications, investment in fixed assets, domestic trade, finance, livelihood, education science and technology, culture publication, public health and sports. The statistical data in this part is based on all—round materials of the autonomous regions (no duplicate statistic). Regional change and price change and price change are deducted from the increase index of each indicator, so the data of a year is comparable with another. There is an appendix of"Interpretation of Major Statistical Indicators" to each part, giving a brief interpretation to the definition of major indicators, statistical coverage and statistical methodology.

   Ethnical work organizations are included in the appendix, i. g. the National Ethnic Affairs Commission and its suborlinate organizations the 30 commissions at municipal, provincial and autonomous region level.
2. The statistical data of Taiwan Province, Hong Kong and Macao is not included. The metric system is used for the unet of measures and weights.
3. The major data resources of this publication are statistical reports from autonomous governments, and some with ethnic characteristics, such as education, culture, publication, public health and sports, are from related competent authorities.
4. Explanatory notes for notations used in this book:

   " "data not available

   # major items

   * see footnotes below
5. We sincerely hope that readers can give their comment and criticism to this book. We apologize in advance for any carelessness and inapprepriateness because of time and data resources. Meanwhile, we would like to express our appreciation for the valuable contributions by agencies, organizations concerned and people of all walks of life.

目　　录

第一部分　重要文献

重要讲话

重要文件

第二部分　国家民族工作概况

第三部分　地方民族工作概况

第四部分　统计资料

一、综合

二、人口、从业人员

三、农业

四、工业

五、运输、邮电

六、固定资产投资

七、国内贸易

八、财政、金融

九、人民生活

十、教育、科技

十一、文化、出版

十二、卫生、体育

附录：

CONTENTS

PART 1 IMPORTANT DOCUMENTS

IMPORTANT SPEECH

IMPORTANT DOCUMENT

PART 2 SURVEY OF Central ETHNIC WORKS

PART 3 Survey of Local Ethnic Works

Part 4 Statistical Data

1. General Survey

2. Population and Employment Staff

3. Agriculture

4. Industry

5. Transportation, Post and Telecommunications Services

6. Investment in Fixed Assets

7. Domestic Trade

8. Finance and Banking

9. People's Livelihood

10. Education and Science

11. Culture and Publications

12. Public Health and Sports

Appendix

第一部分　重要文献

PART 1 IMPORTANT DOCUMENTS

重要讲话

加强民族出版工作　促进两个文明建设

——国务委员、国家民委主任司马义·艾买提在全国民族出版工作会议上的讲话

1996年1月9日

同志们：

中共中央宣传部、国家民委和新闻出版署联合召开这次“全国民族出版工作会议”，研究解决当前民族出版工作出现的新情况、新问题，探讨在“九五”期间做好民族出版工作的新思路，对于进一步推动民族出版事业的繁荣和发展，具有重要意义。在此，我就如何进一步加强民族出版工作，促进社会主义物质文明和精神文明建设的问题讲几点意见：

一、提高思想认识，增强做好民族出版工作的自觉性

民族出版工作关系到少数民族和民族地区政治、经济、科技、文化、教育事业的发展，关系到民族的团结、社会的稳定和祖国的统一。在改革开放和建立社会主义市场经济体制过程中，民族出版在宣传党的路线、方针、政策，传播科学文化知识，促进各民族的团结进步，维护社会稳定和祖国统一方面有着其他出版所不能替代的重要作用。

民族出版工作是国家整个出版工作的一个重要组成部分，是民族工作的一项重要内容。这项工作历来受到党和国家的高度重视和关心。早在50年代就在中央和地方相继建立了一批民族出版社，并在人力、物力和财力上给予大力支持。党的十一届三中全会以后，又相继在中央和地方建立了一批民族出版社，形成了今天结构和布局比较合理，出版、印刷、发行比较齐全的民族出版系统。分布在14个省、自治区、直辖市的36家民族出版社，除每年用23种民族文字出版各类图书3 000多种外，还根据少数民族读者的需要出版了一定数量的汉文图书，而且民族语言文字的声像和电子出版物也从无到有，出现了迅速发展的势头，许多民族图书还获得了国家优秀图书奖。同时我国还形成了初具规模的蒙古族、藏族、维吾尔族、朝鲜族、彝族等民族语言文字的出版中心，受到了世界的关注和好评。民族出版事业的不断发展，为宣传马列主义、毛泽东思想和

邓小平同志建设有中国特色社会主义理论，宣传党的基本路线，宣传党和国家的方针政策、法律法规，弘扬中华民族优良的思想文化，促进少数民族政治、经济、科技、文化、教育等各项事业的发展，发挥了积极的作用，做出了重要的贡献。

科教兴国，重视社会的全面发展，是我国今后的发展战略。随着改革开放的深入和现代化建设新形势的发展，对民族出版工作提出了更高的要求。改革开放以来，少数民族和民族地区的各项建设事业得到了迅速发展，人民生活水平显著提高，但形势仍然严峻。加快少数民族和民族地区经济和社会的发展，是民族工作的根本任务，而加强民族出版工作，重视科学教育和思想文化的建设，培育各民族有理想、有道德、有文化、有纪律的社会主义公民，提高各民族的思想道德素质和科学文化素质，是加快少数民族和民族地区经济社会发展的重要保证。

当前，国际形势的发展对我国有利，但是，美国等西方国家对我国实行"分化"、"西化"的战略目标没有变。国内外一小撮分裂主义分子相互勾结，打着"民族、宗教、人权"的旗号，对我国进行渗透、分裂和颠覆活动。其中，一个重要的手段就是利用出版物和广播、电视。加强民族出版，占领文化宣传阵地，对于反渗透、反分裂、反颠覆，维护民族团结、社会稳定和祖国统一，具有十分重要的意义。对此，大家一定要有清醒的认识，增强使命感、责任感和紧迫感，增强做好民族出版工作的自觉性，为少数民族和民族地区的改革开放和社会的全面发展，为加强民族团结和维护祖国的统一，贡献自己的力量。

二、不断深化改革，努力做好新形势下的民族出版工作

在改革开放中，我国的出版事业发生了重大的变化，成为我国国民经济的重要产业之一，为推进改革开放和社会主义现代化建设，提高全民族的思想道德和科学文化素质发挥了重要的作用。民族出版事业作为我国出版事业的重要组成部分也得到了长足的发展。自1981年国务院批转国家民委和国家出版局《关于大力加强少数民族文字图书出版工作的报告》以后，民族出版工作在中央有关部门和地方各级人民政府的重视、支持下得到了很大的加强。

民族出版工作面临着新的挑战。在建立社会主义市场经济体制过程中，由于历史的和现实的原因，民族出版社遇到了比别的出版社更多更大的困难，主要有：资金短缺，少数民族文字图书的出版在全国图书出版中的比例有所下降；发行网络萎缩，覆盖不了整个民族地区，有的地方甚至还出现图书市场空白的现象，少数民族读者购书难和读书难的问题比较突出；经营管理和队伍建设与事业的发展不相适应，利润实现率低的现象普遍存在，有的出版社由于严重亏损，已经很难维持下去。这些问题致使民族出版事业与全国出版事业的发展差距越拉越大，如不及时、妥善地加以解决，势必严重影响民族出版事业的向前发展，影响少数民族和民族地区社会主义现代化事业的进程。因此，必须认清形势，统一思想，振奋精神，进一步高度重视和加强民族出版工作。

要做好新形势下的民族出版工作，必须坚持以邓小平同志建设有中国特色社会主义理论为指导，在社会主义市场经济条件下，解放思想，抓住机遇，不断深化改革，勇于开拓创新，克服"等、靠、要"的依赖思想，以求实创新的精神，努力探索在新形势下既有社会效益又有经济效益的新路子。在体制上，可以考虑采取“以丰补歉，以书养书”的办法。在选题上，一是要突出民族特点，保持和发扬民族类选题的优势，以形成规模效益。现在有很多民族重头图书都不是由民族出版社出版的，说明民族出版社的信息不灵，没有把握好图书市场的需求，没有在优化选题上狠下功夫，许多好的选题都被别的出版社挖走。二是要努力开发外向型选题。当前，民族类、宗教类的图书在国际市场很有销路，而且随着东亚、东南亚、东北亚和中亚的一些国家和地区的改革开放，扩大了民族文字教材和工具书的市场，而这方面图书的出版又正是我们的强项，应当充分发挥我们的优势，打入国际图书市场。三是民族出版系统要建立信息交换制度，避免选题重复和撞车，遇有重大选题还可联合起来共同出版。四是要在搞好双语文教材出版的基础上，还要发展双语文教学的声像出版。在出版发行上，要建立在装帧、设计、材料、印刷、装订各个环节上的质量保障体系，以确保图书质量，加强交流，促进合作，共同提高。要依靠各地民委和各民族院校，建立民族图书的发行网络，包括在民族地区和一些大中城市建立民族连锁书店和民族文字教材代办站以及建立代销、寄销制度和民族图书发行委员会等，并逐步使民族图书和民族文字教材的代办、代销和寄销发展到新华书店系统，以扩大民族图书和民族文字教材的发行，以发行来带动编辑和出版。

民族出版工作战线的同志们，长期以来，艰苦创业，辛勤工作，为繁荣我国的民族出版事业建立了功勋，做出了贡献。要继续发扬艰苦奋斗的优良传统和敬业创业的奉献精神，树立全心全意为少数民族和民族地区服务的思想，勇于面对困难，积极克服困难，兢兢业业地把民族出版工作做得更好。

要切实加强经营管理。建立健全规章制度和内部激励机制，完善目标责任制，调动人员的积极性。这方面，有的民族出版社在地方新闻出版局的大力支持下，不仅保障了民族文字图书和教材的出版，而且还实现了扭亏为盈。在经营管理方面，各出版社要加强联系，相互交流，取长补短，总结经验，努力使经营管理与市场经济相适应。还要学习其他系统出版社先进的管理经验。只有这样，才能适应社会发展的需要，才能在改革大潮中不断发展壮大自己，才能为发展我国的民族团结进步事业，为建设社会主义物质文明和精神文明再立新功。

三、坚持正确方向，始终把社会效益放在第一位

民族出版工作是一项政治性强、理论性强、影响面广的工作，要始终坚持正确的方向，为各族人民服务，为各民族的团结进步服务，为建设有中国特色社会主义服务。图书是人类文明进步的阶梯。坚持正确的出版方向，加强民族出版工作，是加快少数民族和民族地区社会主义物质文明和精神文明建设的必然要求。民族出版工作任重道远。希望大家在今后工作中，一定要坚持以马列主义、毛泽东思想和邓小平同志建设有中国特色社会主义理论为指导，坚持党的基本路线不动摇，认真贯彻执行党和国家的各项方针政策、法律法规，解放思想，实事求是，从少数民族和民族地区的实际需要出发，努力出版有利于提高各民族的政治思想和科学文化水平、有利于促进少数民族和民族地区生产力的发展、有利于加强民族团结和维护祖国统一的各类图书。在保障使用民

族文字的少数民族读者需要的前提下，还要重视出版使用汉文的少数民族读者需要的各类图书。

在坚持正确方向的前提下，要多出书，出好书。遵循“以科学的理论武装人，以正确的舆论引导人，以高尚的精神塑造人，以优秀的作品鼓舞人”的原则，弘扬主旋律，树立精品意识，积极响应中宣部提出的精神文明建设“五个一工程”的号召，努力抓出一批反映改革开放和建设成就、具有时代精神和民族风格、为各族人民群众喜闻乐见的图书精品。丰富多彩的民族文化是多出精品的有利基础，已经成长起来的民族出版队伍是能出精品的有利条件。因此，要发挥优势，努力发掘各民族的文化遗产，取其精华，去其糟粕，并结合时代的特点加以发展，推陈出新，使它不断发扬光大。要积极鼓励和扶植各民族的优秀作家、科技工作者积极创作融思想性、科学性、艺术性、民族性、群众性为一体的文艺作品和科普作品，以满足各族人民不同层次的、多方面的、健康的精神需要。要面向现代化，面向世界，面向未来，积极吸收人类所创造的一切优秀文化成果，并把它熔铸于有中国特色社会主义的民族文化之中，以促进少数民族和民族地区社会主义精神文明建设。同时，还要积极出版具有民族特色和民族风格的外向型图书，开拓国际图书市场，把我国各民族的优秀文化介绍给世界人民，以推动人类文明的进步。

出版工作又是一项细致而严谨的工作，大家在编译、编辑、出版的过程中，要严格三审制度，完善内部管理机制，把好内容关和质量关，严禁在出版物中出现有损民族团结和国家统一的内容。在这方面曾发生过不少问题，有过许多的教训，虽然这些问题不是发生在民族出版社的出版物中，但教训是深刻的，大家都应当记取。

四、切实加强领导，促进民族出版事业健康协调发展

做好民族出版工作和做好其他工作一样，必须加强领导。由于我国少数民族人口较少，居住分散，大多地处祖国边疆和边远山区、牧区，交通十分不便，图书发行渠道不畅，而且民族文字的图书发行量很小。这一客观情况决定了民族出版具有不容忽视的特殊性，即经济效益差，甚至严重亏损，需要得到更多的理解、同情、关心、帮助和支持。鉴于民族出版工作的重要性和特殊性，国家在财政还比较困难的情况下，仍然对民族出版实行定额补贴，而且每年的补贴都有所增加。然而，由于原材料、工价的上涨和职工工资的上调等因素，财政补贴的增长幅度远远跟不上物价上涨的幅度，使民族出版社遇到了其他出版社所没有遇到的困难。要采取有力措施，切实解决这些问题，使民族出版社在改革大潮中，在社会主义市场经济条件下健康协调地发展。

第一，民族地区的各级政府要进一步提高对民族出版工作的重要性和特殊性的认识，从长远发展的战略出发，把民族出版工作纳入议事日程，并作为一项基础工作抓紧抓好。同时要理顺对民族出版社的管理体制，增强民族出版社的自身活力。

第二，要制定必要的政策措施，对民族出版工作给予积极的扶持。中央有关部门和民族地区的各级政府，要充分考虑到民族出版工作的特殊性，对民族出版实行政策倾斜，增加财政补贴。民族文字图书特别是民族文字中小学教材的出版，由于发行量小，成本高，定价低等原因亏损严重，更要有针对性的措施，解围解困。可以考虑在政策上

应当适当放宽民族出版社的出书范围，允许民族出版社出版一些经济效益和社会效益都好的汉文图书，特别是要将一部分中小学汉文教材的出版任务转交给出版中小学民族文字教材的出版社出版，使其能够利用出版汉文图书和汉文教材的盈利来补贴民族文字图书和民族文字教材的出版亏损，达到“以图书补图书，以教材养教材”的目的。在发行上，对民族出版社应实行销售倾斜政策，以促进民族图书和民族文字教材的发行。资金投入上，不能因为民族出版特别是民族文字图书的出版的经济效益差就少投入或不投入，而重要的是要看到民族出版的社会效益，不能因小失大。

第三，要抓好队伍建设，努力培养民族出版工作的优秀人才。建国以来，随着民族出版事业的发展，已成长起来了一支包括编译、编辑、审校、发行、印刷的民族出版工作队伍，并在工作中发挥了巨大的作用。但随着改革开放的深入和社会主义物质文明和精神文明建设的需要，民族出版工作队伍的建设还需进一步加强。社会的竞争，说到底就是人才的竞争。因此，要采取积极有效的措施，运用多种形式和办法，努力培养和锻炼一批跨世纪的素质高、业务精、作风正的优秀人才，以适应新形势发展的需要。

第四，要帮助民族出版社解决一些实际困难和问题。民族出版社无论是早成立的还是新成立的，都存在出版经费严重不足、基础设施差、工作手段落后等问题；职工福利低，生活条件差，也是民族出版社普遍存在的困难现象。民族地区的各级领导，要多关心民族出版社，诚心诚意帮助他们解决在工作上和生活上的一些实际困难和问题。民族出版社也要主动向上级主管部门和政府领导请示汇报，以争取更多的理解、同情和支持。

第五，要倡导和动员社会力量帮助民族出版社。目前，我国已有545家出版社，其中民族出版社36家，占全国出版社总数的6.6%。在500多家出版社中，大部分出版社的经济效益都比较好。如果这些经济效益好的出版社都发扬奉献精神，伸出友谊之手帮一帮民族出版社，那么，民族出版社就能出版更多的优秀图书，发挥更好的社会作用。我们要积极提倡和动员社会的力量包括经济效益好的出版社来帮助民族出版社。这次新闻出版署和国家民委联合发出的“关于资助全国民族优秀图书出版的倡议”，就是一项有利于民族出版事业发展的积极有效的措施。我希望，全国经济效益好的出版社和企业，能积极响应这个倡议，为民族团结进步事业贡献一份力量。同时，也希望大家能把这件好事办好。

同志们，党的十四届五中全会审议通过的《中共中央关于制定国民经济和社会发展“九五”计划和2010年远景目标的建议》，全面体现了邓小平同志建设有中国特色社会主义理论和党的基本路线的要求，展示了今后15年中华民族发展的光辉前景，是指导全党和全国各族人民沿着建设有中国特色社会主义道路阔步前进，实现国家富强、民族振兴和社会长治久安，胜利跨入21世纪的宏伟纲领。让我们在以江泽民同志为核心的党中央领导下，更加紧密地团结起来，为促进少数民族和民族地区社会主义物质文明和精神文明建设，为实现十四届五中全会提出的各项任务，为实现《建议》提出的宏伟目标，奋发图强，艰苦奋斗，为民族出版事业的振兴，做出更大的贡献！

努力做好民族工作,为实现“九五”计划和2010年远景目标而奋斗

——国务委员、国家民委主任司马义·艾买提在全国民委工作会议上的讲话

1996年4月5日

同志们:

在改革开放和现代化建设事业中,我国的民族工作不断取得新的进展。1992年召开的中央民族工作会议,确定了90年代民族工作的大政方针和基本任务;1994年初,中央政治局常委会议在听取国家民委党组的工作汇报之后,作了重要指示,为做好新形势下的民族工作进一步指明了方向;同年9月召开的第二次全国民族团结进步表彰大会,把民族团结进步活动推向了新的高潮。贯彻落实中央民族工作会议精神和中央政治局常委会议重要指示,是“八五”期间我国民族工作的中心任务。各级党委和政府把坚持民族平等、加强民族团结、发展民族经济、维护社会稳定作为民族工作的头等大事来抓,维护祖国统一,反对民族分裂;各部门配合,全社会支持,为加快少数民族和民族地区的发展,制定优惠政策,加大了扶持力度;少数民族和民族地区的改革开放、经济文化事业迅速发展,民族法制建设进一步加强,少数民族干部和科技人员队伍不断壮大;少数民族和民族地区的贫困问题正在逐步得到解决,群众的生活水平有了不同程度的提高;各级民族工作部门抓大事、办实事,在实践中经受了锻炼,自身建设得到了加强,为“九五”期间和下个世纪的民族工作打下了良好的基础,积累了经验。但是还要看到,民族工作发展不够平衡,影响边疆稳定的因素仍然存在,危害民族团结的事件时有发生。我们要正确地估价取得的成绩,正视存在的问题,审时度势,再接再厉,把民族工作不断推向前进。

党的十四届五中全会,在分析了世纪之交的国际国内形势,总结我国改革开放的历史经验的基础上,提出了“九五”期间和2010年国民经济和社会发展的奋斗目标、指导方针、主要任务、战略布局和基本政策。刚刚闭幕的八届全国人大四次会议审议通过了国民经济和社会发展“九五”计划和2010年远景目标纲要。这个奋斗目标,展示了本世纪末、下世纪初我国现代化建设的美好前景,表达了中华民族自立自强、奋发向上的雄心壮志。宣传、学习和贯彻“九五”计划和跨世纪的行动纲领,是全党、全国各族人民

政治生活中的一件大事。全面实现《纲要》确定的宏伟目标，关系到中华民族的发展壮大和祖国的繁荣昌盛。

按照党的十四届五中全会和八届全国人大四次会议对民族工作的要求，根据国民经济和社会发展“九五”计划和2010年远景目标纲要，今后一个时期民族工作的指导思想和基本思路是：以邓小平同志建设有中国特色社会主义理论和党的基本路线为指导，服从和服务于“抓住机遇，深化改革，扩大开放，促进发展，保持稳定”的全党全国工作大局，正确处理改革、发展、稳定的关系，高举民族团结进步的旗帜，坚持民族平等原则，坚持和完善民族区域自治制度，维护祖国统一和社会稳定，坚决反对一切分裂祖国和破坏民族团结的行为，促进少数民族和民族地区改革开放和经济、文化、教育、科技等各项事业的发展，搞好社会主义精神文明建设，巩固和发展平等、团结、互助的社会主义民族关系，促进各民族共同繁荣和全面进步。切实加强领导，提高工作水平，围绕实现两个目标（“九五”计划、15年远景目标）、两个转变（经济体制和经济增长方式的转变），形成与之相适应的、具有中国特色的社会主义民族理论体系、民族法规体系，建设能担此重任的宏大的少数民族干部队伍、科技人员队伍、产业工人队伍。到2000年，在全面完成现代化建设第二步战略部署，实现人均国民生产总值比1980年翻两番，人民生活达到小康水平的同时，各民族更加团结和睦，同心同德。在2010年实现国民生产总值比2000年翻一番，人民的小康生活更加宽裕，比较完善的社会主义市场经济体制形成的时候，民族关系进一步巩固发展，创造一个更加团结、和谐、良好的社会环境，中华各民族在共同繁荣的道路上阔步向前。

回顾过去的民族工作，使我们对1994年1月中央政治局常委会议的指示精神有了更深刻的理解，学习“九五”计划和2010年远景目标纲要，进一步明确了新形势下民族工作的奋斗目标和任务，听了湖南等地的经验介绍，大家很受启发和鼓舞。下面我就如何根据形势和任务的要求，做好世纪之交的民族工作问题讲几点意见。

一、坚持正确的政治方向，保持政治上的清醒和坚定，增强做好民族工作的自觉性

江泽民总书记在十四届五中全会上的讲话中要求全党，特别是领导干部“一定要讲政治”。讲政治，是我们党一贯倡导和坚持的原则。邓小平同志曾多次强调，搞现代化建设、经济建设必须有政治保证。他指出：“改革，现代化科学技术，加上我们讲政治，威力就大多了。到什么时候都得讲政治。”讲政治，就是要更好地贯彻执行党的“一个中心，两个基本点”的基本路线，更快地把经济建设搞上去。民族工作要讲政治，是民族工作的性质决定的。江总书记反复强调，“民族、宗教无小事”，充分说明了民族问题的重要性。民族工作是关系到国家统一、社会稳定、边防巩固和建设成功的大问题。我们的领导干部和从事民族工作的同志，要不断提高对新形势下民族工作重要性、复杂性、长期性的认识，保持政治上的清醒和坚定。

面对当前国际、国内形势，民族工作要提高政治鉴别力和政治敏锐性。国际敌对势力利用民族问题加紧对我“西化”、“分化”，支持国内或流亡在外的极少数民族分裂主义分子进行渗透、破坏。对这些问题，要提高政治鉴别力和敏锐性，分清敌我，明辨是

非，坚决打击国内外敌对势力的各种破坏活动。要正确区分和处理两类不同性质的矛盾。对于人民内部一些由于利益的调整及不尊重少数民族风俗习惯、宗教信仰而引发的事端，要注意因势利导，及时化解矛盾，把问题解决在萌芽状态。

民族工作讲政治，就是要坚持正确的政治立场和党的群众路线。讲政治，就要坚决在思想上、政治上、行动上同以江泽民同志为核心的党中央保持高度的一致。这是最大的政治，是党和人民根本利益之所在。民族工作干部要牢固树立全局意识、大局观念，坚定地站在党性和党的政策的立场上，自觉地维护中央的权威，统一思想，统一步调，统一行动。群众路线是党的根本工作路线。民族团结进步事业是中华民族的事业，广大人民群众是做好民族工作的主力军。离开了群众，民族工作就会成为无源之水、无本之木。因而，我们想问题，办事情，作决策，务必要把关心群众、依靠群众、切实为群众谋利益作为出发点和落脚点。真正做到思想上尊重群众，感情上贴近群众，行动上深入群众，工作上依靠群众。只有这样，民族工作才能不断取得新进展，才能永远立于不败之地。

总之，民族工作讲政治，就是要坚持马克思主义的民族观，坚持以邓小平同志建设有中国特色社会主义理论为指针，坚持党的基本路线、基本方针，认真贯彻党的民族政策，高举民族团结进步的旗帜，反对民族分裂，维护社会稳定和国家的统一，全心全意地为少数民族和民族地区服务，促进少数民族和民族地区经济和社会各项事业的发展，为建设有中国特色社会主义事业创造良好的社会环境。

二、坚持民族平等，加强民族团结，坚定地维护社会稳定和国家统一

坚持民族平等，加强民族团结，是中华民族的根本利益决定的。和谐的民族关系，稳定的社会环境，是实现“九五”计划和 2010 年远景目标，建设有中国特色的社会主义的重要前提。毛泽东同志曾经讲过：“国家的统一，人民的团结，国内各民族的团结，这是我们的事业必定要胜利的基本保证。”只有各民族人民更加紧密地团结一致，才能实现祖国的繁荣和中华民族的振兴。经济发展是民族团结的物质基础。经济的发展，社会的进步，有利于增强各民族的团结。但是，这并不等于说，经济发展了，民族问题就自然解决了，民族就团结了。实现各民族的团结，必须全面贯彻执行党的民族政策，保障各民族的平等权利和自治地方的自治权利，研究社会主义市场经济条件下民族关系的新情况、新问题，消除一切不利于民族平等和民族团结的因素，使各族人民为实现宏伟目标和共同理想团结合作，共创大业。

要实现民族平等，加强民族团结，就必须大力搞好马克思主义民族观和党的民族政策的宣传教育，促进各民族平等相待、团结互助、彼此尊重、互相学习，使民族团结成为良好的社会风尚。要搞好汉族和少数民族、少数民族与少数民族之间的关系，人口多的民族要尊重人口少的民族，充分体现中华民族的博大胸怀，真正使各民族平等、和睦地生活在祖国大家庭里。

为了增强民族团结，必须加强爱国主义教育。爱国主义是一个人对养育自己祖国的热烈而美好的感情。热爱祖国是公民的法律义务和道德责任。每一个人都属于自己

的民族，但首先是属于自己的祖国；爱自己的民族首先要爱自己的祖国。国家的利益高于一切，重于一切。只有国家的强大和统一，才会有各民族的发展和进步。历史已经证明，各民族只有在社会主义祖国大家庭里，才能有自己的尊严，才能走上共同繁荣之路。我国各民族都有热爱祖国的光荣传统，共同创造了祖国的历史和文化，共同缔造了中华人民共和国，共同捍卫了新中国的统一和促进了新中国的昌盛。各族人民要发扬爱国主义光荣传统，在中国共产党的领导下，团结奋斗，共同建设现代化国家。

要高举维护民族团结和维护法律尊严的旗帜，最大限度地团结和依靠各族广大干部和人民群众，配合有关部门最大限度地孤立和打击极少数民族分裂主义分子和各种严重犯罪分子，有重点、有针对性地做好维护民族地区稳定的工作。维护社会的稳定和国家的统一，民族工作部门责无旁贷。我们要进一步统一思想，提高认识，坚决按照中央的要求，做好各项工作，真正做到居安思危，未雨绸缪。

广泛、深入地开展争创民族团结进步模范活动。开展争创活动，是新形势下加强民族团结，促进共同繁荣的好形式，要继续坚持下去，并要向广度和深度发展。第二次全国民族团结进步表彰大会之后，各地区、各部门总结、摸索出许多好的经验，这项活动又有新的发展。各级政府要切实加强领导，民族工作部门要搞好协调和指导。开展争创活动，要采取灵活多样的形式，如有些地方搞“民族团结进步月”、“民族团结进步周”等，都是很好的形式，要坚持经常化、制度化，不要“一曝十寒”。要通过竞赛、评比和宣传，抓典型，树样板，搞好比学赶帮，使全社会都来关心、支持、参与民族团结进步事业。今后，除了召开全国表彰大会以外，地方各级政府及全国各系统、各部门，对涌现出的民族团结进步模范集体和个人也要进行表彰。要把这项工作纳入民族工作的正常轨道，搞好规划，认真实施，讲求实效。要增强民族团结，维护社会稳定，创造有利于实施国家缩小中西部发展差距政策措施的良好的社会环境，迎接民族地区新的建设高潮的到来。

三、大力促进少数民族和民族地区经济社会发展，为实现跨世纪宏伟蓝图起好步，开好头

团结与进步，稳定与发展，始终是民族工作的主题。民族地区加快发展，关系到整个中华民族的发展和振兴。我们一定要在民族工作中坚定不移地贯彻党的基本路线，为民族地区的改革开放、经济建设和社会进步多做工作，多办实事。党的十四届五中全会和八届全国人大四次会议精神，关于民族地区的发展有着丰富的内容。其中包括：

(一)坚持区域经济协调发展，逐步缩小地区发展差距。由于多种因素，地区经济发展差距有所扩大。从战略上看，沿海地区先发展起来并继续发挥优势，这是一个大局，内地要顾全这个大局。发展到一定时候多做一些贡献支持内地发展，这也是大局，沿海地区也要服从这个大局。

(二)从“九五”开始，要更加重视支持内地的发展，实施有利于缓解差距扩大趋势的政策，并逐步加大工作力度，积极朝着缩小差距的方向努力。

(三)国家要采取有力措施，支持中西部不发达地区的开发，支持民族地区、贫困地

区脱贫致富和经济发展。主要是，实行规范的中央财政转移支付制度；优先在中西部地区安排资源开发和基础设施的建设项目，积极鼓励国内外投资者到中西部地区投资；理顺资源性产品价格；有步骤地引导资源加工型和劳动密集型产业转移到中西部地区。

（四）东部经济发达地区要采取对口支援等多种形式帮助中西部地区和民族地区发展经济；积极推动地区间的优势互补、合理交换和横向经济联合。

（五）认真落实国家扶贫攻坚计划和政策措施，加大扶贫工作力度，到2000年基本解决目前仍处于贫困状态的人口的温饱问题。

实施上述政策措施，未来15年将是民族地区面临大好机遇、更快更好发展的15年。各级民族工作部门要以高度的责任感和强烈的使命感，发挥主观能动性，通过深入调查研究、及时反映情况和提出建议、参与有关政策措施的制定、加强同有关部门的协调配合、总结推广先进经验等办法，努力使宏伟的蓝图变成美好的现实，实现民族地区的加快发展和与全国的协调发展。

在发展经济的同时，还要十分重视民族地区的精神文明建设。努力做到坚持两手抓，两手都要硬。要加强思想道德教育，以培育"四有"公民为根本目标，以爱国主义、集体主义、社会主义和新时期创业精神教育为主要内容，以加强青少年的思想道德教育和企业、农村思想政治工作为重点，努力提高各民族干部群众的思想道德水准和文明程度。全面贯彻执行党的民族政策，坚持和完善民族区域自治制度，巩固和加强各民族的团结。认真实施普法规划，加强民族法制建设，加大培养少数民族干部特别是跨世纪人才的力度，推动少数民族和民族地区的教育、文化、科技、卫生、体育等各项事业的发展，使各民族以昂扬的姿态步入小康，跨入21世纪。

四、区别不同情况，实行分类指导，进一步提高民族工作水平

一切从实际出发，实事求是，是马克思主义的精髓，也是我们党的思想路线。根据少数民族和民族地区实际，区别不同情况，实行分类指导，要成为新形势下做好民族工作的一个重要方针。我国是个多民族国家，少数民族分布在全国各地，每个民族都有自己的特点，民族地区由于自然、历史等多方面的原因，情况各不相同，只有区别不同情况，针对不同特点，抓住主要矛盾，做到有的放矢，才能使我们的工作更富有成效。从民族分布情况考虑，全国的民族工作大致可分为：

民族自治地方的民族工作。民族区域自治制度是我国的一项基本政治制度。民族区域自治政策是解决我国民族问题的根本途径，是我国民族政策的核心内容。目前，我国共有156个民族自治地方（5个自治区、30个自治州、121个自治县、旗）。坚持和完善民族区域自治制度，加强民族自治地方的民族工作至关重要。民族自治地方的民族工作必须紧紧围绕贯彻落实《民族区域自治法》和党的各项方针、政策，充分运用自治权利，发挥优势，加快经济、文化、教育、科技的发展步伐，提高各族群众的物质文化生活水平，实现各民族的共同富裕和共同繁荣。大力加强民族法制建设，按照建立比较完备的民族法规体系的要求，建立健全各项法律、法规，完善法律监督机制，提高执法水

平，巩固和发展平等、团结、互助的社会主义民族关系。加强爱国主义教育，增强中华民族的凝聚力和向心力，坚决反对民族分裂主义。加大培养跨世纪的少数民族干部的力度，提高少数民族干部队伍整体素质；加强科技人才培养，形成一支懂经营、会管理、知识结构合理的科技人才队伍；强化职业技术培训和素质培养，不断壮大少数民族产业工人队伍。正确处理好自治地方与国家、自治民族与非自治民族间的关系，维护国家的统一和各民族的团结。自治地方的民族工作部门是自治地方党委和政府管理民族事务的职能部门，在民族工作方面担负着重要任务，要认真研究自治地方民族工作的特点和新情况、新问题，大胆探索，勇于实践，充分发挥参谋助手作用，不断提高工作水平。

杂散居地区的民族工作。做好杂散居地区的民族工作，对于实现各民族平等、团结、互助、共同繁荣具有极为重要的现实意义。杂散居地区的民族工作要因地制宜，认真贯彻落实党的民族政策，切实保障少数民族的合法权益，尊重少数民族的风俗习惯和宗教信仰，广泛开展民族团结进步活动，共同发展经济、文化和教育事业。要认真贯彻执行《城市民族工作条例》和《民族乡行政工作条例》。加强“汉族离不开少数民族，少数民族离不开汉族”的思想教育，努力把大城市和沿海发达地区建成我国对外展示民族大团结的窗口，发挥大城市和沿海发达地区的资金、技术优势，结合民族地区的资源优势，积极开展对口支援和经济技术合作，促进共同发展和共同繁荣。

贫困地区的民族工作。少数民族贫困地区大多地处边远，交通闭塞，自然条件差，生态环境恶劣，灾害频繁，经济基础薄弱，基础设施落后，扶贫难度大，脱贫速度慢，且返贫率高。在这样的地方，民族工作就必须围绕帮助少数民族脱贫致富这个中心任务去开展，把民族工作的各项任务摆到扶贫攻坚主战场上，结合国家“八七”扶贫攻坚计划，采取有力措施，落实好国家对少数民族贫困地区的各种倾斜政策；深入基层，调查研究，为各族群众“雪中送炭”，把党的温暖和关怀送到少数民族的千家万户。大力倡导扶困济贫的社会风尚，动员社会各界奉献爱心，搞好“希望工程”等公益事业；充分调动各族干部群众的积极性，自力更生，艰苦创业，用勤劳的双手和辛勤的汗水建立美好生活。

边境地区的民族工作。我国有陆地边境线2.1万公里，绝大部分在少数民族聚居区，而且有30多个民族与境外相同的民族毗邻而居，他们语言相通，风俗习惯相同，有的还信仰同一宗教。这些地区的民族工作如何，关系到民族团结、边疆稳定和国防安全。从目前的情况看，我国的边境是稳定的，边疆的民族是团结的，边境地区各民族坚定地贯彻国家的外交路线和政策，在维护祖国统一和发展我国同周边国家的睦邻友好关系方面发挥了积极作用。但也还存在一些隐患，主要是反渗透、反分裂形势依然十分严峻。国际敌对势力一直把边境地区作为和平演变的突破口，支持国内或流亡在外的极少数民族分裂主义分子在一些边境地区进行分裂活动，散发传单，张贴标语，攻击党和政府，制造分裂舆论，甚至结成反动组织，进行爆炸等恐怖活动。近年来，每年都有相当数量的反动书刊和音像制品流入境内，蛊惑人心，严重破坏了边境地区的民族团结和社会稳定。因此，边境地区的民族工作要围绕对边境地区各民族干部群众进行深入持久的爱国主义和民族团结教育为重点展开，以增强中华民族的凝聚力和向心力；大力发展边境地区的经济建设和文化事业，尽快改善边疆各族群众的生产和生活条件；发挥区位优势，积极扩大沿边开放，促进边疆繁荣；积极开展群众性精神文明建设活动，坚持扫黄打非，坚决抵制黄、赌、毒的侵蚀，严厉打击走私贩私等违法行为；密切边境地区的军、警、民关系，搞好军民团结、警民团结、各民族的团结，共同筑起坚不可摧的边防长城，维护国家的统一和领土完整。

除此以外，各地区、各部门还可以从行政区划、自然环境、经济文化、风俗习惯等不同特点考虑，确定工作重点和工作方针，加强具体指导。比如，牧区的民族工作就要研究如何繁荣牧区经济，发展文化、教育、科技事业，提高牧民的生产生活水平，加强牧区与内地的交流、协作，巩固边防的问题；中心城市和较大城市，就要着重研究如何发挥少数民族科技人才作用，加强对少数民族经商办企业等流动人口的服务和管理问题；在宗教信仰人数较多的地区，就要重点研究如何全面贯彻党的民族宗教政策，依法加强对宗教事务的管理，把宗教活动纳入法制轨道，引导宗教与社会主义社会相适应的问题。总之，要通过分类指导，深入细致地做好工作，把民族团结进步事业不断推向前进。

五、抓典型，树样板，总结推广先进经验，使新形势下的民族工作更加充满活力

在长期的革命和建设实践中，我们党制定了一系列民族工作的方针、政策，积累了正确解决民族问题的丰富经验。伴随着国家政治、经济和各项事业的发展，我国的民族政策和民族工作不仅得到了国内各民族的拥护和肯定，而且受到国际上的广泛赞誉。民族工作的成功经验，是我们的宝贵财富。在新的历史条件下，我们要正确地运用已经积累起来的成功经验，解决现实问题。同时，还要努力实践，大胆探索，不断创造新的经验。在这方面，湖南、湖北等地的做法很好。他们高度负责的精神，深入扎实的作风，卓有成效的工作，不仅赢得了广大人民群众的拥护，使当地的民族工作充满生机和活力，而且也为全国的民族工作提供了有益的经验。他们的经验给我们的启示是：

——民族团结进步事业是建设有中国特色社会主义的重要组成部分，只有加强领导，注重解决关系全局的重大问题，才能不断把这一伟大事业推向前进。民族团结进步事业，历来受到党和国家的高度重视。在建立社会主义市场经济体制的条件下，民族工作必然出现许多新情况、新问题。如何正确地分析和正视这些问题，并把解决这些问题真正摆到领导班子的重要议事日程上，认真研究，切实加强领导，兢兢业业工作，是民族团结进步事业得以巩固和发展，民族工作水平不断提高的重要保证。在贯彻落实中央政治局常委会议关于民族工作重要指示过程中，湖南省委、省政府抓住关系全省大局的主要问题，提出举全省之力，支援湘西，并相继出台 3 个重要文件。湖北省为扶持一个州，一个文件就制定了 38 条政策措施。省委、省政府的号召和决策得到了全省各族人民的响应和拥护，落实省里的指示，把民族团结进步事业 变成了各族人民群众的伟大实践，为民族工作提供了更加广阔的天地。他们的经验再一次证明，正像现代化道路不可能一帆风顺一样，民族工作也会遇到各种困难，而且，某些方面的工作难度还相当大，但只要加强领导，深化改革，狠抓落实，民族团结进步事业就一定能在克服困难中前进，民族工作水平也会在解决实际问题中提高。

——以经济建设为中心，围绕经济建设开展民族工作，才能更好地为经济建设创造良好的社会环境，从而促进经济的发展和社会的进步。搞好经济建设，促进社会进步，这是全党的中心工作。民族工作只有牢牢把握“抓住机遇，深化改革，扩大开放，促进发展，保持稳定”的基本方针，为经济建设服务，才能促进民族地区经济社会的全面发展。湖南湘西地处武陵山区，是多民族聚居的地区。新中国成立后，湘西各族人民在党的领导下，在民族区域自治政策的光辉照耀下，通过自力更生，艰苦奋斗，经济文化各项事业不断发展。特别是改革开放以来，全州呈现出政治安定、经济发展、民族团结、社会稳定的崭新景象。事实证明，在工作部署和安排上，最重要的是正确处理改革、发展、稳定三者的关系。现代化是目标，没有发展就没有现代化。中国解决所有问题的关键要靠发展。改革是发展的动力，只有坚持改革，才能解放和发展社会生产力。稳定是顺利推进改革的前提，又必须通过改革和发展才能实现并长久保持。

——民族工作任务重、难度大，只有通过制定符合实际的政策和扎实细致的工作，才能不断开创新局面。民族工作是一项复杂的系统工程。做好民族工作，一方面要求各地、各部门从实际出发，结合各自的特点和情况，不断完善和制定符合少数民族地区实际的政策；另一方面要抓落实，讲求实效。从一定意义上讲，民族工作就是抓落实的工作。落实则成，落不实则虚，落空则废。湖南省委、省政府的主要领导及各部门的同志深入民族地区调查研究，根据民族地区的特点和情况，制定了一系列符合民族地区实际的扶持少数民族地区发展的政策措施。省委书记王茂林同志亲自抓落实，多次深入到民族地区调查了解情况，一条政策一条政策地抓兑现，一个项目一个项目地抓落实，在他的带领下，全省上下齐心协力，很快收到了成效，干部群众进一步看到了政策的威力，贯彻落实省委指示的积极性空前高涨。由此我们想到，就全国来说，民族工作方面还有许多政策需要完善，需要抓落实，如果都能像湖南这样抓落实，全国的民族工作就一定会取得更加辉煌的成就。

——造就一支德才兼备、乐于奉献、勇于开拓的民族工作干部队伍，并充分发挥他们的积极性、创造性，民族工作就能很快适应“两个根本性转变”。政治路线确定后，干部就是决定的因素。民族工作要适应社会主义市场经济体制的要求，就必须有一支政治素质高、业务能力强、思想观念新、改革意识浓的过硬的干部队伍。这一点已经被各地的经验所证明。湖南省湘西州和湖北省恩施州的民族工作之所以搞得扎扎实实、有声有色，关键的一条就是州委、州政府为民委配备了一个好的领导班子，建设了一支过硬的民族工作干部队伍。这次会上，恩施州民委介绍了经验，大家一致认为很好。这样的典型各地还有很多，我就不一一列举了。实践证明，要做好民族工作，关键是干部队伍。干部队伍素质高、实力强，民族政策就落实得好，工作成绩就显著，反之则相反。因此，必须下大力气，培养和建设一支具有改革创新意识，善于研究新情况、解决新问题的民族工作干部队伍，以适应经济体制和经济增长方式转变的需要。

新的历史时期，民族工作的内容是丰富的。随着“九五”计划和2010年远景目标纲要的实施，民族工作必将涌现出更多的先进典型，创造出更丰富的经验。各级政府要进一步加强对民族工作的领导，注意研究新情况，解决新问题。对各地区、各部门的先进经验，要认真总结、及时推广，用以指导面上的工作。抓典型，用典型经验指导工作，不单纯是个工作方法问题。各级领导干部要把抓典型、以点带面作为适应形势需要，转变工作作风的大事来对待。学习先进，要加强对先进典型的宣传。通过宣传，使更多的人了解和认识先进典型，提高学先进、赶先进的自觉性。我相信，通过这次会议，湖南、湖北的经验及各地的好做法，一定能够在全国各地开花结果，使民族工作进一步充满生机和活力。

六、充分发挥各部门的作用，动员全社会力量，形成强大合力，共同推进民族工作

经验证明，发挥有关部门的作用，动员全社会力量，共同担当重任，是做好民族工作的有效途径，也是民族工作部门必须长期坚持的一个重要工作方法。

近年来，民族工作越来越受到各部门和社会各界的重视。无论是党、政、军机关，还是民主党派、群众团体，都能从本部门、本单位的实际出发，积极为民族工作献计献策，开展大量卓有成效的工作，为民族团结进步事业作出了贡献。可以说，民族工作的各项任务都是经过各有关部门和地区团结合作、共同奋斗完成的，民族工作的每一项成就，都凝结了各部门、各个方面以及许许多多同志的心血和汗水。

随着社会主义市场经济体制的建立和发展，要把民族工作做得更好，越来越需要社会各界的参与，越来越依靠全社会齐心协力去做。充分发挥各方面的积极性、主动性和创造性，让更多的人关心和支持民族工作，投身于民族团结进步事业，民族工作部门要在更高的层次上发挥协调作用，做好服务工作。湖南省民委的同志讲，在民族工作方面，民委的协调职能作用发挥得好不好，是衡量新形势下民族工作部门工作水准高不高的一条重要标准。这是很有道理的。各级民族工作部门要很好地研究这个问题，在实际工作中做到敢于协调、善于协调，通过协调和服务，调动一切积极因素，共同推动民族工作的发展。

七、搞好自身建设，强化工作手段，为民族工作上新台阶创造必要条件

社会主义市场经济体制的逐步建立，改革开放的不断深化，为民族工作的发展提供了有利的时机和广阔的天地。面对新形势，民族工作部门要抓住机遇，深化改革，不断拓宽工作渠道，增强工作力度，提高工作水平，加强自身建设，以适应“两个根本性转变”的需要，更好地为民族工作服务。

搞好民族工作部门的自身建设，首要的是加强马克思主义思想理论教育，提高民族工作干部队伍的整体素质。社会主义市场经济体制的建立，必将有力地促进干部队伍的建设。但也要看到，由于各种思潮的侵袭和社会不正之风的冲击，我们的干部队伍也会出现这样那样的问题。因此，民族工作干部队伍的思想建设要突出全心全意为少数民族群众和民族地区服务的宗旨教育。要认真学习马列主义毛泽东思想，特别是要刻苦研读邓小平同志建设有中国特色的社会主义理论。学习党的方针政策、民族理论、经济、科技及有关业务知识，结合业务，联系实际，学以致用。要通过广泛开展争创模范活动，表彰先进，弘扬正气，树立典型。加强党性教育，勤政为民，淡泊名利。要引导广大民族工作干部树立正确的世界观、人生观和价值观，讲学习，讲政治，讲正气，增强责任意识、公仆意识和奉献意识，为民族团结进步事业作出应有的贡献。要加强各级民族工作部门的领导班子建设，在领导班子建设中，要重点抓好思想政治建设，保证各级领导干部坚持正确的政治方向，在政治上、思想上和行动上坚定不移地同以江泽民同志为核心的党中央保持高度一致。按照干部队伍“四化”方针和德才兼备原则，培养和选拔一大批跨世纪的年轻干部，充实民族工作干部队伍，以确保民族工作任务的顺利实现。

努力改进工作作风，搞好廉政建设。做好民族工作，要求各级民族工作部门适应新形势，切实转变工作作风，提高工作质量，扎扎实实、认认真真抓好各项民族政策的贯彻落实。按照民族工作要抓大事、办实事的要求，加强民族工作部门的作风建设。民族工作干部要坚持党的事业第一，人民的利益第一，时刻把各族群众放在心上，想群众之所想，急群众之所急，办群众需要办的事，做好党的民族政策要求做的工作，真正和各族群众“同呼吸，共命运，心连心”。要按照中央关于勤政廉政建设的各项要求，加强各级民族工作部门的廉政建设。

加强基础建设，强化工作手段，改善工作条件。为适应新形势，民族工作部门在加强思想、作风建设的同时，还必须大力加强自身的基础建设，完善工作手段，提高工作水平。常言道：搭台唱戏。这个台就是基础设 施。加强民族工作部门的基础建设，对于做好新形势下的民族工作，是非常必要的。为了搞好民族工作部门的基础建设，借鉴湖南湘西州吉首市民委“公司＋农户”的经验，“九五”期间，我们要采取“上下配合、多方联手”的办法，加强基础建设。各级民族工作部门要积极争取党委、政府的支持和各部门的配合，这是搞好基础建设的关键。民族工作部门要把基础建设作为加强自身建设的一项重要任务来抓，解放思想，转变观念，掌握政策界限，把加强基础建设直接为民族工作服务，同机关经商办企业、变相搞创收区别开来，大胆探索，开拓创新。基础建设要从实际出发，制定目标和规划，采取切实措施，力争每年都上新台阶。总之，要动脑筋，想办法，创造性地开展工作，努力把民族工作部门的自身建设搞好。

同志们，我国改革开放和现代化建设正处于关键时期，实施“九五”计划和 2010 年远景目标纲要对民族工作提出了更高的要求。面对新形势、新任务，我们要更加紧密地团结在以江泽民同志为核心的党中央周围，统一思想，齐心协力，奋发进取，讲求实效，为建设有中国特色的社会主义，为民族团结进步事业做出新的更大的贡献。

谢谢大家。

做好少数民族古籍工作
促进各民族的共同繁荣与进步

——国务委员、国家民委主任司马义·艾买提在第二次全国少数民族古籍工作会议上的讲话

1996年5月8日

这次全国少数民族古籍工作会议是在深入贯彻党的十四届五中全会和八届全国人大四次会议精神，全面实施“九五”计划和2010年远景目标纲要，开拓创新，起步奔向新世纪的形势下召开的。这次会议，对于做好世纪之交的少数民族古籍工作具有重要意义。借此机会，向与会的各位专家、学者，并通过你们向多年来默默耕耘、无私奉献在少数民族古籍工作战线上的全体同志表示亲切的问候！会议上，李晋有同志代表国家民委作了工作报告，我同意这个报告。下面，我就少数民族古籍工作如何适应新形势、新任务的要求，在跨世纪伟大事业中协调发展的问题，强调几点：

一、充分认识民族古籍工作的重要意义

我国是统一的多民族国家，也是世界上文明发达最早的国家之一。在几千年的历史长河中，曾以繁荣的经济、灿烂的文化艺术和辉煌的科学技术成就蜚声于全世界，对世界文明发达作出了重大贡献，对于人类的社会进步产生着深远的影响。中华民族在形成与发展过程中，各民族都创造了灿烂的文化，使中华民族文化更加丰富多彩和博大精深。正是这种异彩纷呈而又浑然一体的中华文化，在我国长期的统一和稳定中发挥着重要的影响和作用。浩如烟海的少数民族古籍，是绚丽多姿的中华民族传统文化的重要组成部分。它包括政治、哲学、法律、历史、宗教、军事、文学、艺术、语言文字、地理、天文历算、医药、生产技术等文字、口碑资料，记录了各民族的历史发展进程。我国的少数民族古籍数量之多、内容之丰富，在世界上是独一无二的。我们在为此而感到骄傲与自豪的同时，要看到一种责任。这种责任就是要使优秀的传统文化，古籍中的精粹，在新的历史条件下得到继承和发扬，述作造文，继往开来。否则，我们将愧对中华民族的先人及后代。

现实是历史的延续和发展。一个民族要立于世界文明之林，必须具有民族自信心和民族自尊心。而民族的自信心和自尊心的思想基础之一，即来自于对民族文化的一定的理解，来自于对民族优秀传统文化的继承和发扬。整理少数民族古籍，不仅可以为学术研究提供真实可靠的文献资料，而且有利于中华各民族传统文化的继承和发扬。在建设有中国特色社会主义进程中，大力加强少数民族古籍工作，对于全面落实党的民族政策，促进各民族之间的思想文化交流；加强民族团结，维护祖国统一；搞好少数民族地区精神文明建设，提高全民族的文化素质；进行爱国主义教育，增强民族自信心和凝聚力，都有重要意义。我们要进一步提高认识，不断增强做好民族古籍工作的责任感和使命感。

二、牢固树立民族古籍工作为社会主义现代化建设服务的思想

研究传统文化的目的是为现实服务，民族古籍工作不是为古而古，而是要“古为今用”。当前，我国正处在社会主义现代化建设的重要时期，继承、弘扬民族优秀传统文化，从中汲取丰富营养，为维护祖国统一，促进各民族团结进步和共同繁荣，为建设有中国特色的社会主义现代化服务，更具有现实意义。新形势下，民族古籍工作的指导思想和总的要求是：坚持以马列主义、毛泽东思想和邓小平建设有中国特色社会主义理论为指导，坚持党的基本路线，坚定地贯彻江泽民同志提出的“整理出版古籍，继承祖国优秀的文化遗产，为建设有中国特色的社会主义服务”的基本方针，服从和服务于“抓住机遇，深化改革，扩大开放，促进发展，保持稳定”的全党全国工作大局，从巩固和发展平等、团结、互助的社会主义民族关系，建设社会主义精神文明的需要出发，运用历史唯物主义观点和辩证唯物主义方法，本着古为今用、实事求是的精神，去粗取精，去伪存真，弃其糟粕，取其精华，正确处理继承和扬弃的关系，注重社会效益，提高工作水平，为全面实现“九五”计划和2010年远景目标作出贡献。

民族古籍工作为现实服务，还要注意两个问题。一是正确理解和把握民族历史人物、事件的评价标准问题。对我国历史上出现的各类事件和人物的评价，必须坚持历史唯物主义的观点，把他们对本民族的贡献和对整个中华民族的贡献结合起来，实事求是地加以评价、总结。在整理、出版民族古籍时，要站在维护祖国统一和民族团结的立场上，提高甄别能力和鉴赏水平，坚持弘扬少数民族优秀传统文化，坚决取缔歪曲历史和利用某些历史事件宣扬民族分裂、调唆民族关系的非法出版物。对于古籍中涉及到歧视和侮辱兄弟民族，渲染民族仇杀的章节，收集、整理时要严加管理和控制，决不允许公开出版和发行。二是正确处理继承和发展的关系问题。任何一个国家、一个民族的古籍，都不可避免地既有精华又有糟粕，如果我们良莠不分，瑕瑜不辨，必将导致积极健康的东西得不到充分发扬，而一些腐朽沉渣却时有泛起。民族古籍作为传统文化，要在正确思想的指导下，有所发展和创新。社会主义现代化既是对以往优秀传统文化和优良传统的继承和发扬，又是在新的历史条件下的伟大创造。继承是发展创新的条件，只有坚持发展、创新，才能做到批判地继承，使民族古籍中的精粹在两个文明建设中发挥应有的作用。

三、把民族古籍工作纳入“九五”计划和2010年远景目标中统筹规划

八届全国人大四次会议批准的《纲要》，是两个文明建设一起抓的跨世纪宏伟工

程。按照这个《纲要》，到本世纪末，要初步建立社会主义市场经济体制，实现人均国民生产总值比1980年翻两番。与此相应的精神文明建设也必将同步推进。到2010年，将实现国民生产总值比2000年翻一番，使人民的小康生活更加宽裕，形成比较完善的社会主义市场经济体制。在推进改革和发展的同时，社会主义精神文明和民主法制建设也将取得显著进展，实现社会全面进步。根据这个蓝图，各地正在制定相应的规划和发展目标。民族古籍工作作为一项社会事业和社会主义精神文明建设的重要任务，要统筹规划，切实纳入本地区的国民经济和社会发展“九五”计划和远景目标中，认真组织实施。

首先，要摸清底数。新中国成立以来，在党和政府的关心和重视下，我国的民族古籍工作取得了很大成绩。特别是近十年来，少数民族古籍抢救、搜集、整理、出版工作成果显著，基本弄清了蒙古文、维吾尔文、满文、藏文、东巴文、朝鲜文等几种民族文字古籍的数量，编制了部分目录索引和出版了一部分资料。但这项工作由于起步晚，基础差，任务重，难度大，要做的事情还很多。主要是全国少数民族文献古籍到底有多少，口碑古籍有多少，现在还很不清楚。有句成语叫“如数家珍”。我们民族古籍的“家珍”现在连数都还没有数清，怎么谈得上保护和利用！这个问题不解决，妨碍了科学的规划和决策。这是当务之急，要采取措施尽快加以解决。

其次，要抓紧立法。目前，我国还没有制定有关少数民族文化遗产的保护法律法规，全社会对民族文献的保护，还没有提到一定的高度来认识。大量珍贵的民族文献被不法分子廉价收购，倒卖出境，口碑古籍也面临无继承人而自然消失的危险。面对这种严峻的形势，必须抓紧立法工作，以法加以保护。

再次，要搞好项目的论证。在进行民族古籍资源调查的基础上，从实际出发，认真地选择项目，进行必要的论证，审慎地作出决策。制定计划要实事求是，留有余地。既要从加快两个文明建设的需要考虑，又要从本地的古籍资源和人力、财力的实际出发，使计划同国民经济和社会发展计划相适应，把这项事业真正纳入整体发展的轨道。

四、造就和培养一支德才兼备、乐于奉献、勇于开拓的民族古籍专业队伍

要做好少数民族古籍工作，完成制定的规划和任务，为现代化建设服务，就必须建立一支有一定觉悟和较高的政策理论水平及专业知识能力的专业队伍。从目前情况看，全国已有了一支比较好的队伍。但是，根据形势的发展和工作需要看，这支队伍人数还不多，特别是通晓民族古籍的专门人才不够，且大多都年事已高，民族古籍专业队伍后继乏人的状况仍很严重。因此，培养专门人才和专业队伍就显得更为重要和迫切。少数民族古籍是前人创造的物质和精神成果的总和，外延广大，就其整体来讲，具有综合性。因此，研究少数民族古籍，离不开各方面专家的团结合作，需要多种学科和专业知识作为研究的向导。同时，在少数民族古籍人才的培养方面，也要注意多种学科知识的学习和积累。各级政府和有关部门都应该关心这项工作，努力把培养和建设少数民族古籍专业队伍作为一件大事来抓，抓出成绩，抓出实效，以尽快适应现代化建设的需要。

五、切实加强对少数民族古籍工作的领导

少数民族古籍工作是民族工作的重要组成部分，历来受到党和政府的高度重视。在逐步建立社会主义市场经济体制过程中，少数民族古籍工作遇到很多新情况、新问题。如何正确地处理和解决这些问题，是摆在我们面前的一项重要任务。各级政府要切实加强领导，从各个方面给予大力支持。通过配套改革，努力做好组织、规划及各项措施的落实工作。各级古籍工作部门要抓住机遇，深化改革，不断拓宽工作渠道，加强自身建设，不断提高干部队伍的整体素质，以适应形势的需要，更好地为少数民族古籍事业服务。各省区要根据实际情况和民族古籍工作的要求，建立和完善民族古籍工作机构，从组织上保证这项工作的顺利开展。要关心古籍工作干部的生活，切实帮助他们解决实际问题和困难。

确保少数民族古籍整理事业经费的投入，加快少数民族古籍整理、出版工作进度。各地搜集、整理、出版少数民族古籍经费，应按国办发〔1984〕30号文件要求"列入各省、自治区、直辖市的预算"，各级政府和财政部门要按文件规定，继续对少数民族古籍事业给予政策性补贴。国家要有重点地对一批急需的，但又确有经费困难的项目给予适当的出版补助。同时，在市场经济条件下，少数民族古籍的整理出版也需要探索一条既有社会效益，又有经济效益的路子，推进古籍事业的长期发展。要认真做好古籍出版的选题设计，提高出版物质量；建立全国性的民族古籍图书发行网络，了解市场，占领市场；掌握古籍行情，争取使一些公开出版物打入国际图书市场。

同志们，我们的国家正处在一个重要的历史发展时期，实施"九五"计划和2010年远景目标纲要，对民族工作提出了更高的要求，也为民族古籍工作带来了良好的机遇。"长风破浪会有时，直挂云帆济沧海"，五千年文明古国重新焕发勃勃生机，少数民族古籍工作展现出广阔前景，让我们更加紧密地团结在以江泽民同志为核心的党中央周围，同心同德，开拓进取，为中华民族的全面振兴而努力奋斗。

把中华民族团结进步事业不断推向前进

——国务委员、国家民委主任司马义·艾买提在全国民族地区杰出青年经验交流会上的讲话

1996年6月19日

同志们：

在深入贯彻党的十四届五中全会和八届全国人大四次会议精神，全面实施"九五"

计划和2010年远景目标纲要的热潮中，全国民族地区杰出青年经验交流会召开了。借此机会，我代表国家民委向出席会议的全体同志，并通过你们向工作在各条战线上的全国各族青年表示亲切的问候！

我国是一个统一的多民族国家，民族平等、民族团结和各民族共同繁荣，是关系到革命和建设成败的重大问题。新中国成立以来，特别是党的十一届三中全会以来，在党中央、国务院的正确领导下，经过全国各族人民的共同努力，民族团结进步事业取得了巨大成就。党的民族政策深入人心，民族区域自治制度不断完善，社会主义民族关系日益巩固，民族地区改革开放和经济建设成绩斐然，少数民族和民族地区的教育、科技、文化、体育、卫生等事业有了很大发展，人民群众生活水平明显提高。我们伟大的祖国到处呈现一派生机勃勃、欣欣向荣的景象。中华民族的团结进步事业在人类发展史上书写了光辉的篇章。

各族青年是社会主义现代化建设的生力军，为推进民族团结进步事业发挥了重要作用。这次会议表彰的先进青年，就是各族青年的杰出代表。在这些杰出青年身上表现出的热爱党、热爱祖国、自觉维护国家统一的坚定政治立场，吃苦耐劳、爱岗敬业、以民族振兴和国家富强为己任的主人翁责任感，见义勇为、乐于助人、为民族团结和社会稳定贡献一切的崇高思想品格，勤奋学习、开拓进取、立志改变家乡面貌的艰苦创业精神，是中华民族优良传统和崭新精神风貌的集中体现，是我们伟大社会主义祖国兴旺发达的希望所在。民族地区杰出青年对民族团结进步事业作出的杰出贡献，党和政府不会忘记，全国各族人民不会忘记！

同志们，从现在起到下世纪初的15年，是我国社会主义现代化建设极为重要的时期，也是促进各民族共同进步、共同繁荣的关键时期，做好民族工作，对于实现国家现代化建设第二步、第三步战略目标，促进民族团结进步事业的发展具有重要意义。因此，民族工作要坚持以邓小平同志建设有中国特色社会主义理论和党的基本路线为指导，服从和服务于“抓住机遇，深化改革，扩大开放，促进发展，保持稳定”的全党全国工作大局，正确处理改革、发展、稳定的关系，高举民族团结进步的旗帜，坚持民族平等原则，坚持和完善民族区域自治制度，维护祖国统一和社会稳定，坚决反对一切分裂祖国和破坏民族团结的行为，促进少数民族和民族地区改革开放和经济、文化、教育、科技等各项事业的发展，搞好社会主义精神文明建设，巩固和发展平等、团结、互助的社会主义民族关系，促进各民族共同繁荣和全面进步。加强领导，提高工作水平，围绕实现两个目标（“九五”计划、15年远景目标）、两个转变（经济体制和经济增长方式的转变），形成与之相适应的、具有中国特色的社会主义民族理论体系、民族法规体系，建设能担此重任的宏大的少数民族干部队伍、科技人员队伍、产业工人队伍。到2000年，在全面完成现代化建设第二步战略部署，实现人均国民生产总值比1980年翻两番，人民生活达到小康水平的同时，各民族更加团结和睦，同心同德。在2010年实现国民生产总值比2000年翻一番，人民的小康生活更加宽裕，比较完善的社会主义市场经济体制形成的时候，民族关系进一步巩固发展，创造一个更加团结、和谐、良好的社会环境，中华各民族在共同繁荣的道路上阔步前进。

青年是祖国的未来，民族的希望，是党的事业的接班人。生逢世纪之交，正好建功立业。各族青年要认真学习邓小平同志建设有中国特色的社会主义理论，用科学的理论武装头脑，坚持正确的政治方向，坚定地走社会主义道路，在思想上、行动上同以江泽民同志为核心的党中央保持一致。全心全意为人民服务，保持高尚的人生追求和道德情操，努力成为“四有”新人。建设富强、民主、文明的社会主义现代化国家，实现中华民族的伟大振兴，是前无古人的事业。青年一代，任重道远。民族地区的青年，肩上的担子更重。要树立远大的志向和抱负，把个人理想与祖国的前途、民族的利益、社会主义伟大事业紧密联系起来，担负起时代赋予的使命，为祖国的未来贡献青春，为国家的富强增添光彩。

高举爱国主义的旗帜，坚定地维护祖国统一。我们的祖国历史悠久，爱国主义传统源远流长。在五千年的历史长河中，各族人民为维护祖国的统一，同侵略者和分裂势力进行了艰苦卓绝的斗争，共同捍卫了伟大祖国。可以说，一部中华民族发展史，就是一部各族人民维护祖国统一的斗争史和促进民族发展的创业史。江泽民主席曾经指出：“在我国历史上，爱国主义从来就是动员和鼓舞人民团结奋斗的一面旗帜，是各族人民共同的精神支柱，在爱国主义精神的激励下，我们的国家和民族自强不息，具有伟大的凝聚力和生命力。”在新的历史时期，各族青年要继承和发扬爱国主义的光荣传统，坚定地维护祖国统一和各民族的大团结，同民族分裂主义分子进行坚决的斗争，捍卫国家主权和领土完整，为我们伟大祖国的繁荣昌盛作出应有的贡献。

坚持马克思主义民族观，加强各民族的大团结。历史反复证明，我国的民族关系是经得起考验的。要继续全面贯彻党的民族政策，正确处理各民族之间的人民内部矛盾，不断增强全民族的凝聚力。青年一代要发扬中华民族的优良传统，讲平等、讲团结、识大体、顾大局，要像爱护自己的眼睛一样爱护民族团结，旗帜鲜明地反对任何破坏民族团结的行为，抵制和防范国际敌对势力的干扰和破坏，坚决同那些无视民族大义、制造民族分裂的言论和行为作斗争，牢固树立“少数民族离不开汉族，汉族离不开少数民族”的思想。广泛开展争创民族团结进步模范活动，促进各民族平等相待、团结互助、彼此尊重、互相学习，始终做到同呼吸、共命运、心连心，使民族团结成为良好的社会风尚，要通过增强民族团结，维护社会稳定，创造有利于实施国家缩小中西部发展差距政策措施的良好的社会环境，迎接民族地区新的建设高潮的到来。

民族地区的现代化同全国其他地区的现代化，少数民族的振兴同整个中华民族的振兴，是密不可分、互相促进的。随着改革开放的不断深化，社会主义市场经济体制的建立，经济建设的重点和东部产业的西移，民族地区迎来了新的机遇和挑战。实现民族地区与全国的协调发展，需要各族人民付出艰苦的努力，更离不开青年一代的生力军和突击队作用。各族青年要努力学习掌握现代科学技术和专业知识，强化职业技术培训和素质培养，不断提高本领，以适应改革开放和现代化建设的需要。

杰出青年是时代的精华。一个先进典型就是一面旗帜。对民族地区的杰出青年，全社会都要尊重、关心和爱护，努力为他们施展才干提供良好的条件，要广泛宣传他们的先进事迹，弘扬他们的崇高精神，激励各族干部群众为民族团结进步事业而奋斗。

同志们，我们国家正处在改革开放和现代化建设的重要历史时期。"九五"计划和2010年远景目标纲要为我们绘制了美好的蓝图，而这一蓝图的实现，需要包括青年在内的各族人民的共同奋斗。各族青年要更加紧密地团结在以江泽民同志为核心的党中央周围，求实创新，奋发进取，为实现中华民族新的伟大振兴再立新功！

高举爱国主义旗帜，坚持马克思主义的民族观和宗教观，坚决反对民族分裂活动，维护祖国统一和民族团结

——国务委员、国家民委主任司马义·艾买提在国家民委为全国少数民族参观团新疆干部团举行的报告会上的讲话

1996年9月28日

很高兴和大家见面。今天要讲的话很多，但我只讲一个题目，即：高举爱国主义旗帜，坚持马克思主义的民族观和宗教观，坚决反对民族分裂活动，维护祖国统一和民族团结。为什么讲这个问题？

第一，我国是一个多民族、多宗教的国家，高举爱国主义的旗帜，坚持马克思主义的民族观和宗教观，坚持团结，反对分裂，是一个十分重大的问题。它关系到国家的统一，社会的发展，民族的进步。

第二，我国各民族人民正在中国共产党的领导下，建设有中国特色的社会主义，党的十四届五中全会提出了跨世纪的宏伟纲领，要完成这伟大而艰巨的任务，必须有良好的社会条件，必须有强有力的政治保障，必须高举爱国主义旗帜，坚持马克思主义民族观和宗教观，必须做好民族宗教工作。

第三，同志们生活工作在新疆，新疆维吾尔自治区是多民族的边疆地区，做好民族宗教工作，保持团结和稳定，是做好新疆各项工作的前提和基础。

第四，今天在座的各位都是担负重要责任的领导干部，肩上的担子很重，要完成光荣使命，做好各项工作，必须与各族人民一道，始终高举爱国主义旗帜，坚持马克思主义的民族观和宗教观，坚决反对民族分裂活动，维护祖国统一和民族团结。

一、关于爱国主义

爱国主义是对自己祖国深厚而美好的感情。它集中表现为对祖国山川土地和文化的深情眷恋，对国家荣辱兴衰和前途命运的强烈关注，与祖国同呼吸共命运的决心和信心，以及作为祖国一员的自尊心和自豪感等等。爱国主义是动员人民团结奋斗的一面旗帜，是推动社会前进的巨大动力，是各民族人民共同的精神支柱。我们的祖国历史悠久，爱国主义传统源远流长。它像滚滚长江水一样奔流不息，也像巍巍长城一样耸立在各族人民心中。历代爱国志士把维护祖国统一和促进民族发展作为自己人生追求的最高境界和崇高的历史使命，为实现这一崇高目标不惜奉献自己的青春和生命。中国共产党人把爱国主义提高到了新的水平，领导各族人民推翻三座大山，使人民当家作主的新中国巍然屹立于世界的东方，领导各族人民高举爱国主义旗帜，克服了各种困难和挫折，取得了社会主义革命和改革、建设的伟大胜利。在新的历史条件下，继承和发扬爱国主义精神，对于增强中华民族的凝聚力，团结各族人民为祖国的统一、繁荣和富强而奋斗，具有重要的现实意义。

（一）坚持爱国主义，必须树立正确的历史观。人民群众是创造历史的动力，这是马克思主义的一条基本原理。中国的历史，是各族人民共同创造的，各族人民是历史的主人。翻开历史，我们可以看到，各个民族不论人口多少，发达程度如何，居住在什么地域，都有光辉的历史和灿烂的文化，都为祖国的形成、巩固和发展做出了贡献，共同推动着历史的车轮滚滚向前。各族人民生息繁衍在中华这块广袤而古老的土地上，共同开发了祖国辽阔的疆域，共同发展了祖国的经济和文化，共同铸就了伟大的民族精神。以闻名世界的“丝绸之路”为例，如果说它的东端是以汉民族为主的广大劳动人民开拓的，那么它在我国境内的西端则是由维吾尔等民族接续并将其延伸下去的，中间还有众多少数民族的功绩，各族人民像接力赛一样筑就了这条辉煌的纽带。

在长期的历史发展中，各民族交错居住，相互往来，形成了强大的凝聚力。我国自秦汉形成统一的多民族国家以来，虽然曾有过冲突乃至短暂的分裂，但国家统一、民族和谐始终是历史的主流。而且通过不断的统一过程，促进了各民族的融合和互相交流。历代王朝，不管是汉族还是少数民族的统治者建立的，都以中国“正统”自居，而且实际上都得到了各民族的认可和历史的承认。即使少数民族在一个地区建号称王，也常以属于中国的一部分为荣。如金末元初女真人蒲鲜万奴，在今牡丹江两岸东至日本海等地称王，建国号为“东夏”，“东夏”意思就是中国东部的王。再看西部的例子，11世纪喀喇汗王朝的大学者马赫穆德·喀什噶里在《突厥语词典》中解释突厥语“桃花石”（中国）条文时，称中国包括三大部分：上秦为中国东部，即宋朝；中秦为契丹；下秦为中国西部，即喀喇汗王朝统治下的喀什噶尔。清康熙皇帝在祭祖时曾说他的祖先创建的清朝，继承了汉代以来的疆域。清代乾隆年间，迁徙到伏尔加河下游的我国蒙古族的土尔扈特部翻越千山万水，历尽千辛万苦，东归祖国的历史壮举，充分说明了祖国在各民族人民心中的份量，中国是各族人民心目中不可割舍的家园。“祖国啊，母亲！”这是各族人民的共同心声。

(二)坚持爱国主义,必须发扬光荣传统。中华民族表现出绵绵不断、经久不衰的民族凝聚力,源于各民族深厚的爱国主义传统。这种传统溶化在了各民族人民的血液之中,铭刻在各族人民的心坎之上。每个民族都是中华忠诚的、值得骄傲的儿女。中华大地养育了各民族儿女,各民族儿女又深深热爱着自己的祖国。几千年来,各民族互相学习,团结互助,结下了深厚的情谊,为爱国主义打下了深厚而坚实的基础。

在中国历史上,各民族涌现出许多杰出人物,出现过许多热爱祖国的动人事迹,这些人物和事迹,集中体现了各民族人民爱国的高尚情操。各民族人民与祖国同呼吸、共命运,为祖国的利益而英勇献身,这在国家面临生死存亡的紧要关头表现得尤为强烈。许多爱国志士为捍卫国家主权和民族尊严,置生死于度外,洒热血而不惜。著名维吾尔诗人穆台里甫在抗日战争时期创作的《中国》这首诗中写道:"中国!中国!你是我的故乡!因为我们成千上万的人民生活在你那温暖的怀抱里。从你那里我们得到了庇护,认识了自己,明白了事理。因此啊,在我们肩上负有你无穷无尽的债务,这个债务我们一定要清偿,哪怕付出我们的头颅。"深刻地表现了各民族人民对祖国的无限热爱。

历史上各族人民为维护祖国统一做出过出色的贡献。如在唐代,为平定"安史之乱",实现国家统一,当时有维吾尔族的武装奉中央王朝之命,参与平乱安邦的战斗。在清代平定噶尔丹分裂政权和"三藩之乱"时,各民族人民冲锋陷阵,做出了应有的贡献。在近代,各民族人民共同反对帝国主义、封建主义和官僚资本主义,进行了英勇的斗争,用鲜血守卫国土,抗击强敌。18 世纪,有东北各族人民抗击沙俄入侵的海兰泡战役;本世纪初,有西藏人民抗击英帝国主义侵略的江孜战役,云南片马各族人民抗击法国殖民者入侵的斗争,等等。各族人民为了保卫祖国边疆,同仇敌忾,奋不顾身的英雄事迹,永载史册,光照千秋。

特别是在中国共产党的领导下,在 50 年前那场关系中华民族生死存亡的抗日战争中,各族人民义无反顾,共赴国难。东北抗日联军、中原的回民支队、海南的琼崖支队……各族人民用血肉之躯筑起新的长城,使侵略者葬身于人民战争的汪洋大海中。其后为了推翻三座大山,开创和建设新中国,各族人民表现出崇高的爱国热情和为祖国赴汤蹈火的伟大精神,建立了不可磨灭的功勋。翻开中国共产党领导的革命史,各个历史时期都有各民族的仁人志士为了党的事业,为了民族的解放,视死如归,英勇搏杀,涌现了许许多多可歌可泣的英雄人物。我在锦州就看见过参加辽沈战役的维吾尔族战士的墓碑。

在长期的交往、共同生活和共同斗争中,共同的利益、共同的命运、共同的信念把各民族人民紧密地联系在一起。这种联系,血肉相联,脉络相通,不可分离。这种爱国主义的光荣传统,是宝贵的精神财富,要永远地珍惜并不断发扬光大。

(三)坚持爱国主义,就必须坚定地拥护中国共产党的领导。爱国主义在不同的历史时期有不同的内涵,有不同的要求。我们提倡的爱国主义,体现着共产主义的远大理想,与国际主义精神联系在一起,与各族人民的利益相一致。这种爱国主义也体现在现实目标与远大理想的相结合上。中国的历史、现实和 80 年代以来的国际风云表明,共产党的核心领导地位不能动摇,共产党的执政地位是任何政党都无法替代的。我们党已走过了75年的光辉历程，事实无可辩驳地证明，只有共产党，才能忠实地代表各民族人民的共同利益，才有能力把各民族统一起来，团结起来，组织起来，去克服艰难险阻，获得光明与进步。走社会主义道路，是全国各族人民经过长期探索而作出的历史选择。没有共产党，就没有社会主义的新中国；没有共产党，就不会有各民族的平等、团结和发展进步。正是由于中国共产党的领导，各族人民才能在统一的社会主义祖国大家庭里，和睦相处，共同建设自己的国家，共同求得民族的发展进步。所以，在现阶段发扬爱国主义精神，就应当坚定地拥护中国共产党的领导，坚持走社会主义道路。

（四）坚持爱国主义，就必须坚定地维护民族团结。在我们这个多民族国家，弘扬爱国主义精神与维护民族团结是紧密地联系在一起的。爱国，一个重要方面就是要维护国家的统一和稳定，搞好民族团结。在中国，民族团结是和国家统一紧密联系在一起的，所以我国《宪法》规定，每个公民都有维护祖国统一和民族团结的义务。

我国各族人民正在为把祖国建设得更加繁荣昌盛而努力奋斗。要搞好建设，很重要的一条就是维护各民族的团结，有一个稳定的社会，有良好的社会条件。发扬爱国主义精神，搞好民族团结，才能把各民族的利益与国家利益统一起来，大家才能心往一处想，劲往一处使。因此，维护民族团结是爱国主义的表现，也是爱国主义教育的重要内容，中共中央《爱国主义教育实施纲要》中专门强调“要进行民族团结教育”，这一要求，符合我国当前民族工作的实际，反映了各族人民的共同愿望。

（五）坚持爱国主义，就要为实现四个现代化而努力奋斗。建设具有中国特色的社会主义，这是我国现阶段各民族人民的共同理想和历史任务，也是爱国主义的重要内容。经济发展，国家强大，社会稳定，人民幸福是各民族人民的共同追求。我们的国家在改革中获得了历史性的进步，但由于人口多，底子薄，人均收入还比较低，需要全体人民坚持不懈的奋斗。党的十四届五中全会提出的并经八届全国人大四次会议审议通过的《中华人民共和国国民经济和社会发展“九五”计划和2010年远景目标纲要》，为我们国家描绘了一幅美好的蓝图，为各民族的发展繁荣展示了美好的前景。“九五”计划和“2010年远景目标”的实现，是各民族的共同利益所在。目前我国正面临难得的发展机遇，冷战结束之后，新的世界秩序没有建立起来，和平与发展成为总的趋势和主题，我国与周边各国的关系是建国以来最好的。我国经济体制的改革正在向纵深发展，综合国力大大加强，政治稳定，民族团结。社会主义市场经济是一个广阔的大舞台，为各民族提供了大显身手、施展才华的机会。我们应该抓住这个机会，努力奋斗，建功立业，加快少数民族和民族地区的经济文化发展，促进各民族的共同进步和繁荣，把我国早日建设成为现代化的强国。

（六）坚持爱国主义，必须反对民族分裂。维护民族团结和国家统一，就要坚定地与一切有损团结和统一的言行作斗争，坚决打击民族分裂分子的破坏活动。在新疆维吾尔自治区，需要正确认识和处理以下几个重要的问题：

第一，尊重历史，正确认识新疆和祖国的关系。有人说：清朝建立新疆省以后，新疆才成为中国的地方。这完全是无视事实，歪曲历史。两千多年前，西域就和祖国其他地区发生了密切的联系。公元前60年，中央政府设立西域都护，作为代表西汉王朝统辖西域的最高军政长官管理西域。自那以后，西域便成为了中国不可分割的一部分，这是任何人都不可否认的历史事实。唐朝时，西域和内地的经济、文化往来频繁。诗人白居易在他的诗中盛赞西域的歌舞"人间物类无可比"，他在诗中写到："胡旋女，胡旋女，心应弦，手应鼓。弦鼓一声双袖举，迴雪飘摇转蓬舞。左旋右转不知疲，千匝万周无已时。"形象地描绘了西域女子伴着弦乐和鼓点舞蹈的情景，并可以从诗里的感情色彩中看到民族关系的和谐。学术界有人认为唐朝大诗人李白就是出生在当时的西域。

元朝时期，西域少数民族特别是畏兀儿人（维吾尔）广泛地参与了祖国政治历史舞台上的活动。其中有不少人在祖国统一和经济文化的发展上作出了重要贡献，如：廉希宪，因熟悉儒学，人称廉孟子，19 岁担任忽必烈的侍从，深受信任。他主张"以汉法治汉地"，官至平章政事，是元代一位有建树的畏兀儿政治家。还有阿鲁浑萨里，自幼聪慧，通晓畏兀儿、藏、汉、蒙古等多种语言，精通经史，忽必烈要他专门研习经史百家。他建议忽必烈以儒术治理天下，官至中书平章政事。这些有影响的人物中，有文官，也有武将，如阿力海牙，曾任左右司郎中，在征服南宋的战争中，显示出卓越的军事才能，是当时有名的畏兀儿军事家。

清王朝平定阿古柏的叛乱后，于 1884 年将西域改称为新疆，意思是"故土新归"，原有的土地又回来了，而决不是"新的疆土"的意思。清朝政府随后又设立新疆省。至于"东土耳其斯坦"，原本是西方殖民主义者提出的一个地理概念，并不是政治概念。30 年代初，在帝国主义的策动下，以一个毛拉为首的少数人搞的所谓"东土耳其斯坦伊斯兰共和国"不过是一个短命的闹剧，在包括维吾尔族人民在内的各族人民的坚决反对下，几个月便土崩瓦解了。

第二，尊重事实，正确认识少数民 族和汉族的关系。新疆是以维吾尔族为主体、各民族共同居住的地方，这是事实；长期以来，汉族人民就和新疆各族人民共同开发了新疆，同样是事实。有人煽动说："汉族侵占了维吾尔族的地盘和利益"，这在理论上、事实上都是站不住脚的。在新疆发现的细石器文化表明，西域的细石器文化是中国细石器文化的重要组成部分。也说明远在原始公社时期，西域和内地的居民已经有了密切的联系和交往，汉族居民在新疆的生息可以追溯到二千多年前。同时，汉族和维吾尔族都是中华人民共和国的一员，各族人民都是国家的主人，根本就不存在什么一个民族侵占另一个民族的地盘和利益的问题。在一个统一的国家，人员往来，进行经济联系和共同建设，是很正常的、必要的。

第三，学习民族知识，正确认识民族特点。我们知道，不同民族的区分是以不同的人们共同体存在各自的特点为前提的，民族的存在，就表明彼此之间的语言、风习、文化、经济生活等许多方面存在差别，各有特点。世界上有 2 000 多个民族，但国家只有 100 多个，绝大多数国家是多民族国家。所以，如果把民族特点作为搞独立的理由，显然是荒唐的。

第四，保持稳定，全面贯彻执行党的宗教政策，依法加强对宗教事务的管理，引导宗教与社会主义社会相适应，坚决反对非法宗教活动，决不允许煽动宗教情绪，利用宗教旗帜，挑起对抗，制造事端。

第五，坚决有力地依法打击分裂破坏活动。当前，新疆的形势很好，社会稳定，民族团结，各项建设事业不断发展。但也必须看到，有民族分裂主义分子进行分裂破坏活动。这些人是各族人民的共同敌人，民族的败类，历史的罪人。他们的行为，违背宪法和法律，违背各族人民的根本利益，违背历史潮流，理所当然地遭到广大人民群众的反对，理所当然地要受到法律的制裁，理所当然地要以失败而告终。一小撮民族败类搞的分裂民族、分裂国家的活动并不新鲜，新中国成立前就有人在帝国主义的支持下搞过，结果以失败而告终。现在又有人妄图借助外国势力进行分裂国家的罪恶活动，在社会主义祖国空前强大的今天，这些人只会失败得更惨。我们要一丝不苟地贯彻中央有关文件精神，坚定地依靠最广大的各族干部和群众，运用人民民主专政的强大力量，运用法律武器，毫不妥协地同分裂主义分子作斗争，揭露他们的反动伎俩，打击他们的破坏活动，制裁他们的犯罪行为，批驳他们的反动言论，以维护新疆的稳定，维护民族团结和国家统一。我特别希望新疆各族干部在维护祖国统一和民族团结的斗争中，在大是大非面前，立场坚定，旗帜鲜明，无私无畏，不怕吃苦受累，不怕流血牺牲。这是我要求大家做的，也是我愿意做的。

二、关于马克思主义的民族观

在我们这个多民族的国度，必须正确地认识和处理民族问题。为此，需要掌握马克思主义的民族理论和民族政策，树立正确的民族观。

民族观就是人们对民族和民族问题的根本看法，是人们的世界观在民族问题上的反映。对于一个阶级和政党来说，民族观集中体现在解决民族问题的指导思想和基本的理论、纲领、原则和政策上。它包括：什么是民族，民族的产生、发展和消亡，民族问题的产生和特点，解决民族问题的道路、路线和政策等。

马克思主义民族观的主要内容包括：民族的产生、发展和消亡是一个漫长的历史过程，民族问题将长期存在；社会主义阶段是各民族共同繁荣兴旺的时期，各民族间的共同因素在不断增多，但民族特点、民族差异将继续存在；民族问题是社会总问题的一部分，民族问题只有在解决整个社会问题的过程中才能逐步解决，我国现阶段的民族问题只有在建设社会主义的共同事业中才能逐步解决；各民族不分人口多少、历史长短、发展程度高低，都对祖国的文明做出了贡献，都应该一律平等，应该加强各民族人民的大团结，维护祖国的统一；大力发展社会生产力是社会主义时期民族工作的根本任务，各民族要互相帮助，实现共同进步和繁荣；民族区域自治是中国共产党人对马克思主义民族理论的重大贡献，是解决我国民族问题的基本制度；努力造就一支宏大的德才兼备的少数民族干部队伍，是做好民族工作和解决民族问题的关键；民族问题和宗教问题有时会交织在一起，在处理民族问题时，还要注意贯彻落实党的宗教政策。要坚持马克思主义的民族观，必须做到以下几个方面：

(一)正确认识和处理民族与国家的关系。民族，是依附于国家的人们共同体。国家，是由国民、国土、政权等组成的政治实体。任何一个民族都必须生存在一个具体的国度里，才能保护自己的权利，才能获得发展。国家是一个民族存在的必要条件。有了国家的统一与强大,才会有民族的兴盛和个人的幸福。要正确认识民族与国家的关系,处理好民族利益与国家利益、本民族利益与国内其他民族利益的关系。

在社会主义制度下的新中国,民族利益与国家利益本质上是一致的,爱本民族应当首先爱国家,国家荣辱盛衰与民族的荣辱盛衰紧密地联系在一起。但在各民族根本利益一致的基础上,各民族也会有自已的利益。比如谁都企盼自己的民族能更快地进步繁荣,谁都希望自己的民族跻身先进行列,等等。但这一切都不是孤立的,都有赖于国家的统一、独立、发展和尊严。中国近代史上各民族蒙受的耻辱就是因为我们的国家落后、贫穷。国家是各个民族的生存之本,发展之本。只有国家的安定、独立、富强,才能有各民族的发展、繁荣、进步,只有各民族的团结、和睦,才能使国家有稳定的发展环境和条件。因此国家的利益高于一切,民族的利益、局部的利益必须服从于国家的整体利益,各族人民要关注国家的前途命运并为之奋斗,为此献出生命也在所不惜。爱民族更应爱国家,兴民族更重要的是爱国家。任何时候都应当是国家利益为高为重,各民族要服从于、服务于它,热爱民族与服从国家整体利益,是公民的高尚情操。这两种情感相容共存,是国家独立、统一、富强的巨大精神支柱。

在实践中,要正确地对待国家利益和地区利益之间的关系。国家在民族地区开发资源,建设大型企业,从长远的眼光看,不仅是为了国家建设的需要,对民族地区也是有利的,民族地区要服从国家的利益,搞好民族地区的开发和建设。

(二)始终不渝地坚持各民族平等团结。民族平等已载入宪法,在国家的政治生活中已经充分体现了民族平等,各民族都有代表参与国家大事和地方事务管理。各级各类岗位上都有少数民族干部执行公务,管理政治、经济、文化事务。

民族平等还要求各民族公民在日常生活中,事事处处坚持平等相待,你尊重我,我尊重你;你不歧视我,我也不歧视你。各族公民每时每刻都要交往,都要发生各种联系,平等相待这一点十分重要。现在,随着社会的发展,交通的方便,各民族之间的交往空前扩大,并将是不断发展的趋势。交往多了,摩擦的可能性也就会增加,所以要特别提倡各民族的互相理解和尊重。并且要从小事做起,从自已做起。很多时候是小事酿大祸。一句话,针尖大的利益引起冲突的事并不少见。不管是哪一个民族的公民,在社会交往和生活中都不要忘记多民族国家这一基本国情,要以宽广的胸怀互相理解,互相尊重,抛弃任何轻视、歧视及偏见,防止自觉或不自觉地表现出来的民族优越感,不做任何可能伤害其他民族感情的事情。只要大家在社会生活中做到这一点,民族间的和睦友好关系就一定能很好地保持,社会主义的平等、团结、互助的新型民族关系就能得到不断的巩固和发展。

对于在民族团结进步方面事迹突出的典型和好人好事,要及时予以表扬和表彰,以促进和推动民族团结进步事业向前发展。

(三)坚持和完善民族区域自治制度。现在世界上解决民族问题的模式各有不同。每个国家的国情和民族情况千差万别,多民族的国家采取何种解决民族问题的模式,这要从自已的实际出发。

中国选择实行民族区域自治制度解决民族问题,这是根据马克思主义的原理和中国的国情决定的。这不是人的主观意志的产物，而是历史的必然。中国秦汉以来就是一个统一的多民族国家，在长期的历史演进中，各民族在分布上形成了小聚居、大杂居的格局；在经济生活中形成了紧密的联系和互补互依；在反对共同敌人的斗争中，各民族并肩战斗，结下了深厚的友谊；在漫长的历史进程中，统一国家的格局已经被各民族人民确认，这记录在书籍中、地图上，更深深地刻在各族人民的心中。无论从政治、经济、文化的发展，还是从历史的、现实的、未来的角度来观察，结论都是"汉族离不开少数民族，少数民族离不开汉族"。用周恩来总理的话就是："中国各民族合则两利，分则俱伤"；"历史发展给了我们合作的条件，革命运动的发展给了我们合作的基础。"事实已表明，实行民族区域自治，无疑是符合中国实际情况的正确选择。

大家知道，当今世界一些多民族国家民族冲突造成了深重灾难，更显出中国的民族区域自治制度的优越性。在经过了 80 年代末的国内国际的风波以后，邓小平同志指出："解决民族问题，中国采取的不是民族共和国联邦的制度，而是民族区域自治制度。我们认为这个制度比较好，适合中国的情况。我们有许多优越性的东西，这是我们社会制度的优越性，不能放弃。"

1980 年，邓小平同志在中央政治局扩大会议上的讲话中指出："要使各少数民族聚居的地方真正实行民族区域自治。"在建立社会主义市场经济体制的进程中，我们要坚持和完善民族区域自治制度。这方面要做的事情很多，要加强法制建设，大力培养少数民族干部，尊重民族自治地方的自治权，等等。而最首要的任务，是在改革开放中，发挥民族自治地方的优势，发挥民族区域自治制度的优越性，加快民族自治地方的经济建设和改革开放步伐，使地区发展，人民致富。为巩固完善民族区域自治制度，中央和有关方面做了大量的工作，在 1984 年颁布了《中华人民共和国民族区域自治法》。这是实施宪法规定的民族区域自治制度的重要法律，它标志着我国民族区域自治制度进入了一个新的阶段，走上了法制化的轨道。当然这方面还有许多工作要做，并要做好。

（四）解放和发展生产力，改善人民生活，促进各民族共同繁荣。建国以来，国家为帮助民族地区的发展，做了大量卓有成效的工作，包括物力、人力和财力的支持。国家的帮助，民族地区的自力更生，艰苦奋斗，使各民族获得了巨大的发展进步，有的民族跨越了几个社会形态，进入了社会主义时代。各民族也为国家的发展做出了应有的贡献。在新的历史条件下，要继续坚持党的民族政策，坚持各民族共同繁荣的方针。十四届五中全会通过的《建议》中关于民族地区的发展有着丰富的内容。

未来 15 年将是民族地区面临大好机遇、更快更好发展的 15 年。贯彻五中全会精神，实施"九五"计划和 2010 年远景目标纲要，要通过自力更生和国家的扶持、发达地区的帮助，使民族地区发展得更快更好，使各族人民生活不断改善，共同富裕。

对于民族地区与发达地区的经济发展差距问题，中央已经高度的重视。差距是历史和现实的多种原因造成的，它的消除需要一个过程。要积极创造条件，逐步缩小差距。

在发展经济的同时，还要十分重视民族地区的精神文明建设。努力做到坚持两手抓，两手都要硬。要加强科学文化和思想道德教育，培养"四有"新人，以爱国主义、集体主义、社会主义和新时期创业精神教育为主要内容，努力提高各民族干部群众的思想道德水准和文明程度。认真实施普法规划，加强民族法制建设，加大培养少数民族干部特别是跨世纪人才的力度，推动少数民族和民族地区的教育、文化、科技、卫生、体育等各项事业的发展，使各民族以昂扬的姿态步入小康、跨入21世纪。

三、关于马克思主义的宗教观

宗教是一种把支配人们日常生活的外部力量，幻想地反映为超人间力量的社会意识形式，是包含宗教意识以及与它相适应的宗教行为、宗教制度、宗教组织诸因素构成的社会体系。

宗教的产生、发展有其自然根源、社会根源和认识根源。宗教观念的最初产生是反映了在生产力水平极低的情况下，原始人对自然现象的神秘感及在自然力面前的软弱无力。在阶级社会里，宗教得以存在和发展有其深刻的社会根源。除了受自然力的压迫以外，人们又受到社会力量的支配而无法摆脱；广大劳动人民对于剥削制度所造成的巨大苦难，感到恐惧和绝望；在阶级社会里剥削阶级需要利用宗教作为麻痹和控制群众的重要精神手段。宗教的产生除了有自然和社会的根源之外，还有认识上的根源。即人们由于所处的时代、环境、传统观念以及接受教育的状况不同，加上不同的遭遇，往往导致人们在思想方法和认识方法上的错误，从而产生有神论。

宗教具有“五性”，即长期性、群众性、民族性、国际性和复杂性的特点。

宗教无小事。正确对待和处理宗教问题，是我国社会主义建设事业中的一个重要课题，也是建设有中国特色社会主义的一个重要内容。在宗教问题上能否处理得当，对于国家安定和民族团结，对于发展国际交往和抵制国外敌对势力的渗透，对于社会主义物质文明和精神文明的建设，具有不可忽视的重要意义。这就要求我们对宗教问题，一定要采取如列宁所指出的“特别慎重”、“十分严谨”和“周密考虑”的态度。夸大问题的严重性和复杂性，惊慌失措是不对的；忽视问题的存在和复杂性，掉以轻心，听之任之，也是不对的。

坚持马克思主义的宗教观，必须认真贯彻江泽民同志关于宗教问题的三句话：一是全面正确地贯彻执行党的宗教政策，二是依法加强对宗教事务的管理，三是积极引导宗教与社会主义社会相适应。在实践中要从以下几个方面加强工作：

(一)正确认识国家和宗教的关系。宗教是一种信仰，是一个人精神生活的一部分，是公民个人的私事。无论从哪个角度讲，国家对于一个人是最重要的。一个人可以信仰不同的宗教，但首先应是一个爱国者。这是共产党人和宗教信仰者团结合作的政治基础。宗教教义中也有要热爱国家的内容。热爱祖国，是做一个好的宗教徒的前提，一个不爱国的人，决不可能真正爱教。在我国，只有有了国家的强盛，只有在社会主义的条件下，才能有真正的宗教信仰自由。这里不能不指出，现实生活中有的人把国家和宗教的关系颠倒了，把宗教置于国家之上，把宗教看得比国家还重要。比如，对宗教教义严格遵守，对国家法律、政策却并不重视；对宗教方面的一些事情，如修建寺庙十分热心，对国家要求办的事情却不很热心。宗教徒当然可以爱教，可以参加正常的宗教活动，但更要爱国，更要遵守国家的政策法规。

（二）保护宗教信仰自由。宗教信仰自由是宪法赋予公民的一项权利。公民有信仰宗教的自由，也有不信仰宗教的自由。尊重和保护宗教信仰自由，包括保护人们信仰宗教的自由和不信仰宗教的自由两个方面。不得强制公民信仰宗教或者不信仰宗教，不得歧视信仰宗教的公民和不信仰宗教的公民。信教和不信教群众之间、信仰不同宗教的群众之间，都要彼此尊重，相互团结。我们贯彻执行宗教信仰自由政策的根本出发点和落脚点，是要使信教与不信教群众的意志和力量都集中在建设社会主义强国这一共同目标上来。大家和睦相处，彼此尊重，共同建设有中国特色的社会主义事业。任何背离这个基点的言论和行动，都是错误的，都应当坚决反对。宗教信仰自由政策是一项长期的政策，要认真全面地贯彻执行，保持宗教政策的连续性和稳定性。

（三）坚持政教分离，宗教不得妨碍教育、婚姻、家庭的原则。宗教信仰政策的实质，就是要使宗教信仰问题成为公民个人自由选择的问题，是公民个人的私事。按照政教分离的原则，一切宗教都不得干预政治，干预政府事务，不得妨碍司法、教育、婚姻、计划生育等，不得进行反对四项基本原则的宣传。

宗教界可以在独立自主的基础上发展宗教方面的对外友好关系，开展宗教方面的国际友好往来，但不允许任何人利用宗教进行危害国家统一、损害社会稳定的活动。

（四）依法对宗教事务进行管理。对社会事务依法进行管理，这是主权国家的权力。在我国，必须依法对宗教事务进行管理。政府及有关部门对有关宗教的法律、法规和政策的贯彻进行管理和监督。

国家有关部门在宗教事务方面已制定了一批法规。其内容包括：政府依法保护宗教团体和寺观教堂的合法权益，保护宗教教职人员履行正常的教务活动，保护信教群众正常的宗教活动，防止和制止不法分子利用宗教和宗教活动制造混乱、违法犯罪，抵制境外敌对势力利用宗教进行渗透。

宗教活动依照法律进行，宗教场所的设立及其活动必须依法办事，要把正常的宗教活动同各种不属于宗教范围的危害国家利益和人民生命财产的迷信活动区别开来，同超出宪法、法律和政策规定范围的非法活动区别开来。在保护宗教信仰自由和正常的宗教活动的同时，坚决打击一切在宗教外衣掩盖下的违法犯罪活动。还要注意坚持纠正侵犯公民宗教信仰自由的权利和宗教界合法权益的现象。

（五）引导宗教与社会主义社会相适应。宗教是一种历史现象，在社会主义社会中将长期存在，如果宗教与社会主义社会不相适应，就会发生冲突。广大宗教信徒是拥护社会主义制度的，同全国人民在根本利益上是一致的，这是宗教能够与社会主义社会相适应的政治基础。引导宗教与社会主义社会相适应，并不要求宗教徒放弃有神论的思想和宗教信仰，而是要求他们在政治上热爱祖国，拥护社会主义制度，拥护共产党的领导。把爱教与爱国结合起来，把宗教活动纳入宪法和法律的范围，把意志和力量集中到建设有中国特色的社会主义伟大事业中来，做到宗教活动有利于维护法律的尊严，有利于民族团结，有利于维护国家统一，有利于社会的发展和进步，同社会主义社会相适应。

应当看到，宗教的教义中有劝人行善积德等利于道德伦理教育的内容，在一部分群众中，可以起到精神寄托的作用；有的宗教信徒可以利用宗教的影响，宣传党的方针政策，协助基层干部做些说服教育群众的工作；有的宗教信徒还动员群众捐资助学，修路架桥，扶贫济困等。但是，在一些地方，宗教与社会主义不相适应的问题还存在。如有的地方兴建寺庙的规模和数量都超出了实际需要，也增加了群众的负担；有的地方宗教干预行政、司法和教育，影响政府政令畅通；一些教派之争，导致人员伤亡，危害社会治安和地区稳定；有的地方私设经文学校，传播与社会主义不相适应的内容。因此，在如何引导宗教与社会主义相适应问题，我们还有许多工作要做。

我已经介绍了马克思主义民族观、宗教观的基本内容以及党和国家处理民族问题和宗教问题的基本政策。这些观点和政策是党和国家一贯坚持的，是多年反复强调的。正确的理论和好的政策不但在于怎样说，更在于怎样做，在于理论和政策在实践中能很好地得到贯彻。对于在实践中如何坚持马克思主义民族观、宗教观问题，我也扼要地讲了一些意见。最后我还要强调以下几点：

第一，爱国主义和坚持马克思主义的民族观、宗教观有着内在的联系。需要正确认识和处理国家、民族、宗教三者之间的关系。坚持爱国主义，需要坚持马克思主义的民族观、宗教观；树立马克思主义的民族观、宗教观，才能更好地坚持爱国主义。这是一个重要的理论问题，也是一个重大的原则问题。

第二，无论何时何地，也不管是属于哪个民族，是否信仰宗教，只要是中华人民共和国的一员，就要始终如一地热爱自己的国家。这是法律的要求，也是道德的要求。国家系着人民的利益，系着民族的富强。要永远高举爱国主义的旗帜，为祖国的统一、强大、繁荣、昌盛不懈地奋斗。

第三，进行爱国主义教育，必须以邓小平同志建设有中国特色社会主义理论和党的基本路线为指导，必须有利于促进社会主义建设，必须有利于促进改革开放，必须有利于促进祖国统一的事业，这是新时期爱国主义教育的基本指导思想。在民族地区，要以中共中央印发的《爱国主义教育实施纲要》的精神为指导，有针对性地和经常性地加强工作。从而处理好民族宗教问题，维护民族团结、国家稳定的大好局面。

第四，坚持马克思主义的民族观、宗教观，做好民族宗教工作，关键在于建设高素质的干部队伍，各族干部要按照江泽民同志在今年“七一”讲话的要求，全面提高自己的素质。在实际工作中，要始终高举爱国主义的旗帜，带头坚持马克思主义的民族观、宗教观，坚持民族平等、团结、互助的社会主义民族关系的基本原则。大力倡导民族团结风尚，广泛进行民族理论和民族政策的宣传教育，做民族团结的模范，做维护祖国统一的带头人。

第五，正确处理民族宗教问题。既要正确区分民族和宗教问题，又要充分注意到两者的联系交织。做到是什么问题就按什么问题解决，是什么性质的问题就按什么性质的问题解决。法律面前，人人平等。

重要文件

国家民委关于印发《中共国家民委党组关于加强自身建设的意见》的通知

1996年1月5日

各省、自治区、直辖市、新疆生产建设兵团民委(民宗委、厅、局),委机关各部门、委直属各单位:

现将《中共国家民委党组关于加强自身建设的意见》印发给你们。

中共国家民委党组关于加强自身建设的意见

为贯彻落实党的十四大和十四届四中、五中全会精神,全面加强中共国家民委党组的思想、组织、作风建设,特提出如下意见。

一、坚持同党中央保持高度一致,维护中央的权威

加强党组的思想建设,进一步提高每个成员的政治素质。委党组成员要努力做到讲政治,包括政治方向、政治立场、政治观点、政治纪律、政治鉴别力和政治敏锐性,以无产阶级政治家的标准严格要求自己。坚持邓小平同志建设有中国特色社会主义理论和党的基本路线,努力贯彻"抓住机遇,深化改革,扩大开放,促进发展,保持稳定"的基本方针,正确处理好改革、发展和稳定的关系。紧紧围绕经济建设这个中心,坚决贯彻

执行党的路线、方针、政策，在思想上、政治上、行动上与党中央保持高度一致，自觉维护中央的权威。

二、加强理论学习，提高理论素质

把加强理论学习、提高理论素养和政策水平作为加强自身建设的一项重要任务，认真抓紧抓好。坚持中心组学习制度，全面系统地学习邓小平同志建设有中国特色社会主义理论，学习党的路线、方针、政策并要熟悉民族工作的理论、政策和业务知识。在安排上，除了搞好自学和集体学习外，还要按照中央组织部关于省部级领导干部培训计划要求，积极参加中央党校培训班的学习。学习要注重联系实际，把理论知识与民族工作实际结合起来，力求把握理论的科学体系和基本原理并用以指导民族工作实践，不断提高党组整体理论素质和决策水平。

三、牢牢把握民族工作方向，服从和服务于全党工作大局，尽心竭力为民族团结进步事业服务

民族工作是关系到国家统一、社会稳定、边防巩固和现代化建设成功的大事。要充分认识到我们责任的重大和党中央、国务院对我们的信任，尽心尽力，尽职尽责，认真行使职能，把握民族工作的正确方向。要围绕团结与进步、稳定与发展的主题，坚决贯彻落实党中央、国务院关于民族工作的各项指示和决定，认真执行国家关于民族工作的法律法规，大力宣扬民族团结进步的先进事迹，总结推广民族团结进步的典型经验，推进民族地区的经济社会发展，促进各民族的共同繁荣。继续深入贯彻落实中央政治局常委会议关于民族工作的重要指示，进一步加强对各省、自治区、直辖市民族工作部门的支持和指导；加强同国家民委委员及委员单位的联系，充分发挥委员制作用；加强同各部门及社会各界的联系与沟通，调动一切积极因素，为民族地区和少数民族群众多办实事、好事。党组成员要以各民族的平等、团结、互助和共同繁荣为己任，认真履行职责，创造性地开展工作，为中华民族的大团结服务、为少数民族服务、为民族地区服务、为民族团结进步事业服务，努力当好党中央、国务院在民族工作方面的参谋助手。

四、树立良好的工作作风，深入实际，调查研究，对民族工作的新情况、新问题，及时提出解决的建议和意见

深入实际调查研究，是做好工作的基本功。在建立社会主义市场经济体制和实现两个根本性转变的新形势下，对少数民族和民族地区所面临的新情况、新问题，要深入调查和认真研究，及时提出有分析、有见地、有价值、操作性强的对策、建议和意见。

党组每个成员，每年都要进行一到两次较系统的调查研究，向党组写出有分量的调查报告，或者提出一两个有价值的建议。

委党组每年至少要对民族工作中的一两个重大问题形成有分析、有见地的情况报告，总结出一两个方面有指导意义的成功经验，并及时向党中央、国务院报告。

五、坚持民主集中制原则，加强集体领导，发扬党内民主，进一步提高决策水平

在党中央、国务院的领导下，充分发挥委党组的核心领导作用。按照党的民主集中制原则，坚持集体领导和个人分工负责相结合的制度。凡属民族工作和委机关、委系统工作中的重大问题，如传达贯彻党中央、国务院重要会议、重大决策、中央领导同志重要指示精神；向中央的重要情况报告，委重要会议的主要文件，制定民族工作方面的具体政策和措施；机构设置、变动及委管干部任免；大的基建项目、较大数额的经费开支等，必须提交党组集体讨论决定。党组成员要执行党的纪律，在党组内部应当充分发表意见，同时对党组集体作出的决定，必须坚决执行。坚持双重民主生活会制度，积极开展批评与自我批评，增强民主生活会的思想性和原则性，严密党的组织生活。

在决策中，要认真听取并尊重基层党组织、广大党员、干部、职工和各个方面的意见，把领导决策真正建立在群众智慧的基础之上，提高决策民主化、科学化程度和决策水平。

制度建设是一项根本性措施。在继续执行《国家民委工作规则》的同时，要进一步加强和完善制度方面的建设。委党组除正常召开的会议以外，每月召开一次党组成员碰头会，互通情况，协调工作。党组成员要根据工作分工，各司其职，各负其责。凡属自己分工和职责范围内的事，要切实履行职责，独立负责地做出处理。党组成员之间要互相尊重，互相信任，互相支持。要关心全局，积极参与集体领导，提高党组的凝聚力和战斗力，充分发挥整体功能。注意抓好委机关健全和完善规章制度的工作，建立严谨、科学的工作程序和高效、优良的机制。

六、进一步加强后备干部队伍建设，加大后备干部选拔培养力度

后备干部队伍建设是干部队伍建设的重要组成部分，是培养能够担当重任的跨世纪领导和管理人才的伟大工程。要认真执行中央《关于抓紧培养选拔优秀年轻干部的通知》和《党政领导干部选拔任用工作暂行条例》。在保持领导班子梯次年龄结构的前提下，进一步拓宽视野，大胆选拔年轻干部。把选人、用人与育人结合起来，做好后备干部的培养教育和管理工作。对后备干部进行定向培养，采取缺什么补什么的办法，通过加任务、压担子、选派到党校或行政院校学习、到发达地区或贫困地区挂职锻炼、到上级机关或企事业单位工作、交流换岗等措施，加大培养力度。对后备干部实行动态管理，定期考察，适时调整补充，保持后备干部队伍数量相对稳定，质量不断提高。

特别要采取积极有效措施，大力培养选拔优秀中青年少数民族干部，加强同少数民族干部的广泛联系，按照干部队伍“四化”的要求，逐步实现中央提出的关于各级领导班子中优秀年轻干部所占比例的目标。同时，注意发挥各年龄段干部的积极性，保持干部队伍的稳定。

七、加强廉政建设，模范遵纪守法

要从关系党和国家的前途与命运的高度，充分认识廉政建设和反腐败斗争的重要性。党组成员要保持高尚的情操，带头发扬党的优良作风，模范遵纪守法，勤政廉洁，为

人表率；要自觉遵守中央关于领导干部廉洁自律的两个“五条规定”和“四项补充规定”以及委党组关于国家民委机关廉政建设的各项规定，严于律己，自觉接受党组织和群众的监督。

加强廉政制度建设，建立和完善监督制约机制；进一步加强对纪检、监察和审计工作的领导，充分发挥检查监督部门的职能作用。要把廉政建设同精神文明建设结合起来，以廉政建设带动精神文明建设，转变机关作风，提高精神文明水准。表彰廉洁奉公、无私奉献、助人为乐、见义勇为、舍己救人、互相帮助等方面的好人好事，弘扬正气，打击歪风，使国家民委系统形成良好的风气。

八、加强对直属单位的领导

搞好委直属单位的建设，使之更好地完成所承担的任务，对于推进民族团结进步事业具有重要意义。委党组要加强对直属单位的领导，深入基层，深入群众，听取意见，指导工作。党组成员要按照分工积极支持职能部门，切实帮助直属单位解决存在的问题和困难，特别是一些长期得不到解决的棘手问题。

要注意研究各直属单位的特点，了解和掌握直属单位的情况，有针对性地解决存在的问题。对不团结的领导班子，要逐个进行分析，提出解决意见，下大功夫把领导班子建设好，保证直属单位的健康发展。

贯彻落实委党组关于直属事业单位逐步建立基层党委、实行党委领导下的行政首长负责制的决定，通过换届选举，把各直属事业单位党委领导班子建设好，充分发挥基层党组织的战斗堡垒作用和党员的先锋模范作用。

九、关心群众，多办实事，切实解决干部群众工作生活中的实际问题

委党组成员要继续发扬我党密切联系人民群众的优良传统和作风，深入群众、了解群众、关心群众疾苦，为群众排忧解难。

积极创造条件，加快基建工程建设进度，尽快解决委机关和委属一些单位办公条件差、群众住房困难问题；努力搞好后勤服务，鼓励并支持后勤服务部门利用现有条件，在做好对内服务的同时，适当开展对外经营，增加创收，以扩大服务项目，提高服务质量；关心离退休干部的生活，发挥共青团、工会、妇女等群众组织的作用，活跃职工业余文化生活。

继续加强同少数民族贫困地区特别是我委扶贫点少数民族群众的联系，积极帮助他们解决实际困难，推进我委的扶贫工作。

新闻出版署、国家民委关于资助全国优秀民族图书出版的倡议书

1995 年 12 月 29 日

各省、自治区、直辖市新闻出版局、新华书店，全国各出版社，新华书店总店，中国印刷物资公司，中国出版对外贸易总公司，各有关地方民(宗)委及有关单位：

我国是一个统一的多民族国家。民族问题历来受到党和政府的高度重视。民族出版工作是党和政府民族工作的重要组成部分，它直接关系到55个少数民族科学文化的发展，关系到民族教育和人口素质的提高，关系到民族地区两个文明建设乃至整个国家经济建设的全面发展。因此，做好民族出版工作是关系到民族团结、社会稳定和各民族共同繁荣的大事。

党的十一届三中全会以来，我国的民族出版工作有了长足的发展，取得了巨大的成绩。目前，全国民族出版社有 36 家，每年以 23 种少数民族文字出版各类图书 3 000 余种，为少数民族地区的科学、文化、教育、经济的发展做出了突出的贡献。但是，由于少数民族聚居区大多地处偏远、地广人稀、交通不便，经济发展较内地缓慢，各种条件落后等多种原因，使民族出版事业先天不足，发展困难。为此党和国家每年都拿出大量资金予以补贴，以扶持、促进民族出版事业的发展。然而，近年来由于原材料、印刷工价等上涨，成本提高等诸多原因，民族出版事业在财政上严重亏损，有的民族出版社入不敷出，民族文字图书的品种数量逐年递减。各民族出版社虽奋力拚搏，但仍倍感艰辛，难以为继。

一方有难，八方支援是中华民族的美德。民族出版工作是全国出版工作一个重要组成部分，少数民族是中华民族大家庭中的一员。我们不能看着自己的家人有了困难而坐视不管；我们不能看着少数民族儿童因为不能及时拿到课本和有益的课外读物，无法受到正常的教育而视若无睹；我们不能看着少数民族优秀、丰厚、独一无二的文化艺术遗产，由于无力出版而荒芜破败，以至于难以挽救！

为了共同担负起振兴和促进民族出版事业的重任，新闻出版署、国家民委考虑筹集一定数量的出版资金，以资助全国优秀民族图书的出版。希望所有关心民族出版事业发展的单位和个人，伸出友爱、互助之手，慷慨解囊，为全民族出版事业的发展添一块砖、尽一份力。所捐资金多少皆可，数额不限。让我们携起手来，为社会主义民族大家庭的精神文明建设而努力奋斗。

中央组织部、中央统战部、国家民委关于1996年组织少数民族干部到中央、国家机关和经济相对发达地区挂职锻炼工作有关问题的通知

1996年3月27日

北京、天津、上海、内蒙古、辽宁、吉林、江苏、浙江、福建、山东、湖北、湖南、广东、广西、海南、四川、贵州、云南、西藏、甘肃、青海、宁夏、新疆等省、自治区、直辖市及各副省级城市党委组织部、统战部和政府民委;中央和国家机关有关部委,有关人民团体干部(人事)司(局):

1996年,中央组织部、中央统战部和国家民委继续组织少数民族干部到中央、国家机关和经济相对发达地区挂职锻炼。现将有关事项通知如下:

一、挂职时间和人数

今年挂职时间一律为半年。安排挂职人数170名,其中到中央、国家机关的95名,到3个直辖市、16个副省级城市的50名,到"全国农村经济综合实力百强县"(以下简称"百强县")的25名。为了便于管理,适当缩小安排到经济相对发达地区挂职的范围和人数,不再安排干部到河北、河南、福建、辽宁的"百强县"挂职;适当增加到中央、国家机关挂职的人数,挂职单位增加国家经贸委、煤炭部、文化部、国家旅游局、国家国有资产管理局、中国人民银行、中国银行、中国农业银行、中国工商银行、中国人民建设银行、国家开发银行、中国进出口银行、中国农业发展银行、中国人民保险公司、中国石油化工总公司、中国石油天然气总公司等16个单位,共55个单位。派出干部的省增加了海南省。

二、名额分配

原则上,前几年已经安排干部到有关部(委、局)挂职锻炼过的省、区,今年不再安排到同一部(委、局),各省、区作些轮换。每个少数民族自治州至少要给一个名额;对一些自治旗(县),如内蒙古的鄂伦春自治旗、莫力达瓦达斡尔族自治旗、鄂温克族自治旗和广西的几个自治县等,有关省、区在分配名额时应予适当照顾。

三、人选的确定和呈报

选派少数民族干部挂职锻炼工作，由省、区党委组织部牵头，统战部门和民委配合。派出干部的省、区党委组织部和统战部、民委，要按照组通字〔1995〕10号文件规定的选送对象和条件，严格把关，确保质量。选派的人选必须是优秀中青年干部，地（州、厅）级干部一般在45岁左右，县（处）级干部一般在40岁左右。要把这项工作同培养选拔年轻干部、妇女干部和党外干部结合起来，选派的干部中，女干部不少于三分之一，至少有1名党外干部。人选确定后，于5月3日前将名单传真报中央组织部干部调配局、中央统战部二局、国家民委人事司审定，然后由省、区党委组织部统一填写《少数民族干部挂职锻炼登记表》，连同名单分别报中央组织部、中央统战部和国家民委备案，同时抄送中央、国家机关有关部委和有关省、直辖市、副省级城市组织（人事）部门。

四、挂职干部的职务安排

原则上安排实职，不占接收单位领导班子职数。在中央、国家机关挂职的，按干部的相应职级，安排副司（局）长、副处长；在直辖市、副省级城市和“百强县”挂职的，可根据实际情况安排任实职或助理，并让他们分管或协助分管某方面的工作，参加或列席党委常委会、政府常务会等。挂职干部的任职通知，要及时报中央组织部、中央统战部和国家民委备案。

五、挂职干部的管理

干部挂职期间，以接收单位为主管理。派出省、区和单位也要加强对挂职干部的管理，与接收单位加强联系，定期了解他们的思想和工作情况。接收地区和单位，要帮助挂职干部制定好学习、工作计划，创造必要的学习、工作条件；要确定帮带领导和工作联系人，加强工作指导；要积极支持他们放手大胆工作，使他们在实际工作中增长才干，切实提高组织领导能力和思想、工作水平；要注意听取和反映挂职干部的意见和要求，帮助解决工作和生活上的困难。对少数民族干部既要热情关心，又要严格要求。干部挂职期间不要随带人员和家属，不要随意离开挂职岗位，不安排探亲。挂职干部因事需要请假10天以上的，要经所在省、市（含副省级城市）党委组织部批准；请假20天以上的，要报经中央组织部同意。挂职结束后，要按照中央组织部组通字〔1995〕10号文件的要求，做好总结鉴定工作，认真填写《少数民族干部挂职锻炼总结鉴定表》。

干部在挂职期间，只转党组织关系，其工资、医疗费用由原单位负责。伙食补助参照干部下派锻炼的标准和有关规定执行。

六、报到时间

到中央、国家机关和北京市挂职的，5月下旬报到，具体时间、地点另行通知；到天津、上海、16个副省级城市和“百强县”挂职的，于5月28日直接到有关省、直辖市党委组织部报到。

各地各部门要一如既往地重视和做好少数民族干部挂职锻炼工作，进一步加强领导。要做好挂职干部的继续培养和选拔使用工作，干部挂职期间的表现，作为提拔使用的重要依据之一。对前几批挂职的干部，要进行跟踪考察了解。今年中央组织部、中央统战部和国家民委将在适当的时候，分别到有关省、区进行调查了解，请派出干部省、区先期做好准备。各级组织(人事)、统战部门和民委要进一步加强配合，注意总结经验，不断改进工作。选派挂职干部的省、区党委组织部、统战部和政府民委，对挂职干部要提出要求，明确任务，挂职结束后要听取他们的汇报。接收挂职干部的地区和单位组织(人事)部门，要将这项工作的进展情况，挂职干部的学习、工作状况，每月一次书面向中央组织部、中央统战部和国家民委反映，以便及时了解和交流有关情况。

国家民委、广电部、文化部、中国文联关于举办第六届全国少数民族题材电视艺术“骏马奖”评奖活动的通知

1996 年 4 月 18 日

中央电视台、各省、自治区、直辖市广播电视厅(局)并电视台、民族事务委员会(民族宗教事务局、处)、文化厅(局)、文联、电视艺术家协会分会、电影局、中影公司、各电影制片厂：

由国家民族事务委员会、广播电影电视部、文化部、中国文学艺术界联合会联合主办，中国电视艺术家协会协办的第六届全国少数民族题材电视艺术“骏马奖”评奖活动，定于 1996 年 9 月 1 日至 9 月 20 日在北京举行。现将组织委员会名单(附一)、本届“骏马奖”评选方案(附二)发给你们，请按照本通知(附二)的要求，于 8 月 20 日前，将参加少数民族题材电视艺术“骏马奖”评选的片目、文字资料和录像带送到“骏马奖”评奖办公室。

评奖活动组织委员会办公室设在国家民委文化宣传司。

附一：

第六届全国少数民族题材电视艺术“骏马奖”评奖活动组织委员会名单

名誉主任：司马义·艾买提　国务委员、国家民委主任
主 任 委 员：李晋有　国家民委副主任
副主任委员：刘习良　广电部副部长
　　　　　　徐文伯　文化部副部长
　　　　　　高运甲　中国文联党组副书记、秘书长
委　　　员：方鹤春　国家民委文化宣传司司长
　　　　　　李　准　中宣部文艺局局长
　　　　　　仲呈祥　广电部艺委会副主任
　　　　　　崔永生　文化部民族文化司副司长
　　　　　　于　健　中国文联组联部部长
　　　　　　阮若琳　中国视协党组书记
　　　　　　赵化勇　中央电视台副台长
　　　　　　陈家才　国家民委文化宣传司副司长
　　　　　　汪小为　中国视协副主席
　　　　　　朱兰其其格　中国视协副主席
秘　书　长：方鹤春（兼）
副 秘 书 长：朱兰其其格（兼）
　　　　　　于　健（兼）
　　　　　　仲呈祥（兼）
　　　　　　崔永生（兼）
　　　　　　陈家才（兼）
组委会办公室主任：陈家才（兼）
副　　主　　任：韦作将、汤恒、张乃嘉、陆耀儒、李玉生
评奖办公室主任：宝向新

附二：

第六届全国少数民族题材电视艺术“骏马奖”评选方案

一、指导思想

认真贯彻中央民族工作会议、全国宣传部长会议精神和今后五年宣传思想工作的指导思想，在以江泽民同志为核心的党中央领导下，在邓小平同志建设有中国特色社会主义理论指引下，坚持党的基本路线和基本方针，维护祖国统一、民族团结和社会稳定，进一步推动和发展少数民族题材电视艺术创作。

二、组织领导

为了做好评奖工作，经主办单位协商，决定成立第六届全国少数民族题材电视艺术“骏马奖”组织委员会和评奖委员会。

三、评奖范围

凡 1994 年 8 月 1 日至 1996 年 7 月 31 日在省辖市、地州（盟）以上电视台播出的反映少数民族历史和现实生活为内容的电视剧（单本剧及连续剧并含戏曲电视剧）、儿童电视艺术片（儿童电视剧和专为儿童制作的动画、木偶电视片），电视艺术片（经过二度艺术创作的音乐舞蹈片，不包括演出实况录像及晚会节目）、电视栏目和专题片（每集长度限定在 10 分钟至 30 分钟）、少数民族语言译制片均可参加评选。

四、对参评片的要求

1. 各摄制单位限报电视单本剧、连续剧、电视艺术片各一部，电视栏目和专题片各一部，儿童电视艺术片数量不限，少数民族语言译制片由有关省区的组织初评，而后报送本省（区）有关语种总片目、本省初评结果及顺序目录。

2. 参评片如系少数民族语言，要有汉语字幕（少数民族语言译制片除外）。

3. 各单位要向评奖办公室提供参评片的片目，播出台名、播出日期、准确长度、导演阐述、故事梗概、分镜头剧本、解说词稿、演职员表（如是少数民族则要注明），写明使用机型（不收 VHS 录像带）。请自留原稿，参评的录像带一律不退。

五、评奖办法

1. 采取评委集中评选的办法。

2. 评奖的主要依据是参评片的政治思想性、艺术性和技术质量，由评委投票选定。

3. 电视单本剧、电视连续剧、电视艺术片、儿童电视艺术片、电视栏目、专题片各设一、二、三等奖。少数民族语言译制片设译制片奖；本届评奖设优秀编剧、优秀导演奖各一名，优秀演员奖二名。

获奖者由组委会颁发特制工艺骏马、获奖证书及奖金。

4. 曾参加过其他评奖的少数民族题材电视艺术作品，合乎本届评选要求的，也可参加评选。

六、评选时间、地点

初评时间：1996 年 9 月 1 日至 9 日
地　　点：北京
终评时间：1996 年 9 月 10 日至 20 日
地　　点：北京
颁奖大会：1996 年 10 月 20 日
地　　点：北京

七、颁奖办法

在北京人民大会堂举行隆重颁奖大会，由党和国家领导人及主办、协办单位领导向获奖者颁发特制工艺骏马、获奖证书及奖金。

第六届全国少数民族题材电视艺术“骏马奖”获奖名单

电视单本剧

一等奖：《太阳花》（潇湘电影制片厂）
二等奖：《南诏奉圣乐》（中央电视台影视部、云南民族文化音像出版社）
《赫图啊拉老城》（辽宁电视台）
三等奖：《朗莎雯波》（四川电视台）
《阿妈啦的雪莲》（中国电视剧制作中心）
《春香》（中共内蒙古纪检委、监察厅、中共内蒙古党委组织部、中共兴安盟盟委、内蒙古电视台）

电视连续剧

一等奖：（空缺）

二等奖：《追日部族》（中央电视台影视部、空军政治部话剧团）

《边贸女人》（广西电视台）

《盐丁儿》（鞍山市人民政府、中国儿童电影制片厂、中央电视台影视部）

三等奖：《布依女》（三星影视中心、贵州省委宣传部、沈阳军区政治部、中央电视台影视部）

《战地阿里郎》（延边电视台、中国民族影视艺术发展促进会）

《桃花寨的故事》（湖南电视节目中心、湖南省工商行政管理局、湖南省湘西土家族苗族自治州人民政府）

电视专题片

一等奖：《金色圣山》（内蒙古电视台）

二等奖：《中国少数民族——景颇族、傈僳族、白族》（北京电视台）

《中华民族风情录——瑶族、黎族》（广州电视台影视艺术中心）

《贫困山村的小康人家》（宁夏区计委、宁夏电视台）

《鹰屯》（吉林电视台、长春市电教馆）

《家》（吉林白城电视台）

三等奖：《伊达木》（内蒙古电视台、内蒙古对外交流协会）

《瑶乡鼓韵》（湖南省民委、湖南电视台）

《走过昨天的彝家女》（中央电视台）

《迪庆行》（云南电视台）

《接龙壮歌》（湖南湘西电视台）

《台湾高山族》（辽宁电视台）

电视栏目片（不设等级奖）

优秀奖：《正大综艺——云南专辑》（中央电视台国际部、云南电视台）

《七色风》（西藏电视台）

《五色土》（宁夏电视台、宁夏对外宣传小组办公室、宁夏民委）

电视艺术片（不设等级奖）

优秀奖：《水碾》（湖南电视台）

《艺苑风景线——欢天喜地过大年》（深圳电视台、中央电视台、中国广播艺术团）

《梦中的哈纳斯》（乌鲁木齐有线电视台、新疆音像出版社、中国汉凌集团公司）

儿童电视片

一等奖：《交朋友》　　　　　　（新疆电视台、云南电视台）
二等奖：《我的妈妈在西藏》（中共四川省委宣传部、四川电视台）
三等奖：《在那遥远的地方》（中央电视台青少部、新疆有线电视台）
　　　　《爱在你身边》　　　（云南电视台）

优秀编剧奖

电视专题片《金色圣山》　　毕力格（蒙古族）
电视专题片《金色圣山》　　查格德尔（蒙古族）
电视单本剧《南诏奉圣乐》　马　力
电视单本剧《南诏奉圣乐》　罗远书

优秀导演奖

电视连续剧《盐丁儿》　　赵元（女）
电视连续剧《追日部族》　白玉（女）
电视连续剧《追日部族》　高曦曦

优秀演员奖

电视连续剧《边贸女人》　　　普超英（女，彝族）
电视连续剧《阿曼尼莎汗王妃》穆尼热（女，维吾尔族）

民族语言译制片（不设等级奖）

优秀奖：《北京人在纽约》　（内蒙古电视台）
　　　　《如果有来生》　　（内蒙古电视台）
　　　　《战争电影与人类》（内蒙古电视台）
　　　　《大决战》　　　　（内蒙古电视台）
　　　　《悠悠远乡情》　　（新疆电视台译制中心）
　　　　《阿曼尼莎汗王妃》（新疆电视台译制中心）
　　　　《杨家将》　　　　（新疆喀什广播电视局译制部）
　　　　《农民的儿子》　　（新疆和田电视局译制部）
　　　　《飞狼》　　　　　（新疆克拉玛依市电视台译制部）
　　　　《三国演义》　　　（新疆电视台译制部）
　　　　《周恩来》　　　　（新疆伊犁州广电局译制部）
　　　　《在山那边》　　　（新疆巴州广电局译制部）
　　　　《封神榜》　　　　（西藏电视台译制部）
　　　　《辽沈战役》　　　（青海民族语影视中心）
　　　　《庄稼汉》　　　　（青海民族语影视中心）

《北京人在纽约》　　（延边电视台）

特别奖（不分类别，不分等级）

电视连续剧：《阿曼尼莎汗王妃》（天津电视台、新疆电视台、天山电影制片厂、天津电影制片厂）

电视专题片：《活佛转世》　　（青海电视台）

《新疆——庆祝新疆维吾尔自治区成立40周年》（中央电视台）

提名奖（不分类别，不分等级）

电视单本剧《艾伦在大理》　　（云南电视台）
电视单本剧《望夫云》　　（云南大理州文化局、成都广播电视艺术团）
电视单本剧《魂归可可西里》　　（青海电视台）
电视连续剧《窍哥》　　（福建电视台）
电视连续剧《哈尼姑娘》　　（云南电视台红河州委、州政府）
电视连续剧《没织完的西兰卡普》（湖北鄂西电视台）
电视专题片《人间最美白玉兰》　　（黑龙江电视台）
电视专题片《临清穆斯林》　　（山东省民委、新华社山东分社）
电视专题片《金兰英的故事》　　（山东泰安电视台）
电视专题片《黎寨一家人》　　（海口电视台）
电视专题片《哈里发（青年阿訇）》（南京有线电视台）
电视专题片《来自版纳的爱》　　（北京电视台）
电视专题片《烟筒石·二十四口人》（中央电视台、国家民委）
电视专题片《京岛，我的家乡》　　（广西电视台）
电视专题片《走向富裕之路》　　（新疆电视台）
电视专题片《旦巴嘉措和甘南藏医》（甘肃电视台）
电视专题片《花儿本是心上的话》（兰州电视台）
电视专栏　《雪域地平线》　　（西藏电视台、西藏自治区团委）
电视艺术片《北疆风情》　　（黑龙江电视台）
电视艺术片《舞蹈女神——刀美兰》（北京电视台）
电视艺术片《骆越风》　　（南宁电视台）
电视艺术片《姹紫嫣红伊犁情》　　（新疆电视台）
电视艺术片《天山脚下金百灵》　　（乌鲁木齐电视台）
电视艺术片《故乡的旋律》　　（新疆巴州广电局蒙语译制部）
电视艺术片《鼓与人的诉说》　　（西藏电视台）
儿童电视艺术片《披袈裟的学童》（昆明有线电视台）

国家民委关于授予“磁场处理稻种对其酶活性和发育的影响”等项目科技进步奖的决定

1996 年 6 月 3 日

为进一步推进我委科技工作的深入开展，根据国家有关科技成果奖励办法的要求，在国家民委科学技术奖励委员会组织有关专家对委属单位推荐申报的科技成果进行认真严格评审的基础上，国家民委决定授予“磁场处理稻种对其酶活性和发育的影响”等 12 个项目“1995 年度国家民委科技进步奖”，并予以表彰。

现将 1995 年度国家民委科技进步奖项目公布如下：

一等奖(三项)

1. 磁场处理稻种对其酶活性和发育的影响

   完成人：中南民族学院　方麟侣等

2. 关于 L-fuzzy 拓扑学的几个公开问题

   完成人：西南民族学院　彭育威

3. 九龙牦牛种质测定(肉质测定)

   完成人：西南民族学院　钟光辉等

二等奖(三项)

1. JYS 数字系统教学科研两用实验装置

   完成人：中央民族大学　白中英等

2. 黑洞热力学及吸积盘的不稳定性

   完成人：中南民族学院　汪定雄

3. CPD-I 型冷等离子体诊断仪

   完成人：中南民族学院　孙奉娄等

三等奖(六项)

1. Toeplitz 与 Hankel 算子

   完成人：中央民族大学　张成国

2. 数学教育学——基本理论和实践

   完成人：中央民族大学　罗小伟

3. BCI 代数的拉格朗日定理

完成人:中南民族学院　张　群

4. 岩石破裂时的电磁辐射

完成人:中南民族学院　王炽仑等

5. 猪细颈囊尾蚴诊断、防治技术研究

完成人:西南民族学院　朱辉清等

6. 模糊拓扑群与格值模糊拓扑群理论

完成人:东北民族学院　于纯海

国家民委、国家体委关于印发《全国民运会有关问题座谈会纪要》的通知

1996 年 6 月 13 日

各省、自治区、直辖市民委、体委:

现将《全国民运会有关问题座谈会纪要》(以下简称《纪要》)印发给你们,希望根据《纪要》精神,尽早做好第六届全国民运会的筹备工作。

全国民运会有关问题座谈会纪要

1996 年 5 月 21 日至 24 日,国家民委、国家体委在北京联合召开了全国民运会有关问题座谈会。参加会议的有前几届全国民运会的承办单位内蒙古、新疆、广西、云南和即将承办第六届全国民运会的北京、西藏等省、自治区、直辖市的有关代表。国家民委副主任李晋有、国家体委副主任刘吉、北京市政协副主席、市长助理万嗣铨、西藏自治区副主席次仁卓嘎及国家民委文化宣传司、国家体委群众体育司的负责人出席会议并讲了话。

会议首先回顾、总结了前几届全国民运会的成功之处及不足,之后听取了北京和西藏方面对承办下届民运会的总体设想。

会议认为，这次座谈会是第一次对前五届全国民运会进行全面总结，并在总结经验的基础上研讨第六届全国民运会的总体设想，是非常必要的。在1999年新中国成立50周年之际，又是在本世纪的最后一年，在首都北京和位于世界屋脊的民族自治区西藏，举办第六届全国民运会意义重大。我们一定要在这最有历史意义的时刻，通过体育的形式向全世界充分展示我国各民族平等、团结、进步、繁荣的时代风貌。

与会代表针对民运会的特点，进行了深入的研讨，就如下问题取得了共识：

（一）要强调民运会的宗旨。发展民族体育，增强各民族身体素质，加强民族团结，振奋民族精神，为社会主义物质文明和精神文明建设服务。本着平等、团结、进步、繁荣的原则，积极筹备好第六届全国民运会。

（二）关于第六届全国民运会规模。第六届全国民运会的规模要根据实际情况而定，不求最大，但求最佳。

（三）第六届全国民运会项目设置及器材。第六届全国民运会竞赛项目设置，既考虑到各少数民族参与的广泛性，又要遵循实事求是的原则，慎重开发大项目，积极开发小项目，对各地申报增设的大项目，进行充分论证，数量不宜多，可在原设项目中增设一些小项。表演项目应首先考虑体育性，研究、解决好体育性与文艺性的关系，提高表演项目的表演水平，把握好继承与创新的关系，鼓励对传统项目进行创新、推广。

民运会竞赛项目器材要改进、统一，要科学化、规范化。

（四）关于民运会竞争意识。作为社会和政府，民运会要淡化金牌意识，但参加者和运动员竞争意识不能淡化，公平合理的竞争能够体现团体拼搏的精神风貌，要提倡团结、拼搏、奋进的精神，创出好成绩。

（五）关于竞赛规则和裁判问题。根据与会代表的建议，国家民委、国家体委职能部门将尽快组织专家修改民运会竞赛项目规则，使其更具科学性；尽早培训第六届全国民运会裁判员，提高裁判水平，并把民运会竞赛项目的裁判工作逐步纳入国家体委裁判系列，实行等级制管理。

（六）关于民运会的宣传工作。经国务院批准，第六届全国民运会在北京举办，同时在西藏设分赛场。这个决定充分体现了党和国家对民族体育的重视，是党的民族政策的具体体现。成功地举办民运会说明社会稳定，民族团结，也是对极少数民族分裂主义分子的一种打击。因此，要有计划地做好对内、对外的宣传工作。要把筹备民运会的过程作为宣传党的民族政策的过程，把筹备工作和宣传团结进步、共同繁荣的大好形势结合起来。在适当时，组织记者有针对性地进行专题或系列采访，以推动筹备工作顺利进行。

（七）关于第六届全国民运会的筹备机构。组织落实、领导到位是筹备民运会的根本保证。希望北京和西藏各自要尽快成立筹备班子，并结合本地的环境、地理和气候等特点，尽早设计出各自科学可行的方案。

国家民委、国家体委关于批转《全国少数民族传统体育运动会表演项目座谈会纪要》的通知

1996 年 6 月 5 日

各省、自治区、直辖市民委、体委：

现将《全国少数民族传统体育运动会表演项目座谈会纪要》（以下简称《纪要》）批转给你们，希望根据《纪要》精神，尽早做好第六届全国民运会表演项目的准备工作。

全国少数民族传统体育运动会表演项目座谈会纪要

全国少数民族传统体育运动会表演项目座谈会于 1996 年 5 月 12 日至 14 日在北京召开。来自北京、西藏、广西、云南、贵州、广东、浙江、湖南、湖北、福建、上海、山东等省、自治区、直辖市民委、体委及中央民族大学的有关同志参加了会议。国家民委文化宣传司、国家体委群众体育司的领导同志出席会议并讲了话。

会议认为，召开这次表演项目座谈会是非常必要、非常及时的。认真总结前几届民运会表演项目的成功之处和不足，使之进一步规范化、科学化，将使民族体育表演项目向高质量、高层次发展。

会议围绕五个方面的内容，对表演项目中较为重要的共性问题进行了探讨，与会代表就如下问题取得了共识：

（一）表演项目的主体内容应是体育，要突出表演项目的体育性、健身性和群众性，不能向歌舞、杂技方向发展，有的项目为了更好地表现体育健身效果，增强观赏性，可以适当地揉进民族歌舞，但不能喧宾夺主，冲淡体育内容。表演项目所用的服饰、道具、乐器要简便，对不属于体育的内容要改革。

(二)关于表演项目的本源。表演项目要源于少数民族民间生产生活中已有的体育活动项目,不是靠少数人临时拼凑。必要的编排是对原有内容的加工、整理和提高,是为了更好地表现体育的内容,产生更好的表演效果,各省(区、市)民委、体委要把好关。

(三)关于表演项目的发展方向。表演项目应向三个方面发展:1.发展为全国或本地区的竞赛项目;2.发展为全国或本地区的健身项目;3.作为体育文化遗产保存。对不可能发展为竞赛项目或健身项目的,则可以图象或文字形式作为体育文化遗产保留起来,在适当时候表演展示或用以宣传研究。

会议初步提出了表演项目发展成为竞赛项目的规范程序:

1.首先在民运会上表演并取得好成绩;

2.由该项目表演省(区、市)向国家民委、国家体委提出该项目为竞赛项目的申报,申报要备详细资料,包括推广的可行性报告、竞赛规则、使用器材等;

3.国家民委、国家体委根据申报邀请有关专家予以论证;

4.国家民委、国家体委论证认可后,申报省(区、市)要举办邀请赛,经实践可行,两委将其作为下届民运会的备选竞赛项目;

5.下届民运会前,报名参加该项目比赛的超过四个队,该项目即可正式列为竞赛项目。

(四)关于表演项目的数量,第五届全国少数民族传统体育运动会的表演项目有129个,这说明各地在挖掘、整理方面做了大量的工作。今后,不要盲目追求数量的增加,要在质量上下功夫。有挖掘资源的继续积极挖掘、整理,没有资源的不要勉强。

(五)关于评比方式,要向更加完善、合理、科学化方向发展,为此,拟对表演项目进行分类,以增加可比性,提高公正性。具体分类法需进一步研究,先粗分,再逐步细化。

(六)对于多次在全国民运会上表演的"老项目",一是在评比标准上予以改进,以促进不断创新、发展;二是对一些优秀的"老项目"授予"终身"奖,可特邀表演,但不参加评比。

(七)关于表演项目事先应审查的问题。鉴于各省(区、市)的实际,会议认为,有条件的可将录像资料报送国家民委、国家体委;没有条件的,可用文字说明,并详细写清项目来源、内容、形式等。

(八)为提高表演项目评判质量,国家民委、国家体委将逐步建立健全评判员队伍。除邀请有关专家外,将吸收各省(区、市)评判员,经培训、考核合格后上岗。要提高评判工作透明度,实行回避制。不称职者将取消评判员资格。

会议最后指出,1999年第六届全国少数民族传统体育运动会在北京和拉萨两地举行,此届民运会位于世纪之交,具有重要的历史意义,一定要办得隆重、热烈。为此,各地一定要拿出精品项目,向全国各族人民献礼,向建国50周年献礼。

国家民委、共青团中央、全国青联关于表彰全国民族地区杰出青年的决定

1996年6月19日

新中国成立以来，特别是改革开放以来，在党和国家的重视关怀下，经过全国各族人民的共同奋斗，我国少数民族和民族地区的社会经济发展取得了巨大成就。广大各族青年发扬艰苦创业精神，在民族地区需要的地方和岗位上长期奋斗，贡献青春，施展才华，建功成才，为民族地区经济和各项事业的发展做出了积极贡献，并涌现出了一大批扎根民族地区、支援民族地区，为民族地区经济和各项工作做出突出贡献的各族青年先进典型。

为认真贯彻落实党中央、国务院关于加快民族地区发展的指示精神，在全社会营造支援民族地区的良好氛围，向全国各族青年宣传和树立一批为民族地区发展做出贡献的各族青年先进典型，激励感召更多的各族青年投身民族地区建设贡献力量，国家民委、共青团中央、全国青联决定，授予谢光辉等100名同志为“全国民族地区杰出青年”荣誉称号。

国家民委、共青团中央、全国青联希望获得“全国民族地区杰出青年”称号的同志再接再厉，为民族地区经济建设和各项事业的发展做出更大成绩。希望广大各族青年以全国民族地区杰出青年为榜样，把振兴中华的远大抱负同脚踏实地的实干精神结合起来，积极踊跃地投身到民族地区和祖国需要的地方去施展才智，以自己的辛勤劳动，改变那些至今还比较贫困落后地区的面貌，为维护祖国统一、增进民族团结、确保社会稳定、促进经济发展和实现“九五”计划和2010年远景目标做出更大的贡献。

全国民族地区杰出青年名单

（按地区和姓氏笔划为序）

北　京：谢光辉

河　北：于昌玉（满族）　哈　轩（回族）　闻志宽（回族）

内蒙古：乌　兰（女，蒙古族）　王凌峰（蒙古族）　乌兰哈斯（蒙古族）　刘增荣
阿拉塔（蒙古族）　孟松林（鄂伦春族）　蒋效进
辽　宁：郎青山（满族）　鲍晓华（女，蒙古族）
吉　林：孙良彦　李龙熙（朝鲜族）　李福民（满族）
黑龙江：吴金壮（蒙古族）
上　海：张兆田
浙　江：雷汤菊（女，畲族）
福　建：雷志金（畲族）
湖　北：石利众　谢从华
湖　南：田代武（侗族）　徐书荣　徐克勤（苗族）
广　东：赵　靖（瑶族）
广　西：韦日钰（壮族）　刘凤飞　吴雄军（侗族）　林　兴（京族）　黄振南（壮族）
彭子荣（瑶族）　谭自安（毛南族）
四　川：仰　协（女）　杨朝波（彝族）　陈　川（土家族）　张大维（藏族）
降　初（藏族）
贵　州：汪水君（女，水族）　杜政峰（仡佬族）　陈　斌（彝族）　罗新文（布依族）
黄纪湘　潘　亮（苗族）
云　南：田红疆（佤族）　艾罕炳（傣族）　李建生　吴　坚（藏族）　罗升席（彝族）
和良辉（纳西族）　罗国斌（白族）　锁　飞（回族）
西　藏：于德斌　王松平　田秀英（女，藏族）　刑登清　宋万贵　金　勇（回族）
郑维列　郭　胜　德西美朵（女，藏族）
甘　肃：丁目迪（回族）　马光明（回族）　王　耀　安永红（裕固族）
青　海：马有志（撒拉族）　邓本太（藏族）　江　西（藏族）　华尔旦（藏族）　何德生
胡广有（土族）　郭黄南
宁　夏：马维敏（回族）　王学祥（回族）　李　星　张志前　黄正武
新　疆：马国栋（回族）　艾则孜·艾力（维吾尔族）　刘　俊　齐天喜　牟宗义
阿满吐尔（柯尔克孜族）　张国强　侯建文　韩　东　魏清琴（女）
海　南：石德昌（黎族）　杨梅（女）
武　警：孙　武　刘永远　江秋宏
铁　道：李明发　幸　福（哈萨克族）
民　航：李明道　刘振校
中　直：李而亮　索郎达杰（藏族）
国家机关：聂健全
新疆兵团：艾尼瓦尔·阿不都热衣木（维吾尔族）

国家民委关于表彰老干部工作先进集体、先进工作者的决定

1996 年 8 月 20

自 1982 年《中共中央关于建立老干部退休制度的决定》颁布以来，在委党组的领导和关怀下，各级党组织、人事部门、老干部工作部门和从事老干部工作的专、兼职人员，认真贯彻落实党中央、国务院关于老干部工作政策原则，以“俯首甘为孺子牛”的精神，勤勤恳恳，任劳任怨，满腔热忱地为老干部服务，取得了很大成绩，涌现出一批老干部工作先进集体、先进工作者。

为了宣传这些集体和个人的先进事迹，弘扬他们全心全意为老同志服务的无私奉献精神，增强老干部工作人员的光荣感和责任感，激励各单位老干部工作部门和工作人员进一步做好社会主义市场经济条件下的老干部工作。经研究决定，对委系统从事老干部工作和支持老干部工作取得优异成绩的先进集体和先进工作者予以表彰。授予中央民族大学离退休干部处等 10 个单位为“国家民委系统老干部工作先进集体”称号；授予王玉芳等 20 名同志为“国家民委系统老干部工作先进工作者”称号。

各单位、各部门和老干部工作人员要以这些先进集体和先进个人为榜样，学习他们勤勤恳恳，任劳任怨，无私奉献的精神，认真贯彻执行党和国家关于老干部工作的政策，切实从政治上、生活上关心照顾好老同志，把我委系统的老干部工作推向一个新的台阶。

希望受表彰的各单位和个人，珍惜荣誉，再接再厉，争取更大的成绩。

老干部工作先进集体和先进工作者名单

先进集体：

国家民委离退休干部局办公室

中央民族大学离退休干部处
民族文化宫老干部处
民族出版社老干部服务处
西南民族学院老干部处
中南民族学院老干部处
西北民族学院离退休干部处
中国民族国际信托投资公司
民族大世界
中国牛黄技术开发公司

先进工作者：

中央民族大学：刘新家　马　骊　陆凤春　王玉芳
民族歌舞团：耿秀文
民族文化宫：周　伟
民族出版社：张德海
民族语文翻译中心：戎桂花
民族博物馆：朱　宏
西南民族学院：王丽蓉　黎明月
中南民族学院：李继崇　秦昌宏
西北第二民族学院：朱为鸿
东北民族学院：李　伟
国家民委离退休干部局：米萃银　杨宝善　贾　若　桑贤广　李福海

国家民委关于印发文精同志《在国家民委第二次百色联合扶贫工作会议讲话》的通知

1996年9月10日

各省、自治区、直辖市、计划单列市民委(民宗局、委)，新疆生产建设兵团民委，委属各单位：

国家民委于1996年4月在广西百色地区召开了“国家民委第二次百色联合扶贫工作会议”，国家民委副主任文精同志在会上作了重要讲话。为推动《国家八七扶贫攻坚计划》的深入实施，进一步做好联合扶贫工作，现将文精同志的讲话印发给你们，请结合各自实际，认真学习贯彻落实。

国家民委副主任文精在第二次百色联合扶贫工作会议上的讲话

1996年4月26日

同志们：

1991年4月，我们在这里召开了“第一次百色联合扶贫工作会议”。五年来，在自治区、地区、各县市领导和有关部门的大力支持下，联合扶贫工作取得了显著成效，为贫困地区的脱贫致富作出了贡献。在此，我代表国家民委向长期坚持对少数民族贫困地区进行智力支边扶贫的同志们，表示亲切的慰问和衷心的感谢！对长期支持我们开展工作的广西壮族自治区、百色地区、南宁地区和有关市县党政领导及有关部门的同志表示诚挚的谢意！

今年是“九五”计划的第一年，八届人大四次会议通过了我国国民经济和社会发展“九五”计划和2010年远景目标纲要，提出了加大对贫困地区的支持力度，扶持民族地区经济发展的战略措施。同时，今年还是联合国确定的“国际消除贫困年”，国务院号召“全社会动员起来，消除贫困”，加大扶贫力度，进一步推动全面实施《国家八七扶贫攻坚计划》。在这样的背景下我们召开会议，目的在于通过肯定成绩、总结经验和实地考察，以五中全会和《纲要》精神为指导，结合广西和百色地区、南宁地区的实际，进一步坚定信心，理顺思路，调整和加强措施，推动联合扶贫工作更加深入、扎实地开展下去，为桂西贫困地区实现《国家八七扶贫攻坚计划》提出的任务共同努力。

下面，我讲三个问题，供大家参考。

一、联合扶贫工作取得显著成效

1987年以来，国家民委针对自身工作特点和桂西贫困地区的实际，联合有关民主党派中央、全国工商联组成联合扶贫工作组，到百色地区12县市和南宁地区部分贫困县，开展以智力支边为主的扶贫工作。到目前，参加这项工作的有民革、民盟、民进、民建、农工、九三、致公等民主党派和工商联。十年来，特别是第一次百色会议以来，在自治区和百色地区、南宁地区各级党委、政府及有关部门的支持配合下，联合扶贫工作组坚持“发挥优势，突出重点，量力而行，注重实效”的工作方针，发挥各民主党派、工商联的智力优势、网络优势和海内外联系渠道多的优势，坚持以智力支边为主要形式开展工作。在长期的实践中探索和积累了一些行之有效的做法和成功经验，充分体现了参政党和民间商会的特点和优势，在推动百色、南宁地区的经济发展和脱贫致富的进程中，发挥了积极的作用，取得了显著的成效。

（一）调查研究，为宏观决策提供咨询、建议。通过加强对贫困地区区域性、专业性的整体发展战略和规划进行调查研究、考察论证，积极反映贫困地区的实际情况和特殊困难、要求，为各级党政及有关部门制定扶贫政策献计献策，从宏观上为贫困地区的经济发展和扶贫工作提出政策建议。民建中央及广西区委协助平果县政府制定和论证了脱贫致富的“11515”工程，对平果县的经济发展和扶贫工作起到了很好的推动作用。

（二）扶持实施了一批扶贫开发项目。据不完全统计，从1990年至1995年，国家民委会同财政、银行部门扶持百色地区的隆林、西林、德保、靖西、那坡、凌云、平果、田林、田东等9个县温饱基金项目16个，扶持资金1 200多万。联合扶贫工作组在坚持以智力支边为主的同时，还扶持资金77万多元，用于基础设施建设和种养加项目33个。这些项目对改善贫困地区的生产生活条件，增强地方经济发展活力，加快贫困群众的脱贫致富步伐等方面起到了推动作用，产生了较好的经济社会效益。平果县民族食品厂得到温饱基金80万元的扶持后，扩大了生产规模，产品出口到欧美、东南亚、日本和港澳台地区，在国际市场站稳了脚跟，成为区内外豆制品行业享有盛名的出口产品厂家之一。1995年实现销售收入1 076万元，安排山区贫困户劳动力320人就业，使1 400多贫困人口解决了温饱问题。

（三）举办各种科技培训班或讲座，使基层的行政干部、企业领导、职工和农村青年得到培训，掌握了有关的科技知识，提高了经营管理水平，他们当中大部分已成为业务骨干和勤劳致富的带头人。据不完全统计，联合扶贫工作组自1987年以来，有针对性的举办了各种科技培训班（讲座）共52期，有2 150名各级行政干部、企业领导和职工以及农村知识青年接受了不同层次的科技培训，提高了经营管理水平和实用操作技能。1991年到1994年，农工党中央及其广东、广西区委，为百色地区举办了4期茶叶技术培训班，受训人员232名，回来后大都担任了各级茶叶机构、企业的领导和技术员，在各自的工作岗位上把学到的技术、市场知识和管理经验应用到实际工作中，并进行广泛的二级培训，把系统的知识传授给广大茶农和职工，使百色地区茶叶的产量和质量近年来有了明显提高。从1991年以来，全国工商联共在百色地区举办技术培训40多期，培训学员5 540多人，为当地留下一支“永不走的科技队伍”。

（四）试点示范，推广实用科技成果。通过成功地开展一批科技含量高、具有推广前景的试验、示范活动，加速了科学技术在贫困地区的转化。民盟广西农大盟员劳天源教授试验成功的小苗旱育技术，有许多优点，它旱播不烂秧，旱插不死苗，有利于抢上季节，不占用水田育秧，可节省秧田，省水、省工、省肥、省种，技术简单易学，出苗整齐，穗长粒多，增产效果显著。1992年在田东县试验成功后，1993年全县推广3万亩，共增产150万公斤，平均每亩增产50公斤以上，效益显著，很受农民欢迎，1995年在全县已推广8万亩。

(五)开展技术咨询服务,帮助部分企业解决管理和生产技术难题,使受援企业在一些关键性技术和管理环节上得到了改进,提高了经营管理水平和产品产量、质量。据不完全统计,仅靖西、德保、那坡、凌云四县就帮助解决了8个企业的生产技术难题,深得基层企业管理人员的赞誉。民建、工商联在德保、靖西、凌云等县推广的茶叶无菌繁殖技术,解决了茶叶繁殖过程中的技术限制,在短时期内使当地的茶叶种植面积大幅度增加,成为经济发展的支柱产业。

(六)捐资助教,救助失学。通过帮助贫困乡村改善办学条件,发展农村基础教育,提高人口素质。例如:民盟系统在田东、平果两县每县扶持一所贫困乡村小学,从多方面进行扶持。从每所小学中挑选50名家庭特别困难、交不起学费和难以支付课本、练习本、笔墨纸张等学习用品费用的学生,由民盟组织区直各单位盟员一对一资助,每年给每个学生提供60元学习费用,直到小学毕业;每年组织盟员和盟办企事业给两所小学捐赠衣服和图书;组织南宁市的优秀小学教师到这两所小学所在的乡,对全乡的小学教师进行教学业务培训,组织广西医科大学盟员专家到这两所小学为师生免费体检,并为当地贫病农民义诊;帮助两所小学各发展2—3亩校办果园,由民盟与地区民委提供果苗,指导学校师生种果,形成自我发展的能力,改善办学条件。

民革和工商联在南宁地区的龙州、天等两县开展的工作也取得了很好的效果,深受当地各族干部群众的欢迎和好评。

二、少数民族和民族地区扶贫工作面临的形势

(一)民族地区,特别是广西的扶贫工作成效显著。我国开展有计划、大规模的扶贫工作以来,党中央、国务院一直高度重视少数民族贫困地区的扶贫工作。《国家八七扶贫攻坚计划》进一步明确把西南、西北少数民族贫困地区作为全国扶贫攻坚战的主战场,从政策、资金、物资、技术等多方面实行倾斜投入,加大扶持力度。在国家和全社会的大力支持下,少数民族贫困地区的各级党委和政府带领各族群众,坚持和发扬自力更生、艰苦奋斗精神,真抓实干,扎实工作,经济建设和社会发展各项事业有了较快发展,基础设施和群众生产生活条件得到明显改善,少数民族贫困地区约有200多万贫困人口当年解决了温饱问题。贫困面貌有了进一步的改变。其中,广西和百色地区的变化更令人瞩目。

"八五"期间,在邓小平同志南巡讲话和党的十四大精神指引下,广西包括桂西地区思想解放,抓住西南大通道建设和国家基础产业建设的机遇,加大改革力度,在扶贫攻坚的实践中探索出了许多成功路子,涌现出一批脱贫致富典型,积累了比较丰富的经验。1995年全区国内生产总值达1 666亿元,与1990年的449亿元相比,年均增长16.9%,高于全国平均增长水平4.9个百分点,国内生产总值和人均国内生产总值在全国的排位,分别从1990年的第20位和第29位,上升到第15位和第19位,与全国同步实现了翻两番的目标。同时,广西贫困地区的经济面貌也发生了很大变化,全区49个贫困县,乡镇企业总收入达384亿元,与1990年的21亿元相比,年均增长

50.6%；地方财政收入达22.7亿元，比1990年的9.5亿元增加13.2亿元。1995年，广西自治区农民人均纯收入达到1 442元，比1990年增加803元，增长125.7%；全区49个贫困县农民人均纯收入达到972元，比1990年增加626元，增长180.9%；百色地区农民人均纯收入达到909元，比1994年增加266元，增长41.4%，比1990年增加626元，增长221.2%。从1993年到1995年，全国贫困人口由8 000万人减少到6 500万人，广西自治区贫困人口由800万人减少到600万人，百色地区贫困人口由143万人减少到86万人，全地区贫困人口的比例由1993年占全自治区贫困人口的17.8%，下降到1995年底的14.3%。

广西全区通过实施以工代赈项目，新修公路9000多公里，新修人畜饮水工程3 000多处，使162万人、92万头牲畜解决了饮水困难。百色地区1995年新增基本农田面积16 850亩，新建果、药、茶等经济园林面积31 300亩，新办县办企业12个，新办乡镇企业200多个，异地开发迁移1万多人，向外输出劳动力16万多人，新增输变电线路480多公里，新增公路里程400多公里，解决饮水困难9万多人，新建小学64所，新建乡镇卫生院6所。

（二）扶贫攻坚任务重、困难多。充分肯定成绩的同时，我们还应当清醒的看到，“九五”期间少数民族和民族地区扶贫工作，任务重，困难多，而且越到后来难度越大。

从全国来看，从1993年到1995年，全国没有解决温饱问题的贫困人口由8 000万人减少到6 500万人，平均每年只减少500万，这个速度明显低于“七五”期间我国贫困人口减少的速度。少数民族贫困地区不仅贫困面大，贫困程度深，而且脱贫速度慢。从贫困面上看，全国列入“八七计划”重点扶持的592个贫困县中，民族自治地方就有257个，占43.4%。全国未解决温饱问题的贫困人口中，少数民族和民族地区一直占一半以上。从贫困程度上看，1993年，全国农民人均纯收入300元以下的79个贫困县中，民族地区就有64个，占81%。从解决温饱的速度上看，全国1993——1994年解决了1 000多万人的温饱问题，东部、中部占了80%，西部只减少了200多万。

目前，少数民族贫困地区基础条件差，扶贫资金的投入相对不足，扶贫难度大。我国的少数民族贫困区域和贫困人口约有一半以上分布在西南石山地区，其余的主要分布在西北的高寒阴湿地区、荒漠草原区和干旱山区，这些地区不仅生态环境十分恶劣，部分地区甚至缺乏人类生存的基本条件，而且大多处于周边地区，远离中心城市和商品集散地，水利、能源、交通、通信等基础设施落后，社会发育程度低，生产力水平低。与面临的这些困难相比，对少数民族贫困地区的扶贫资金投入不仅总量少，尤其用于基础设施建设和社会事业方面的无偿投入更为不足。

当然，我们还应看到目前少数民族地区扶贫工作的有利条件。

首先是党和政府对少数民族地区的贫困问题和东西部地区发展差距问题高度重视。江泽民同志在陕西、甘肃考察时指出：“没有西部地区的繁荣昌盛，就不可能实现我们整个国家的繁荣富强；没有西部地区的社会稳定和民族团结，就不可能保持我们整个国家的社会稳定和民族团结；没有西部地区的全面振兴，就不可能达到我们整个中华民族的振兴；没有西部地区的现代化，就不可能有我们整个社会主义现代化建设的最终成功。”八届人大四次会议通过的我国国民经济和社会发展“九五”计划和2010年远景目标纲要，提出了进一步加大扶贫工作力度，逐步缩小地区发展差距，实现共同富裕的许多重大措施。主要包括增加对扶贫开发的投入；优先在中西部地区安排资源开发和基础设施建设项目；理顺资源性产品价格，增强中西部地区自我发展的能力；实行规范的中央财政转移支付制度，逐步增加对中西部地区的财政支持；引导外资投向中西部地区，提高国家政策性贷款用于中西部地区的比重等。以上政策措施，国务院有关部门正在抓紧落实，年内将在以党中央、国务院名义召开的全国扶贫工作会议上正式出台。

其次，全社会已经动员起来，各机关团体、社会组织、大中城市、发达地区把扶持贫困地区和中西部地区的发展作为自己义不容辞的责任。

第三，改革开放以来尤其是我国有计划、大规模的开展扶贫工作以来，少数民族贫困地区的基础设施和生产生活条件有了很大的改善，并且积累了一系列行之有效的扶贫工作经验和成功做法。

第四，少数民族贫困地区各族干部群众的精神面貌焕然一新，突出的表现是各族干部群众对摆脱贫困的心情更为迫切，决心更大，干劲更足，路子更宽，思想更活。这在广西和百色地区、南宁地区尤为明显。

介绍以上情况，目的在于希望大家既要看到少数民族和民族地区扶贫攻坚面临的困难，更要看到党和国家以及全社会对少数民族和民族地区脱贫问题的高度重视和大力扶持；五中全会精神和《纲要》提出的政策措施，为加快少数民族和民族地区脱贫致富提供了难得的历史机遇。在少数民族和民族地区扶贫攻坚过程中，我们利用智力支边和光彩事业等形式开展的扶贫济困，很有意义，大有可为。

三、进一步做好联合扶贫工作的意见

实践证明，智力支边扶贫工作是各民主党派、工商联适应新时期党的工作重点转移和国家对贫困地区扶贫工作的需要所做的一项开创性的工作。民主党派、工商联开展智力支边扶贫工作，不仅有利于少数民族地区的两个文明建设，加快脱贫致富，而且有利于民主党派、工商联成员深入体察了解我国社会主义初级阶段的国情、民情，参政议政，加强自身建设，巩固和发展中国共产党领导下的多党合作制度，是一项功德无量的事业。我们不仅要将这一事业继续进行下去，而且要做得更好。现就今后一个时期，特别是“九五”期间如何进一步做好百色地区的智力支边联合扶贫工作，谈几点意见。

（一）学习贯彻五中全会和《纲要》精神，进一步做好联合扶贫工作。广西和百色地区、南宁地区的扶贫攻坚战目前正处于关键阶段，智力支边联合扶贫工作只能加强，不能松劲。百色地区的扶贫工作取得了很大的成绩，但面临的任务仍然很艰巨，存在的困难还较多。能否如期完成《国家八七扶贫攻坚计划》提出的任务，“九五”计划是最好的机遇。我们要进一步提高认识，坚定信心，加强领导，坚持邓小平建设有中国特色社会主义的理论和党的基本路线。解放思想，实事求是，遵循“抓住机遇，深化改革，扩大开放，促进发展，保持稳定”的基本方针，以党的十四届五中全会决议精神和八届全国人

大四次会议通过的《中华人民共和国国民经济和社会发展“九五”计划和2010年远景目标纲要》精神为指导，按照促进区域经济协调发展的要求，配合地方实施《国家八七扶贫攻坚计划》，进一步做好联合扶贫工作。

（二）抓住机遇，适应“两个转变”需要，调整工作思路。党的十四届五中全会决议和八届全国人大四次会议通过的《纲要》，决定从“九五”开始加大对中西部地区扶持力度，为加快少数民族和民族地区解决温饱、脱贫致富提供了难得的历史机遇。目前，广西和百色地区的形势发展很快，能源、交通、通讯等基础设施已有明显改善，随着广西西南大通道和国家重点基础产业项目的加快建设，世行西南扶贫贷款、右江河谷综合开发等项目的加快实施，不仅将推动这一地区的脱贫致富进程，也为推进联合扶贫工作创造了新的领域和环境。联合扶贫工作要适应形势变化，抓住机遇，开拓创新。在保持现有联系渠道、继续做好扶贫项目工作的同时，适当调整工作思路，基本想法是，可以改变过去确定的分工定县扶持模式，将贫困地区经济发展和扶贫工作的需要和各民主党派、工商联自身的优势和可能有机的结合起来，发挥支援方的优势，调整受援方的积极性，根据需要与可能，按照实现“两个转变”的要求，按项目进行扶持，在继续完成原有的跨年度项目的同时，不断寻找新的结合点。

（三）继续坚持“发挥优势，突出重点，量力而行，注重实效”的指导方针。发挥优势，就是发挥各民主党派、工商联的智力优势、网络优势和海内外联系渠道多的优势；突出重点，就是要把智力支边、光彩事业等作为主要工作方式，以科教扶贫、信息咨询、人才培训、引进项目、促进合作为主攻方向；量力而行，就是把主观能动性和客观现实性有机结合起来，既要尽力而为，又要力所能及；注重实效，就是要强调以扶贫效益为宗旨，以经济效益为基础，使智力支边扶贫工作能够切实推动贫困地区的经济发展，增强自我发展的活力，真正使贫困群众从中受益。

（四）请各级党政领导和有关部门，要一如既往地重视和支持联合扶贫工作。贫困地区百业待举，工作千头万绪，任务十分繁重，其中包括发动和利用好各种社会扶贫力量。希望各级党政领导和有关部门继续充分重视并把联合扶贫工作纳入当地扶贫工作的整体格局之中，从人力、物力、财力和政策上给予配合与支持。使各种扶贫资源得到优化组合，发挥更大效益。

（五）建立联络渠道，保障信息畅通。定期汇总交流情况，信息通畅、联络及时，是提高办事效率、做好联合扶贫的重要条件。随着工作的进一步深入，建立相对稳定的联络渠道，保证信息畅通、及时显得尤其重要。鉴于此项工作综合性较强，希望联合扶贫工作所在地区的有关部门，特别是扶贫主管部门把这件工作做好，为各民主党派、工商联到地方开展工作提供必要的信息沟通和联络服务工作，明确相对固定的联络渠道，专人负责、定期联络，切实发挥部门作用。同时，也请地方的领导考虑，充分利用好驻北京联络处的作用，共同做好这项工作。

这些想法行不行，请大家研究后提出补充、完善和修改的意见，以便形成共识，指导做好今后的工作。

同志们，近10年来，国家民委、各民主党派、工商联的同志们，与贫困地区各族干部群众，风雨同舟，团结协作，急各族干部群众之所急，想各族干部群众之所想，与各族干部群众结下了深厚的情谊。为联合扶贫工作和脱贫致富尽心竭力，作出了贡献。希望通过这次会议，我们大家共同努力，推动联合扶贫工作上一个新的台阶。

谢谢大家。

国家民委关于印发《陈虹同志在国家民委系统老干部工作先进集体、先进工作者表彰大会上的讲话》的通知

1996年9月19日

委属各单位、委机关各部门：

现将陈虹同志在国家民委系统老干部工作先进集体、先进工作者表彰大会上的讲话印发给你们，请结合本单位、本部门的实际，认真贯彻落实。

国家民委常务副主任陈虹在国家民委系统老干部工作先进集体、先进工作者表彰大会上的讲话

（根据录音整理）

1996年8月27日

同志们：

首先，我代表国家民委党组，代表司马义·艾买提同志，向获得国家民委系统老干部工作先进集体和先进工作者称号的单位和个人表示热烈的祝贺！并通过你们向辛勤

为离退休干部服务的全体工作人员表示亲切的慰问，向所有关心、支持我委老干部工作的单位和个人表示诚挚的感谢！向广大的离退休干部表示亲切的问候！

刚才卢书勤同志简要地介绍了这次获得先进集体和先进工作者称号的单位和个人的事迹。我听了以后，很受感动。事先，有些材料我也看过，感到我们民委系统在党组的领导下，把老干部工作提到重要议程，认真地贯彻执行《中共中央关于建立老干部退休制度的决定》，做了大量工作。广大的老干部工作者，长期辛劳在为老干部服务的岗位上，勤勤恳恳，任劳任怨，全心全意为老干部服务，为我们的老干部工作做出了积极贡献。同志们辛苦了！总的看，我委老干部工作是健康发展的，是有成绩的，绝大多数老干部是满意的，各级领导和同志们是满意的。当然，我们的工作也还存在些困难和问题，还有不少地方需要改进和加强。下面我就如何进一步贯彻落实江泽民总书记"认真执行干部离退休制度，继续推进新老干部的交替与合作。要切实从政治上、生活上关心离退休干部，使他们老有所为，安度晚年"的指示精神，做好新时期老干部工作讲几点意见。

一、充分认识老干部工作的地位和作用

为进一步做好老干部工作，我们必须继承和发扬中华民族尊老敬老的传统美德，这是社会主义精神文明建设的重要内容，也是我们自觉做好老干部工作的思想基础。老干部工作是一项艰苦、细致，而且政策性很强的工作，必须充分认识老干部的社会地位和作用，进一步加深对老干部的革命感情，努力做到使党中央放心，老干部满意。

(一)老干部工作是干部制度改革的产物。建立老干部离退休制度，是邓小平同志建设有中国特色社会主义理论的重要组成部分。党中央、国务院历来非常重视老干部工作。自党的十一届三中全会以来，针对此项工作，发布的文件也是最多的，政策规定不断完善。邓小平同志在1980年中央工作会议上明确提出"要有步骤地和稳妥地实行干部离休、退休制度，废除实际上存在的干部领导职务的终身制。退休离休的干部，在政治待遇、生活待遇等各方面，都要逐个做出妥善安排。"1982年2月中央作出《中共中央关于建立老干部退休制度的决定》，从此老干部工作成为新的历史时期党和国家干部制度的根本改革的重要组成部分，成为党委和政府的一项经常性工作，特别是党的十四大以来，中央领导同志多次强调做好新形势下老干部工作。因此，老干部工作是各级党组织和行政部门不可推卸的重要任务。

(二)老干部工作是全党的工作，关系到改革开放的大局。我们讲离休干部是党和国家的宝贵财富，是因为他们在长期的革命战争年代里前赴后继，浴血奋战，为民族和人民的解放，为新中国的建立进行了艰苦卓绝的斗争，立下了不可磨灭的功勋。建国以后，为了把我国建设成为一个繁荣昌盛的社会主义强国，同样付出了辛勤的劳动，作出了巨大的贡献。特别在新的历史时期，他们又以共产党人的宽阔胸怀，为实现新老干部的交替与合作，以实际行动废除领导干部职务终身制。尽管从领导岗位下来了，但他们仍然为党的事业奋斗不息，在两个文明建设中发挥了不可替代的作用。可以说，老干部是共和国的奠基人，是改革开放的开拓者，没有老干部几十年的艰苦奋斗，就没有今天

改革开放的坚实基础，所以说，任何时候都不能忘记老干部。从我委的实际来讲，老干部是我们的老前辈、老领导，不少老同志是我们民族工作战线上的老功臣。无论是战争年代，还是建设时期都做出了积极贡献，这是和全国的老干部的共同之处。另外，我们还有两个明显的特点，一是少数民族老干部多。他们都是各民族中的优秀分子。二是知识分子多，特别是大专院校离退的老同志中，有相当一批高级知识分子。老干部工作本身政策性很强，政治敏感性强，那么民委系统老干部工作，政策性更强，政治敏感性也就更强。因此，从事老干部工作的同志的责任就更大了，我们能够为这些老同志服务就更加光荣。在家尊敬父母，在学校尊敬师长，在单位、在机关里要尊敬老同志，我们在职人员，尊重离退休人员，是一种美德。离退的老干部，大都年事已高，我们理应照顾好他们，保证他们安度晚年。老干部工作，涉及人力、物力、财力，仅仅靠老干部工作部门是不够的，当然，老干部工作部门要发挥主渠道的作用，但也需要党委和行政领导高度重视并协调有关职能部门共同做好这项工作。

我们民委系统老干部，多数是长期从事民族工作，他们有丰富的实践经验和较高民族理论水平，他们是民族工作的宝贵财富。我们改革要深化，离不开老同志的理解和支持，我们的各项事业要发展，离不开老同志的帮助和参与，我们民族团结和社会稳定，更离不开老同志特有的作用和威望。因此，老干部工作关系到全局。不重视老干部工作，不仅是认识上的错误，同时对全局工作也是有害的。特别是各级领导，要充分认识到我们的国家是共产党领导的社会主义国家，老同志们为党的事业做出了巨大贡献，我们从政治上、生活上关心照顾好老同志，不仅仅是对他们所做的贡献的一种补偿，更重要的是对党的历史的肯定，对社会主义制度优越性的肯定。我们还必须看到，老干部今天的境况，就是我们在职干部未来的归宿。如果为社会主义事业奋斗了一辈子的老同志晚年在政治上受到冷漠，生活上得不到保障，就会损害党的形象，损害社会主义制度的优越性。因此，我们一定要把老干部工作列入重要议程，切实把这项工作抓紧抓好。

二、认真落实有关老干部政治、生活待遇的政策规定

保证老干部"两项待遇"(基本政治待遇不变、生活待遇还要略为从优)的全面落实，这是党和国家对老干部的一项基本政策，也是老干部工作的核心内容，所以老干部工作要紧紧围绕这两个待遇的落实，全心全意为老干部服务。

(一)提高认识，加深感情，做好服务。老干部工作的基本任务就是服务，服务为本。怎样才能做到全心全意为老干部服务？怎么样才能把党和国家对老同志的关怀体现到老同志那里呢？首先，我们每个单位和个人要树立尊老敬老的风气，也就是对老同志要有感情，这个问题，从我们的先进单位和先进个人事迹都表明做好老干部工作的关键在认识，认识越高，自觉性越高，时时处处都能想到老同志，而认识与感情是分不开的，感情越深，认识越高，办法越多，力度越大。因此，我们对老同志在感情上应当更热情一些，始终保持温暖，要以"老吾老，以及人之老"的精神，对老干部要象对自家的老人一样尊敬。

（二）全心全意为老干部服务，就是要动真情、办实事。老干部工作千头万绪。党和国家制定了一系列的老干部工作政策，关键的、根本的就是贯彻落实“两项待遇”。我们抓住了核心，那么，我们的工作就纲举目张了。在政治待遇方面，要使老同志过组织生活，就要加强老干部党支部建设。老干部长期在组织里生活，如果离开了组织，他们就会感到孤独，心里不平衡，所以支部建设很重要。老干部退休以后，他们的思想没退休，他们的思想与国家的前途命运紧密相连。因此，一定要使老同志能够及时地看到中央文件，听到中央有关精神的传达，还要使老同志能够了解本系统、本单位的大事，向他们通报重要情况。另外，要组织好老同志的文化生活，我看委机关老年书画搞得很活跃。在文化活动中，使老同志有所寄托，陶冶情操，锻炼身体。在生活上，要对老同志格外地关照。在这方面，今天受表彰的先进集体、先进工作者的事迹，代表了我们民委系统的老干部工作的精神风貌。老干部工作难度较大。在改善老干部生活方面，我们民委系统的经济实力比较弱，这是客观情况，但只要充分发挥主观能动作用，有的问题是可以解决的。机关离退休干部局就想了不少办法，经济司、计财司、服务局也大力支持老干部工作，在物力、财力上给予了关照。还有我们中民信公司、牛黄公司、民族大世界等，他们都以不同方式关心老干部，支持老干部工作。有的公司开展业务，少不了要请人家吃顿饭，他们就算了一笔账，一年少请10顿饭，拿出几万元支持老干部工作，对业务上没有影响，可老干部的一些问题就解决了。这个思路很好。少请几顿饭，为老干部办几件实事，值得提倡！为老干部服务，就是要动真情、办实事。我们的老干部工作者，兢兢业业地为老干部服务，自己身体有病顾不上看，自己的孩子顾不上照顾，但对老干部服务一点也不含糊。这种精神，这种情操是值得赞扬的。我们说，老干部工作做得好不好，应当由老干部来评价。老干部评价我们的工作，看我们能不能想到、说到是次要的，关键是看我们能不能做到，能否动真情、办实事，解决实际问题。讲得再好，落不到实处，就会失信于老同志。老干部最讲实际，他们对我们的信任，就是通过一件件具体的、实实在在的事来观察和认识的。所以，我们能不能取得老同志的信任，关键不在老干部，而在我们工作要到位、思想要到位、感情要到位、行动要到位。衡量我们工作的标准就是四个满意：老干部满意、委领导和单位领导满意、在职职工满意、老干部工作者自己满意。

（三）要切实关心重视老干部工作。委属各单位要加强对老干部工作的领导，党政一把手要亲自过问老干部工作，听取老干部工作的汇报，解决老干部工作中的实际困难和问题。组织、人事、老干部部门要进一步增强尊老敬老意识，时刻把老干部挂念在心上，把他们的情绪和呼声作为改进工作的重要信号，设身处地为老同志着想，特别是各级领导干部，对待老干部工作要算大账，算政治账。在人力、物力、财力方面，要舍得用力。我看物质条件的优劣只是个外因，关键还是对老干部的思想感情深浅，归根到底还是个认识问题。对老干部工作的实际困难要进行调查，对特困老干部要逐门逐户走访。对有条件解决的问题要立即解决，一时条件不具备的要做出规划，努力创造条件解决。我在走访慰问部分老干部时，给我的一个很深的印象是，这些老同志顾全大局，通情达理，并没有过高的要求，有些暂时无力解决的问题，只要讲清情况，老同志是会谅解的。

为真正实现“老有所养、老有所医、老有所为、老有所学、老有所乐”的要求，各有关部门以及各经济实体，应积极主动地协助、支持老干部工作，为我委系统老干部工作再上新的台阶而共同努力。

三、关于加强自身建设问题

十几年来，委系统大部分单位都按照中央的有关规定设立了老干部工作部门，有了一支素质较好的专职、兼职工作人员队伍。但从目前来看，有的单位还存在老干部工作机构和人员配备与任务不相适应的状况。特别值得注意的是，有的单位长期只有兼职人员，有的老干部机构空有其名，人员配备跟不上，有的工作人员思想不够稳定，老干部工作受到影响。各单位都要根据中央的有关规定，结合实际工作任务的需要，建立健全老干部工作机构，要有专人负责此项工作。委机关离退休干部局按中编委的规定对委直属单位的老干部工作有检查指导的职能。今天的表彰会和会后接着办培训班，都是行使职能的很好形式。但这还不够，离退休干部局要加强调查研究，在检查指导工作中，要做到不失职、不越权，要充分发挥参谋和助手作用。

江泽民总书记讲，要建设高素质的干部队伍。我们老干部工作人员队伍，也要成为高素质的队伍。队伍建设是做好老干部工作的组织保证。队伍素质的高低，直接影响工作的质量。我讲我们民委系统老干部工作还有特殊性，所以把我们的老干部工作队伍建成高素质的队伍，就显得尤为重要。要加强政治理论学习和业务培训。表彰会后，接着办培训班，希望参加培训班的同志们珍惜这个机会，多学习掌握一些老干部政策理论知识，回去以后，把工作搞得更好一些。开表彰会、办培训班是好办法，今后还要坚持下去。要组织全体工作人员认真学习邓小平同志建设有中国特色社会主义理论，学习党和国家的有关方针政策。按照江泽民同志“讲学习、讲政治、讲正气”的要求，深刻认识做好老干部工作的重要意义，不断地增强做好老干部工作的光荣感、责任感和自觉性。老干部工作是一项政策性很强的工作。要真正做好，必须苦练基本功，做到每个工作人员都熟悉和掌握党中央、国务院有关离退休干部的方针、政策和具体规定。这样就可以说，我们对党的政策是认真的，对老干部我们是负责了，我们自己也会感觉到无愧于组织上、领导上对我们的期望。

老干部工作本身是一门学问，涉及很多方面。老同志离开工作岗位以后，面临许多新情况、新问题。所以我们老干部部门、老干部工作者，要宣传领导，宣传群众，使大家都齐心协力，为老干部创造更好的条件，落实好党的老干部政策。所以加强队伍建设，提高工作人员素质是一项很重要的任务。要做到这一点，重要的是要加强老干部工作部门的领导班子建设。注意选拔思想作风正派，又有较强的组织协调能力，工作有干劲，热心老干部工作的同志充实到领导班子中去。要做好组织保障工作，按照中央的有关规定和要求，老干部工作部门要保留业务骨干，又要进行适当交流，保证队伍的相对稳定。但一定不能把老干部部门当作安排闲职干部的部门。

要关心老干部工作人员的政治、生活问题。我们讲，老干部是在特殊历史条件下形成的特殊群体。从这个意义上讲，老干部工作岗位是一个特殊工作，大到党的方针、政策，具体到老同志的衣食住行，处处都有他们为老同志服务的足迹。因此，这项工作非常辛苦、非常具体。自己辛苦不说，家里的人还得分担辛苦。他们做的工作，有的能够得到众人的理解，有的不一定完全得到理解，做了九十九件好事是应该的，做了一件不周到的事，可能挨骂，就要受到批评。所以在这里要给做老干部工作的同志讲几句公道话。但是自己对自己的要求不能放松，必须坚持良好的职业道德。各级组织对老干部工作人员，在入团、入党、晋级、提干方面应多给予关心和爱护。对他们的生活上的实际困难，要尽力帮助解决。我还非常高兴地看到我们民委系统的老干部工作队伍中有这么多的年轻同志，这个非常好。年轻同志，精力充沛，思想活跃，身体也好，由你们来承担为老干部服务工作，是大有作为的。你们可以从老干部那里学到许多好的东西，老同志从你们那里看到活力，看到党组织在关心照顾他们。我希望民委全体同志，特别是从事老干部工作的同志要向先进人物学习，都能够奋发争先，在各自的工作岗位上发挥更大的作用！

国家民委关于印发陈虹、塔瓦库勒和李建辉同志在国家民委培养选拔少数民族干部工作经验交流会上讲话的通知

1996年10月14日

各省、自治区、直辖市、新疆生产建设兵团民委、委属各民族院校：

在1996年9月12日—13日召开的国家民委培养选拔少数民族干部工作经验交流会上，国家民委党组副书记、常务副主任陈虹同志作了重要讲话；国家民委党组成员、人事司司长塔瓦库勒同志作了题为《总结经验，强化措施，继续做好培养选拔少数民族干部工作》的讲话；国家民委人事司副司长李建辉同志作了会议总结讲话。现将三位同志的讲话印发给你们，请结合本地区、本部门的实际，认真贯彻落实。

国家民委常务副主任陈虹在国家民委培养选拔少数民族干部工作经验交流会上的讲话

（根据录音整理）

1996年9月12日

同志们：

这次国家民委召开培养选拔少数民族干部工作经验交流会，党组很重视，司马义·艾买提同志对这次会议很关心，提出了很重要的要求，要我转达他的意见，把这次会议一定开好。下面，我讲三点：

一、充分认识、高度重视培养选拔少数民族干部工作

1993年中央组织部、中央统战部、国家民委联合召开了全国培养选拔少数民族干部工作座谈会。这个会议开得很好，胡锦涛同志到会讲话，会后形成了一个文件。根据会议的精神，各省、自治区、直辖市做了大量的工作。这两三年来在培养选拔少数民族干部工作方面，各地积累了丰富的经验，因此把大家请来，坐在一起交流一下，以便把这项工作进一步向前推进。

少数民族干部问题，我们党历来非常重视，大家都知道，毛主席曾经有过这样著名论断："要彻底解决民族问题，完全孤立民族反动派，没有大批从少数民族出身的共产主义干部，是不可能的。"中国社会主义历史和社会主义建设的历史雄辩地证明了毛主席的论断是完全正确的。要彻底解决民族问题，要完全孤立反动派，就必须培养大批的从少数民族出身的共产主义干部。这就成为我们党在培养少数民族干部这项工作当中一个基本的指导思想，也成为我们党干部工作和民族工作的一个重要指导思想。邓小平同志对民族问题也有过许多英明的论述。以江泽民同志为核心的第三代领导集体，对民族工作，对培养少数民族干部工作，都有一系列的论述和要求。

从我们国家的实际情况来看，培养少数民族干部工作事关全局。大家都知道，我们伟大的中华人民共和国，伟大的中华文明是由56个民族共同创造的；我们辽阔的中国疆土是由56个民族共同开拓、共同保卫的；我们新中国的今天是在中国共产党的领导下，由56个民族共同推翻了三座大山而取得的。新中国成立以后，我们的社会主义革

命和建设的每一个成就也都是我们56个民族在党的领导下，共同奋斗得到的。今天改革开放搞四个现代化建设，也是56个民族共同努力、共同建设的。在这漫长的革命斗争和建设实践中，我们各民族亲如手足，密切合作，共同创造，共同发展，共同进步。所以，少数民族干部在这长期的斗争和建设中，发挥了伟大的作用、不可替代的作用。大家可以简单回忆一下，在我们中国共产党创建伊始，就是多民族共同缔造的党。中国共产党第一次代表大会代表中，就有少数民族的共产党员代表，如邓恩铭同志，就是水族。我们的老一辈革命家当中，有很多少数民族的无产阶级革命家。现职的领导干部中，少数民族领导干部就更多了。就是说，在我们每一个革命历史时期，都是多民族，我们56个民族共同在党的领导下取得的胜利。在这些革命斗争中，在建设实践当中，少数民族的干部发挥了重要的作用、不可替代的作用。现在国际上，民族问题是个热点。不少国家和地区，由于民族问题没有处理好，而发生了地区的冲突、国家的分裂、社会制度的剧变。比如前苏联的解体，东欧的剧变，波黑战争等等。而西方敌对势力不希望中国富强起来。他们所实行的“西化”“分化”政策，其中很重要的手段就是打着民族宗教的旗号来对我们进行渗透和颠覆。然而，在这样的国际环境下，我们国家民族团结，事业兴旺，这在国际上是公认的。为什么我们能够民族团结、事业兴旺呢？因为我们党的政策是正确的。我们党的民族政策，保证了我们国家民族团结、社会稳定、经济发展。在民族政策当中很重要的一条就是充分信任和依靠少数民族干部。现在搞四个现代化建设也离不开和必须依靠少数民族干部。我们少数民族当中，有着优秀的人才，蕴藏着大批的人才资源。他们忠诚于党的事业，热爱我们社会主义祖国，热爱各个民族的兄弟姐妹。他们有着把我们国家建设成强大的社会主义祖国的强烈的信念和愿望。他们很聪明，很勤奋，能担当重任。所以在少数民族当中培养选拔优秀人才和大批干部是有丰富资源的。因此我们社会主义现代化事业要求我们，在少数民族干部的培养方面，要加大力度。由于历史上少数民族被压迫，使少数民族聚居在比较偏远的地方，交通落后，文化基础比较差，所以，现在要加大对少数民族地区的帮助，加大对少数民族干部的培养，这是历史的需要，是时代的需要，是革命的需要，是全民族的需要。我简要地讲这个意思就是说，我们要把培养选拔少数民族干部这项工作提到应有的高度，这既是一项具体人事工作、干部工作，又是人事工作、干部工作当中的一项特殊工作，特别重要的工作。

党的四中全会，把党的建设作为跨世纪的新的伟大工程，提出要全面提高领导干部的素质。江泽民总书记最近发表了关于建设一支高素质干部队伍的重要讲话，这些都为我们培养选拔少数民族干部工作指明了方向。因此我们这次会议上，大家要作一些交流，共同研究在培养少数民族干部方面好的经验、好的做法。作为我们民族工作部门，对这个问题要有一个充分的认识。当然，干部的管理工作是组织部门的职责，那么，民族工作部门，作为政府的部门，对这项工作怎么做？我在第三个问题中再讲这方面的想法。我们民族工作部门要把培养选拔少数民族干部工作，作为份内的工作，作为责无旁贷的任务，作为帮助组织部门、协助统战部门共同做好的一项重要任务。所以，我们对这项工作要有一个充分的认识，高度的重视。要有责任感、紧迫感。

二、关于建设高素质的民族干部队伍

江总书记在《关于领导干部要讲政治》一文和在纪念建党 75 周年座谈会重要讲话中所提出的要求，是对全党提出来的。全党要适应社会主义现代化建设的要求，适应社会主义市场经济的形势，要建设高素质的干部队伍。我们少数民族干部队伍是整个干部队伍当中的一部分，因此，建设少数民族干部队伍，一定要按照江总书记所提出的建设高素质干部队伍的要求来进行。在这里，结合少数民族干部队伍的情况，根据我个人的学习和理解，我想特别需要强调以下几点：

第一，要有坚定的共产主义世界观，坚定的政治立场，明确的政治方向，坚决同党中央保持一致。这是总书记对全党干部提出的要求，我们民族干部决无例外。一定要按照这个要求去做。在这个方面，结合民族干部实际，还有一个具体化的问题。我们民族干部，在树立共产主义世界观的过程当中，要特别强调树立马克思主义的民族观。什么是马克思主义民族观，这个大家都比较熟悉，就是正确地对待民族问题，用马克思主义的观点，用毛泽东思想和邓小平同志建设有中国特色社会主义理论来对待民族问题。民族问题，江总书记在 1992 年中央民族工作会议上有过精辟的论述：民族问题是社会主义总问题的一部分。民族理论方面，江总书记例举了十二个方面。所以我们要认真学习江总书记在中央民族工作会议上的讲话，按照中国民族问题的实际，正确地树立民族观。核心的问题是民族团结、民族平等、民族进步。我国宪法规定的社会主义民族关系是平等、团结、互助，这高度概括了我们民族工作的核心。我有一次在与几位同志座谈的时候，有位少数民族干部讲的非常好，他说，我第一是共产党员，第二是国家公务员，第三是少数民族出身的干部。因此首先最基本的我是共产党员，我要按党的宗旨去办事；我是公务员，就要按照公务员的条例去办事；同时，我是少数民族出身的干部，我不能只代表我这个民族本身，要站在全党和全中华民族的全局立场去考虑问题、处理问题。我看他讲得很精辟，这是位少数民族同志给我讲的他的体会。他作为一个少数民族干部，他是这样认识自己、摆正自己的位置的。他还说，我是少数民族，但我是在党的培养下成长起来的少数民族干部。只因有了党的教育，我才成为少数民族干部，不然的话，我还是奴隶。这是个藏族干部讲的。所以，我听了之后很受感动，觉得我们的少数民族干部有很高的觉悟，能够正确对待这个问题。

第二，按照总书记对干部的五项要求，少数民族干部还有一个更紧迫的任务就是加强学习。学习马克思主义理论，学习毛泽东思想，学习邓小平同志建设有中国特色的社会主义理论，学习党的路线、方针、政策，学习历史知识，学习经济，学习管理，学习技术，学习业务，并成为内行，要成为本职工作当中的业务能手。这样才能够适应社会主义市场经济对我们每一个干部的要求。当领导干部不可能什么都懂，但是绝不能什么也不懂；不可能什么都精，但是也不能什么也不精。必须要有一门精通。怎样才能做到精呢？水涨船高。知识面要宽，理论功底要好，没有革命的理论，就没有革命的运动。因此，要加强功底的学习，练基本功，把马克思主义理论学好。同时，要钻研业务。只有这样才能够适应我们社会主义市场经济的需要，才能够适应不断发展的形势的需要，才能够适应群众对我们领导干部的要求。只有这样我们才能够站得高一点，看得远一点，想得早一点，想得全一点，做得好一点。这样才有资格、有本事去带领广大群众去工作，去建设。不然的话，我们还不如人家，不如群众，你怎么去带动群众？你怎么去引导群众？你有什么能力去团结群众？你就没有凝聚力，没有吸引力，没有感召力，也就没有领导的能力。所以在这方面，我们要下大功夫、真功夫，当然，这不仅是对少数民族干部，对我们汉族干部也是如此。我们做民族干部工作的汉族干部更应该对自己有个严格的要求，更应该各方面做得更好，更应该更多地尊重少数民族干部，紧密团结，共同奋斗。

第三，根据江总书记这五条要求，在少数民族干部当中，我们更应该注意敬业、廉政、勤政，这个问题没有特殊性，但是从民族地区这一具体对象角度上来看，也有一定的特殊性。因为历史上造成的，少数民族多分布在比较偏远的地方，山区比较多，高寒干旱沙区比较多，又多是贫困地区。现在中央已经作出重要决策，经济发展战略逐步向中西部转移，突出要帮助少数民族地区和革命老区，而少数民族地区群众生活水平比较低，更需要我们的干部带领人民群众艰苦奋斗尽快地脱贫致富奔小康。因此我们更应该把人民群众装在自己的心里，真正地成为人民的公仆，想人民所想，急人民所急，为人民群众着想。我们在民族地区办的事情，要真正按邓小平同志讲的那样，首先看人民群众拥护不拥护，人民群众欢迎不欢迎，人民群众高兴不高兴。切实地把对人民群众的态度问题作为我们办事情、作决策、考虑问题的一个出发点，这样我们在民族地区工作，我们才能够立得住脚，才能够得人心，才能够真正地象孔繁森那样，全心全意地为各民族群众服务。正因为我们少数民族地区群众生活还比较落后，因此我们在个人的生活方面就更应该艰苦奋斗，更应该节俭，反对铺张浪费，更不能搞弄虚作假、欺上瞒下的东西。在富裕地区现在有些奢侈的现象，老百姓对此是极为反感的，党纪国法也是不容许的。那么这些腐败的现象，在贫困地区也不是没有，我们作为干部，特别是领导干部，更不应该在贫困地区，使自己和群众的距离太大，更不能够有违法犯罪活动，所以对于民族干部按照总书记的要求勤政、廉政又是非常现实和极其重要的。

建设高素质的少数民族干部队伍，按照总书记的要求，根据我们工作实际还有一个加强团结、合作的问题。我们国家上次人口普查，以县为单位，每个县都是由两个以上民族人口组成。因此，在我们全国各地都有民族团结问题，各个民族的干部共同合作的问题。所以，不同民族之间的干部搞好合作，搞好团结，这是我们各项工作取得成绩、取得胜利的保证。毛主席曾经有过英明的论断：国家的统一，人民的团结，国内各民族的团结，这是我们的事业必定要胜利的基本保证。特别是在民族地区，各个民族的干部都有，大家从五湖四海汇集拢来，在语言上互相交流要克服一定的困难，在性格上也有一定的差异，有的时候表达方式上也有一定的差异，差异就是矛盾。处理得好，会成为积极向上的动力，处理不好，就会影响团结。因此这就要求我们应该互相学习，互相体谅，互相尊重，互相帮助。只有这样我们领导干部之间才能团结得好，才能够形成统一的意志，班子统一了，意志就坚强了，带领群众才有力量。在民族团结问题上汉族的同志要发挥作用，汉族同志要更应该尊重少数民族。毛主席过去曾经说：如果是老同志和新同志之间有了矛盾，老同志要负主要责任；领导干部和一般干部有了矛盾，领导干部要负主要责任;汉族干部和少数民族干部如果有了矛盾,汉族干部要负主要责任。我是汉族干部。我们汉族干部绝对不能有大民族主义思想。有了这种思想,就搞不好团结,以至有损党的形象。当然,遇到问题还要具体分析,不能够只用民族来划分。首先还是讲原则,在原则问题上是不能含糊的。还要尊重事实,从实际出发处理问题。但在非原则问题上,一般具体问题上,一定要大度,要主动以团结愿望为基础去解疙瘩,排除一切不利于团结的因素。作为汉族干部,一定要有这种指导思想,这种风格,这种胸怀和气度,要按这样的想法去工作,去解决矛盾。

三、我们各级民委要在培养少数民族干部的工作中发挥作用

我们党有个重要的原则,就是党管干部,由党委、党的组织部门来负责干部工作。我们政府的干部管理有人事部门。作为民委,是政府的一个民族工作方面的部门,在培养少数民族干部的工作当中,怎样发挥作用?我想有三句话,一是积极主动,二是密切配合,三是当好配角。

1. 积极主动。在培养少数民族干部工作当中,我们各级民委,不要把它做为份外的事,要做为份内的事,要做为民族工作的一部分,做为民族工作当中一项重要工作。民族工作有很多,围绕着民族团结和共同发展进步,其中民族干部工作是一项重要的责无旁贷的工作。既然是责无旁贷的工作,就要认真地学习好、贯彻好党中央关于少数民族干部工作的一系列指示和组织部门下发的一系列关于少数民族干部工作方面的文件和精神。我们还要积极主动地了解、熟悉、掌握少数民族干部的情况。在这方面有的省做得很好,比如吉林省,他们建立了少数民族干部的档案库,建立了少数民族知识分子和科技人员的档案库。这样就为组织部门选拔、使用少数民族干部提供了很有利的条件。我们要积极、主动地推荐少数民族各类人才,发现优秀的少数民族干部和各类人才,积极向组织部门推荐。我们民委要主动。因为我们熟悉各个民族的情况,熟悉少数民族干部的政治、思想、业务、能力及专长,熟悉他们的优点和弱点。因此应该积极主动地向组织部门去反映、去推荐,并要在工作上积极地向组织人事部门提出建议。比如说在少数民族干部的培养上、管理上、使用上有什么建议,可以提出来,积极主动地参与少数民族干部的培养、培训、锻炼。现在,中央组织部、中央统战部、国家民委已经连续六年组织少数民族干部到中央国家机关和发达地区挂职锻炼。这是中央统战部发起的,中央组织部积极支持,国家民委积极参与。现在这三家配合得非常好。各省、市、自治区的组织部、统战部、民委也都配合得非常好,所以在类似这样的事情当中,我们民委要积极主动参与配合。再一条,我们民委还有自己的民族院校作为基地,可直接培养少数民族干部,加大培养少数民族干部的力度。我们国家民委有6所直属院校。这6所院校的领导同志都参加了这次会议。这是我们本职的工作。我们民委系统,要利用和发挥自己的优势,把我们的民族院校作为培养民族干部的一个重要基地建设好,这些学校的作用不可低估。我们的民族院校已为我们国家培养出了相当一批人才和各级领导骨干。所以要继续发挥这个优势,把我们院校越办越好,培养更多的高素质的民族干部。

2. 密切配合。首先是和组织部门配合。组织部门统管干部工作。中央统战部在少数民族干部方面做了大量工作，而且有许多很好的想法，我们要经常商量，经常沟通。从中央国家机关来讲，中央组织部、中央统战部、国家民委合作的时间比较长，与各地合作的时间也比较长。我们作为政府部门在干部问题上，如何同各部门配合，我们要根据组织部的要求，根据组织部的规定，根据组织部的部署，我们积极地去做工作。比如，如何加强同其他部门配合，了解和掌握各行各业少数民族干部的情况，以便更有效地向中央组织部提供情况，等等。

3. 当好配角。在我们与各个部门合作当中，民委是什么角色呢？在培养干部方面我们是配角，一不要越位，不要越权，二不要消极，不要失职，要处理得当，把我们的作用发挥到很合适的程度。既积极主动，又不要什么事都管，特别是在干部问题上、人事问题上一定要听组织部的意见，按照组织部的意见办。我们只是协助、参与、配合，要把这个位置摆好、摆正，当好配角。为什么不说甘当配角呢，这是思想上的问题，咱们说的是工作，是要当好配角，当不好也不行，不能光打小旗不说话。配角是有内容的，要当好。所以这次会议总结这几年三部委文件贯彻的情况，交流各方面的经验，是很有意义的。有几个省区工作做得很好，刚才讲到吉林省，其它几个省区市也有好的经验。这些好的经验，其中重要的一条就是省委省政府都很关心民族工作，省委组织部、统战部和民委都能密切配合。我们院校的同志，在培养民族干部和各类人才方面，工作做得好，也是因为你们自身能把培养民族干部做为己任，有这种指导思想才使我们的工作有所前进。

以上讲的这些意见，是学习总书记建设高素质干部队伍讲话的一些体会，有些想法没有经过慎重推敲，不对的地方请同志们在讨论中提出来，再进行修改。

国家民委关于印发《国家民委高等教育事业“九五”计划和2010年发展规划纲要》的通知

1996年10月23日

中央民族大学、西北、西南、中南、西北第二、东北民族学院：

现将《国家民委高等教育事业“九五”计划和2010年发展规划纲要》印发你院，请根据本院和民族地区的实际，认真组织实施。

国家民委高等教育事业“九五”计划和2010年发展规划纲要

根据《国民经济和社会发展“九五”计划和2010年远景目标纲要》及我国民族高等教育的现状，按照国家教委《关于研究制定教育事业“九五”计划和2010年发展规划工作的通知》要求，编制国家民委直属民族院校高等教育事业“九五”计划和2010年发展规划纲要。

一、少数民族和民族地区经济社会发展对民族高等教育需求情况分析

江泽民同志指出：“现阶段，我国的民族问题，比较集中地表现在少数民族和民族地区迫切要求加快经济文化的发展。”因此，“九五”期间及今后较长一段时间，民族院校应主要为民族地区培养适合当地经济文化发展所需要的各类专业人才。

1. 民族地区经济发展对专业人才的需求趋势。《国民经济和社会发展“九五”计划和2010年远景目标纲要》指出：“中西部地区，要积极适应发展市场经济的要求，加快改革开放步伐，加强水利、交通、通讯建设，充分利用现有的经济技术基础，发挥资源优势，大力发展农林牧业及其加工业，开发能源和矿产资源，积极发展优势产业和产品，提高加工深度，使资源优势逐步变为经济优势。”国家将采取有力措施，加大对贫困地区的支持力度，扶持民族地区经济发展。可以预期，今后15年内，随着国家促进区域经济协调发展的主要政策措施的实施，中西部的经济将有较大的发展。这种发展趋势带来的人才需求将会给民族院校的发展带来新的机遇，民族院校应抓住机遇、适应需要发展自己。

2. 从民族地区产业结构特点预测专业人才的社会需求。目前民族地区的经济结构与全国相比较，工业所占的比重低。而在工业经济的结构中，原材料、能源等资源产品工业所占比重高于全国平均水平。在乡村社会总产值的构成中，农业的比重大，非农业的发展程度低。这些经济结构的特征是民族地区相对落后的突出反映。

1993年民族自治地方国内生产总值的构成，第一产业占33.6%，第二产业占38.8%，第三产业占27.6%。农业仍占相当大比重。根据历年统计数字看发展趋势，工业所占的比重将继续上升，农业所占的比重将继续下降。但目前的产业结构在今后五年中不会有根本性变化。因此从民族地区产业结构特点看，未来一个时期内，在下列人才的需求有增加的趋势。

(1)加速能源开发,关键是提高能源利用率和使用引进优质高效的能源技术设备的人才。

(2)降低原材料消耗的,主要指掌握石油、煤、无机盐化工和精细化工技术、水泥、玻璃以及各种新型建材生产技术的人才。

(3)电子通讯技术应用方面的人才。

(4)繁荣边境贸易所需的各类专业人才。

(5)旅游产业所需的各类专业人才。

(6)金融专业人才。

人才需求特点表现为:专业门类多,层次多,需求量小,需要逐年补充。对这些专业人才特别是第一、二、三类专业人才的需求,需要全国各级各类高校为其培养,民族院校则应在一定程度内调整自身的结构,适应民族地区人才的需求。

3. 从毕业生就业情况预测专业人才的社会需求。民族院校曾为民族地区输送过大批党政干部、师资,但近年来毕业生就业情况发生较大变化。统计资料表明,近年来民族院校毕业生,比较热门的专业主要有:计算机应用、应用电子技术、货币银行学、财会、英语、文秘、新闻。供求基本平衡的专业有:法学、汉语、经济管理。需求较少的专业有:中国史、民族学、民族史、少数民族语文、数学、物理、化学。

从毕业生就业情况分析:民族地区社会经济的发展促使外语类、应用技术类、财经类等专业需求增长较快,而对民族语言类各专业的需求是不稳定的。对民族学诸学科、专业表现出量少质高的需求趋势。

综上所述,民族地区社会经济的发展对我委所属民族院校的需求可以概括为:

(1)近期内数量上基本保持稳定或略有增长。

(2)专业结构应根据社会经济发展需要进行力所能及的调整。

(3)民族学各学科、专业需要量少,层次要求较高。

(4)应注意调整民族高等教育的形式结构,如发展成人教育等。

(5)大力提高教育质量,培养专业口径较宽的合格人才。

二、委属民族院校现状分析

40 多年来,民族院校培养了大批少数民族干部及各类高级专门人才,为维护祖国的统一,增强各民族团结,作出了重要贡献。学校也在不断发展壮大。

目前委属民族院校设有 25 个硕士点,3 个博士点,一个博士后流动站,两个“文科”基地。本专科已设置了涉及文、理、农、工、医、师、财经、政法、体育、艺术、外语等 11 个大科类的专业 100 余种。有一支具有较高教学、科研水平的专任教师队伍,有较为完备的办学条件。已初步形成以普通本专科教育为主,既有研究生教育又办干训、预科和函授、夜大学,多种学科兼备的多层次、多科类、多形式的办学格局。“八五”期间学校有了进一步的发展。

1994 年委属民族院校各类在校生已达 22 674 人。其中:博士生 25 人,硕士生 314 人,普通本专科生 15 574 人,预科生 1 637 人;成人高等教育的各类在校生达 4 631

人，其中干部专修科学生934人，函授生2 000人，夜大生1 697人；此外还有中专生96人，以及若干外国留学生。和1990年相比，全日制本专科在校生增加了4 655人，增长42.6%；成人高等教育在校生增加2 000余人，增长约50%。现在平均每所学校在校生达4 500余人。

“八五”期间，委属民族院校的专业结构面向民族地区的实际需求进行了调整，经济学、法学类专业所占比重有所提高，理工农医类专业有所发展。在校生各学科的分布为：哲学1.2%、经济学22.3%、法学10.5%、教育学0.9%、文学25.6%、历史学5.8%、艺术1.4%、理学9.2%、工学17.1%、农学3.9%、医学1.8%。文科类在校生占67.8%，理工农医类在校生占32.2%，委属民族院校专业结构仍然是以文科为主，表现了自己的学科特色优势。同时也显示了专业结构与少数民族和民族地区的实际需求之间的差距。

办学条件有所改善。目前委属民族院校校舍面积达80余万平方米，固定资产总值达2.66亿元，其中教学设备总值4 000余万元。生均校舍面积45.3平方米，生均宿舍面积7.73平方米，生均仪器设备2 600元。专任教师达2 294人，平均高职比为27.9%。除生均仪器设备外，办学条件基本达到国家教委规定的现行标准。

委属民族院校经过“八五”期间的努力，取得一定的发展。但在发展中，困难和问题也同时存在。

1. 发展环境依然严峻。发展少数民族高等教育，需要较大的资金投入。我委所属民族院校每年的教育事业费用于人头费已达70—80%，用于教学、科研和事业发展的经费所剩无几。除教育事业费外，我委能够用于民族院校发展的机动财力十分有限，财政支持能力较弱。

由于历史的原因，委属民族院校以文科为主，难以发展科技型的校办产业，自我发展的能力较弱。由于民族院校的特点，对少数民族学生不收或只收少量学杂费，相对于其它高校，经费来源受到限制。学校的发展由于缺乏足够的财力支持，发展环境依然严峻。

2. 急需加强专业建设。随着社会的发展，委属民族院校的专业设置已与现实的社会需求不相适应。一些专业招生和毕业生就业相当困难，不调整已无出路。近几年委属民族院校已作了很大努力，对某些专业进行了调整。但是由于投资不足，相应的专业师资缺乏，专业建设滞后，教学质量有待提高。现在迫切需要加强新增专业的建设。

3. 特色专业需要扶持。民族学科多年来一直是委属民族院校的传统、特色和优势学科，有较强的教学、科研实力和较高的学术水平。虽然现在这些专业的社会需求量很小，但这些学科对继承和发展民族文化、对党和国家的民族工作都具有重要意义，需要采取特殊措施给予扶持。

4. 教育质量的提高十分紧迫。从总体上看，委属民族院校与同类型其它大学比较，教育质量存在一定差距，这与民族地区对民族院校毕业生的需求很不适应，教育质量的提高已十分紧迫。特别是在市场经济条件下，随着毕业生就业制度的改革，教学质量如没有较大幅度的提高，学校的存在与发展将会受到严重威胁。

5. 管理水平和办学效益需进一步提高。委属民族院校办学效益主要体现在用有限的教育经费，培养出社会需要的、质量有保证的少数民族专业人才。为提高管理水平和办学效益，各院校只有在教学、科研管理、人事分配制度、住房医疗制度、退休保险制度、后勤工作管理等方面进行改革，并逐步完善。只有管理水平提高了，才有可能提高办学效益。

三、委属民族院校“九五”发展目标和2010年发展规划

1. 发展的基本思路。“九五”期间要继续贯彻《中国教育改革和发展纲要》。委属民族院校的发展要与《国民经济和社会发展“九五”计划和2010年远景目标纲要》提出的民族地区发展目标相协调。深化民族院校的改革，探索社会主义市场经济条件下，与我国少数民族和民族地区经济和社会发展相适应的发展方式和途径。

“九五”期间，委属民族院校要继续适应社会需求进行结构调整，加强学科、专业建设，努力提高教育质量。办学规模要控制在一个合理的限度内，注意控制普通本、专科招生数量，发展成人教育。有特色的民族类各专业，重点放在研究生教育。努力争取多方面投资，设法改善办学条件。提高管理水平，实现科学管理。努力提高办学效益，要把委属民族院校办成具有自己特色的民族高等学校。

2. 委属民族院校“九五”期间的发展目标。

A. 规模

教育事业发展规模要与办学条件、办学经费、就业需求相适应，“九五”期间委属民族院校全日制在校生应基本稳定在：中央民族大学5 000人，西北民族学院3 500人，西南民族学院4 000人，中南民族学院4 000人，西北第二民族学院2 000人，东北民族学院近期1 500人。在办学条件有所改善的前提下，办学规模可以适度发展。

B. 办学条件

委属民族院校首先要达到国家教委规定的办学条件。特别是生均教学仪器设备要基本达到4 000元的标准。

C. 教育结构

继续调整教育结构，使委属民族院校在专业结构、层次结构、形式结构等方面，适应我国少数民族和民族地区经济建设和社会发展需要。民族学科各专业要向高层次发展，重点是办好研究生教育。

D. 教学质量

教学综合评估达到所在省(市、自治区)中上水平。

E. 效益

实现科学的定编定员，努力争取使教师与学生的比例达到1∶10，使教职工与学生的比例达到1∶6，要降低人员经费在教育事业费中所占的比例，增加公用经费和发展经费所占比例。

F. 完成中央民族大学进入211工程的部门预审

积极创造条件，完成中央民族大学进入211工程的部门预审。争取使中央民族大

学的民族学成为进入 211 工程的重点学科。

3. 委属民族院校精神文明建设目标。“九五”期间,委属民族院校要实现十四届六中全会提出的精神文明建设的主要目标。在全体师生中牢固树立建设有中国特色社会主义的共同理想,牢固树立坚持党的基本路线不动摇的坚定信念。在加强民族团结、维护祖国统一的教育中,要坚持党的民族政策和宗教政策,宣传马克思主义民族观、宗教观。培养有理想、有道德、有文化、有纪律的“四有”新人。实现师生素质、文化生活质量、校园文明程度的显著提高。使校园的社会风气、公共秩序、生活环境明显改善。

4. 委属民族院校 2010 年发展规则(轮廓)。教育事业是面向未来的事业。2000—2010 年,根据国民经济和社会发展规划,我国民族地区将会有较大发展。产业结构将会出现较大变化,第二产业、第三产业所占比重会上升。教育、科技事业也将有较大发展。各类专门人才的需求量将有较大增加。经过“九五”期间的调整和发展,委属民族院校将会适应 2010 年的社会需要。并与内地高校、民族地区高校携手,共同完成培养少数民族专门人才的任务。委属民族院校的办学规模将基本稳定在“九五”后期的水平,或有适度增长。大的结构调整基本完成,重点放在专业建设上。办学条件要有较大幅度改善,教育质量、管理水平、办学效益有较大幅度提高。中央民族大学进入“211”工程。东北民族学院要办成面向全国招生的,有较高办学水平的理工学院。

四、改革思路

1. 加大教学改革力度,努力提高教学质量。要根据民族地区经济建设、社会发展和就业市场的需要,委属各院校要继续进行专业和课程的调整、改造,搞好专业建设,做到学生学的专业与民族地区经济的发展是对路的,用得上的;要打破旧的教育思想和观念的束缚,确立新的教育思想和观念,逐步从根本上改变原来过专过窄、整齐划一的培养模式,尽快制定面向 21 世纪教学内容和课程体系改革计划。从而不断提高教育质量,使学生在社会上具有较强的竞争能力。

要继续完善并改革教学管理制度,在条件成熟时试行学分制、主辅修制、双学位制、分流淘汰制。现在要坚持和完善教学方面的各项奖励制度。

2. 加强科研工作。科学研究对于学科建设,培养学科带头人,提高师资水平,更新教学内容,对于研究生及本科生的培养都具有重要意义和不可替代的作用。

科学技术研究要注意技术开发和推广,加强科技成果商品化、产业化进程。社会科学研究要加强对“九五”期间和 21 世纪初叶我国民族地区经济和社会发展以及改革开放中重大问题的研究。

在科研管理中,要建立和完善市场导向机制,宏观调控机制,依法管理机制和竞争机制,要由过程管理向目标管理转变,使委属民族院校的科研管理工作走向现代化。

3. 积极慎重地进行招生和毕业生就业制度改革。从 1996 年起,委属民族院校要逐步实行招生“并轨”和毕业生在一定范围内自主择业的制度。在这项改革中民族院校一定要坚持为少数民族和民族地区服务的方向。妥善解决特困生的生活问题,保证他们能安心读书。

4. 积极推进办学体制改革。“九五”期间，委属民族院校继续实行国家民委与学校所在省(区)、市政府双重领导，以国家民委为主的管理体制。同时要继续打破“条块分割”和封闭的办学格局，进一步推进多种形式的联合办学，充分利用现有的教育资源，促进委属民族院校更好更快地发展。

5. 深化内部管理体制改革。“九五”期间，委属院校要继续搞好以人事、分配为重点的内部管理体制改革。建立起适应教育现代化需要的高效、富有竞争激励活力的管理体制和运行机制。

6. 落实学校应有的自主权。要逐步使委属民族院校成为面向社会自主办学的法人实体。要在招生、专业调整、机构设置、干部任免、经费使用、职称评定、工资分配和国际合作交流等方面，分别不同情况，进一步扩大学校的办学自主权。学校也要善于使用自己的权力，承担应负的责任，建立起主动适应经济建设和社会发展需要的自我发展、自我约束的运行机制。

五、工作措施

为了实现我委教育事业“九五”计划的各项发展目标和改革任务，应采取以下主要工作措施：

1. 进一步加强委属民族院校领导班子建设。毛泽东同志曾经指出，办好学校的关键在于选好校长和老师。因此，在“九五”期间，要选好、配齐各校的党政一把手，采取切实有力的措施，并通过多种途径把委属院校领导班子建设成为能适应改革开放形势和教育改革与发展要求，综合素质和领导水平较高，坚强有力、结构合理、勇于进取、团结协作的领导班子。并通过中央党校、国家高级教育行政学院为每所院校培养出一批高层次的、跨世纪的管理人才。

坚持和完善党委领导下的校院长负责制，注重改善班子内部的年龄结构和知识结构，采取措施解决领导班子老化的问题，力争在“九五”期间，各院校领导班子中40岁左右的成员应保持在1/3左右。

2. 加强师资队伍建设。各院校要采取切实可行的措施，全面提高教师队伍政治素质和业务素质。力争在“九五”后期委属院校教师队伍中博士、硕士生学历的比例，基本达到全国高校的平均水平；做到大多数教师能一专多能，年龄结构比较合理；制定并实施学术骨干和跨世纪学科带头人的调入、选拔、培养、使用方案；对于贡献突出的学术骨干和跨世纪学校带头人要给予资助、奖励和较为优厚的待遇。争取在较短的时间内培养出一批在国内外有较大影响的专家、学者、教授。

3. 加快课程体系改革和教材建设。“九五”期间，各院校必须在1997年以前完成课程体系调整，重新制定新的教学计划。新的教学计划和课程体系，必须着眼于素质教育和能力教育，着眼于学生创新能力的培养和个性发展。口径要宽，基础要厚，力争做到与同类大学教学计划和课程体系具有可比性。

要十分重视教材建设。正如邓小平同志早就指出的那样：“教材很重要”、“编好教材是提高教学的关键”。因此各院校要花大力气抓好这项工作。每个学校都要成立教材建设委员会，设立教材建设基金，实行教材项目招标和专家评审制。我委将集中人力、物力、财力，争取在“九五”期间出10部左右的国家级教材，供民族院校统一使用。

4. 继续做好后勤工作。各院校后勤工作要坚持为教学科研、为师生员工、为培养社会主义建设者和接班人服务的方向，要为学校的改革、发展、稳定提供可靠的保障。

学校的后勤工作应在完善承包责任制的基础上，逐步实现向社会化的过渡。

5. 加强评估工作，大力提高院校管理水平和教育质量。随着高等教育体制改革的发展，政府部门要由对学校的直接行政管理转变为运用立法、拨款、规划、评估……和必要的行政手段进行宏观管理。检查评估学校的政治思想工作、教育质量、后勤工作将成为管理学校的重要手段。通过评估，促进学校各方面的改革，优化管理，提高决策水平，从而不断提高办学效益。“九五”期间，将开展对委属院校的评估工作，并逐步使这项工作量化、制度化、规范化、科学化、易于操作。

6. 增加教育投入，充实改善办学条件。“九五”期间，国家民委和各院校都应高度重视办学条件的改善。多渠道增加教育投入，有计划、有重点地解决教学、科研、师生生活方面急需解决的问题。增加教育投入，一是国家民委积极争取国家财政的扶持，二是各院校进一步搞好科技开发、校办产业和其它创收，并把创收的一部分用于改善办学条件，三是努力争取社会赞助和海内外人士的资助。

7. 积极开展对外交流。按照国家有关法规，积极探索委属民族院校与境外机构和个人合作办学的道路，鼓励具备条件、具有优势的院校到境外开设办学点。鼓励学校积极开展对外教学与学术交流活动。

国家民委关于公布“国家民委民族政策研究优秀成果奖”评选结果的通知

1996年10月24日

各省、自治区、直辖市、新疆生产建设兵团民委（民族宗教局、厅），委机关各部门、各直属单位：

根据我委1995年3月发出的《关于评选“国家民委民族政策研究优秀成果奖”的通知》进行的全国民委系统民族政策研究优秀成果奖评选工作，经各地民委（民族宗教局、厅）及委属各部门、直属单位申报，我委组织专家进行评审，共评出一等奖19名，二等奖58名，三等奖118名，鼓励奖27名。奖项分著作、论文和调研报告三个类别。评审结果经我委正式审核批准，现随文公布（见附件），并就有关事项通知如下：

(一)获得国家民委民族政策研究优秀成果一等奖的,发给获奖证书及奖金800元(著作一等奖1 000元),二等奖发给获奖证书及奖金500元,三等奖发给获奖证书及奖金300元,鼓励奖发给获奖证书及纪念品。获奖证书、奖金归作者所有。

(二)获奖证书及奖金请各地民委(民族宗教局、厅)代我委颁发。国家民委直属机关和直属单位获奖作者的获奖证书及奖金在京另行颁发。

国家民委民族政策研究优秀成果奖 获奖名单

一、专著

作者	地区	作品名称	等级
马　曜等	云南	云南民族工作40年	一等
赵延年等	国家民委	论民族问题	一等
黄光学等	国家民委	当代中国的民族工作	一等
施联朱等	中央民大	中国的民族识别	一等
车哲九等	吉林	吉林少数民族经济	二等
周锡银等	四川	民族政策教育纲要	二等
张尔驹	国家民委	中国民族区域自治史纲	二等
巴　图等	国家民委	中国草原畜牧业经济发展概论	二等
王福临等	国家民委	共同富裕之路	二等
李德洙等	国家民委	走向世界的中国都市人类学	二等
金炳镐	中央民大	民族问题概论	二等
李竹青等	中央民大	少数民族地区边境贸易研究	二等
胡中安等	中央民大	民族区域自治法学	二等
施　琳	中央民大	论“发展经济学”的发展	二等
杨清震等	中南民院	民族贸易学	二等
孙运来等	吉林	吉林边疆民族地区稳定和发展问题与对策	三等

都永浩	黑龙江	鄂伦春族游猎 定居 发展	三等
权宁朝	黑龙江	黑龙江少数民族经济	三等
陆群和等	广西	新时期民族关系简明读本	三等
程可晖等	四川	民族地区党的建设	三等
龙国辉等	贵州	红军长征与党的民族政策	三等
张和平	贵州	贵州民族语文研究	三等
云南民委	云南	边疆民族贫困地区生产力跨越式发展之路	三等
云南语委	云南	民族语文理论政策讲座	三等
杨应忠等	甘肃	团结进步的光辉历程	三等
杨耀苍等	宁夏	毛泽东民族思想研究	三等
马清贵等	宁夏	宁夏回汉民族经济行为发展取向研究	三等
齐文礼等	新疆	新疆九十题	三等
李德洙等	国家民委	都市化与民族现代化	三等
展览馆	民族文化宫	民族学博物馆散论	三等
贾光杰	民族团结	中国民族科技工作及成果	三等
刘绍川等	中央民大	邓小平民族思想研究	三等
赵安君等	东北民院	民族教育与民族经济	三等
李小林	民族团结	历史的期待	鼓励
郃 霖等	中央民大	草原畜牧业经济论	鼓励

二、论文

作者	地区	作品名称	等级
课题组	广西	关于建设百色民族工业城的构想	一等
覃乃昌	广西	论制定自治条例的困难及推进民族立法的新思路	一等
唐世聪	云南	关于培养选拔少数民族干部工作的几点想法	一等
严天华	贵州	民族地区建立社会主义市场经济体制的问题	一等
周锡银	四川	从民国时期达赖班禅的转世谈中央主权的行使	一等
李 岚等	国家民委	少数民族妇女就业保护问题刍议	一等
刘宝明	中央民大	我国民族自治地方民族问题的特点与协调原则	一等
陈玉屏	西南民院	魏晋南北朝北方民族融合的几个理论问题	一等
关 捷	东北民院	论民族地区乡镇企业发展的特点、问题及对策	一等

赵　书	北京	北京少数民族人口状况分析	二等
吴丕清	河北	民族乡政权建设	二等
杨敏忠	内蒙古	维护和发展社会主义民族关系	二等
何晓芳	辽宁	试论我国现阶段民族关系的特征	二等
关克笑等	辽宁	满族语文的兴衰及历史意义	二等
魏福祥	辽宁	社会主义市场经济与民族问题	二等
何溥滢等	辽宁	辽东满族地区经济发展特征及现代化建设对策	二等
朱在宪	吉林	论邓小平的民族发展观	二等
逮广斌	黑龙江	抓住沿边开放有利机遇　加快民族地区经济发展	二等
朱　洪	广东	试析初级市场发育与经济和政策的关系	二等
周　健	广西	论石山地区温饱攻坚战	二等
陈国安	贵州	建国初期毛泽东民族理论在贵州少数民族地区的实践	二等
胡朝映	贵州	贵州少数民族地区经济发展新路探索	二等
杨应新	云南	市场经济与民族语文	二等
贾东海等	甘肃	新时期民族工作的光辉指针 ——邓小平民族理论研究	二等
郭长乐	甘肃	扬长避短，加快甘肃民族地区经济发展	二等
杨侯弟	国家民委	关于坚持和完善我国民族区域自治制度的几个问题	二等
张崇根	国家民委	立足民族平等　促进民族繁荣	二等
李建辉	国家民委	伟大的民族团结进步事业	二等
孙青友	国家民委	分税制财政管理体制对民族地区的影响	二等
康基柱	中央民大	中国共产党初创时期的民族理论和政策	二等
朱晋龄等	西北民院	浅谈民族院校思想政治教育的内容途径和方法	二等
马玉祥	西北民院	论我国民族法体系及其结构	二等
胡书律	西南民院	加强对我国少数民族语言的社会功能研究	二等
张为波	西南民院	毛泽东民族观初论	二等
来　仪	西南民院	马克思主义民族平等思想初探	二等
彭英明	中南民院	试论有中国特色的社会主义民族理论	二等
王大仁	天津	当前民族工作需要解决的两个问题 ——对天津市民族工作的一点思考	三等

律可人	内蒙古	我国的民族问题在社会主义现代化建设中逐步得到解决	三等
孟　和	内蒙古	论抓好城市蒙古语文工作	三等
高　凯	辽宁	保障散居少数民族权利　加强民族法制建设	三等
张佳生	辽宁	论满汉民族交往过程中的特点和规律	三等
肇乐群	辽宁	试论新时期城市民族问题的特点	三等
佟靖飞	吉林	牢固树立民族工作为市场经济服务的整体观念	三等
车哲九	吉林	面向21世纪的延边市场经济构想	三等
杨志杰	吉林	对发展民族乡镇企业的思考	三等
包玉明	黑龙江	关于本世纪末建立起黑龙江省民族法制机制问题的思考	三等
夏　杰	黑龙江	黑龙江省沿边民族乡村发展外向型经济初探	三等
舒景祥	黑龙江	对"发展社会生产力是社会主义时期民族工作根本任务"的理解和实施举措的思考	三等
韩有峰	黑龙江	对贯彻执行《黑龙江民族乡条例》的思考	三等
李继学等	安徽	十四大以后散居民族工作思考	三等
钟明森	福建	民族区域经济开发中政府行为的引导	三等
马微江	江西	杂散居民族地区发展市场经济的思考	三等
刘保祥	河南	在社会主义市场经济体制下周口地区民族经济工作的形势和面临的问题及对策	三等
郑洪芳	河南	论现代城市和谐民族关系的构建	三等
张栋才等	广东	广东省近十多年来贯彻执行民族政策情况论述	三等
韦志坚等	广西	参与少数民族地区经济建设　推动民族地区社会发展	三等
赵精华	广西	民族地区根据需要培养人才	三等
郎维伟	四川	论解放战争时期中国共产党解决民族问题的政策与实践	三等
李　锦	四川	坚持平等发展　实现共同繁荣	三等
陈乐基	贵州	民族团结是促进社会发展进步的主流	三等
张北平	贵州	发展民族地区国际公共关系之我见	三等
颜　勇	贵州	毛泽东思想关于民族理论论述	三等
龙国辉	贵州	90年代贵州民族自治地方经济发展的思考	三等
韦　苇	贵州	民族自治地方制定单行条例的思考	三等

余　克	贵州	进一步解放思想是做好新时期民族工作的前提	三等
覃敏笑	贵州	贵州实施民族区域自治法的实践及其思考	三等
李　勇	云南	在市场经济条件下民族地区人才培养问题	三等
鲁永禄	云南	适应市场经济需要　发展民族贸易民族用品生产	三等
段金录	云南	加快民族地区经济发展是民族平等政策的重要体现	三等
赵　和	云南	因地制宜　大力发展乡镇企业	三等
马立三	云南	认清形势，抓住机遇，进一步做好民族工作	三等
宋兴仁	云南	关于加强党对宗教工作的领导的几点认识	三等
尹宜公	云南	对云南边疆民族地区跳跃式发展的初步探讨	三等
李　皓	西藏	从不同社会时期的宗教信仰看西藏妇女的地位和作用	三等
洛桑尊珠	西藏	试论对我区经济发展的思考	三等
李仁义	陕西	维护民族团结 促进社会稳定	三等
李　膺	甘肃	开展民族政策的再教育　促进民族地区经济发展	三等
王学仁	甘肃	关于我国社会主义民族政策的几点认识和体会	三等
赵　军	甘肃	关于民族生态学若干问题的探讨	三等
姜　勇	新疆	对马克思主义民族团结理论的再认识	三等
阿不都·热合曼巴克	新疆	民族工作为稳定服务是各级民族工作部门的重要任务	三等
巴依禾加等	新疆	伊宁县积极引导农民发展市场经济	三等
肉孜·依布拉音	新疆	团结进步　共同繁荣	三等
阿日夫	新疆	在社会主义市场经济条件下加快民族经济发展	三等
甘玉贵	国家民委	试论我国民族政策研究的特点和范围	三等
马茂宗等	国家民委	关于加快少数民族地区经济发展的对策建议	三等
余梓东	中央民大	邓小平同志民族教育思想初探	三等
李忠斌	中南民院	湖南芷江侗族自治县立体扶贫考察	三等
答振益	中南民院	我国中部杂散居地区民族关系及对策研究	三等
李资源	中南民院	论毛泽东与中国民族区域自治的理论和实践	三等

陈曼蓉	中南民院	扶贫与开发——海南白沙县科技扶贫调查	三等
杜耀富	西南民院	毛泽东、邓小平对民族区域自治法制建设的历史贡献	三等
余仕麟	西南民院	邓小平在民族问题理论上的新贡献	三等
贾东海	西北民院	邓小平民族理论思想初探	三等
艾新强	西北二院	略论毛泽东民族问题思想	三等
达　喜	内蒙古	浅析鄂伦春生产方向	鼓励
杜国良	内蒙古	民族乡社会经济发展的主要问题与对策	鼓励
周凤敏	辽宁	当前民族地区农村文化出现的问题及对策	鼓励
农彩文	广西	充分发挥壮族干部在民族区域自治中的作用	鼓励
赵克彬	四川	市场取向与四川藏区资源开发	鼓励
洛桑尊珠	西藏	西藏民族宗教工作的回顾	鼓励
罗建生	新疆	新疆大邱庄	鼓励
阿不都·热合曼巴克等	新疆	振兴少数民族地区经济是全面发展的需要	鼓励
周明甫等	国家民委	关于22个人口较少的少数民族教育状况分析报告	鼓励
马继祖	国家民委	关于加强民族教育工作的思考	鼓励
李耿年	国家民委	总结经验,深化改革,搞好民族学院干训工作	鼓励
阿不都·热合曼巴克等	新疆	尊重民族风俗习惯是正确处理民族问题的前提	鼓励

三、调研报告

作者	地区	作品名称	等级
张贤焕等	辽宁	边疆民族地区稳定和发展问题及对策——辽宁分课题组调查报告	一等
民委政研室	贵州	麻山在呼唤	一等
严正清等	宁夏	宁夏回族自治区2010年经济发展战略与对策研究	一等
王福临等	国家民委	中国西南部分民族地区乡村综合发展	一等
陆裕民等	国家民委	青海省玉树果洛民族教育情况调查	一等
赵延年等	国家民委	中国少数民族和民族地区90年代发展战略探讨	一等

苏　辉等	北京	北京市北部山区民族乡村经济状况综合调查	二等
曹增森等	北京	关于西城区商贸系统清真网点现状调查	二等
张雁池	河北	河北省少数民族经济现状与出路	二等
吴长林	内蒙古	关于莫力达瓦达斡尔族自治旗经济社会发展情况的调查报告	二等
省民委	吉林	全省民族自治地方经济发展情况的调查报告	二等
调查组	黑龙江	关于全省民族问题和民族工作的调查报告	二等
铁玉良	山东	对济宁市六个民族村的社会调查报告	二等
马迎洲	河南	河南省民族关系初探	二等
区民委	广西	关于国有大中型企业帮助带动民族地区发展经济情况的调查报告	二等
余国耀等	四川	长江会变成第二条黄河吗——对长江上游的四川西部林区的考察报告	二等
曲比石美等	四川	凉山州贫困问题和对策研究	二等
王尚乾	甘肃	坚持改革开放　巩固社会主义民族关系	二等
工作组	国家民委	赴云南省民族工作调查组调查报告	二等
王福临等	国家民委	民族地区经济发展分析与预测	二等
周明甫等	国家民委	关于办好中央民族大学的调查与思考	二等
朱振军等	国家民委	关于少数民族贫困县财政日益困难的情况报告	二等
乐长虹	国家民委	民族地区能源原材料价格改革研究报告	二等
杨　拯等	中南民院	腾飞之路——海南特区建设与省内民族自治地方的协调发展研究	二等
唐纪南	中南民院	我国民族学院历史和现状的调查研究报告	二等
谢玉杰	西北民院	西北民院专业改造、课程改造调研报告	二等
大兴县民委	北京	关于少数民族村队经济发展情况的调研报告	三等
马云周	河北	建设有中国特色的民族法制体系——河北省民族立法工作的实践和体会	三等
赵明宇	河北	少数民族干部工作情况调查报告	三等
包白乙拉	内蒙古	少数民族贫困沙区千里行有感	三等
晏　路	辽宁	辽宁东部民族地区林水资源开发利用问题及对策	三等
白凤歧	辽宁	辽宁民族地区教育问题概况	三等

李祯镐等	黑龙江	关于赫哲族地区经济社会发展情况的调查报告	三等
金有权	黑龙江	关于组织朝鲜族农民到国外劳务输出情况的调查	三等
俞瑞东	江苏	关于苏州市清真网点情况的调查	三等
束德山	江苏	做好散杂居少数民族工作之我见	三等
钟炳文	浙江	浙南山区少数民族脱贫致富的一条好路子	三等
王球球等	福建	培育民族经济极点,加快民族地区发展——闽东畲族地区社会、经济发展调查	三等
严春忠等	江西	面向市场开发资源,促进民族乡村经济发展	三等
杨湛山等	山东	关于山东省少数民族风俗习惯发展变化调查报告	三等
李洪亮等	山东	沂蒙市场上的穆斯林——关于临沂市回族群众发展商品经济的调查报告	三等
王高廷	山东	关于我省少数民族扶贫工作的调查报告	三等
李长江	河南	新乡市民族教育的调查与思考	三等
韦体吉	广西	加强民族团结,促进民族繁荣	三等
陆群和	广西	平果铝模式及其正效应——中国建设银行平果铝专业支行扶持民族地区发展经济的调查	三等
赵克彬	四川	四川民族地区财政形势问题及对策	三等
陈　瑛	云南	黎山升起的新星	三等
陈　锴	云南	宁蒗县民族教育调查	三等
韩恩荣	云南	民族区域自治制度的重要补充	三等
郭　锟	云南	“三结合、一体化”又开新花	三等
郎永涛	甘肃	关于肃南县经济社会发展情况的调查报告	三等
李　膺等	甘肃	临夏州扶贫开发调查报告	三等
蔺长斌等	甘肃	适应社会主义市场经济的需要　加快民族地区经济发展	三等
吴天春等	青海	隆务河畔的调查与思考——青海黄南藏族自治州经济社会发展调查	三等
韩文政	青海	民族关系的现状与发展趋势	三等
汪　群	青海	进一步完善新形势下的民族区域自治制度	三等
杨　浩	宁夏	两地部分市县民族教育调查	三等

马清贵	宁夏	对发展我区民族教育若干问题的思考	三等
班吉苏	新疆	新疆锡伯族双语教学情况的调查与思考	三等
郭承康等	国家民委	民族地区乡镇企业发展对策	三等
艾比布拉	国家民委	湘西州民族教育调查报告	三等
周明甫等	国家民委	民族教育工作中若干问题的思考 ——湖南省民族教育情况调查	三等
曲木林古等	国家民委	南疆扶贫调查报告	三等
彭泽昌	国家民委	社会主义市场经济体制对少数民族 贫困地区扶贫工作和经济发展的影响	三等
郭承康等	国家民委	青藏高原民族经济与生态环境综合发展方案	三等
郑一筠	西北民院	民族贫困地区女童辍学问题的思考	三等
博彦特	内蒙古	跨越三个社会形态迈进社会主义的鄂伦春民族	鼓励
于凤贤	黑龙江	我省蒙古语文教育情况的调查	鼓励
孟淑贤	黑龙江	我省少数民族妇女工作情况的调查报告	鼓励
盐城民宗局	江苏	盐城市培养使用少数民族干部的情况调查	鼓励
陈艳梅	江西	面向市场　发展经济	鼓励
杨莱夫	山东	山东民族问题的特点与对策	鼓励
漯河民宗局	河南	漯河民族经济发展的现状与对策	鼓励
陈文忠	贵州	对新建民族乡民族经济文化的探讨 ——赴平塘县卡浦毛南族乡的调查与思考	鼓励
张金文	云南	爱尼山上奋斗歌	鼓励
张天华等	云南	塔甸奔小康之路	鼓励
普洱县民委	云南	创办一种产业，致富一方群众	鼓励
边遵义	甘肃	民族地区卫生事业的巨大成就及问题	鼓励
巴依禾加等	新疆	提高经济效益，繁荣出版事业	鼓励

国家民委关于组织实施法制宣传教育第三个五年规划的通知

1996年11月8日

各省、自治区、直辖市、计划单列市、新疆生产建设兵团民委(民宗委、厅、局),委属各单位:

加强社会主义法制建设,实行和坚持依法治国,是邓小平同志建设有中国特色社会主义理论的重要组成部分,是我国社会主义现代化建设的一个根本任务和原则。法制建设是社会主义精神文明建设的应有内涵,搞好法制宣传教育,增强各民族公民的法律意识和法制观念,是加强社会主义精神文明建设和社会全面进步的重要条件。从1986年开始的在我国各民族公民中开展的法制宣传教育工作已经实施了两个五年规划,并取得了积极的成果。中共中央和国务院已决定在各民族公民中继续实施法制宣传教育的第三个五年规划。第八届全国人大常委会第19次会议已通过了关于继续开展法制宣传教育的决议。

从现在起到下个世纪的前10年,是我国改革开放和社会主义现代化建设承前启后、继往开来的重要时期,也是我国各民族平等团结、走向共同繁荣的关键时期。在全国各民族公民中继续开展法制宣传教育,对于建立健全社会主义市场经济体制法律体系,加强社会主义精神文明建设,增强各民族公民的法制观念,保障国民经济和社会发展"九五"计划和2010年远景目标的实现,具有重要意义。毫无疑问,民族团结进步事业也有赖于社会主义法律体系的建立和完善,有赖于各民族干部群众特别是各级领导干部法律素质的提高。在建立社会主义市场经济体制的新形势下,只有把民族工作纳入法制轨道,只有不断增强各民族公民的法制观念,增强各民族干部依法管理、依法行政的自觉性,才能保障祖国的统一和社会的稳定,促进区域经济的协调发展,巩固和发展平等、团结、互助的社会主义民族关系,实现各民族的共同繁荣。

据此,现将我们制定的《国家民委法制宣传教育第三个五年规划》发给你们,请结合各地、各单位的实际,认真组织实施。

国家民委法制宣传教育第三个五年规划

根据《中共中央、国务院关于转发〈中央宣传部、司法部关于在公民中开展法制宣传教育的第三个五年规划〉的通知》(中发〔1996〕9号)和《全国人民代表大会常务委员会关于继续开展法制宣传教育的决议》的精神,并结合少数民族和民族地区法制宣传教育及民族工作的实际,特制定如下规划。

一、指导思想

以邓小平同志建设有中国特色社会主义理论为根本指针,坚持党的基本路线,深入贯彻党中央关于依法治国、建设社会主义法制国家及加强社会主义精神文明建设要求的精神,服从服务于少数民族和民族地区稳定发展及改革开放的大局,坚持法制宣传教育与加强民族法制建设的实践相结合,务实创新,强化法制权威,将民族工作和民族地区的各项事业纳入法制轨道,不断巩固发展平等、团结、互助的社会主义民族关系,维护祖国统一,增强中华民族的凝聚力,保障国民经济和社会发展"九五"计划的顺利实施,促进各民族的共同繁荣。

二、总体目标

通过在民族工作部门、民族地区及全社会中继续深入进行以宪法、包括民族区域自治法的基本法律和社会主义市场经济法律知识为主要内容的宣传教育,进一步提高民族工作部门各级干部的法律素质和依法行政、依法管理的水平和能力,不断增强各民族公民的宪法观念和法律意识,特别是增强少数民族公民在社会主义市场经济体制下的权利义务意识,加快建设社会主义法制国家的进程,推动民族团结进步事业,为民族地区的稳定和区域经济的协调发展,为建立并形成比较完备的社会主义民族法规体系和监督机制创造有利条件。

三、主要任务

全国民委系统"三五"法制宣传教育的任务相当繁重,既有责任协调组织各级民族工作部门的干部以及广大少数民族公民认真学习邓小平同志关于社会主义民主与法制建设的理论和以宪法为核心的基本法律及社会主义市场经济法律知识,同时还要协调组织其学习民族法律、法规和各种法规性文件;既要负责本系统的法制宣传教育工作,还要承担向广大公民、法人及其他社会组织宣传教育普及民族法律、法规知识的任务。主要有以下 4 项：

（一）深入学习邓小平同志关于社会主义民主与法制建设的理论，努力提高民族工作部门和民族地区各级干部的法学理论水平和自觉贯彻执行依法治国、建设社会主义法制国家方针的能力，牢固树立依法行政、依法管理的意识。

（二）继续开展宪法知识和与民族工作和少数民族及民族地区密切相关的基本法律、以及维护社会稳定的有关法律知识的宣传教育。进一步增强少数民族公民的权利义务意识，从法的高度牢固树立维护祖国统一和促进民族地区稳定与繁荣的观念；同时要不断提高少数民族公民在市场经济条件下依法维护自身合法权益的能力，进一步完善民族区域自治制度，保障散杂居少数民族公民所享有的各项权利。

（三）重点抓好社会主义市场经济法律知识的普及。围绕规范市场主体、维护市场秩序、加强和改善宏观调控、建立社会保障、促进改革开放等环节，区别不同地区，分类指导，有针对性地学习有关法律、法规知识，提高少数民族和民族地区各级领导干部及经营管理人员运用法律手段，调节各种经济关系和解决问题的能力，以保障区域经济的协调发展和各民族的共同繁荣。

（四）继续在全社会进行广泛深入的民族法律、法规的宣传教育。根据社会主义国家的根本性质，通过在全国各民族公民中，特别是在各级领导干部、知识分子、青少年中继续广泛深入开展民族法律、法规宣传教育并结合国家民族政策和民族理论的宣传教育，牢固树立马克思主义的民族观，不断增强各民族公民促进民族团结和共同繁荣的意识，维护宪法和民族法律的尊严，保障改革开放和社会主义现代化建设的健康发展。

四、基本要求

全国民委系统“三五”法制宣传教育的对象是各级领导干部、各民族公民、法人及其他社会组织，重点对象是县、处级以上领导干部，各级民族工作部门和民族地区的干部及职工。基本要求是：

（一）县、处级以上领导干部特别是分管民族工作的领导干部对民族工作部门“三五”法制宣传教育工作要高度重视，并在学法用法中率先垂范。领导干部要在深入学习邓小平同志关于社会主义民主与法制建设理论的基础上，重点了解和掌握宪法、民族区域自治法、行政诉讼法、行政处罚法、国家赔偿法、公司法、经济合同法、国家公务员暂行条例及有关民族法律法规等，牢固树立依法行政、依法管理的观念，不断提高法律修养及依法决策的能力。

（二）民族工作部门的干部及民族地区的各民族公民既要了解掌握宪法和有关的民族法律、法规内容，也要学习和熟悉与民族工作及民族地区社会稳定、经济发展密切相关的基本法律和社会主义市场经济法律知识，学会依法办事，增强权利义务意识，自觉遵守和维护法律，不断提高以法律维护自身权益、以法律手段调整各种经济和民事关系的能力，不断巩固和发展社会主义的民族关系。

（三）民族院校要将法制宣传教育纳入教学计划并制定切实可行的措施，在校学生要不断提高维护宪法尊严的自觉性，要学习、熟悉基本法律和社会主义市场经济法律知识。民族院校法律系的学生更要系统学习和掌握民族法律、法规的基本内容和立法精神。

（四）各民族公民、法人及其他社会组织要密切联系我国历史和基本国情，了解和熟悉有关民族法律、法规，不断增强对促进中华民族大团结重要意义的认识，进一步提高维护民族团结，促进各民族共同繁荣的自觉性。

五、工作方法

（一）法制宣传教育必须注重“分类指导、分别要求、学用结合、突出用法”。各级民族工作部门要根据中宣部、司法部的统一部署和国家民委的具体要求，结合各自的实际情况，制定切实可行的“三五”法制宣传教育规划及确定各年度的实施计划并逐级上报。各省、自治区、直辖市、计划单列市及新疆生产建设兵团民族工作部门的法制宣传教育规划必须报国家民委备案。

（二）坚持面授教育，同时要与自学相结合。各级民族工作部门要有计划按步骤地组织法律知识培训，要充分利用党校、培训基地等，通过举办培训班、学习班、研讨会、交流会等形式，培训法制宣传教育业务骨干。各级党组、党委学习中心组要继续把法律知识作为重要的学习内容，推动领导干部的学法活动。各级党校、团校及各类干部学院（校）要把法律课列为干部继续教育和培训的必修课。

（三）各级民族工作部门要密切联系民族工作的实际并结合民族政策和民族理论的宣传，发动社会力量参与法律、法规特别是民族法律、法规的宣传教育。要充分拓宽宣传渠道，利用广播电视、报刊杂志等新闻媒体，发挥法制文艺、法制新闻的社会功能，广泛宣传法律知识，努力创造法制宣传教育的社会氛围。

（四）要采取多种形式，使法律、法规特别是民族法律、法规的宣传教育形象化、具体化。通过图片展览、知识竞赛、案例分析、法律咨询等形式，使各民族公民形象直观地了解和掌握法律条文。

六、实施步骤

“三五”法制宣传教育规划从1996年开始实施，2000年结束。

（一）1996年至1997年上半年为准备阶段。重点做好5个方面工作：

1. 逐级制定“三五”法制宣传教育规划，明确学习内容和要求。

2. 建立健全法制宣传教育领导小组和办事机构，完善办事制度，发挥职能作用。

3.《民族法制教程》及国家民委法制宣传教育领导小组办公室组织发行的《社会主义法制建设基本知识》（干部统编读本）为全国民委系统“三五”法制宣传教育的规范读本和考核验收的依据之一。各单位要做好征订工作，保证普法工作的顺利进行。

4. 分级培训骨干，通过发挥骨干的带头作用，形成一支民族工作部门的法制宣传教育队伍。

5. 做好宣传发动工作。大力宣传“三五”法制宣传教育的重要意义，动员各民族公民积极参加法律知识的学习。

(二)1997 年至 1999 年为组织实施阶段。各级民族工作部门按照统一要求及各自规划确定的任务、目标,制定年度计划并切实组织实施。国家民委将组织法制宣传教育经验交流,对一些地区或单位的工作进行检查,推广认真学法、加强法制建设方面的典型经验。

(三)2000 年为考核验收阶段。按照规划确定的目标、任务和要求,由民族工作部门的法制宣传教育机构与有关法制宣传教育业务主管机关协调结合,对"三五"法制宣传教育情况进行全面考核验收。

七、保障措施

(一)建立健全民族工作部门"三五"法制宣传教育领导小组及办事机构。各级民族工作部门和单位要把"三五"法制宣传教育纳入工作计划,法制宣传教育办事机构要配备与工作任务相适应的工作人员,并为他们开展工作创造条件。

(二)实行法制宣传教育工作责任制。明确责任,落实到人,做到有部署,有检查,把工作落实到实处。

(三)做好法制宣传教育的监督检查工作。各级民族工作部门要对"三五"法制宣传教育工作进行监督检查,抓好年度和阶段性总结,鼓励先进,监督后进。要把是否具备必要的法律知识和能否严格依法办事作为干部考试、考核的一项重要内容。

(四)建立汇报联系和信息交流制度。各省、自治区、直辖市、计划单列市及新疆生产建设兵团民族工作部门和国家民委有关直属单位要随时掌握法制宣传教育的进展情况,并及时向国家民委反映和提供有关信息;法制宣传教育的年度总结及下一年工作计划要逐步按时上报。

(五)各级民族工作部门要保证法制宣传教育所需的专项经费。要结合实际工作,安排一定时间学习法律知识,以保证工作顺利进行。

八、组织领导

国家民委法制宣传教育领导小组为全国民委系统法制宣传教育的领导机构。其领导成员名单如下:

组　　长:图道多吉

副 组 长:杨侯第　方鹤春

办公室主任:杨侯第(兼)

办公室副主任:张崇根

国家民委法制宣传教育领导小组办公室设在国家民委政法司。其职责是指导、检查、监督和考核全国民委系统的法制宣传教育工作。同时指导、协调委机关党委领导本委机关及直属单位的法制宣传教育工作。

各级民族工作部门的法制宣传教育领导小组及其办事机构,要接受各级党委、人大和政府的统一领导。加强与当地法制宣传教育业务主管机关的联系,及时通报信息和接受业务指导，相互配合，协调一致，保障全国民委系统法制宣传教育的顺利进行。

国家民委关于进一步做好定点扶贫工作的通知

1996 年 11 月 6 日

内蒙古、广西、新疆自治区民委，委内各厅、司、室、局、委属各单位：

根据《国家八七扶贫攻坚计划》和中办发电[1994]36 号文件关于加强国家机关定点扶贫工作的有关精神，我委先后确定了广西壮族自治区德保县、内蒙古自治区巴林右旗为定点扶贫县，新疆维吾尔自治区和田市为扶贫联系点，实施定点扶贫。今年九月，党中央、国务院召开中央扶贫开发工作会议，继续要求各级党政机关充分发挥自己的职能作用，帮助贫困地区搞好开发和建设，继续动员全社会参与扶贫开发工作。为深入贯彻中央扶贫工作会议精神，进一步做好定点扶贫工作，加快定点扶贫县（旗）的脱贫致富步伐，经研究，现将有关事项通知如下：

（一）定点扶贫工作要按照国务院的统一部署，本着“不脱贫，不脱钩”的原则，充分调动各方面积极性，加大扶贫工作力度和投入强度，强化扶持措施，推动三县（旗、市）尽快解决贫困群众温饱问题。

（二）加强领导。国家民委定点扶贫工作也是自治区、市（地）民委扶贫的重点工作，要从大局出发，协调一致。各级民委要明确一位领导同志全面负责协调定点扶贫工作，并指定一名联系人负责定点扶贫的日常工作。各定点扶贫县（旗、市）也请明确一位领导同志全面协调定点扶贫工作，并指派专人负责定点扶贫的日常事务工作。

（三）明确分工、各负其责。定点扶贫工作实行国家、自治区、地（市）、县（旗、市）四级民委负责制，国家民委扶贫办负责定点扶贫工作的领导和协调，制订有关工作规划和计划，并组织实施和调查研究。会同有关部门审批有关扶贫项目并对项目执行情况进行检查评估，争取有关部委支持定点扶贫工作。自治区民委负责定点扶贫工作的上下衔接和联络，配合国家民委对定点扶贫工作进行监督、检查、推动和促进，协调自治区有关厅局支持定点扶贫工作。地（市）民委负责协调好本地区（市）各委（办、局）的关系，为定点扶贫县（旗、市）各项扶贫措施、政策、资金的落实创造条件，提供支持和服务。县（旗、市）民委在地方政府领导下，以扶贫为工作重点全力以赴搞好各项工作的落实，并及时总结经验，推动工作进展，会同有关部门负责定点扶贫项目的可行性研究论证、上报和协调落实，及定点扶贫的其它日常工作。

（四）强化资金投入，加强项目管理。国家民委参与管理的资金，每年安排一定数额用于定点扶贫县（旗、市）的经济开发和人员培训等方面。投入的资金，要严格按项目管理。各级民委对定点扶贫县（旗、市）申报的项目都要积极支持、慎重考察，择优上报，并协调有关部门给予定点扶贫项目配套支持，督促到期还款。定点扶贫县（旗、市）的项目申请除按程序层层上报外，同时一式三份抄报国家民委经济司。

（五）国家民委干部挂职锻炼及支教工作与定点扶贫工作相结合。具体由人事司会同有关司（厅、局、室）及委属有关单位按照有关文件规定组织实施。

（六）国家民委各厅、司、局、室和委属各单位，都要重视和支持定点扶贫工作，根据各自的业务特点，积极为定点扶贫县（旗、市）的脱贫致富出主意、想办法、办实事。

（七）国家民委经济司每年召开1次定点扶贫工作协调会，安排落实并协调各定点扶贫县（旗、市）的定点扶贫工作，总结经验、研究对策、落实各项扶贫措施和项目。

（八）请各定点扶贫县（旗、市）认真管好用好各项专项资金。同时，积极探索脱贫致富的办法和路子，多出经验，争做贯彻国家扶贫方针政策的模范，争取早日摆脱贫困、实现共同富裕。

中央组织部、中央统战部、国家民委关于印发王兆国、武连元、陈虹同志在1996年挂职锻炼的少数民族干部培训班上讲话的通知

1996年12月6日

各省、自治区、直辖市及各副省级城市党委组织部、统战部和政府民委，中央和国家机关各部委，各人民团体干部（人事）司（局）：

现将全国政协副主席、中央统战部部长王兆国同志、中央组织部副部长武连元同志和国家民委常务副主任陈虹同志在1996年到中央、国家机关和经济相对发达地区挂职锻炼的少数民族干部培训班上的讲话印发给你们。请结合实际，认真学习贯彻，进一步做好少数民族干部的挂职锻炼工作，为建设一支高素质的少数民族干部队伍而努力。

全国政协副主席、中央统战部部长王兆国在1996年挂职锻炼少数民族干部培训班上的讲话

1996年11月14日

同志们：

这次挂职锻炼的少数民族干部培训班已经办了4天，大家学习了党的十四届六中全会精神，听取了中央有关部门负责同志的学习辅导报告和国内外形势的报告，总结交流了挂职锻炼的收获和体会。刚才武连元同志和陈虹同志的讲话都很好，我完全赞成。几位少数民族干部的发言也讲得很好。充分说明同志们挂职锻炼的收获很大，体会很深。

中央组织部、中央统战部和国家民委安排少数民族干部到中央直属机关、中央国家机关和经济相对发达地区挂职锻炼工作，已经进行了7年。实践证明，采取这种形式推动少数民族干部队伍建设，提高少数民族干部的综合素质，效果是非常好的，受到了民族地区的领导和少数民族干部的欢迎，也得到了中央领导同志的肯定。这样做，可以说是抓到了关键，完全符合江总书记在建党75周年座谈会上所作的《努力建设高素质的干部队伍》讲话精神，符合“九五”计划和2010年远景目标纲要提出的加快中西部地区发展的要求。

少数民族干部是党的干部队伍的重要组成部分。党中央十分重视培养和选拔少数民族干部工作。这些年来，中央领导同志对这个问题作了一系列的重要论述。1992年初中央召开民族工作会议，江泽民总书记在讲话中指出：“为适应社会主义现代化建设和改革开放的需要，各级党委要以更大的力量，进一步加强对少数民族干部，特别是中高级干部和各种科技、管理人才的培养。”李鹏总理在会上的讲话中强调，“我们要继续注重扩大少数民族干部的数量，更要注重改善结构，提高素质。”1994年李瑞环同志在新形势下民族、宗教问题研讨班上的讲话中指出：“在少数民族干部问题上，切实做到：大力培养，大胆提拔，充分信任，放手使用。”1993年胡锦涛同志在与全国培养和选拔民族干部工作座谈会代表座谈时，代表党中央作了重要讲话。现在，党中央对培养和选拔少数民族干部的方针政策都非常明确，关键是要认认真真地贯彻落实，把民族干部工作提高到一个新的水平。

江泽民总书记在纪念中国共产党成立75周年座谈会上的重要讲话，从全局和战略的高度，深刻阐述了建设高素质干部队伍的重要性和紧迫性，是指导我们加强干部队伍建设的纲领性文献。人才问题，是决定事业成败的关键问题。在新的形势下，进一步做好少数民族干部工作，努力建设高素质的少数民族干部队伍，显得尤为重要和紧迫。

第一，建设高素质的少数民族干部队伍，是加强党和国家整个干部队伍建设，推进物质文明和社会主义精神文明建设的需要。刚刚闭幕的十四届六中全会，审议通过的《中共中央关于加强社会主义精神文明建设若干重要问题的决议》，以马列主义、毛泽东思想和邓小平同志建设有中国特色社会主义理论为指导，坚持党的基本路线，根据全面实现“九五”计划和2010年远景目标的要求，认真分析形势和总结经验，明确提出了精神文明建设的指导思想、目标任务、工作方针和重大措施，对我国社会主义精神文明建设特别是思想道德和文化建设作出了战略部署。全面完成《决议》所提出的各项任务，顺利实现《决议》所提出的各项目标，大力推进社会主义物质文明建设和精神文明建设协调发展，是一项非常复杂、艰巨的系统工程。如同建设强大的物质文明关键在党一样，建设高度的社会主义精神文明，关键也在党。其中建设一支高素质的干部队伍是最重要的组织保证。少数民族干部队伍作为党和国家整个干部队伍的重要组成部分，在社会主义精神文明建设中具有非常重要的作用，它既是少数民族地区精神文明建设的组织者，也是少数民族地区精神文明建设的示范者。我们党在解放前后培养起来的一大批优秀少数民族干部，为维护民族团结、发展民族地区经济、推进社会主义精神文明建设发挥了重要作用，做出了重大贡献。新成长起来的各级少数民族干部，虽然没有老一辈的革命经历，没有经受过艰苦革命斗争环境的考验，还缺乏政治经验等，但这些新干部却在思想观念、知识结构、精神风貌等许多方面都有新的优势和长处，这是一支非常可贵的力量。因此，必须不断加强培养，帮助他们进一步坚定社会主义、共产主义的理想信念，进一步加深对邓小平同志建设有中国特色社会主义理论的理解，掌握理论的科学体系和精神实质，树立正确的世界观、人生观和价值观，加强以为人民服务为核心的社会主义道德修养，不断提高思想政治素质，提高把握全局和解决实际问题的能力，不断提高业务水平，从而为推进民族地区社会主义精神文明建设和物质文明建设的协调发展，民族地区精神文明建设与全国精神文明建设的协调发展，提供强有力的政治保证。

第二，建设高素质的少数民族干部队伍，是加快中西部民族地区发展，实现全国区域经济协调发展的需要。党中央、国务院把加快中西部地区发展，逐步缩小与东部沿海地区的差距，实现全国区域经济的协调发展作为我国重要的战略目标，并提出了五条政策措施。这对中西部民族地区来说，是一个难得的发展机遇。当前，民族地区的发展势头很好，在国家的大力扶持下，长期制约民族地区发展的基础设施薄弱的问题正在逐步得到改善。“八五”期间国家的重点项目南昆铁路即将建成，这条路被世世代代居住在广西、贵州、云南大山区的少数民族誉为“扶贫路”、“幸福路”。南疆铁路正在上马，这对加快南疆几个地州的经济社会发展，具有重要的战略意义。宁夏引黄工程（大柳树水库）正在组织实施。援助西藏的62项工程，绝大部分项目已经完工，有的建设周期较长的项目正在抓紧建设，这些项目建成并投产以后，将大大加快西藏的经济发展速度。随着“九五”计划的贯彻落实，国家的投资将重点向中西部地区倾斜，一些重点项目也将安排在中西部地区。这些重大举措，对加快中西部民族地区的发展必将起到巨大的推动作用。但是中西部地区能否抓住这一机遇，利用好这些政策，关键在于干部，特别是领导干部。这就要求我们必须加强民族干部队伍建设，不断提高干部队伍素质，解放思想，改革创新，增强总揽全局和驾驭社会主义市场经济的能力。只有这样，才能团结和带领各族人民抓住机遇，加快发展。

第三，建设高素质的少数民族干部队伍，是完成扶贫攻坚战略任务的需要。我国现在还有6 500万人口处于贫困状态，其中大部分集中在少数民族地区。如果这些贫困地区特别是少数民族地区和边疆地区的贫困问题长期得不到解决，势必影响民族的团结、边疆的巩固，也会影响整个社会的稳定。加快贫困地区的发展步伐，不仅是一个经济问题，而且是关系到国家边防巩固和长治久安的政治问题，是治国安邦的一件大事。在前不久中央扶贫开发工作会上，江总书记和李鹏总理向全党、全社会发出了号令，到本世纪末要基本消灭贫困现象。中央已经下定决心，今后五年扶贫任务不管多么艰巨，时间多么紧迫，也要打赢这场攻坚战，啃下这块硬骨头，到本世纪末基本解决贫困人口温饱问题的目标绝不动摇。

贫困地区要改变面貌，国家和发达地区的支援和帮助是必要的，但从根本上说，更需要依靠当地干部带领群众自力更生，艰苦奋斗，而发动群众苦干实干，关键又在于领导干部。正如江总书记指出的，这几年，脱贫工作所以取得很大的成绩，同贫困地区干部的努力是分不开的。相反，有的地方十几年过去了，面貌改变不大，群众生活改善不快，当然有的是自然的、地理的、历史的原因，但不少地方一个主要原因就是领导班子不能带头苦干，说空话多，办实事少。因此，民族地区特别是贫困地区的干部，一定要增强改变面貌的历史责任感、紧迫感和使命感，把解决民族地区贫困状态作为全心全意为人民服务这一宗旨的具体体现。当然，要带领各族人民脱贫致富奔小康，还需要把良好的愿望与科学的态度结合起来，从本地实际出发，理清思路，确定目标，制定措施，这也要求我们必须下大决心，不断提高民族干部队伍素质。这是一个关系到能否实现本世纪末基本消除贫困现象这一战略目标的大问题。

第四，建设高素质的少数民族干部队伍，是加强民族团结、巩固和发展社会主义民族关系的需要。民族问题关系到国家的统一和社会的稳定。近几年来，国际上一些国家和地区民族矛盾加剧，宗教纷争突出，甚至演化到武装冲突。中东的问题，巴以争端，旷日持久的波黑战争，屡次发生大规模屠杀的卢旺达内战，都与民族、宗教问题有关。在复杂多变的国际形势下，我们这样一个多民族的国家始终保持了社会稳定，民族团结，经济发展，人民生活显著提高，这是全国各族人民的幸福。鲜明的对比，充分说明了我们党和国家民族政策的正确性、优越性，同时也使我们更加珍惜民族团结的局面。当前，我国民族工作的形势很好。我们坚持和完善民族区域自治制度，全面贯彻执行党的各项民族政策，大力发展民族地区经济，巩固和发展平等、团结、互助的社会主义新型民族关系。这充分说明,我们中华民族是有强大凝聚力的,党的民族政策是正确的,民族工作是卓有成效的。但是我们也要看到,民族工作所面临的国际大环境是复杂的。以美国为首的西方敌对势力从来就没有放弃对我“西化”、“分化”的反动图谋。他们把民族、宗教问题作为突破口企图颠覆社会主义中国,削弱中国,搞乱中国,甚至分裂中国。这是他们长期坚持、从未放弃的一项战略方针。他们从来也不愿意看到中国各民族的大团结,不愿意看到中国的统一和强大。这正是冷战结束后,西方敌对势力愈益加紧利用民族、宗教问题对我进行渗透和颠覆的根本原因。流亡国外的几股分裂势力在国际敌对势力的纵容和支持下,不断地在我民族地区制造事端。达赖集团在国际敌对势力的支持下,一面加紧对境内的渗透、分裂活动;一面在国际上四处活动,企图把西藏问题国际化。民族分裂主义分子也在鼓吹建立“东土耳其斯坦”、搞“三蒙合一”等。对于这些我们必须保持高度警惕。民族地区要坚持以经济建设为中心,同时要加强民族团结,维护社会稳定,为经济建设和文化教育事业的蓬勃发展创造良好的政治条件和社会环境。江泽民总书记指出:“民族、宗教无小事”。这句话的含义是非常深刻的。在新的形势下,我们必须努力造就一大批德才兼备、坚决维护国家统一、民族团结,同群众保持密切联系的少数民族干部,带领各族人民群众,坚持“两个离不开”的原则,紧紧地团结在党的周围,坚决抵御国际敌对势力和民族分裂主义势力的渗透和破坏,不断巩固和发展社会主义民族关系。

总而言之,面对新的形势和任务,各级党组织要始终注重从社会主义现代化建设的全局上,从维护民族团结、祖国统一的战略上来看待建设高素质的少数民族干部队伍的问题,认真贯彻江泽民总书记的“七一”重要讲话精神,按照中央关于民族干部工作的方针政策,采取有效措施,努力建设一支高素质的少数民族干部队伍。少数民族干部要做物质文明和精神文明建设的模范,维护民族团结和祖国统一的模范。

组织少数民族干部到中央直属机关、中央国家机关和经济发达地区挂职锻炼,是新形势下提高民族干部队伍素质的有效途径。正如同志们发言中所说的,这项工作有利于解放思想,更新观念,增强全局意识;有利于扩大知识面,拓宽工作思路,提高领导水平和工作能力;有利于促进双向交流,增进民族团结,密切民族地区与中央直属机关、中央国家机关和经济发达地区的联系。

同志们即将结束半年的挂职锻炼生活,回到自己的工作岗位。借这个机会,对大家提几点希望:

第一,要加强理论学习,不断提高自己的政治理论水平。江泽民总书记在党的十四届六中全会上的讲话中指出,“要在全党造成一种学习理论、研究理论的浓厚空气,不断提高广大干部的理论素质”。江总书记的这一指示十分重要。一个领导干部理论上的模糊、认识上的摇摆,往往会导致思想上政治上的不清醒、不坚定。在座的大都是民族地区的领导骨干,在发展经济和民族团结等各项事业中肩负着重大的历史责任,学习理论对我们尤为重要。首先要把用马克思主义理论武装头脑这个基础打牢,特别要学好邓小平建设有中国特色社会主义理论,学好以江泽民同志为核心的党中央的一系列指示精神,善于运用马克思主义的立场、观点、方法分析矛盾、研究问题、解决问题。通过学习，坚定马克思主义、社会主义的政治方向和政治立场，坚定贯彻执行党的“一个中心、两个基本点”的基本路线的自觉性。在这里，我还想强调一点，为了做好我国的民族工作，各级干部尤其是领导干部要加强马克思主义民族理论和民族政策的学习，牢固树立正确的国家观、民族观和宗教观。现在，部分民族地区还比较贫困，要加快发展，脱贫致富奔小康，作为领导干部必须自觉地、刻苦地带头学习和掌握人类文明的优秀成果，学习和掌握现代科学技术和先进管理知识。

第二，要自觉奉献，全心全意为人民服务。全心全意为人民服务是我们党的宗旨和优良传统。作为党的干部，不管社会环境如何变化，为人民服务的宗旨不能变。现在，民族地区条件还比较艰苦，更需要埋头苦干、扎实奋斗、无私奉献的干部。我们常说，民族干部是党和政府与少数民族群众联系的桥梁和纽带，党的方针政策要通过民族干部向群众去宣传、贯彻，各族群众往往从民族干部的实际工作中认识党和政府的方针政策，我们的一言一行都关系到党和政府的形象。过去大家在艰苦的条件下努力工作，做出了成绩。希望同志们继续自觉努力地向孔繁森同志学习，坚持在一切工作中以党的事业第一，在一切问题上以人民的利益为重，坚持不懈地反腐倡廉，严格要求自己，自重、自省、自警、自励，在各方面以身作则，做出表率，当好各族人民发展经济的带头人，做民族团结的榜样。

第三，要解放思想，立足本地实际，把挂职锻炼中学到的好经验、好方法运用于实际工作之中。这次挂职锻炼，大家收获都很多，学到了不少好的经验，尤其是了解和学习了所在单位的领导方法、发展思路、工作方式、科学管理。学习的目的在于运用。希望大家对这些经验进行认真的总结，并结合当地实际，运用到工作中去，使之产生出应有的效益。

作为组织这项工作的中央三部委，我们要认真总结7年来少数民族干部挂职锻炼工作的经验。要进一步宣传少数民族干部挂职锻炼的成果，采取多种形式，用大量生动的、有说服力的事实进行宣传。要开展跟踪调研，对参加过挂职锻炼的干部，对派出挂职干部的地区和单位，对接受挂职干部地区和单位进行调研，以改进工作，进一步提高挂职锻炼的效果。

要继续扎扎实实地组织好少数民族干部挂职锻炼工作。中央三部委计划，通过几年的努力，到本世纪末，参加过挂职锻炼的民族干部总数要达到1 000人。这是我们落实江总书记“七一”重要讲话的一项重要工作，务必抓好抓实，不断取得新的进展。

同志们，在你们即将结束挂职锻炼的时候，中央三部委的领导，向你们常年在民族地区和民族工作第一线团结奋进、艰苦奋斗，表示衷心的感谢。对你们在挂职锻炼的实践中所做的大量工作表示衷心的感谢。你们通过挂职锻炼，不仅你们自己得到了提高，而且使接受挂职干部的地区和单位更加了解民族地区，更加重视民族工作。这对中央直属机关、中央国家机关和发达地区的工作也是一个促进。希望同志们返回各自工作岗位之后，认真消化挂职锻炼的收获，认真做好总结，并向有关部门领导汇报。深入研究本地的实际，切实地把挂职锻炼的收获与本地的实际相结合，以新的精神面貌，奋力创新，锐意进取，创造性地贯彻落实党的方针政策。同志们，让我们在以江泽民同志为核心的党中央的领导下，各族干部紧密团结、共同奋斗，为民族地区的发展进步做出新的贡献。

中央组织部副部长武连元在1996年挂职锻炼少数民族干部培训班上的讲话

1996年11月14日

同志们：

中央组织部、中央统战部和国家民委把大家集中起来办培训班，交流挂职锻炼的体会，请中央国家机关有关部门的领导同志讲一讲国内外形势和有关专题，目的是帮助大家开阔视野，拓宽思路，了解全局，进一步巩固锻炼成果。刚才，陈虹同志发表了很好的意见，他的讲话，我都同意。会议结束前，兆国同志还要作重要讲话。下面，我先简单讲几点看法和意见。

一、要充分肯定少数民族干部挂职锻炼工作取得的成绩

选派少数民族干部到中央、国家机关和经济相对发达地区挂职锻炼，是中央组织部、中央统战部和国家民委贯彻中央关于加强干部交流工作的指示，从逐步缩小地区间发展差距的战略目标出发，为少数民族地区培养年轻优秀人才的一项具体措施。这项工作从1990年开始，7年来，共安排了38个少数民族、530名干部参加挂职锻炼。去年，中央组织部、中央统战部和国家民委商定，今后几年，每年安排160名左右少数民族干部到中央、国家机关和经济相对发达地区挂职锻炼，到2000年，争取使少数民族干部挂职锻炼的总数达到1 000名左右。实践证明，选派少数民族干部挂职锻炼，是行之有效的，是培养提高少数民族干部素质的一种好形式。今年选派了170名，选派人数是历年中最多的一年，接收单位也增加了10个。其中，到中央、国家机关(55个单位)挂职的95名，到三个直辖市、16个副省级城市挂职的50名，到“全国农村经济综合实力百强县”挂职的25名。这170名干部中，有地(厅)级干部36名，县(处)级干部134名；有妇女干部36名，非中共党员14名。现在看来，今年的少数民族干部挂职锻炼工作，同样取得了好成绩。

今天有五位同志代表大家谈了挂职锻炼的体会，我听了很受启发和教育，以上的发言和我们平时了解的情况，都说明同志们通过半年的学习锻炼，有了实实在在的收获和进步，对此，我谨代表中央组织部，向大家表示祝贺！

同志们在挂职锻炼中的收获是多方面的，是否可以概括为以下几条：

一是增强了全局观念，进一步解放了思想。在中央、国家机关挂职的，从宏观上了解了领导机关某项决策酝酿、形成过程，加深了对党的路线、方针、政策的理解，增强了认识全局，服务全局的观念。在地方挂职的同志，亲身参与经济发达地区的经济文化建设，耳闻目睹经济发达地区的变化，对“以经济建设为中心”，“发展才是硬道理”的深刻内涵和现实意义，有了更深的理解和认识，进一步解放了思想。

二是增强了发展民族地区各项事业的紧迫感。不少同志带着任务学习，带着问题学习，努力在深化本地区的改革，发展本地区经济，促进民族地区资源优势转化为经济优势等方面探求方法，寻找答案，既看到了差距，也看到了希望，振奋了精神，增强了信心，增强了把民族地区的经济搞上去的政治责任感和紧迫感。

三是扩大了知识面，学习了先进经验。不少同志通过参加筹备全国性的会议、大型商品交易洽谈会、引进外资、劳务输出等工作，增长了见识。还有一些同志，在学习沿海和大城市经济工作的运行方式和领导方法的过程中，汲取了不少对民族地区有借鉴意义的先进管理经验，提高了工作能力。

四是增进了民族团结，密切了民族地区与中央国家机关和经济相对发达地区的联系。安排少数民族干部挂职锻炼，同时也为各民族干部之间、内地和民族地区之间，创造了一种相互学习、共同提高的机会。少数民族同志通过挂职工作，亲身感受到了党的关怀和祖国大家庭的温暖。中央国家机关和经济发达地区的同志，也从少数民族干部身上，学习到了许多好思想、好作风，增强了为基层服务、为少数民族地区服务的自觉性，不少地方和单位在为民族地区引进项目、资金、技术、人才和劳务输出、建立经济协作关系方面办了一些实事，增进了民族团结。

挂职锻炼工作取得了比较明显的成效，达到了预期的目的。这同各方面的努力是分不开的。

第一，是同志们自身努力的结果。一是积极克服生活上的困难。同志们大都来自民族地区，生活条件发生了很大变化，不同的气候、饮食、习俗、语言方面的差异，从客观上造成了不少困难。但是同志们以事业为重，以学习锻炼为重，没有计较生活条件的好坏，克服了这些困难。二是努力适应工作环境的变化。到一个新的工作岗位，需要有一个熟悉情况、适应角色的过程。大家在这方面付出了艰苦的努力，尽快找准位置，虚心学习，潜心研究，表现出了很高的工作热情和勤于学习、顽强进取的精神。三是认真地处理好虚心学习与大胆工作的关系，挂职锻炼的主要任务是学习。同志们在注意学习的同时，以主人翁的姿态投入到工作中去，大胆地参与工作，认真负责地完成好组织上交给自己的各项工作任务，从而使自己在实践中不断开阔思路、积累经验、增长才干，在思想政治素质、宏观决策能力和实际工作能力等方面都有了较大的进步。可以说，大家的每一点收获，都凝聚着自己辛勤的汗水和心血。

第二，接收单位做了大量的工作。中央有关部门和有关省市，把接收少数民族干部挂职锻炼作为一项政治任务来对待，来抓落实。在加强领导方面，许多部委和省市的负责同志作了明确的批示，确定了专人负责；在学习安排方面，都为挂职干部制定一个很好的锻炼计划，不少单位还安排了各种形式、各种内容的报告会，组织调查研究和必要的参观考察等，帮助少数民族同志开阔视野，增长见识；在使用方面，支持少数民族干部大胆负责、放手工作。不少部门和单位有意识地给他们交任务、压担子，让他们负责或协助分管某项具体业务工作，促使他们在实际工作中积累经验，增长才干。在生活方面，充分尊重少数民族干部的生活习俗，尽可能地创造了较好的条件。

中央统战部、国家民委十分重视少数民族干部挂职锻炼工作，主要领导同志经常过问，多次作指示，有关部门的同志互相配合，同心协力，共同投入了很大精力和物力，工作做得认真细致，值得我们中组部的同志学习。

二、要按照建设高素质干部队伍的要求，进一步做好培养少数民族干部工作

在新的历史条件下，党中央非常重视干部工作。江泽民同志近年来反复强调，“领导干部一定要讲政治”，就此发表了一系列重要论述。在今年纪念中国共产党成立75周年座谈会上，江泽民同志又发表了《努力建设高素质的干部队伍》的重要讲话。在讲话中，他提出，“要保证我国改革和建设事业顺利发展，保证跨世纪宏伟目标的顺利实现，保证党和国家的长治久安，严重的问题在于教育干部。大力加强干部队伍建设，提高广大干部特别是领导干部的素质，已经成为摆在全党面前的一项刻不容缓的重大任务。”并且阐明了建设高素质干部队伍的基本要求、主要环节和主要措施。当前和今后一个时期，我们的干部工作就是要结合各地各部门和各个时期的实际，认真贯彻江泽民同志“七·一”讲话精神，为建设一支高素质的干部队伍而努力奋斗。前不久，中央又召开了六中全会，作出了《关于加强社会主义精神文明建设若干重要问题的决议》，其中指出，“要教育人民成为‘四有’人民，教育干部成为‘四有’干部。”我们要把贯彻六中全会精神同贯彻江泽民同志“七·一”讲话结合起来，认真抓落实。

少数民族干部是党的干部队伍的重要组成部分。少数民族干部工作是党的干部工作的重要组成部分。从一定意义上讲，建设高素质的干部队伍，就是要建设一支高素质的包括汉族和少数民族在内的各民族干部队伍。如果离开了广大少数民族干部素质的提高，建设高素质干部队伍的工作就是不全面的，这项战略任务也是完成不好的。不仅如此，由于广大少数民族干部在维护国家统一和民族团结、繁荣民族地区经济和文化等各项事业中，有着特殊重要的作用，对少数民族干部的素质，在一些方面还应当有特殊的、更高更严的要求。因此，做好少数民族干部工作，也必须坚决地、全面地贯彻江泽民同志的“七·一”讲话精神，在提高政治业务素质上狠下功夫。

提高少数民族干部的素质，包括学习培训、实践锻炼，还包括选拔任用、管理监督，有许多重要环节，有大量工作需要我们去做。这里，我想强调一下，要紧紧抓住学习培训和实践锻炼两个环节，抓紧做好少数民族干部的培养工作。在学习培训方面，要着重抓好以下几点：第一，要坚持用邓小平建设有中国特色社会主义理论武装各族干部。要根据不同对象、不同层次提出不同要求，重点抓好县以上领导干部的学习。第二，要教育少数民族干部尤其是领导干部牢固树立马克思主义民族观，善于运用马克思主义的立场、观点和方法认识、处理新形势下的民族问题，熟悉和正确执行党的民族政策和干部政策，提高做好民族工作的本领。第三，要加强少数民族干部的业务培训，进行知识更新。特别是少数民族领导干部，不论分管什么工作，都要努力学习经济，熟悉经济。通过对市场经济知识、科技知识、管理知识和法律知识等方面的学习培训，完善知识结构，提高领导经济工作的能力。

实践锻炼是各民族干部健康成长的根本途径。一个合格的领导者，是在实际斗争中成长起来的。大家知道，中国革命的伟大实践造就了一大批老一辈无产阶级革命家。他们坚定的马克思主义立场，丰富的革命斗争经验，高超的领导艺术，都是在革命和建设的实践中长期积累形成的。各民族的年轻干部必须在实践中经风雨、见世面，才能茁壮成长。培养锻炼干部的方法之一，就是要坚决实行干部交流制度。近几年，中央和中央组织部逐步加大了干部交流工作的力度，既开展了干部的上下交流、横向交流，又加大干部岗位轮换力度。选派少数民族干部挂职锻炼，是干部交流工作的重要内容，今后要进一步抓好。一方面，要继续像现在这样，把那些有基层实践经验、有培养前途、年轻优秀的少数民族干部选派到上级领导机关和经济相对发达地区挂职锻炼。另一方面，要继续引导各民族的年轻干部到基层去，到艰苦和困难多的地方去，到党和群众最需要的地方去，在改革第一线中经受磨炼，端正作风，提高素质，积累经验，增长才干。这几年，我们已要求中央国家机关和省级机关，凡没有在基层工作过的处以上干部，都要有计划地组织他们到基层锻炼。这一做法要形成制度，长期坚持下去。今后选拔任用干部，一定要把是否经过实践锻炼、有无基层工作经验作为重要条件。不论是哪个民族的干部，凡贪图安逸，不愿意到基层工作，经不起艰苦环境考验，不能与群众打成一片，或不能在实践中克服困难、解决问题的，一律不能提拔重用。这一点，一定要向广大年轻干部讲清楚、说明白；在干部选拔任用工作中，要从严把关，说到做到。要通过坚持不懈的努力，造成一种注重实践、热爱基层的良好风尚，形成一种讲政治、重实绩、看民意的政策导向，保证各民族优秀年轻干部的健康成长。

三、经过挂职锻炼的少数民族干部要奋发图强，严格自律，成为民族地区两个文明建设的带头人

同志们在中央、国家机关和经济相对发达地区挂职锻炼的过程就要结束了，但是锻炼自己、提高自己、丰富自己、完善自己是永无止境的。对参加挂职锻炼的同志来讲，无论是两部一委，还是选派地区和接收单位的党组织，都对大家寄予很高的希望。在发挥骨干带头作用等方面，经过挂职锻炼的同志应该有所不同。中央两部一委在看着你们，大家曾经工作过或即将去工作的地区和部门的干部群众也会看着你们。同志们肩上的任务很重，脚下的路很长。我们相信你们当中的绝大多数同志，会以今后的实际行动，向党和人民交出一份满意的答卷。根据江泽民同志在《努力建设高素质的干部队伍》的讲话中对年轻干部提出的“四句话”要求和民族地区工作的实际，在这里，我向大家提出以下几点希望：

1. 希望你们成为刻苦学习、又红又专的带头人。首先要下功夫学习马列主义、毛泽东思想和邓小平建设有中国特色社会主义理论。无论对党还是对党的干部来说，理论上的成熟都是政治上成熟的基础，只有理论上保持清醒与坚定，才能保持政治上的清醒与坚定。当前，尤其要学习好邓小平建设有中国特色社会主义理论这一当代中国的马克思主义，用这一理论武装自己的头脑，不断提高自己的思想政治素质，进一步坚定社会主义、共产主义理想和信念，坚定马克思主义、社会主义的政治方向和政治立场，增强贯彻党的基本路线的自觉性。其次，还要加强历史知识的学习和积累。尤其是学习中国近代史、现代史和党史。同时，要学习经济、科技、管理、法律等知识。要提高学习的自觉性，养成刻苦钻研、理论联系实际的良好习惯。通过刻苦学习，不断提高自身素质。

2. 希望你们成为勤奋工作、勇于创新的带头人。就是要以强烈的革命事业心和责任感，为建设有中国特色社会主义的伟大事业，为促进民族地区经济和社会发展而努力实干。要坚持解放思想和实事求是的统一。在工作中既要大胆创新、积极探索，又要求真务实，把你们在挂职锻炼过程中学到的好的经验和做法，创造性地运用到实际工作中去。由于历史和客观上的原因，民族地区和经济发达地区存在一些差距，这就特别需要大家发扬自力更生、艰苦奋斗、奋发图强的精神，不断改进工作作风，经常深入基层、深入群众，调查研究、了解实情，扎扎实实地做好各项工作。

3. 希望你们成为顾全大局、维护团结的带头人。要树立全局观念和大局观念，自觉维护改革、发展、稳定这个全党全国的大局。在工作中，要正确处理局部利益和全局利益的关系，地方利益、部门利益与国家利益的关系。正确处理好自治民族与其他民族的关系，既要反对大民族主义，也要反对地方民族主义；少数民族干部和汉族干部要相互理解、相互信任、相互支持；要以大局为重，在坚持党的基本理论、基本路线的基础上，自觉维护民族团结。当前，境外敌对势力利用民族、宗教问题大做文章，妄图破坏我国的民族团结，最终达到颠覆我国的罪恶目的，同志们要带头同他们作斗争。一些不明真相的人容易受到欺骗和蒙蔽。你们要充分发挥与本民族干部群众联系广泛密切的优势，理直气壮地大力宣传党的民族、宗教政策，解疑释惑，化解矛盾，为维护各民族的团结，促进民族地区的发展和稳定做出自己的贡献。

4. 希望你们成为牢记宗旨、自觉奉献的带头人。要加强党性锻炼，牢固树立共产主义世界观和人生观，牢记党的全心全意为人民服务的宗旨，为党和人民的事业自觉奉献。作为领导干部，手中有了权力，尤其要注重主观世界的改革，解决好世界观、人生观问题。要“自重、自省、自警、自励”，不断提高自己的思想境界，始终坚持执政为民、用权为民，永做人民的公仆。心中要时刻不忘人民群众，把人民“拥护不拥护”、“赞成不赞成”、“高兴不高兴”、“答应不答应”作为我们想问题、办事情的出发点，想群众之所想，急群众之所急，办群众之所盼，真心诚意地为人民群众谋利益。要像党的好干部孔繁森、李润五、马恩华、吴天祥等同志那样，任何时候，都要以党的事业、人民的利益为重，为国家、为人民奋不顾身地工作，清正廉洁，淡泊名利，一心为公，无私奉献。

最后，希望大家按照两部一委的要求，认真搞好这次挂职锻炼的总结和回去后的汇报工作。各接收单位的党组织，也要认真负责地对挂职干部的思想表现和工作情况做出组织鉴定。这次培训班结束后，同志们将要分赴各自的工作岗位，祝大家一路平安、工作顺利！

国家民委副主任陈虹在1996年挂职锻炼少数民族干部培训班上的讲话

1996年11月14日

同志们：

方才朱晓明同志介绍了这次培训班的情况，五位同志介绍了在挂职锻炼期间的学习、工作情况和收获体会。听了以后很受启发，也很受教育。一会儿，王兆国同志和武连元同志还要做重要讲话，因此，我就不占用更多的时间了，只想谈一点体会，就是建设高素质的少数民族干部队伍最根本的是要坚持马克思主义民族观。

有一次，我同一位少数民族的领导干部谈话，他说，没有共产党就没有新中国，没有共产党就没有我的今天。因此我在考虑问题时的出发点：一我是共产党员，二我是国家干部，三我是少数民族中成长起来的干部。因此党的利益、国家的利益高于一切，本民族的利益要寓于各民族的整体利益之中。我听了之后很受教益。我认为，他把马克思主义世界观、国家观、民族观融为一体，把党的利益、国家利益、民族利益融为一体。我想这是一名共产党员的思想境界，是一名共产党员党性的表现，也是一名少数民族干部所具有的高贵品质。从和他的谈话中，我思考了一个问题，就是什么是马克思主义民族观？这是一个大题目，从理论上讲，需要用严谨科学的语言来表述和概括。从实践上看，这位少数民族干部讲的，把党的利益、国家利益、民族利益融为一体，把本民族的利益融于全民族的利益之中，首先从党的利益、国家利益出发，这就是马克思主义的民族观。这也就是少数民族干部应该具备的最基本的素质。当然，汉族干部也同样应该具备这种素质。

从几位同志的发言中，可以感觉到同志们非常珍惜每一次学习和锻炼的机会，来提高自己、充实自己。比如，这次挂职锻炼就取得了丰硕成果。在中央国家机关挂职锻炼的同志，在全局观念、政策观念、调查研究、商量办事、协调工作等方面收获比较突出；在发达地区挂职锻炼的同志在更新观念、开阔思路、开拓创新、工作效率等方面收获比较突出。有的收获可受用终身;有的收获也是数载难逢的。当然任何有效的学习和锻炼都不是一劳永逸的,知识要靠日积月累,能力要靠在实践中不断磨练,思路只有多观察、多思索才能多比较,才能由此及彼,举一反三。总之,学习是永无止境的。我们的党对少数民族干部工作一贯极为关心和重视,采取了一系列措施帮助少数民族干部成长。少数民族干部对我们的党,对社会主义祖国充满深厚的感情,少数民族中有极为丰富的人才资源,少数民族干部在各条战线上发挥着巨大的作用。少数民族干部是各民族中的优秀分子,是精神文明和物质文明建设的骨干力量。

通过几年的实践证明,少数民族干部到中央国家机关和经济发达地区挂职锻炼是造就高素质少数民族干部队伍的重要举措,是培养锻炼少数民族干部的一种有效的方法,也是密切少数民族同中央国家机关和经济发达地区联系的有效途径之一。党管干部是我们国家干部工作的最高准则。我们国家民委作为政府职能部门,在参与这项工作中深深感到,中央组织部、中央统战部对民族工作十分关心,对少数民族干部工作极为重视。从中我们也学习到如何做好民族工作和少数民族干部工作的指导思想和工作方法。在此,我们也向中组部、统战部的领导同志表示感谢。最后,祝同志们回去之后孜孜不倦,再接再厉,以不断学习的虚心态度和崭新的精神风貌在本地区、本单位发挥更大的作用。

第二部分
国家民族工作概况

PART 2 SURVEY OF CENTRAL ETHNIC WORKS

1996年民族自治地方国民经济和社会发展综述

1996年，我国民族自治地方的各族人民，在各级党委和政府的领导下，紧紧把握“抓住机遇，深化改革，扩大开放，促进发展，保持稳定”的大政方针，认真贯彻中央关于加强和改善宏观调控的一系列重大决策，团结奋斗，开拓进取，使国民经济和社会发展继续保持持续、平稳发展，取得了新的成就，在“九五”第一年开创良好开局。社会总供需基本平衡，经济实力进一步加强，经济结构进一步优化；农牧业生产克服多种自然灾害的影响，生产取得了丰收；工业生产实现了协调发展，平稳增长；在宏观调控的形势下，投资继续增加，结构有所调整，确保了一批重点建设项目建成投产；财政收入进一步增长，城乡市场购销两旺，物价得到了有效控制，人民生活水平进一步得到改善；教育、科技、文化、卫生、体育等各项事业也取得了新的成绩。

截止1996年末，我国民族自治地方共有156个，包括5个自治区、30个自治州和121个自治县(旗)。民族自治地方总面积达616万平方公里，占全国总面积的64%。民族自治地方总人口达16 231万人，占全国总人口的13.6%。其中，少数民族人口7 394万人，占民族自治地方总人口的45.6%。

一、国民经济继续保持平稳发展，经济实力进一步增强，但产业结构有待进一步优化

1996年民族自治地方国内生产总值完成5 658.3亿元，比上年增长10.6%(各项产值指标均按当年价格计算，指数按可比价格计算，下同)，高于全国0.4个百分点。占全国比重份额为8.5%。其中，第一产业完成1 876.6亿元，增长10.1%；第二产业完成2 028.2亿元，增长12.3%；第三产业完成1 753.6亿元，增长9.1%。

从结构来看，一二三产业三足鼎立的格局基本不变，其构成为33.2∶35.8∶31.0，同1995年相比，第一产业持平，第二产业微升0.2个百分点，第三产业微降了0.2个百分点。1996年全国一二三产业结构构成为20.5∶48.4∶31.1，其“二三一”结构表明，工业化程度进入较为成熟的中晚期；对比之下，民族自治地方工业化进程仍未走出中初期阶段。

从增长量的结构来看，全国的第一产业提供了10.3%的增量贡献，第二产业提供了62.9%，第三产业提供了26.8%，经济增长主要由第二产业推动。民族自治地方，第一产业提供了30.0%的增量贡献，第二产业提供了43.4%，第三产业提供了26.5%，第一产业的增量贡献大大高于全国水平，第二产业则大大低于全国水平。

民族自治地方工农业总产值达到7 805亿元，比上年增长14.1%，取得“九五”第一年的开门红；其中农业增长9.0%，轻工业增长18.2%，重工业增长15.4%。农、轻、重的结构为37.8∶26.6∶35.6，仍保持“农重轻”格局。同1995年相比，农业比重提高了0.4个百分点，轻工业下降了0.6个百分点，重工业上升了0.2个百分点。从增量贡献来看，农业提供20.8%的增量贡献，轻工业提供了38.9%，重工业提供了40.1%。同上年相比，农业、轻工业的增量贡献位置发生了变换，民族自治地方以

资源型的农业、重工业作为经济发展的推动因子,这一特点极其明显。

二、农业克服困难,加大投入,农、林、牧、渔业持续发展

1996年,民族自治地方各级政府贯彻执行党中央关于重视加强农业生产的指示精神,形成了重视农业的大气候,狠抓了各种行之有效的增产措施,从各方面增加了对农业的人力、资金、物力、科技等投入,尽管有些地区遇到了不同程度的洪涝旱等自然灾害,大多数地区农业生产获得了较好的收成。农林牧渔业总产值完成2 947亿元,比上年增长9.0%,其中,农、林、牧、渔业分别比上年增长8.2%、2.4%、11.2%、18.4%;内部结构为61.6∶4.7∶31.2∶3.2,传统的农、牧业仍占绝对份额,也是推动农业增长的主要因子,分别提供了增长总量的53%和38%。

民族自治地方粮食总产量达6 800万吨,比受自然灾害影响的1995年增长了13.3%。立足资源、着眼市场,民族自治地方大力发展经济作物种植,产量有了大幅度的增长。

主要经济作物产量如下:

	1996年产量	比1995年±%
棉花	95.0万吨	0.4
油料	252.6万吨	-4.4
甘蔗	3 837.8万吨	41.9
甜菜	833.6万吨	31.9
烟叶	89.8万吨	38.8
麻类	6.1万吨	8.9
茶叶	8.3万吨	5.1

林业生产取得了新的成绩,民族自治地方全年造林面积达5 188.6公顷,林产品产量也有所增加。

畜牧业生产稳定发展,肉禽蛋奶继续增产。

主要畜产品产量和牲畜存栏数如下:

	1996年产量	比1995年±%
猪牛羊肉	672.4万吨	12.4
牛奶	201.0万吨	8.6
羊毛	16.9万吨	-12.5
猪年末头数	7 138.9万头	-1.4
羊年末只数	12 207.8万只	5.9
大牲畜年末头数	7 261.0万头	24.0

渔业生产继续发展,水产品产量全年达158.5万吨,比上年增长17.0%。

乡镇企业在调整中有了较大发展,到1996年末共有乡镇企业342.5万个,比上年增长25.7%;从业人员1 187.0万人,比上年增长26.5%;营业收入达4 950.4亿元,比上年增长83%;上交国家税金124.9亿元,比上年增长51.6%;年末固定资产原值达994.9亿元,出口产品交货总额达106.8亿元。乡镇企业的蓬勃发展为民族自治地方经济的持续发展注入了强大的活力。

农业增加投入,生产条件继续改善。1996年末,民族自治地方拥有农业机械总动力5 053.2万千瓦,比上年增长10.7%;大、中型和小型拖拉机台数达145.6万台,比上年增加5.0%;全年化肥施用量(按折纯量计算)508.6万吨,增长11.0%;农村用电量114.6亿千瓦小时;有效灌溉面积898.6万公顷。农田水利建设进一步加强,在兴建和整修各类水利工程、治理盐碱、防渗节水、平整田地、开发荒山荒坡等方面均取得了较大成绩。

在取得成绩的同时,还存在有待进一步解决的问题。

农业的基础设施有待进一步加强,以提高抗灾能力,保证生产的稳定性。乡镇企业总体上仍处于低水平、规模小的作坊阶段,平均规模为3.46人从业/个,每一从业人员拥有0.84万元的年末固定资产原值,创造营业收入4.17万

元，创造税后利润净额2 900元，人均工资额3 355元。乡镇企业不发达的落后状况是民族自治地方农村要脱贫致富的一大障碍，是同发达地区相比处于明显落后状况的一个重要方面，必须作为民族自治地方的一个突出的薄弱环节加以努力克服，国家应进一步加大对民族地区乡镇企业的扶持力度，在投资政策实行“宽、稳、长”的政策，各级政府实行大力鼓励和支持的政策，创造有利条件，使得民族自治地方丰富的劳动力资源和农业、矿产等资源得到充分的利用和开发，有力推动民族自治地方农村脱贫致富。

三、工业生产继续保持稳定增长的势头

1996 年，民族自治地方加大企业改革力度，认真贯彻中央的各项经济体制改革政策，通过简政放权和转换企业经营机制，企业活力有所增强，工业生产继续保持稳定增长的势头。1996 年民族自治地方全部工业企业单位达90.1 万个，其中乡及乡以上工业企业单位 5.84 万个。工业总产值完成 4 857.8 亿元，比上年增长 16.7%，是近些年来增幅较大的一年；其中乡及乡以上工业总产值为3 387.4亿元，增长2.5%，比上年有较大回落，比重占全部工业总产值的 73.8%，比上年下降了 5 个百分点。在工业总产值中，国有工业减少 15%，集体工业增长 94%，城乡个体工业增长 58.9%。在工业总产值的构成中，国有工业占 46%，集体工业占 15%，分别比上年下降了 8 个和 9 个百分点，城乡联营、城乡个体、其他经济类型工业比重已占 39%，比上年上升了 19 个百分点，国有工业虽仍然占据主要地位，但城乡联营、个体、其他经济类型工业的崛起表明民族自治地方的经济活力在不断增强。从轻重工业看，轻工业产值2 078.6 亿元，增长 18.2%；重工业产值2 799.1亿元，增长 15.4%，轻重工业比例为42.8∶57.2，轻工业比重比上年下降了 0.6 个百分点。能源、原材料等基础产业继续得到加强，部分轻工产品结构进行了调整，花色品种增加。但工业内部结构性矛盾和部分产品不适应市场需求的矛盾仍较突出。

主要工业产品产量如下：

	1996 年产量	比 1995 年 ±%
纱	32.9 万吨	－11.3
布	6.2 亿米	－11.1
机制纸及纸板	173.8 万吨	－ 9.6
糖	312.4 万吨	30.0
卷烟	271.5 万箱	－23.3
原煤	17 205.4 万吨	3.4
原油	1 813.3 万吨	12.7
钢	722.1 万吨	3.2
生铁	663.7 万吨	19.6
发电量	1 228.9 亿度	3.5
农用化肥（折纯）	189.5 万吨	－13.4

工业发展中存在的一些问题也不容忽视。

一是民族自治地方企业经济效益进一步下滑。从国有独立核算工业企业来看，13 329家企业中亏损4 688家。从财务状况来看，实现利税共计 175 亿元，比上年又减少 9.0%，滑坡势头继续加剧；平均每百元固定资产原值实现的工业总产值 61 元、利税仅 5.5 元，比上年下降12.2%；每百元工业总产值实现利税 8.29 元，比上年降低 20.0%。由于受全国经济宏观调控的影响，加之资源、原料型色彩浓厚、偏“重”型的粗放产业结构，加之部分产品质量不够稳定，市场竞争力不强，企业亏损面达 35.2%，比上年下降 0.2 个百分点，三家国有独立核算企业中就有一家亏损。辽宁、吉林、黑龙江、浙江、湖北、湖南、广西、海南、青海、宁夏、新疆等民族自治地方企业发生财务总体亏损，累计亏损额达40.0 亿元，为历史最高水平，而同期民族自治地方国有独立核算企业利润总额为 10 亿元，使得 1996 年民族自治地方的国有独立核算企业净亏损，高达30亿元。因此民族自治地方国有企业的转换经营机制，提高经济效益作为一个亟待解决的严峻问题摆在各级政府管理部门面前，必须寻找出办法加以解决。

二是软硬投资环境的培育、维护工作亟待加强，要进一步搞活、搞好国有、集体企业，努力向经济结构的所有制多元化方向发展。1996年，民族自治地方乡及乡以上工业总产值中，除去国有经济、集体经济以外，私营经济、联营经济、股份制企业、外商投资企业经济、港澳台投资经济、其他经济只占总体的11.7%，比上年提高了2.2个百分点，所有制单一色彩仍然极其明显。

四、固定资产投资继续增加，重点建设进展比较顺利

1996年民族自治地方受宏观调控形势的影响，投资增幅有所回落，全社会固定资产投资1 611.4亿元，比上年增长11.4%，较1995年的14.1%的投资增幅回落了2.7个百分点。在全社会固定资产投资中，国有经济固定资产投资1 078.8亿元，增长了9.8%，比重占67.7%，较上年减少0.8个百分点；集体经济固定资产投资274.8亿元，比上年增长4.5%，占17.1%，比重下降了1个百分点；城乡个人投资257.8亿元，比上年增长26.0%，比重占16.0%，比重提高1.9个百分点。国有经济依然占据着投资的主导地位。在国有经济固定资产投资中，基本建设投资736.7亿元，比上年增长13.6%；更新改造投资258.7亿元，增长4.1%；其他固定资产投资47.3亿元，减少44.7%；房地产开发投资36.1亿元，减少16.3%。

国有经济新增固定资产投资950.2亿元，增长2.8%，其中基本建设占64.5%，更新改造占23.2%，其他及房地产占12.3%。

从国有经济基本建设投资按工程用途来看，农林牧渔业占4.8%，工业、建筑业占42.5%，商业运输邮电业占21.8%，住宅及其他占30.8%。国有经济在农业的投入比重比上年有较大倾斜，比上年提高2.2个百分点，资金投入达40亿元。从资金来源结构来看，国家预算内资金占6.7%，比上年下降了2.7个百分点，国内贷款占25.8%，比上年也下降了2.5个百分点，自筹资金占46.5%，比上年提高了9.1个百分点，利用外资占7.7%，下降了2.3个百分点，债券18 946万元，仅占0.22%，其他渠道占12.9%，说明民族自治地方的资金来源目前主要依靠自身筹集资金为主，国家预算内资金、贷款的比重呈下降趋势。自筹资金比例最高，一方面表明了民族地区想办法、求发展之下在挤资金，另一方面也表明在国家投资体制发生较大变革下，争取得到国家预算内资金、贷款的困难增多。新的融资方式、现代筹资手段，如股票债券、利用外资等，还处于起步阶段。国家在增强宏观调控的同时，应继续在资金上、投融资政策上扶持帮助民族自治地方的发展，以利于民族自治地方的持续、稳定发展。

1996年，民族自治地方调整投资结构，重点建设项目进展顺利，基础设施建设状况有了一定发展。广西壮族自治区桂林两江国际机场竣工开通；投资30多亿元、能解决100万回族聚居区贫困人口温饱问题的“宁夏扶贫扬黄灌溉工程”开工；新疆维吾尔自治区南疆铁路西段工程建设拉开序幕。国家对西藏自治区的发展继续给予特别照顾，中央有关部委和兄弟省市还派出150多个工作组进藏考察，制定了10年援藏规划。1996年，国家对全国援藏的62个项目增加投资14亿元，同时又新增加援藏项目151个，总投资4.9亿元。目前，已有56项工程交付使用，到位资金35.3亿元。这些项目的建成交付使用，改善了西藏的交通、能源、通信等基础设施落户的状况，使当地100多万人直接受益。

五、运输、邮电事业有所发展

交通运输部门在治理整顿中不断改善运输条件，挖掘潜力，提高运输能力，保证了民族自治地方重点物资的调出和调入。

1996年民族自治地方铁路营业里程1.76万公里，公路通车里程36.33万公里，分别比上

年增长 3.5%和 9.0%。

邮电事业得到较大发展，全年完成邮电业务量 81.7 亿元(按当年价格计算)，邮路及农村投递线路总长度 108.0 万公里，比上年增加了 1.1%，市内电话机总数达 38.4 万部，农村电话机总数达 65.6 万部。

六、城乡市场货源充裕，商品销售逐渐回升

1996 年，民族自治地方社会消费品零售总额1 867.4亿元，比上年增长 10.3%。在各种经济类型的社会消费品零售总额中，国有商业、集体商业同上年持平，比重分别占 30%、12.5%；私营、个体商业增长 20%，比重占 40%；联营、股份制、外商及港澳台投资经济增长 31%，比重占 3%；其他经济增长 15%，比重占 14.5%。

七、市场物价基本稳定，人民生活继续得到改善

1996 年民族自治地方城乡居民的收入有不同程度的增加。民族自治地方农牧民人均纯收入1 306元，比上年增长 14.4%；全部职工工资总额 842.7 亿元，增长 11%。职工年平均货币工资5 268元，增长 15.1%。其中，国有经济单位职工增长 17.7%，集体经济单位职工增长 12.9%。

从实际收入水平看，同上年大致持平，但从收入水平与全国平均水平相比，呈下降趋势。从业人员年平均工资是全国平均水平的 82.9%，比上年下降 4.6 个百分点，农民人均纯收入仅为全国平均水平的 72.4%，比上年下降了 4.9 个百分点。这种下滑趋势表明民族自治地方收入水平与全国的差距呈继续扩大趋势，值得注意。

城乡居民储蓄大幅度增加，1995 年末，民族自治地方城乡居民储蓄存款余额达2 390.9亿元，比上年增长 32.9%。其中，城镇居民储蓄1 996亿元，增长 35.3%；农村居民储蓄 394.9亿元，增长 22.0%。

八、财政收入持续增长，但财政赤字加大

1996 年，民族自治地方地方财政收入为 338.7 亿元，支出为 701.1 亿元，分别比上年增长 30.2%和 18.1%，差额高达 362.3 亿元，为当年财政收入的 1.07 倍，财政自给率仅为 48.3%。从速度来看，1996 年收入增速首次实现了高于支出增速的良好转机，使近些年来财政赤字总量呈加速扩张的趋势得到遏制。

九、民族教育稳步协调发展

1996 年，民族自治地方教育事业进一步发展，办学条件有所改善，教育质量有所提高。1996 年民族自治地方小学校 9.1 万所，招生 358.5 万人，在校生2 014.8万人，毕业生 262.9 万人，教职工 99.2 万人，专任教师 83.8 万人。普通中学 1.15 万所，招生 251.8 万人，在校学生 667.7 万人，毕业生 176.9 万人，教职工 55.6 万人，专任教师 42.4 万人。中等专业学校 570 所，招生 14.4 万人，在校生 48.2 万人，毕业生 11.1 万人，教职工 6.8 万人，专任教师 4.1 万人。职业教育、普通教育进一步充实发展，职业中学达 1 407 所，招生 20.5 万人，在校生 51.4 万人，毕业生 13.7 万人，教职工 5.1 万人，专任教师 3.5 万人。高等学校 96 所，招生 6.1 万人，在校学生 18.7 万人，毕业生 5.3 万人，教职工 6.6 万人，专任教师 3.7 万人。

1996 年民族自治地方县以上政府部门所属研究与开发机构与情报文献机构达 956 个，职工总数达 10.6 万人，其中科学家及工程师达 4.8 万人，经费支出总额达 12.4 亿元。

十、文化事业繁荣发展

为适应经济社会、科学技术的发展和人民群众多层次、多方面的社会文化需求，报纸、杂志、图书呈现多品种、少印数的发展趋势。1996 年民族自治地方出版图书7 979种，4.5 亿册；杂志 560 种，0.75 亿册；报纸 298 种，10.3 亿份。

民族自治地方已经建设成了部类齐全、设备较为先进、初具规模的广播电视网络。1996 年民族自治地方有广播电台 205 座，节目套数达 393 套，有电视中心台 215 座，电视发射台和转播台达到13 398座，卫星地面站29 557座。电视、广播收视(听)率和覆盖面积也有较大发展。

1996年，民族自治地方有艺术表演团体516个，工作人员2.12万人；少数民族歌舞团61个，人员4 401人。各民族自治州、县举行了多种艺术门类的比赛和演展，创作了一批具有民族特色的优秀作品和节目。群众文化事业蓬勃发展，现有群众艺术馆79个，文化馆站7 545个，人员分别达1 855人和1.46万人。

图书馆、博物馆建设取得新成就。图书馆573个、博物馆121个，职工人数分别达6 884人和1 945人。电影制片厂5家，共摄制完成民族语故事片21部本，民族语翻译片679部本。有电影放映单位1.1万个，电影观众2.11亿人次。

十一、卫生事业取得新的成就

1996年，民族自治地方医疗防疫工作得到进一步加强，城乡人民的医疗条件有了一定改善。各类医疗机构达1.57万个，床位3.7万张，其中医院床位2.6万张。专业卫生队伍进一步壮大，专业卫生人员达58.0万人。其中，卫生技术人员45.5万人，医生13.1万人。民族自治地方每千人口有医院床位1.61张，卫生技术人员2.80人，医生0.63人。民族自治地方少数民族医务人员队伍不断扩大，专业卫生人员中少数民族占30%，卫生技术人员占31.8%。民族自治地方有乡村医生和卫生员15.9万人，其中少数民族6.7万人，占40.5%。民族自治地方有卫生机构的村数达7.6万个，占村总数的78.4%。农村接生员达8.5万人。由于少数民族地区地广人稀，医疗机构分散面不均，医疗水平比一般地区存在着差距，尤其是交通不便的边、牧、山区，卫生保健落后、缺医少药的情况仍较严重。

1996年民族自治地方的国民经济和社会发展虽然取得了很大的成就，但是仍存在着不可忽视的问题，经济生活中历史遗留下来的传统性困难和矛盾依然存在，产业结构、产品结构调整缓慢；经济发展过程中，暴露出的资金不足、自我积累发展能力不强、企业运行效益差等问题依然存在；财政面临的保吃饭、求发展的困难格局依旧；基础设施薄弱、投入不足、投资环境落后等问题，将长期困扰着民族自治地方经济的发展。国家针对民族自治地方“底子薄、基础差、基数小”等特点已制订了相应政策，将为民族自治地方的持续、平稳发展创造一个良好的环境，民族自治地方的各族人民将继续发扬不等不靠、只争朝夕的艰苦奋斗精神，在今后的经济建设和社会发展中取得更大的成绩。

撰稿：张　弛

审稿：曲木林古

国家民委办公厅

【1996 年全国民委工作会议】1996 年 4 月 3 日至 8 日，全国民委工作会议在湖南省长沙市召开。参加会议的有全国各省、市、自治区、计划单列市、新疆生产建设兵团民委主任，国家民委各司室及委属各单位负责人，国家民委委员单位代表，中央国家机关有关部门负责人，共 200 人。

会议以现场会的形式，先在长沙开会，再到湘西土家族苗族自治州等地参观考察。会议回顾了 1995 年的全国民委工作，对下步工作做了布署。会议总结了湖南省和湖北省的民族工作经验，号召全国民族工作部门学习两湖的经验。国务委员兼国家民委主任司马义·艾买提作了题为《努力做好民族工作，为实现'九五'计划和 2010 年远景目标而奋斗》的报告，中共湖南省委书记王茂林作了重要讲话，湖南省委副书记、副省长郑培民及湖北省副省长苏晓云分别介绍了两省民族工作的经验。国家民委常务副主任陈虹作了会议总结。

【全国少数民族参观团新疆干部团】为深入贯彻落实中央[1996] 7 号文件精神，促进各民族间的团结，使边疆民族地区各族干部进一步开阔视野，增强改革开放意识，激发做好民族工作和经济建设的热情，坚定维护祖国统一和社会稳定的信心。国家民委组织了全国少数民族参观团新疆干部团。参观团是由新疆各地、州、市、县的党政主要负责人和驻疆人民解放军、武警部队、新疆生产建设兵团的各族干部代表组成，包括 16 个民族共 156 人，国家民委党组副书记、副主任江家福担任团长，新疆维吾尔自治区政府副主席玉素甫·艾沙担任副团长，国家民委党组成员、办公厅主任郝文明担任秘书长。自 1996 年 9 月 16 日在新疆乌鲁木齐组团至 10 月 16 日在上海结束整个参观学习活动，历时一个月。先后到陕西省西安市、延安地区、北京市、江苏省南京市、无锡市、张家港市、苏州市和上海市参观学习。可以讲，这次参观活动，路程远：从天山脚下，到了东海之滨；时间长，前后历时一个月；跨度大：共涉及 4 省（市）8 个大中城市和地区；内容丰富：工农商学兵各行各业都有典型的参观项目。

参观团在京期间，中共中央政治局常委、书记处书记胡锦涛，全国人大副委员长程思远、布赫，国务委员兼国家民委主任司马义·艾买提，全国政协副主席王兆国、阿沛·阿旺晋美、赛福鼎·艾则孜、何鲁丽亲切接见了全体团员。胡锦涛同志作了重要讲话，强调"保持新疆稳定，促进新疆发展，是全党全国工作大局的需要，也是新疆各族干部群众的共同愿望"。司马义·艾买提同志作了题为《高举爱国主义旗帜，坚持马克思主义的民族观和宗教观，坚决反对民族分裂活动，维护祖国统一和民族团结》的长篇重要讲话。全国人大副委员长铁木尔·达瓦买提到民族饭店看望了全体团员。中央统战部、国家民委举行隆重招待会，欢迎参观团全体成员。这些都体现了党中央、国务院对各民族人民的亲切关怀，对新疆各族干部的关心与厚望。陕西省、北京市、江苏省、上海市的省（市）委书记、省（市）长，以及所到地市的主要负责同志都亲切接见了参观团全体同志并发表了热情洋溢的讲话。

各地非常重视此次参观学习活动，把接待全国少数民族参观团作为一项重大的政治任务来做。专门成立了接待办公室，由政府领导负责，各级民委积极配合，全力以赴。参观团所到之处均有欢迎队伍和大字欢迎横幅，受到了各级党政领导、各族群众的热烈欢迎和盛情款待。使参观团全体成员处处感到宾至如归，十分亲切温暖，倍受鼓舞。

【国家民委档案业务培训班】10 月 23 日至 25 日，国家民委办公厅举办了国家民委档案业务培训班，各司室办公室及委属在京单位办公室的有关同志共 45 人参加学习。这次培训班的宗旨主要是学习修改后的《中华人民共和国档案法》，总结交流近几年档案工作的经验，规范档案工作程序，进一步提高档案工作人员的业务素质，促进国家民委系统的档案工作更好地为民族工作服务。参加培训的人员有委机关各部门办公室负责档案立卷的文秘人员，在京直属各单位专职或兼职档案工作人员及单位立卷部门的工作人员。

这次培训班得到了委领导的重视和支持。委党组副书记、常务副主任陈虹先后两次过问培训班的筹备和办班情况。委党组副书记、副主任江家福对培训班提出了具体要求：档案业务培训要与学习贯彻党的十四届六中全会精神结合起来；加强对委系统的档案法制建设；大力提高档案队伍的政治、业务素质；各部门、各单位的领导要重视档案工作，加强对档案工作的领导。

委党组成员、办公厅主任郝文明在培训班上做了讲话。讲话中，要求档案工作人员要认真学习贯彻《档案法》，以法治档，加大档案开发利用力度，加强档案工作的基础建设，提高档案工作的现代化管理水平。各部门、各单位领导要重视档案工作，关心档案人员的工作、学习情况，做到事业上留人，感情上留人，政策上留人。

培训班还邀请国家档案局档案馆室司副司长刘淑英做了报告。档案处的同志就档案业务进行了专题辅导。机关党委、人事司、教育司和民族文化宫的同志做了典型发言。办公厅副主任赵显人在培训班结束时做了总结讲话。

撰稿：普永生
审稿：郝文明

国家民委经济司

【良好的开局，新的起步】1996 年是“九五”开局第一年，民族地区的改革开放和社会主义现代化建设取得了可喜的成绩，国民经济保持持续、快速、平稳、健康发展势头，社会主义市场经济体制建设步伐加快，是民族地区从市场走向繁荣取得重大突破的一年。据统计，1996 年民族地区实现国内生产总值 6 400 多亿元，增长幅度达到 10.25%，高于全国平均增长水平，实现了第五个连续两位数增长。农村经济快速发展，农林牧渔业总产值完成 2 800 多亿元，增长幅度达到 8.0%，保持了高于全国平均增长幅度的态势；粮食生产不仅获得历史上最大的丰收，还创造了历史上最大的年增长量，总产量比上年增长超过 13%，达到 6 600 多万吨，净增长 800 多万吨。主要农产品获得丰收，棉花产量达到 100 万吨，糖料 4 700 多万吨，肉类产量 650 多万吨。粮、棉、糖、肉分别占全国总产量的 14%、25%、57%和 14%。工业生产平稳增长，产销衔接有所好转。全年完成工业总产值 4 200 多亿元，比上年增长 10.2%；其中轻工业比上年增长 8.8%，重工业增长 11.5%；工业产品产销率由年初的 85%稳步上升，全年累计达到 95.2%。优势工业产品生产继续保持较大幅度增长，占全国总产量的比重上升，其中食糖产量占全国总产量的 60%，卷烟占 29%，原煤占 16%，发电量占 13%，木材占 24%。重点建设进展顺利，各项建设取得可喜的成绩。民族地区累计完成全社会固定资产投资1 400多亿元，比上年增长24%，比全国平均水平高出6个百分点。物价涨幅稳步回落，全年商品零售价格指数106.2，实现了国家宏观调控目标要求。良好的开局，为民族地区完成“九五”目标计划奠定了基础。

撰稿：胡毅力
审稿：王福临

【民族地区经济体制改革综述】1996年，民族地区经济体制改革取得新的进展。

一、宏观经济管理体制改革取得新的进展，为民族地区经济的持续、快速、健康发展创造了和谐的环境。

积极推进国有资产营运体制改革，对国有资产进行统一管理，并进行授权经营试点，组建国有资本营运机构。广西完成了区直5家国有资产营运机构的组建工作，即组建了广西建工集团有限责任公司、广西物资集团公司、广西开发投资有限责任公司、广西农垦集团有限责任公司、广西地方铁路有限责任公司，这些公司分别承担了自治区人民政府在不同领域的国有资产投资营运主体的任务。部分县市也在积极探索组建国有资产营运机构，开展国有资产授权经营试点。到1996年底，全区已组建国有资产营运公司17家。

投资体制改革取得实质性进展的标志，是大部分省、区都组建或正在组建投资控股公司，实行投资项目法人责任制，对各种经营性投资项目推行项目资本金制度，明确各投资主体管理范围。

金融体制改革，一是稳步推进农村金融体制改革，重点是稳妥地进行农村信用社与农业银行“脱钩”，到1996年底，除西藏外，民族地区延伸到地市的农业发展银行分支机构基本上挂牌和营运。二是深化外汇体制改革，按照中央的部署，对外商投资企业实行银行结汇售汇，实现了人民币在经常项目下的可兑换。

财政体制改革，主要是进一步完善了分税制财政体制的改革，为构建财政转移支付制度奠定了基础。广西实施了对原体制上解地市分步取消上解递增，实行定额上解，并实施过渡期转移支付制度。

税收体制改革，一是推进税收会计改革，实行税款申报、征收、入(退)库全过程的会计核算办法；建立企业纳税专用户头和银行扣缴税款制度，二是积极探索新的地方税收征管模式，各地普遍建立了“以纳税申报和优化服务为基础，以计算机网络为依托，集中征收，重点稽查”的新征管模式。

二、全面推动各种类型的企业改革。

建立现代企业制度试点工作进展顺利。据不完全统计，内蒙古、新疆、宁夏、广西、贵州、青海等6省、区，共有109家企业列入全国和自治区试点，其中大部分的试点方案通过了审批并进入实施运行。

实施大公司、大集团战略初见成效。仅1996年，广西全年共组建企业集团24个，吸附企业136家，涉及资产总计70多亿元；新疆组建企业集团23个，集团经营总资产51亿多元。

中小企业改革步伐加快。到1996年底，新疆昌吉州实行多种形式改制改组的公有小企业已达512家，占公有制企业总数的50.8%。宁夏全区1 516户独立核算小型企业中已有825户完成改制。

企业产权流动和重组步伐加快，企业兼并呈现良好发展势头，以产权改革为核心，以盘活存量资产为突破口。青海省1996年上半年有19对企业实现兼并，向优势企业转移存量资产5 500多万元，转移和再就业职工3 100多人。广西1996年1—9月共破产企业14家，其中国有工业企业10家；兼并企业41家，其中国有工业企业27家，盘活存量资产9亿多元。

在坚持公有制主体地位和国有经济主导地位的前提下，加快所有制结构调整步伐。1996年广西共审批建立私营企业集团9家，玉林市民营科技企业已发展到186家。

三、继续深化农村牧区经济体制改革。

农村继续实行以家庭联产承包为主的责任制和统分结合的双层经营体制；探索土地使用权有偿转让，对非耕地实行拍卖；大力发展农村社会化服务体系和村级合作经济组织；牧区全面推行和不断完善草场承包到户责任制。

四、城镇住房制度改革。

民族地区城镇住房制度改革已由单项试点阶段进入综合配套的全面推进阶段，各项房改措施已全面实施，国家、集体、个人多元化的住房投资结构正在逐步形成，各类房改资金也已初具规模，住房公积金制度开始运行。内蒙古12个盟市的房改方案均已审批。青海省到1996年底已有40%以上的公有住房出售，出售面积达660多万平方米，收回售房款4亿多元。

五、社会保障制度改革。

在养老保险改革方面，广西有1.8万个企业参加养老保险，职工193万人，其中离退休人员32万人。青海省制定并实施了《深化企业职工养老保险制度改革办法》，实行企业职工基本养老保险统筹，将社会统筹和个人账号相结合，1996年实施新办法的企业已达3 100多户，养老保险金收缴率达到67%。

在医疗制度改革方面，根据国务院扩大职工医疗保险制度改革试点的精神，广西成立了职工医疗保障制度改革试点城市工作领导小组，确定南宁、北海作为医改试点城市。

广西的失业和工伤保险覆盖面在不断扩大。去年1月至6月份，全区共支出失业救济金698万元，有6万人次领取失业救济金；全区参加工伤保险的单位已有1万多个，职工120多万人。青海省到1996年底参加失业保险的单位达3 170多家，30余万人。

六、深化流通体制改革，培育市场体系。

粮食流通体制。广西先后建成了全州、南宁、河池、百色等4个大型粮油批发市场。

土地使用权有偿流转机制已经形成。青海省到1996年底，共出让土地40宗，面积2 900多亩，政府收取出让金4 200多万元。

证券期货市场。1996年度，民族地区的上市公司达46家，占全国的7.9%。“新疆众和”被选进“上证30指数”，是西北地区唯一入选的股票。

七、进一步扩大对外开放。

1996年，青海省成功的举办了“江河源之夏”艺术节，开展招商引资，签订合资合作项目7项，项目总投资2 000多万美元，签订外贸出口合同3项，成交额29万美元；签订内销合同22项，成交额4 700多万元。

撰稿：彭泽昌

审稿：杨　帆

【全国边境贸易在规范中稳步前进】1996年各地区、部门认真贯彻《国务院关于边境贸易有关问题的通知》(国发[1996]2号)文件精神，沿边9省区的边境贸易在规范中稳步前进。截至1996年底，全国经外经贸部核准的边贸企业2 066家，全年边贸进出口总额36.7亿美元。其中：辽宁省，边贸公司52家，边贸进出口额1.9亿美元；吉林省，边贸公司107家，边贸进出口额2亿美元；黑龙江省，边贸公司486家，边贸进出口额15亿美元；内蒙古自治区，边贸公司178家，边贸进出口额4.95亿美元；新疆维吾尔自治区，边贸公司322家，边贸进出口额7.3亿美元；西藏自治区，边贸公司57家，边贸进出口额1 200万美元；云南省，边贸公司802家，边贸进出口额1.36亿美元；广西壮族自治区，边贸公司151家，边贸进出口额3.4亿美元；海南省，边贸公司15家，边贸进出口额0.67亿美元。

撰稿：张庆安

审稿：杨　帆

【1996年国家民委定点扶贫工作】1996年是“九五”计划的第一年，是实现《国家八七扶贫攻坚计划》任务重要的一年，同时又是联合国确定的“国际消除贫困年”。国家民委根据国务院的部署，加大定点扶贫工作的力度，使定点扶贫

工作上了一个新台阶。

一、组织国家民委定点扶贫考察慰问活动。

为配合联合国“国际消除贫困年”的活动，国务院发出“全社会动员起来，消除贫困”的号召。为了响应国务院的号召，进一步推动国家民委定点扶贫工作的深入开展，引起全社会都来关心少数民族地区扶贫工作，向少数民族贫困地区各族干部群众送去党的温暖。根据国家民委党组部署，于1996年3月9日—22日组织了“’96国家民委定点扶贫考察慰问”活动。由国家民委副主任图道多吉同志和李晋有同志分别带队，赴广西德保县和内蒙古巴林右旗进行扶贫考察和慰问演出。这次扶贫考察慰问达到了预期目的，取得了很好效果。一是通过国家民委送去了党中央、国务院对少数民族贫困地区各族干部群众的关怀，密切了党群关系、干群关系，加强了民族团结。对激发各族干部群众自力更生、摆脱贫困是一种极大的精神鼓舞。二是通过由蒋大为、德德玛、曲比阿乌等著名演员组成的慰问演出活动，和新闻媒体的大力宣传，产生轰动效应，引起全社会进一步关心少数民族贫困地区的扶贫工作。三是推动了国家民委定点扶贫工作，在当地产生了很好的影响。四是通过实地考察和协调工作，促进了扶贫项目的落实。

二、领导重视，加强调研。

国家民委领导一直很重视定点扶贫工作情况，除听取三个扶贫联系点来京汇报外，还深入三个扶贫联系点调查研究。1996年7月，国家民委副主任文精同志到巴林右旗进行了实地考察，深入贫困苏木、嘎查和贫困户访贫问苦。1996年10月国家民委专职委员、经济司司长王福临同志到巴林右旗了解了近几年定点扶贫项目的落实情况及进展和效益情况，并就如何进一步加大定点扶贫力度、提高扶贫效果和巴林右旗的党政领导进行了座谈和探讨。受司领导委托，扶贫办赴广西德保县了解贫困情况，协调落实项目资金，为定点扶贫工作做了许多具体工作。

三、加强定点扶贫协调工作。

为了进一步加强定点扶贫工作，研究和衔接好1996年定点扶贫工作的有关事宜，国家民委于1996年2月份召开了定点扶贫工作协调会，国家民委副主任文精同志出席会议并作了重要讲话。

为深入贯彻中央扶贫开发工作会议精神，进一步做好定点扶贫工作，动员有关省区各级民委和委系统参与定点扶贫工作，加快定点扶贫县(旗)的脱贫致富步伐，国家民委向定点扶贫县(旗)所在省区、地(市)、县(旗、市)民委和国家民委各部门、委属各单位下发了《关于进一步做好定点扶贫工作的通知》(民(经)字[1996]314号)。要求定点扶贫县和有关自治区、地(市)、县(旗、市)民委加强对定点扶贫工作的领导，分工负责。

1996年12月10日国家民委在京召开了“国家民委定点扶贫工作座谈会”，国家民委副主任文精同志出席会议并作了重要讲话，会议由国家民委专职委员、经济司司长王福临同志主持。委内各部门、委属各在京单位的有关负责同志，国家民委派往德保县、巴林右旗的挂职锻炼干部，新疆民委有关部门负责同志参加了会议。会议学习贯彻了中央扶贫开发工作会议精神和民委(经)字[1996]314号文件精神，座谈交流了1996年定点扶贫工作情况及1997年定点扶贫工作的设想，进一步提高了认识，明确了任务，理清了工作思路，强化了措施，达到了预期目的。会议具体要求委机关各部门、直属各单位从各自业务出发，都为定点扶贫作出自己的贡献。由此会议形成了《国家民委定点扶贫工作座谈会纪要》，下发委机关各部门和直属各单位参照执行。

四、坚持把干部挂职锻炼与定点扶贫相结合。

1994年，国家民委制订了《国家民委关于贯彻落实“中共中央办公厅、国务院办公厅关于加强中央党政机关定点扶贫工作的通知”的实施意见》，把定点扶贫工作作为努力培养造就一批跨世纪能担当重任的中青年干部的一项重要措施和扶贫工作的一项具体措施来抓。从1994年起就选派德才条件好、身体健康的处级或处以下干部到定点扶贫县(旗)挂职锻炼,1996年有4位同志期满返回机关,10月份又安排了3位同志到定点扶贫县、旗挂职。他们下到定点扶贫县、旗后,把发展当地经济,尽快使群众脱贫作为锻炼的出发点和落脚点,积极为当地牵线搭桥,引进项目和资金。通过挂职锻炼,挂职人员在思想上受到了教育,增强了群众观念、全局观念;提高了政策水平,学会了从微观与宏观、局部与全局相结合的角度,分析、思考、研究扶贫工作中出现的新情况、新问题,向当地党委政府提出政策性建议;提高了综合管理和组织协调能力,在协助地方项目开发扶持贫困地区发展经济的实践中,增长了才干。

五、确定和田市为新的扶贫联系点。

根据国家民委委党组指示精神,国家民委经济司与文宣司、人事司于1996年7月在新疆和田市就建立国家民委扶贫联系点的有关事宜进行考察,深入乡镇,考察企业、学校、医院,走访农户。还就拟扶持的项目进行了初步考察,从和田市提出的项目中筛选项目给予重点扶持,并对今后和田市扶贫联系点工作提出了建议。

六、积极为扶贫联系点落实扶持项目和资金。

1996年德保县落实各类项目资金434万元,其中温饱基金100万元,新增发展资金300万元,国家民委机动金34万元;巴林右旗落实各类项目资金114万元,其中新增发展资金100万元,国家民委机动金14万元;和田市落实各类项目资金157万元,其中温饱基金45万元,新疆民委协调落实资金48万元,国家民委机动金14万元,中国民族国际信托投资公司给和田市赞助50万元,建立了一所希望小学。外事司、教育司还帮助扶贫点引进资金,从分管的资金中给予扶贫点倾斜。其他部门和单位也都作出或准备作出自己的贡献。

【国家民委定点扶贫考察慰问活动】1996年是"九五"计划的第一年,同时又是联合国确定的"国际消除贫困年"。为了响应国务院发出的"全社会动员起来,消除贫困"的号召,进一步推动国家民委定点扶贫工作的深入开展,推动全社会关心民族地区扶贫工作,向贫困地区各族干部群众送去党的温暖,国家民委于3月9日—22日组织了"'96国家民委定点扶贫考察慰问"活动。

"'96年国家民委定点扶贫考察慰问团"分为赴广西德保县分团和内蒙古巴林右旗分团,每个分团由一名委领导带队,由考察组、演出组和新闻报导组组成。出发前举行了动员大会,党组副书记、常务副主任陈虹同志做了动员报告。

赴广西德保县分团,由国家民委副主任图道多吉同志带队。到达南宁第二天,考察团直接奔赴国家民委扶贫点德保县。在听取全县基本情况和扶贫工作情况汇报后,分别与县、乡、村干部群众进行座谈,考察了国家民委扶持项目的实施情况,以及县酒厂、糖厂和民族中学。分别慰问了两个村,走访了10余户年均收入在240元以下、全年缺粮4个月以上的特困户,了解了他们的贫困状况和贫困原因,并送去了国家民委的扶贫慰问金。赴巴林右旗分团一行44人,由国家民委副主任李晋有同志带队。考察期间,与巴林右旗有关领导举行两次座谈会,旗政府及有关部门汇报了巴林右旗的扶贫工作和国家民委定点扶持巴林右旗的情况;考察了5个嘎查和国家民委扶持项目的实施情况,访问了8户贫困牧户,送去国家民委扶贫慰问金;参观了新开通的集通铁路火车站;研究落实扶持项目。返程中,又分别听取了赤峰市及河北省承德市的扶贫工作和民族工作情况。当地群众对慰问团的到来十分感激,感谢党和政府对他们的关怀和帮助,贫困群众对摆脱贫困充满信心,纷纷表示决心通过自己的奋斗加快脱贫步伐。

考察慰问活动中,慰问团各族演员的表现非常出色,场场演出认真准备,每个动作一丝不苟。不管是在礼堂演出,还是在露天演出都一样高标准;不管是在酷热的西南,还是在严寒的北疆，演员们都以满腔的热情投入。赴德保县分团演出组的表演受到当地群众的热烈欢迎，在德保县引起轰动。沿途还为百色老区各族人民、平果铝厂各族职工和自治区各族干部进行了专场慰问演出。赴巴林右旗分团演出组先后在巴林右旗、赤峰市、承德市演出6场，演出现场观众达3万多人，气氛非常热烈，有些地方还应各族干部群众的要求加演。随团的中央新闻单位的记者和当地的新闻媒介对这次活动给予了翔实报导，对贫困地区作了大量宣传。

广西、内蒙古两个自治区的有关领导，对此次考察慰问活动非常重视。广西壮族自治区政府副主席奉恒高同志、主席助理周明甫同志、区民委主任黄海坤同志，内蒙古自治区政府副秘书长安扶同志、自治区民委主任韦弦同志，以及百色地区、赤峰市、德保县、巴林右旗的领导同志亲自陪同，保证了考察慰问活动圆满成功。

这次考察慰问达到了预期目的，取得了很好效果。一是通过国家民委送去了党中央、国务院对少数民族贫困地区各族干部群众的关怀，密切了党群关系、干群关系，加强了民族团结，对激发各族干部群众自力更生、摆脱贫困是一种极大的精神鼓舞，对民族地区的扶贫工作是一次有力的推动。二是通过由蒋大为、德德玛、曲比阿乌等著名演员组成的慰问演出活动，和重要新闻媒体的大力宣传，产生了一种轰动效应，引起全社会进一步关心少数民族贫困地区的扶贫工作。三是推动了国家民委的定点扶贫工作，在当地产生了很好的影响，也得到了国务院领导和有关部门的充分肯定。四是通过实地考察和协调工作，促进了扶贫项目的落实。

撰稿：冯 常 海

审稿：曲木林古

【1996年度国家民委科技进步奖评审】1996年度国家民委科技进步奖评审工作，经国家民委科学技术奖励委员会评审委员会组织有关专家进行严格评审，共有9个项目获得1996年度国家民委科技进步奖。

国家民委科学技术奖励办公室推荐获得国家民委1994、1995年度科技进步奖一等奖的中央民族大学《计算机数据库及文字处理技术在少数民族语文研究中的应用》和中南民族学院《磁场处理稻种对其酶活性和发育的影响》等项目申报国家科技进步奖评选。经严格评审，《计算机数据库及文字处理技术在少数民族语文研究中的应用》获得1996年度国家科技进步奖三等奖。这是国家民委系统获得的第一个国家级科技进步奖项目。

撰稿：胡毅力

审稿：王福临

【民族地区外经贸干部赴港培训】1996年1月8日至29日，由国家民委经济司，中国民族经济对外合作促进会组织的，以国家民委专职委员、经济司司长王福临同志为团长的“民族地区外经贸干部培训班”在香港进行了为期21天的培训。这次培训班学员主要是民族地区或民族工作部门的经济干部，企业界人士，共26人，且绝大多数为基层从事经济工作的同志。举办这期培训班，旨在适应民族地区社会主义市场经济建设的需要，加速民族地区人力资源的开发，为民族地区培养一批通晓国际贸易制度、惯例等现代市场经济理论和操作技术的应用型人才，促进民族地区的经济发展。

此次培训授课内容大致分为香港今昔与未来，企业管理，市场营销，法律，国际贸易，金融事务，现代交易体例等，重点讲解了具体操作过程中的关节点和注重点。培训班还组织学员考察了8个按现代企业运营标准规范运行，效益突出的公司、企业、交易所，以巩固课堂所学理论知识。

此外，培训班本着务实的精神，利用课余时间积极宣传民族地区投资环境，努力寻找在港合作伙伴。有的学员带着产品、项目、意向、投资环境介绍等参加培训，在授课、参观过程中与授课的工商界人士、专家学者、机构官员、企业家交流，介绍自己的产品、项目、企业、地区的具体情况，探讨合作的可能，部分学员在港建立了联系渠道，达成了合作意向。

【民族地区改革开放试验区外经贸干部赴加拿大培训】1996年8月5日至9月2日，由国家民委经济司、中国民族经济对外合作促进会组织的，以国家民委专职委员、经济司司长王福临同志为团长的“中国民族地区改革开放试验区外经贸干部培训团”赴加拿大多伦多、温哥华等地进行了为期一个月的培训。此次培训团学员来自7个民族地区改革开放试验区，主要是这些地区政府、民委系统主管经济的领导及企业负责人，共25人。

在30天的培训中，邀请了加拿大政府官员、企业及民间商会负责人及学术研究机构、律师、会计师事务所等部门有关专家学者授课，开设了加拿大宏观经济发展现状、问题及加拿大国际贸易、北美自由贸易区状况、加拿大投资、税务、证券、海关、移民、加拿大土著民族经济发展等课程，并组织学员参观了政府、企业、银行、交易所及印第安人聚居区，以加深学员对课堂所学理论知识的认识，开拓视野。

培训期间，积极寻求合作机会，组织商务洽谈，部分学员在加拿大建立了联系渠道，与有关方面达成了合作意向。

【全国民委系统外经贸干部培训班】为更好地贯彻党的十四届五中全会精神，深入学习领会“九五”计划和2010年远景目标，推动全国民族地区和民委系统的对外经济联系、交流与合作，再上新台阶。1996年9月16日至26日，国家民委经济司在北京举办了“全国民委系统外经贸干部培训班”。参加研讨班的学员来自全国各省市自治区民委主管经济的副主任、经济处负责同志，国家民委直属公司的负责同志，共计32人。

此次培训班邀请了加拿大企业经营管理战略顾问ROBERT・S・K・SONG先生，外交部政研室、礼宾司，国家计委对外经济贸易司、利用外资司，财政部外汇外事财务司，外经贸部对外贸易管理司、国际联络司、国际合作司，中国人民银行国际金融组织司，国家税务总局涉外税务管理司，国家科委国际合作司，海关总署关税司，国务院特区办内陆与沿边开放司，中国证监委上市部，中国公共关系协会的司、处主管领导分别就国际形势与外交关系、国际贸易、我国对外开放形势、民族地区经济形势、“九五”期间对外经贸发展战略、外经贸管理体制与政策、利用外资政策与情况、关税制度与关贸总协定、外汇管理、外事财务管理、涉外税务管理、国外劳务与承包、国际多(双)边经贸关系与援助、证券市场与现代企业制度、公共关系、外事礼仪以及企业管理等做了专题讲座。同时，学员们还利用课间和休息时间组织座谈，交流各自省市自治区民族地区和民委系统经济工作情况、开展外经贸工作方面的状况及经验、学习的心得和体会。

撰稿：沙依拉
审稿：杨　帆

【“八五”期间新增支援经济不发达地区发展资金使用综述】党和国家历来十分关心和重视少数民族和民族地区的经济社会各项事业的发展。特别是“八五”以来，党中央、国务院更加重视民族工作，1991年党中央、国务院共同召开了中央民族工作会议，明确了90年代中国民族工作的主要任务，决定对少数民族地区的经济发展给予高度重视与切实的倾斜。并下发了《国务院关于进一步贯彻实施中华人民共和国民族区域自治法若干问题的通知》(国发[1991]70号)文件，文件中明确规定，中央财政预算已列的“支援经济不发达地区发展资金”，“八五”计划期间由目前每年8亿元逐步增加到每年11亿元(原则上每年新增6 000万元)。这笔新增资金简称“新增发展资金”，主要用于民族地区基层的经济和社会发展，由财政部与国家民委共同协商确定资金投向。这是建国以来，中央财政专门设立用于少数民族地区经济及社会发展数量最多的一项专项资金，它充分体现了党中央、国务院对少数民族和民族地区经济社会发展的重视和支持，是党和国家对民族地区贯彻民族政策的又一具体体现。

根据国发[1991]70号文件精神，经国家民委与财政部共同协商确定，“新增发展资金”由财政部地方预算司和国家民委经济司共同按项目管理，资金实行有偿使用，主要援助省区是民族8省区和吉林、湖北、湖南、四川、甘肃等5个有自治州的省，共13个省区。为管好用好这笔资金，1992年财政部下发了《关于新增“支援经济不发达地区发展资金”使用管理问题的通知》(财地字[1992]127号)，通知明确了资金使用方向、项目组织、申报、审批程序等项目管理办法。这笔资金从1992年起实施，到1995年共安排3.53亿元，提前一年完成递增到3亿元。

按照“新增发展资金”的投向，“八五”期间主要集中向内蒙古、广西、新疆、宁夏、西藏5自治区和云南、贵州、青海3个多民族省以及有自治州的吉林、湖北、湖南、四川、甘肃的民族地区投入。在实际执行过程中，随着资金规模逐年增加，使用范围陆续增加了一些有自治县和少数民族较多的省，即：1994年增加海南、河北、黑龙江、河南4省，使受援省区达17个，除沿海发达的广东省和浙江省外，全国所有民族自治地方均覆盖到。据统计，“八五”期间，17个省区“新增发展资金”共扶持611个项目，投入资金77 875万元。这些资金的投放是逐年递增的，1992年安排项目68个，7 600万元；1993年安排111个项目，12 000万元；1994年安排项目184个，23 500万元；1995年安排246个项目，35 300万元。4年中民族自治地方安排项目455个，安排资金64 610万元，占“新增发展资金”投入总额的83%。其余17%的资金也基本投入在非民族自治地方但少数民族人口聚居的贫困地区。这些被扶持的项目基本上都是立足民族地区资源优势、效益好、有偿还能力、能增加地方财政自给能力并能带动民族地区群众脱贫致富的产业，主要涉及种植、养殖、加工以及能源、采掘、商贸等类项目。4年来，国家民委和财政部密切合作，在各级政府和党委的领导以及各级财政和民委的共同努力下，这笔专项资金的投放，有力地支持了民族地区国民经济和社会发展，对帮助少数民族群众解决温饱，改变民族地区落后面貌，增加地方财力，增强发展后劲，对民族地区实现“八五”计划等都起到了积极有力的作用，取得了较好的经济和社会效益。

1. 促进了民族地区产业结构和产品结构的调整，扶持一批当地经济发展的重点项目和短平快项目，壮大一批支柱企业、骨干企业和一些主导产业，形成了一批优质产品，扩大了市场占有份额。如，宁夏石嘴山市的“民族化工集团”通过新增发展资金连续3年的集中扶持(1994年500万元；1995年350万元；1996年150万元)和其他有关方面的配套扶持，企业效益和实力大增，开发了新产品，产品结构、产业结构得到优化和调整。企业从一个1990年以前产值只有600多万元的小厂发展到1995年产值5 000万元、1996年产值过亿元、总资产达1亿多元，拥有7个紧密型企业(分厂)和一个松散型的企业(兼并厂)的民族化工集团企业，1996年实现利税1 300多万元，成为当地的支柱企业。

2. 增加地方财政收入，带动当地群众生产生活条件的改善和提高，促进民族地区脱贫致富。如烟叶、茶叶是恩施州的支柱产业，也是少数民族群众收入的主要来源，1992年至1994年3年中先后投入烟、茶项目资金800多万元，使烟叶总量达200万担，茶叶产量达25万担，烟叶、卷烟、茶叶提供税收已占全州财政收入的60%以上。

3. 促进乡镇企业的发展。湖南新晃侗族自治县鱼市镇油脂厂是该县一家较大的乡镇企业，但由于设备老化，生产能力低，市场竞争能力弱。为了提高加工能力，增强经济效益，他们利用20万元新增发展资金新上了一条生产线，购置了一个车间的全套设备，日生产能力比原来提高几倍，1992年当年盈利20万元，1993年盈利30万元，1994年完成产值1 006万元，利税120万元，1995年销售收入2 500多万元，利税达200多万元，成为该县为数不多的利税大户。

4. 促进了民族地区优势资源的开发利用。资金的注入，使民族地区的资源优势得以变为经济优势。如云南蒙自县的老寨乡，是有名的贫困乡，但该乡有丰富的银、铅、锌矿资源，1992年投入新增发展资金130万元，用于新建该乡的采选厂建设，该项目1993年下半年建成投产，安置少数民族61人，年终创利税10多万元，该厂的建成，使原来的矿产资源得到了充分的利用，同时，全乡有4 000多富余劳力可到矿山采矿，增加经济收入，实现脱贫致富。

5. 通过新增发展资金的使用和项目的管理，培养锻炼了干部，促进了民族地区干部群众观念的转变，提高了市场经济意识和在市场经济中竞争的能力。各级民委和财政部门在组织、管理项目中，通过开展市场调查、项目选择、评估、论证、实施等工作，开拓了视野，锻炼了一批干部并提高了政策水平和业务素质，同时涌现出一批优秀的企业家和经济管理人才。

新增发展资金的投入，除以上的作用外，还在一定程度上缓解了民族地区资金供需矛盾，调动了民族地区生产和建设的积极性，为民族经济发展注入了活力；另外还起到了用有限的资金引导其它各种渠道的资金配套投入，达到了集中各方财力形成规模效益的作用。

撰稿：蓝步锦

审稿：杨　帆

国家民委政法司

【民族自治地方成立逢10周年庆祝活动收效显著】民族自治地方在成立逢10周年期间举行庆祝活动是完善民族区域自治制度的一个重要方面。从党的十一届三中全会以来，国家民委对这一活动加强指导，并有针对性地进行改革，收到明显的效果，受到民族自治地方各族人民的热烈欢迎。

1996年，全国共有4个自治州和15个自治县进行逢10周年庆祝活动。国家民委政法司依据贵州省黔东南和黔南自治州、云南省大理自治州和甘肃省临夏自治州政府的要求，组织国务院有关部委在州庆时前往调研并参加州庆活动。组织国务院有关部门参加州庆活动是国家民委对州庆活动进行改革的一项重大举措，是完善民族区域自治制度的一项重要内容。这一改革可以用8个字来概括，即祝贺、学习、调研、帮助。表现在：一、通过州庆，能够更好的总结民族自治地方在改革开放和社会主义现代化建设中所取得的成就和经验，展示民族自治地方各级政府和各族人民在党的民族政策指引下，团结奋斗，开拓进取，建设美好家园的风彩；充分体现国家机关对民族自治地方各族人民的亲切关怀，同时又是对民族自治地方各族人民巨大的鼓舞和鞭策，它必将激励民族自治地方各族人民更加紧密地团结在以江泽民同志为核心的党中央周围，以更大的热情和高昂的斗志，投身于社会主义现代化建设的伟大事业中去。二、相互交流，各部委的同志要向民族地区学习，向民族地区的各族人民学习。学习他们坚定地维护祖国统一，维护各民族的大团结，维护社会的稳定，在边远、高寒、生存条件极为艰苦的环境中守土戍边，顽强拼搏，奋发进取，为祖国的繁荣发展做出了巨大贡献的精神；另一方面，就是各部委的同志以良好的精神风貌、严谨扎实的工作作风，为民族地区树立来自于首都北京，来自于党中央、国务院身边的国家机关工作人员应有的良好形象。并进一步增进民族地区和各族人民同中央国家机关的感情，使党中央、国务院对民族地区和少数民族的亲切关怀具体化。三、通过调研可以对西部地区（主要是民族地区）有较为全面、深入的了解，充分掌握第一手资料，做到心中有数，决策就有了依据，制定的政策就能做到实事求是，因地制宜，分类指导，取得更好的效果；四、国家有义务、有责任帮助民族地区尽快发展起来，这体现了我们社会主义国家的性质。改革开放，建设有中国特色社会主义的最终目标是实现各民族的共同发展、共同繁荣，只有这样，才能真正实现各民族的大团结，才能实现国家的长治久安。通过从 1992 年对民族自治地方逢 10 周年庆祝活动开始进行改革的尝试，经过这几年不断的总结和探索，自治州州庆活动已初步形成了一种模式，并已为地方和国务院有关部门所接受。这一点，已从各部委的积极参与，民族地区和各族人民的热烈欢迎当中得到了证实。

撰稿：田联刚　郎晓东

审稿：杨侯第

【全国部分省、自治区民族乡工作座谈会】为了交流民族乡贯彻落实《民族乡行政工作条例》的经验，研究和探讨在社会主义市场经济条件下进一步做好民族乡工作的思路，国家民委于 1996 年 12 月 7 日至 9 日，在河南省郑州市召开了“全国部分省、自治区民族乡工作座谈会”。来自云南、广西、新疆、四川等 16 个省、自治区的民族乡（镇）的乡长、乡党委书记、省民委领导以及全国人大民委的代表约 60 多人参加了大会。国家民委副主任图道多吉同志出席会议并做了重要讲话。河南省委、省人大、省政府及省民委的主要领导也出席了大会，副省长李志斌、民委主任马迎洲分别就河南省的工作和民族工作情况做了介绍。

会上，图道多吉副主任从我国民族工作的全局角度，阐述了民族乡工作的重要性，总结和回顾了建国以来我国民族乡工作所取得的成绩和经验，指出了在民族乡工作中存在的问题和困难，提出了今后民族乡工作的思路。图道多吉同志说，民族乡是我国为保障散居少数民族平等权利和民主权利而设立的乡一级行政区域，是我国特有的、少数民族依法行使当家作主权利的一种基层政权形式，它是我国民族区域自治制度的一种重要补充形式。因此，民族乡工作直接关系到我国的民族关系和民族政策问题。我们要以邓小平建设有中国特色社会主义理论和党的基本路线为指针，贯彻党的十四届五中全会、六中全会以及 1996 年全国民委工作会议精神，在继续坚持并丰富发展民族乡工作已经积累的经验基础上，注意研究、探讨在社会主义市场经济条件下民族乡工作中出现的新情况、新问题，进一步贯彻落实党和国家对民族乡实行的优惠政策，开拓民族乡工作的新局面。

来自 11 个省、自治区的代表在会上做了典型经验发言。会议期间，与会代表还实地参观、考察了河南省洛阳市的廛河回族乡。

撰稿：金春子

审稿：杨侯第

【十九城市民委主任联席会议】1996 年 11 月 13 日至 16 日，第十次十九城市民委主任联席会议在宁波召开。来自北京、天津、沈阳、大连、长春、哈尔滨、上海、南京、杭州、宁波、厦门、济南、青岛、武汉、广州、深圳、成都、西安等市民（宗）委（局、处）代表共 40 多人参加了会议。国家民委副主任图道多吉同志出席会议并做了题为《提高认识，巩固和发展城市民族关系，促进社会主义精神文明建设》的报告。会议结合学习《中共中央关于社会主义精神文明建设若干问题的决议》精神及图道多吉同志的报告，围绕发挥城市整体功能，加强对口支援工作，促进少数民族及民族地区经济发展，巩固和发展社会主义民族关系，推进各民族共同繁荣和团结进步的主题，总结、交流了各自在城市民族工作方面的经验和作法，研究和探讨了一些新问题，并就进一步加强这项工作提出了建议。

会议总结近年来城市民族工作所取得的主要经验有：1. 加大民族政策、法规的宣传力度，提高全社会的民族政策意识，为城市民族工作创造了良好的环境；2. 结合本地实际情况，贯彻落实《城市民族工作条例》，制定实施细则或实施办法；3. 注重协调城市民族关系，维护社会稳定；4. 开展多种形式和内容的民族团结进步创建活动，并使其规范化、制度化；5. 加强与民族地区的联合与协作，开展对口支援工作，致力于加快少数民族和民族地区的社会、经济发展。

会议强调要进一步重视可能影响民族关系的一些不稳定因素，防止在新闻出版和文艺作品中出现不尊重少数民族风俗习惯的内容，防止清真食品生产经营管理中出现漏洞。对少数民族进城经商办企业引发的一些摩擦以及境外敌对势力的渗透等，也应引起高度重视。

会议建议国家民委继续加强对城市民族工作的分类指导，定期召开全国城市民族工作会议，总结新形势下的城市民族工作经验，加强全国城市民族工作的信息交流工作，促进城市民族工作的不断发展。

撰稿：杜　宇
审稿：杨侯第

【台湾少数民族研究会成立大会暨第一届学术研讨会】为了推动对台湾少数民族的研究工作，促进祖国和平统一大业，在有关部门和单位的支持下，台湾少数民族研究会于1996年7月10日至12日在北京召开了成立大会暨第一届学术研讨会，共有60余名来自民族工作部门、对台工作部门和有关院校、科研单位的专家、学者和实际工作者参加。国家民委、中央统战部、国务院台办、全国人大民委、台盟中央、全国台联等有关部门的领导出席了会议。

在成立大会上，选举产生了研究会第一届理事会、常务理事会以及正副会长、正副秘书长，审议并通过研究会章程，聘请图道多吉、伍精华、李德洙、金鑫、张克辉、田富达、姜殿铭、施联朱、陈国强等九位领导和专家担任研究会顾问并颁发了聘书。

国家民委副主任陈虹同志代表国家民委做了重要讲话，他分析了海峡两岸关系发展面临的新形势，强调了做好台湾少数民族研究工作的重要性，并对研究会今后的工作提出了希望和要求。国家民委专职委员兼政法司司长、研究会会长杨侯第同志受研究会理事会的委托做了主旨报告，他阐明了研究会的性质、宗旨、任务以及指导思想和工作方针，具体部署了今后一个阶段的工作。政法司副司长、研究会副会长兼秘书长张崇根同志做了关于研究会筹备情况的说明。此外，全国人大民委副主任伍精华同志、台盟中央副主席田富达先生、厦门大学陈国强教授、中央民族大学施联朱教授等四位顾问和国务院台办研究局局长邢魁山同志、全国台联副会长杨国庆先生等两位副会长也在大会上讲了话。

在为期两天的学术研讨会上，与会专家、学者和实际工作者以极大的热情、认真的态度进行了广泛的学术交流，对有关问题进行了深入的探讨。大会共收到论文20余篇，内容主要涉及台湾少数民族与祖国大陆各民族间的关系、台湾高山族族称与分类、台湾当局的民族政策与大陆民族政策的比较、台湾少数民族现状等几个方面。通过交流与研讨，使与会者沟通了学术信息，了解了研究现状，明确了努力方向，取得了预期的效果。

福建省民委副主任、研究会副会长钟明森同志做了会议总结发言。

研究会的成立，标志着我国大陆对台湾少数民族的研究工作，从过去的自发、分散状态进入了自觉、有组织进行的新阶段。同时，也拓展了民族工作的领域，扩大了对台交流的渠道，找到了民族工作和对台工作的结合点。

撰稿：谭传位
审稿：杨侯第

【国家民委法制宣传教育工作会议】1996

年12月3日至5日，国家民委法制宣传教育工作会议在四川省成都市召开。各省、自治区、直辖市民委分管政法工作的民委副主任和政法处长参加了会议。这次会议的主要任务是认真贯彻党的十四届五中、六中全会和八届人大四次会议的精神，以中央关于加强法制宣传教育和加强社会主义精神文明建设的一系列指示为指导，认真学习贯彻中央9号文件和全国人大常委会决议，落实第四次全国法制宣传教育工作会议精神，总结全国民委系统实施全国法制宣传教育“二五”规划，特别是实施民族法律、法规宣传教育三年安排所取得的成绩和经验，部署全国民委系统“三五”法制宣传教育工作，为维护民族地区稳定和发展，创造坚实的思想基础和良好的法制环境。

这次会议是国家民委就法制宣传教育工作召开的第一次全国性会议。国家民委副主任、国家民委法制宣传教育领导小组组长图道多吉同志在会上作了题为《继续深入开展法制宣传教育 努力推进民族团结进步事业》的工作报告，总结了“二五”民族法律、法规宣传教育工作所取得的成绩和积累的经验，阐述了开展“三五”法制宣传教育工作的重大意义，并对全国民委系统“三五”法制宣传教育工作进行了部署。他指出，全国社会主义法制建设的总体形势也是民族法制建设和民族工作面临的形势。广泛而又深入地开展法制宣传教育，是促进少数民族和民族地区精神文明建设和社会全面进步的必然要求，是维护祖国统一、促进民族团结、保障民族地区社会稳定的重要措施，重视和加强这项工作，具有重大而又深远的意义。会上还交流了一批“二五”法制宣传教育工作的典型经验，对如何深入开展法制宣传教育，更好地贯彻落实《国家民委法制宣传教育第三个五年规划》进行了认真讨论。

与会同志通过对图道多吉同志讲话的学习和对《国家民委法制宣传教育第三个五年规划》的讨论，进一步明确了“三五”法制宣传教育工作的指导思想、目标和任务，增强了搞好“三五”法制宣传教育工作的信心。与会者一致认为，通过“二五”法制宣传教育，加强了党的民族理论、民族政策和民族法律、法规的教育；提高了广大干部，特别是领导干部对民族工作重要性的认识，极大地促进了少数民族和民族地区经济及社会各项事业的发展。同时，大家也指出了在“二五”民族法律、法规宣传教育期间，由于各地工作开展的不平衡及对民族法制宣传教育工作认识的程度等因素的影响，导致民族法律、法规宣传教育工作中还存在一些问题，有待于在今后的工作中加以研究和克服。大家纷纷表示，要抓住当前的有利时机，认真贯彻此次会议的精神，积极部署落实《规划》，努力推动本地区法制宣传教育工作的开展。

政法司司长杨侯第同志做了会议总结。他在谈到此次会议收获的同时，强调在“三五”法制宣传教育工作中，要注意处理好几个关系，即：处理好学习一般法律知识与学习民族法律、法规知识的关系；处理好法制宣传教育与立法、用法的关系；处理好民族工作部门与其他部门之间的分工协作关系。他要求各地在会议结束以后要抓紧落实会议精神，尽快制定出本地区的“三五”普法规划。

【民族法律法规师资培训班】为加强民族法制队伍的建设，大力培养民族法师资，提高民族法的教学质量和民族干部的执法水平，积极推进民族法律法规的宣传教育工作，国家民委、司法部于1996年8月8日至18日在贵州省民族学院联合举办了首期全国民族法律法规师资培训班。培训班来自全国各地民族院校、政法院校及实际工作部门的学员共54人。

培训期间，学员们主要学习了《民族区域自治法》、民族法制建设及民族法学研究中的诸多理论和相关的教学方法。培训班聘请了全国各地多名民族法专家、学者授课，主要开设了《民族立法及民族区域自治法的修改问题》、《散居法的起草与问题》、《民族自治地方经济立法与设想》、《民族问题与民族法制建设》、《民族宗教法律制度的基本问题》等11次讲座。学习之余，还组织学员们参观考察了贵阳市附近的少数民族村寨，加深了学员们对民族地区的感性认识。

通过学习和讨论，学员们增长了知识，提高了认识，他们认为：第一，民族法对保障国家安定团结，促进民族地区改革开放和经济建设的顺利进行发挥着重要的作用，在我国社会主义法律体系中占有着重要地位，是不容忽视、并且亟待加以发展和完善的。民族法学作为研究民族法的一门学科，是适应我国平等、团结、互助的社会主义民族关系的形成和发展的需要而出现的，民族法学研究的深入与否，直接关系着民族法制建设的进程。因此，作为培养人才的高等院校开设《民族法学》或《民族区域自治法》课程是势在必行的。第二，这次培训班的举办有利于民族法教学、科研单位与司法、民族工作部门的结合，可以相互交流勾通，彼此促进。教学、研究工作只有与民族法制和司法实践紧密结合，才能发挥理论指导实践、实践推动理论的作用。

【参加联合国人权委员会第52届会议】联合国第52届人权会于1996年3月中旬至4月末在日内瓦举行。为在国际人权领域积极开展工作，并挫败西方反华阴谋，我国派出了外交、公、检、法、司和民族、宗教等有关部门在内的中国政府代表团和以中华全国妇女联合会为名义的中国非政府代表团与会。国家民委政法司派两同志分别参加政府代表团和非政府代表团。

第52届人权会共审议了25个议题。但人们最注目的是欧盟提出的所谓“中国境内的人权情况”的反华议案。在中国政府代表团和非政府代表团的积极工作下，最后在审议中国代表团的不采取行动动议时，联合国人权委员会以27票赞成、20票反对、6票弃权的优势挫败了西方国家在人权会上的第六次反华图谋，给西方反华势力以沉重打击。

在25个被审议的议题中，议题之一就是审议《在民族或族裔、宗教和语言上属于少数群体的人的权利宣言》的执行情况，实际就是少数民族问题。在此议题和其它议题中，西方一些国家无端指控我国在西藏、新疆等民族地区侵犯人权，诬称我虐待西藏犯人等等。同时，国际上一些非政府组织也指控我国侵犯藏族人民的基本权利，诬我在西藏因政治信仰问题而拘捕藏族人。针对西方国家和一些非政府组织对我国在民族问题上的攻击，国家民委杨侯第同志作了发言。他在发言中首先介绍了我国在保护少数民族政治、经济、社会和文化权利方面所采取的立法、行政等一系列措施以及所取得的成就。其次，就国际社会在促进和保护少数民族人权方面提出了三点原则性主张：即促进和保护少数民族人权，主要靠各国，各个国家应加强法律、行政等措施保护和促进本国少数民族的各项平等权利；各国促进和保护少数民族人权，既要遵守联合国《人权宣言》的普遍原则，又要从本国国情出发；在促进和保护少数民族人权的国际交流中，必须坚持平等对话与合作，反对霸权主义、强权政治和搞选择性、双重标准。最后，他对西方国家对我国的指控提出质疑，并要求予以纠正和制止。

我国在联合国第52届人权会上取得的胜利，捍卫了我国的主权和民族尊严，并再次充分证明，我国所奉行的包括民族平等、团结、共同繁荣在内的各项方针政策和改革开放所取得的巨大成就赢得了世界上大多数国家的赞赏，反华不得人心。

【参加联合国消除种族歧视委员会第49次会议】联合国消除种族歧视委员会第49届会议于1996年8月5日在日内瓦万国宫召开。为期3周的会议对包括中国在内的十几个国家执行公约的报告进行审议。中国派出了由外交部、国家民委、中央统战部组成的7人代表团参加此次会议。

联合国消除种族歧视委员会由18位专家委员组成。其主要职责就是对缔约国执行《消除一切形式种族歧视国际公约》所作的工作进行审查，督促各缔约国在消除种族歧视方面取得新的进展。缔约国每两年就国内执行公约情况作一次报告，并提交委员会审议。

我国是1982年正式加入《消除一切形式种族歧视国际公约》的。目前已提交了7次执行报告。此次提交的是第5、6、7三次报告，即对中国1990年以后执行公约情况的报告一并提交审议。此次审议首先是由中国代表团团长——中国常驻联合国代表团日内瓦办事处吴健民大使对中国提交的报告作介绍性发言，然后由各位专家委员对中国报告提出问题，最后由中国代表团对专家提出的问题给予答复。我代表团在回答问题时，详细地阐述了中国的民族政策及少数民族和民族地区经济与社会的发展现状，充分表明中国结合自己的基本国情，认真履行公约，中国各民族始终平等、团结、和睦，共同进步。同时再次申明，目前的民族政策是好的，搞民族分裂不仅在中国不允许，就是在世界上任何国家也是不允许的，中国在反对民族分裂方面所作的工作和世界上许多国家所作的工作一样，是从维护国家主权，维护少数民族的根本利益出发的。各位专家委员对我代表团的回答表示满意。我国所作的5、6、7次报告最终获得顺利通过。

会议结束后，代表团对会议情况进行了认真总结。代表团认为，此次报告审议之所以比较顺利通过，根本原因是我国民族政策的正确和民族工作所取得的成绩令委员们信服。同时，我国在国际人权领域斗争的一系列胜利，对我国报告的通过也起了积极作用。通过审议报告，我国代表团大力宣传了我国的民族政策和少数民族及民族地区经济发展所取得的巨大成绩，为我国赢得了声誉。

撰稿：隋　青
审稿：杨侯第

【全国民族地区杰出青年经验交流会】为了在全社会营造支援民族地区的良好氛围，树立一批为民族地区做出突出贡献的青年典型，激励更多的青年人投身到民族地区的经济建设事业中来，国家民委、共青团中央与全国青联于1996年6月19日至21日在北京联合召开了全国民族地区杰出青年经验交流会。会上，国务委员兼国家民委主任司马义・艾买提同志作了题为《把中华民族团结进步事业不断推向前进》的重要讲话，谢光辉等100名同志被授予“全国民族地区杰出青年”荣誉称号。

参加会议的100名代表，包括29个民族，其中少数民族60名，汉族40名。他们来自全国22个省、自治区、直辖市和新疆生产建设兵团及解放军、武警、中央、国家机关。他们当中有热爱民族地区、扎根民族地区，为民族地区经济和各项事业发展做出显著成绩的优秀青年代表；有放弃优越工作和生活条件，志愿到民族地区工作，为民族地区科技、教育、文化、卫生等事业的发展做出突出贡献的优秀青年知识分子；有长期在少数民族居住的高寒、贫困地区工作，不畏艰难困苦，做出感人事迹的支边青年；有在维护祖国统一、反对分裂、确保社会稳定和促进民族团结进步事业中表现突出的先进模范人物。

参加会议的代表除进行经验交流外，还分别与国家民委、共青团中央及全国青联的领导同志就民族地区如何加快经济文化等各项事业的发展交换了意见，参观了北京切诺基吉普车有限公司和松下彩色显像管厂，与北京大学、清华大学、中央民族大学的学生进行了座谈。

撰稿：张若璞
审稿：杨侯第

【全国各族青年民族知识竞赛】为在全国各族青年中进行一次马克思主义民族观、党的民族政策、国家民族法律法规的宣传教育，增进民族团结，促进少数民族和民族地区的经济、社会事业的发展，1996年5月，国家民委、团中央、全国青联联合举办了“金花杯”全国各族青年民族知识竞赛。

这次知识竞赛，从1996年5月6日开始，至9月27日止，历时4个多月。此次竞赛共80道试题，分政策理论、法律法规、民族知识三个部分，刊登在1996年5月6日的《中国青年报》上。全国30个省、市、自治区的各族青年，包括解放军、武警部队指战员，以极大的热情，积极踊跃地参加了这次知识竞赛。到知识竞赛截止时，共收到寄自全国各地的答卷五千多份。最后经长安公证处公证进行了抽奖，共有62人获奖，其中一等奖2名，二等奖10名，三等奖50名。抽奖结果公布在1996年9月27日的《中国青年报》上。

这次知识竞赛，受到了全社会的广泛关注和支持，普遍认为这是一种很好的宣传教育方式。很多青年来信、来电话反映，通过这次知识竞赛，使马克思主义民族观、党的民族政策、国家的民族法律法规以及有关民族方面的知识在全国范围内得到了更广泛、更深入的宣传，使广大干部、知识分子特别是各族青年受到了一次很好的教育。

撰稿：杨基策

审稿：杨侯第

国家民委文化宣传司

【全国民族出版工作会议】1996年1月，中宣部、国家民委、新闻出版署在北京联合召开了全国民族出版工作会议。全国36家民族出版社、各有关省、自治区党委宣传部、民委、新闻出版局负责人参加了会议。国务委员兼国家民委主任司马义·艾买提出席了会议并做了题为《加强民族出版工作，促进两个文明建设》的重要讲话。讲话强调要做好新形势下的民族出版工作，必须坚持以邓小平同志建设有中国特色社会主义理论为指导，努力探索新形势下做好民族出版工作的新路子，努力出版有利于提高各民族政治思想和科学文化水平，有利于促进少数民族和民族地区生产力发展，有利于加强民族团结、维护祖国统一的各类图书。新闻出版署署长于友先在会上做了题为《改革进取，繁荣发展，开创民族出版工作的新局面》的工作报告，并通报了新闻出版署准备采取的一系列扶持民族出版工作的措施。

撰稿：孟拥军

审稿：张学进

【第六届全国少数民族题材电视艺术“骏马奖”】1996年9月2日至9月16日，第六届全国少数民族题材电视艺术“骏马奖”评奖活动在北京举行。本届评奖活动收到来自全国22个省、自治区、直辖市及中央国家机关、部队系统共46家电视台、影视制作单位报送的170部346集作品，其中电视连续剧17部142集、单本剧14部30集、电视专题片65部93集、电视栏目16部19集、电视艺术片16部20集、儿童电视片8部9集、民族语译制片34部。参评作品题材涉及蒙古、藏、维吾尔、哈萨克、柯尔克孜、朝鲜、回、拉祜、黎、布依、哈尼、壮、土家、景颇、白、基诺、满、高山、瑶、苗、傈僳、东乡、裕固、撒拉、佤、京、鄂温克、彝、傣、侗、赫哲、达斡尔、锡伯、鄂伦春等34个少数民族。参加作品门类齐全，内容广泛，特别是反映各民族现实生活，反映民族团结、军民团结及民族地区改革开放、商贸、文教、环保新面貌、新气象等弘扬主旋律的作品占较大的比重。

经过组委会、评委会最终审定，获奖作品共有79部，其中电视剧12部(连续剧6部、单本剧6部)、电视专题片12部、电视栏目3部、电视艺术片3部、儿童电视艺术片4部、民族语电视译制片16部；另有3部作品获特别奖，26部作品获提名奖；还有4位编剧、3位导演、2位演员分别获优秀编、导、演奖。参评的全国22个省、自治区、直辖市和中央国家机关系统、部队系统都有一定数量的作品荣获了不同等级奖。参评涉及的34个民族题材的作品也都获得了不同等级奖。

撰稿:任乌晶
审稿:方鹤春

【民族语文工作】一、1996年11月,语文室根据国务院关于对80年代新创民族文字调查研究、科学论证的要求,组织力量前往四川阿坝自治州,以开座谈会、个人专访等多种形式,对80年代创制并经批准进行试点的羌语拼音文字方案本身是否科学、社会反响等内容做了全面的调查研究。二、1996年8月,内蒙古、黑龙江、吉林、辽宁、甘肃、新疆、河北、北京等省、市、区参加的蒙古语文协作组织(简称"八协")第九次成员会议在兰州召开,国家民委副主任李晋有在会议上做了重要讲话。这次会议讨论并通过了《1996—2000年八省区蒙古语文工作协调规划》,进一步明确了新时期蒙古语文工作的指导思想和协作原则。

【民族语文标准化及信息处理】一、1996年4月和8月,语文室协助全国信标委组织了藏文ISO/IEC 10646修订会,并组派藏文专家参加的中国代表团赴国际会议提交我国方案。二、1996年3月和7月间,语文室会同全国信标委在呼和浩特联合组织蒙文编码标准研讨会,形成了修订后的我国蒙文ISO/IEC10646方案,并于3月和4月分别组团赴蒙古国乌兰巴托和丹麦哥本哈根参加编码国际会议,于8月会同有关部门在京联合组织召开第三届蒙文编码国际会议,并委托赴加拿大WG2中国代表团向国际组织提交我国蒙文编码方案,为国际会议通过我方案创造了良好条件。三、1996年9月,语文室与全国信标委在新疆共同组织了维、哈、柯文编码研讨会,形成了我国对阿拉伯文ISO/IEC10646修订案,为1997年1月参加国际会议做好了准备。四、1996年10月,语文室与全国信标委在京联合组织了《信息交换用藏文编码字符集》等三项国家标准审定会。由西藏大学、西北民院、青海师大等单位分别向会议递交了新起草的有关标准送审稿,经过认真研讨获得通过。此举为我国藏文信息处理事业的发展提供了必要的条件。五、1996年3月和7月间,语文室在呼和浩特组织蒙文拉丁字母转写专家研讨会,并于5月组团赴挪威出席ISO/WG10国际会议。通过会议,与会各国专家、学者对我国蒙文拉丁字母转写国际标准方案有了较多的了解,为今后的国际认同奠定了基础,达到预期目的。六、1996年3月,语文室参加了在长春召开的"术语标准化朝鲜语工作委员会成立大会",帮助东北朝鲜语文协作小组组织座谈会并拟订章程、规划、计划。至此,全国术标委民族语特别分会按语种内设的四个工作机构全部建立健全。七、1996年7、8、9月,语文室分别与西藏藏语委、新疆民语委、甘肃省民委共同举办了三个术语标准化培训班,为今后逐步形成一支少数民族为主的术标队伍作了有益的工作。八、1996年,语文室组织专家研讨会并参与国家标准的制修订工作。11月间,委派专家参加全国术标委召开的研讨会,分别对"GB/T1.6—1997第一单元第6部分"和"术语工作/概念与术语的协调"及"术语工作/计算机应用:数据类目"等三项国家标准提出修改意见,获得专家好评。九、1996年9月,语文室促成并出席新疆民族语(维吾尔、哈萨克、柯尔克孜语)术标委召开的工作会议,进一步增强新疆有关部门对术语工作的重视及合作意识,商定了向区政府报告等事宜。十、1996年2月和7月间,语文室会同新闻出版署技术发展司和全国字工委分别在昆明、拉萨组织召开了傣文和藏文印刷字体审定会。该会进一步推动了傣文和藏文印刷字体事业的发展。

撰稿:阿不力米提
审稿:宝　斯　尔

国家民委政策研究室

【全国民族政策研究工作座谈会】1996年11月5日至7日，国家民委在浙江杭州召开了全国民族政策研究工作座谈会。会议总结了1995年全国民族政策研究工作座谈会精神的贯彻情况，同时部署了今后的民族政策研究工作，特别是如何根据党的十四届六中全会精神推进民族政策研究工作。国家民委党组副书记、副主任江家福同志到会并讲话，强调要认真贯彻落实党的十四届五中全会、六中全会精神，进一步加强民族政策研究工作，努力为社会主义物质文明和精神文明建设服务。要进一步加强民族政策研究队伍建设，振奋精神，解放思想，多方联合，共同攻关，不断争取民族政策研究工作的新成就。

会议提出，当前和今后一个时期民族政策研究工作的指导思想和主要任务是：坚持党的基本路线和邓小平同志建设有中国特色社会主义理论，贯彻党的十四届五中全会、六中全会精神，面对现实，理论联系实际，着重研究民族工作中的重大的理论和实践问题，为民族工作决策服务，为民族地区的两个文明建设服务，为各民族团结进步服务。

会议确定，要着重做好以下几个方面的研究工作：从理论与实践的结合上研究民族地区的经济社会与全国协调发展问题；加强对民族地区资源开发中的政策性问题的研究；研究民族地区因地制宜实现两个根本性转变问题；加强对少数民族贫困地区扶贫开发工作对策的研究；研究和宣传马克思主义民族观、宗教观；研究如何加强爱国主义教育，以及维护祖国统一、增强民族团结与社会主义精神文明建设的关系；总结民族团结进步的成功经验，不断推进民族团结进步事业；研究繁荣民族文化、发展民族地区文化事业的政策性问题；重视对加速科技进步、发展民族教育的政策性问题的研究；研究在建设有中国特色社会主义事业中坚持和完善民族区域自治制度问题。

会上，举行了“国家民委民族政策研究优秀成果”颁奖仪式，对全国民委系统1992年以来的民族政策研究著作、论文及研究报告进行了奖励。

全国各省、自治区、直辖市及计划单列市民委负责同志50多人出席了会议。

撰稿：周　莉
审稿：吴仕民

【纪念李维汉同志诞辰100周年民族理论研讨会】1996年6月12日至13日，国家民委民族问题研究中心在北京举行纪念李维汉同志诞辰100周年民族理论研讨会。全国各省、自治区、直辖市民委政策研究室主任、民委民族研究所所长，国家民委机关及所属各民族学院、首都有关部门的民族理论、民族政策研究专家学者和负责同志，共60多人出席。

国家民委党组副书记、常务副主任陈虹同志作了题为《缅怀李维汉同志的光辉业绩，把民族团结进步事业继续推向前进》的讲话。指出，李维汉同志是我们党和国家在统一战线和民族工作方面的卓越领导者、著名理论家。他是中央民族事务委员会首任主任委员，长期领导民族工作，在研究解决我国民族问题的理论和实践中，把马克思主义的基本原理与我国的实际相结合，提出了一系列适合中国国情的民族理论和民族政策，为我党成功地解决国内的民族问题，促进我国各民族的大团结和繁荣发展，作出了卓越的、开拓性的贡献。李维汉同志的民族理论研究具有独到的开创性、严谨的科学性、鲜明的特色、很强的指导性。民族工作者要学习李维汉同志的革命精神，深化民族理论和民族政策研究，做好新时期的民族工作。在建设有中国特色社会主义的伟大事业中，要认真学习李维汉同志的高贵品质，继承和发扬李维汉同志在民族理论和实践方面给我们留下的宝贵遗产，在邓小平同志建设有中国特色社会主义理论的指导下，更加紧密地团结在以江泽民同志为核心的党中央周围，为实现跨世纪的宏伟纲领和2010年远景目标作出贡献。

会议邀请黄光学、黄铸、李佐民等老民族工作者作了专题发言。部分专家学者作了大会发言；一些同志在分组会上作了交流和讨论。国家民委政策研究室主任兼民族问题研究中心主任吴仕民同志作了总结发言。与会同志就李维汉同志与新中国民族工作的开拓，李维汉同志与中国民族政策的形成和发展，李维汉民族理论的体系、特色和主要内容，李维汉民族理论对现实民族工作的指导意义等方面进行了研讨。并充分肯定了李维汉同志在我国民族理论建设方面的光辉业绩和卓越贡献，表示要认真学习李维汉同志，进一步加强民族理论和民族政策研究，推进民族工作。

【社会主义精神文明建设与民族团结进步研讨会】为了深入学习和贯彻落实党的十四届六中全会精神，促进民族团结进步事业，国家民委于1996年12月27日在北京召开了“社会主义精神文明建设与民族团结进步研讨会”。国家民委党组副书记、常务副主任陈虹同志出席会议并作了题为《在社会主义精神文明建设中不断促进民族团结进步》的讲话，指出：民族团结进步构成精神文明建设的重要组成部分，这是由我国多民族的国情决定的，反映了各民族的共同意愿和利益，全民族的团结和共同参与是精神文明建设不断发展并取得成功的重要条件。民族团结进步和社会主义精神文明建设相辅相成，互相促进。陈虹同志的讲话后由《人民日报》发表。

与会者围绕如何贯彻落实党的十四届六中全会精神，加强社会主义精神文明建设，促进民族团结进步，进行了热烈的研讨，着重指出：

一、社会主义物质文明建设与精神文明建设相辅相成，经济建设是精神文明建设的基础，必须十分重视民族地区的发展问题，致力于推进民族地区的改革开放和经济发展，改善人民的物质生活条件，促进少数民族的发展进步，使社会主义物质文明建设和精神文明建设协调发展。

二、坚持和完善党的民族政策，牢固树立民族政策观念，提高执行民族政策的自觉性。

三、加强爱国主义宣传教育，弘扬各民族的爱国主义传统，使各民族更加坚定地维护祖国统一和民族团结。

四、要在各民族中进一步强化民族平等意识，倡导民族团结行为，各民族在社会生活的各个方面互相尊重，平等相待，使民族平等意识成为国民意识，民族团结成为职业道德、社会公德和家庭美德的重要内容，成为社会行为方式。

五、马克思主义民族观、党的民族政策应当成为国家公务员的必备知识，要加强对各级领导干部和在青少年中进行马克思主义民族观的宣传教育，国民教育中应增加民族知识内容。

六、各地区、各部门都有责任和义务做好民族工作，帮助少数民族和民族地区的发展，大力发展少数民族和民族地区的文化事业，按照六中全会精神，帮助解决文化设施落后、文化事业经费不足等问题。

七、继续开展民族团结进步创建活动，这是在改革开放中促进民族团结的有效形式，是各族人民的一个创举，要在精神文明建设中扎扎实实地把这一活动搞好，使其更有特色，更见成效。

中共中央统战部二局、中央政策研究室、国务院研究室、全国人大民委、全国政协民宗委、求是杂志社、中共中央党校、中国社会科学院民族研究所、新闻出版署、北京大学、中央民族大学、国家民委机关各司室和所属单位及部分省市民委政研室负责同志、民族问题研究专家学者40余人参加了研讨。

撰稿：杨盛龙
审稿：吴仕民

【《中华人民共和国民族政策法规选编》编辑出版】中华人民共和国成立以后，党和国家为了处理民族问题，制定了一系列民族政策，党的十一届三中全会以来，党的民族政策在新形势下有了进一步发展，逐步形成了具有中国特色的民族政策、法规体系。为了有助于处理好新形势下的民族问题，促进民族理论和政策的研究，进一步加强社会主义市场经济条件下的民族政策法规建设，1996年国家民委组织力量编辑了《中华人民共和国民族政策法规选编》。本书选收了建国以来中央和地方发布的现行有效的涉及民族工作各个方面的政策法规性文件，共120多万字。全书分中央卷和地方卷，中央卷按政治、经济、文化、教育、科技、卫生、体育等内容分别排列，便于读者查阅、检索；地方卷按地区分别排列，便于互相比较、借鉴。本书具有准确性、综合性和权威性的特点，将各省、自治区、直辖市的民族政策法规汇集成册是第一次，本书的出版，具有重要的理论意义和实践意义。国务委员兼国家民委主任司马义·艾买提同志为本书题词；国家民委副主任陈虹、江家福、图道多吉同志担任本书的顾问。

【中国民族政策研究会成立】1996年11月7日中国民族政策研究会在杭州召开了成立大会。中国民族政策研究会的宗旨是：在马克思主义和邓小平同志建设有中国特色社会主义理论的指导下，加强民族研究机构与人员之间的协作与交流，推动民族政策研究工作，提高民族政策研究的科学性，为民族工作服务。

中国民族政策研究会是由国家民委政策研究室发起并开始筹备的。在筹备期间得到了各级领导、广大民族工作者和专家学者的大力支持和广泛响应。全国人大副委员长布赫、费孝通，国务委员兼国家民委主任司马义·艾买提同志出任研究会的顾问；国家民委党组副书记、副主任江家福同志任名誉会长。江家福同志出席了成立大会，国家民委政策研究室主任、中国民族政策研究会会长吴仕民同志就研究会近期活动的原则、形式等问题作了讲话。大会经过不记名投票的方式选举产生了中国民族政策研究会第一届理事会、正副会长和秘书长。成立大会以后，还召开了研究会会长办公会议。大家一致表示，要根据民族工作的需要，积极开展活动，使中国民族政策发挥其应有的作用，为民族团结进步事业做出贡献。

撰稿：黄　飞
审稿：王铁志

【'96民族地区经济社会发展报告】国家民委政策研究室年度报告之一，分析了1996年民族地区经济社会发展状况。

1996年，民族地区面临着新的发展机遇。党和国家将加快中西部地区发展列入国家“九五”计划和2010年远景目标纲要，“九五”开局之年，国家加大对中西部地区经济发展的政策扶持力度，民族地区经济社会全面发展，出现许多新变化、新景象。

1996年，民族地区国民经济持续快速发展，尤其是内蒙古、西藏、新疆、宁夏、广西五大自治区总体发展速度明显高出全国水平，国内生产总值增幅超过10%，实现了“九五”计划第一年开好头、起好步的目标。八省区国内生产总值增长速度由高而低依次是内蒙古、广西、宁夏、云南和西藏、新疆、贵州、青海。

民族地区基础设施建设速度加快。1996年国家优先在中西部地区安排资源开发和基础设施建设项目，在全年新开工国家重点项目投资总额中，中西部地区占全国43%以上；新开工项目中，中西部地区占55%，一批重点工程竣工或开工，如宁夏扶贫扬黄灌溉工程、南疆铁路西段开工等，改善了民族地区基础设施落后状况,对调整产业结构、增强民族地区经济发展后续力量,将起到重要作用。

民族地区大规模资源开发拉开序幕。在资源开发中,民族地区招商引资,外引内联,结束了自己埋头搞开发时代,开始了“东西联动、共同发展”新的经济运行机制。如青海钾肥厂二期80万钾肥项目除从以色列引入大股外资外,从东部沿海五省各引资1亿元。新疆开发引人注目,去年中央在新疆安排了30个新开工项目,年度投资122亿元,占整个年度投资的70%。资源开发在带动民族地区经济发展方面已初见成效。由于资源开发带来的效益,青海省当年国内生产总值创历史最高纪录,开始迈向工业经济为主体省份的行列,一些地方资源县通过开发已走上富裕之路。

民族地区扶贫攻坚捷报频传。去年,根据中央决定,东部沿海省市加强了对民族地区贫困人口对口支援;民族地区加强扶贫攻坚领导,积极探索扶贫新路子。1996年民族地区有500万农村贫困人口超过温饱线,占全年全国脱贫人口的70%以上,为本世纪末消灭赤贫打下了良好的基础。

民族地区边境贸易进一步繁荣。国家出台了促进边贸发展的优惠政策,额尔古纳、满洲里等互市贸易区相继开放,西南民族地区对越铁路客运、对老汽车运输开通,广西农行对越开通边境贸易结算。多年来闭塞、落后、贫困的边境民族地区边贸活跃,经济发展。

科技、教育和各项社会事业继续发展。民族地区进一步加大科技、教育投入,并收到良好成效。西藏藏医院迈入现代化医院行列。西藏图书馆建成开馆,柯尔克孜族英雄史诗《玛纳斯》汉译本基本完成。

人民生活水平有了很大改善。五大自治区农民人均收入增幅均超过全国平均水平。

1996年,民族地区经济社会发展的总体情况是好的,但经济运行中依然存在一些亟待解决的突出问题:东西差距依然存在拉大趋势,需要国家继续加强宏观调控力度;农业基础薄弱,扶贫任务艰巨;工业经济效益差;财政困难;整体对外开放水平不高;资源开发中综合利用差、环保问题突出等。

展望1997年,随着国家对中西部地区宏观调控力度的继续加大,可以预计,民族地区经济社会发展将取得更大进步。

撰稿:李世红

审稿:王铁志

【'96世界民族冲突热点问题综述】国家民委政策研究室的年度报告之一,综述和分析了1996年世界一些国家和地区民族冲突中的热点问题。

1996年的世界大势是在和平的主旋律下仍有冲突的阴影。一方面因全球局势趋缓,人民普遍厌战,波黑、车臣、中东、北爱尔兰、斯里兰卡、利比里亚等国的冲突各方认识到和谈才是唯一出路,和谈罢兵取得了初步成果。但是在民族间长期历史积怨和现实切身利益的支配下,冲突中的某方则可能采取阻碍和平进程的举动,造成反复多变的局面。

受近年来国际民族主义思潮活跃的影响,加之大国和相同民族成份邻国出于自身利益的需要纷纷插足,在科索沃、塔吉克斯坦、塞浦路斯、库尔德地区、阿富汗、大湖地区、索马里、西撒哈拉等国和地区冲突不断发生。但这些冲突均属于局部国家内的冲突,在规模和频率上呈递减态势,对世界的缓和趋势不会构成很大威胁。

在全球局势普遍趋缓的情况下,诸如菲律宾、马里、安哥拉、苏丹、埃塞俄比亚、墨西哥、危地马拉、阿根廷等国冲突各方积极探寻和解途径,签署了和平协议,并制定了和平与重建措施。

一些发达国家,如法国、西班牙、意大利、加拿大等国也存在民族分离活动且有加剧之势,所不同的是采取的方式较为温和。一般采取诸如全民公决的方式解决,但是仍会对这些国家乃至国际社会产生影响。

难民和移民成为困扰许多国家和地区的问题，并对民族问题以直接影响。因内战、民族、种族以及各宗教派系之间的争斗，引发了大规模的难民潮。而难民的存在又常常成为引发民族冲突的因素之一。

发达国家是移民流向的主要地区，过多移民的涌入带来许多社会问题，为此，美、法、加、澳纷纷出台新移民政策，限制移民，严厉打击非法移民。而移民问题又往往与种族主义问题相伴，特别是在欧美发达国家，面对冷战后的经济萧条所带来的失业、生活水准下降，白人将责任推给外来移民，不断制造暴力事件。

通观一年来的民族冲突，可以试得出以下结语：政治手段是解决冲突的最终、最佳方案，也是唯一方案。民族问题是一个错综复杂的问题，各国内部派系之间的权力斗争是导致一些热点地区局势不稳定的重要因素。经济发展滞后，贫富不均，经济发展水平反差强烈，是造成分离倾向的重要原因之一。民族问题往往超越国界，有时只靠单一国家的力量无法解决，有关各国合作才能取得成效，但也为大国干涉别国内政提供了借口。冷战结束后，长期压抑或被掩盖一直未得到彻底解决的民族矛盾的爆发，造成了民族关系与国家关系的恶性互动。

展望 1997 年，热点地区形势继续走向缓和，和平不会逆转，多数热点地区将采取政治途径走向解决。

撰稿：王　彤

审稿：吴仕民

【'96 中国民族关系综述】国家民委民族问题研究中心年度报告之一，分析了 1996 年民族关系状况。

报告认为，1996 年我国民族关系呈现整体和谐、稳定发展的态势。党中央和国务院对民族工作高度重视，为我国发展平等、团结、互助的社会主义民族关系创造了良好条件和新的机遇。第八届全国人民代表大会第四次会议批准的《中华人民共和国国民经济和社会发展"九五"计划和 2010 年远景目标纲要》、中国共产党第十四届六次全体会议通过的《中共中央关于加强社会主义精神文明建设若干问题的决议》和中共中央、国务院《关于尽快解决农村贫困人口温饱问题的决定》，就加快民族地区经济发展和改革开放、促进民族团结进步事业提出了许多具体的政策措施，有利于遏制中西部（包括民族地区）与发达地区之间在经济发展方面差距不断拉大的趋势，对促进社会主义民族关系的和谐发展有着深远的影响。

各级党政部门认真贯彻执行中央确定的各项战略部署，在推动民族地区经济发展、增进各民族团结和睦、维护社会稳定和国家统一等方面，采取许多行之有效的措施，取得了积极的成绩。湖南、湖北等地举全省之力支援少数民族地区，措施得力，成效显著。在 4 月份召开的全国民委工作会议上，国家民委要求各地学习两省经验，推动民族工作和民族团结进步事业。

各地民族团结进步创建活动，内容更加丰富，形式更加多样。许多地区进一步加强马克思主义民族观和党的民族政策的宣传教育力度，组织民族团结报告团到各地进行巡回报告，起到了很好的教育作用。

经济协作、对口帮扶有力地促进了民族团结进步事业。东部地区有关产业向民族地区转移已成趋势，其中以棉纺工业的西进尤为突出，烟草业的中心也已转移到云南、贵州等地，成为当地财政的支柱。对口支援得到加强，民族地区国家大中型企业与当地的关系得到改善。

民族团结进步成为新时期精神文明建设的重要内容，各民族群众维护民族团结的自觉性有了进一步提高。一些省结合精神文明建设，积极开展"民族团结进步"活动，使民族团结进步事业走上了新的台阶。

各级党政部门总结前几年处理各种民族问题事件的经验，对民族问题突发事件的应付能力有所提高。

在民族关系方面需要注意的主要问题有：经济体制的转轨中少数民族和民族地区面临许

多新的困难，需要相应协调好各种关系；在市场经济条件下，民族地区精神文明建设投入有限；一些民族地区社会治安形势比较严峻；一些地区存在民族分裂活动和西方敌对势力的渗透活动，需加强防范和打击；民族政策的贯彻落实面临新情况和新问题，需在机制转换过程中根据新情况制定新的政策。

撰稿：李红杰
审稿：吴仕民

国家民委外事司

【民族对外交往工作】1996年，中国的民族工作部门积极主动扩大国际间的友好交往，加强了民族政策的对外宣传和政府间的交流与合作。

应日本国前首相竹下登及岛根县知事澄田信义的邀请，国务委员兼国家民委主任司马义·艾买提率中国少数民族友好访问团一行5人于1996年4月24日至5月1日访问了日本。司马义·艾买提主任先后会见了日本国前首相、众议院议员竹下登、参议院议员青木干雄等。代表团先后访问了东京、大阪、镰仓、横滨、岛根县等市，接触了日本各阶层三百多人士，使日本朋友对我国的民族政策及民族地区情况增进了了解并产生了极大的兴趣，盛赞中国各民族维护国家的统一，为实现各民族共同繁荣自强不息的精神。

应罗马尼亚少数民族理事会、摩尔多瓦民族关系总局、国际和平研究学会和国际和平基金会、日本国大阪国立民族学博物馆、加拿大人权委员会、马中友协等国政府及国际组织邀请，共组派部长级团组7个，对有关国家和地区进行了访问。在访问期间，各个代表团就我国的民族经济和社会发展情况、民族政策和民族工作情况以及我国近几年来在人权和西藏问题方面做出的努力，进行了广泛的宣传，争取了国际舆论，产生了积极的影响。

1996年国家民委还派员分别参加了中国政府代表团和非政府组织代表团，出席了联合国第52届人权大会和联合国消除种族歧视委员会第49次会议，为再一次挫败西方国家的反华议案作出了贡献。

认真做好国外团组的接待工作。1996年共邀请9个国家代表团访华，其中部长级5个，共50余人次。其中较为突出的有哈萨克斯坦民族政策委员会代表团和俄罗斯民族事务和联邦关系部代表团，代表团分别受到国家副主席荣毅仁的接见。

应国家民委的邀请，摩尔多瓦共和国总统民族事务顾问（副部长级）格雷本什奇科夫·维克多尔率领代表团一行3人对华进行友好访问。代表团在京期间与国家民委进行了工作会谈，国家民委常务副主任陈虹同志主持了会谈，双方就民族政策、少数民族权益、民族关系问题等进行交流。代表团还访问了云南省。

利用各种渠道，开展多种形式的国际友好和文化交流。1996年分别组派民族经济、政法、文化艺术、青年等方面的代表团组20多个230多人次，分别赴美国、加拿大、日本、德国、法国、卢森堡、荷兰、比利时等国家进行访问、考察、交流等活动。还组派少数民族行政及经济管理干部分别赴美国、香港等地参加有关的培训和工商业研讨班。同时应美国政府的邀请，首次派出了少数民族干部以国际访问者身份，对美国进行了一个月的民族政策学术考察，美国政府予以高度重视，这次考察使美国社会上至联邦政府，下至土著人社区，对我民族政策有了较充分的了解。

积极争取国外无偿援助，为民族地区的经济、文化、教育服务。除做好加强、巩固加拿大使馆在陕西、甘肃、宁夏、青海等项目的援助外，还为内蒙古通辽市蒙校争取并已落实了日本国大使馆的无偿援助80万元人民币。

在港澳台侨事务方面，1996年以台湾、香港地区为工作重点，共审批赴台人员55人，赴港人员30余人。组派中国少数民族高等学院(校)长赴台访问团和中央民族大学民族艺术团赴台演出。为迎接97香港回归，向香港中小学生介绍中国民族知识，协助香港制作了《中华民族大家庭》录像带教材，该教材发放至香港中小学。

撰稿：刘庆余

审稿：李兴亚

国家民委人事司

【国家民委系统组织人事工作会议】1996年3月18日至19日，国家民委在北京召开了委系统组织人事工作会议。会议的主要议题是，深入贯彻党的十四届四中、五中全会精神，落实全国组织工作座谈会和全国人事厅局长会议提出的各项任务，总结交流近年来组织人事工作情况和经验，研究部署1996年的组织人事工作。国务委员兼国家民委党组书记、主任司马义·艾买提和副主任陈虹、江家福、文精、李晋有以及党组成员、人事司司长塔瓦库勒等领导同志出席会议。委机关各部门的负责同志、委直属单位主管组织人事工作的领导和人事处、组织部的负责同志共80余人参加了会议。会上，委党组副书记、常务副主任陈虹同志代表委党组，对委系统自党的十四届四中全会以来的组织人事工作情况进行了回顾，并结合党的民族工作和国家民委实际，就进一步加强领导班子建设和领导干部、后备干部、少数民族干部队伍建设，切实加强对组织人事工作的领导和组织人事部门的自身建设等问题作了重要讲话，提出了希望和要求。委党组成员、人事司司长塔瓦库勒同志作了题为《全面贯彻中央五中全会精神 推动组织人事工作再上新台阶》的工作报告，在简要回顾总结了1995年的工作后，提出了1996年的工作任务。会议结束时，国家民委人事司副司长李建辉同志对会议作了总结。

【国家民委系统组织人事部门领导干部轮训班】1996年8月13日至24日，国家民委在京举办了委系统组织人事部门领导干部轮训班。轮训班的主要任务和目的是，全面提高组织人事部门干部的政治、业务素质，为落实党的十四届四中、五中全会和江泽民同志在纪念建党75周年座谈会上的讲话精神，加强和改进党的建设，建设高素质的干部队伍。委直属各单位党委组织部正副部长、人事处正副处长和委人事司各处室负责人共46人参加了轮训班学习。委党组对轮训组织人事干部的工作十分重视，委党组副书记、常务副主任陈虹同志出席开班式并讲话，党组成员、人事司司长塔瓦库勒同志和人事司副司长李建辉同志在班指导并作讲话、讲座。陈虹同志在开班式上讲话，强调了组织人事工作的重要性和组织人事干部所肩负的重大责任和光荣使命，进而重申了加强组织人事部门自身建设，提高整体素质，增强组织人事干部政治责任感和良好职业道德的要求和目标，并进一步明确了当前组织人事工作的主要任务。陈虹同志还就贯彻落实江泽民总书记关于讲政治的要求，提出了贯彻意见。为保证轮训效果，李建辉同志在开班式上专门作了动员，强调了举办轮训班的重要性和必要性、轮训目的和任务、轮训学习要求。轮训班本着按需施教、学以致用的原则，由中央组织部、人事部、中央机构编制委员会办公室的有关专家、领导和国家民委专职委员、政法司司长杨侯第、人事司副司长李建辉等同志就新时期执政党建设理论、领导干部选拔任用、领导班子建设、加强民主集中制建设、企事业单位机构和人事制度改革、整体性人才资源开发、加强调研与理论指导、党的组织人事部门在新时期的地位和作用、当前民族工作的形势和任务等专题作了辅导和讲授。轮训班结束时，委党组成员、人事司司长塔瓦库勒同志作了总结，他说，通过学习和研讨，参训人员在较短的时间里接受了大量的理论和业务知识，普遍感到自己的理论水平提高了，业务知识丰富了，分析问题、解决问题的能力提高了。大家确实在理论上有收获，思想上有震动，认识上有提高，业务上有长进，轮训班达到了预期目的。

【纪念红军长征胜利60周年走访慰问活动】为贯彻落实中央办公厅《关于转发〈中央宣传部、总政治部关于纪念红军长征胜利60周年的请示〉的通知》和中央组织部《关于在纪念红军长征胜利60周年期间开展走访慰问红军老战士及有关活动的通知》精神，按照国家民委党组的部署，由国家民委人事司牵头，组织开展了有关纪念活动。一是组织走访慰问第二次国内革命战争以前参加革命工作的老同志和这一时期参加革命工作的老同志的遗孀共45人。二是国家民委党组决定，自1996年10月起每月给健在的第二次国内革命战争以前参加革命工作的老同志增加生活补助100元。三是组织举办国家民委慰问委系统参加红军长征老同志座谈会。委系统在京的参加过长征的老红军扎喜旺徐、刘三源、王克、王德宝同志，委副主任陈虹、文精、图道多吉、李晋有及委党组成员、人事司司长塔瓦库勒等领导同志出席会议。陈虹同志作了重要讲话。中央电视台、人民日报、光明日报、中央人民广播电台、民族团结杂志社等新闻单位派人采访了会议并进行了报道，在社会上产生了很好的影响，也使委系统各族年轻干部受到了艰苦奋斗和革命英雄主义的深刻教育。

【民族院校领导班子届中考察】为进一步贯彻《中共中央关于加强党的建设几个重大问题的决定》和1995年全国组织工作座谈会精神，加强国家民委所属院校领导班子建设，根据国家民委党组意见，由委党组成员、人事司司长塔瓦库勒同志负责，人事司牵头，组成院校领导班子考察组，于1995年12月至1996年3月，先后对西南民族学院、中南民族学院、西北民族学院、西北第二民族学院、中央民族大学和东北民族学院的领导班子及成员进行了全面考察。对委属院校领导班子及成员进行届中考察，在国家民委司局级领导班子建设和干部管理工作中是第一次，在考察方法和程序上作了较大改进，突出了走群众路线，让群众更多地参与，同时坚持领导与群众相结合的原则。其基本程序和方法是：一、被考察班子及成员写出述职材料，并在本单位副处级、副教授以上干部会议上作述职报告；二、在副处、副教授以上干部范围内，采取无记名投票方式，对领导班子及成员进行民主测评；三、分口召开各部门主要负责人会议，对领导班子及成员进行民主评议；四、与领导班子成员、各部门主要负责人、退(离)休老干部代表、教职工代表和民主党派代表进行个别谈话。在此基础上形成考察意见材料，并严格按照规定程序，向被考察班子及成员进行反馈。考察意见反馈后，各班子要认真研究落实。一是适时召开领导班子民主生活会，开展批评与自我批评，研究制定进一步加强班子自身建设的意见或整改措施；二是召开本单位副处、副教授以上干部及有关代表会议，通报班子考察情况、考察组对班子的考察反馈意见、班子关于加强自身建设的意见或整改措施；三是努力解决一些群众意见大、反映比较强烈的问题。这次届中考察在广大干部群众的积极配合下，取得圆满成功，为进一步完善司局级领导班子考察制度,加强司局级领导干部的管理,提供了宝贵的经验。

撰稿:邓光玉

审稿:李建辉

【民族干部工作概述】——切实加强领导,制订规划目标。从中央到地方,民族干部工作列入了各级党委和政府的重要议事日程,作为党委主要领导年度工作目标任务,并把这项工作作为考核各级领导班子和工作部门政绩的一项重要内容。大部分省地在摸清全省少数民族干部工作状况的基础上,按照中央的要求,结合本地的实际,制定了与本地区经济发展和社会发展相适应的工作意见和中长期规划,把培养少数民族干部工作纳入整个干部队伍建设的总体规划。到1996年,已有22个省(区、市)和解放军总政治部制定了有关具体意见和措施,并根据工作中出现的新情况不断充实完善规划,为培养选拔少数民族干部工作提供了强有力的组织保证。

——健全完善工作制度,促进工作的制度化、规范化。中央组织部、中央统战部和国家民委坚持和完善了一年两次的定期工作联席会议制度和分工合作制度,并层层提出要求,做到明确分工,各司其职,协调配合,狠抓落实。分别召开了培养选拔少数民族干部工作座谈会或经验交流会,检查落实情况,交流各地经验,提出目标任务;许多省区确定了民族干部工作年会制度,交流情况,研究问题,解决困难,推动本省区民族干部工作全面、协调发展;有的跨省区形成区域性年会。中央三部委建立了民族干部挂职锻炼专项经费,由三部委共同管理使用。有的省区建立了专项基金,用于民族干部的考察、培训、调研。如四川省,从1994年起,省里建立了民族干部培训专项经费,由省委组织部、统战部和省民委共同管理,并要求各市、地、州建立相应的专项配套基金。

——队伍不断壮大,素质相应提高,结构趋于合理。少数民族干部队伍不断发展壮大,大批少数民族干部走上了各级领导岗位。目前,全国少数民族干部队伍人数已达250余万人,占全国干部队伍总数的6.48%,其中,省部级、地厅级、县处级的少数民族干部分别占同类干部总数的11.96%、8.07%、7.39%。全国党政群机关县(处)级以上干部中少数民族干部有3.3万人,占同类干部总数的7.47%。5个自治区县(处)级以上少数民族干部有14 566人,其中省(部)级157人,地(厅、局)级干部1 294人,县(处)级干部13 115人;少数民族干部队伍的结构正逐步改善,政治、业务素质有了进一步提高。目前,少数民族干部队伍中,40岁以下的少数民族干部占40%以上,高中以上文化程度占75%,队伍形成了梯次结构,年龄结构也日趋合理。全国少数民族干部中的各类专业技术干部已达164.4余万人,占民族干部总数的66.2%。

——拓宽培训渠道,加大培训力度。一是强化政治理论和业务培训。各地继续利用各级党校、干部院校、干训中心等培训机构和设施,以各类大专院校、成人高校和函授、自考等社会办学点为依托,规范化办学与社会化开放办学相结合,采取多层次、多渠道、多形式办学方式,加大民族干部培训力度。二是注重实践锻炼,采取干部交流、挂职锻炼、岗位轮换和组织实地考察学习等多种方式培养民族干部。1996年中央三部委在连续6年组织了530名少数民族干部到中央国家机关和经济相对发达地区挂职锻炼的基础上,制定了到2000年每年培养160名左右少数民族干部的千名挂职锻炼计划。内蒙古自治区近几年先后选派450多名少数民族干部到中央和发达地区挂职锻炼,同时下派了500多名中青年少数民族干部到基层经济建设主战场进行磨练。湖南省近几年安排挂职锻炼的1 071名干部中,少数民族干部665人,占65.1%,同时从高校中选调了82名应届优秀毕业生到民族地区的乡镇工作,作为跨世纪的干部培养。

——继续加强少数民族后备干部队伍的建设。各级党委和组织部门积极研究制定、完善培养年轻干部、加强后备干部队伍建设的中长期发展规划，按干部管理权限，层层充实少数民族后备干部队伍，建立和掌握了一批少数民族后备干部名单并纳入全国后备干部队伍的总体规划中，进行动态管理。目前，全国地厅级后备干部中，少数民族干部占10.33%，县处级后备干部中，少数民族干部占11.19%，文化层次、专业技术和年龄结构也日趋合理和优化。

——调查研究和信息交流、宣传工作蓬勃开展。中央组织部、中央统战部和国家民委联合下发了《关于检查培养选拔少数民族干部、女干部和党外干部工作的通知》(组厅字[1996]32号)，要求各地对贯彻1993年全国培养选拔少数民族干部工作座谈会精神和落实中央三部委《关于进一步做好培养选拔少数民族干部工作的意见》(中组发[1993]9号)的情况进行一次检查和调研，并写出情况检查报告和调研报告，一并上报中组部。同时三部委也组织了联合检查组，分别对海南、湖北、四川等地少数民族干部的培养选拔情况做了定点检查。

【支教工作】根据中办、国办转发中组部、国家教委、人事部"关于从党政机关和事业单位选派人员支援基层教育工作的请示"的通知精神，国家民委党组责成人事司牵头，与教育司和经济司共同落实。三部门于1996年10月4日召开了协调会议，就支教工作的有关问题进行了磋商，并形成了《关于落实中办发[1996]23号文件的意见》，对本系统的支教工作作了全面部署，明确了支教工作的主要任务、支教对象、支教人员安排、支教人员管理、待遇等具体事项，要求委属各院校带头响应中央号召，积极做好支教工作。

经过认真传达学习中央文件和进行思想动员工作，委属各单位许多同志踊跃报名，申请下基层支教。通过认真挑选，确定了6名支教人员。他们分别来自中央民族大学、东北民族学院、中南民族学院、西南民族学院、西北民族学院。其中，年龄最大的57岁，最小的23岁；所学专业有数学、法律、思想政治教育、维汉翻译等；6名教员全部都是大学本科毕业。同时，人事司及时与三个对口扶贫联系点：广西德保县、内蒙古巴林右旗、新疆和田市联系，根据支教人员的专业特点，研究确定支教单位、岗位及职务。6名支教人员均担任了教师工作，有的还兼任副校长。

6名支教人员到达各县后，受到热情接待。当地政府妥善安排支教人员的工作和生活，给支教人员创造尽量好的工作及生活条件。支教人员也能尽快熟悉环境，适应生活，熟悉教材，了解教学情况，积极做好教学工作。

【中国少数民族高级行政管理人员研修班】经国家民委党组批准，由国家民委人事司、外事司联合组织的"中国少数民族高级行政管理人员研修班"自1996年6月8日至30日在美国顺利进行了为期21天的研修并获得圆满成功。

研修班学员20人分别来自13个省区市，10个民族成分，均为司地级或县处级领导干部，平均年龄43岁，思想政治素质和文化程度普遍较高。在美国的研修活动安排紧凑适度，内容丰富精练，以课堂学习为主，实地考察为辅。聘请了加州大学、硅谷高科技企业、政府部门等较有造诣的学者、专家、教授讲课，内容涉及美国的市场经济的行政干预、经济运筹、环境保护、法律体系、人事制度、竞争机制、教育制度及企业准则等方面。研修班注意课堂讲授与实地考察相结合，先安排了一周的时间到美国东、西部有关城市和地区进行考察，使大家对美国的风土人情、人文景观有了一个感性的认识，为较深较实地理解课堂讲座内容提供了基础。由于领导重视、组织得力、管理严格，学员认真学习，研修活动不仅使来自民族地区第一线的领导干部进一步开阔了视野、拓宽了思路，对美国行政管理和经济运行等市场经济机制有了较为系统的了解，同时也为树立和展示中国少数民族干部的良好形象，宣传党的民族政策和我国改革开放的大好形势，起到积极作用。

【国家民委培养选拔少数民族干部工作经验交流会】经委党组批准，国家民委培养选拔少数民族干部工作经验交流会于1996年9月12日至13日在新疆乌鲁木齐市召开。会议的主要议题是贯彻党的十四届四中、五中全会和全国组织部长会议精神，检查1993年全国培养选拔少数民族干部工作座谈会贯彻落实情况，总结交流三年来培养选拔少数民族干部工作的经验，探讨在新形势下如何发挥民委职能作用，进一步做好选拔少数民族干部工作。全国30个省、区、市民委、新疆生产建设兵团民委及中央组织部、中央统战部、解放军总政治部、新疆自治区党委组织部、统战部、人事厅的有关领导和同志约70人参加了会议。

委党组副书记、常务副主任陈虹同志参加了会议并在会上作了重要讲话；党组成员、人事司司长塔瓦库勒同志作了题为《总结经验，强化措施，继续做好培养选拔少数民族干部工作》的工作报告；人事司副司长李建辉同志在会议结束时作了总结讲话。新疆、吉林、福建、北京、广西、四川、贵州等7个省区和解放军总政治部的代表在会上作了专题发言，介绍了培养选拔少数民族干部工作的情况和一些成功的作法；其余省区作了书面交流或小组座谈。

会议回顾了三年来全国民委系统贯彻落实全国培养选拔少数民族干部工作座谈会的基本情况，总结和介绍了有关经验，分析了存在的问题，并结合实际具体地提出了今后的改进措施和工作任务。会议达到预期效果，取得了圆满成功。

【国家民委机关选派青年干部到扶贫联系点挂职锻炼】1994年，中共中央办公厅下发了《中办、国办关于加强中央党政机关定点扶贫工作通知》，确定了国家民委的两个扶贫联系点分别是广西壮族自治区德保县和内蒙古自治区巴林右旗(1996年8月份又确定了新疆维吾尔自治区和田市)，并要求选派干部组成帮扶工作组，深入贫困县蹲点挂职扶贫。从机关选派干部到基层扶贫挂职锻炼，这是培养锻炼干部的一条重要渠道，也是贯彻落实《国家八七扶贫攻坚计划》的一项重要措施。据此，人事司制订了《国家民委关于贯彻落实“中共中央办公厅、国务院办公厅关于加强中央党政机关定点扶贫工作的通知”的实施意见》并经委党组批准，分发到机关各部门协助施行。同时制定了年度计划，将这项工作列入国家民委培养中青年干部的一条重要途径和扶贫工作的一项具体措施来抓。

按照这个规划的实施步骤，两年来，已选派了8名干部到国家民委扶贫联系点挂职锻炼，从事帮扶工作。他们是：经济司朱卫东、李钟协；教育司赵滨；服务局房钦佩；政法司杜宇；办公厅秦为人；外事司兰海滨、郭伟。他们分别到广西德保县、内蒙古巴林右旗担任副县长、副书记、县长助理或有关科局负责人。其中，秦为人同志到山东省沂源县任科技副县长。从他们挂职工作的体会和经验看，成绩不小，收获很大。通过这些实践，证明了运用挂职锻炼这种形式培养机关干部，对于提高年轻干部的政治业务素质，对于密切民族地区同国家民委的联系，促进民族地区扶贫开发、经济发展，对于增进民族团结和帮助国家机关了解下情，转变工作作风，都起到了积极的作用。

【挂职锻炼少数民族干部培训班】1996年11月11日至15日，中央组织部、中央统战部和国家民委联合在北京举办了为期5天的1996年挂职锻炼少数民族干部培训班。来自16个省区、分别在中央国家机关的55个部、委、办、局和3个直辖市、4个省、16个副省级城市的29个民族成分的165名挂职干部参加了学习。

培训班聘请了中央宣传部、外交部、外经贸部、国务院研究室等领导给学员作了学习党的十四届六中全会精神辅导报告和当前国际国内形势报告，同时还组织大家分组座谈，总结经验，交流体会，展示半年来挂职锻炼的丰硕成果。11月14日，中央三部委的领导会见了培训班全体学员，一起合影留念，并和学员们进行了座谈。全国政协副主席、中央统战部部长王兆国同志在会上作了重要讲话；中组部副部长武连元同志、国家民委常务副主任陈虹同志也发表了讲话。三部委的领导充分肯定了少数民族干部在挂职锻炼期间所取得的成绩，并对挂职干部进一步巩固成绩，更好地在民族地区建功立业和为各族人民群众服务提出了希望。挂职锻炼的同志们也向三部委的领导汇报了半年来的收获和体会。

撰稿：黄耀平

审稿：李建辉

中国民族旅行社

【中国民族旅行社与民族旅游业】民族旅游是中国旅游业的重要组成部分，它既是民族工作，又是经济工作；开发民族地区旅游资源，发展民族地区旅游事业，对民族地区的社会进步和经济繁荣将起到积极的促进作用。

中国是一个统一的多民族国家，少数民族人口占全国总人口的9%，民族自治地方面积占全国国土总面积的60%以上。在这博大的疆域内有丰富的名胜古迹、自然和人文景观，堪称我国民族旅游资源的宝库。尤其是我国55个少数民族独特的民族习俗、民族风情、民族文化艺术、民族建筑以及其居住的特殊地理环境和地貌等，形成了鲜明的中国民族旅游特点。为了进一步发挥民族地区旅游资源优势，开拓民族旅游事业，促进民族经济发展，1990年国家旅游局批准成立了第一个全国性的中央一类民族旅游经济实体——中国民族旅行社。

中国民族旅行社是国家民委直接领导下独立核算、自主经营、自负盈亏的国有企业；其经营范围主要是招徕、接待国内外旅游者，组织旅游，提供旅游食宿、交通、通讯、导游服务；其主要业务部门有财务部、外联部、日本部、亚洲部、亚大部、海外开发部、旅游部、国际交流部、综合业务部、散客部等。在国家民委和国家旅游局的关怀和支持下，中国民族旅行社在短短的6年时间里，坚持团结奋斗、艰苦创业、锐意进取的精神，取得了较好的经济效益和社会效益。为了在市场经济条件下，更好的发挥民族旅游的作用，中国民族旅行社还邀集全国民族旅行社系统的总经理，共商大计，共谋发展，形成了全国性的旅游接待服务网络，为今后民族旅游企业的进一步合作发展打下了良好的基础。1994年6月，中国民族旅行社率领云南、贵州等民族旅行社赴香港联合参加国际旅游交易会，联合促销，开拓市场，提高了全国民族旅行社在海内外的知名度。1994年度全国中央一类旅行社业务年检，中国民族旅行社名列第15位，1995年上升到第12位，根据国家旅游局公布的资料，营业额和外联人天数两项经济指标上已进入全国前200家旅行社之列。近年来，中国民族旅行社不断开拓和丰富旅游项目，由普通常规旅游扩展到青藏高原汽车游、丝绸之路汽车游、沙漠徒步游、热气球飘飞等特种旅游，以及民族风情、少数民族家访等多种形式的旅游活动；在发展国际旅游业务的同时，积极开展国内旅游，并逐步走入正轨。外联和接待海外旅游者41 000人天，比1995年增长31%；1996年国家旅游局公告表彰中国民族旅行社进入中国一、二类旅行社100强。

随着中国改革开放的不断深入和旅游事业

的蓬勃发展，在各省、市、自治区有关部门的帮助指导下，地方民族旅行社纷纷成立。全国各民族旅行社尽管只有300多人的队伍，但它是一支经过专业培训、素质精良、富有朝气、充满希望的队伍；他们懂得民族政策，知道民族历史，了解民族风情，会说多种外语及其少数民族语言，具有无可比拟的优势，具备了较强的经济实力。实践证明，全国民族旅行社是中国旅游界新掘起的一支生力军。

中国广大的少数民族地区蕴藏着丰富的旅游资源，改革开放以来，在党和国家的扶持帮助下，民族地区政府积极开发旅游资源，已经形成了独具特色的旅游区域和专线。国家旅游局从有特色并具有方便的交通、食宿条件的省、市、自治区精选出30条“国线景点”，其中民族地区有十几条。在国家旅游局推出的14条国家级“专项旅游线景点”，如“西南民族风情游”、“丝绸之路游”等涉及民族自治地方或民族宗教内容的线路就占40％以上。在国家旅游局精选出的“国家级百项节庆活动集锦”中，民族地区项目占25项之多。在长期的生产生活过程中，各少数民族结合自身的文化、风俗、传统和工艺特点，生产出了丰富多彩的具有鲜明民族特色的各种民族旅游商品，包括民族工艺品和民族特需商品、宗教用品等，如民族织锦、绣品，民族服装、服饰，民族金、银、珠宝饰品，民族食品、饮食，民族工艺刀具、陶器、木制品，等等；这些都为旅游商品购物和旅游产品的开发增添了新的内容。国家旅游局把1995年列为“中国民俗风情旅游年”，这充分体现了国家对中国民族旅游工作的高度重视，也足以说明中国民族旅游在中国乃至世界旅游业中的重要位置。

中国的旅游业已迅速发展成为国家新兴的重点产业。中国民族地区旅游业，同全国一样，呈现出一派兴旺发达景象。据国家旅游局统计，1996年中国的内蒙古、广西、云南、贵州、西藏、青海、宁夏、新疆等8个民族省区组织接待海外旅游者196.96万人次，比1994年增长15％；国际旅游（外汇）收入达到60 754万美元，比1994年增长46.6％；已成立各类旅行社708家，比1994年增长2.5％；建成涉外星级饭店265家，比1994年增长38％。

总之，民族旅游是中国旅游中最富有特色和吸引力的旅游；民族旅游是我国民族地区对外开放的窗口，是全国各族人民相互了解、团结和睦和进行国际文化交流的纽带。中国民族旅游事业的兴起和发展，不仅丰富了中国旅游的内涵，而且对振兴民族地区的经济、对少数民族的脱贫致富、对巩固民族团结，都具有特殊的意义和作用。

撰稿：郭学先

审稿：滕建民

第三部分
地方民族工作概况

PART 3 SURVEY OF LOCAL ETHNIC WORKS

北 京 市

【民族经济】北京市是少数民族杂散居地区，具有民族成份全、人员层次高、国内外交往频繁三个突出的特点。全市的少数民族人口约为48万人，占全市总人口的3.84%。在一些区县有少数民族较集中的街道、乡村，表现为小规模的聚居，城区有13个少数民族聚居街道，郊区有5个民族乡，111个民族村。北京市的民族工作根据首都的地位和作用，在建设有中国特色的社会主义理论指引下，坚持“为中央服务，为首都的少数民族服务，为来京的少数民族服务，为支援边疆民族地区经济建设服务”的工作方针，一手抓团结稳定，一手抓繁荣发展，使北京市的民族经济形成了逐年发展的良好局面，有力地促进了首都的民族团结和社会发展。目前北京市少数民族经济工作的三个主要方面：城区民族经济工作、民族乡村经济工作及对民族地区的对口支援工作。

在城区民族经济工作中，以尊重少数民族的风俗习惯，做好清真食品生产供应为重点。1996年，配合北京食品集团总公司，由市财政投入326万元对“月盛斋”老字号进行一期技改工程，保持了“月盛斋”清真名牌产品传统特色，并使经济效益有较大幅度的增长；宣武区积极扩展清真食品网点，牛街办事处投资170万元在南横街新建牛羊肉封闭市场，面积达1 200平方米，每天销售牛羊肉2.5万斤，基本满足了牛街地区回族群众吃放心肉的需求；朝阳区长营回族乡清真食品集团，清真专用面粉、肉食品、方便食品和休闲食品正式投入生产，使全乡经济总收入有较大增长；召开清真食品推荐会，推广介绍长营清真食品集团生产的“乡佬”方便面、小龙卷等优新清真食品，丰富了清真食品市场，其中“乡佬”面在1996年沈阳全国食品酒类产品展销会上获金奖；全市开展清真食品供应工作检查，保证了清真食品节日期间的供应工作。

1996年，北京市民族乡村人口12.8万人，其中少数民族人口5.9万人，占民族乡村人口的46%，共有耕地面积17.5万亩，人均占有耕地1.37亩。全市111个民族村人均劳动所得5 000元至万元的有8个村，占民族村总数的7%，涌现出2个农村经济总收入过亿元的民族乡和2个农村经济总收入过亿元的民族村。达到全市人均劳动所得3 164元以上的民族村有28个，占民族村总数的25%。1996年全市民族乡村人均劳动所得为2 191元，与全市农村人均劳动所得差973元。有31个民族村人均劳动所得在1 500元以下。虽然全市民族乡村经济有了较大发展，但是与全市农村经济的平均发展水平还有较大差距。1996年，市政府明确了对全市31个人均年收入低于1 500元的民族村采取优先扶持发展的政策；大兴县五套班子22位领导和县直33个有关单位，全年，仅在农业基础设施上，就为10个经济发展水平较低的民族村队打机井15眼，平整沙荒地1 000亩，购置各种农机具7台，栽果树500亩，架电线1 700米，铺设管道1 200米。房山区窦店村、新街村、大兴县西红门九队等民族村与有关科研机构建立了长期合作关系。科技兴企使新街水泥业达到年产量50万吨，成为全国水泥第一村；西红门九队不断利用高科技，研制开发出新产品，这个集团所生产的电视演播照明设备几乎覆盖全国所有城市电视台。

对口支援工作取得突破性进展。市民委配合有关部门研究制定了“九五”期间北京市经济技术协作发展计划，将内蒙古自治区、西藏自治区拉萨市继续作为对口支援工作的重点。据统计，今年与内蒙古自治区共签订合同协议111项，融通资金1亿多元，项目涉及科技、教育、工业、商贸、农牧、房地产开发等。市政府决定在5年内，市财政每年拨款500万元，市经协办再筹集500万元，建立支援三峡基金，金融机构每年协调3 000万元贷款用于对口支援三峡合作项目。全市各有关单位以各种形式支援三峡库区，市民委组织有关民族工作干部赴三峡移民库区巴东县考察对口支援项目，为当地捐赠吉普车、电脑及为希望工程捐款85 000元，朝阳长营回族乡、通县于家务回族乡等分别与巴东县的几个民族乡结成友好乡镇，并对双方今后加强联系与合作的有关事宜进行了磋商。

努力挖潜，发展壮大民委经济实体。按照中央关于经济体制改革的总体要求，民族实业总公司进一步加大改革力度，加强了国有固定资产的管理，管理机制逐步由松散型向紧密型过渡，1996年在国有企业经济效益下滑、商业、餐饮、旅游市场变化较大的环境下，总公司及时研究对策，调整业务方向，全年完成营业收入4 142万元，比1995年增加21.4%，实现利润与1995年持平。

【社会发展】1996年，北京市进一步明确了“加强领导，政策倾斜，突出特色，提高质量，促进健康发展”的民族教育工作思路。经市委常委会讨论同意，将民族小学教育基金由原来的50万元增加到100万元；将民族小学校舍改造等专项款每年增至50万元。市、区有关部门进一步加大投入，改善民族学校的办学条件。市教委专门成立了民族教育工作领导小组，研究制定计划，解决资金投入和师资力量问题，从组织上做到层层落实，每年拨款10万元，用于教师队伍建设。市、区两级领导到北京市回民学校现场办公，为改善其办学条件，使之成为具有民族特色的一流学校，成为宣传党的民族政策的窗口，决定由市、区两级政府投资600万元新建图书馆、体育馆和综合楼，已到位300万元。在市、区有关部门的关心支持下，民族学校的教育质量不断提高。目前，北京市回民学校高考升学率为92%，并且第一次有毕业生考入清华大学。结合国情和德育教育，在全市中、小学开展民族常识教育。其中，西城区以少年宫民族团结教育基地为重点，在全区中小学推广民族常识教育试点已通过验收，受到国家民委的充分肯定。民族教育研究会进行了换届改选，开展了民族学校师资培训，受到教师们的欢迎。举办了北京市第二届民族幼儿园文艺汇演。

民族传统体育工作在基层普遍开展，市民委组织挖掘整理了8个民族体育项目，其中，推铁环、跳皮筋、跳房子、踢毽、跳绳等5个项目收进了《中华体育健康方法（第一卷）》一书；完成了市民族体协的年检、换届工作；参加了国家民委、国家体委举办的1999年第六届全国民运会座谈会，就第六届民运会的总体设想、规模、项目、时间等问题进行了初步的探讨和研究；进行了第二届北京市民族体育先进集体、先进个人表彰活动，表彰了23个先进集体，35名先进个人。

北京市1.1万平方米的民族文化活动中心主体工程已经完工，总体布局、经营模式、活动内容基本定位，中心软件建设开始起步，目前，正在做开业前的准备工作。

民族志和民族古籍整理工作有了新的进展，已初步完成民族志的篇目结构，印刷出版了三个民族等8部近100万字的资料卷。

【民族工作】1996年，北京市民族工作在市委、市政府的正确领导和国家民委的关心指导下，深入贯彻落实全国民委工作会议精神，突出“团结进步”、“发展繁荣”的主题，服从服务于首都团结稳定的大局，推动首都民族团结进步事业的发展。

1. 采取多种形式，突出工作重点，深入开展马克思主义民族观和党的民族政策教育。

1996年，全市突出重点范围、重点渠道、重点对象，深入开展马克思主义民族观和党的民族政策的宣传教育，市委党校制定措施，明确两个月以上的学习班增设民族宗教理论课程，各区（县）党校也普遍增设了“两观”教育课程，市委宣传部组织拍摄了反映民族宗教工作内容的专题片。教育部门通过在全市中、小学普遍开展民族常识教育和加强重点高校学生政治思想工作，使“两观”教育进一步深入到中、小学和重点高校。全市民族宗教工作部门结合进行爱国主义教育和开展具体工作组织了200多次专题学习、宣传活动，发放宣传手册5 000余册。通过报告会、座谈会、研究会和组织参观等多种形式对2万多名党员干部进行了一次系统的马克思主义民族理论政策的宣传教育，培养了一批骨干积极分子。

2. 结合首都特点，推动民族团结进步创建活动的深入开展。

为了做好散杂居城市民族工作，在6个城区确定了13个民族工作重点街道，召开了民族工作重点街道工作会议，确定了城市民族工作要着眼于团结稳定的大局，从基础做起，抓基层建设的工作思路；市民族联谊会充分发挥联系各民族代表人士的作用，一年中分别召开了朝鲜族、维吾尔族、藏族等十几个民族的党员干部座谈会，广泛听取他们的意见，增强了与各民族代表人士之间的联系，壮大了民族团结工作的骨干队伍；为加强高校少数民族学生思想政治工作，市里召集6所重点大学统战部长和学生工作处处长座谈，对当前北京高校少数民族工作制定出文件。

《首都市民文明公约》将“民族和睦”列入首要内容之一，进一步促进了民族团结进步创建活动与社会主义精神文明建设的紧密结合。全市各有关部门召开民族团结进步创建活动经验交流会和表彰会26次，有300多个单位、200多名个人受到表彰。为了深入贯彻党的十四届六中全会精神，开展精神文明创建活动，根据城市民族工作特点，市民委重点推广了崇文、西城等城区开展民族团结院创建活动的经验，组织召开了民族团结院创建活动的现场经验交流会、工作研讨会，通过总结交流，使这一创建活动在全市10个城区普遍推开，11月，召开了全市民族团结文明院表彰大会，从区县街道表彰的326个民族团结院中评选表彰了作出突出贡献的16个民族团结文明院，国家民委和市里有关领导亲切接见了16位民族团结院的代表。

3. 制定规划，努力推进培养选拔少数民族干部工作。

为进一步落实市委京办[1993]6号文件精神，市民委会同市委组织部、市委统战部、市人事局对全市少数民族干部工作进行了综合调查，并全面总结了在培养使用少数民族干部方面的经验，提出了加强领导、制定规划、努力做好民族干部培养选拔工作的意见和建议，在国家民委召开的“全国培养、选拔少数民族干部工作经验交流会”上作了介绍，受到国家民委和与会代表的充分肯定。

4. 积极采取措施，促进民族经济发展。

市委、市政府确定对目前全市人均收入低于1 500元的31个民族村列入全市郊区脱贫计划，享受有关优惠政策，力争到本世纪末使全市民族乡村经济达到小康水平。

针对当前全市国有、集体清真饮副食企业网点效益下滑、关撤现象，严重影响到少数民族生活的问题，市民委会同市商委共同起草了《关于对当前清真食品供应工作存在问题的解决意见》，市委、市政府决定由市财政拨款200万元作为清真食品行业发展基金，以支持清真饮副食行业的发展。

5. 加强信息工作。

据统计，1996年上报信息158条，印发信息普刊13期。其中市委采用31条，有2条被评为优秀信息；市委统战部采用80条；国家民委采用 5 条;采用总数在全市统战系统和全国民委分别名列第一。为领导的决策提供了依据。

撰　稿:赵庆霞
审　稿:金恒绩

天　津　市

【民族经济】1996 年,天津市少数民族乡村经济稳步发展。全市两个民族乡、56 个民族村战胜了春旱秋涝等严重自然灾害,克服了经济体制转轨过程中出现的暂时困难,农业生产和乡镇企业得到了持续发展,群众生活进一步改善。民族村年人均纯收入达 2 600 元。小康村由上年的 26 个,增加到 44 个,明星小康村由 4 个增加到 8 个,分别占民族村总数的 78.6% 和 14.3%,基本上与全市农村保持了同步发展水平。

民族村发展中出现了三个新的趋势。一是在继续巩固发展联产承包责任制的同时,以行政村为单位的规模经营特色产业,开始诞生并凸现出来。如东丽区么六桥回族乡的"银羊"工程、津南区葛沽镇西关回族村的清真肉牛养殖基地、武清县杨村镇七街的综合农贸批发市场等;二是在经济发展的同时,开始注重村政基础设施建设。如杨村镇五街、六街、七街投资百万元兴建了公厕,铺设了路面和上下水道。河西务镇回族聚居的三街、四街和大刘庄村投资 10 余万元一举解决了长期影响群众生活的自来水供给问题;三是部分经济发展比较快、集体积累比较多的民族村,开始注意发展群众福利事业。有的村实行养老金制度,对 60 岁以上的村民每人每月发放 50 元左右的养老金。有的村给每个村民办理多种保险,等等。

城市清真食品市场管理工作进一步加强,规范了市场,促进了市场的繁荣。各级政府和有关部门坚持把深入贯彻落实《天津市生产经营清真食品管理办法》(市政府 39 号令)摆在突出位置,一手抓管理,一手抓发展,采取许多行之有效的措施,创造性地开展工作。市民委专门召开了贯彻落实 39 号令经验交流会,大力推广了河西区三年迈出三大步的经验,支持和倡导市内各区普遍建立市场监督员队伍,自下而上地评选和表彰了 50 家贯彻执行 39 号令先进单位。北辰区针对清真牛羊肉批发市场少数经营者存在掺杂使假的问题,区领导亲自挂帅,组织民族、工商、公安、防疫等部门进行联合执法大检查,并派员专程赴山东省肉类产地现场考察,很快使市场走向规范,受到广大回族群众称赞。由于工作力度加大了,使贯彻 39 号令成为生产经营者和消费者的自觉行动,违反民族政策、不尊重少数民族风俗习惯的现象大为减少。据红桥区统计,全区各种违令问题由 1995 年的 25 件,迅速下降到 3 件。与此同时,全市的清真食品行业在激烈的市场竞争中,继续保持了稳步发展的好势头。全市各类清真食品企业总数由上年的 2 047 个增加到 2 187 个,净增 7%。仅红桥区一年来申领《生产经营清真食品许可证》和《清真标志牌》的企业和个体户就由上年的 300 户增加到 400 户,净增 33%。

【社会发展】按照国家教委和国家民委的要求,市民委会同市教育局,将《民族常识》课试点范围由 7 个区县扩展到 14 个区县,试点学校达 2 000 多所,受教育学生达 24 万余人。北辰区天穆村建立了天津市第一所民族职业中等专业学校，首批招生263名。么六桥回族乡新建了一所民族中学，新招生506人。经市、区教育部门批准，将原天津市西北角中学改为天津市回民中学，并调整了领导班子，改善了教学条件，激发了内部活力。中央民族大学天津函授大专班圆满完成了各类课程授课和考试。河北区红光中学藏族学生尼玛彭多荣获《我与粮食》全国征文比赛一等奖，并光荣地出席了世界粮食会议青年论坛颁奖活动。

天津市民委会同市体委举办了"团结杯"民族体育运动会，12个区的160名运动员参加了"打陀螺"、"民族团结接力赛"两个单项比赛，进一步推动了全市民族体育项目的普及和发展。在全国电视剧"骏马奖"评选中，天津市选送的反映少数民族题材的《阿曼尼莎汗王妃》荣获特别奖。市民族文化宫坚持走改革的路子，坚持艰苦创业，全年营业总额实现84.97万元，比上年增长15.8%，缴纳税金6.7余万元，比上年增加31.5%，经济效益和社会效益都取得好的成绩。

【民族工作】1996年，天津市民族工作按照市委、市政府的总体部署和要求，紧紧围绕"团结进步"的主题，立足稳定，着眼发展，齐心协力，真抓实干，较好地完成了全年的任务。比较突出的有以下三个方面：一是以稳定为重点，继续实施民族工作的"一二三工程"(即建立起一套与天津民族工作相适应的民族法规；治理清真食品市场和伊斯兰教两个方面存在的不稳定因素；创建民族经济、教育、村政建设三个窗口)；二是注重研究和解决新形势下民族工作出现的新情况和新问题；三是加强民族工作部门的自身建设。

广泛进行民族理论和民族政策的宣传教育。据不完全统计，全市先后举办各类培训班、学习班、报告会、座谈会等90余期(次)，参加人数达4 850人次。特别是由市委宣传部、市民委、市教委和市教育局联合举办的"天津市中小学民族知识竞赛"，通过电视台多次播放后，在全市各族群众中引起很大反响。加深了人们对民族工作和民族问题长期性、复杂性、重要性的理解，增强了执行民族政策、维护民族团结和社会稳定的自觉性。

加快推进民族宗教法规建设。在市人大内务司法委和市政府法制办的指导下，依据国务院颁布的《城市民族工作条例》和《民族乡行政工作条例》起草的《天津市民族工作条例》，经过一年多时间的调研、论证、协调，并充分征询了市组织部、市人事局、市财政局等30多个部门和单位的意见，终于完成了修订任务，并于10月下旬正式报送市人大、市政府审议。目前已进入市人大、市政府双向操作阶段，可望早日颁布实施。市民委会同市商委、公安局、工商局、劳动局等部门，针对近年来外地少数民族来津从业经商人员日益增多，管理工作比较薄弱，对市场管理和社会治安带来一定负面影响的问题，联合制定了《关于加强外地少数民族来津经商管理办法》，此项法规的实施对统一各方面的思想认识，保障外来少数民族的正当权益，加强天津同少数民族地区经济联系将产生积极的影响。和平区政府为了更好地贯彻落实市政府39号令，结合本区实际情况，制定了《和平区清真食品市场管理办法》。该办法地区特点鲜明，条款内容具体，可操作性强，成为第一个区域性的清真食品管理行政法规。

尽心竭力为少数民族办实事。一是利用重大节日开展"送温暖"活动。红桥区政府在"斋月"期间，大张旗鼓地开展了以给少数民族群众"济困解难送温暖"为主题的民族团结月活动，区委书记、主管副区长亲自挂帅，全区11个系统的68个部门和单位先后出动300余名干部，慰问少数民族困难户263家，捐款捐物折合人民币2.8万元，办实事185件。二是划拨专款支持发展少数民族经济和社会事业。市民委会同市财政局先后投放447万元少数民族发展基金，帮助39家民族乡镇企业解决了周转资金短缺的燃眉之急。《今晚报》社还专门拿出1.5万元，救济红桥区50名少数民族特困学生。三是认真落实人大代表、政协委员提案，市财政局拨专款全面改善市伊协办公条件。四是会同市劳动局等有关部门，安置少数民族下岗职工再就业。五是为民族乡镇企业的产品走向市场"牵马缒镫"，向外省区特别是民族地区宣传介绍企业产品，为企业的内引外联牵线搭桥。

撰 稿：农笔耕

审 稿：陈洪波

河北省

【民族经济】1996年，河北民族自治地方的经济有较大幅度的增长，6个自治县国内生产总值60.5亿元，比上年增长28%。其中第一产业22.3亿元，同比增长15.8%；第二产业19.5亿元，同比增长37.7%；第三产业18.6亿元，同比增长35.2%。54个民族乡完成工农业总产值61.4亿元，财政收支状况有所好转。

民族经济工作。为贯彻国家民委在湖南召开的民委工作会议精神，把"调查研究、制定政策、加强扶贫、推进民族工作社会化"作为民族经济工作的重点，大力促进少数民族和民族地区经济的发展，于1996年5月召开了全省民族经济工作会议，认真总结了"八五"期间民族经济工作，肯定成绩，找出不足，理清思路，明确任务，制定措施，有力地推动了民族经济工作的深入开展。同时针对市场经济条件下民族经济工作遇到的新情况、新问题，组织省政府27个部门制定出台了扶持少数民族地区经济社会发展的具体政策措施。

认真贯彻中央和省的扶贫开发工作会议精神，11月份，组织省政府20个部门赴青龙满族自治县、丰宁满族自治县、围场满族蒙古族自治县、宽城满族自治县四个贫困自治县调查研究、现场办公，共为自治县解决经济社会发展中的实际问题110多个，落实各项资金8 800多万元。省民族宗教事务厅1996年安排各种专项资金2 000多万元，共扶持少数民族地方企业技改项目和民族工作部门办实体项目39个。

少数民族扶贫工作。为了加强对少数民族扶贫工作的具体指导，1996年11月召开了全省少数民族扶贫工作会议，总结表彰了34个少数民族扶贫工作先进单位，5个民族工作部门抗洪救灾先进单位，对358个少数民族特困村实施了定点帮扶。孟村回族自治县和围场满族蒙古族自治县1996年被省委、省政府确定为脱贫攻坚先进县。

【社会发展】1996年，河北的民族经济、文化、教育、体育等项事业有了新的进展。全省总人口6 455.6万人，少数民族人口253万人，占全省人口的3.9%。其中满族180万人，回族54万人，蒙古族14万人。民族村有1 356个人均收入达到全省平均水平2 055元以上，占全省民族村总数的43.9%。全省11个市有少数民族干部54 636人，其中女干部19 562人，占35.8%。全省有民族师专1所，民族师范学校2所，民族中学212所，民族小学135所。全省6个自治县有各类学校1 632所，教职工9 308人。

民族教育工作。认真贯彻中央和省的民族教育工作会议精神，进一步重视做好民族教育工作，制定规划，政策上给予倾斜，扶持民族教育事业的发展。为进一步开阔视野，组织全省部分民族大、中、小学校长赴东北三省学习考察。积极争取中央民族大学等多所民族院校在河北的招生名额，共扩大招生 46 名。

民族古籍搜集整理工作有了新的进展。1996 年，廊坊、沧州和承德等市已搜集、挖掘和整理出一批民族古籍，为 1997 年民族古籍的正式出版奠定了基础。

民族体育工作。为进一步贯彻实施《全民健身计划纲要》，省民族宗教事务厅和省教委、省体委联合下发了“在全省民族中小学开展以少数民族体育项目为主的体育健身活动”的通知，有力地促进了全民健身活动的开展。

【民族工作】1996 年河北省的民族工作部门在省委、省政府的领导下，发扬“团结务实、创新争先”精神，奋发进取，扎实工作，为全省的社会稳定和经济发展作出了积极贡献，受到省委、省政府的好评。

民族团结进步事业得到进一步发展和巩固。1996 年，坚持把民族团结进步作为全省民族工作的一条主线来抓，认真开展民族团结进步宣传教育活动，动员社会各界为民族团结进步事业做贡献，从维护稳定、维护民族团结的大局出发，及时消除不利于民族团结进步的隐患，妥善解决个别地方因不尊重少数民族风俗习惯而引发的摩擦，做了许多化解矛盾和疏导教育工作。唐山、廊坊、秦皇岛等市先后组织开展了“民族团结月”活动，采取多种形式，宣传普及民族法律法规和党的民族政策，巩固和发展了平等、团结、互助的社会主义民族关系，促进了全省民族团结进步事业的开展。

民族法制建设扎实推进。1996 年，为进一步贯彻落实《民族区域自治法》、《河北省散居少数民族权益保障条例》、《民族乡行政工作条例》和《城市民族工作条例》，组织开展了执行民族法律法规大检查活动，针对存在问题，召开有关部门落实《条例》协调会，制定具体措施，加强部门合作，把民族法律法规落到实处。

撰　稿：刘书琴

审　稿：任继远

山　西　省

【民族经济】1996 年，山西省民族经济稳步发展，少数民族生活水平有较大提高。在省委、省政府的关心扶持下，少数民族聚居区与聚居村的经济呈快速发展势头。主要特点如下：一、少数民族民营经济呈更加活跃的发展趋势。目前全省少数民族个体经营户已有 5 000 余家。以长治市西街回民聚居区为例，民营的个体摊点已达 3 000 余家，年营业额 7 000 万元，年创税 120 余万元。二、以少数民族企业家为代表的国有和集体企业在市场经济中不断成熟壮大。如晋城鑫元实业总公司投资 200 万建成了集饮食、娱乐为一体的颐寿宫。组建于 1993 年的长治市食品集团公司在回族经理马文奇的领导下，内挖潜力，外求活力，开拓经营，现已发展成为经销全国 5 000 余种名、优、特、新产品的企业，不仅甩掉了公司组建初期 929 万元的经济包袱，而且跨入了“中国经营 500 强企业”行列，现公司拥有固定资产 621 万元，流动资金 2 700 万元，1996 年完成销售额 5 500 万元，实现利税 265 万元。三、少数民族聚居村致富奔小康活动成绩斐然。绛县县委、县政府在抓好农业的同时，鼓励少数民族聚居村群众发展传统的养殖、屠宰与皮革加工及饮食服务业。1996 年，全县 90%的少数民族贫困户脱了贫，70%的回族达到小康生活水平，其中85%的人年收入达到2 000元以上。长治县东和村克服农业基础较薄弱的困难，扶持少数民族办企业、搞经营。通过协调有关单位，先后向少数民族企业提供贷款资金160余万元，使少数民族经济得到了快速发展。1996年，东和村人均收入1 830元，回族人均收入超过3 000元，其中8个年产值30万元以上的较大民营企业，回民经营的就有5家。78户回民中，有30多户年收入在万元以上。在回民企业中，安置汉族农民劳力200人，有15户汉族农民在回族企业中甩掉贫困帽子。

【民族工作】1996年，山西省民族工作在省委、省政府的领导下和国家民委的指导下，以邓小平同志建设有中国特色的社会主义理论和党的十四届六中全会精神为指针，紧紧围绕民族团结进步的主题，坚持以民族经济工作为中心，积极发展少数民族经济和文化教育事业。大力宣传党的民族宗教政策和民族法律、法规，帮助和扶持少数民族企业和少数民族企业家投身市场经济大潮，为社会的稳定和两个文明建设做出了贡献。

——加强马克思主义民族观和党的民族政策、法律法规的宣传力度，促进民族团结进步事业的蓬勃发展。1996年，全省各地市和民族工作重点的大型企业纷纷开展民族政策法律法规宣传活动，仅太原市举办的民族政策法律知识竞赛就有近万人参加。同时，省民宗局也多次派人前往省新闻出版局、省委党校等部门宣讲党的民族政策和法律法规，受教育者近千人，较好地强化了各级干部群众的民族法制观念。此外，省民宗局还将山西省第二次民族团结进步表彰大会材料汇编成册，发至省直各有关单位、各地市和民族工作重点的大中型企业，广泛宣传模范集体和模范个人的先进事迹，在全省范围掀起了学先进、赶先进、比贡献的热潮，有力地推动了山西省民族团结进步事业的发展。

总结了“二五”普法期间山西省1994—1996年民族法律法规宣传教育工作的经验，研究制定了山西省民族法律法规知识竞赛方案，为1997年在全省范围贯彻国家民委“三五”民族法制宣传教育规划，大张旗鼓地开展民族法律法规宣传教育活动做好了准备。

努力办好《山西民族与宗教》杂志，使它成为山西省宣传党的民族宗教政策法律法规的重要阵地。办刊三年来，杂志不断加大党的民族宗教理论和政策法律的宣传力度，认真报道国内及省内的重大活动，积极宣传山西省民族团结进步模范人物和模范集体事迹，详细介绍少数民族习俗和宗教知识，进行经验交流和学术探讨，集知识性与趣味性为一体，受到好评，订数逐年增加。

——及时妥善地处理省内外发生的伤害民族感情、影响民族团结的问题，努力维护安定团结的政治局面和社会稳定。1996年，《奇异的性婚俗》事件发生后，省民宗局立即会同有关部门，积极在全省范围内收缴流入山西境内的《奇》书，同时连续三次下发通知，要求各地认真做好穆斯林群众的思想工作，维护社会稳定，从而促进了全面收缴《奇》书工作的顺利完成。

——大力发展少数民族经济。根据山西省少数民族大分散、小聚居的特点，有计划、有重点地扶持少数民族聚居村的经济发展，加快其脱贫致富的步伐。1996年，省民宗局和长治市有关部门配合，帮助壶关县东黄野池村发展养殖业，使该村的人均年收入由过去的300元左右，猛增至998元。同年，省民宗局还帮助平陆县城关镇爻里村完成机井配套工程，解决了多年来全村人畜吃水难的问题。

帮助少数民族企业及少数民族企业家寻求多种经营、搞活企业的路子。在省民宗局的具体帮助支持下，长治市回民化学总厂继续完成了国家民委的贴息贷款指标，上马了替代进口的乙醇胺项目，并对产品进行更新换代，推出了深受消费者欢迎的四季香皂和工农皂。

认真贯彻执行《山西省清真食品生产经营管理办法》，清理整顿了山西省清真食品生产经营市场，吊销了个别不符合清真食品生产经营标准的摊店的《清真食品生产经营许可证》。督促、帮助文水县保贤村搞好清真牛肉的创名牌活动，在伊协监制下，该清真牛肉商标被山西省工商局评为唯一的清真名牌商标。

——注重少数民族教育事业。根据山西省逐年改善民族小学办学条件的计划，山西省、太原市、太原市南城区共同投资120万元，用于太原市回民小学教学条件的改善。同时，省民宗局还给大同市马家会民族小学、三条涧民族小学、大同市回民小学拨专项资金维修校舍。

——民族体育运动事业得到进一步发展。1996年召开了第五届全国民运会山西代表团总结表彰大会，对在第五届全国民运会上有突出贡献的人员和获得名次的7个集体、7名个人给予记功表彰。对山西省参加1999年第六届全国民运会的工作进行了安排部署，并确定翼城县北关村为山西省少数民族传统体育运动项目训练基地。长治市城区于5月中旬召开了首届少数民族体育运动会。

——加强自身建设，发扬廉洁奉公的精神，搞好机关建设。1996年，省民宗局继续坚持党的民族宗教理论的学习，认真贯彻党的十四届五中、六中全会精神和省委各项会议精神，针对工作实际，积极帮助少数民族办实事，解决难题，围绕兴晋富民的目标，用马克思主义理论和邓小平建设有中国特色的社会主义理论武装头脑，不断提高理论水平和业务素质，按国家公务员的标准严格规范，廉洁自律、克己奉公，全体工作人员心往一处想，劲往一处使，从而使民族工作迈上了一个新的台阶。

撰　稿：白　源

审　稿：魏奔雷

内蒙古自治区

【民族经济】1996年，内蒙古自治区认真贯彻、实施国家适度从紧的宏观经济政策，深化各项改革，加强和完善宏观调控措施，积极推进经济体制和经济增长方式的两个转变，狠抓财政收入和人民群众收入水平的提高。国民经济实现快速增长，经济运行质量不断改善；通货膨胀得到有效抑制，宏观经济环境逐步好转；农牧业获得特大丰收，工业生产增速不断加快；财政收入增加，金融形势稳定；消费市场平稳，对外贸易进一步扩大；城乡居民收入增加，人民生活继续得到改善。

1996年，内蒙古自治区国内生产总值达983亿元，按可比价格计算比上一年增长12.4%，增速不仅是“七五”以来最快的一年，而且比全国增速快2.7个百分点。其中第一产业增加值305亿元，增长18.8%，第二产业增加值374亿元，增长11.8%，第三产业增加值304亿元，增长8.2%。全区人均国内生产总值4 251元，增长11.3%。

农村经济全面发展，农牧业生产获得特大丰收。全年粮食总产量达1 535.3万吨，比上年增长45.5%，创历史最高记录，无论是增量还是增幅均居全国首位。全区人均占有粮食667公斤，比全国人均多262公斤。油料、甜菜产量也都比1995年有较大幅度的增产，分别增长16%和21.4%。畜牧业同样获得丰收，牲畜头数达6 697.7万头(只)，再创历史最高水平，肉、毛、绒等主要畜产品的产量也都比上一年有较大幅度的增加。林业建设继续加强，渔业生产继续保持快速发展，农牧业生产条件不断改善。

工业生产实现快速增长，经济效益有所好转。1996 年工业增加值 313 亿元，比上年增长 15.1%，是近几年增幅最快的一年。其中轻工业增加值 111.3 亿元，增长 12.7%；重工业增加值 201.7 亿元，增长 16.1%。在全部工业中，国有工业增长 5.5%，非国有工业增长 29.3%。非国有工业增加值占全部工业增加值的比重由上年的 38.4%，上升到 44.1%。1996 年全区工业产销衔接较好，国有企业主要经济指标在全国的位次明显前移。

消费品市场平稳发展，消费品和生产资料等大部分商品，呈现供大于求的格局。全年社会消费品零售总额达 335.4 亿元，比上年增长 13.7%，扣除物价因素，实际增长 7.5%。其中城市消费品零售额增速明显快于农村牧区。对外贸易进一步扩大，克服了进出口配额、出口退税政策变化等不利因素，外贸出口明显增加，1996 年全区外贸进出口总额 12.5 亿美元，比上年增长 11.3%。其中外贸出口总额 6.9 亿美元，比上年增长 12.8%，这其中，易货贸易 1.9 亿美元，现汇出口 5.0 亿美元。利用外资工作取得新进展，全年新签利用外资项目 133 项，协议金额 1.9 亿美元，比上年增长 25.6%。

物价涨幅明显回落，通货膨胀得到有效抑制，全区商品零售价格上涨 5.8%，居民消费价格上涨 7.6%，涨幅分别比去年回落 11 个和 9.9 个百分点。

财政收支情况明显改善。全年财政总收入 93.2 亿元，比上年增长 16.9 亿元，增长 22.1%，其中地方组织的财政收入 57.2 亿元，增长 31%。上划中央两税完成 36.0 亿元，增长 10.2%。通过自治区和盟市两级财政过渡性转移支付，帮助困难旗县解决了 1994 年前欠发的工资。到年末全区各项存款余额 692.9 亿元，比年初增加 126.5 亿元，比上年末增长 22.3%。年内新增贷款 168.8 亿元，主要用于支持国有大中型工商企业和农副产品收购。1996 年城乡居民收入继续增加，全区城镇居民人均生活费收入 3 101.7 元，比上年增加 514.7 元，增长 19.9%，扣除价格因素，实际增长 11.5%。农牧民人均纯收入 1 602 元，比上年增加 302 元，增长 23.2%，扣除物价因素，实际增长 14.8%。

尽管取得了这些喜人的成绩，但还存在一些突出的问题和困难：主要是农业基础设施薄弱，农畜产品再度出现卖难；工业经济效益整体水平不高，结构不合理，部分企业生产经营困难加大，固定资产投资下降等。

【社会发展】1996 年，内蒙古自治区的科学技术事业取得了新进展。全年共取得科技成果 327 项，其中重大成果 132 项。全年专利申请量 859 项，专利批准量 319 项，建成重点实验室 2 个。技术市场更加活跃，全年共签订各类技术合同 1 323 项，合同成交金额 2.8 亿元。年内全区科技单位向工业企业转化科技成果 200 项。科技队伍日益壮大，年末全区国有单位拥有各类专业技术人员 47.9 万人，比上年增长 1.7%，其中自然科技人员 37 万人，比上年增长 2.4%。

教育事业稳步发展。高等教育在注重质量的基础上得到巩固和提高。1996 年共招收研究生 288 人，比上年增长 26.9%，其中少数民族 98 人。普通高等学校招收本、专科学生 12 180 人，比上年增长了 2.5%，年末高等学校在校学生 38 191 人，比上年增长了 4.0%，其中少数民族 9 586 人。在少数民族在校生中，有蒙古族学生 8 498 人。年内高等学校毕业生 10 763 人，比上年下降 21.1%。成人高等教育在校学生 20 336 人，比上年下降 43.0%。中等教育得到加强，全年中等专业学校共招收学生 21 718 人，比上年增长 14.2%，其中招收少数民族学生 5 673 人，比上年增长 35.6%。年末普通高中在校生 19.0 万人，比上年增长

2.6%，其中少数民族4.2万人。九年制义务教育继续得到贯彻实施，年内普通初中在校生94.9万人，比上年增长4.4%，小学在校生232.4万人，其中少数民族49.8万人。目前全区学龄儿童入学率已达98.8%，小学升学率达89.5%。

文化新闻事业健康发展。年末全区拥有电影发行放映管理机构100个，从业人员2 000人。全年生产电影故事片5部，蒙古语译制片29部。年末各类电影放映单位达1 064个；艺术事业机构153个，从业人员6 358人；艺术表演团体118个，其中乌兰牧骑62个。文化馆102个，博物馆17个，各类档案馆136个。年末全区拥有广播电台42座，广播发射台和转播台47座，广播混合覆盖率77.5%；拥有电视台32座，电视发射台和转播台1 804座，电视混合覆盖率也是77.5%。全年自治区及盟市两级出版报纸18 500万份，其中蒙古文版642万份；出版各类杂志1 903万册，其中蒙古文版152万册；出版图书7 369万册，其中蒙古文版686万册。

卫生事业进一步发展。年末全区拥有卫生机构5 039个，其中医院2 016个，比上年增加13个；农村牧区拥有卫生机构1 754个，比上年增加144个。年末医疗卫生单位拥有病床6.4万张，农村牧区拥有病床3.0万张。年末全区拥有卫生技术人员10.4万人，其中高级卫生人员5.9万人，比上年增长7.1%。在中高级卫生技术人员中，有医生3.6万人，比上年增长5.0%。其中中医0.5万人，蒙医2 200人。

体育事业成绩喜人。年内全区运动员在国内外重大竞赛中共获得奖牌149枚，其中在国外获奖牌12枚，国内获奖牌137枚。破世界记录4项，破全国记录7项，破自治区记录23项。年末全区达到《国家体育锻炼标准》的人数219.6万人，比上年增长9.5%。等级运动员为1 826人。

【民族工作】1996年，内蒙古自治区民委在自治区党委、政府的领导下，坚持以邓小平同志建设有中国特色社会主义理论和党的基本路线为指导，全面贯彻党的十四届六中全会和自治区党委六届三、四次全委会议精神，以经济建设为中心，高举民族团结进步旗帜，正确处理改革、发展、稳定的关系，服从和服务于全党全国工作的大局，全面正确地贯彻落实党的民族政策、民族语文政策，调动各族群众的积极性，为自治区经济发展和社会进步服务。

一、继续深入开展社会主义市场经济理论大学习、大讨论，开拓民族工作的新思路。年初，内蒙古自治区民委根据自治区党委关于继续深入开展社会主义市场经济理论的大学习、大讨论的指示精神，全区各级民族工作部门结合工作实际，制定了学习计划，做到了时间、人员、学习内容三落实。各级民委主要领导动员并进行辅导。通过学习、讨论，各级民族工作部门的干部加深了对邓小平同志建设有中国特色社会主义理论的理解，进一步解放思想、转变观念，强化“中心意识”、“市场意识”、“机遇与竞争意识”、“政策与法规意识”。坚持民族工作为经济建设服务，为社会进步和精神文明建设服务，为民族团结和社会稳定服务，为党委、政府的正确决策服务，全心全意为各族人民服务。把社会主义市场经济理论和讲政治的精神贯彻在民族工作中，较好地处理了民族工作上的一些重要问题，统一了思想，提高了认识。在此基础上各级民族工作部门逐级签订了1996年工作目标考核责任状。经过年终考核都较好地完成了全区民族工作的各项考核目标。

二、坚持以经济建设为中心，努力促进少数民族地区经济发展。1996年，内蒙古自治区民委继续坚持把发展少数民族经济放在工作首位，要求一切工作都要为自治区的经济发展、社会稳定服务。在具体工作中除继续积极参与民族地区经济发展规划的制定，经济体制改革方面的工作，协调好民族特需用品的生产、供应和民族聚居区的乡镇企业发展等工作的同时，比较侧重地参与了少数民族扶贫工作。主要是做了三个方面的工作。

首先是宏观上参与，积极当好各级党委、政府在少数民族扶贫工作上的参谋与助手。1996年，全区民委系统投入大量的财力、人力，对全区少数民族贫困状况进行了一次详细、系统的调查。各旗县、盟市民委详尽地掌握本地区少数民族贫困户的数字及贫困的原因，因地制宜地提出切实可行的扶持建议。如哲里木盟民族局通过深入调查，形成《全盟少数民族重点贫困地区扶贫攻坚计划实施纲要》这一文件，由盟委、行政公署下发各地执行。

其次是直接为少数民族聚居的贫困地区安排一些资金、项目。通过这些项目的实施，为全区少数民族贫困户脱贫致富起一个示范、试点作用；为少数民族贫困户在全社会普遍扶持的基础上“再吃一点偏饭”。1996年共落实新增发展资金、温饱基金项目38个，资金2 900万元，同时为少数民族贫困户安排无偿资金200万元。

第三就是定点包扶工作，为更具体地搞好扶贫工作，各级党委、政府都为民族工作部门确定了包扶旗、乡(苏木)、村(嘎查)。自治区党委、政府确定内蒙古自治区民委联系包扶扎赉特旗，同时还包扶乌盟一个特困村。各级民委都把包扶点的工作作为重点，按期完成党委、政府规定的脱贫任务。

三、紧密结合自治区成立50周年庆祝活动的筹备工作，开展多种形式的民族团结进步表彰活动，开展民族法制建设，巩固和发展民族团结进步事业。1996年9月是全区第十三个民族团结进步表彰活动月。8月份，自治区党委办公厅、政府办公厅发出了《关于开展1996年全区民族团结进步表彰活动月和为明年全区第五届民族团结进步表彰大会做好准备工作的通知》，全区上下紧密结合当地实际，普遍开展丰富多彩的民族团结进步表彰、宣传活动，为第五次全区民族团结进步表彰大会推荐选拔代表。在活动中，各地坚持以小型为主，以基层为主，以为少数民族群众多办实事为主的原则，大力宣传报道民族团结进步先进事迹，帮助少数民族解决一些实际困难。在活动中各地还认真检查《民族区域自治法》的执行情况。自治区民委还在广泛征求意见的基础上，起草了《民族乡行政工作条例》实施意见和《城市民族工作条例》实施意见。用法律手段调整民族关系，巩固民族团结。

四、加强民族文化、宣传、教育工作，促进精神文明建设。自治区民委在做好少数民族经济工作的同时，进一步加强精神文明建设，突出抓好民族宣传、文化、教育工作。一是与文化厅联合举办了全区首届“达斡尔、鄂温克、鄂伦春”三个少数民族的文艺调演及进京演出。二是举办了百部爱国主义教育优秀影视片赠送活动。自治区民委向12个盟市的12所蒙古族中学和三个自治旗的民族中学各赠送了100部蒙、汉语爱国主义影视片录像带。三是与有关部门联合举办了“全区大学生‘心连心’民族团结知识电视大赛”。四是完成了《民族地区经济报》创刊发行工作。五是研究制定了“庆祝自治区成立50周年那达幕大会”的实施方案。六是完成了少数民族题材电视片评选及推荐上报工作。七是配合有关部门召开了“全国首届蒙古族舞蹈研讨会”。八是参与了自治区“万里边境文化长廊”计划的实施工作。九是开展了少数民族实用技术培训工作，全区民委系统培训少数民族农牧民超过5万人次。十是完成了大型画册《领袖与各族人民心连心》的组稿工作。

五、贯彻落实党的民族语文政策，切实抓好蒙古语文的学习、使用、科研工作，重点抓了两种文字行文和社会市面用文达标工作。为了搞好两种文字的行文及市面两种文字并用工作，1996年内蒙古自治区政府办公厅发布了《内蒙古自治区社会市面蒙汉两种文字并用管理办法》，推动了全区两种文字并用的大宣传、大检查、大整顿工作。自治区民委通过各种新闻媒体广泛宣传两种文字并用的政策、意义、办法等，并抽人组成5个工作组对全区12个盟市进行两种文字行文及市面蒙汉文并用的检查。通过宣传、检查，绝大多数地方两种文字行文及市面两种文字并用达到了标准(不同地区有不同标准)。

在蒙古语文的科研管理方面，组织有关专家修订上报了《蒙古文进入通用多八位编码字符集基本平面的国际标准提案》、《蒙古文字母用罗马文字母转写国际标准方案》；邀请从事蒙古语文研究工作和实际工作的专家学者，通过充分讨论，正式确定了《蒙古文字母的顺序》，召开了名词术语研讨会，出版发行了《蒙古语名词术语概况》和四部专业名词术语汉蒙对照词典及《蒙古语标准音教材》；刊发了四期《蒙古语名词术语公报》；召开专门会议成立制订《蒙古语术语标准化工作的一般原则与方法》、《确立蒙古语辞书编纂的一般原则与方法》、《蒙古语术语缩略语书写的一般原则与方法》等三个课题小组。

六、坚持协作原则，理顺关系，搞好八省区蒙古语文的协作。内蒙古自治区民委、教委与各协作省区教委、民委协同配合，制定了1996年招生协作计划，并按计划完成了任务；召开了第五次协作小组组长会议，顺利完成了换届任务，讨论通过了《八省区蒙古语文协作小组简则》；召开了八省区蒙古语文协作小组第九次成员会议，并举办了八省区蒙古文书法展览。

1996年，内蒙古自治区民委在做好各项民族工作的同时，还顺利完成了机构改革、人员过渡任务，加强机关自身建设，为1997年工作打下了良好的基础。

撰　稿:张显龙

审　稿:张德斌

辽　宁　省

【民族经济】辽宁省民族自治地方的国民经济在“九五”计划的开局之年，继续稳定、持续、健康地发展，在各级党委、政府的关怀和支持下，在国家民委的指导下，民族自治地方的广大干部、群众进一步解放思想，转变观念，抓住机遇，扎实工作，加快实现两个根本性转变的步伐，努力克服经济生活中出现的各种困难，国民经济总量指标保持稳定增长。1996年，全省民族自治地方国内生产总值达到138亿元，比上年增长20%，工农业生产总值达到359.8亿元，比上年增长25.6%，农民人均纯收入达到1 881元，比上年增长26%。

继续加大农业投入，产业结构日趋合理。民族自治地方的各级党委、政府，认真贯彻执行党的各项农村政策，不断强化农业的基础地位，加速农业专业化、产业化、集约化经营的进程，大力发展“两高一优”农业，多方筹集资金，投入粮食生产，在战胜了春寒夏旱和严重的洪涝灾害之后，农业生产获得了较好的收成，农业总产值实现81.5亿元，比上年增长39%，粮食总产量实现235.8万吨，比上年增长27.5%，畜牧业、林果业和多种经营项目也有新的发展，农村商品生产基地建设进一步加快，黄牛饲养、林蛙、食用菌、棚菜、桑蚕、烤烟等产业化雏型已初步形成，并具有较强幅射能力，对发展地区经济产业有较大的牵动作用。

工业经济在困境中稳步增长。全年总产值完成278.4亿元，比上年增长22%。在大环境趋紧的形势下，全省民族自治地方的工业企业部门加大企业改革力度，产业结构和产品结构调整力度加大，企业适应市场变化能力逐步增强。1996年，民族自治地方新签利用外资协调合同35个，新建“三资”企业27家，引资1.3亿元。

新宾满族自治县大力开发骨干企业和龙头产业，充分利用本地资源搞精深加工，其中药厂同上海参茸公司联合生产的“神象牌”蛙油已垄断上海市场，并签订了1.5吨的供销合同，特别是鲜人参的精加工项目，已首次把人参产品打进美国超级市场，而且效益十分可观。

城乡集市贸易活跃，外向型经济领域不断扩展。为适应社会主义市场经济发展的需要，各民族自治地方充分利用本地自然资源优势开发市场、活跃繁荣商贸流通领域，放手发展个体私营商业，促进商业网点的发展，使国营、集体商业活力有所增强。同时，坚持把扩大对外开放，实施外向牵动作为加速经济发展的重要战略，广泛开展招商引资活动，不断拓宽对外合作领域，加强出口商品基地建设，实现了外经外贸工作的新突破。对朝边境贸易有了新进展，边境贸易进出口总额达到150万美元。民族自治地方全年社会消费品零售总额达到60.3亿元，比上年增长13%，城乡集市贸易成交额达到18亿元，比上年增长37%。

财政实力不断增强，金融形势良好。“九五”初年，民族自治地方进一步深化财税体制改革，努力培植财源，增加财政收入。以开源节流、强化征管为手段，加大清欠力度，保持税款均衡入库，合理调度资金，严格控制支出，1996年，财政收入达到11.3亿元，比上年增长19.6%。金融部门采取有效措施，拓宽融资渠道，扩大信贷规模，增加储蓄存款，今年城乡居民储蓄存款余额实现103.5亿元，比上年增长20%。

【社会发展】“九五”初年，全省民族自治地方围绕经济建设，贯彻实施科技强县的战略，加强科技攻关和技术推广，引进科技贷款9 000多万元，完成科技开发项目269项，部分科研成果被列为国家、省级的科技试验项目。

科技项目的实施，有力地推动了“两高一优”农业和“两高一深”工业的发展。

教育工作坚持以提高教育质量和办学效益为重点。“普九”工作取得新成果。1996年，共落实民族教育专项补助费200万元。为加强对全省民族教育的管理工作，由省教委组织起草了《实行“双语”教学的民族学校评估方案(试行)》，组织省教育学院完成了少数民族教师参加继续教育的活动方案起草工作，决定省内蒙古族教师1997年开始，一律参加内蒙古举办的蒙古语授课专业函授培训班，尽快提高学历层次。根据国家教委、国家民委的安排，决定在全省推广“民族常识”教育的试点工作，并先在抚顺市进行试点。1996年，省民委投资15万元在阜新蒙古族自治县建希望小学一所，在省内外师范院校安排少数民族定向招生561名。全省少数民族聚居的市、县开展了救助少数民族失学儿童活动，共救助失学学生250人。

为繁荣和发展少数民族的文化建设事业，省民委与文化厅举办了第四届少数民族业余文艺调演，来自全省14个市的满、蒙古、回、朝鲜、锡伯族等420余名少数民族演员参加演出。这次文艺会演，充分反映了近几年来少数民族群众在改革开放中的精神风貌，对挖掘、整理、提高民族优秀传统文化具有强大的推动作用。国家民委和省政府的有关领导，对这次活动给予了高度的评价。

全省现有朝鲜族文化馆8个，民族文艺团体3个，专兼职演员220人，其中少数民族演员占45%。民族自治地方共建有图书馆10个，总藏书56.6万余册；博物馆5个，馆藏各级文物4 000余件，资料类藏品万余件；文化站202个；电影院10个；电影放映队160个，年放映8 000多场次。

为配合全民健身运动，1996年9月，省民委举行了第二届民族自治县、聚居县(市)珍珠球邀请赛。珍珠球是辽宁省满族的传统体育项目，由于比较普及和项目水准较高，现已成为全国民运会的竞赛项目。来自全省民族地区的九支代表队的200多名各族体育健儿参加了比赛。这次赛事，有力地推动了全省民族体育运动事业的发展。

1996年，民族自治地方的基础设施建设取得了新的进展。交通、运输、邮电、通讯事业发展速度较快，公路网化建设成绩显著，全年新铺柏油路100多公里，新建桥梁、函洞200多座(道)。桓仁满族自治县加大公路建设的投入力度，全年地方财力向公路建设总投入达830多万元，县公路总里程已达到875公里，公路密度为24.24里/百平方米公里，黑色路面里程达到246.7公里。公路技术等级和整体功能有明显提高。通讯邮电能力不断加强，新宾满族自治县各乡镇实现了无线寻呼联网，城乡电话普及率列全省第九位。城乡环境、卫生等条件也有很大改观，“安居工程”旧房改建、新建住宅在城镇、街道已初具规模，物业管理已开始起步。

【民族工作】在“九五”计划的开局之年，省民委结合全省民族工作的实际情况，确定了今后一个时期工作的指导思想和工作思路：以邓小平同志建设有中国特色社会主义理论为指导，坚持党的基本路线，充分发挥本部门“组织、协调、管理、调研、服务”职能，紧紧围绕实现“两个目标”、实施“两个转变”和落实“三大战略”，全面贯彻党的民族政策，促进民族地区经济和社会发展。

一、“九五”期间，为使民族经济工作能走出一条新的路子，使民委经济工作的发展同建立社会主义市场经济新体制的客观要求相适应，结合全省经济与社会发展“九五”计划和2010年远景规划，制定实施了《辽宁省民族工作部门“九五”民族经济工作规划要点》，共有11项工作目标、13项工作任务和5项工作保证措施，力促全省民族经济工作在“九五”初年步入有序、渐进、规范、求实的轨道。

继续抓好全省少数民族“1355”致富示范工程的实施，做好检查、验收、评比工作，并制定了《辽宁省少数民族“1355”致富示范工程检查、验收评比方案》，深入工程乡、村调查了解情况，总结经验，并与辽宁北方电视台合作，共同拍摄了五集系列专题片《山上辽宁》，以反映民族自治地方的各族干部群众，在改革开放以来，是如何以本地资源为优势，走上脱贫致富道路的。

加大民族地区扶贫工作的协作力度，一是做好定点包扶工作，由省民委牵头、协调省科委、省外经贸厅共同帮扶阜新蒙古族自治县，年初在该县召开了帮扶工作现场办公会，制定了《1996年帮扶工作计划》，议定了22个帮扶具体任务，各部门分头承担，分头实施。一年来，三个包扶部门共向阜新蒙古族自治县投资500余万元启动资金，其中省民委共投入资金190余万元，新建希望小学一所，修路一条，扶持民贸企业4个以及蒙医研究所、蒙医大专班等。二是协调有关部门，实施倾斜照顾政策。省计划部门每年对贫困的民族自治县在基建、技改投资方面以及农田生产物资上，都适当照顾，省建行为贫困自治县一次性下拨140万元贷款指标，周转使用。省交通厅每年增拨贫困自治县50万元专项资金，加强公路建设。省农行在回收贷款等方面也采取相应的照顾政策。据统计，1996年以来，全省各专业银行下拨了5亿元的贴息贷款，这些都有力地促进了少数民族贫困地方的经济发展。

二、认真贯彻全国民委工作会议精神，结合辽宁省的实际工作情况，召开全省民委主任会议，省委常委、副省长徐文才同志到会讲话，提出了今后一个时期民族工作的基本任务和奋斗方向。会后全省各地民族工作部门认真抓落实，创造出了许多新的工作经验和办法。鞍山市有关部门签定了《“九五”期间振兴民族经济联姻书》，对本地区“九五”期间的民族工作做出了统筹安排；丹东市民委制定了《1996—

2000年争创民族团结进步模范活动意见》，国家民委给予了充分肯定。

在民族工作中有针对性地解决热点、难点和新问题。广泛调查研究，提出相应对策，加大了处理突发事件的力度。就当前朝鲜族在社会主义精神文明建设方面遇到的外来干扰和影响问题，召开了全省部分朝鲜族村委会主任会议，研究探讨解决问题的对策和意见，并写出了《关于当前农村朝鲜族社情的思想——问题与对策》，报送省委、省政府有关部门作为参考意见。召开了少数民族代表人物和宗教界人士座谈会，共同研究加强社会主义精神文明建设的具体措施。

加大了民族法制建设的力度。起草、修改了《辽宁省民族乡行政工作办法》和《辽宁省城市民族工作办法》，已上报省政府，待审查通过后颁布实施。分别同省人大、省政协组成联合检查组，对执行省政府44号令情况进行了全面检查，开展了教育、经济、边境等方面调查，提供了决策依据。认真总结了“二五”普法工作，制定了“三五”普法规划，进一步加强了民族法制宣传工作。

三、努力开拓民族工作的新局面，为民族地区办实事、办好事。民族地区的少数民族群众，大多居住在偏远山区，为改变其缺医少药治病难的状况，由省民委牵头，组织省卫生厅、省直机关团工委，从省内医院抽调九名妇科、口腔科、内、外科、结核病防治和肿瘤内外科青年医务工作者，于5月27日深入到地方病、常见病高发区的阜新蒙古族自治县和岫岩满族自治县，实施了以查病、治病、保健咨询和农村卫生行政工作情况调研为内容的义诊活动。历时9天，行程1 500公里，投放药品50多种，投入药械资金2万元，共诊治病人2 800多人次，受到当地干部群众的热烈欢迎。还投入资金帮助阜新蒙古族自治县蒙医研究所完成4个国家级研究课题。

在省委、省政府的重视和大力支持下，经过组织、统战等部门的共同努力，全省培养选拔少数民族干部群众有了新的进展。按照中央组织部、统战部和国家民委的要求，协助省委组织部、统战部推荐选拔了5名县处级少数民族干部分赴中央和国家机关挂职锻炼。1996年，全省少数民族干部已达16万多人，占全省干部总数的10%以上，在各级党政领导班子中，少数民族干部的选拔和配备数量也较往年有了较大增加。

结合全省民族语言工作的现状和实际，充分发挥民族语言工作的社会功能，为经济建设和改革开放服务。蒙古语文工作编辑完成了《汉蒙、蒙汉两用词典》，并组织有关市、县(区)参加了首届八省、区蒙古文书法展览。为弘扬民族文化，开展学术研讨，召开了“辽宁省青年学者蒙古文学研讨会”，共评选出10篇优秀论文。为提高朝鲜语言工作者的业务能力，与省朝鲜族师范学校、民族出版社联合举办朝鲜语文学习班，特邀韩国老师授课，有40多人参加了学习。加强与有关国家和部门的联合和交流，派员参加了1996年朝鲜语言学者国际学术会议。民族研究和民族古籍整理工作取得可喜成果。作为国家重点课题的《边境民族地区稳定和发展问题及对策》获得了国家级优秀成果一等奖，整理出版了《爱新觉罗家族全书·诗词卷》等一批文献、古籍，受到有关专家学者的高度评价。

撰　稿:金　枫

审　稿:佟钟时

吉 林 省

【民族经济】1996 年，吉林省民族自治地方在各级党委和政府的正确领导下，以“九五”开好局、起好步为目标，积极推进经济体制和经济增长方式的转变，国民经济保持了持续、健康、稳定发展。1996 年全省民族自治地方国内生产总值达 157.3 亿元，比上年增长 9%，其中第一产业增加值 45.7 亿元，增长 14.3%；第二产业增加值 57.7 亿元，增长 6.5%；第三产业增加值 53.9 亿元，增长 8.4%；人均国内生产总值 4 834 元，按可比价格计算比上年增长 7.8%。

农业生产形势喜人，农村经济全面发展。1996 年，民族自治地方围绕全省建设粮食大省、畜牧业大省、农产品加工业大省和农村经济强省的“三大一强”战略目标，切实加强了对农业和农村工作的领导。粮食产量创历史最高水平，总产量达 275 万吨，比上年增长 30.8%；农林牧渔业总产值 71.2 亿元，比上年增长 16.8%。乡镇企业继续快速发展，全年实现乡镇企业总产值 73 亿元，比上年增长 21.2%；缴纳税金 2.8 亿元，增长 78.9%；税后利润净额 5.5 亿元，增长 93.3%。

工业生产稳步发展，重点企业发展壮大。1996 年，民族自治地方工业把工作重点放在培育优势企业上，强化企业领导班子，推广先进企业管理经验，优先配置资金、能源、运输等生产要素，使重点企业生产保持了较快发展，带动了民族自治地方工业生产的稳步增长。全年乡及乡以上工业企业完成总产值 109.1 亿元，比上年增长 7.1%，其中轻工业产值 46.7 亿元，增长 2.7%；重工业产值 62.4 亿元，增长 11.7%。主要工业产品产量，原煤 400.7 万吨，原油 1.7 万吨，发电量 61.6 亿千瓦小时。

固定资产投资日趋合理，交通运输、邮电事业发展较快。1996 年共完成固定资产投资 32.1 亿元，比上年增长 2%，其中基本建设投资 13.8 亿元，增长 20.9%；更新改造投资 6.6 亿元，增长 15.8%。交通运输条件不断改善，延边州新建 80 公里水泥路面，延吉机场扩建改造二期工程全面竣工，图珲铁路开通临时货运，国有铁路营运里程达 453 公里。邮电通讯事业高速发展，全年完成邮电业务总量 4.7 亿元，年末市内电话用户达 19.9 万户，农村电话用户 5.3 万户，88%的乡镇实现了电话程控化。

对外贸易非常活跃，对外开放水平有了新的提高。民族自治地方积极推进外向型经济的发展，努力改善投资环境，对外开放工作取得了新进展。图们至俄马哈林诺国际铁路完成铺设，图们至珲春段投入临时营运，由珲春经俄、朝联运航线已经开通。民族自治地方进出口贸易总额 2.3 亿美元，比上年增长 36%；实际利用外资 1.3 亿美元，比上年增长 71%。

财政金融形势平稳，城乡市场日益繁荣，人民生活水平有了新的提高。1996 年民族自治地方实现财政收入 13.7 亿元，比上年增长 13.6%；各项存款 132.5 亿元，各项贷款 200.2 亿元，分别比上年增长 28.7%和 24.8%；城乡居民储蓄存款 137.8 亿元，比上年增长 26.5%；社会消费品零售总额 76.2 亿元，比上年增长 4.1%；全年全部职工工资总额达到 32.8 亿元，比上年增长 15.9%，职工年平均货币工资 4 859 元，增长 19.2%；农民人均纯收入 1 952 元，比上年增长 22.8%。

【社会发展】1996年,民族自治地方的科技、教育、文化、卫生、体育等各项社会事业有了新的发展。

科技事业取得了新的成果。1996年,延边州有5项科研成果获省科技进步奖,有27项发明创造申报国家专利;长白县有7项科技成果分别在国家和省级科技成果展览会上参展。民族自治地方共有科研机构31个,拥有科研人员871人。

教育事业稳步协调发展。1996年民族自治地方高等院校招收研究生157人,在校研究生393人,毕业研究生97人,当年有83人被授予硕士学位;普通高等院校招收本、专科生2 404人,在校学生7 316人,毕业生1807人;普通中学290所,在校学生18.3万人,专任教师1.5万人;小学校1 369所,在校生36.9万人,专任教师2.1万人;学龄儿童入学率达99.8%。

文化事业继续发展。民族自治地方共有各类电影放映单位70个,艺术表演团体12个,公共图书馆12个;广播电台11座,广播人口覆盖率达91%;电视台11座,电视人口覆盖率达90%;全年出版报纸2 770万份,出版各类杂志120万册,出版图书2 299万册。

医疗卫生条件得到改善。1996年民族自治地方共有各类卫生院338个,医院病床1.3万张,拥有专业卫生技术人员1.8万人。

体育事业取得新成绩。1996年延边州体育健儿在国家和省重大比赛中,共夺得金牌13枚,银牌8枚,铜牌8枚。全民健身运动蓬勃兴起,群众性的体育活动开展得丰富多彩,仅延边州举办县(市)、乡(镇)级以上运动会就达263次,参加的运动员达14.4万人。

【民族工作】1996年,吉林省的民族工作,以民族团结进步活动为主线,以经济建设为中心,经过全省各级民族工作部门的共同努力,较好地完成了全年工作任务。

1. 民族团结进步活动取得了新的进展。1996年继续大力推广延边州的经验,巩固和发展了民族团结进步活动的成果。一是促进了散杂居地区民族团结进步活动的深入开展。长春市、吉林市从本市的实际出发,积极探索城市民族工作的新路子,他们的经验和做法得到了国家有关部门的肯定;二是结合自治县县庆、民族乡乡庆,大力开展民族团结进步活动。前郭县在庆祝自治县成立40周年期间,确定了十大工程,组织了经贸洽谈会、民族艺术节,丰富了民族团结进步活动的内容;三是使民族团结进步活动与法制建设相结合,促进民族团结进步活动走上法制化轨道。1996年出台了《吉林省实施〈城市民族工作条例〉办法》;《吉林省实施〈民族乡行政条例〉办法》和《吉林省少数民族语言文字使用管理规定》已上报省政府;制定了《吉林省民族团结进步活动暂行办法》。

2. 民族经济工作得到了进一步加强。1996年全省民族经济工作继续坚持"宏观参与、政策研究、推动开放、综合服务"的工作思路,进一步强化了民族经济工作。一是深入开展了脱贫致富奔小康竞赛活动,并以此为载体全面促进少数民族和民族地区的经济发展。截止到1996年末,全省民族自治地方已有71个乡镇、1 241个村基本达到了小康标准,分别占民族自治地方乡镇、村数的43%和64.5%;在33个民族乡镇中,已有6个乡镇、153个村达到小康标准,分别占民族乡镇、村数的18.2%和48.9%;二是开展了全省少数民族贫困地区经济发展情况的调查,起草了《吉林省人民政府关于少数民族扶贫工作的意见》,目前正在对《意见》中涉及有关部门的问题进行协调落实;三是对全省民贸和民族用品定点生产企业进行了全面调查。1996年下半年,省民委会同轻工、纺织等部门对49家民族用品企业进行了考查,对已不再生产民族用品、关停倒闭转产的7家企业进行了调整;四是强化了资金的管理和使用。为管理使用好专项资金,使有限的资金发挥更大的效益,省民委会同省财政厅对全省新增发展资金使用情况进行了检查，并派人到黑龙江、辽宁调查学习兄弟省专项资金的使用、管理办法，及时总结经验教训。改变了过去“两项资金”的使用办法，以有偿为主、有偿无偿相结合，1996 年拿出 110 万元作为有偿资金，投放到 8 个项目上；落实新增不发达地区发展资金 1 800 万元、项目 19 个，乡镇企业贴息贷款 1 000 万元、项目 6 个。

3. 少数民族文教、体育、宣传工作取得了新成绩。一是认真落实《关于加强民族教育若干问题的意见》，在民族中小学开展了民族知识教育试点工作；二是加强少数民族语言文字工作，召开了东北三省民委语办主任联席会议、朝鲜语术语标准化工作委员会会议、朝鲜语语言学者国际学术会议、中国朝鲜语规范委员会成立十周年座谈会和全省蒙古语文学会年会等会议；三是积极促进少数民族传统体育事业的发展。省民委会同有关部门起草了《关于加强民族传统体育工作的意见》。各市、州都采取了切实有效的措施，大力开展了少数民族传统体育活动；四是少数民族文化宣传工作取得了新的成绩。1996 年，在国家民委举办的全国民委系统优秀政策、调研成果评选活动中，有 1 篇调查报告、4 篇论文和 2 部专著获奖；延边州和白城市制作的民族团结进步先进人物电视专题片，在电视台定期播放后，收到了良好的社会效果。

4. 少数民族干部工作有了新的突破。全省各级民委按照《吉林省培养选拔少数民族干部工作八年规划》的要求，加强了对少数民族干部的培养选拔。一是积极向各级党委组织部门推荐了优秀少数民族后备干部。在被推荐的干部中，有的已陆续走上领导岗位。各级民委还进一步健全了少数民族后备干部和部分中高级知识分子档案，扩大了培养选拔干部的视野；二是配合组织部门选送了一批少数民族干部到经济发达地区和中央国家机关挂职锻炼；三是举办少数民族干部培训班，不断提高少数民族干部队伍的素质。四平市民委积极与组织部门配合，举办了一期优秀中青年少数民族干部培训班，组织学员对民族乡、村的经济进行了调查分析，使学员们感到收获很大；四是经过多方协调和积极争取，省民族干校与吉林工学院采取联合办学、定向招生的办法，从全省 33 个民族乡镇招收了 40 名学生，毕业分配面向民族乡镇，为民族乡镇培养所需经济管理人才。

撰　稿：金惠淑
审　稿：崔秀男

黑龙江省

【民族经济】至 1996 年底，黑龙江省民族乡镇国民生产总值达到 30.9 亿元，比上年增长 15%，比全省的 10.6%高出 4.4 个百分点；杜尔伯特蒙古族自治县国民生产总值达到 7.3 亿元，比上年增长 46%，比全省高出 25.6 个百分点。较之上年全省民族经济得到了较大发展。

——传统产业稳步发展。1995 年末全省民族乡镇农业取得大丰收，粮食产量达到 19 亿公斤，比上年增长 19.4%，比全省的 17.5%高出 1.9 个百分点；杜尔伯特蒙古族自治县大牲畜存栏达 15 万头，比上年增长 14.5%，鲜奶产量 6.1 万吨，与上年基本持平。牧业产值达 2.2 亿元，比上年增长了 8.1%，比全省的

15.5%低7.4个百分点。尤其值得一提的是其粮食产量达2.2亿公斤,比上年增长141%。

——乡镇企业发展迅速。1996年末全省民族乡镇企业总产值达61.6亿元,比上年增长26.3%,比全省的46.2%低19.9个百分点。其中乡镇企业总产值超亿元的民族乡镇20个,占民族乡镇总数的29.4%,比上年的26.4%高3个百分点。乡镇企业发展了,其贡献亦大了。1996年末,全省民族乡镇企业所得的利润比上年增长49.9%,比全省的27.3%高出22.6个百分点;所缴的税金比上年增长27.8%,比全省的28.9%低1.1个百分点。

——财政收支大体平衡。1996年末,全省民族乡镇财政收入1.16亿元,比上年增长57.3%,比全省的17.2%高出40.1个百分点;财政支出0.96亿元,比上年增长28.7%,比全省的16.3%高出12.4个百分点。杜尔伯特蒙古族自治县1996年财政收入0.86亿元,比上年增长30.3%,财政支出0.85亿元,比上年增长28.8%。

——扶贫攻坚,效果显著。1996年,全省民族地区大打扶贫攻坚战,采取调整产业结构、"公司+农户"龙头企业带基地及扶贫联合体等多种形式,效果显著。全省贫困乡由上年的5个下降为3个,降低40%,贫困民族村由上年的89个下降为44个,降低102%,贫困户由上年的1.8万户下降为7 262户,降低了1倍多。但就局部来讲,这3乡44村7 262户绝大多数分布在西部地区。3乡在齐齐哈尔市,44村中有29村,占66%,7262户中有3 000户,占42%。

——人口较少民族经济发展迅速。至1996年末,全省8个鄂伦春族村总收入1 018万元,比上年增长35.6%,人均收入2 485元,比上年提高271元,增长12.2%;4个赫哲族村总收入3 172万元,比上年增长54.7%,人均收入3 286元,比上年提高了1 210元,增长58.2%;西部2个鄂温克族村总收入681万元,虽然比上年增长23.4%,但人均收入1 802元,比上年减少了199元,下降9.9%;1个柯尔克孜族村亦同样:总收入199万元虽然比上年增长了10.5%,但人均收入1 648元,比上年减少508元,下降23.1%。

——收入增加,生活水平进一步提高。1996年末,全省民族乡镇农民人均收入2 406元,比上年提高了56元,增长2.4%,低于全省的23.6%达21.2个百分点;杜尔伯特蒙古族自治县农民人均收入1 193元,比上年提高13元,增长1.1%,比全省低22.5个百分点。

【社会发展】1996年黑龙江省民族社会事业在1995年的基础上有突破性进展。全省有2 800名少数民族考生升入大专院校学习,省属院校招收民族预科生60人,中专生150人,并将首届99名毕业生全部纳入省分配渠道。省民族干部学院完成招生728人,毕业800人。在国家民委的重视下,黑龙江省赫哲族乡普九教育提前实现。赫哲族乡普九教育得到了省委、省政府的高度重视,召开了由有关部门负责人参加的专门会议,并形成了《会议纪要》,使这项工作进入全面实施阶段。至1996年末,已投入资金70万元,并将继续投入140万元,以全面改善赫哲族办学条件,达到省定"规范化学校"标准。解决了鄂伦春族中学教育问题,以"就近办学、三级投入、乡校县管"为原则,由省计委、省财政、省民委按五、三、二比例分担,为鄂伦春族学校落实专项资金250万元,进一步改善了鄂伦春族乡中心校的办学条件。出台了《黑龙江省关于〈中国教育改革与发展纲要〉的实施意见》,提出了到本世纪末全省民族教育的奋斗目标:在全省民族乡镇总人口90%以上地区普及九年义务教育及学前一年教育。

1996年是杜尔伯特蒙古族自治县成立40周年。借这次迎庆之机,省民委协调各方面筹资1 000多万元,解决了自治县城镇地下排水、道路铺装、无电村上电、通乡公路、程控电话、电视差转设备等问题,并协调省财政拨出慰问金50万元，慰问少数民族群众。同时请省委书记单荣范同志主持召开汇报会，形成了《会议纪要》，为自治县“五个基地”（即牛羊肉生产基地、商品鱼生产基地、“两杂”“两豆”良种繁育基地、中草药材生产基地和旅游观光基地）建设争取省直部门扶持创造了有利条件。

科学、文化、卫生、体育等各项事业继续发展。1996年全省少数民族乡镇大搞科技兴农活动，大搞以良种为中心的“绿色革命”、以保护地栽培为中心的“白色革命”，使民族乡镇经济上了新台阶。经济的腾飞，使少数民族群众的文化生活更丰富，医疗卫生条件更优越。

【民族工作】1996年，黑龙江省民族工作部门认真贯彻党和国家的民族政策，坚持以经济建设为中心，以实现少数民族和民族地区的民族团结、经济发展、生活水平提高为指针，较好地完成了全年的工作任务：

一、认真开展“两个条例”的调研、修改和贯彻落实工作。在市场经济体制下，黑龙江省人大颁布的《民族乡条例》和《城市民族工作条例》遇到了新情况、新问题。省民委积极参与这两个条例的修改和补充，先后检查了3市2县共14个民族乡镇，为这两个条例的最后形成、出台做了积极的努力，通过督促、指导、检查和落实，使这两个条例在少数民族群众中产生了积极反响。

二、深入开展了民族团结进步表彰活动，进一步改善了民族关系，维护了社会稳定。至1996年末，全省的13个市地已有12个先后召开了民族团结表彰大会，表彰的民族团结进步先进集体和先进个人已近2 000个，仅1996年一年就表彰了先进集体200个、先进个人210人。

三、采取实际步骤，指导了自治县、民族乡镇经济的快速发展。在“九五”开局的1996年，黑龙江省民委紧密结合实际，研究制定了《指导自治县、民族乡镇实施“九五”计划的工作方案》，提出了“九五”期间少数民族同全省人民一道跨入21世纪的奋斗目标和主要措施。为贯彻实施这一方案，省民委于1996年3月在绥化市召开了全省民族经济工作会议，为方案的顺利实施打下了坚实的基础。1996年的实践证明了这一方案是行之有效的。

四、确立产业化战略思想，帮助民族聚居地区发展了立乡骨干企业。1996年，黑龙江省民委用于民族地区社会经济事业的资金达1 830万元，投资各类项目达71个，新增产值2.1亿元，利税4 000万元。

五、继续加大少数民族扶贫脱贫力度，扶贫攻坚效果显著。下发了《关于进一步做好民族地区扶贫工作的意见》，制定了扶贫脱贫的措施和要求，确定了扶贫主战场（仍为西部）。使人均收入850元以下的贫困人口由年初的7.9万人下降为5.5万人，脱贫率达30%。贫困面由上年的15.2%下降为10.2%。赫哲族转产取得重大突破，种地户由上年的34户增至为77户，占总户数的62%，比上年增长51个百分点，其人均收入水平已明显增加，达3 286元。

六、指导民族地区进一步开展创建文明单位活动。黑龙江省民委始终将指导民族聚居村创建文明村活动作为民族工作战线精神文明建设的重要内容。至1996年末，全省924个民族村中已有348个被评为县级以上文明单位，其中有16个村是省级文明单位。

七、积极发展民族教育，总结推广民族乡镇办教育的典型经验。1996年召开了全省民族乡镇民族教育工作会议，12个单位介绍了办学经验，表彰了12个先进民族乡镇，有力地推动了民族教育的发展。同时加大了赫哲族普九教育及改善鄂伦春族办学条件的力度。

撰　稿：刘烈军

审　稿：张志龙

上　海　市

【民族经济】1996年,上海市民委与各民族地区的经济协作得到了进一步的加强。市民委抓住我国经济建设重点向中西部倾斜的有利契机,及时向民族地区介绍上海产业结构调整中向中西部产业转移的各种信息,探索社会主义市场经济条件下经济协作出现的新问题,积极做好牵线搭桥工作,并参与一些项目的洽谈。在中央作出上海与云南开展对口帮扶的战略安排后,市民委派员参加了市政府组织的赴滇帮扶经济协作学习考察团,与云南省民委、有关州县民委商谈了民委部门对口帮扶经济协作工作,就一些项目进行了初步接触;市民委领导还参与上海市对口云南帮扶协作领导小组的工作。对于民族地区提出的经济协作项目,市民委本着负责的态度,积极落实上海合作单位,向双方介绍有关政策,沟通情况,促成双方在互惠互利的基础上共建合作项目。经上海市民委的牵线,上海吴淞化工厂与贵州省龙里化工厂合作生产重铬酸钠的项目已达成意向协议,现进入环境评估阶段;上海穆斯林开发公司帮助贵州省盘县制药厂解决黄酮内脂生产的技术和管理工作的合作协议已草签;上海铁合金厂与贵州省惠水县民族合金厂组建股份公司生产硅铁的谈判正在进行。此外,市民委热情接待民族地区来沪参观考察团,做好少数民族干部到上海挂职锻炼工作,并在他们返回后与之建立了工作联系。

1996年,上海市民委系统经济工作取得了一定的进步。穆斯林开发公司领导班子调整后,落实了以公司资产每年增值10%为主要内容的法人代表目标责任制,在原有出口的基础上办妥了小额进口业的批文,公司到年底扭亏为盈,全年出口创汇1 550万美元;民族旅行社全年接待游客5万多人次,营业额达600万元;民族建筑安装工程公司全年完成产值1 135.7万元,上交国家税利22万元;民族贸易公司的业务有了进一步发展,在浦东地区新设了民族装饰总汇,与浙江省宁海县合建民族海产品加工厂的项目正在落实;民唯实业公司全年完成营业额163万元,上交国家税利2.8万元。民族饭店在资金极其困难的情况下,通过筹建处全体人员的不懈努力,高十八层的大楼结构已封顶。地处虹桥路凯旋路的凯虹宾馆,经过一年多的建设,筹建人员精打细算巧安排,仅以350万元的低价投资建成了这一宾馆。宾馆设标准房48间,餐厅有大、中、小包房4间,并辟有小型商场和商务中心,现已试营业,宾馆全体工作人员以星级服务标准接待来自四面八方的宾客。在市民委的关心下,上海民族事业服务中心作为民委系统经济实体的管理机构,会同二处定期召开经济实体领导人例会,互通情况,交流经验,引导各经济实体按现代企业制度规范企业行为,为逐步从松散型的联合走向紧密型的联合打下基础。

【社会发展】1996年,上海市少数民族社会事业有了稳步的发展。

教育方面:全市共有回民中学一所、回民小学三所、回民幼儿园五所,回民中、小学在校少数民族学生有1 010名。行政管理学校和回民中学还设有20个西藏班。上海交通大学、中国纺织大学、华东师范大学、上海水产大学、上海财经大学、上海医科大学、上海戏剧学院等七所高校专设了为新疆、西藏等少数民族地区培养人才的民族班。全市在校少数民族大学生有3 449名。各回民学校全面贯彻党的教育方针,认真实施《上海市民族教育(普通教育)发展纲要》,加强民族团结教育和狠抓教育质量并举,积极培养好少数民族下一代,学校有了可喜的变化,教育质量不断提高。回民中学

1996年高考录取率为历年来最好水平。市民委会同教育部门对回民中、小学的师资现状进行了调查，参与了回民中学西藏班的办学评估工作。在市、区教委的关心下，回民中学投资数百万元安装了闭路电视，装修了学生宿舍，添置了数百套新课桌椅。全市有62名少数民族学生参加了周培源力学竞赛少数民族专项比赛，其中21名学生分获一、二、三等奖。在第三届民族教育奖学金颁奖大会上，向获得95年度市、区县三好学生的回、满、朝、维等10个少数民族的67位学生颁发了28 000余元奖金。宝山区民族部门承担了宁夏固原地区20名优秀学生从小学到大学的全部费用。在南市区民族宗教部门的倡导下，各清真寺集资、清真女寺和乡老们捐赠衣物，参与帮助宁夏海原县建设希望小学。

体育方面：与市体委联合召开了“上海市少数民族全民健身动员大会”，号召全市少数民族积极参加全民健身运动，会上对三个荣获全国、市少数民族体育先进称号的单位和第五届全国民运会获奖运动员进行了表彰。此后，市民委又制定了《关于开展上海市少数民族全民健身活动的实施意见》。根据《意见》的安排，一些区县、清真单位和回民中学相继建立了少数民族传统体育运动队。

文化方面：经过多年的努力，《上海民族志》编撰工作已全面完成，并已由市地方志办公室终审通过，正式付印。《上海年鉴》、《上海通志》、《上海百科全书》民族部分和《中国民族统计年鉴》上海部分的撰写也已完成。此外，市民委通过《联合时报》连续登载了介绍上海少数民族优秀人物的文章，取得了较好反映。

【民族工作】年初，市民委提出上海市的民族工作要“以学习、宣传、贯彻《城市民族工作条例》和《上海市少数民族权益保障条例》作为工作主线，以做好清真供应和伊斯兰教工作为重点，处理好改革、发展、稳定的关系，使社会主义民族关系得到进一步巩固和发展”。不久，市民委又确定了上海民族工作的基本任务，把坚持正确的政治方向、维护社会稳定和贯彻《条例》、为少数民族多办实事放到突出的位置。

春节前后，市少数民族事业发展基金下设的帮困基金开展了向少数民族特困户送温暖活动，发放救助款2万多元，各区县民族工作部门对300多户少数民族困难家庭给予补助近4万元。三月一日的“民族团结日”活动，全市各级民族工作部门和少数民族群众团体组织近4 000人上街宣传《条例》，民族工作干部到机关、企事业单位宣讲《条例》，许多区县和少数民族集中的街道举办了民族法规政策的知识竞赛。全市牛羊肉价格放开时，在市领导和有关部门的大力支持下，形成了两个文件，对有清真饮食习惯的少数民族提高了伙食补贴和副食品补贴。市民委还与公安部门联合发文，使婚嫁来沪的少数民族可优先申报户口。在牵涉到政策性较强、难度较大的动迁、下岗再就业等工作中，民族工作部门也积极参与，想方设法为少数民族解决困难。普陀区长寿路拓宽工程，民族工作部门按照“适当照顾、妥善安置”的原则做好各方面的工作，使67户少数民族居民全部按期平稳搬迁。对民族关系中的突发事件，各级民族工作部门一旦发现就妥善解决。市民委对民族关系中的敏感问题定时分析研究，多次编写信息上报市委；会同有关部门认真做好少数民族较为集中的学校的学生思想政治工作，使他们能够安心学习。各级民族工作部门密切配合公安机关和外来人口管理部门做好少数民族盲流人员的遣返工作。一年中全市涉及到少数民族突发事件的苗子有10多起，民族工作部门都及时介入，促使矛盾化解，维护了一方平安。

全市的清真供应工作得到了较快的发展，五月上旬，市政府领导主持召开了清真工作会议，按照会议精神，市民委与商委等有关部门联合形成了《关于进一步改善本市清真“三食”供应工作的意见》的文件，市府办公厅以沪府办[1996]65号文件予以转发。文件首次明确了清真供应工作责任制及一系列有关政策的规定，各区县分管领导及时召开清真工作专题会议，就合理布局、提高档次、政策扶持等方面提出了具体措施，有的还建立了联席会议制度。清真名店“洪长兴”和“大西洋”饭店被拆后，在黄浦区政府的关心下，获得了南京东路宝大祥商厦十楼、四川中路和金陵路三处店面作为补偿；清真雅叙居饭店先后在浦东、嘉定等地区开出了五家联锁店；火车站广场清真快餐馆已建成营业；长宁区多旺点心联锁店专设了清真店；原区县中唯一没有清真网点的崇明县也填补空白开设了一家清真店。普陀、闸北、徐汇等区和清真牛羊公司在一些新建居民小区增设了清真副食品专摊；联华超市在南市大兴街分店开设了“清真角”。

撰　搞：陈国良

审　稿：哈宝信

江　苏　省

【民族经济】1996年，江苏省进行产业结构调整，实行目标管理，民族经济继续保持良好发展势头。据不完全统计，全省32家民族企业，工业产值4.1亿元，实现利润1 180万元，上交税收1 015万元。高邮市菱塘回族乡的电线、电缆工业和徐州市江苏天穆集团及北关回民村的汇丰酒精厂、南京市民族塑胶集团等是江苏省少数民族企业的龙头产业，它们的产值和利税占民族企业80%以上。高邮市菱塘回族乡是全省唯一的民族乡，1996年实现社会总产值4.95亿元，全乡年人均收入2 098元，分别比上年增长40.1%和37.3%。1996年全乡工业企业全面实行股份制和股份合作制为主要形式的产权制度改革。1996年全乡实现工业产值3.1亿元，比上年增长39.60%。乡工业销售额达到2.25亿元，利润571万元，分别比上年增长18.40%和12%，保持了较好的运行态势。为了增添发展后劲，1996年又投入技改资金2 100万元。民族乡的农副业生产也在稳步提高，全乡农业总产值达到1.15亿元，比上年增长34%。粮食生产在大灾之年仍喜获丰收，达3 476万斤，油料生产90.8万斤，分别比上年增长13.2%和6.8%。种植业产值2 800万元，比上年增长19.5%。多种经营产值1.07亿元。建筑业实现产值3 600万元，比上年增长91.5%，实现利润159.8万元。全乡第三产业从业人数2178人，增加值达到3 600万元，比上年增长34.2%。

徐州也是江苏民族企业比较多的地区之一，江苏天穆集团，加快改革步伐，先后兼并了两个企业建立了集团股份制。1996年年产值达4 100万元，税收115万元。被徐州市政府命名为“小康示范村”的丰县城关镇北关回民村，有10个村办企业，工业产值4 000万元，实现利税313.1万元，年人均收入3 310元。年产2万吨的汇丰酒精厂也于1996年建成投产，将给北关回民村的民族经济注入新的活力。

1996年，江苏省对口支援工作取得较大进展。江苏和西藏自治区正式签订了16个援助项目协议，无偿援助资金(包括物资)747.5万元。中央确定江苏省承担的拉萨市人民医院住院部和自治区藏药厂扩建两项工程，已于1996年竣工交付使用。江苏与广西、新疆开展对口支援和经济协作已有18年，共签订了对口支援项目3 081项(仅1996年9月江苏和广西签订了合作项目108项），已实施1 841项，派往两区短期工作讲学的技术专家、学者达2 900人次，接受两区来江苏挂职、进修和代培人员近万人次。江苏和陕西的合作初尝甜果。近年来，经过两省800多名交流挂职干部的努力，两省已在陕西合作兴建了一批项目，现已批准的有294个，总投资为5.9亿元。两省已有8对地（市）、33对县（市、区）、300多个部门单位、222对乡镇、338对企业结成了友好协作对子。

【社会发展】江苏省是少数民族散杂居地区，经济、文化、教育比较发达。帮助民族地区培养各类建设人才是江苏省民族教育特色之一。据调查，现全省有3所大学、2所中专学校招收了新疆班、西藏班少数民族学生492名。有2所全日制西藏中学，在校生有近千人。1996年，省财政专门拨款56万元补助解决西藏中学和中等专业学校西藏班学生的生活困难。1996年，由南京市民捐款105万元帮助西藏建成的“南京希望小学”，已于1996年9月18日在墨竹工卡县正式开学。由南京梅园中学“周恩来班”开展的“梅园、佤山手拉手活动”，使云南西盟佤族自治县岳家乡100名失学、辍学的佤族儿童重返课堂，并与南京梅园中学的“周恩来班”结成姐妹班，使汉族与佤族、藏族少数民族青少年之间，手拉手，心连心，搭起了一座民族团结的桥梁。菱塘回族乡已全面实施“普九”教育。1996年小学适龄儿童入学率为99.80%，小学毕业率98%。全乡有964位青壮年摘掉文盲帽子，非文盲率从91.2%上升到99.8%。为了加快培养专业技术人才的步伐，乡职业中学开设了以机电、企管等为骨干的四个专业班。现正在筹建民族高级职业中学，第一期500万元建设资金已到位，工程已经开工。全乡拥有多种先进诊疗设施的卫生院1个，占地5 756平方米，18个村（场）设有卫生室，村村实行了合作医疗，形成了乡村两级医疗卫生网络。菱塘回族乡十分重视群众体育活动，1996年荣获省政府“江苏省十佳体育名镇”的光荣称号。

徐州丰县北关回民村在经济发展的同时，关心社会公益事业。该村积极筹建少数民族敬老院。对15名家庭经济困难的少数民族学生资助4 500余元，并对考入高等院校的少数民族学生实行奖学金制度。

全省回族等少数民族的土葬习俗得到尊重。13个省辖市及少数民族较多的县城都建立了回民公墓。

【民族工作】1996年，江苏民族工作从散杂居特点出发，立足稳定，着眼发展，取得了一些成绩：

1.《江苏省少数民族权益保障条例》于1996年12月13日经省八届人大常委会第二十五次会议审议通过并颁布施行，这是建国以来江苏省制定的第一个地方性的民族法规。对于正确处理民族问题，保持社会稳定，推动少数民族经济和社会事业的发展，团结各民族人民携手并肩奔小康，实现各民族的共同繁荣和进步，提供了强有力的法制保证。各市县结合本地实际情况，正着手起草贯彻《条例》的实施意见，以保证《条例》各项条款的贯彻落实。

2.加大少数民族脱贫奔小康的力度。根据省委、省政府提出的“1997年全省基本脱贫、本世纪末全省实现小康”的奋斗目标，1996年11月，省民委在高邮菱塘回族乡召开了“江苏省第二次少数民族扶贫工作座谈会”，近30个市县和部分民族工作干部参加了会议，积极探讨依靠社会力量打好少数民族脱贫致富的攻坚战。据不完全统计，1996年全省各地通过各种渠道争取到的发展民族生产和扶贫资金达200多万元。江苏省近几年共扶持4.5万少数民族贫困人口，已使2.7万人脱贫。

3.1996年，江苏民委针对全省清真饮食行业普遍存在的萎缩现象，在开展专项调查的基础上，于6月在南京召开了全省清真网点建设座谈会，邀请省有关厅局、各市民族宗教事务局和清真厂、店的负责人共同商讨扶持清真行业的办法。会后，省政府分管副省长就解决这一问题作了明确的批示。南京市拟定了《关于扶持我市清真行业发展的几点意见》，从政策、资金等方面扶持清真行业。在各级领导的关心下，全省已有清真食品加工厂、清真菜馆130多家，基本可满足食用清真伙食民族的需要。

4. 协助中央二部一委做好民族地区干部挂职锻炼工作。1996年西藏、广西、贵州等地区选派12名少数民族干部到南通、常州、南京三市挂职锻炼，省民委从各方面做好安排，使挂职干部完成锻炼任务，收到了较好的成效。在互惠互利的基础上，签订了数十个经济合作项目，促进了沿海地区和民族地区的经济发展。另外，省民委和苏州、无锡、镇江、扬州等市民委还接待了包括全国少数民族参观团新疆干部团在内的少数民族地区各种参观团近千余人，受到国务委员、国家民委主任司马义·艾买提的好评。

5. 1996年对江苏少数民族干部进行了统计，全省有少数民族干部8 159人，占全省干部总数的0.47%。其中市厅级以上30人（包括省级3人），县处级430人，科级752人。

撰　稿：许新民

审　稿：费兴华

浙　江　省

【民族经济】1996年，遵照《浙江省九五计划和2010年远景目标》的总体要求，全省民族经济继续推进两个转变，各项经济指标均超额完成。景宁畲族自治县继续做好山上文章，充分利用山区资源优势，大力发展以绿色（山林资源开发）、黑色（香菇、黑木耳开发）、无色（水资源开发）、有色（矿产资源开发）等“四色”工程，效益显著。据统计，该县全年实现国内生产总值5.7亿元，粮食总产量5.8万吨，地方财政收入1 872万元，农民人均收入787元。浙江西南山区的少数民族群众及18个民族乡（镇）因地制宜，大搞农业综合开发，形成一定规模。当年，全省农村少数民族人均收入达1 175元，18个民族乡（镇）共实现工业总产值6.5亿元，农业总产值3.4亿元，粮食总产量7.8万吨，财政收入1 724万元，人均收入达1 461元。有12个民族乡（镇）人均收入超过千元，提前实现了省委、省政府提出的脱贫目标。浙江景鄞扶贫经济开发区、浙江景宁民族经济开发区的建设上了新台阶。至1996年底，景鄞扶贫经济开发区内注册企业已达192家，全年实现工业总产值达1.5亿元，商贸销售6亿元，全年返回景宁县的税收800多万元。具体承担开发区建设任务的浙江景宁集团有限公司被国家民委向中国证券监督管理委员会推荐列入1996年A股发行计划，正积极争取成为民族地区少数民族的上市公司之一。与此同时，全省进一步加大对民族地区和贫困地区的扶持力度，省委、省政府决定由鄞县、温岭市对口支援景宁畲族自治县，由省供销社等12个省级单位挂钩扶持景宁畲族自治县的12个乡镇。概括浙江民族经济发展状况，具有以下几个显著特点：一是少数民族和民族地区群众的思想观念转变较快，认识到推进两个转变在经济发展中的决定性作用，生产的规模型、专业型、社会化、市场化的程度提高；二是民族工作部门主动借鉴兄弟省区民委系统“公司＋农户”等形式，积极参与具体经济工作，在帮助民族地区发展经济的同时，逐步壮大自身实力，培养合格的经济管理人员。三是浙江景鄞扶贫经济开发区经历三年的开发建设，已经具备相当实力，从而有力地推动景宁畲族自治县的各项建设事业，实现开发区创办的宗旨。四是党和政府及社会各界都越来越关注民族地区和贫困地区各项事业的发展，进一步加大扶持力度或以不同形式帮助少数民族和民族地区发展各项事业。但是，少数民族和民族地区在参与市场竞争中，存在着项目缺乏科学规划与论证，项目的执行缺乏社会化配套服务，自身法律观念淡薄，经受市场风险的能力较弱等问题。

【社会发展】1996 年，浙江省少数民族和民族地区各项社会事业平稳发展。民族地区基础教育基本巩固，师资力量有了加强，教学质量不断提高。景宁畲族自治县已有普通中学和职业中学 14 所，在校学生 9 142 人，专职教师 582 人；有小学 333 所，在校学生 1.34 万人，专职教师 824 人。18 个民族乡(镇)有中学 13 所，在校学生 5 571 人，专职教师 361 人；有中心小学 20 所，在校学生 6 045 人，专职教师 317 人。中、高等民族教育进一步发展。继续在杭州大学设立民族预科班，招收文科、计算机两个专业的少数民族学生。当年，全省录取到各级各类院校的少数民族学生达 158 人。甚础设施建设进一步发展。截止 1996 年底，全省 95%以上行政村通电，62%行政村解决了人畜饮水问题。各地群众文化活动开展活跃，一年一度的老竹、丽新、柳城、板桥四乡镇畲族“三月三”歌会如期举行，弘扬了畲族传统文化，丰富了畲民的文化生活。

【民族工作】1996 年，浙江民族工作在邓小平同志建设有中国特色社会主义理论的指导下，在省委、省政府的领导下，认真贯彻执行党和国家的民族政策和法律、法规，坚决贯彻省委、省政府的决策部署，采取各项有力措施，大力扶持民族经济，优先发展民族教育，加快培养少数民族干部，重视加强民族团结，促进了少数民族和民族地区经济与社会的全面发展。在扶持民族地区发展方面，省民宗委一是坚持调查研究，实行分类指导。帮助少数民族和民族地区充分利用山区资源，发展投资省、见效快、效益高、覆盖面广的种、养业，增加群众收入。同时，积极争取专项资金，支持民族地区改善条件，加快发展。二是制定政策措施，增强扶持力度。为贯彻落实《民族区域自治法》、《城市民族工作条例》、《民族乡行政工作条例》，促进民族地区发展，省民宗委先后派出了 3 个调查组对民族工作重点县(市)和民族乡(镇)进行专题调查，并在此基础上拟定了《关于进一步贯彻落实“一法两条例”的通知》(征求意见稿)，向有关部门广泛征求意见，经讨论、磋商、修改后，专题报告省政府。现省政府已正式下发《关于进一步贯彻实施〈民族区域自治法〉、〈城市民族工作条例〉、〈民族乡行政工作条例〉有关问题的通知》(浙政发[1997]103 号)。同时，积极建议少数民族重点县(市)政府出台优惠政策，扶持少数民族乡、村发展经济。三是引导挂钩扶持，组织对口支持。为缩小区域差距，促进全省经济协调发展，重点扶持景宁畲族自治县等贫困县和民族乡(镇)，取得较好成绩。四是协助有关部门搞好民族教育工作。继续办好民族小学、民族中学、高中民族班和中专、大学民族班，办好省少数民族师范学校。关心、支持浙江省警察学校、浙江第二警察学校、绍兴市第一中学办好西藏班。主动配合省教委、省招生办搞好高校少数民族考生的招生工作。五是认真贯彻实施“一法两条例”。在民族自治县、民族乡(镇)和城市民族工作方面，省民宗委继续指导景宁畲族自治县搞好异地开发扶贫，支持其在鄞县设立的浙江景鄞扶贫经济开发区的建设，取得一定成效。开发区的建设和发展，不仅增加了景宁畲族自治县的财政收入，成为景宁新的经济增长点，还为景宁培养了一批经济管理人才，为贫困地区的脱贫工作开辟了一条新路子。省民宗委注意抓好《民族乡行政工作条例》和《城市民族工作条例》的贯彻落实，对全省18个民族乡(镇)的经济发展进行分类指导。10月份，组织民族乡(镇)长到山东省平邑县九间棚等地参观考察，学习其艰苦奋斗的先进事迹，以拓宽视野，树立信心，进一步做好民族乡(镇)工作。城市民族工作也有新发展。宁波、杭州、衢州等地以条例为依据，根据本地实际，做出规划，分步实施。宁波市结合旧城改造，抓住机遇，及时改造原有清真餐馆，坚持党的民族政策，社会、经济效益兼顾，取得成功经验。10月上旬，省民宗委与省人大民族华侨委员会联合召开全省城市民族工作座谈会，对全省的城市民族工作提出了指导性意见。六是重视少数民族干部队伍建设。省民宗委继续贯彻全国和全省培养选拔少数民族干部工作座谈会精神，督促少数民族人口较多的市(地)、县(市)重视培养、选拔少数民族干部工作。目前，有关市(地)、县(市)相继采取了相应措施，在少数民族人口较多的县(市)党政领导班子中基本上配备了少数民族干部。在培养后备干部中，少数民族干部占有一定的比例，各民族乡(镇)和少数民族人口较多的乡(镇)领导班子在1996年换届工作中，少数民族干部的配备数量有所增加。同时，通过举办培训班、到发达地区挂职锻炼等多种方式，逐步提高少数民族干部队伍的素质，以适应少数民族和民族地区发展的需要。

撰　稿：钟建安

审　稿：李绍瑛

安　徽　省

【民族经济】1996年，安徽省民族经济工作围绕省八届人大四次会议确定的跨世纪赶超战略，从民族散杂居地区和安徽的实际出发，以提高民族经济的结构效益、规模效益和管理效益为重点，加快经济增长方式的转变，促进民族经济快速、健康发展，在“九五”的第一年开了一个好局。全省8个民族乡尽管遭受了不同程度的自然灾害，工农业总产值仍完成124 020万元，比上年增长39.5%，其中工业总产值94 403万元，比上年增长52.7%，农业总产值29 617万元，比上年增长9.4%，粮食总产量达11.24万吨，农民人均纯收入达到1 746元，比上年增长31%，超过全省平均水平；全省115个民族行政村人均纯收入1 516元，比上年增长29%。

农村经济在局部地区遭受严重自然灾害的情况下，继续得到较快发展。各地充分发挥农业资源优势，加快农业结构调整，大力发展“一优两高”农业，逐步形成了以农、副、牧、渔、土特产品的种植、养殖、加工为主的经济效益较高的多元化农业发展格局。凤台县李冲回族乡在扩大“立体农业”面积的同时，发展蔬菜面积4 000亩，利用山地开发石榴、桃、李、杏等经济果林面积近万亩，经济效益较为显著。寿县陶店回族乡推广水稻旱育稀植1万亩，油菜移栽4 000亩，建立优质粮丰产片1.2万亩，完成万亩油菜丸粒化种植和5 000亩优质棉种植任务。并实施了“千头牛、万只羊，3 500亩养鱼塘”综合性的畜牧和渔业致富工程，实现牧业产值700万元，渔业产值950万，经济收入大幅度增加。亳州市蒋窑回族村充分利用药都的优势，进行种植业结构调整，90%以上的农户从事药材种植、加工，迅速走上致富道路，人均收入达5 000元。颍上县桃花店民族村发挥少数民族的传统特长，从事牛羊屠宰、加工、直销，涌现365个屠宰专业户，户办、联办企业15个，人均收入达到2 642元，万元以上的有200多户，40户盖起了小康标准住宅楼，面积达5 600平方米，1996年被评为全县综合经济实力十强村和唯一的小康示范村。

城市民族经济稳步发展。近年来，各地抓住城市综合改造的机遇，建立经济开发小区，加快民族经济发展。阜阳市颍泉区在城市拆迁改造时，建成了长1 500米，宽30米，两边具有民族特色的三层商业用房的民主东路穆斯林商业一条街，为发挥回族传统的经商优势，加快致富奔小康步伐创造了良好的条件，年创纯利润近千万元。亳州市中市区采取优惠政策，在回族聚居的地方按统一规划、统一设计、统一施工的原则，建成了占地1.5平方公里的穆斯林经济开发小区，促进了少数民族经商、屠宰、皮革加工、药材经销等传统行业的发展。目前年产值千万元以上的企业10多家，人均收入近4 000元，30－40%的住户成为10万元户，其中百万元以上的近70户。

农业产业化、专业化进程进一步加快，产供销、贸工农一体化的产业体系逐步形成。全省民族乡、村在推进农业产业化方面，围绕着牛羊屠宰、水果、中药材、优质米和油、皮革营销和加工等主导产业，通过兴办龙头企业，强化系列服务，开始逐步形成龙头企业、基地、农户相互促进，联动发展的生产经营体系。寿县陶店回族乡从本地实际出发，按照“公司＋农户”的形式，组建了“草编、粮贸、水产、建材”四大龙头企业，把千家万户的小生产和千变万化的大市场联系起来，逐步形成以市场牵“龙头”，“龙头”连基地，基地连农户的格局，带动农业的企业化、集约化和产业化。其中草编公司已带动2 000家农户种植帘草，编织草帘、草包，形成了帘草种植基地，1996年该公司营业收入突破1 150万元，上缴利税700多万元。定远县二龙回族乡在群众种植、加工花生的基础上，组建了“定远县花生开发有限公司”，既带动该乡农户走向市场，又带动该乡花生基地建设，也获得良好的经济效益。

私营经济迅猛发展。据不完全统计，目前全省具有一定规模的私营企业1 000多家，其中产值百万元以上的近百家。阜阳市61个民族村、居委会近年来共发展个体企业491家，产值达到12 967.9万元。其中亳州市少数民族柴文华投资200万元，组建了拥有厂房42间，一座储量达80吨的冷库，占地2 400平方米的新兴食品有限公司，生产清真食品两大系列15个产品，销往全国各地，年销售额已从200万元增加到1 000万元。

【社会发展】1996年，全省少数民族教育、文化、卫生事业有了进一步发展。全省现有民族中小学120所，有三分之二的学校盖起了教学楼，近一半的学校建起了仪器室、实验室、图书室甚至语音室，教学条件进一步改善，教学质量进一步提高。太和县城关镇投资450万元，建成了一所占地2 200平方米，环境一流，设备一流，管理一流，教学质量一流的民族中学。8个民族乡基本普及初等教育，其中有7个乡义务教育普及率超过95%。按照省政府任期目标内容，后成立的四个民族乡各建成了一所民族小学，三个民族乡建了乡中心小学。肥东县牌坊回族满族乡在乡财政十分困难的情况下，筹资65万，建起了2 000平方米的中学教学楼；定远县筹资23.5万元，为二龙中学特教班建了一座330平方米的教学楼，并捐赠100张课桌，改善了弱智儿童的学习、生活环境；颍泉区回民幼儿园被香港救助儿童会和省教委确立为全省幼儿一体化教育试点单位，效果很好。

以突出民族特色、弘扬民族文化为重点，宁国县云梯畲族乡建立了“畲族文化陈列馆”，定远县二龙回族乡集资5万元，建立乡文化站，使少数民族群众乐有其所，文化生活极大丰富。民族地区医疗条件不断改善，医务人员素质明显提高。今年度，全省8个民族乡实现乡乡有卫生院，大部分行政村有卫生室，购置了X光机、B超机等医疗设备，医疗卫生条件进一步改善。潘集区古沟回族乡儿童计划免疫建卡率达100%，第三个儿童计划免疫以乡镇为单位，85%达到国家级验收，为到2000年人人享有初级卫生保健创造了条件。

民族乡、村的群众性体育活动蓬勃开展。二龙回族乡在争创全国体育先进县活动中，经国家体委群体司检查验收合格，因其成绩显著，被县政府评为先进单位。砀山县伊斯兰武馆被评为全省“十佳”武术馆校。界首回民青年刘建军继1995年在全国民运会上夺得摔跤银牌后，1996年在全国农运会中又喜获金牌，并获得风尚奖。在全省第八届运动会上，霍邱县回族学生白术军夺得男子象棋冠军。

【民族工作】为帮助全省八个民族乡加快发展，1996年初，在顺利完成民族乡“三年大发展”(1993—1995年)目标任务的基础上，本着既立足实际，又要超前发展的原则，通过反复考察论证，制定了“九五”民族乡任期目标，包括经济发展、基础设施建设、社会事业进步三大类11项目标，并纳入了省政府“九五”任期目标任务总体内容。6月份，省民委与省政府签订责任状。同时召开了全省第二次民族乡工作座谈会，对“九五”民族乡目标任务进一步细化、实化，分解到每个年度、各级政府和各有关部门，排出时间进度表，明确各自职责。

为贯彻落实全国民委工作会议精神，进一步促进全省少数民族地区经济和社会各项事业的发展，省民委以有关法律、法规为依托，参照湖南、湖北及周边兄弟省份做法，结合安徽少数民族发展现状和民族工作的实际，在广泛收集资料、征求意见的基础上，制定了《安徽省少数民族发展纲要(1996—2000年)》，提出到本世纪末，安徽少数民族在政治平等权利保障，经济发展，民族关系改善，教育文化体育卫生事业等方面达到的目标，以及实现这些目标所要采取的政策措施。省政府以皖政办[1996]80号文件印发各地实施，《安徽日报》对其作了全文刊登。

继续加强与21个省民委委员单位的联系和协调工作，充分发挥各委员单位的作用。1996年先后召开第二、三次民委委员全体会议，分解落实了各委员单位职责，并由省政府办公厅印发各单位执行。在继1994年、1995年连续两年组织省民委委员分别到西藏、云南考察之后，1996年8月份，省民委又第三次组织了以副省长杜宜瑾为团长的部分省民委委员参加的安徽省赴新民族工作考察团，到新疆进行为期一周的考察，使民委委员进一步加深了对我国多民族国情的了解，提高了对民族工作重要性的认识。

撰　稿：张　琼
审　稿：马美红

福 建 省

【民族经济】1996年，福建省民族经济持续发展，民族乡产业结构调整的步伐明显加快。据统计，全省17个民族乡累计完成工农业总产值35亿元(有16个民族乡总产值超亿元)，比增36%。其中工业总产值26亿元，比增52%；农业总产值9亿元，比增9.7%；财政收入5 000万元，比增10.5%；粮食总产量15万吨，人均口粮430公斤；农民人均纯收入达到2 200元，比增34%。

一年来，福建省民委积极协调省直有关单位抓好民族乡村的基础设施建设，协助省水电厅继续抓好消灭无电村的扫尾工作，目前，全省民族行政村基本结束了无电的历史。省民委还积极协调省水电厅解决民族乡的饮水困难问题，已有三个民族乡所在地的自来水工程列入水电部门的项目计划。为了尽快地全面改变福建省少数民族行政村交通落后的面貌，省民委在对全省少数民族行政村的交通情况进行调查摸底的基础上向省交通厅作了专题反映，积极争取把民族村的通路项目列入其工程计划(1997年计划安排13个民族行政村)。据统计，全省399个少数民族行政村中，通路率75.4%，通电率100%，通自来水率40%，大力改善了民族地区水、电、路等基础设施。全省还完成造福工程搬迁少数民族群众5 000多人的任务。省民委根据部分民族乡旅游资源较为丰富的特点和实际，抓旅游开发促经济发展。此外，省民委还积极扶持、帮助地市民委抓好自身建设，督促检查宁德市闽东民族大厦、福安市民族综合大楼工程的进展情况。为切实帮助少数民族群众脱贫致富奔小康，省民委多次深入漳州、宁德、龙岩等地市调查研究，紧紧抓住召开全省扶贫开发工作暨小康建设经验交流会的契机，向省委、省政府报送《关于福建省少数民族和民族地区扶贫攻坚的有关情况的建议》的专题报告，力争省委、省政府把少数民族和民族地区的扶贫攻坚和小康建设作为全省扶贫的重点和难点，为本省少数民族群众的脱贫致富营造良好的氛围和环境。省民委还继续抓紧协调省直各有关单位做好对民族乡的挂钩扶贫工作，1996年，召开省直有关单位挂钩扶贫工作座谈会，交流挂钩扶贫工作的经验，促进了各挂钩单位对扶贫帮困工作的落实。到目前为止，全省17个民族乡已有13个民族乡脱贫。

为加快民族地区的经济发展，省民委十分重视在民族乡的发展中加强科技应用的指导和科技投入的倾斜。1996年，省民委分别在漳州赤岭乡举办了荔枝、龙眼栽培技术培训班和在古田县举办了食用菌技术培训班，通过系统的专业培训，实用技术被推广到各民族乡村，深受民族乡村群众的欢迎。省民委与省科委配合，积极做好民族科技示范乡的工作。目前已有8个民族乡被列入省科委的科技示范乡。为更好地帮助少数民族和民族地区脱贫致富，促进民族地区企业特别是中小型企业与省外经济技术的交流与合作，成立了福建省民族经济发展促进会，部分民族乡乡长和优秀少数民族企业家共70人参加了会议，会议修订了促进会章程并选举产生了理事会和领导机构。

【社会发展】一年来，省民委继续把优先发展民族教育放在民族工作的首位，重点抓好民族基础教育。下决心从有限的民族经费中划出

179 万元专款用于民族中小学校舍等基础设施的建设，共有 47 所民族中小学，3 所民族乡中心幼儿园的基础设施得到改善。同时继续积极开展民族教育对口支援工作，与省直各有关部门、扶贫挂钩单位、民族乡教育对口支援协作单位和有关宗教团体联系，扶持和帮助民族教育。1996 年各有关部门、团体用于扶持民族中小学的经费达 50 多万元。通过一年来的努力，全省 17 个民族乡少数民族适龄学生的入学率达到 99.5%，巩固率 95%，毕业率 95%。为促进民族中等教育的发展。省民委于 3 月份与省教委联合对全省民族中学的有关情况进行实地调查，在此基础上，省民委与省教委联合召开福建省首届民族中学校长座谈会，全省 12 所民族中学校长参加了会议。省民委还积极采取措施，努力抓好民族职业教育和民族大中专学生的招生工作，着力培养大批有专门职业技能的专业人才和较高素质的产业大军。一年来支持和帮助福安市民族职业中学、顺昌县民族中学、晋江市民族中学等创办职业班，拓展办学渠道，培养适用人才，使民族地区初、高中学生掌握一技之长，为改变家乡面貌效力。为了能使更多的少数民族学生有机会接受高等教育，省民委继续做好各民族高等院校、省内各大学民族预科班，宁德地区农校民族预科班和宁德师范学校民族班的招生工作。积极配合福州大学、福建农业大学、福建师范大学，加强对民族预科班的管理，增加招生的专业种类，并根据民族地区的需要，逐步开办一些民族乡急需的专业。此外，省民委还举办西藏班学生夏令营活动，增强爱国主义和民族团结的宣传教育。特邀三明列东中学西藏班全体藏族师生到福州参加夏令营活动。

为在民族地区贯彻落实全国医药工作会议精神，省民委与省卫生厅联合召开了全省第三届民族医药工作会议，各地（市）民委、卫生局和有关工作学者 60 多人参加了会议。省民委把民族乡的卫生工作作为重点，抓好 17 个民族乡卫生院基础设施配套和完善工作，与省卫生厅、省计委等有关部门密切配合，为崇儒、庐丰、穆云等民族乡卫生院落实病房改建经费 30 万元，加强了民族乡卫生院三项设施的配套建设。同年，省民委与省委统战部联合组织省民主党派医疗专家到福安、宁德两市少数民族聚居乡村进行义诊，义诊人数达 4 000 多人次，共发放 2 000 多册卫生宣传小册子。此后，根据义诊情况和宁德地区医疗卫生方面存在的实际问题，向省委、省政府写了专题报告，引起各级党政和卫生行政部门的重视，促进了全社会对民族地区医疗卫生事业的关心、支持和帮助。为了促进社会事业的发展，省民委召开了以社会事业为主的第二届民族乡联谊会，全省 17 个民族乡乡长参加了会议，广泛交流了民族乡社会事业发展的有关经验，对如何促进民族乡社会事业的发展进行了认真总结和有益的探索。

【民族工作】1996 年，福建省民委在省委、省政府的领导下，认真贯彻落实全国民委工作会议精神，根据本省实际，以“教育为先、科技为要、经济为重、小康为实、干部为本”为民族工作基本思路，在“九五”开局起步年的工作中取得了新的成绩。全省少数民族地区经济和社会事业取得了新的进步，为全省的经济建设和社会稳定作出了积极的贡献。

在省委、省政府的重视下，召开了全省民族、宗教工作会议暨民族团结进步表彰大会。省委书记贾庆林代表省委、省政府作了题为《切实做好民族宗教工作》的重要讲话。省委书记贾庆林、省长陈明义等省领导为本省在民族团结进步事业方面做出突出贡献而受到国务院表彰的 20 个模范单位和个人、受到省政府表彰的 57 个模范单位和个人颁奖。这次会议上，全面部署了全省民族、宗教工作。

在省民委党组的重视和领导下，一年来，组织省民委机关全体工作人员认真学习党的十四届五中、六中全会精神和省委六届二次会议精神，联系本省民族、宗教工作实际，大力提倡讲政治、讲学习、讲正气，注重深化知识，讲求实效，改进机关作风，促进工作开展。1996年省民委组织力量重新修订的《福建省少数民族权益保障条例》，在多次召开座谈会广泛征求修改意见的基础上，完成了修订稿，被列入1996年省人大立法调查项目。在文化宣传工作方面也取得新的成绩，《福建民族》的编辑出版已进入规范有序运作的轨道。《中国各民族传统文化百科全书·畲族卷》和《中国各民族文化大观·畲族篇》两书积有关同志和专家、学者数年之功，先后通过定稿。

一年来，省民委继续按照《福建省1995—2000年培养选拔少数民族干部工作规划》提出的目标和要求，积极配合省委组织部、统战部开展对少数民族干部在培养、选拔、使用三个环节上的队伍建设。目前，全省已有少数民族干部7 800多人，占全省干部总数的1.03%，其中大专以上文化程度的占30%强；少数民族党员人数达1.5万人，占全省党员总数的1.4%。全省乡科级、县处级和地厅级的少数民族干部分别为645人、116人和15人。此外，还有一大批少数民族干部被评上中级以上专业技术职称，在各条战线上发挥了骨干作用。

撰　稿：雷炳恩
审　稿：钟明森

江　西　省

【民族经济】1996年，是江西省民族经济发展较好的一年。3个民族乡工业总产值达2 179万元，农业总产值1334.9万元，粮食总产量2 510.8吨，财政收入235.8万元。全省民族乡村农民人均纯收入1 170元，比上年增长190元，增长率为19.4%。民族经济总体呈稳步发展态势。一、农业基础地位巩固，特色产业发展势头强劲。赣东北和赣中少数民族群众着力发展木竹生产、加工，多种经营拓宽经济来源，民族乡财政收入和少数民族农户收入的60%以上来自特色产业开发；赣南少数民族群众大力进行以脐橙、柚子等为主的果业开发，并搞好综合养殖，已初见成效。二、国有经济、集体经济占据主导地位，多种经济成份共同发展。3个民族乡1996年共吸引外资490万元开发优势资源，提高资源附加值，转移了部分劳动力。一些少数民族群众开发果业，发展养殖业，更有的进入采矿业、初级加工业，使个体经济、户办联户办经济得到较快发展，有的农户拥有的资产超过百万元，年收入超过10万元。三、少数民族群众生活水平进一步提高。各种高档消费品开始进入普通少数民族农户，一些少数民族群众已经拥有彩电、摩托车等消费用品，逐渐走出自给自足的生产、消费方式。当然，纵向比较，江西省民族经济有较快发展，但横向比较，民族经济整体发展水平仍然偏低，以农民人均纯收入为例。1996年民族乡村农民人均纯收入与全省农民人均纯收入的差距已从1995年的557元扩大到700元。

【社会发展】1996年6月18日，铅山县篁碧畲族乡正式建立，成为江西省第三个民族乡。3个民族乡1996年末的总人口为6 920人，其中少数民族人口占38.3%，39个民族村总人口52 313人，少数民族人口占39.6%。1996年，民族乡开始实施科教兴乡战略，精神文明建设得到进一步加强。铅山县太源畲族乡与上饶师专结成精神文明共建单位，师专将为畲乡培养师资力量。铅山县篁碧畲族乡着力提高教师工资待遇和社会地位，积极为学校排忧解难，教育质量迅速提高，有 3 人考取本科院校。贵溪市樟坪畲族乡大力加强基础教育和素质教育，适龄儿童入学率达 100%，全年投入 25 万元资金完善学校基础设施，新增建筑面积 474 平方米，加强了对青壮年文盲的补偿教育。3 个民族乡都在加强乡党政班子自身建设的同时，特别注意抓好以村党支部为核心的村级班子建设，中共铅山县太源畲族乡党委因此而被中央组织部授予“全国先进基层党组织”光荣称号。2 个民族乡计划生育率达 100%，另 1 个也达 92.5%。1996 年，江西省民族乡村社会稳定，民族团结，干群关系不断改善加强，民族关系继续巩固发展，为民族经济发展提供了有力保障，也为全省的社会稳定作出了贡献。

【民族工作】江西省 1996 年的民族工作任务十分繁重，但省民宗局通过抓住机遇，分层次做好民族政策的宣传教育，改变思维方式，注意多面教育的作用，贯彻党和国家的民族政策，为少数民族解决实际问题，圆满完成了五件大事：一、以省政府名义召开全省第三次民族团结进步表彰大会，省委副书记、省政府常务副省长黄智权到会并做了重要讲话。省政府表彰了 301 个民族团结进步先进集体，省民宗局表彰了 28 个民族团结进步先进个人。表彰大会的召开有力地营造了各民族团结进步的气氛，进行了一次民族团结进步的有效宣传。二、推进民族工作法制化建设。省政府颁布的《江西省民族工作办法》成为建国以来江西省第一个关于民族工作的比较全面的政府法规。《江西省民族工作办法》制订、论证的过程成为一次很好的民族法律、法规和民族政策的宣传教育的过程。三、以扶贫开发为主，在加快民族经济发展的基础上，促进民族团结。在总结过去扶贫方法和经验的基础上，改变过去按项目分配资金、分散扶持的方式，除急需解决的水、电、路等基础设施外，在资金投放上改“撒胡椒面”为相对集中投入，民族工作部门直接参与项目的监督管理，更加注重扶贫的实际效益。四、深入调查研究，及时反映少数民族社会经济发展情况。关于赣南 16 个民族村经济发展问题的调查反映，受到省政府主要领导的重视，为省政府出台《江西省民族村脱贫致富工作意见》提供了决策依据，使民族优惠政策得到衔接。五、办实事使人们理解民族工作的意义。对与少数民族群众密切相关的升学、就业、民族成份更改等具体事务，省民宗局义不容辞地积极奔走，依据国家政策和规定一一办理，让少数民族群众和周围的人们看得见、摸得着、感受得到，树立了民族工作的社会形象，维护了社会稳定。

撰　稿：蓝祥平

审　稿：罗峻雄　李　红

山 东 省

【民族经济】1996 年，山东省民委认真贯彻党中央关于“抓住机遇，深化改革，扩大开放，促进发展，保持稳定”的基本方针，把大力发展民族经济放在民族工作的首位，使全省少数民族经济有了长足发展。据统计，全省少数民族农民人均纯收入 1 976 元，比上年增长 19.2%。7 个民族乡（镇）实现社会总产值 17 亿元，比上年增长 8.2%；粮食产量 112 537 吨，肉产量

14 367 吨(其中牛肉 5 458 吨、羊肉 1 294 吨),水果总产量 7 738 吨;人均纯收入 1 879 元,比上年增长 35.6%。全省 382 个少数民族村、(居)中,有 82 个步入小康之列。全省少数民族村(居)办企业 6 892 家,从业人员达 61 958 人,企业总收入 290 339 万元,利润总额 35 618 万元,工资总额 25 206 万元。

1996 年,山东在少数民族经济发展上主要抓了以下几项工作:一是抓龙头带基地,致富千家万户。全省两级民委培育少数民族龙头企业 33 家,注入资金近千万元予以大力扶持,使其上规模、上档次,成为"明星企业"。如淄博市周村灯塔回族村的灯塔实业集团公司,现有 18 家下属企业,固定资产达 1 亿元,工商业产值 5 亿元,利税 2 500 万元。济南市章丘杨家巷回族村金星线缆有限公司,下属 5 个企业,固定资产 3 000 万元,产值 1.5 亿,利税 1 000 万元。青州市南营回族村的大业集团公司有企业 13 家,固定资产 8 000 万元,工商业产值 1.8 亿元,利税 1 200 万元。定陶县中沙海福鹏裘革集团公司,固定资产 4 200 万元,产值 1.1 亿元,利税 900 万元。在龙头企业的带动和民族工作部门的支持下,全省建起了一大批种植、养殖、畜牧、良种基地和各类专业批发市场。目前,全省共有少数民族养牛、养羊、养鸡、养鱼、屠宰等专业村 80 多个,专业交易批发市场 50 多处。青州市云峡河回族乡大力发展高产高效农业,重点抓了黄烟、果品和畜牧基地建设,去年黄烟种植达 2 000 亩,完成收购额 180 万元,实现税收 43 万元;果品产量达到 320 万公斤,销售额 380 万元;全乡牛、羊存栏达 12 000 头(只),分别比去年增长 25%和 12.5%。基地的建设辐射到千家万户,少数民族村、居工、农、副业的产业化进程,有力地推动了少数民族群众发家致富奔小康的步伐。二是搞好对口支援,继续加大少数民族扶贫力度。经过多方协调和努力争取,1996 年省民委共筹措资金 1 000 万元,扶贫项目资金 350 万元,先后扶持了 11 个民族企业、48 个经济项目和饮水、架电、修路、农田灌溉等基本建设;市、地民委协调争取配套资金 1 400 余万元,用于少数民族村、居的经济发展和扶贫事业。与此同时,省民委集中 150 万元建起鲁西小尾寒羊良种基地,扩大了原有的黄牛育肥基地,并联合有关高等院校、科研部门举办实用技术培训,加大了少数民族扶贫的后劲。在各级民族工作部门的积极争取下,许多地方的水利、交通、邮电、电力、农资等部门对少数民族村、居采取倾斜政策,有力地支持了当地少数民族的扶贫工作。聊城地区主要负责同志把莘县张鲁回族镇作为扶贫联系点,组织地直有关部门现场办公,投资 300 多万元为该镇建起变电站,解决了因电力不足而带来的各种困难,实现了镇办企业零的突破。目前,全省少数民族扶贫工作取得了显著的成效,少数民族贫困人口由 1995 年的 5 万多人减至不足 3 万人。三是制定规划完善政策,进一步推动少数民族经济的发展。省民委拿出大量时间和精力对全省少数民族经济状况进行深入广泛的调查,在此基础上,根据山东省"九五"计划和 2010 年远景目标的总体要求,制定了 1996 年到 2000 年全省少数民族经济发展的规划。明确指出,1998 年全面完成"四五"扶贫攻坚计划,少数民族贫困地区全部脱贫,少数民族农民人均纯收入达到全省人均水平;到本世纪末,50%以上的民族乡(镇)、村(居)分别跨入所在县(市、区)的先进行列。按照上述预期目标,各市、地也制定了相应的工作规划和实施意见,并研究制定了实现这些预期目标的工作措施。与此同时,省民委认真学习和借鉴湖南、湖北两省的成功经验,在与有关部门协调、协商的基础上,代省政府起草了关于加快少数民族经济发展有关优惠政策的意见。目前该意见正在论证、会签中,有望 1997 年出台实施。全省少数民族人口较集中的市地和县市区,多数也制定了加快发展的政策和意见,有力地促进了民族经济和社会事业的发展。

【社会发展】1996年,山东省少数民族的各项社会事业有了新的发展。全省共有民族中、小学173所,少数民族在校学生37 420人,教职工2 200人;适龄儿童入学率达到98%以上,师资素质、教学质量有了明显的提高。济南联合大学、益都师范学校所设立的民族高师、中师班,已经培养了少数民族师资520人。各市、地先后帮助40多所民族中小学完成了校改任务。在大中专院校招生工作方面,我们坚持降低分数段录取的照顾政策,使少数民族学生的入学率继续高于汉族。

在大力发展少数民族医疗卫生、文化、体育等事业方面,全省7个民族乡、镇及多数少数民族村、居,都建立了民族卫生院或卫生室,基本满足了少数民族的就医需要。去年,省民委会同省文化厅、广播电视厅,成功举办了首届少数民族文艺汇演,15个市、地的600多名专业和业余演职人员参加了这次活动。此外还举办了第三届少数民族书画展;组织拍摄并选送了6部电视片,参加全国少数民族题材电视艺术"骏马奖"评选,其中的2部获提名奖。在去年举行的山东省第18届运动会上,省少数民族体协首次组团参赛,在5个大项中取得2金、4银、8铜的优异成绩,得到了社会各界的一致好评。

【民族工作】1996年,山东省民委在深入调查研究、理清工作思路的前提下,从山东民族工作实际出发,提出了"五突出、五推进"的总体工作要求,并认真抓好落实。

一、突出经济建设这个中心,努力推进民族经济和社会事业发展。把少数民族经济和各项社会事业的发展纳入到全省及各地发展的整体规划中,进一步修订和完善政府对少数民族经济和社会事业发展的扶持政策,大力扶持和发展少数民族的"龙头"企业,以"龙头"带基地,辐射千家万户;切实搞好对口扶贫责任制的落实,不断加大力度,加快少数民族扶贫工作的步伐;围绕"两个根本性转变",实施科教兴鲁战略,多方积极争取,协调各有关部门,不断推动少数民族的各项社会事业的发展。为建立对民族工作齐抓共管的新机制,省民委多方努力,调整了省民委委员,组建了新的民族工作协调委员会,由分管的副省长任主任,30多个厅、局、委、办和有关单位组成,提供了良好的组织保证。

二、突出少数民族干部培养、教育这个中心环节,努力推进少数民族干部的选配工作。抓规划,为少数民族干部的成长创造良好的环境和条件;抓选配,加快少数民族干部成长的步伐;抓培养,全面提高少数民族干部的整体素质;抓"源头",为少数民族干部队伍输送优秀人才;抓协调,尽快形成少数民族干部脱颖而出的新机制。

三、突出马克思主义民族观的宣传教育这个根本,促进社会主义精神文明建设。在各级党校、干部增设马克思主义民族理论课程;编写、分发马克思主义民族观宣传教育提纲,通过报纸、电台、电视台举办专栏或专题节目,有计划、有步骤地在广大群众中进行民族理论和民族政策的宣传教育;注重培养和宣传民族团结的先进典型,促进新型社会主义民族关系的巩固,在各民族群众中大力推进社会主义精神文明建设。

四、突出法制宣传教育这个重点,努力推进民族法规建设。结合"三五"普法工作,在各级领导、民族工作部门和各民族群众中,进行广泛、深入的民族法制宣传和教育,大力开展学习法律法规、遵守法律法规、维护法律法规的活动;从山东实际出发,配合省人大对《山东省民族工作条例》进行修改和完善,起草并审报了《山东省清真食品生产经营管理办法》等单行法规;注重对民族方面热点和敏感问题的调研,加强信息手段,防范事端隐患,努力维护社会形势的稳定。

五、突出自身建设这个关键,努力推进民族工作部门干部素质的提高。按照江总书记"四自"、"三严"的要求,讲政治、讲正气、讲学习，树立全心全意为人民服务的观念和献身党的民族工作事业的思想；进一步加强民族工作部门干部政治思想和业务素质的提高，认真转变工作作风，提高工作效率，扎扎实实地做好工作，处理和解决好民族工作方面的新情况、新问题，为各级党委和政府当好参谋和助手。按照“内强素质，外树形象，团结实干，争创一流”的工作目标，努力造就一支思想坚定、纪律严明、管理严格、勇于奉献的民族工作干部队伍。

撰　稿：米　杨　杨　林

审　稿：于学田

河　南　省

【民族经济】1996 年，河南省民族经济工作，坚持以经济建设为中心，联系实际，发挥优势，在民族乡（镇）及民族聚居村经济一直保持良好发展势头的基础上，改革和建设又取得较大成就。

1996 年，全省少数民族工农业总产值 109 亿元，比上年增长 25%；利税 15.8 亿元；农业总产值 14 亿元；工业总产值 95 亿元；第三产业总产值57.7亿元。农民人均纯收入 1 569 元，工业及第三产业在整个国内生产总值的比重继续稳步加大。

一、民族乡（镇）经济快速发展，提高了全省民族经济总体实力。20 个民族乡（镇）1996 年创工农业及第三产业总产值 58 亿元，总产值超亿元的民族乡（镇）已有 16 个，占全省民族乡（镇）总数的 80%，人均收入千元以上的有 15 个，占全省民族乡（镇）总数的 70%。叶县马庄回族乡，1996 年全乡共有工业企业 349 余家，产值达 5.6 亿元，比建乡时翻了 11 番多，利税 6 100 万元，实现财政收入 256 万元，人均收入 2 198 元。近年来该乡紧紧抓住改革开放的契机，充分发挥回族群众的屠宰技艺，以畜产品加工为龙头，大力发展乡镇企业，振兴民族经济。经过十余年的艰苦创业，农村经济集约化、产业化已初具规模。形成了较为完善的畜产品加工和盐业开发两大体系，组建了肉食、皮革、骨加工三大行业集团公司，形成了全国屠宰业及清真食品加工业的重要市场。目前已建清真冷库 32 座，容量达 5 000 吨，全乡年屠宰牛羊 30 万头，年集散量 6 万吨。随着屠宰业规模的逐年扩大，建制革、制鞋厂 7 家，年加工牛皮 10 万张，生产各类皮鞋 30 万双，建骨粒化工厂 3 家，年加工骨粒、骨粉 5 000 吨，生产工艺品 10 万件。目前已建各类骨干企业 66 个。为适应社会主义市场经济的需要，进一步拓宽市场经营渠道，组建起龙头伸向国内外市场，龙尾摆向千家万户的企业集团公司，形成了“集团总公司→行业集团公司→股份制企业群→众多农户经营”的金字塔型的具有本地特色的生产经营模式。昆阳皮革厂晋升为省二级先进企业，骨粒化工总公司生产的骨粒、骨粉和骨雕产品全部出口日本、东南亚等国，被确定为出口免检单位。清真冷冻厂生产的十分体、四分体小包装牛肉在蒙古国举办的国际产品博览会上荣获金奖。同时，新蔡县李桥回族镇的经济和各项社会事业同样出现了较好的发展势头，到 1996 年底，全镇四级企业发展到 964 个，工业产值占 55%，农业产值占 15%，第三产业产值占 30%，农民人均收入达到 1 600 元，是 1988 年的 16 倍，被地委、行署命名为乡镇企业“亿元镇”，全地区乡镇企业“十三强”，并被国务院评为“全国民族团结进步模范镇”。

二、小康村建设促进了民族经济发展。全省少数民族人口113万人，少数民族人口500人以上、人口比例占50%以上的少数民族聚居村401个，1996年被县以上政府命名的小康村有160个，比上年增加57个，占少数民族聚居村总数的25%。焦作市农村共有32个民族村街，其中少数民族人口500人以上或少数民族人口占全村街人口50%以上的村街有22个，在小康村建设中，各民族村街抓住发展经济这个中心不动摇，使民族经济和社会事业都得到了长足发展，经过五年时间奋斗，32个民族村街都跨入了小康村行列，广大少数民族群众过上了小康生活，高档家电在民族村已普及。空调、高档摩托、高档轿车等也开始进入寻常百姓家。民族中小学校舍普遍得到新建和改造，办学条件显著改善，各民族村街都建起了卫生院、文化室和体育活动设施。三个村还建立了民族医院。各民族村街都通了长途电话。孟县桑坡村还安装了全省首家村级2 000门程控电话交换机，电话入户达80%以上，还设立了邮电局。

三、走规模经营之路，转换经营机制，调整产业结构，促进民族经济稳步发展。全省民族经济充分发挥自身优势，因地制宜，多业并举，集体、个体私营经济一起上，多种模式齐发展。产业形成了以市场为龙头，以龙头建基地，以基地连农户的发展格局，实行产供销一条龙，使农户和企业之间建立起比较稳固、牢靠的经济联系，为千家万户和大市场架起桥梁。皮毛皮革加工业，汽车运输业，饮食服务业，服装皮鞋加工业成为民族经济的四大支柱产业。开辟了河南少数民族经济快速发展的新路子，提高了全省民族经济的总体实力。1996年全省农村少数民族个体、私营经济创产值38亿元，完成利税3亿元，占全省乡以下农村经济总产值的50%左右。随着改革开放的不断深入和发展，在全省少数民族聚居村中，一部分村已经形成较好的经济发展基础，有了一定的资金积累和生产规模，针对皮毛皮革业污染严重，设备陈旧，经营管理水平低，服装加工业式样单一，运输业经济效益滑坡等问题，一些少数民族聚居村探索出一些新的规模经营发展路子。一是集体带动、集体个体联动的“水南关模式”集体经济和个体经济得到同步发展。二是靠发展个体私营经济，走“公司＋企业＋农户”路子，使群众普遍致富的“桑坡模式”。其特点是：发动群众从事运输业、饮食业、屠宰业、服装皮鞋加工业、皮毛皮革加工业等，村里成立公司，提供服务，使群众靠发展个体私营经济而致富。三是靠发展合资企业大踏步前进的“长城模式”，河南长城集团公司的前身是个小制革厂，该厂积极探索走外向型经济发展道路，先后和外商合资合作，办起三家合资企业，不但引进了资金，更引进了先进技术和管理办法。由于起点高，跨度大，该公司发展非常迅速，很快跻身于全省同行业前列，被省委、省政府列为重点企业。1996年实现产值1.85亿元，利税1 760万元，创汇1 018万美元。民族企业开放意识越来越强。孟县桑坡村不但举办了全国皮毛博览会，而且举办了中美皮毛技术交流会。四是集中资金投入，搞好技术改造、新产品开发和科技开发项目。新蔡李桥回族镇1995年龙头企业技术改造项目总投资1 200多万元，新上了皮件生产线，扩大了羊剪绒生产规模，开发了裘皮新产品。通过技术改造，新增产品16个，使生产上规模、产品上档次、技术上等级、管理上水平。五是治理污染和保护生态，进行废物利用，叶县马庄回族乡腾达生化公司在废水中提炼的蛋白胨均属高科技产品，广泛应用于医药界。仅蛋白胨一项每吨产品可增加产值5 000多元。

四、积极扶持贫困少数民族群众，帮助其理清思路，尽快脱贫致富。针对20个民族乡（镇）的具体情况，各级民委采取了不同的措施。一是近年来发展快，有一定的经济实力，在当地经济发展中处在排头位置的7个民族乡（镇），各级民委在改革开放力度、企业上规模、上水平、上效益方面搞好协调服务，树立典型，加大指导力度；对10个处在与当地经济发展水平持平的乡(镇)，在因地制宜发挥优势，具体情况具体指导上下功夫；对3个仍处在贫困状态的民族乡(镇)，省民委作为工作重点，领导亲自深入乡、村和农户调查研究，摸情况，理思路，研究政策，办实事，帮助其尽快发展。省委、省政府领导对贫困民族乡工作极为重视，组织省直有关部门成立专题调查组，尽快解决制约民权县胡集、伯党两个回族乡经济发展的实际问题，省、地、县各级民政、财政、交通、水利、卫生等部门帮助筹措资金200多万元，解决了一些突出问题。同时，省民委积极与省邮电局和南阳市领导协商投资90万元，帮助镇平县郭庄回族乡开通了256门微波程控电话，为郭庄回族乡经济发展开通一扇通向全国和世界的窗口。经过不懈努力，近两年来，贫困民族乡的基础设施建设、经济社会发展都上了一个新台阶。

【社会发展】1996年，河南省在突出经济建设的同时，努力促进民族团结、文化教育、卫生体育等社会各项事业的全面发展。

一、不断巩固和发展民族团结，保持社会稳定。近年来，省民委积极开展了民族团结进步表彰活动，对为民族团结进步事业和民族教育事业做出贡献的先进集体和先进个人进行了表彰。通过表彰活动，有力地推动了全省民族团结进步事业的发展。同时，积极建立与完善基层化解矛盾组织，加强民族政策和法制教育，增强人们的团结意识和法制观念，使广大群众学会运用法律维护自身正当权益。全省有80%的民族村已建立了“民族团结进步促进会”组织，承担着宣传政策、协调关系、化解矛盾、促进团结的任务，增强了群众性自我教育、自我管理、自我协调、促进民族团结的能力，使民族间的矛盾能够及时化解在基层，消除在萌芽状态，防止了矛盾扩展与激化，开创了群众性自我化解矛盾、消除误解、协调关系、相互谅解的新纪元，标志着民族关系的新转机，有力地维护了安定团结的局面。

二、采取多种形式，抓好民族教育，提高少数民族素质，促进少数民族各项事业的发展。1996年，在抓民族教育方面：一是对全省345所民族学校进行了普查，统一建档立卡，为进一步提高民族学校的办学质量打下了基础；二是为解决少数民族干部在学历及整体素质上偏低，跟不上新形势工作的需要，无专门的干部培训基地等问题，省民委经与中央民族大学、河南省教委多次研究协商，建立了“中央民大河南函授站”，并首批招生63名，为省少数民族干部、职工提高理论及文化水平建立了培训基地，提供了学习机会；三是继续协助中央民大招收本科生20人，协助中南民院招收本科生56人、专科生17人、预科生5人，协助省民族中专招收大中专生62人。同时，指导省民族中专做好新校的建设落成和迁校开学典礼工作。为了从根本上提高少数民族群众素质，解决贫困地区少数民族学生升学难的问题，省民委指导民专分别设立了小中专和预科班，专门招收全省贫困地区少数民族学生，今年已首批招收小中专学生121人，预科班学生64名。此举被广大贫困地区少数民族群众誉为“办了一件大好事，大实事”。

三、丰富民族文化生活，帮助少数民族发展文化、体育事业。1996年开展了多种形式的民族文化、体育活动，丰富了少数民族群众的文化生活。一是和中国民族画院联合举办“中华民族书画艺术万里行”河南大展，参展作品156幅，其中河南省作品38幅。国家民委及河南省有关领导亲自参加指导，并为全省22名少数民族书画艺术家颁奖。二是向全省介绍了洛阳市民委抓民族体育的先进经验，报道了他们举办市少数民族体育运动会的消息。三是组织召开“第九次全国回族史讨论会”，总结交流了全省民族古籍工作，制定了全省古籍工作“九五”规划，为弘扬、搜集、挖掘、整理民族文化打下了基础，受到了社会各界的好评。

【民族工作】1996年,河南省民族工作紧紧围绕“抓住机遇、深化改革、扩大开放、促进发展、保持稳定”这一全党全国工作大局,以经济建设为中心,以共同繁荣为目标,促使少数民族和社会事业全面发展,取得了显著成绩。

一、积极探索做好民族工作新路子,为促进民族经济的发展搞好服务。

1. 召开全省民族区、乡(镇)工作会议。杂散居民族工作的重点是民族区、乡(镇)。为缩小河南省民族区、乡(镇)经济发展的差距,加快发展的步伐,今年6月下旬在郑州顺利召开了“全省民族区、乡(镇)工作会议”,会议传达了省政府《关于进一步加强民族区、乡(镇)工作意见》,总结交流了民族区、乡(镇)发展经验,分析了目前面临的突出问题,研究了解决问题的办法和贯彻文件精神的意见以及今后经济发展的思路。会议结束后,各地党政领导非常重视,积极落实会议精神,组成各有关部门联合调查组,深入民族乡(镇)做调研和现场办公,及时解决了民族乡(镇)财政、工商、税务、水利、交通、邮电、金融、教育等方面的资金和基础设施的实际问题,为民族乡(镇)办实事。省民委先后到各市地进行多次深入调查研究,检查会议精神落实情况,写出调查报告,并将调查情况通报全省,发出《河南省民族工作信息》。河南省抓民族区、乡(镇)发展的工作得到了国家民委的充分肯定。12月初,国家民委在郑州召开了部分省、区民族乡工作会议,推广了河南的经验。

2. 对全省民族聚居地区和规模较大的少数民族企业的经济发展情况进行了普查,建档立卡,及时掌握民族区、乡(镇)及民族聚居村以及较有规模的民族企业经济发展情况,摸清了底数,做到心中有数。同时积极作好协调工作,落实各项优惠政策,积极为少数民族经济发展搞好服务。今年以来,本着讲实效、办实事的原则,积极与国家民委经济司及省金融、财政、计委、以工代赈办、扶贫办等单位联系,共为少数民族企业争取贷款1 600万元,比上年增加10%,为民族乡(镇)争取以工代赈项目资金170万元,比上年增加70%。争取新增发展资金900万元,省发展资金从往年的100万元增加到130万元,补助费从往年的74万元,增加到81万元,有效的解决了部分民族企业燃眉之急。

3. 成立了省民族科技企业家协会。为了适应改革开放的客观需要,充分发挥少数民族科技人才和企业的积极性和创造性,服务于全省的民族经济科技发展,积极策划筹办了“河南省民族科技企业家协会”,3月中旬在郑州召开了河南省民族科技企业家协会成立大会。经过大会推荐选举,产生了协会副秘书长以上领导班子和28个常务委员,并提出了协会今后的发展思路,即立足河南省少数民族经济,发挥优势,积极组织开展各种类型的活动和交流,促进科技与经济的结合。

二、民族法制建设又有新举措

1996年,进一步加强了民族法制建设力度,对《河南省少数民族权益保障条例》的贯彻执行情况进行了检查,在检查中,对执行《条例》中存在的问题进行了协调。经多次征求省直有关部门和各市地政府、民委,部分民族乡(镇)和民族企业的意见,对《清真食品管理办法》进行了多次修改,召开了“全省民族法规工作经验交流会”,总结了宣传贯彻执行民族法制工作的经验。对“二五”普法工作进行了系统总结,制定下发了“三五”普法规划,省普法办及时向全省转发了省民委的普法规划。定期出版了《当代民族》杂志,并增加了法制宣传栏目,扩大了宣传范围。

撰　稿:金艳华

审　稿:武建新

湖 北 省

【民族经济】1996年，是实施"九五"计划的第一年。一年来，湖北省民族自治地方抓住机遇，加大改革开放力度。国民经济继续保持"八五"时期的良好发展势头，消费品市场稳定增长，人民生活继续改善，经济建设和社会发展取得了较大成就，实现了"九五"计划时期的开门红。

国民经济持续稳定发展，主要经济指标完成计划。1996年全省民族自治地方国内生产总值达59.86亿元(1990年不变价，下同)，比上年增长18.65%；工农业总产值73.38亿元，比上年增长1.91%；财政收入由上年的6.3亿元增加到7.7亿元，增长22.22%。

农村经济在深化改革中稳定前进，产业结构更合理。1996年全省民族自治地方农业生产在大灾之年夺得丰收。农业总产值达35.54亿元，比上年增长8.78%。粮食产量170.4万吨，比上年增长9.57%；油料8.04万吨，比上年减少20.77%；烟叶16.32万吨，比上年增长201.48%；茶叶1.36万吨，比上年增长11.47%。以茶叶、烟叶为主的支柱产业已基本形成，多种经营产值占农业总产值的比重上升。1996年全省民族自治地方乡镇企业营业收入47.38亿元，比上年增长30.56%，保持着较快的发展势头。1996年，全省民族自治地方实现工业总产值37.84亿元，比上年下降9.32%。主要工业品产量：原煤115.2万吨，比上年下降60.3%；卷烟44.14万箱，比上年下降16.5%。

固定资产投资总额稳中有升，基础设施建设得到加强。1996年全省民族自治地方固定资产投资总额21.1亿元，比上年增长30.06%。全省民族自治地方交通条件继续得到改善，邮电通信事业成绩斐然，完成邮电业务总量10 076.4万元(现行价)，比上年增长44.65%。

城乡市场渐趋活跃，人民生活水平稳步提高。在供应和需求稳定增长的格局下，全省民族自治地方消费品市场稳中趋活。1996年全年消费品零售总额28.25亿元，比上年增长16.3%。农民人均纯收入由上年的706元增加到1 125元，扣除物价因素后略有增加。城乡居民年末储蓄存款总额由上年的21.96亿元增加到28.2亿元，增长28.4%。

【社会发展】1996年，湖北省民族自治地方科技、教育、文化等社会事业继续发展。

科技事业取得新进展，科技普及和技术培训有了新进展，全年举办农村实用技术培训班近3 000期，参加培训的人数达78万人次，推广科技成果近100项，获得国家星火优秀奖、科技进步奖共45项。在民族自治地方继续推行"科技兴县"、"科技富民"活动。

教育事业稳步发展。两所普通高校招生1 150人，比上年增长6.2%；在校生3 412人，增长8.4%。普通中专招生6 335人，比上年多招745人；在校学生达13 479人，增长29.6%。基础教育不断加强，普通中学在校学生数达149 646人，比上年增长6.2%；小学在校生49.67万人，增长2.6%；学龄儿童入学率仍达98%。成人教育持续发展，成人中专招生数2 896人，在校学生5 991人；成人技术学校共培训结业学员19.45万人，比上年增长10.3%。

文化事业稳步发展。年末全省民族自治地方共有文化事业机构233个，其中，艺术表演团体11个，博物馆11个，公共图书馆11个，文化艺术馆15个，公共图书馆图书藏量近100万册。城乡群众性的文化娱乐活动丰富多彩。全省民族自治地方县以上广播电台(站)11

座；电视台 4 座；电视发射台、转播台（站）、卫星电视接收站 240 座。

卫生条件不断改善。1996 年底，全省民族自治地方卫生机构达 1 350 个，其中，医院 185 所；卫生技术人员达12851人，其中，医生 5 740 人；医院床位 7 046 张，每千人拥有医生达 0.77 人。

体育事业蓬勃发展，全省民族自治地方兴起全民健身活动热潮。据统计，1996 年参加全民健身活动的人数达 100 万人次，各种形式的群众性体育竞赛和运动会蓬勃发展。

【民族工作】1996 年，湖北省的民族工作以邓小平建设有中国特色的社会主义理论和党的基本路线为指针，紧紧围绕“抓住机遇，深化改革，促进发展，保持稳定”的全党工作大局，认真贯彻执行党的十四届六中全会精神和全国民委工作会议精神，结合湖北省民族自治地方的实际，制定新措施，不断促进少数民族地区经济和社会发展。

（一）省委、省政府对民族工作的领导不断加强。省委、省政府对民族工作高度重视，不断加强领导，这是湖北省 1996 年民族工作取得显著成绩的重要保证。1. 为了加大对省委、省政府《关于加快恩施自治州经济和社会发展的决定》即鄂发〔1995〕26 号文件的落实力度，2 月，省委副书记邓国政同志召开专门会议，把 26 号文件的内容逐项逐条分解到省直各单位，并明确牵头单位和承办单位，限期拿出落实的办法和措施。2. 2 月，副省长苏晓云主持召开了第二次省民委委员会议，省直 18 个厅局的兼职委员参加了会议，苏晓云同志就贯彻落实 26 号文件的有关问题作了深入的动员。3. 5 月 30 日，省长蒋祝平主持省长办公会议，听取副省长苏晓云和省民宗委主任袁仲由同志关于全国民委工作会议精神的汇报。蒋省长提出：全国学两湖，湖北怎么办？我们一定要变压力为动力，对照湖南找差距，定措施，抓落实，真抓实干，力争我省民族工作再上新台阶。并提出在适当时机召开全省民族地区工作会议。4. 8 月下旬，省委书记贾志杰主持召开省委常委会，专题研究民族自治地方的有关工作，并决定省委、省政府于 9 月上旬在恩施自治州召开全省民族地区工作会议。5. 8 月 29 日，省长蒋祝平、副省长苏晓云召集省直 35 个厅局的负责同志开会，又一次听取各单位贯彻落实 26 号文件的情况汇报。

（二）少数民族和民族地区经济建设步伐不断加快。1. 9 月 7—10 日，为了传达贯彻全国民委工作会议精神，检查总结省委、省政府〔1996〕26 号文件和 1996 年全省扶持特困县市工作会议精神贯彻落实情况，进一步动员和组织全省各方面的力量加快民族地区经济和社会发展的步伐，省委、省政府在恩施自治州首府恩施市召开了建国以来的第一次民族地区工作会议，恩施州及所辖 8 县市和宜昌市及长阳、五峰两个土家族自治县的党政主要领导、民委主任及省直 32 个厅局主要负责人共 100 余人参加了会议。这是一次高规格的会议。国家民委副主任文精同志应邀参加会议，省委书记贾志杰、省长蒋祝平分别主持会议并作重要讲话。在会上，有 12 个单位就如何落实民族优惠政策，加快民族地区社会经济发展作了典型发言。这次会议一散会，即 9 月 11 日，省委书记贾志杰、省长蒋祝平马上召集省直 32 个厅局负责人在恩施自治州召开了现场办公会，及时解决恩施自治州当前资金紧张、干部培养以及安排骨干项目等七个方面的困难与问题。2. 根据民族法律法规和民族政策的有关规定，全省继续落实对民族地区财政“三照顾”1 447 万元，民贸“三照顾”520.5 万元，支援不发达地区发展资金 270 万元，1996 年落实新增发展资金 2 070 万元，国家温饱基金 400 万元，省财政落实民族补助款、民族工作事业费、杂散居少数民族发展基金等 330 万元。3. 对“八五”期间全省各项民族专项资金的使用管理情况进行了检查、总结，总结了经验，找出了差距，从而不断完善了各项民族专款的管理办法。4. 完成了民族地区及民族乡的经济统计工作，对民贸及民族用品定点企业进行了调查研究。同时，对民族地区“八五”期间经济运行情况进行了客观、公正、求是的综合分析，并受到有关领导的肯定。

（三）少数民族和民族地区的扶贫攻坚力度不断加大。1. 6 月，省委、省政府将全省民族地区的 6 个县市（占民族地区县市 60%，特困县市 50%）列入全省 12 个特困县的扶持范围，作为重中之重给予特殊扶持，并专题下发了《关于合力加强特困县市扶贫开发工作的决定》，决定对特困县采取“五定”（定领导、定单位、定部门、定职责、定工程）的办法进行帮扶，明确帮扶目标与任务，并要求财政、金融、计划等部门进一步加大扶持力度，继续上一批骨干项目和“温饱工程”，以增强特困县的“造血”功能。《决定》下发以后，省主要带队领导又率各帮扶单位到每一个贫困县现场办公，实施“领导工程”，切实解决一系列具体困难和问题。2. 为了加强对民族地区特困县（市）以外的四县市的扶贫攻坚力度，11 月，省政府又下发了《关于实施“616”工程，开展对口支援恩施、建始、来凤、长阳等四县市工作的通知》（即鄂政发〔1996〕82 号文件），决定在民族地区四县（市）启动“616”工程，仿照扶持特困县市的办法，由一名省级领导带队率领省直等 6 个帮扶单位，扶持一个县市，每年为扶持县市办 6 件实事，确保 4 县市在本世纪末稳定解决贫困人口的温饱问题，实现财政自给，率先脱贫致富奔小康。3. 完成了民族自治地方国定贫困县“八五”期间扶贫情况的调查统计分析工作，对“九五”民族地区的扶贫开发工作提出了一些好的建议和想法。4. 积极抓好五峰小康点的扶贫开发工作，为小康点引进资金 324.5 万元，新上项目 3 个，建村级小学 3 所等，扎扎实实为小康点办了一些实事。

（四）散居少数民族工作有新的突破。9 月 21 日，《湖北省散居少数民族工作条例》历经五年的多次协商、多层次征求意见以及多次修改，终于在湖北省第八届人民代表大会常务委员会第 22 次会议上顺利通过。《湖北省散居少数民族工作条例》的颁布实施，充分体现了党和政府对散居少数民族的亲切关怀，也是省委、省政府强调依法治省的又一体现。它标志着湖北省散居少数民族工作迈入法制化的轨道。同时，郧西县湖北口回族乡、恩施市黄泥塘侗族乡以及宣恩县张关侗族乡等 8 个民族乡举行了建乡十周年庆祝活动，湖北省民族乡的工作也取得了较大的成绩。

（五）民族教育、文化、卫生、体育等事业协调发展。1. 落实民族教育专款 160 万元，其中，省财政 120 万元，国家 40 万元；落实少数民族义务教育助学金和高寒乡办寄宿制学校补助款 40 万元，并制定了相应的管理办法。同时，对利川、来凤、鹤峰等县市民族中小学和师范进行了调查研究。2. 完成了民族自治地方 10 县（市）和 5 个民族乡的文化基础设施以及文艺团体基本情况的调查统计工作，并向国家民委报上了专题材料；与省广电厅、文化厅协同选评的电视剧《没有织完的西兰卡普》荣获国家“骏马奖”提名奖。3. 落实少数民族医疗减免费 150 万元，并制定出相应的管理办法。与省体委一起对申办 1998 年省民族传统体育运动会的鹤峰县、来凤县、利川市进行了实地考察，并写出了考察报告报省政府审定。4. 对湖北省“二五”普法工作情况进行了全面调查，写出总结报告报国家民委。另外，10 月下旬在荆沙召开了全省民族学会年会，省有关领导石川、王汉章、朱纯宣以及省民族学会会员等 120 余人参加了会议。另外，省民宗委积极组织抗洪救灾，捐款捐物；机关实施“三定方案”工作已结束。

（六）援藏工作取得阶段性成绩。中央第三次西藏工作座谈会以后，湖北省加大了对西藏对口支援的力度，1996 年援藏工作取得了阶段性成绩。1. 当巴电站竣工交付使用。由湖北省总投资 3 396 万元，装机容量 1 500 千瓦，年发电量 1 079 万千瓦时的措美县当巴电站，经过一年零四个月的艰苦奋战，于1996年10月建成投入使用，从而结束了措美县无电的历史，圆满完成了党中央、国务院分配给湖北省的交钥匙工程。2. 无偿援助项目资金2 897.6万元，用于山南地区的河道整治、蔬菜基地、城市公共设施、广播电视、希望工程等项目的建设。3. 积极开展人才交流，搞好企业技术合作。华中农业大学、冶钢集团、宜昌汽车运输公司、孝感市建筑公司等先后都与山南地区建立了合作项目。4. 编印援藏工作简报7期280份，利用报刊杂志及电台、电视台加强了对援藏工作的宣传力度。

撰　稿：黑凤生

审　稿：丁　蕾

湖　南　省

【民族经济】1996年是湖南省各族人民战胜特大洪涝灾害，克服经济生活中的重重困难，实现"九五"计划开好头、起好步的一年。全省民族自治地方经济也保持了持续稳定发展的势头。

一、经济总量有所增加。1996年，民族自治地方完成国内生产总值119.07亿元，比上年增长6.8%。其中，第一产业49.57亿元，第二产业34.44亿元，第三产业35.05亿元，分别比上年增长7.31%、6.63%和6.45%。第一、二、三产业比重分别占41.63%、28.92%、29.44%，产业结构有所改善。

二、农业战胜较大自然灾害，获得较好收成。1996年完成农业总产值79.09亿元，比上年增长7.94%。主要农产品产量大多增产，其中烤烟、水果增幅较大，分别比上年增长128.5%、11.3%。农作物总播种面积801.5千公顷，比上年增长4.58%。乡镇企业完成营业收入115.10亿元，比上年增长118.8%，完成利润8.0亿元，比上年增长110.9%。农村经济收入达82.66亿元，比上年增长29.6%。

三、工业中非国有成份增幅较大，形成新的经济增长点。1995年完成工业总产值64.68亿元，比上年增长12.8%。其中，重工业33.28亿元，比上年增长20.48%，轻工业31.4亿元，比上年增长6.52%。主要工业产品产量稳中有增。在全部工业中，国有企业比上年减少4.4%；其他类型企业增幅较大，集体企业比上年增长60.9%，私营、联营、股份制经济比上年增长135.82%，外商投资企业比上年增长39.09%，港澳台投资经济比上年增长47.4%，其中乡属企业工业产值10.99亿元，比上年增长78.40%。企业个数也有所增加，全年民族自治地方企业2 067个，比上年增加31个，其中国有企业增加14个，港澳台投资企业增加3个。

四、固定资产投资回落幅度较大。全年完成固定资产投资15.09亿元，比上年减少17.22%。按资金来源分，国家预算内资金比上年减少25.2%，国内贷款减少2.87%，但利用外资增长254.1%。从资金投向看，农林牧渔业10.02亿元，工业、建筑业2.35亿元，商业、运输、邮电业1.76亿元，住宅2.66亿元。

五、市场繁荣，人民生活水平提高。1996年，全省民族自治地方社会消费品零售总额49.96亿元，比上年增长15.9%。城镇居民工资年平均4 719元，比上年增加7.81%。农民人均纯收入1 064.3元，比上年增加342.3元，增长47.4%。城镇居民储蓄存款年末余额31.57亿元，增长12.1%，农户储蓄存款余额

11.27亿元，增长16.3%。

经济运行中存在的问题主要有：①农业基础薄弱，投入不足，抗灾能力脆弱。②贫困面依然很大。全省民族自治地方还有约170万人口尚未解决温饱，占民族地区总人口的30%。③国有、集体企业经营困难，效益差，亏损扩大。全省民族自治地方国有、集体企业中有亏损企业407家，占总数的22.3%。④财政困难，资金紧张，固定资产投资减少较大，制约经济发展后劲。

【社会发展】1996年，全省民族自治地方的教育、文化、卫生等社会各项事业进一步发展，人民安居乐业，社会稳定进步。

教育事业在结构调整中全面发展，教育整体水平有较大提高，全省民族自治地方有各类学校5 607所，在校学生达105.35万人，九年制义务教育普及率不断提高，学龄儿童入学率达98%。

民族文化、宣传、卫生等事业继续发展。全省民族自治地方现有广播电台8座，比上年增加1座，节目21套，比上年增加10套，有卫星电视地面站1 136站，比上年增加523站，大多数乡镇可以收看电视。城镇居民的文化生活日益丰富，全省民族题材电视片在全国第3届少数民族题材电视艺术“骏马奖”评比中，获一等奖1个，二等奖3个，优秀奖1个。卫生防疫和妇幼保健工作也取得新进展，绝大多数乡都建立了卫生院，卫生医疗条件逐步改善。少数民族地区城乡居民人均纯收入增加，储蓄存款余额不断增长，城乡居民居住条件进一步改善。此外，社会福利和保险事业等也在民族地区不断得到发展。

【民族工作】1996年，在省委、省政府的正确领导下，在国家民委的具体指导下，全省民族工作部门认真贯彻党的十四届五中、六中全会和省七次党代会精神，坚持以经济建设为中心，以民族团结进步为主线，按照全国民委工作会议提出的要求，谋大事、抓重点、干实事、求实效，具体抓了六个方面的工作。

一、以接待1996年全国民委工作会议在湘召开为契机，全面推进民族工作。1996年春在湖南召开的全国民委工作会议，主题是总结交流两年来各地贯彻落实中央政治局常委会议关于民族工作重要指示精神情况，推广典型经验，研究部署世纪之交的民族工作任务。省民委在做好会议申办、接待、现场参观和经验交流材料介绍等工作的同时，抓住机遇，推进全省民族工作。一是紧密结合全省民族工作的实际，认真贯彻会议精神，开展“全国学湖南，湖南怎么办？”的讨论，研究探讨全省民族工作再上新台阶的突破口和切入点；二是乘会议东风，全面督查湘委[1994]23号文件的贯彻落实，收到了很好成效。

二、成功地在吉首市召开了全省民族自治地方改革开放现场经验交流会。会议于11月份由省民委和省体改委共同召开，全面总结了改革开放特别是1994年湘委23号文件下发以来，湖南省民族自治地方改革开放的情况和经验，充分肯定了各地，特别是吉首市在改革开放中取得的成绩，研究探讨了民族自治地方继续深化改革、扩大开放的基本路线；进一步增加了搞好民族地方改革开放的决心和信心。

三、积极配合有关部门，帮助少数民族和民族地区加快经济发展。首先，配合计划部门和民族地区搞好“九五”计划的实施。其次，积极改进财经工作。重点是抓民族专项资金管理工作的改革，促进各地民委的观念更新和工作责任感的增强。第三，各级民委积极参与民族地区的扶贫开发。第四，积极主动地帮助民族地区抗灾救灾。

四、推进民族法制建设，促进民族团结进步。一是进一步加强散居少数民族工作。省民委经过积极工作，争取到《关于进一步做好散居少数民族工作的通知》即湘政办发[1996]20号文件的下发，并认真抓了贯彻落实工作；完成《湖南省散居少数民族工作条例》的修订工作。二是认真完成了赴城步、新晃参加两个自治县县庆的省祝贺团的筹备和组织工作。三是开展了民族建政和民族法规工作。这些，都有力地促进了全省民族团结进步事业的发展。

五、进一步加强民族教育、干部、文化、宣传等工作，促进民族地区各项社会事业的发展。在民族教育方面，与省教委联系在靖州召开了“全省民族地区寄宿制中心小学建设总结表彰会”，配合农工民主党湖南省委所属医药中专共同实施“310”教育扶贫工程。在民族干部方面，配合组织部、统战部选送11名民族干部到中央有关部委及发达地区挂职学习，安排一批民族地区干部到省直部门挂职锻炼；与省委组织部、统战部、人事厅召开联席会议，探讨“九五”期间民族干部工作的基本思路和主要工作任务；各地加强干部培训工作，举办各类干部培训班、进修班。在民族文化、宣传方面，组织民族题材电视片参加全国第六届少数民族题材电视艺术“骏马奖”评比，获一等奖1个，三等奖3个，优秀奖1个；与长沙铁路分局联合举行了国务委员兼国家民委主任司马义·艾买提同志为“长铁”车队题写的“民族团结号”列车授牌仪式；组织新闻单位对城步、新晃两县四十周年县庆进行系列采访报道。开展民族古籍整理、民族理论研究、民族志编纂等工作，全年共搜集整理民族古籍四部、出版民族古籍两部，《省志·民族志》已定稿送审。

六、民族工作部门自身建设进一步得到加强。一是抓理论学习和业务学习不放松。二是各级民委在积极争取增加业务经费的同时，主动参与民族专项资金的有效管理，工作手段和调控手续进一步得到加强；部分民委扶贫开发经济实体办得较好，既为扶贫工作作了贡献，也为增加民委工作实力打下了基础。三是省民委委员单位由11个增加到19个，各位委员和委员单位充分发挥职能作用，为民族地区经济社会发展作出了积极的贡献。部分地、州、市民委委员工作也得到加强。四是进一步开展了机关党群工作、纪检工作和老干部工作，加强了行政后勤服务工作，为进一步改善机关的工作生活环境创造了良好的条件。

撰　稿：谭玉勋

审　稿：李锡铭　王晓敏

广 东 省

【民族经济】1996年，广东省的民族经济工作以贯彻落实全省第十次山区工作会议和全省少数民族脱贫致富工作座谈会精神为重点，省民委利用各种形式认真贯彻《中共广东省委、省政府关于进一步扶持山区加快经济发展的若干政策规定》(粤发[1996]5号)和《全省少数民族地区脱贫致富工作座谈会纪要》(粤办发[1996]3号)精神。在省直有关职能部门的积极支持和沿海发达地区的对口支援下，民族地区广大干部群众奋发图强，艰苦奋斗，紧紧围绕两个根本转变和“四个层次”的脱贫目标，努力加大各项建设资金的投入，加快重点项目与基础设施的建设，有力地促进了民族地区经济的发展。(1)国民经济继续保持稳定发展的趋势，“四个层次”脱贫攻坚取得阶段性成效。1996年，三个自治县国内生产总值14.8亿元，比上年增长10.5%；乡一级财政收入达到30万元以上的33个，占乡镇总数的78.6%，比上年增加12个；管理区一级集体收入达到3万元以上的170个，占总数的63.4%，比上年增加110个；农村人均收入1 442元，比上年增长44%；有4 990户绝对贫困户，近2万人脱贫，贫困人口比上年减少23.3%。三个自治县全社会固定资产投资为5.8亿元，其中连南瑶族自治县全社会固定资产投资1.6亿元，新建和改造水电站8座，新增装机容量5 120千瓦；连山壮族瑶族自治县全社会固定资产投资1.1亿元，在大力发展“三高”农业、对重点企业进行技术改造的同时，加快了淘金坪电站、旭水、加田峡口等电站的建设；乳源瑶族自治县全社会固定资产投资3.1亿元，重点用于扶持绝对贫困户发展种养业和公路建设，同时新建水电站4座，新增装机容量5 800千瓦。(2)省扶持的扶贫项目已初见成效。1996年，省扶持三个自治县首批项目84个，投入资金1.51亿元，其中省扶贫基金安排的2 100万元已全部到位，其余由省有关部委办厅局扶持的项目资金也大部分到位。省财政1996年、1997年增拨1.5亿元支持三个自治县和六个民族乡。除留下3 000万元移民经费待1997年移民搬迁验收后再下拨外，其余的1.2亿元已在1996年先后下拨给三个自治县和六个民族乡，用于扶贫项目的建设。(3)经济发达地区扶持民族特困县加大了力度。通过贯彻两会精神，珠江三角洲等一些发达地区对口扶持民族特困县加大了扶持力度。省第十次山区工作会议确定广州、佛山、江门市分别扶持连南、连山、乳源自治县。到1996年底，三个自治县对口扶持项目到位资金3 235.1万元，其中广州市扶持连南自治县1 975.1万元；佛山市扶持连山自治县660万元；江门市扶持乳源自治县600万元。广州、佛山、江门除完成下达的对口扶持任务外，根据各市财力加大扶持力度。广州市经协低息拆借给连南1 000万元用于发展生产项目，佛山市、顺德市无偿支援连山200万元扶持该县12个贫困乡镇发展生产和办社会公益事业。1996年社会各界扶持六个民族乡资金1 035万元，且大部分是无偿的。

【社会发展】1996年，连南、乳源两个自治县经多方筹集资金，不断改善办学条件，努力提高适龄儿童的入学率和学生的巩固率，经国家教委验收，继连山之后，也实现了“普九”达标的任务。连南、连山、乳源三个自治县还实施“科技兴县”战略；大力开展科学技术合作活动，积极推广良种和先进的耕作技术、电子、计算机应用技术，使新工艺、新技术得到了进一步的应用。此外，三个自治县的卫生、体育和社会保障事业也得到了较大的发展。1996年，三个自治县共有小学284间，在校生6万多人，适龄儿童入学率达98.5%，巩固率98.5%，毕业率98.8%。共有中学51间，在校生2万多人。办有民族小学和民族中学以及各类的寄宿制民族班。民族地区已建立了电视差转台和卫星接收站，电视覆盖率90%以上。通讯事业发展迅速，三个自治县均开通了程控电话，可直拨全国各地及港澳台和世界各地。开通了移动电话和寻呼台。民族地区卫生事业有了较大发展，农村三级保健网已基本形成。三个自治县有县乡两级医疗站58个，病床675张，医务人员1 100多人。少数民族群众的身体有了保障。

【民族工作】1996年，广东民族工作按照省委、省政府的工作部署，认真贯彻全省第十次山区工作会议和少数民族地区脱贫致富工作座谈会精神(以下简称两会)，推动民族地区脱贫攻坚工作，加快经济发展的步伐。1月份，省委、省政府召开了省第十次山区工作会议，期间套开了全省少数民族地区脱贫致富工作座谈会，省委、省政府主要领导出席了会议，韶关、清远市，连南、连山、乳源自治县，连州的瑶安、三水，阳山的称架，始兴的深渡水，龙门的蓝田，怀集的下帅等6个民族乡和有关职能部门的负责同志参加了会议，着重研究全省少数民族地区脱贫致富的问题，会议决定，将民族自治县和民族乡作为省特困县的重点来扶持，增加对民族地区的财政补贴和资金投入，并制定了进一步扶持民族地区发展的各项优惠政策。5月份，省民委召开全省民族工作会议，各市及有关县民族工作部门、省直有关单位负责人参加，会议传达了两会精神，要求各级民族工作部门将促进民族地区发展作为工作重点来抓，搞好脱贫攻坚工作。省民委进一步加强了对各项民族政策法规贯彻执行情况的检查督促和调查研究，如对落实全省第十次山区工作会议和全省民族地区脱贫致富工作座谈会精神情况的调查；对省财政扶持民族地区1.5亿元专款安排方案的调查；办理省人大八届四次会议提出的《关于扶持少数民族地区经济发展的议案》的专题调查；调查近年各少数民族的发展和各民族相处的情况；配合国家民委在广州开展了少数民族经商情况的调查，同时进行了民族法规、规章的修改和清查工作；起草了《广东省散居少数民族权益保障条例》稿上报，起草了《城市民族工作条例》实施细则意见稿。动员社会各界包括港澳同胞支持民族地区，给民族地区引进了捐赠款200多万元及衣物、书籍等。1996年还先后在省社会主义学院举办了两期少数民族地区乡镇长培训班，自治县及民族乡的92位乡镇领导参加了培训。开展民族团结进步事业活动。广州市通过举办民族问题和民族政策报告会和市少数民族体育花会等活动，扩大对民族政策、民族团结的宣传和教育。连南、连山、乳源三个自治县通过开展瑶、壮、汉群众之间结“同年”、建“兄弟村”、修“民族路”、建“文明桥”、筑“文明渠”、组织文艺团体下乡演出等活动，促进民族团结进步事业的发展。

撰　稿：王　丹

审　稿：陈夏春

广西壮族自治区

【民族经济】1996年是“九五”开局之年。广西各族人民在自治区党委、政府的领导下，团结拼搏，真抓实干，国民经济在大灾之年仍然保持快速、健康的发展势头，实现了为“九五”计划开好头、起好步的目标。全区年内完成国内生产总值1 885亿元，比1995年增长10.6%，其中第一产业增加值578亿元，增长8%；第二产业增加值693亿元，增长12.3%；第三产业增加值614亿元，增长10.8%。

农业在抗洪救灾中夺得好收成，农村经济持续发展。1996年，广西自然灾害频繁，桂北、桂中、桂东和桂南等地区先后遭受特大洪涝灾害，57个县市1 210多万亩农作物受灾，其中绝收276万亩。由于全区党政军民奋力抗灾，采取一系列支持、保护和促进农业和农村经济发展的政策措施，推广先进适用技术，农业获得了较好收成。农林牧渔业总产值完成902亿元，比上年增长8.5%。粮食总产量1 612万吨，增产58.7万吨，再创历史最高水平。其他主要农产品除水果因灾减产外，均获增产。其中，甘蔗产量2 814万吨，增长10.1%；油料产量52万吨，增长13.9%；烤烟产量3.3万吨，增长169%；猪牛羊肉总产量240.4万吨，增长17.3%；水产品产量130.2万吨，增长26%。

工业生产持续增长，产销衔接逐步好转。工业改革继续稳步推进，积极调整结构，努力适应市场，全区工业在困境中保持较快增长。自治区对500多个大中型企业进行动态管理，重点抓150个产值超亿元企业和88个优势企业，同时加强对乡镇企业的调整，有力促进了农村二、三产业的迅速发展。全年完成工业增加值 607 亿元，比上年增长 12.6%。主要工业产品产量保持不同程度增长。发电量 228 亿千瓦时，增长 5.0%。食糖产量 238 万吨，增长 33.4%，再创历史最高纪录，产量继续保持全国首位。由于采取限产压库等措施，工业品销售率提高到 95.14%，比上年提高 0.9 个百分点。

固定资产投资继续增长，重点建设项目得到加强。全年全社会完成固定资产投资 473 亿元，增长 11.7%。投资结构进一步优化，农业、水利、能源、交通、通信、原材料等基础设施和基础产业得到加强。区内铁路、公路、电站、港口、水厂等一批重点建设项目进展顺利。南昆铁路(广西段)、桂柳高速公路、桂林两江国际机场、百龙滩水电站 3 台机组、叶茂水电站 2 台机组、盘县火电厂 3 号机组、防城港中级泊位、南梧数字微波通信工程等项目按计划建成投产。基本建设新增能力包括：电力装机 28.1万千瓦时，煤炭开采30万吨，等级公路 1 100 公里，通信光缆干线 1 050 公里，沿海港口吞吐能力 60 万吨。西南出海通道的综合作用进一步显现。

对外贸易保持一定规模，对外开放取得新成效。在国家对外贸政策作出重大调整的情况下，完成进出口总额 27.9 亿美元，下降 8.5%。利用外资继续扩大，引进外资的渠道、规模、方式取得重大进展，外商直接投资和外国独资企业有所增加。全年实际利用外资 10.19 亿美元，增长 5.7%。边境贸易保持良好发展势头。口岸建设得到加强。旅游业出现了新的转机，接待海外旅游者 50 万人次，旅游外汇收入 1.45 亿元，分别增长 19.5%和 10%；接待旅游者 3 001 万人次，旅游收入 129.8 亿元。横向经济联合进一步加强，年内实施经济技术协作项目 1 800 项，引进区外协作资金 12.5 亿元。

财政收入大幅度增加，金融形势平稳。新财税体制继续得到完善，财政收入持续增长，全年财政收入(含上划中央“两税”收入)达 144 亿元，比上年增长 8%，其中地方财政收入 87.76 亿元，增长 10.5%。银行存贷款继续增加。年末全区金融机构存款余额 1 388.8 亿元，比上年末增加 241 亿元，增长 20.5%，其中，城乡居民储蓄存款余额 895.18 亿元，比上年末增长21.7%；金融机构贷款余额达到 1 288.11 亿元，比上年末增加 233.11 亿元，增长 22%，其中中长期贷款 303.61 亿元，增长 23%。

物价调控成效显著，人民生活稳步提高。各级政府实行控价目标责任制，加强城乡物价监管，建立价格调节基金，扶持生产发展，保障市场供应。全区商品供应充足，市场购销两旺。全年社会消费品零售总额达 620 亿元，增长 16.4%，扣除物价因素，增长 11.4%；商品零售价格上涨 4.5%，居民消费价格上涨 6.5%，均比上年回落近 12 个百分点。全年农民人均纯收入 1 730 元，扣除价格因素，增长 11%；城镇居民人均生活费收入 4 458 元，扣除价格因素，下降 2.4%。年末城乡居民存款余额 880 亿元，比年初增长 19%。扶贫开发力度不断加大，资金投入和政策措施在“一次性规划”中进一步得到落实，以工代赈、项目开发、异地安置、单位挂钩、科教扶贫和社会扶贫等措施同步进行，49 个贫困县中已有 14 个基本解决了农村贫困人口温饱问题，全区又有 120 万贫困人口越过了温饱线。

【社会发展】1996 年，广西社会经济协调发展，全区政治稳定，民族团结，各项社会事业都得到进一步发展。

抗洪救灾，恢复生产取得显著成绩。在去年特大洪涝灾害和强台风袭击中，全区 57 个县市 1 515 万人口受灾，因灾死亡 424 人；农作物受灾面积 1 210 多万亩，民房倒塌 110 多万间；交通、通信、水利、电力、医院、校舍等基础设施和公共设施遭受严重破坏，一大批企业停工停产;商店停业,水、电、粮供应中断,直接经济损失 310 亿元。面对严重灾害,全区党政军警民团结一心,奋起抗灾,恢复生产,重建家园,涌现出许多可歌可泣的模范人物和动人事迹。全区财政拨款 4 850 万元,各政府部门和社会各界捐款约 9 000 万元,捐赠衣物 250 多万件,保险部门及时赔付灾害损失 7.5 亿多元,达到了灾民有饭吃、学生有书读、灾后无大疫的要求。入冬前已建成住房 20 多万间,有 100 多万灾民喜迁新居,其余灾民在春节前也基本实现户均有一间 20 平方米以上的住房。灾后,灾区人民情绪稳定,社会秩序良好。

教育发展,科技进步,尊科重教的社会风气日益明显。科技体制改革逐步深化,科技进步激励机制正在形成。科教兴国、科教兴桂战略逐步深入人心,科普工作越来越活跃。重点科技工程进展顺利,高新技术及其产业取得新成绩,对外科技经济合作与交流得到拓展。全区科技进步贡献率上升到 35.7%。各级各类教育保持良好发展势头,“两基”教育工作取得重大进展,有 31 个县(市)、城区通过“普九”验收。职业与成人教育有了较大发展,“211 工程”项目获得部门预审通过。多渠道筹措教育经费成绩显著,办学效益和质量有所提高,教师工作条件、生活待遇等得到不同程度的改善。

计划生育工作进一步加强,体育、卫生事业取得新发展。积极宣传少生优育的生育观,出色完成国家下达的控制人口计划。1996 年全区人口出生率 16.83‰,自然增长率 10.01‰,分别比国家计划低 1.57 个千分点和 4.79 个千分点。全民健身活动蓬勃开展,竞技体育再创佳绩。体育健儿在第 26 届奥运会上夺得金牌 1 枚,银、铜牌各 2 枚;在世界大赛、亚洲大赛和全国大赛中获金牌 54 枚,打破世界纪录、亚洲纪录各一项。卫生方面,认真贯彻党的卫生工作方针,积极稳妥地推行卫生改革。农村医疗卫生条件有所改善,中医药应用和传染病、地方病防治工作有较大进展。

狠抓精神文明建设,民主法制建设获得长足进步。各级政府坚持两个文明建设一起抓,切实加强精神文明建设。在全区范围内广泛开展了社会主义、爱国主义、集体主义思想教育和社会公德、职业道德、家庭美德教育活动,大力宣传艰苦奋斗的精神和扶贫先进集体。群众性的精神文明创建活动蓬勃开展,涌现了一批文明城市、文明单位、文明企业、文明村和文明户。实施“三严四自”工程取得成效。反腐败工作深入开展。“三五”普法开始实施。

城市建设得到加强,环保质量不断提高。根据高起点、高标准、高质量的要求抓好城市规划,年内重新修编和批准了一批市县的总体规划。城市建设投入增加,基础设施各项指标的人均水平比上年提高。小城镇建设蓬勃发展。37 个试点城镇取得显著成效。城镇住宅和安居工程建设进展加快。全年共建成住宅面积 500 多万平方米。环境保护和污染防治工作得到加强。经过各级政府深入细致的工作,平稳顺利地关闭了 500 多家污染严重的企业。开展市容环境综合治理“南珠杯”竞赛并取得良好效果,市容市貌有明显改观。

【民族工作】1996 年,广西各级民族工作部门在党委、政府的领导下,在邓小平同志建设有中国特色社会主义理论的指导下,坚持党的基本路线,紧紧围绕经济建设这个中心,深化改革,扩大开放,全面贯彻执行党的民族政策,积极主动开展工作,努力促进少数民族和民族地区经济社会发展,取得可喜成绩。

围绕党的基本路线抓好民族经济工作,促进民族地区社会经济进步。各级民委以经济工作为重心,加强调查研究,狠抓政策落实,认真实施项目,积极为民族地区经济社会发展办实事。在宏观管理上积极参与当地经济建设的同时,多渠道争取资金,用经济的办法解决民族经济问题。年内,区民委会同有关部门分配和落实少数民族地区生产、生活经费 6 600 万元,为少数民族和民族地区经济社会发展,特别是为民族地区经济结构调整注入了活力。为加强各项资金的管理，10月份，区民委在桂林举办了第二期全区民委系统财经管理干部培训班，提高各地、市民委和部分县民委的财经管理能力。积极投入抗洪救灾工作，为灾民捐钱捐物，帮助灾区少数民族群众自力更生重建家园，同时，积极联系国际组织寻求援助，再次得到香港乐施会87万元人民币的救灾款，援助巴马、大化两个瑶族自治县部分灾民维修农房、学校、水利设施及发放救济粮、饲料粮、种子种苗等，受益灾民5 115户22 316人。

积极宣传党的民族政策，认真贯彻落实《民族区域自治法》，通过政策落实发展平等互助的民族关系。积极配合、参与各级人大开展《民族区域自治法》的执法检查工作。南宁地区民族事务局会同有关部门举办"民族政策和民族法规宣传月"和"南宁地区贯彻落实民族区域自治法"课题研究活动，使民族政策和民族法规家喻户晓，深入人心，其他地、市民委对《民族区域自治法》实施情况的检查也做得有声有色。协助区人民政府召开全区民族乡工作会议和民族自治县工作座谈会，总结经验，研究问题，了解民族乡和自治县实行"两个转变"所面临的机遇和挑战以及对"九五"时期的政策要求，探索解决问题的途径。会后，区民委在充分调查研究的基础上起草的《关于加强我区民族乡工作的意见》和自治县工作座谈会纪要得到区党委、区人民政府的批转。指导巴马瑶族自治县筹备和举行县庆活动，协调有关厅局落实扶持建设项目28项，筹集建设资金4亿元，使巴马的工农业生产条件有了很大改善。

关注民族文化教育工作，采取有效措施推动民族文教事业发展。年内，区民委会同区教委到广西大学、广西财政专科学校调查两校1995年录取少数民族学生比例，还对广西民族学院等11所高校录取预科生情况进行调查，了解市场经济条件下高校招生工作实行并轨以后有关民族教育政策的落实情况，针对新情况，研究新对策。协助有关部门重点抓8所民族中专和民族干校建设，指导广西壮文学校、广西民族中专举行校庆活动，通过校庆为民族中专争取办学资金300多万元，增建校舍，改善办学条件。召开全区民族中专和民族干校教学管理工作研讨会，交流工作经验，研讨今后发展思路和措施。协助有关部门完成《中国少数民族音乐歌舞》系列片广西民族音乐歌舞的拍摄工作。协助拍摄《中国瑶族》电影白裤瑶部分。主持完成《广西少数民族饮食文化荟萃》书稿的编审工作。组织壮族音乐家小组赴欧洲访问演出，组织少数民族歌手班到北京、香港、广东等地参加各种文化艺术演出活动，其中到广东参加"中国合唱节"比赛荣获金奖，弘扬了广西优秀的民族传统文化。

积极参与，主动配合，协助人事部门做好少数民族干部培养和选拔工作。区民委配合组织部门对全区15个地、市选拔少数民族干部及领导班子中少数民族干部配备情况进行了调查，配合区党委组织部做好全区地、市、县40名县处级少数民族干部到区直机关挂职锻炼学习工作。河池、百色、南宁、柳州、桂林地区和柳州、桂林市民委在同级党委的领导下，积极配合组织部门参与对少数民族干部的培养和选拔工作。区民委与区党委组织部联合召开了挂职干部座谈会，召集1994—1996年从地、市、县到区直机关挂职锻炼的县处级少数民族干部参加，集思广益，为培养和选拔少数民族地区跨世纪人才献计献策。

脚踏实地，有条不紊地做好广西民族宫的筹建工作。广西民族宫占地44.5亩，建筑面积14.2万平方米，计划用两年多时间建成，向自治区成立40周年大庆献礼。广西民族宫造型独特，气势雄伟，是广西各族人民的一件大事，它对于弘扬民族文化，宣传民族政策，促进民族团结，发展民族经济，提高民族地位都具有十分重要的意义。目前第一期工程的民族文化艺术宫、民族用品展销中心正在紧张施工当中。

撰　稿：卢　岱

审　稿：黄海坤

海南省

【民族经济】1996年，海南省民族自治地方（三亚市、通什市和7个自治县，不含农垦，下同）共完成国内生产总值79.1亿元，按可比价格计算，比上年增长6.1%；其中，第一产业为35.8亿元，第二产业为20.3亿元，第三产业为22.9亿元，分别比上年增长7.2%、3.7%和6.6%。

农业生产得到全面发展。1996年，民族地区根据省委、省政府"以农业为基础，加强和提高第一产业"的产业指导方针，充分发挥自然资源优势，大力发展以加工运销为中心的高效农业，使民族自治地方的农业结构日趋合理，规模不断扩大。至1996年底，全年农业总产值达53.2亿元，比上年增长10.6%；农业增加值为35.8亿元，比上年增长7.2%。一是热带高效农业形成基地化、商品化、规模化。白沙黎族自治县按照"宜林则林、宜果则果、宜蔗则蔗、宜胶则胶"的原则，发展农业，形成五大区域特色农业，"一村一品"生产基地达150多个，种植各类热带经济作物面积3.4万多公顷，农村户均拥有2.3公顷；二是农业由单一化转向多元综合开发。琼中黎族苗族自治县突破单一粮食生产的经济格局，狠抓橡胶、瓜菜、畜牧、淡水养殖、热带水果、木薯的发展，使全县形成6个经济带。当年，该县农业总产值达19 280万元，比上年增长10.9%；三是多种形式的农业生产联合体迅速发展。陵水黎族自治县以"公司+农民"、"职工+农民"、"农民+农民"的形式，大力发展热带瓜菜生产，种植面积达47 482亩，比上年增长17%；四是积极推广农业高、新技术。通什市建立农业科技示范基地30多个，科学栽培橡胶、咖啡、胡椒等热带经济作物达4 990公顷，举办农业和生产技术培训班36期，受训人数达4 500人次，使水稻抛秧新技术得到推广，优良品种水稻播种面积达5 881公顷；五是农业成为外商投资的新热点。三亚市外资投入农业项目41个，已投入资金6 254万元，开发农业种植、养殖面积1 238.8公顷。海南恒泰开发有限公司在昌江黎族自治县投资1亿元人民币开发四个万亩水果生产基地和农业综合开发项目。

工业生产快速增长。1996年民族自治地方工业总产值为27.4亿元，比上年增长20.1%，增加值为11.7亿元，比上年增长12.3%。工业发展的特点：一是一批重点项目相继建成投产。如年产85万吨的海南天然气化肥厂于10月份投料试产成功，带动和辐射周边民族自治地方相应产业的发展；二是依靠技术进步，对企业进行技术改造。通什市海南制药厂年生产10亿粒UE压丸生产线项目被国家经贸委列入国家二期"双加工程"建设计划；三亚市三川水泥厂引进新型生产工艺，生产高强度、超早强水泥6 500多吨投放市场，取得明显的经济效益。三是续建新建一批工业项目。三亚市投资2 000万元兴建螺旋藻养殖加工厂；投资15亿元人民币的国家级重点项目八所火力电厂年内已开始动工兴建。到1996年底，民族自治地方拥有各类工业企业3 975家。

基础设施建设不断完善。1996年，民族自治地方继续采取"土地补偿"和"谁投资、谁受益"等办法，吸引资金投入到基础设施建设。全年共完成光缆电缆铺设长度313公里；12月份，昌江黎族自治县王下乡开通程控电话，标志全省乡镇电话通讯全部实现程控化；年内，牙南公路和保陵公路建设和改造竣工通车，三亚国际凤凰机场新开5条国际航线；使民族地区交通运输质量进一步提高。至1996年底，民族自治地方基本建设投资达34.4亿元，比上年下降10.9%。

旅游业发展较快。1996年民族地区共有涉外宾馆64家，床位14 352张。全年接待国内外游客161万人次，比上年增长39.7%。

内引外联取得成效。全年外商新签协议33宗，协议合同外资金额40 095万美元，实际利用外资22 506万美元，比上年下降34.4%。

市场活跃繁荣，财政收入稳定增长，金融秩序进一步好转。1996年，民族地区社会商品零售总额24.1亿元，比上年增长7.7%；城乡集市贸易成交额16.7亿元，比上年增长15.3%；财政收入5.3亿元，比上年增长15.2%；银行年末存款余额66.6亿元，比上年增长13.9%；银行年末贷款余额80.6亿元，比上年增长14.6%；农村信用社年末存款余额6.9亿元，比上年增长17.1%；年末贷款余额4.2亿元，比上年下降5.1%。

人民生活水平不断提高。1996年，民族自治地方城镇居民人均年收入3 142元，比上年增长8.4%，农民人均纯收入1 317元，比上年增长11.8%。年内，又有17 928户9.7万名少数民族群众告别茅草房，搬进砖瓦房。

【社会发展】1996年，民族自治地方各项社会事业都得到进一步发展。

教育科技事业。1996年民族自治地方普及九年义务教育工作不断向前推进，基础教育得到进一步巩固与发展，适龄儿童入学率、巩固率得到提高，达到99.1%和98.5%。办学条件进一步改善。当年，新建校舍83 039平方米，新建“希望小学”6所。教育质量不断提高。主要招收少数民族学生的省国兴中学有242名学生考取普通高校，其中少数民族学生88名，占36.4%。年内，民族自治地方推广新技术、新成果8项，开发新产品39种。

文化体育事业。以弘扬社会主旋律的民族文化得到丰富和发展。三亚市成功地策划组织了’96中国度假休闲游开幕式大型文艺表演；昌江黎族自治县成功举办首届海南昌江芒果节；白沙黎族自治县初步建成“百里文化长廊”，并荣获全国先进文化县光荣称号；7月份，三亚市少年艺术团的少儿舞蹈《黎山青竹》参加全国少数民族娃进京演出荣获“群星奖”；由省民宗厅组织制作的海南黎族民歌精选《五指山之歌》录音卡带制作完毕；12月份，通什市和乐东黎族自治县大安乡分别被文化部命名为“黎族苗族歌舞艺术之乡”和“民间剪纸艺术之乡”。群众体育活动活跃。海南国际“椰子节”暨民族地区“三月三”节，民族自治地方都开展少数民族群众喜爱的传统体育竞赛活动。至年末，民族自治地方已拥有体育运动场9个，电影放映单位505个，艺术表演团体9个，文化馆8间，图书馆9间。

广播电视事业。1996年，民族自治地方继续改善广播电视基础设施，进一步巩固和发展广播电视网络建设，完成了有线电视网络扩建工程，使有线电视传输节目达到14套，广播覆盖率达100%，电视综合覆盖率达89%。至年末，民族自治地方有广播电台9座，广播发射台9座，电视台1座，电视发射差转站45座。

卫生工作取得明显的成效。一是巩固完善乡镇卫生院建设；二是抓好城乡医疗预防网建设；三是在农村开展卫生知识教育，指导农村改水、改厕；四是搞好防病治病工作，使各种传染病、多发病控制在较低的水平，基本上消灭了丝虫病。至1996年底，民族自治地方共设有卫生机构466个，卫生床位10 785张，拥有各类专业卫生人员12 538人，平均每千人拥有卫生床位4.56张。

【民族工作】开展民族调研和宣传工作。1996年，为了准确了解和掌握民族地区的基本情况，省民宗厅组织了一次规模较大的，内容包括《海南省实施〈民族区域自治法〉的若干规定》的贯彻情况、民族地区民房改造情况、民族教育情况的综合调查；11 月份，完成“海南民族地区社会经济发展”课题研究，已写出三篇重要报告，供有关部门参考。其中《关于加快我省民族地区社会发展的若干建议》已由省委办公厅、省政府办公厅联合转发给有关部门征求意见；年内，省民宗厅与《海南日报》联合主办“特区民族经济”专栏，与省委统战部联合主办《天涯同舟》“民族宗教”专栏，向国内外宣传民族、宗教政策和反映工作情况。

加大扶持力度，促进民族地区各项事业发展。1996 年，省民宗厅、省财税厅共同安排民族地区补助款 220 万元扶持发展经济项目 5 个，社会发展项目 33 个；安排发放民族地区民房改造补贴资金 1 500 万元，对建房的少数民族群众给予补贴，当年共完成建房面积 137 万平方米。国家民委、财政部安排“新增发展资金”1 300 万元和“温饱基金”100 万元，扶持发展经济项目 8 个。4 月份，省政府召开全省民族地区民房改造工作会议，表彰民房改造先进集体，推广民房改造扶贫到户的先进典型经验；6 月 17 日，省委常委、副省长王学萍会见出席“全国民族地区杰出青年经验交流会”代表，勉励他们认真学习，把好的经验带回民族地区，为民族地区经济发展做贡献；9 月 29 日，省委书记、省长阮崇武、副省长陈苏厚到遭受 18 号强热风暴袭击损失严重的昌江黎族自治县察看灾情，指导救灾，鼓励灾区群众搞好生产自救、重建家园；当年，省民宗厅安排 16.6 万元专款用于国兴中学、海南中学少数民族学生的生活补助；对 27 名考取全国重点院校的民族学生给予每人 1 000 元的资助；发放 80 万元，对 1 941 名在民族地区长期工作的国家工作人员进行生活困难补助；并制定了资助琼籍少数民族在校学生攻读硕士生、博士生的有关规定。

做好少数民族干部培养选拔工作。1996 年，继续认真贯彻实施《海南省少数民族干部培养、选拔和使用五年规划》；选派 7 名县处级少数民族干部到中央国家机关挂职锻炼，并做好向省委组织部推荐少数民族干部到市、县担任领导职务工作。至年末，全省少数民族干部达 19 571 人，比上年同期增长 7.2%；少数民族干部占全省干部总数的 10.14%，比上年高出 0.49 个百分点。

加强民族立法和民族法制的宣传教育。为了加强民族法制建设，保护少数民族权益，省人大召开了民族工作座谈会。会上，省人大副主任吴葵光要求全省继续加强民族法制建设，做好新形势下的民族工作，抓紧制定自治条例，加快制定《海南省散居少数民族权益保障条例》；6 月份，省民宗厅会同省委宣传部、省委统战部、省司法厅就《海南省 1994—1996 年民族法律法规宣传教育规划》的贯彻落实情况，深入民族地区进行检查、考核、验收、总结；7 月 27 日，海南省第一个民族自治地方法规《保亭黎族苗族自治县自治条例》颁布施行，省委常委、副省长王学萍发表《加强民族自治立法工作，促进民族地区经济发展》的重要讲话。

撰　稿：王儒民

审　稿：王庆良

四 川 省

【民族经济】1996 年，四川省民族地区在中央和省的大力扶持、帮助下，以邓小平同志建设有中国特色的社会主义理论为指导，认真贯彻党的十四届五中、六中全会和省委六届六次、七次全委会议精神，紧紧围绕发展与稳定开展工作，取得了较大的成效。

——经济总量有大幅度提高。1996 年国内生产总值达到 160 亿元(当年价格，下同)，按可比价格计算，较上年增长 10%。工农业总产值 165.5 亿元，较上年增长 17%，其中农业总产值 93.4 亿元，增长 6%；工业总产值 72.1 亿元，增长 25%。工业经济效益有较显著好转，利税总额达 6.54 亿元，比去年增长 15%，亏损面下降八个百分点。市场供应充足，物价比较平稳。

——农村经济进一步发展。年内，为进一步保证粮食的稳定增产，重视了农田基本建设，扩大了粮食的种植面积，并积极推行实用科学技术，全年粮食总产量达 211.3 万吨，比去年增长 6%。经济作物亦有较大的发展，其中油料产量达 1.7 万吨，甘蔗产量 55.8 万吨，水果产量 18.5 万吨，烟叶产量 4.5 万吨，比去年均有所增加。畜牧业也夺得了较大的丰收，其中大牲畜存栏数为 1 718.1 万头(只)，比上年增长 4%。牛、羊、猪肉全年产量为 29.3 万吨，均略有增长。

【社会发展】1996 年，四川省民族地区在狠抓经济建设的同时，努力促进社会各项事业的全面进步，重点抓了教育、卫生、广播电视等的发展。

——教育事业成效显著。年内，民族地区基础、职业教育和成人教育顺利开展，教学质量和办学效益有所提高。对“三教”协调发展中出现的困难和问题进行了深入细致的调查研究，并提出了对策和措施。在民族基础教育方面，着重抓了寄宿制和双语教育的完善工作，使学龄前儿童的入学率、升学率、巩固率有明显提高。1996 年至 1997 学年，民族地区小学入学率达 90.24%，比上年增加 2.34 个百分点；招收小学生 12.83 万人，巩固率达 93.29%。初中的招生人数和在校生、毕业生人数亦有增加，本学年共招生 70 129 人，比上年增加 9.8%，在校生 18.7 万人，增加 9.2 个百分点、毕业生 3.2 万人。民族地区 4 所大学，25 所中专学校教学状况良好。

——医疗卫生条件有所改善。为了进一步改变民族地区缺医少药的状况，在去年的基础上，继续抓好农村三级医疗、预防、保健网络的建立和健全，继续实施“三项建设”，即县防疫站，妇幼保健站和乡镇卫生院建设。对民族地区已建立的防保站和乡镇卫生院，以及部份县城医疗卫生机构等进行了重点建设，一个防治结合的医疗卫生网络已基本上形成，缺医少药现象有所好转。随着人才培养的加速和政策的落实，民族地区医疗卫生技术队伍已基本建成，人员的流动也更趋于合理。

——广播电视事业继续稳步发展。1996 年，民族地区有广播电台 11 座，节目套数 12 套，对国内外广播使用语言 6 种。电视台 3 个，电视发射台和转播台共 1 325 座。年内继续实施“千乡电视广播工程”，争取尽快改变边远山区的农牧民看不到电视、听不到广播的现状。

【民族工作】1996年,四川省在推动民族地区经济社会发展,维护民族团结等方面做了大量工作。

——紧紧围绕经济建设这个中心,大力开展各项工作。拟定了全省民族地区"九五"规划和2010年远景目标纲要,开展了"九五"期间建设项目的筛选、论证和项目建库工作,并已集中各种建设项目150多个。积极向中央呈报甘孜、阿坝、凉山三州重点项目,并认真拟定、论证、选报,以及做好所有前期准备工作和资金筹集工作。

——在加强民族团结,维护民族地区的稳定方面做了大量工作。以筹备省第三次民族团结进步表彰大会为契机,继续在全省广泛开展了党的民族理论、民族政策、民族法律、法规为主要内容的宣传教育。按照省委、省政府的指示,重点抓了维护藏区稳定的工作,完成了《四川省藏区稳定与发展》的调研课题,完成了中央和省下达的8个专题研究报告,刊发《国外藏人研究》季刊4期,《国外藏人动态》12期,《国外藏人信息》34期,出版《西藏历史地位辩》、《四川藏区家庭人口素质调查》、《国外藏人丛书》等专著3部。

——努力搞好民族研究工作和少数民族语言文字工作。完成了一批涉及少数民族历史、文化的研究课题,撰写出版了《四川省少数民族老红军传》、《李绍明民族研究文集》两部专著;完成了《彝族大辞典》初稿和《新时期农村变革·四川卷·四川民族经济发展概述篇》、《少数民族个体私营经济研究》、《四川大百科全书·民族部分》、《省志·民族志》等的编撰;出版了《民族论丛》,发表了民族研究论文20篇。省民委机关刊物《民族》杂志被评为四川省十佳期刊和社科一类期刊,按时出版了汉文版12期,藏、彝文版各4期。创办《四川民族经济报》,已编辑发行10期。

撰　稿:杨　剑

审　稿:彭均富

贵　州　省

【民族经济】1996年,贵州省民族自治地方抓住机遇,克服困难,团结各族人民,推动社会主义现代化建设不断前进,国民经济持续、快速、健康地发展。国内生产总值比上年增长30.2亿元,达211.7亿元,增长16.6%,人均国内生产总值1 486.5元,第一、二、三产业之比为50.7∶26.5∶22.8。

农业发展形势喜人,农业总产值比上年增长5.7%。在自然灾害较为严重的情况下,1996年粮食总产量又创历史最高水平,达到421.9万吨,比上年增长5.12%。农业的增产增收,对繁荣、稳定市场起了积极作用,促进了国民经济其他各项事业的全面发展。

扶贫攻坚成效显著。由于各级党委政府坚持把扶贫攻坚作为贫困地区经济工作的中心,部门配合,全民努力,贵州省民族自治地方贫困面正在缩小。1996年,全省有160万人脱贫,民族自治地方有独山、荔波、镇宁、岑巩4个贫困县越过温饱线。

工业总产值达到127.78亿元,按可比口径计算,比上年增长19.6%。轻重工业比为51.9:48.1。国有经济、集体经济、其他经济成份比为60.3∶28.9∶10.8。主要工业品产量都有较大幅度增长。但国有工业企业的经济效益不够理想,亏损面仍达35%。

1996年,全社会固定资产投资达46.75

亿元，比上年增长50.7%，其中，基本建设投资增长52.3%，更新改造投资增长58.3%。在资金来源中，利用外资达6.2亿元。

商业贸易发展较快，购销两旺。商品购进总额达67.24亿元，销售总额为73.39亿元，分别比上年增长26.5%和26.6%。商品丰富，市场繁荣，社会消费品零售总额为58.55亿元，比上年增长15.9%。

【社会发展】经济的发展，促进了社会的全面进步。在实施省委省政府“科教兴黔”的战略中，民族自治地方的教育得到了较快的发展。1996年，民族自治地方全部在校生达252.3万人，专任教师达75.89万人，分别比上年增长1.2%和3.5%。科技和文化事业发展较快。1996年，民族自治地方从事专业科技活动人员达930人，比上年增长85.6%，从事科技活动的经费支出达819.2万元，比上年增长117%。民族自治地方出版发行报纸达7种741.8万份。1996年，民族自治地方的地面卫星接收站达2 691座，比1995年的1 507座增长78%。

【民族工作】1996年，贵州省民委以“围绕一个中心，服务于两个根本转变，增强三个意识，搞好四项调研，办好五件实事”的工作思路，主要抓了以下工作。

一、抓好扶贫和“四个一”工作联系点。继续派出5名干部到平塘县新塘乡和安龙县新桥乡蹲点扶贫，直接深入扶贫攻坚的第一线。其中，平塘县新塘乡实施的400亩中低产田改造项目和100亩紧凑型玉米营养袋育苗定向移栽项目获得成功，水稻平均亩产增长86%，玉米平均亩产增长117%，为极贫的麻山地区进一步探索了解决温饱的路子。1996年12月还召开了首次民委系统扶贫暨“四个一”工作表彰会，对20个先进集体和27名先进个人给予了表彰。

二、积极争取和安排好扶贫项目资金。通过努力，全年为民族自治地方争取到国家新增发展资金2 600万元，民族自治地方乡镇企业专项贴息贷款规模1 300万元，贴息90万元，少数民族扶贫专项贷款800万元，民贸网点建设、民族用品企业技改专项贷款贴息61万元。在省级民族经费中，安排300万元资金帮助1 500户少数民族无房户建房；投入235万元资金帮助边远少数民族地区修路、拉电、解决饮水困难。

三、大力促进教育卫生事业的发展。1996年，共投入550万元民族教育专款，用于黔东南、黔南、黔西南三所民族行政管理学校和贵州民院中专部改善基础设施，资助10所民族中小学改善办学条件，改造学校危房68所，补助27个边远贫困县的85个寄宿制班解决4 000多名学生的学习和生活困难。安排10万元在5所高校开办少数民族预科班，招收学生320名。指导不通汉语的地方继续试行“双语”教学；对“双语”教师进行登记和业务培训。安排20万元资金资助10所乡镇卫生院改善医疗条件。

四、民族文化工作成效显著。1996年如期完成了彝族、水族两个民族史料、风情电影全部实景的拍摄任务；《贵州民族研究》荣获全国民族学类期刊年度评比第二名，其它图书和刊物也分别荣获全国和全省的各种奖励。1996年还在安顺市举办了首届全省民族服饰表演赛，109名男女模特展演了苗族、布依族、侗族、土家族、彝族等各少数民族服装385套，弘扬了民族文化。

五、大力推进民族团结进步事业。首先，以黔南、黔东南州40周年州庆和松桃40周年县庆、紫云30周年县庆为契机，切实做好《民族区域自治法》的学习、宣传与贯彻，促进民族自治地方的民族团结与社会进步。其次，组织力量起草《贵州省实施〈民族乡行政工作条例〉办法》和《贵州省实施〈城市民族工作条例〉办法》上报省政府，并由省政府代省长吴亦侠以省政府第24号令和25号令发布实施。再次，召开了睦邻边界民族团结联谊会。

六、搞好调查研究。1996年，省民委共组织4个调研组，由委领导带队，分别到9个地、州、市，72个县300多个基层单位召开座谈会近千人次，写出了《关于民族关系中人民内部矛盾问题的调查》、《社会主义市场经济体制下贵州民族经济发展现状及对策》、《关于贵州省乡镇少数民族领导干部情况的调查报告》、《关于全省民族教育的调查报告》。同时，进行了灾情调查，并安排20万元救灾资金。省民委还组织全省各级民委开展了“走访千家少数民族极贫户”活动，使他们感受到党和政府的关怀与温暖。

七、抓好民委自身建设。一年来，省民委坚持把加强思想政治工作放在自身建设的首位，加强政治学习和业务学习。同时，顺利进行了机构改革和实施公务员制度的各项工作。

撰　稿：吴国才

审　稿：熊经世

云　南　省

【民族经济】1996年是“九五”的第一年，云南省各族人民在省委、省政府的领导下，贯彻中央十四、十五中全会精神，按“起好步，开好头”的要求，加快两个根本性转变，实现了经济持续、快速增长。工农业总产值达410.05亿元，按可比口径计算，比上年增长13.88%；国内生产总值达315亿元，比上年增长11.97%。1996年发展的好势头，将为2000年目标的实现奠定良好的基础。

一、农业经济全面发展，农民收入显著增加

1996年是云南省民族自治地方农业经济快速发展的一年，从省到地方采取多种政策措施，加快农业发展。一是各级地方党委、政府把农村工作摆在经济工作的首位，地、州、市相继成立农村工作领导小组，加强对农村工作的领导；二是省委、省政府制定了《云南省“九五”农业发展纲要》及与纲要配套的扶贫攻坚、粮食自求平衡、畜牧业现代化、加快乡镇企业发展、推进农业科技进步等一系列决定和政策措施，把农业发展纳入法制轨道，保护和调动了农村干部、群众的生产积极性；三是加大农业方面的资金投入，着力改善农业基础条件，省和地方都增加了农田水利建设资金，单省就增加了3亿元投资，建成了不同层次的稳产农田40多万亩，为粮食增产创造了有利条件；四是科技兴农意识增强，科技推广措施更为得力，各级地方政府把推广运用科技作为转变农业增长方式的重要措施，加大农业科技投入力度，完善农业科技推广网络，充分发挥乡(镇)农技推广组织、人员的作用，把推广成熟的增产措施和运用高新技术结合起来，促进粮食作物和经济作物的增产；五是社会各部门积极为农业发展提供有效服务。随着农村改革的深入和农业社会化服务体系的健全和完善，提供了农业发展所需的资金、技术、物资、信息、产品储运等方面的服务，有力地支持了农业的发展。1996年民族自治地方农业总产值达172.63亿元，比上年增长8.7%。粮食和主要经济作物有较大幅度的增长。总产粮食6 779 546吨，比上年增长5.3%，高于全省增长幅度0.5个百分点。产烤烟375 449吨，比上年增长16.6%，甘蔗总产量8 615 771吨，比上年增长14.1%，猪、牛、羊肉产量达1 359 400吨，比上年增长12.8%。民族自治地方乡镇企业总收入达287.33亿元，比上年增长59.54%，一些原没有乡镇企业的村社，办了饮食服务、建材、运输等企业，乡镇企业成为民族自治地方重要的经济增长点。1996年民族自治地方农民人均纯收入803元，比上年增长28.07%，是"八五"以来收入增长最快的一年。

二、地方工业稳步发展，资源优势进一步发挥

1996年，民族自治地方全年工业产值完成237.42亿元，按可比价计算比上年增长16.71%，低于全省平均增长水平2.5个百分点。民族自治地方的优势产业和产品有较大幅度增长。产钢材1.43万吨，比上年增长44.04%，产食糖61.66万吨，产茶4.10万吨，比上年增长7.89%。民族自治地方通过发展有色金属、食糖、茶叶、橡胶加工等优势产业，产业结构单一的状况得到调整，工业基础和财力都得到增强。

三、固定资产投资稳定增长，经济基础进一步增强

1996年完成国有单位固定资产投资81.9亿元，较上年增长12.56%，较全省增长幅度低1.04个百分点。完成了重点工程南昆铁路云南段、小龙潭煤矿的改扩建工程等等，正在施工的还有广大铁路、楚大公路等工程，这些工程的竣工，对加大民族地区的开放力度，改善投资环境，增强发展后劲都有重要的作用。

四、财政收入较快增长，收支状况有所好转

分税制经过两年的运转，地方政府的适应性增强，在重视培植新的经济增长点的同时，十分重视发展有市场、效益高的支柱产业，培植新的财源。地方财政部门在完善财政政策，规范财政政策，支持地方改革、经济发展和稳定社会方面发挥了重要作用。1996年，民族自治地方财政收入达37.5亿元，比上年增长32.4%。

五、发挥边境区位优势，边贸向规范化、国际化发展

1996年，全省边贸进出口额达1.36亿美元，较上年下降39.3个百分点，其中进口0.91亿美元，出口0.45亿美元。除河口的对越边贸有增长外，其余口岸的边贸都不同程度下降。边贸滑坡的原因：一是国家关税改革的影响，取消对162种边贸进口商品全免政策，实行减半征收关税，加剧了边贸企业的经营困难；二是部分边境县相继取得进出口贸易权，原边贸进出口业务由大贸取代；三是国际市场行情变化，国际市场有色冶金、机电、轻纺产品价格下跌，使云南省上述传统出口产品出口受阻；四是云南省从事涉外经营的边贸企业数量少，经营素质低，出口产品渠道单一，对国际市场应变能力低等因素。

【社会发展】认真贯彻十四届六中全会加强社会主义精神文明建设若干重要问题的决议。围绕省委、省政府提出的"科技兴滇、教育为本"的方针，采取多种措施，大力发展民族教育事业，改变少数民族地区人口素质低、科技落后状况，实现民族地区经济社会协调发展。

——增大教育资金投入，促进民族地区基础教育发展。省里把发展民族教育作为投资的重点之一，1996年帮助200个民族贫困攻坚乡各乡建一个中心完小，各乡由省里补助资金40万元，地县配套安排20万元，为提高这些学校的办校水平，对这些学校的校长进行专门培训。省里采取措施加强对边境的国家或省级口岸和重要通道上的20所小学的基础挂点投入，由省投资80万元，地县配套40万元。省拨款1 605万元，增办88所寄宿制小学，拨款520万元建立救助失学中小学生的助学基金。

——缩小各民族教育发展差距，举办民族重点高中班。针对云南省部分少数民族教育发展滞后，不适应经济发展对人才的需要的现状，省里决定从1996年至1998年，连续三年，在文山等地州试办少数民族高中班，每年各招一个班到2001年毕业为止，通过重点高中班

的学习，为高校输送高质量的少数民族学生。重点高中班为解决学生生活费困难，实行省地县三级负责的原则，省和地、州负责对每个学生每日补助伙食费 80 元(其中省负责 60 元，地州负责 20 元)，由县补助每个学生杂书费 300 元。要求有关地州选择学校办高中班。1996 年秋季，7 个重点高中班共招收学生 336 人，其中少数民族学生 299 人，占总人数的 88.9%。有关地州，对办好重点高中班极为重视，由民委和教委联合组成重点高中班管理小组，选择责任心强、教学和管理经验丰富的教师当重点高中班班主任。由于教师的认真教学和学校的严格管理，7 个班中有 5 个评为学校的先进班级，第一学期期末考试中，312 人科科成绩均在优秀以上。办民族特种高中班是为后进民族培养人才的有益探索。

【民族工作】1996 年，省民委在省委、省政府的领导和国家民委的指导下，认真贯彻十四届五中全会和中央经济工作会议精神，紧密结合云南省实际，进一步解放思想，以改革精神强化宏观管理职能，努力开展民族工作，促进了民族地区各项事业的发展。

——发挥职能部门的作用，努力当好省委、省政府在民族工作方面的参谋助手。把完善代省委、省政府起草《中共云南省委、云南省人民政府关于加强新形势下民族工作的决定》稿，作为 1996 年的一项重要工作来抓。为进一步做好新形势下的民族工作，充分发挥省民委在民族工作方面的参谋助手作用，省民委党组在调查研究的基础上，起草了《云南省民族工作情况汇报提纲》和《关于进一步加强新形势下民族工作的决定》稿，分别就新形势下做好民族工作的指导思想、方针、目标、任务、处理民族关系、增强民族团结、维护社会稳定、加快少数民族和民族地区经济社会发展、培养选拔少数民族干部、实行分类指导、加强民族工作的领导等方面提出了一系列政策、措施。为使提出的政策更符合实际，具有较强的针对性和可操作性，民委把提出的《决定》下发全省各地、州、市和省级 40 多个部门，广泛征求意见，民委领导分别多次召开有关部门参加的座谈会，多次登门征求意见，经过十易其稿，反复修改，所提出的做好民族工作的政策措施，得到有关部门的认同。这个《决定》已报省委、省政府决策。《决定》稿中提出的一部分政策措施，已从 1996 年开始落实。

——探索异地开发路子，加快民族地区脱贫步伐。

在云南未解决温饱的 550 多万人口中，有近 50 万人居住在缺乏基本生存条件的地方。这部份地区由于自然条件恶劣，生态严重失衡，且人口密集，灾害频繁，耕地奇缺，一般人均 0.3—0.5 亩耕地，口粮、饮水、烧柴问题均难解决，多年来，各级党委、政府为了解决这部分人的脱贫问题，投入了大量的人力、物力、财力，当地的干部、群众也作了巨大的努力，但是收效甚微，要解决这部分人的脱贫问题需另找新路。1995 年末，在文山召开的全省扶贫工作会议上，省委书记高严提出“对基本缺乏生存条件的贫困地区，要在严格控制标准的前提下，实行异地开发”，根据指示，省民委党组决定把实施异地开发、帮助部分缺乏生存条件的各族群众脱贫致富，作为民委的一项重要工作来抓。1996 年 3 月中下旬，省民委主任马立三同志亲自带领怒江、丽江、迪庆、昭通、文山等五地、州民委主任及部分县的领导同志，深入滇南的临沧、西双版纳、思茅三个地州，就异地开发的必要性和可行性以及有关政策措施进行了深入细致的考察和研究，形成了《对我省部分缺乏生存条件的地方实行异地开发问题的调研报告》上报省委、省政府，省政府领导对这个报告极为重视，省政府随即成立由分管农业的副省长为组长，副秘书长为副组长，省扶贫办、省财政厅、省民委、省农业发展银行、省农业银行领导为成员的异地开发领导小组，组建领导小组办公室。制定了云南省部分失去生存条件的地方实行异地开发规划上报省政府。

目前省的异地开发计划已启动，有近万人到新区实施产业开发，主要开发区茶园茶厂、胶厂吸收的工人，实现了当日迁移，当日解决温饱的效果。

——探索两个根本转变路子，对民族工作实行分类指导。为了加快民族地区经济和社会发展步伐，探索社会主义市场经济条件下做好民族工作的路子，省民委于1994年下发了《关于建立民族工作试验示范点的通知》，要求各级民委都要建立民族工作试验示范点，通过搞试验示范点，促进民委参与市场经济，提高民委参与市场经济的能力。1996年全国民委工作会议后，省民委根据民族工作实施分类指导的精神，下发了《关于进一步抓好民族工作试验示范点的实施意见》，就建立民族工作试验示范点的指导思想、确立原则和条件、管理扶持政策、以及领导等，提出了明确的要求。按照《意见》精神，全省有12个地(市)、州民委和117个县(市)级民委建立了民族工作试验示范点。为支持试验示范点工作，征得省财政厅同意，共安排无偿资金886万元和信贷资金360万元作启动资金。据调查，经过近一年运行，多数民族工作试验示范点已收到好的经济效益和社会效益。一是促进了作为试验示范点的乡村及所辐射乡村的两个转变，增强了少数民族群众的市场经济意识。二是促进了各民族地区的基础设施建立，为稳定解决温饱打下基础。三是促进了试验示范点所在乡的物质文明建设和精神文明建设。四是激发了点上干部和群众的自力更生、奋发图强精神。五是促进了民族工作部门的自身建设，既锻炼了民委干部，增强才干，又改善了办公条件。

——做好民族贫困地区农业科技培训推广工作，促进民族地区经济增长方式的快速转变。为使“电脑农业专家系统”这一高新技术，在促进民族地区农业经济增长方式转变和促进民族贫困地区脱贫致富中发挥更大的作用，省民委在有关部门的配合下，采取加大推广资金投入和为基层培训推广人员的措施，使推广“电脑农业专家系统”面积由1995年的7万多亩增加到1996年的22万亩，取得了好的经济效益。特别是地处小凉山的宁蒗县，推广面积由上年的6万亩增至19万亩，水稻、玉米、烤烟、苹果、荞麦等5个品种都增产10%—50%左右，显示了农业高新技术在作物增产上的潜力。省委书记高严同志到宁蒗视察了“电脑农业专家系统”指导种的玉米和水稻，观看了微机操作人员演示的专家系统，高度评价“电脑农业专家系统”是“农业生产技术上的一次革命”，“是农业经济由粗放向集约转化的实例”。省政府随即成立推广领导小组，下设办公室在民委，决定把“电脑农业专家系统”作为省政府的重大农业科技推广项目之一，省财政专门安排推广经费，确定“九五”期间在35个贫困县推广，在总结经验的基础上，推广到全省。

撰　稿：鲁永禄

审　稿：马　泽

西藏自治区

【民族经济】1996年，是实施《西藏自治区国民经济和社会发展“九五”计划和2010年远景目标纲要》的第一年，全区各级政府坚持以邓小平建设有中国特色社会主义理论为指导，在区党委的领导下，认真贯彻落实党的路线方针政策，特别是中央第三次西藏工作座谈会和区党委五届二次全委(扩大)会议精神,带领全区各族人民,进一步解放思想,更新观念,团结奋斗,实现了国民经济持续快速增长,社会局势进一步稳定,各项社会事业协调发展,为全面实现"九五"计划开了一个好头。1996年,全区国民生产总值达到64.53亿元,比上年增长10%。农牧民人均纯收入达到975元,比上年增长11%,城镇居民人均生活费收入5 030元,比上年增长25.8%。

——农业生产连续获得第9个丰收年,农村经济稳步发展。各级政府认真贯彻自治区党委、人民政府关于《加强农村牧区工作的决定》,高度重视农村工作,把农业放在经济工作的首位,进一步加强了工作力度。狠抓农田水利草场基本建设。进一步提高了粮油收购价格,并继续实行价外临时补贴,调动了农牧民群众的生产积极性。加大了资金投入,全年共投入各项资金3亿元,比上年增长30%。1996年,全区粮食总产量77.7万吨,比上年增长7.9%。主要畜产品产量:肉类11.5万吨,奶类16.6万吨,绵羊毛0.8万吨。牲畜出栏率达19.2%,畜产品商品率达32.6%。乡镇企业总收入3.2亿元,比上年增长12.5%;多种经营收入4.8亿元,比上年增长8.7%。

扶贫工作成效显著。各级政府认真落实自治区的扶贫攻坚计划,普遍建立了扶贫工作领导责任制和机关定点扶贫分片包干责任制。加大了扶贫投入,全区共投入各种扶贫资金2.78亿元。采取科技扶贫、信贷扶贫、智力扶贫等行之有效的措施,推动了从救济式扶贫向开发式扶贫的转变,继工布江达县脱贫之后,1996年又有12万人光荣脱贫,4个县摘掉贫困帽子。

林业工作得到重视和加强。充实了林业机构和队伍,制定了《西藏林业发展总体规划》,进一步明确了林业发展的思路,林政管理和防火工作得到加强、林业综合开发迈出新的步伐。全区人工造林18万亩。原木生产21.3万立方米,森林火灾次数和受害面积均比上年减少。实现林业产值8 774万元,比上年增长7.6%。

——工交生产保持良好的发展势头。工交企业的产品结构不断优化,市场适应能力不断增强,产品产销衔接较好,工业总产值达到10.36亿元,按可比价格计算比上年增长10.4%。主要产品产量:发电量5.15亿千瓦时,铬矿石11.2万吨,分别比上年增长6.5%和1.9%。全区社会货运量完成198.4万吨,客运完成259.7万人次,分别比上年增长11.4%和9.5%。航空运输保持了31年安全飞行,恢复了拉萨—西安—北京航线,增强了航运能力。邮电业务总量比上年增长38.8%。

——宏观经济环境得到改善,物价涨幅明显回落。各级政府把控制物价上涨作为宏观经济调控的首要任务。狠抓了"米袋子"、"菜篮子"建设,加强了粮食、石油、化肥和建材等关系国计民生的重要物资的组织供应,积极支持国有、集体、个体私营经济参与流通,保证了商品的有效供给。市场建设得到加强,城市市场繁荣,购销两旺,实现社会消费品零售总额26.4亿元,比上年增长7.7%。严格限制出台新的调价措施,加强市场管理和物价监督。在保持较快经济增长速度的情况下,全区商品零售价格指数为107.2,消费价格指数为107.8,分别比上年下降10.2和11.6个百分点,是近年来物价形势最好的一年。

财税工作进一步深化改革,转变理财观念,强化税收征管,共完成税收3.8亿元,比上年增长19%。地方财政收入2.44亿元,比上年增长13.5%。着力优化支出结构,严格控制一般性支出,推行准零基预算,加强预算外资金管理,财源建设呈现较好发展势头,国有资产管理工作得到进一步加强。

金融工作坚持为地方经济建设服务,调整和优化信贷结构,扩大保险服务领域,在支持地方重点工程建设、农牧业生产、企业改革和扶贫工作中取得了新的成就。落实了商业企业部分债务的核销挂帐工作,减轻了企业负担。

年末各项存款余额达85.46亿元，比上年增长19.3%，各项贷款余额59.4亿元，比上年增长13.7%。

——基础设施和重点工程建设得到加强。1996年，全社会固定资产投资30.37亿元，其中基本建设投资26.6亿元。61个限额以上建设项目完成51个。查龙、嘉黎、林芝、定结等电站已建成发电。拉萨9 600千瓦柴油发电机组已投入使用，为缓解电力供需矛盾起到了积极作用。羊湖电站处理工程和满拉水利枢纽工程建设进展顺利。沃卡一级电站开工建设。“一江两河”农业综合开发建成了中小型水库两座，新修水渠87公里，改造中低产田3.38万亩。青藏公路一期整治工程进展顺利。邮电通信事业继续呈现快速发展态势，铺通了拉萨—日喀则、拉萨—林芝、日喀则—江孜光缆，拉萨邮电枢纽立体工程竣工。

——对外开放不断扩大。对外经济贸易在加强管理、调整结构的基础上，比上年有较大幅度的增长。进出口贸易总额1.05亿美元，比上年增长48.5%；接受国际援助项目4个，投资1 367万美元，利用外国政府优惠贷款1 607万美元。全年共接待海外游客7.5万人次（按新的统计口径），比上年增长10.6%；营业收入完成2.33亿元，比上年增长8.8%；直接外汇收入1 220万美元，比上年增长8%。

横向经济联合与协作取得明显成效。成功地主持召开了五省区七方经济协调会第12次会议，加强了雪顿节、雅砻文化节等节日期间的贸易和招商活动，接待了光彩事业第二批赴藏考察团，开辟了多渠道对外开放的格局。全年批准外引内联项目22个，落实资金1.76亿元。

【社会发展】一年来，自治区党委、人民政府及各地市高度重视教育事业，增加了教育投入，全年共落实教育资金4.1亿元，比上年增长39%，教育事业费和教育基建投入分别占自治区当年财政预算支出和基本建设地方预算内投资的17%，新建和改扩建中小学87所，竣工面积7.1万平方米，进一步改善了办学条件。社会办教育的积极性空前高涨。适龄儿童入学率达到73.5%，比上年增长3.1个百分点，教育改革不断深化，教育结构得到调整，教育质量和办学效益有了一定提高。

科技工作继续得到重视。科技三项投入达1 000万元，比上年增长33%。科技工作面向经济建设，完成实用技术研究18项、引进18项、示范推广9项，为我区经济社会发展发挥了积极作用。

新闻出版、广播影视和社会科学研究，坚持正确的舆论导向，教育和引导人民群众致力于西藏的发展与稳定。文化工作在繁荣文化艺术、丰富群众文化生活、保护文物、抢救民族优秀文化遗产等方面取得新的成绩。医疗卫生工作以农牧区为重点，加强地方病、传染病防治和初级卫生保健网络建设，进一步改进和完善了免费医疗制度，藏医藏药研究开发取得新的成绩，人民群众健康水平不断提高。群众性体育活动蓬勃开展，优秀运动员竞技水平有所提高，参加全国各类综合性运动会取得了较好的成绩。成功地举办了第七届全区运动会。

【民族工作】认真贯彻执行党的民族政策，坚持以经济建设为中心，致力于加强民族团结，改善民族关系，发展民族经济。全国支援西藏，使我们更加密切了同内地兄弟省市区的经济、文化关系，增进了了解，“两个离不开”的思想深入人心，为民族团结谱写了新的历史篇章。

撰　稿：次仁卓玛
审　稿：塔尔青

陕西省

【民族经济】1996 年，在陕西省委、省政府的领导和国家民委的指导下，省民宗委紧紧围绕省委“抓大事、抓落实”、“以开放促开发，以开发求发展”的战略，继续扶持发展少数民族经济，加大对外开放力度，使全省民族经济有了较大发展。

——农村少数民族聚居乡村经济在夏粮遭灾减产的形势下，人均收入仍处于增长态势。由于各级政府的重视，采取各种行之有效的措施，从各方面增加对农村少数民族聚居地方的人力、资金、物力和科技等投入，尽管有些地方遇到不同程度的洪涝等自然灾害，大多地方农业生产仍获较好收成。1996 年，宁陕县江口回族乡人均收入 1 350 元，比上年增长 17%，人均占有粮 434 公斤，比上年增长 57.8%；镇安县茅坪回族乡人均收入 610 元，比上年增长 12.9%，人均占有粮食 354 公斤，比上年增长 2.9%；镇安县程家回族乡人均收入 630.1 元，比上年增长 5%，人均占有粮食 388 公斤，比上年增长 6.6%；镇安县甘沟回族乡人均收入 614 元，比上年增长 19%，人均占有粮食 301 公斤，比上年增长 7.5%。同时，省民宗委积极开展赈灾活动，广泛调动社会各界群众的积极性，为少数民族贫困户捐款、捐物，据不完全统计，共捐款 30 余万元，粮食 10 余万斤，衣物 10 万余件。

——继续搞好对少数民族和民族聚居地方的对口支援，解决少数民族聚居地方的一些基础设施问题。1996 年，在省政府的领导下，通过省民宗委的积极协调，从省水利厅、省农业厅、省农电局、省科委等单位落实对口支援少数民族项目 8 个，资金 186.58 万元。主要解决镇安县茅坪回族乡红光村、寨湾村、乾县关头乡、陇县固关乡、千阳县草碧乡王家源等地人畜饮水；安康市白渔乡、联红村、安乐乡肉牛育肥；镇安县茅坪回族乡 7 公里 10 千伏高压输电线路的铺设；“星火计划”培训等问题。

——积极引进外资，继续争取国际援助。在监督实施 1995 年度 8 个项目的同时，1996 年又争取 8 个项目，金额共计 37 万余元。主要在安康、商洛、咸阳、凤县、宁强、镇巴、白水等地开展少数民族实用技术培训及饮水工程。

——按照省委、省政府关于派 1 万名干部到 1 万个村帮助扶贫（即“双万工程”）的安排，1996 年 3 月，省民宗委抽调一名干部到镇安县茅坪回族乡扶贫，并在该乡寨湾村挂职扶贫三年。挂职干部进村后，帮助该村制定脱贫规划，联系项目，现已筹集资金 495 587 元，立项 9 个，这些项目以寨湾村为重点，受益面涉及到周围乡、村共 4 500 多人口。

——易地扶贫试点工作取得了阶段性的成果。根据省政府的决定，省民宗委对散居在高山区、生存条件很差的西乡县柏树垭村的 25 户回民群众，易地搬迁安置在该县条件较好、回族群众较集中的私渡乡。此项工作难度大，涉及面广，政策性强。为此，省民宗委领导多次实地调查，会同有关单位反复论证，根据当地少数民族的实际，借鉴其他易地扶贫成功经验，制定了切实可行的扶贫试点方案，经过一年的工作，西乡县柏树垭回族搬迁资金 55 万元按时到位，住宅已建设完工，柴山、自留地和农用田已划分完毕，有望 1997 年春正式搬迁。

——城市民族经济由内向型转入外向型发展，逐步加大对外开放的力度。经陕西省人民政府批准，由省民宗委、省贸促会和新加坡 XPO 公司展览公司联合组织的首次“’96 中国陕西（新加坡）穆斯林贸易、旅游、文化和历史文物展览”，于 1996 年元月 4 日至 14 日在新加坡世界贸易中心隆重举行。中国陕西代表团由穆斯林企业家、书画家等17人组成，省民宗委主任李仁义、副主任岳松华分别担任团长、副团长。陕西省参展单位有陕西民族大厦、陕西省中富置业有限责任公司、西安西大房地产开发公司、西安民族国际旅行社、咸阳机场劳动服务公司、乾县供销合作社联社、贾永信清真牛羊肉食品公司、中外合资陕西省宝鸡毅武清真方便面厂等。通过展览，广泛宣传了陕西和陕西的少数民族企业。从而达到利用穆斯林之间特有的民族宗教感情，促进经贸合作的目的。在为期十天的参展期间，陕西省代表团与新加坡和马来西亚有关方面初步达成了15个意向项目。

——1996年7月18日至21日，接待了以新加坡马来商会会长哈吉·阿加尔、哈龙为顾问的新加坡马来商会贸易代表团一行26人，代表团在西安期间，考察访问西安三宝双喜集团、陕西民族大厦、西安西大房地产开发公司等民族企业，参加了化觉巷清真寺的主麻日聚礼。19日晚，姜信真副省长会见了代表团主要成员，该代表团通过与陕西省人民政府领导、有关部门及工商企业的广泛接触，进一步了解了陕西的投资环境和合作潜力，特别是通过与陕西穆斯林的深入聚谈，增进了与陕西穆斯林的感情。7月20日，陕西省民宗委主任李仁义与新加坡马来商会贸易代表团顾问、马来商会会长哈龙在西安凯悦饭店签署了协议备忘录。

——应新加坡马来商会应邀，经省政府批准，由陕西省民族宗教事务委员会组织的陕西省穆斯林代表团一行17人，于1996年11月14日至17日在新加坡参加了“亚洲消费及旅游博览会”。中国陕西省穆斯林贸易代表团由省民宗委主任李仁义同志率领，陕西省的部分穆斯林企业和民族艺术界的17位代表参加，参展的单位有：陕西省民族经济发展总公司、西安三宝双喜集团公司、中外合资大唐文化园筹建委员会，西乡县福利厂清真食品分厂，陕西省民族书画院。在参展期间，民族企业与外方签订了十五个意向协议书，陕西省民宗委与新加坡马来商会签订了1997年9月陕西省组团参加在新加坡举办的第四届穆斯林食品节，和1998年与新加坡马来商会在西安共同举办展览会的协议备忘录。

【社会发展】少数民族社会事业在1996年取得了较大发展，有了新的进步，主要表现：

——认真抓了依法实施九年义务教育、民族高中班管理和高考水平下滑问题，使少数民族的基础教育、职业教育、高等教育得到了全面加强。少数民族适龄儿童入学率、巩固率较往年有较大提高，镇安县茅坪回族乡中心希望小学工程建设即将竣工。在专题调查的基础上，对镇安县的三所民族高中班的管理工作写出了调查报告，提出了具体对策。

——少数民族学生高考入学率明显提高，1996年，陕西省参加高考的少数民族学生共793人，被各类大专院校录取296人，占参加高考少数民族学生的37%，创历史最高纪录。

——省民宗委协调省计生委，为宁陕县江口和镇安县、茅坪、程家、甘沟四个民族乡赠送了B超机、手术床等计划生育器材，促进了计划生育工作，改善了医疗条件。

——协调省体委继续在少数民族群众中组织宣传实施“全民健身计划”，推动少数民族传统体育事业的进步，积极筹备成立“陕西省少数民族体育协会”。

【民族工作】1996年，陕西省的民族工作在国家民委的指导和省委、省政府的领导下，坚持邓小平同志建设有中国特色社会主义理论和党的基本路线，贯彻党的十四届五中全会和八届全国人大四次会议和全国民委工作会议精神，按照省委、省政府“以开放促开发，以开发求发展”的战略，以团结进步为主题，以经济建设为中心，以维护安定团结大局和帮助少数民族和民族聚居地方脱贫致富奔小康为重点，动员社会力量，创造性地工作，狠抓落实，取得了新的进展。

——制定了中长期发展战略，确定了跨世纪工作目标。从年初开始，省民宗委组织专门力量，根据国家和陕西省“九五”计划和2010年远景目标规划纲要，在深入城镇和农村调查研究、广泛征求意见的基础上，制定了《陕西省少数民族经济和社会发展“九五”计划和2010年远景目标纲要》。

——强化省民宗委职能作用，调整委员会结构，制定了兼职委员单位职责，实现了民族工作向社会化迈进的重大转变。随着改革开放和现代化建设的不断深入，民族工作的重心已经转移到主要是帮助少数民族加快发展上来。为适应这一新的变化，省委、省政府重新调整了省民宗委委员的组成，除机关设立专职委员外，决定由27个与民族工作关系密切的省政府职能部门的一名领导同志为兼职委员，一名业务处长为联络员。6月5日，省民宗委召开第一次全体委员会议，通报全省民族工作情况，讨论兼职委员单位职责，明确委员任务。贾治邦副省长出席会议并作重要讲话。经省政府批准，1997年1月，省政府办公厅下发了委员单位职责。从而使民族工作形成了在省委、省政府统一领导下，由有关部门齐抓共管的新局面。

——始终把发展民族经济放在首位。继续帮助民族聚居地方脱贫致富，加大民族经济对外开放的力度。1996年，4个民族乡人均纯收入962.1元，比1995年增长44.5%。第一，在省政府的领导下，继续协调省级有关部门开展对口支援，搞好少数民族聚居地方的山地开发和水、电、路基础设施及广播、电视、通信、教育、卫生等建设。第二，继续争取加拿大基金项目的评估、考察、申报和实施工作。第三，按照省委、省政府的安排，从1996年3月起，陕西省民宗委抽调干部参加全省“双万工程”及联县扶贫工作，取得了好成绩，受到省政府表彰，同时，得到了所在县委、县政府及驻乡、村干部群众的好评。另外，继续配合省妇联在农村少数民族妇女中开展“双学双比”活动。第四，积极开展扶贫赈灾活动，广泛调动信教群众和有关人士为少数民族贫困户捐款、捐物、兴办教育，送医送药。第五，易地扶贫工作取得阶段性的成果。1996年，经省政府批准并拨出55万元专款，对地处生存条件很差的西乡县柏树垭村25户、90名回民群众实施搬迁扶贫试点工作。在西乡县统一领导和规划下，在私渡镇为搬迁户划拨了责任田、自留地、柴山等，修建了砖瓦新房，有望于1997年春季正式搬迁。第六，对外开放力度加大。省民宗委分别于1996年元月和11月份两次组织陕西省穆斯林文化和经贸代表团赴新加坡开展文化交流和经贸活动。7月，新加坡马来商会贸易代表团一行26人来陕西考察访问，受到省民宗委、西安地区民族企业和穆斯林的热烈欢迎，并取得积极成果。

——民族教育工作得到了全面加强，少数民族各项社会事业发展迅速。针对宝鸡、汉中、镇安三所中学民族高中班的生源减少、经费不足和少数民族高考升学率下滑等问题，省民宗委有关业务处室深入实地考察，提出了改进工作、加强管理、增加投入的建议，受到有关部门重视。同时，在依法贯彻实施九年义务教育的过程中，少数民族基础教育、职业教育、高等教育都得到全面加强。由日本友人捐建的镇安县茅坪回族乡中心小学希望工程项目即将建成竣工。1996年，少数民族高考入学人数明显增加，有300人升入高校学习，比上年提高43.3%，达到历史最高水平。

——民族法制建设迈出了新的步伐。省民宗委会同省法制局等有关部门完成了《陕西省清真食品生产经营管理办法》的起草、论证工作，1996年11月14日由程安东省长以省政府第41号令颁布施行。《陕西省民族工作条例》的立法进入调研阶段。配合普法宣传工作，由省民宗委、省法制局、省普法办编辑，程安东省长作序的《新时期民族法律法规文件选编》已正式发行。

——高规格、高质量地接待了全国少数民族参观团新疆干部团。1996年9月20日至26日，由国家民委副主任江家福和新疆维吾尔自治区副主席玉素甫·艾沙率领的全国少数民族参观团新疆干部团在陕西考察，参观了西安地区的文物古迹和现代化建设成就以及延安革命旧址。省委书记安启元、省长程安东会见并宴请了代表团。10月10日至17日，省民宗委配合有关部门接待了西藏阿里地区慰问团一行40人，该团来陕慰问援藏干部家属，并在西安、咸阳和宝鸡慰问演出。1996年，还接待了河北、福建等兄弟省、市、区参观考察团来陕考察民族宗教工作。

——民族宗教工作宣传力度进一步加强。1996年7月，由陕西省民宗委主办的《陕西民族宗教》，由打字油印的内部刊物扩版为有48个页码，4封彩页的综合性季刊，1996年编发两期，受到各方好评，发挥了宣传政策、指导工作、服务基层的作用，展示了陕西省民族宗教工作的新形象。

撰　稿：刘开岚
审　稿：岳松华

甘肃省

【民族经济】1996年，是“九五”计划的第一年，甘肃省民族自治地方各级政府在省委、省政府的正确领导下，坚持以邓小平建设有中国特色社会主义理论为指导，紧紧围绕全省改革、发展、稳定的大局，贯彻党的民族政策，全面贯彻十四届五中、六中全会和中央经济工作会议精神，从各地实际出发，因地制宜，围绕资源优势和产业优势，多渠道、多层次、全方位培植和发展财源，加快改革开放步伐，使民族自治地方社会安定、民族团结、经济和社会各项事业得到全面发展，经济总量保持了适度增长。1996年，国内生产总值达30.54亿元（1990年不变价），比上年增长34.89%，其中：第一产业达12.21亿元，比上年增长39.70%，第二产业达10.88亿元，比上年增长53.46%，第三产业达7.44亿元，比上年增长9.25%。

体制改革和对外开放取得实质性进展。新的财税体制、金融体制、投资体制等改革全面实施，民族地区经济正在向社会主义市场经济迈进；政府机构改革正在州、县深入进行；农村体制改革、国营中小企业产权制度的改革有新的进展。临夏回族自治州为全国民族自治地方改革开放试验区，省政府适时召开了现场会议，解决了一些问题，促进了发展，广河县三甲集被确定为甘肃省小城镇建设试点后，取得明显成效。甘南藏族自治州合作镇撤镇建市，各项筹建工作基本完成，省上争取将甘南州列为全国第二批民族自治地方改革开放试验区的工作正在抓紧进行。

1996年，民族自治地方农业生产全面发展，粮食生产获得大丰收，农村经济保持了稳定增长的势头。全年完成农业总产值18.5亿元，比上年增长42.03%。其中：农、林、牧、渔业分别比上年增长83.03%、0.9%、5.24%、9.1%。种植业在调整作物结构中稳定增长，农作物总播种面积达30.249万公顷，其中：粮食作物合计24.282万公顷。粮食生产获得大丰收，全年粮食产量达到70.18万吨，比上年增长51.54%。

在狠抓粮食产量，解决吃饭问题的同时，大力发展乡镇企业。截止1996年末，乡镇企业总收入达到 26.84 亿元，比上年增长 30%，乡镇企业从业人员达到 21.68 万人，比上年增加 7 500 人。牧区进一步加大科技投入，完善草场承包责任制，推广科技成果，畜牧业逐步从数量型向效益型转变，牲畜周转加快，经济效益提高，1996 年末，牲畜年末存栏数达 607.84 万头(只)，畜产品产量也有很大增长，全年牛肉产量达 29 407.15 吨，增长 19.52 %，羊肉产量 22 431.58 吨，增长 17.69 %，奶类产量达60 998.88吨，增长 10.91 %，出栏率达到 32.37%。

民族工业以深化企业改革为动力，积极转换经营机制，加大资源开发的力度，大力调整产品结构。在复杂多变的市场环境中，克服资金紧缺、电力供应紧张等困难，生产保持了适度增长，工业生产的市场导向作用增强，产销衔接较好，适销产品有所增长。全年完成工业总产值 189 562 万元，比上年增长 2.55%。在主要工业产品产量中，原煤达 119.2 万吨，木材达 26.08 万立方米，水泥达 9.02 万吨，发电量达 65 982.31 万千瓦小时。但是，工业生产中的诸多问题和困难依然存在，企业亏损面连年居高不下，亏损总额有加大的趋势。

民族自治地方投资总额适度增长，重点工程进展顺利，全年全社会固定资产投资达到 76 570 万元，比上年增长 11.08%，基建投资自年初累计完成投资 24 224 万元，资金到位率有所提高。

1996 年，甘肃省民族自治地方各级政府进一步挖掘潜力，加强财源建设，促进了财政收入的有效增长，全年财政收入达到 2.82 亿元，比上年增长 21.6%，略高于全省财政收入增长速度。财政支出达 8.8 亿元，比上年增长 30.9%。从总体来看，甘肃省民族地区整体财力依然较单薄，收支矛盾比较尖锐，财政困难仍然是制约经济社会发展的主要因素。

金融形势平稳，1996 年，民族自治地方各级金融部门认真贯彻国家货币信贷政策，有力地支持了地方经济发展。银行货款达 26.40 亿元，增长 6.02%，各项存款达 28.34 亿元，增长 7.02%。

加快开拓市场，民族地区内外贸易日趋繁荣。1996 年，全省民族地区各级政府狠抓市场建设，有计划地培育各类市场，完善市场体系，按照“多方集资、多家兴建、统一管理、共同受益”的原则，由政府统筹规划，在城镇和畜产品、木材产品集散地兴建了一批专业市场和批发市场，使民族自治地方批发市场、零售市场、小百货市场、畜产品市场、农贸市场等基础设施建设初具规模，货源相对充足，交易活跃，贸易额稳定增长。全年社会消费品零售总额达 149 299.3 万元，比上年增长 14.68%。各族人民的消费观念正在改变，消费水平有所提高。旅游业发展迅速，初步形成了以拉卜楞为主的拉卜楞、则岔、九寨沟旅游热线，旅游外汇收入有较大增加。交通、邮电事业迅速发展，基础设施建设进一步加强。运输条件有所改善，年末民用汽车拥有量达 18 432 辆，比上年增长 23.5%，年末公路线路里程达 5 184.02 公里。邮电通信迅猛发展，1996 年，邮电业务总量达 5 513.93万元，比上年增长 81.49 %。

城乡居民收入增长，生活条件有较大改善。农牧民人均纯收入将达 780 元以上，比上年增加 65 元，城乡居民年末储蓄存款总额达 234 518.10 万元，比上年增长 19.59%。各类从业人员年末人数达 13.47 万人，从业人员劳动报酬达 47 478.10 万元，牧民的居住条件逐年改善，扶贫开发和奔小康工程也有了一定进展，贫困面继续下降。

【社会发展】教育、文化、卫生等各项事业稳步推进。民族教育以提高国民素质和造就大批现代化建设人才为目标，以服务经济建设为中心，通过调整教育结构，制定“九五”发展计划，不断改善办学条件，加强师资队伍建设，强化学校管理水平，使民族教育有了新的发展。1996年底，全省民族自治地方大、中、小学校 2 784 所，在校学生 37.87 万人。成人教育在校学生数9 204人。1996年,全省各大专院校共录取少数民族学生1 300人,比上年增加394人。学龄儿童入学率达82%,增长0.2个百分点。

文化事业进一步繁荣。广播电视普及率稳步提高,全省拥有广播电台10家,有自办节目的电视台5家,电视人口覆盖率80%,全省民族自治地方拥有报纸种数2种,杂志种数2种。

深化农村卫生体制改革,卫生服务体系进一步健全。民族自治地方卫生机构数达534个,有床位数45 611张,卫生技术人员7 033人。民族地区的计划生育率得到有效控制。民族地区科技事业发展较快,1996年底,民族自治地方科技机构298个,科技人员有5 295人,通过科技的宣传和推广,广大农牧民提高了对科学技术重要性的认识,一个学科学、用科学的热潮正在民族地区兴起。

群众性体育事业蓬勃开展。竞技体育突出民族特色和地方特色,传统体育项目继续发挥了优势,"全民健身运动"广泛开展,另外,社会保险和环境保护工作都取得了新的成绩。

【民族工作】1996年,甘肃省民委紧紧围绕国家民委和甘肃省委、省政府确定的各项工作任务,抓宣传、抓发展、抓重点、抓进度、抓调研、抓队伍,取得了新的成绩。

民族法律法规及政策宣传教育工作成效显著。一是会同有关部门举办了"民族法律法规知识竞赛"活动,取得了良好的社会效益;二是召开了"全省民族法律法规宣传工作会议",表彰了全省民族法律法规宣传教育工作先进单位6个,先进个人40人,优秀组织奖6个,部署了"三五"民族法律法规宣传教育规划;三是利用广播、电视、报纸等,加大了对民族法律、法规及政策的宣传力度;四是通过举办各种类型的培训班,进行了党的民族政策及法律法规的宣传教育。

民族经济工作迈出新的步伐。一是在有关方面的配合下,对全省民族地区"八五"期间经济社会发展的主要问题进行了调研,向有关部门提出了意见和建议;二是在多次调查的基础上,筹备召开了"省政府临夏改革试验区工作会议",帮助解决一些实际问题,全面推动了试验区的工作;三是民族地区扶贫工作进一步加强。组织民族地区经济协作项目23个,其中11项被省经协办选入了全省经济技术协作项目计划;四是组织落实了民委系统各项资金的发放,全年共落实各项资金2 524万元。省民委帮扶张川县的扶贫工作取得了较好的成绩,受到省扶贫领导小组的表彰。

民族团结进步活动和少数民族各项社会事业取得新的进步。一是圆满完成了临夏州成立四十周年庆祝活动的筹备和协调工作;二是会同省教委筹备召开了"全省民族教育工作会议",总结"八五"期间民族教育的经验,分析研究"九五"期间民族教育改革和发展的重大问题,省政府以[1996]68号文件下发了《关于加快民族教育改革与发展的通知》。同省教委召开联席会议,制定了甘肃省中专学校在民族地区招生的八条措施;三是协助加拿大国际开发署加拿大基金会项目官员,在我方提出的西北五省区和西藏自治区援助项目30个中,批准援助了10个项目,总计56万元。四是少数民族语言文字古籍工作有了大的进展。成功地举办了"首届全省少数民族文字书法展赛"活动,筹备召开了蒙古语文"八协"第九次成员会议和全省民族古籍工作会议;五是一批反映甘肃省少数民族的影视题材片和舞蹈在全国性的评选活动中获奖。

干部队伍建设工作取得新的成绩。与省委组织部、统战部共同举办了第2期全省少数民族县(处)级干部培训班、全省民族乡乡长培训班,会同有关部门安排13名少数民族干部到国家部委和经济发达地区挂职锻炼。

撰　稿:周毛草
审　稿:郭长乐

青 海 省

【民族经济】1996年是贯彻落实党的十四届五中全会精神，实施“九五”计划的开局之年。青海省各族人民在省委、省政府的领导下，按照八届四次人代会的部署，扎实工作，开拓进取，改革开放，经济建设和各项社会事业取得了新的成绩。在国家加强宏观调控的形势下，青海省经济既保持了较高的发展速度，物价涨幅又有较大幅度回落。固定资产投资大幅度增加，资源开发步伐明显加快，农业获得丰收，粮食产量创历史最高水平，人民生活水平继续得到提高，为实施“九五”计划开了一个好头。1996年，青海省国内生产总值达111.15亿元（按1990年不变价，下同），比上年增长8.6%；工农业总产值达120.04亿元，比上年增长6.78%。民族地区国内生产总值达55.15亿元，比上年增长19.62%，其中第一产业增加16.02亿元，比上年增长5.25%，第二产业增加23.01亿元，比上年增长32.62%，第三产业增加16.12亿元，比上年增长19.23%。工农业总产值达到58.36亿元，比上年增长10.78%。

农业是国民经济的基础。中共青海省委八届四次全委会议强调，要坚持把加强农牧业放在国民经济的首位，力争15年内使农牧业和农村牧区经济跨上一个新台阶。民族地区各级党委、政府认真贯彻执行了省委八届四次全委会议的精神，在生态条件脆弱、自然灾害频繁、耕地面积少、干旱缺水等不利因素的制约下，1996年，青海省粮食总产量仍创历史最高水平，农民收入和农业总产值也有了较大幅度增长，整个农村经济呈现出蓬勃发展的好形势。1996年，青海省民族地区完成农业总产值23.15亿元，比上年增长9.25%；其中粮食产量89.4万吨，比上年增加10.56万吨，增长13.39%；油料产量13.57万吨，比上年增加0.69万吨，增长5.36%；水产品产量2.42万吨，比上年增加0.18万吨，增长8.03%。

畜牧业是青海省牧民群众赖以生存的基础产业，也是青海省国民经济的基础产业。搞好畜牧业生产，对于保持青海省的稳定与发展具有极其重要的作用。1996年，青海省青南地区畜牧业生产遭到特大雪灾，特别是玉树藏族自治州，自1995年冬至1996年春期间遭到了四十年来罕见的特大雪灾，这次雪灾使玉树州损亡牛羊129.24多万头只，使2 199户牧民成为绝畜户，13 178户牧民成为人均仅剩数头只牲畜的少畜户，直接经济损失达7.6亿元。同时，果洛、黄南州地区也遭到不同程度的雪灾。1996年，青海省民族地区完成畜牧业产值10.78亿元，比上年下降4.85%，大牲畜存栏数由1995年的552.61万头下降到469.99万头，下降14.95%；但羊存栏数由上年的1 304.24万只增加到1 331.07万只，增长2.06%；猪存栏数由上年的60.83万头增加到61.1万头，增长0.44%。畜产品产量有所增长，牛肉产量由1995年的6.93万吨下降到6.84万吨，比上年下降1.16%；羊肉产量由1995年的5.86万吨增加到6.12万吨，比上年增长4.44%；猪肉产量由1995年的2.81万吨增加到3.15万吨，比上年增长12.1%；绵羊毛、山羊绒等畜产品产量也有所增长。总之，青海省民族自治地方在各级党委、政府的正确领导下，认真贯彻执行省委提出的方针，坚持从实际出发，狠抓草原基础建设和经营管理，落实科教兴牧措施，从而使畜牧业经济得到较大发展。随着畜牧业生产的不断发展，经济效益逐步提高，牧民群众的经济收入也不断增加。

青海省民族自治地方工业生产虽然面临电力不足、资金短缺等种种困难，但是，在省委、省政府的领导和各级政府的共同努力下，民族自治地方工业以资源开发为龙头，继续保持了发展的势头。1996 年，青海省民族自治地方工业企业有 1 095 个，其中国有企业 491 个，集体企业 536 个，实现工业总产值 35.21 亿元，比上年增长 11.81%。民族自治地方上下进一步强化了市场意识，商品市场、金融市场、劳动市场、技术市场等生产要素市场建设迈出了新步伐。尤其是消费品和生产资料等商品市场建设起步好，成效大。全省民族自治地方各级政府一方面致力于批发市场、零售市场、小百货市场、畜产品市场、农牧市场等基础设施建设，另一方面加快流通体制改革，开拓国内、国际大市场，全省内外贸易繁荣活跃，稳定增长。1996 年，民族地区社会消费品零售总额 23.05 亿元，比上年增长 4.77%。全社会固定资产投资总额保持增长，投资结构有所调整。1996 年，民族地区全社会固定资产投资完成额达 28.25 亿元，比上年增长 28.05%，原材料、能源和交通、邮电业的投资比重上升，基础产业和基础设施继续得到加强，1996 年，民族地区完成邮电业务量 7 407.71 万元，比上年增长 42.27%。

【社会发展】1996 年，青海省民族自治地方的社会事业得到长足发展，民族教育在探索中发展。根据省委八届四次全委会议的精神，采取国家和社会各界集资办学的办法，增加教育投入，改善教学条件，提高办学水平，办好寄宿制学校，进行双语教学，收到了良好的社会效果。1996 年，青海省民族自治地方有小学 2 422 所，在校学生 30.07 万人，其中专任教师 1.5 万人；普通中学 202 所，在校学生 6.93 万人，其中专任教师 5 351 人；中等专业学校 13 所，在校学生 3 659 人，其中专任教师 395 人；高等院校 1 所，在校学生 754 人，其中专任教师 106 人；成人教育学校 5 所，在校学生 198 人，其中专任教师 70 人。

文化、卫生、体育等社会事业全面发展，截止 1996 年，民族自治地方卫星地面接收站、电视发射台、转播台达 367 个(座)；报纸种数 2 种，印数 45 万册，杂志 3 种，印数 2.55 万册。少数民族地区群众喜闻乐见的各种传统文化得以继承和发扬，极大地丰富了群众的业余文化生活，促进了社会主义精神文明建设。1996 年，各种医疗机构达 565 个，医疗病床有 8 886 张，卫生技术人员有 9 646 人。医疗病床和卫生技术人员都比上年有所增加，少数民族群众的健康水平逐步提高。

【民族工作】1996 年，青海省民委在省委、省政府的领导和上级业务部门的指导下，以邓小平同志建设有中国特色社会主义理论和党的基本路线为指导，全面贯彻党的十四届五中、六中全会精神和省委八届四次全委会议精神，始终坚持贯彻江泽民同志关于民族工作“三句话”精神，牢牢把握“抓住机遇、深化改革、扩大开放、促进发展、保持稳定”的大局，突出“团结进步、共同繁荣”这个民族工作主题，深入贯彻落实全国民委工作会议和全省第三次民族团结进步表彰大会精神，大兴调查研究之风，努力为青海民族自治地方的经济和社会事业，多办实事，办好实事，受到了各族群众的好评。

1. 1996 年，省民委协调有关部门，共同组织上报各类资金项目，多渠道争取资金，有些项目已得到落实，这些资金对于扶持民族自治地方经济发展起到了拾遗补缺的作用。

2. 加强民族法制建设，重视少数民族干部培养工作。①较好的完成了对《民族区域自治法》有关经济条款提出修改建议的工作。②对贯彻《城市民族工作条例》和《民族乡行政工作条例》情况，深入有关地区进行调查研究，写专题报告和实施办法上报有关部门。③配合省委组织部，认真抓好少数民族干部的培养选拔工作。先后对重工厅、经贸厅等10多个厅局进行了调查，并总结了自1993年全国培养选拔少数民族干部会议以来，青海省培养选拔少数民族干部的基本情况，提出了意见。④成功主办了组建省党政代表团的工作，分别参加了大通回族土族自治县和民和回族土族自治县成立十周年庆祝活动。

3. 加强调研，努力做好民族教育、文化、卫生、体育工作。省民委通过对民族地区教育、文化、卫生等工作进行调查研究，先后写出了《我省牧区六州民族医疗卫生工作现状及存在的问题》、《全省民族文化工作现状及存在的问题》和《果洛民族教育现状的调查》等调查报告，为进一步做好我省民族教育、文化、卫生工作掌握了情况，积累了资料。

4. 加强了民族语文工作。1996年制定了藏语文、蒙古语文工作"九五"规划，分别在果洛、格尔木召开了藏语文和蒙古语文工作会议。总结了工作，明确了任务，交流了学术成果。与此同时，加强了藏文术语标准化工作，编审藏汉英地理辞书、青康草药、兽用药物、食品、农业等方面的词条达5万多条。

5. 认真做好少数民族古籍工作。省民委作为东道主成功地筹备召开了十八省区市回族古籍协作工作会议，总结回族古籍工作10年来的成就，展示了成果，确定了今后协作项目。完成了藏文古籍《四部医典》和汉文民族古籍《青海蒙古史料辑注》的初审工作。完成了《青海省志·宗教志》、《青海省志·塔尔寺志》、《青海省志·东关清真大寺志》的编写、编辑和初审前期工作。

6. 圆满完成了召开九省区十方民委主任联席会议的任务。省民委作为东道主，于1996年8月19日至24日组织召开了九省区十方民委主任联席会议，就新形势下民族工作出现的新情况、新问题及如何做好民族工作的新经验进行了交流和探讨，形成了《九省区十方民委主任联席会议纪要》。

7. 配合国家民委考察组深入青南地区调查研究。1996年7月4日至7月26日，抽调人员陪同国家民委党组成员、办公厅主任郝文明率领的，由经济司、政法司、文宣司、教育司、政研室等有关单位组成的国家民委民族考察组，赴青海省玉树、果洛2州、6县、7个乡镇，行程4 000公里，对上述地区的民族经济和社会发展情况进行了考察。考察组返京后向国家民委党组写出专题报告，由国家民委党组上报中央政治局，引起了政治局领导的关注，这是继1993年国务院经济考察团来青海考察后的第二次大规模的考察，这次考察真实反映了青海青南地区的实际，对于中央考虑这一地区的发展问题，提供了科学依据。

撰　稿：才　让

审　稿：吴国英

宁夏回族自治区

【民族经济】"九五"开局第一年，宁夏各族人民在自治区党委、政府的领导下，抓住重点，积极推进两个根本性转变，切实加强农业基础地位，坚决抑制通货膨胀，各项宏观调控政策取得积极效果，国民经济持续稳定发展，各项社会事业和人民生活水平有了新的提高。1996年，全区国内生产总值达到193.6亿元，比上年增长10.5%。其中，第一产业增加值为43

亿元，增长18.0%；第二产业增加值为80亿元，增长8.5%；第三产业增加值为71亿元，增长9.0%。

加强农业基础工作，粮食总产和单产均创历史最好水平，农业生产实现了山川同丰，夏秋同增。全年完成农业总产值69.2亿元，比上年增长29.2%；其中农、林、牧、渔业产值分别为48.6亿元、1.4亿元、18亿元、1.2亿元，比上年分别增长20.7%、51.5%、14.0%、6.6%。全年粮食总产量达到257.9万吨，比上年增长27.1%；灌区粮食总产量达182.4万吨，增长11.6%，山区粮食总产量达到75.4万吨，增产89.7%。油料作物产量达到7.9万吨，增长41.1%，糖料因受比较效益和市场需求量等因素影响，播种面积减少2万亩，减产6.0%。与此同时，菜蓝子工程取得新成效，主要畜产品和水产品全面增产。肉类总产量达到13.1万吨，增长8.5%；水产品产量2万吨，增长6.7%，禽肉、禽蛋、牛奶等产品也获得较大幅度增产。农业生产条件进一步改善。1996年，全区金融机构农业贷款7.3亿元，比上年增长9.6%；农业机械总动力达256.0万千瓦，比上年增长6.0%；农用载重汽车0.5万辆，增长6.5%；农村用电量6.5亿千瓦小时，增长17.2%；全年化肥施用量(折纯)18万吨，增长10.0%。农田水利建设得到加强，当年新增有效灌溉面积3 200公顷。全年乡镇企业总产值达到72.6亿元，比上年增长27.7%。

工业生产保持了持续平稳发展。全年全区乡及乡以上工业企业完成总产值180.2亿元，比上年增长9.7%，其中，国有企业产值125.9亿元，增长7.0%；集体企业产值20.99亿元，增长4.8%；其它经济类型企业产值33.3亿元，增长23.1%。全部工业中的大中型工业企业完成总产值116.3亿元，增长11.1%。重工业生产发展快于轻工业。全年轻工业完成产值30.7亿元，比上年增长7.8%；重工业完成产值149.5亿元，比上年增长10.1%。日用轻工产品和能源原材料工业产品保持稳定增长。受市场不景气等因素影响，服装、纱、布、金属切削机床、小型拖拉机等纺织工业品和机械工业产品的生产量则出现不同程度的下降。

投资规模继续扩大。1996年，全社会完成固定资产投资77.3亿元，比上年增长10.3%；其中，国有单位投资60.4亿元，增长17.4%；集体所有制单位投资3.5亿元，下降17.3%；城乡居民个人投资8.2亿元，下降23.4%。作为支持投资增长主导因素的重点建设项目进展顺利。1996年，全区安排的10个重点建设项目完成投资17.9亿元，占全部国有单位投资额的29.6%，完成年度计划的95.1%，大部分重点建设项目投资完成速度好于全区平均水平。交通邮电业发展较快，铁路、公路与邮电基础设施的投资和建设进一步加强，邮电装备水平迅速提高。交通业1996年完成货物周转量137.5亿吨公里，比上年增长19.6%，其中铁路110.4亿吨公里，公路25.9亿吨公里，民航0.01万吨公里，分别比上年增加17.7%、28.9%和53.1%；旅客周转量32.1亿人公里，比上年增长14.8%。邮电通信业发展迅速，全年完成邮电业务总量33 941万元，比上年增长48.0%，通信能力继续增强，住宅电话和新的通信工具发展迅速，邮政业务自动化水平有了新的提高。

对外贸易按计划进行。全年外贸进出口总值2.3亿美元，完成年度计划的102%，出口总值完成2.1亿美元，超额12.2%完成年度计划。地方财政收入增加，全年地方财政收入完成12.1亿元，比上年增长17.9%；财政支出28.3亿元，比上年增长14.6%，其中用于基本建设的支出增长较快，用于价格补贴的支出则明显下降。消费市场货源充足，供求关系基本平衡。实现社会消费品零售总额67.9亿元，比上年增长18.7%(扣除价格因素，实际增长11.2%)。物价涨幅回落，控价工作取得明显成效。与上年相比，全社会商品零售价格上涨6.7%，涨幅比上年回落8.6个百分点；居民消费价格涨幅由上年的17.1%回落到

6.8%。不仅如期实现了年初确定的将全年物价涨幅控制在10%以内的调控目标，而且也大大低于经济增长率，为国民经济的持续健康发展创造了有利条件。城乡居民储蓄迅速增长。1996年末，全区城乡居民储蓄存款余额达到142.7亿元，比上年末增加27.5亿元，增长23.8%。

【社会发展】1996年，全区各项事业取得了新的进步。科技事业取得新成果。全区获部级以上技术成果48项，受理专利申请178件，授权专利105件。科技队伍扩大，地方国有企事业单位共有各类技术人员12.9万人，比上年末增长1.8%。

教育事业全面发展。1996年，全年共招收研究生32人，普通高等学校招收本、专科学生3 090人，比上年增加6.2%；各类中等专业学校在校生12 758人；成人高等学校招收本、专科学生3 481人，比上年增长10.0%；中小学生有所增加，学龄儿童入学率达96.2%，小学毕业生升学率为90%。

文化事业加快发展，医疗卫生条件不断改善，竞技体育成绩斐然。1996年，自治区运动员在世界青年锦标赛中获金牌3枚，铜牌1枚，在全国比赛中获金牌3枚，银牌7枚，铜牌2枚，有1人2次破3项世界纪录，1人1次破1项全国纪录，全民健身活动蓬勃开展。

人民生活水平进一步改善，人口控制取得显著成效。1996年全区人口出生率为19.2‰，人口死亡率为5.25‰。全区年末总人口521万人，比上年增加1.7%。全区城镇居民人均生活费收入3 276元，比上年增长8.3%，扣除价格因素，实际增长1.6%；农民人均纯收入达1 415.8元，比上年增加378.8元，增长36.5%，扣除价格因素，实际增长19.7%。劳动制度改革取得突破性进展，城镇就业面扩大，职工工资水平继续提高，城乡居民居住条件大大改善。

【民族工作】1996年，宁夏民委加大民族经济工作力度，积极争取各类专项资金。会同有关部门调查研究，筛选项目，共申报项目资金5 000多万元。在国家民委及中央有关部门的大力支持下，共为自治区争取到各类专项资金2 773万元。为了发挥这些资金的效益，在抓好资金落实工作的同时，积极配合国家民委经济司负责扶贫资金和新增发展资金项目的同志，先后检查了自治区部分温饱基金(借)贷款项目的执行情况。根据国家民委要求，1996年7月份重点对“八五”期间自治区1亿多元少数民族专项资金的使用情况进行了调查研究，起草上报了《宁夏“八五”期间各类专项资金使用情况的报告》。在参与扶贫开发方面，认真做好对西吉县的重点扶贫工作外，还会同自治区科委包扶西吉县下堡乡，使该乡的扶贫开发工作取得了阶段性的进展，1996年新建机修水平梯田5 000亩，推广实用科技和地膜玉米，使全乡人均产粮达到526公斤，人均纯收入达到465元。

加强民族经济调研工作。3月份，由委领导带队组成调查组，对南部山区的西吉、海原、固原、泾源和同心等五县的旱灾情况进行了专题调查。通过走村串户、访贫问苦，收集了大量基础资料，形成了五千多字的《南部山区五县灾情调查报告》，就五县救灾扶贫工作提出了意见和建议。会同区轻纺厅对全区45个民族用品定点企业进行了检查和登记，并新选择了一批企业申报定点企业。

做好民族政法工作，加强民族团结。结合中央宣传部、统战部、国家民委、司法部四部委《关于1994—1996年民族法律法规宣传教育规划》，联合自治区党委宣传部、统战部和司法厅，举办了自治区民族法律、法规知识有奖竞赛活动，为自治区“三五”普法工作开好局、起好步创造了一个良好氛围。认真贯彻落实《宁夏回族自治区清真食品管理暂行规定》，积极开展清真食品的依法管理工作。一年来，在指导地市县民族工作部门做好宣传教育的前提下，又与自治区工商管理局联合发出通知，对宣传贯彻清真食品管理暂行规定，加强登记换证工作提出了具体要求。至1996年末，自治区近一半市县已基本完成了登记换证工作，其他市县也加大了工作力度，清真食品生产经营逐步纳入依法管理的轨道。

加强民族教育工作，提高少数民族科学文化素质。与有关部门共同安排民族教育补助专款30万元和民族地区补助费12万元，改善了部分民族学校办学条件。将广州市宗教界人士捐赠的30万元人民币，为西吉县西滩乡吊嘴子村新建了一所小学并扩建了玉泉营吊庄学校，吊嘴子小学9月份竣工开学，招收了120名学生，缓解了当地回族小学生入学难的问题。与自治区教委联合召开了自治区首届回民中学校长座谈会，总结交流了办好回民中学的经验，并推举牵头单位组织筹备成立回民中学协作促进会，充分发挥回民中学在发展自治区民族教育方面的重要作用。积极参与大中专院校招生录取工作，经过努力，完成了每年少数民族学生录取率递增1%的任务。圆满完成了中央民族大学和西北民族学院在宁夏的成人招生工作。对宁夏同心阿语学校新生录取、毕业生实习和分配给予了指导和帮助。

做好民族文化体育工作和民族干部工作。为了推动宁夏少数民族文学艺术发展，拟筹备成立宁夏少数民族文学艺术促进会。努力提高回族传统体育运动水平，初步选定贺兰县金贵中学为木球训练点。配合有关部门选送了一批少数民族中青年干部到中央国家机关和先进地区挂职锻炼。加强了民族理论政策的宣传教育和调查研究，选送18篇论文（专著）参加国家民委系统民族理论政策研究评选活动，有五篇论文（专著）获奖。

撰　稿：王生军
审　稿：马凤虎

新疆维吾尔自治区

【民族经济】1996年，新疆维吾尔自治区继续执行国家适度从紧的宏观调控政策，积极推进经济体制改革，促进经济增长方式的转变，有效地抑制通货膨胀，大力发展农业，深化国有企业改革，抓紧重点项目建设，发展对外贸易，生产、流通、投资等经济领域里的各项事业全面发展，城乡居民收入继续增加，为“九五”计划开了一个好头。1996年国内生产总值912亿元（现价），比上年增长6.4%，其中第一产业增加值249亿元，增长3.5%；第二产业增加值337亿元，增长8.3%；第三产业增加值326亿元，增长7.1%。

农业生产获得丰收。1996年，自治区继续把农业工作放在首位，制定和落实了一系列发展、支持、保护农业生产的政策措施，多渠道加大农业投入，强化农业科技服务，大力发展粮、棉、畜生产，农村经济得到进一步发展。全区农林牧渔业总产值为430.96亿元，比上年增长1.4个百分点，其中农业、牧业产值分别为334.07亿元和87.56亿元，占到农林牧渔业总产值的97.8%，继续呈上升势头。粮食、棉花、甜菜产量创历史新纪录。全年粮食产量达850.71万吨；棉花产量达94.04万吨；甜菜产量达354.52万吨，分别比上年增长6.5%、0.6%、23%。油料有计划调减，年产量为30.95万吨，比去年同期下降37.4%。畜牧业生产稳步发展，年末大牲畜存栏数达589.41万头（只），比上年增长1.6%。全年猪、牛、羊肉产量达52.53万吨，比上年增长14.4%。渔业生产持续发展，全年水产品产量达4.78万吨，比上年增长7.8%，产量居西北五省区之首。农业生产条件不断改善，年末农业机械总动力697.78万千瓦，比上年末增长6.9%，农村用电量284 669.67万千瓦，比上年增长13.8%。农田水利建设有所加强，全区新增有效灌溉面积6.14万公顷。

工业生产增长平稳。全年完成工业增加值239.5亿元，比上年增长6.8%。其中国有企业增长5.8%，集体企业增长8.0%，轻重工业发展出现明显反差，重工业生产稳定增长，轻工业生产逐步下降。全年重工业完成增加值172.3亿元，增长14.5%，轻工业完成值67.2亿元，下降6.8%。受市场需求变化影响，煤、电、油等主要能源以及钢材、水泥等主要原材料和支农产品生产保持了较快增长势头，棉花、丝绸以及部分轻工产品产量有不同程度下降。工业主要经济效益指标有升有降，总体效益水平仍然低下。全年独立核算工业企业经济效益综合指数为71.0%，比上年下降11.4个百分点。

固定资产投资适度增长。1996年，全社会固定资产投资381.89亿元，比上年增长14.6%，其中国有单位投资207.94亿元，比上年增长19.9%。重点项目建设进展顺利，全区计划安排的30个重点项目本年完成投资120.29亿元，完成年计划的100%，占基本建设投资的62.5%，计划年内建成投产的6个项目大都按计划建成投产或运营。

交通运输基本正常。今年虽然兰新铁路复线运输能力大幅度提高，但由于铁路运费涨价，外销产品运输成本加大，加之7月份洪涝灾害，铁路公路运输一度中断，致使运输量受到一定影响。1996年完成货物周转量507.16亿吨公里，比上年增长6.9%，其中公路229.55亿吨公里，铁路260.96亿吨公里。旅客周转量218.8亿人公里，比上年增长1.3%。邮电通信业整体发展水平明显提高，全年完成邮电业务总量13.21亿元，比上年增长46.1%。

对外贸易取得新进展，但由于受国家政策和国内外市场价格及供求关系的影响，出口明显下降。全年外贸进出口总额14.04亿美元，比上年增长6.2%。其中进口8.54亿美元，增长28.5%，出口5.50亿美元，下降16.4%。地方财政收入稳步增加，全年地方财政收入完成48.3亿元，比上年增长26.1%。地方财政支出114.9亿元，财政困难问题仍很突出。

1996年全区消费品市场稳中见活，居民消费心理平稳，全年社会消费品零售总额295.36亿元，比上年增长16.5%，扣除价格因素，实际增长9.9%。物价涨幅有较大回落，全年零售物价涨幅由上年的16.7%回落到8.8%，居民消费价格涨幅由上年的19.7%回落到10.5%。但同全国相比，新疆零售物价涨幅一直排在全国前列，主要是鲜菜、粮食等商品涨幅较大所致。

【社会发展】1996年，新疆科技、文化、教育、卫生、体育等社会事业和社会主义精神文明建设有新的发展，取得了新的进步，人民生活水平明显提高。

一、科技队伍不断扩大，经费投入不断增加。1996年全区共有45万从业技术人员，国有独立研究开发机构133个，从事科技活动人员6 480人，其中科学家和工程师4 048人。全年用于科技活动的经费支出6.9亿元，全区共登记自治区级重大科技成果276项，其中获国家科技成果奖11项。

二、教育事业继续发展。全区普通高等院校在校研究生579人，其中少数民族107人；普通高校在校本专科生44 393人，比上年增长0.03万人，其中少数民族2.4万人，占总数的54%。全区招生人数共1.2万人，比上年增加0.02万人，其中少数民族占总数的60%。各类中等职业技术学校在校学生16.34万人，占高中阶段在校学生总数的52.2%。基础教育不断加强，义务教育普及程度提高。

三、文化事业健康发展。全年生产故事片5部，译制少数民族语言影片595本、2部。全年共出版各种报纸2亿份，出版杂志1 037万册(张)，出版图书6 089万册(张)，其中少数民族文字分别占总数的38%、38%和45%，民族文化事业发展迅速。

四、医疗卫生条件继续改善。年末全区共有卫生机构3 966个，其中医院1 320个，比上年增长28个；医院共有病床6.74万张，专业卫生技术人员9.45万人，增长2.7%，其中医生4.17万人，增长3.4%。在卫生技术人员中，少数民族卫生技术人员2.97万人，占总数的34.9%。农牧区三级医疗预防保健网建设得到加强，77个县(市)通过国家和自治区的初保达标验收。

五、体育事业成绩显著。1996年，在重大国际比赛中，新疆运动员获团体冠军1个，个人冠军1个；在全国正式比赛中获9个第一名，8个第二名，15个第三名，4人1队12次打破8项自治区纪录。全民健身活动蓬勃开展，我区全国体育先进县已达11个，自治区级体育先进县达15个。

六、人民生活水平明显提高。全年城市居民人均生活费收入达4 285.8元，比上年增长11.6%，扣除价格因素，实际增长1.1%。农村居民人均纯收入1 290元，比上年增长13.5%，扣除价格因素，实际增长6.2%。社会福利事业日益发展，全年城乡各种社会救济对象得到国家救济的达83.88万人次。社会保险范围逐步扩大，全区已有12.4%的乡镇建立了农村社会保障网络。

【民族工作】1996年，自治区民族工作坚定不移地贯彻落实党和国家关于民族工作的基本方针政策以及中央、自治区对民族工作一系列指示精神，结合自治区民族工作实际，牢牢把握“团结、进步”这个新时期民族工作主题，认真组织实施自治区对民族工作的部署，积极稳妥地进行机构改革工作，促使新疆的民族工作充满活力，全面推进，取得了新的成绩。全年主要做了以下几方面的工作。

一、认真贯彻中央及自治区关于稳定工作的指示精神，牢固树立事关稳定大局的思想，努力消除不稳定因素。一年来，在工作中始终把维护稳定与发展各民族大团结、促进各民族共同繁荣进步有机地结合起来，深入调查了解影响社会稳定的突出矛盾和问题，牢牢掌握社会稳定工作的主动权。根据自治区领导的批示，继续协调有关部门进一步采取果断措施，消除“边销茶不洁”的谣言引起的风波，有效地遏制谣言传播。经自治区人民政府批准，发布了《新疆维吾尔自治区进一步加强边销茶市场管理的布告》，对于稳定人心，稳定市场，打击非法经营，保障少数民族群众的需求，防止极少数人制造事端的图谋起到了重要作用。同时，根据中宣部和新闻出版署紧急通知要求，与有关部门协调部署了在全区查禁《奇异的性婚俗》一书的工作，及时在各族各界人士中通报了中央对此书的处理情况，有效地消除了由该书引起的影响社会稳定的消极因素。

二、高举各民族大团结的旗帜，把新时期民族工作主题——团结、进步贯穿于全部工作始终。围绕民族团结进步表彰活动，狠抓了马克思主义民族政策理论、民族团结的宣传教育，推动全区民族团结进步事业的全面发展。协同自治区党委宣传部安排部署了第十四个民族团结教育月活动，参加并指导了部分地州和单位民族团结进步表彰大会的工作。同时，召开了由有关新闻单位和部分民族团结模范人物参加的座谈会，共商进一步有效地宣传民族团结模范人物先进事迹问题。研究拟定了《自治区民族团结进步模范单位、模范个人管理办法》经报送自治区审定后批转各地执行。

三、从全局着眼，从实际出发，为新疆的经济建设和社会发展服务。强化了经济形势的宏观监测，为国家民委参与民族地区年度计划和中长期规划提供了重要依据。会同财政厅、扶贫办等部门认真研究财政、税收、金融等新体制运行后出现的新情况、新问题，对新体制在新疆的顺利运行进行了调查研究。及时准确地完成了民族统计工作。积极参与国际组织开发项目的调研，继续同联合国开发署进行了接触，提供了项目调研的有关情况，为新疆利用外资、争取项目起到了促进作用。同时，加强了与有关部门的协作配合，举办了“自治区财政民委系统项目管理培训班”，完成了“少数民族扶贫专项贷款”、“温饱基金”、“新增发展资金”、“少数民族地区乡镇企业专项贷款”、“新增少数民族补助费”等各类资金的项目申报、实施工作。

四、加强民族文化宣传工作，为各民族团结进步创造良好的舆论环境。继续参与做好实施自治区丝绸之路边境文化长廊建设工程工作，对南北疆文化长廊建设情况进行了调查研究。组织参加了全国第二次民俗民艺录像汇映评比；会同文化厅、文联筹备召开了民族语言优秀译制电影及译制片先进集体、先进个人表彰大会；会同有关单位组织参加全国第六届少数民族题材电视艺术“骏马奖”评选表彰活动。新疆分别获艺术片优秀奖、儿童艺术片一等奖和三等奖。维吾尔族演员穆尼热获优秀演员奖，7部民族语言译制片获优秀译制片奖。出版发行了《新疆十三个民族吉祥物》一书。民族问题五种丛书编译出版、少数民族古籍搜集整理出版工作都取得新的成绩。

认真做好宣传工作，共接待来访、参观考察的国内外来宾20余批、近400人，按内外有别的原则宣传介绍了新疆贯彻党的民族、宗教政策以及改革开放所取得的成绩，获得了积极的效果。协助国家民委出色完成了新疆干部参观团的组团工作。协助国家民委在乌鲁木齐召开了“全国少数民族干部工作座谈会”。

五、做好民族教育、体育、卫生工作，努力促进少数民族的全面进步。把握全国教育对口支援协作会议决定山东对口支援新疆的机遇，抓紧落实有关的协作项目。认真参与做好高考招生及成人高考招生工作，做好了民考汉、汉考民、蒙考蒙考生的录取工作，加强和改进考生民族成份的鉴定和审查。积极为民族教育争取资金，通过“中华民族团结发展促进会”为策勒县民族中学、察布查尔锡伯自治县爱新舍里中学各捐款10万元和14万元；负责办理了日本友人为喀什师范学院、和田师专设立的每年1万美元奖学金的工作；会同教委合理地分配了本年度少数民族教育补助专款。

牵头开展了自治区第四届民运会、参加全国第六届民运会的筹备组织工作。与自治区卫生厅共同召开了自治区民族医药工作会议，并研究拟定了《关于加强民族医药工作的意见》。

六、认真搞好机构改革，不断加强自身建设。根据自治区机构改革的总体安排，积极稳妥地做了机构改革工作。一是注意开展耐心细致的思想工作，稳定人心，保证工作正常顺利进行；二是认真研究自治区机构改革方案与区民宗委机构的最佳契合点，做好与有关部门的联系协调工作。三是在“三定”方案批准后，进行了内设机构的调整和职能配置，加强了各处室的力量，明确了职能和任务，健全了规章制度，稳步推进了公务员制度的实施。

撰　稿：姜国利
审　稿：陆　健

第四部分

统　计　资　料

PART 4 STATISTICAL DATA

一、综　合

GENERAL SURVEY

民族自治地方行政区划

（1996年末）

单位：个

省级		地级		县级		市			市辖区
合计	行政单位	合计	行政单位	合计	行政单位	合计	地级	县级	
5	5自治区	61	23地区 30自治州 8盟	571	401县 49旗 118自治县 3自治旗	90	17	73	62
河北				6	6自治县				
内蒙古		8	8盟	69	17县、49旗、 3自治旗	20	4	16	16
辽宁				8	8自治县				
吉林		1	1自治州	5	2县、3自治县	6		6	
黑龙江				1	1自治县				
浙江				1	1自治县				
湖北		1	1自治州	8	6县、2自治县	2		2	
湖南		1	1自治州	14	7县、7自治县	1		1	
广东				3	3自治县				
广西		7	7地区	71	59县、12自治县	18	8	10	28
海南				7	7自治县				
四川		3	3自治州	54	46县、8自治县	1		1	
贵州		3	3自治州	42	31县、11自治县	4		4	
云南		8	8自治州	71	42县、29自治县	8		8	
西藏		6	6地区	76	76县	2	1	1	1
甘肃		2	2自治州	19	12县、7自治县	2		2	
青海		6	6自治州	33	26县、7自治县	2		2	
宁夏		2	2地区	15	15县	5	2	3	6
新疆		13	8地区、5自治州	68	62县、6自治县	19	2	17	11

Administrative Division of Minority National Autonomous Areas (End of 1996)

Provincial Level		Prefectural Level		County Level		City			District Under City
Total	Administrative Unit	Total	Administrative Unit	Total	Administrative Unit	Total	Pref- ectural Level	County Level	
5	5 autonomous regions	61	23 prefectures 30 autonomous prefectures 8 mengs	571	401 counties 49 qis 118 autonomous counties 3 autonomous qis	90	17	73	62
Hebei				6	6 autonomous counties				
Inner Mongolia		8	8 mengs	69	17 counties 49 qis 3 autonomous qis	20	4	16	16
Liaoning				8	8 autonomous counties				
Jilin		1	1 autonomous prefecture	5	2 counties 3 autonomous counties	6		6	
Heilongjiang				1	1 autonomous county				
Zhejing				1	1 autonomous county				
Hubei		1	1 autonomous prefecture	8	6 counties 2 autonomous counties	2		2	
Hunan		1	1 autonomous prefecture	14	7 counties 7 autonomous counties	1		1	
Guangdong				3	3 autonomous counties				
Guangxi		7	7prefectures	71	59 counties 12 autonomous counties	18	8	10	28
Hainan				7	7 autonomous counties				
Sichuan		3	3 autonomous prefectures	54	46 counties 8 autonomous counties	1		1	
Guizhou		3	3 autonomous prefectures	42	31 counties 11 autonomous counties	4		4	
Yunnan		8	8 autonomous prefectures	71	42 counties 29 autonomous counties	8		8	
Tibet		6	6 prefectures	76	76 counties	2	1	1	1
Gansu		2	2 autonomous prefectures	19	12 counties 7 autonomous counties	2		2	
Qinghai		6	6 autonomous prefectures	33	26 counties 7 autonomous counties	2		2	
Ningxia		2	2 prefectures	15	15 counties	5	2	3	6
Xinjiang		13	8 prefectures 5 autonomous prefectures	68	62 counties 6 autonomous counties	19	2	17	11

民族自治地方县(旗)、市分布(一)

(1996年末)

地区	县(旗)、市数	县(旗)、市名称
合计	644县级单位(73县级市、401县、49旗、118自治县、3自治旗),17地级市	
河北	6自治县	秦皇岛市:青龙满族自治县 廊坊市:大厂回族自治县 承德市:宽城满族自治县、丰宁满族自治县、围场满族蒙古族自治县 沧州市:孟村回族自治县
内蒙古	16县级市、 17县、 49旗、 3自治旗、 4地级市	*呼和浩特市:土默特左旗、托克托、和林格尔、清水河、武川 *包头市:土默特右旗、固阳、达尔罕茂明安联合旗 *乌海市 *赤峰市:阿鲁科尔沁旗、巴林左旗、巴林右旗、林西、克什克腾旗、翁牛特旗、喀喇沁旗、宁城、敖汉旗 呼伦贝尔盟:海拉尔市、满洲里市、扎兰屯市、牙克石市、根河市、额尔古纳市、阿荣旗、莫力达瓦达斡尔族自治旗、鄂伦春自治旗、鄂温克族自治旗、新巴尔虎右旗、新巴尔虎左旗、陈巴尔虎旗 兴安盟:乌兰浩特市、阿尔山市、科尔沁右翼前旗、科尔沁右翼中旗、扎赉特旗、突泉 哲里木盟:通辽市、霍林郭勒市、科尔沁左翼中旗、科尔沁左翼后旗、开鲁、库伦旗、奈曼旗、扎鲁特旗 锡林郭勒盟:二连浩特市、锡林浩特市、阿巴嘎旗、苏尼特右旗、苏尼特左旗、东乌珠穆沁旗、西乌珠穆沁旗、太仆寺旗、镶黄旗、正镶白旗、正蓝旗、多伦 乌兰察布盟:集宁市、丰镇市、卓资、化德、商都、兴和、凉城、察哈尔右翼前旗、察哈尔右翼中旗、察哈尔右翼后旗、四子王旗 伊克昭盟:东胜市、达拉特旗、准格尔旗、鄂托克前旗、鄂托克旗、杭锦旗、乌审旗、伊金霍洛旗 巴彦淖尔盟:临河市、五原、磴口、乌拉特前旗、乌拉特中旗、乌拉特后旗、杭锦后旗 阿拉善盟:阿拉善左旗、阿拉善右旗、额济纳旗
辽宁	8自治县	鞍山市:岫岩满族自治县 抚顺市:新宾满族自治县、清原满族自治县 本溪市:本溪满族自治县、桓仁满族自治县 丹东市:宽甸满族自治县 阜新市:阜新蒙古族自治县 朝阳市:喀喇沁左翼蒙古族自治县
吉林	6县级市、 2县、 3自治县	四平市:伊通满族自治县 白山市:长白朝鲜族自治县 松原市:前郭尔罗斯蒙古族自治县 延边朝鲜族自治州:延吉市、图们市、敦化市、珲春市、龙井市、和龙市、汪清、安图
黑龙江	1自治县	大庆市:杜尔伯特蒙古族自治县
浙江	1自治县	丽水地区:景宁畲族自治县
湖北	2县级市、 6县、 2自治县	宜昌市:长阳土家族自治县、五峰土家族自治县 恩施土家族苗族自治州:恩施市、利川市、建始、巴东、宣恩、咸丰、来凤、鹤峰

注:表中有*号为地级市,共17个。地级市辖的区(相当县级)62个,本表未作统计。

民族自治地方县(旗)、市分布(二)

(1996年末)

地 区	县(旗)、市数	县(旗)、市名称
湖 南	1县级市、 7县、 7自治县	邵阳市:城步苗族自治县 永州市:江华瑶族自治县 怀化地区:麻阳苗族自治县、新晃侗族自治县、芷江侗族自治县、靖州苗族侗族自治县、通道侗族自治县 湘西土家族苗族自治州:吉首市、泸溪、凤凰、花垣、保靖、古丈、永顺、龙山
广 东	3自治县	韶关市:乳源瑶族自治县 清远市:连山壮族瑶族自治县、连南瑶族自治县
广 西	10县级市、 59县、 12自治县、 8地级市	*南宁市:邕宁、武鸣 *柳州市:柳江、柳城 *桂林市:阳朔、临桂 *梧州市:苍梧 *北海市:合浦 *防城港市:东兴市、上思 *钦州市:灵山、浦北 *贵港市:桂平市、平南 南宁地区:凭祥市、横县、宾阳、上林、隆安、马山、扶绥、崇左、大新、天等、宁明、龙州 柳州地区:合山市、鹿寨、象州、武宣、来宾、融安、三江侗族自治县、融水苗族自治县、金秀瑶族自治县、忻城 桂林地区:灵川、全州、兴安、永福、灌阳、龙胜各族自治县、资源、平乐、荔浦、恭城瑶族自治县 梧州地区:岑溪市、藤县、昭平、蒙山、贺县、钟山、富川瑶族自治县 玉林地区:玉林市、北流市、容县、陆川、博白 百色地区:百色市、田阳、田东、平果、德保、靖西、那坡、凌云、乐业、田林、隆林各族自治县、西林 河池地区:河池市、宜州市、罗城仫佬族自治县、环江毛南族自治县、南丹、天峨、凤山、东兰、巴马瑶族自治县、都安瑶族自治县、大化瑶族自治县
海 南	7自治县	白沙黎族自治县、昌江黎族自治县、东方黎族自治县、乐东黎族自治县、陵水黎族自治县、保亭黎族苗族自治县、琼中黎族苗族自治县
四 川	1县级市、 46县、 8自治县	乐山市:峨边彝族自治县、马边彝族自治县 黔江地区:石柱土家族自治县、秀山土家族苗族自治县、黔江土家族苗族自治县、酉阳土家族苗族自治县、彭水苗族土家族自治县 阿坝藏族羌族自治州:汶川、理县、茂县、松潘、南坪、金川、小金、黑水、马尔康、壤塘、阿坝、若尔盖、红原 甘孜藏族自治州:康定、泸定、丹巴、九龙、雅江、道孚、炉霍、甘孜、新龙、德格、白玉、石渠、色达、理塘、巴塘、乡城、稻城、得荣 凉山彝族自治州:西昌市、木里藏族自治县、盐源、德昌、会理、会东、宁南、普格、布拖、金阳、昭觉、喜德、冕宁、越西、甘洛、美姑、雷波

民族自治地方县(旗)、市分布(三)

(1996年末)

地　区	县(旗)、市数	县(旗)、市名称
贵　州	4县级市、 31县、 11自治县	遵义地区:道真仡佬族苗族自治县、务川仡佬族苗族自治县 铜仁地区:玉屏侗族自治县、印江土家族苗族自治县、沿河土家族自治县、松桃苗族自治县 毕节地区:威宁彝族回族苗族自治县 安顺地区:关岭布依族苗族自治县、镇宁布依族苗族自治县、紫云苗族布依族自治县 黔西南布依族苗族自治州:兴义市、兴仁、普安、晴隆、贞丰、望谟、册亨、安龙 黔东南苗族侗族自治州:凯里市、黄平、施秉、三穗、镇远、岑巩、天柱、锦屏、剑河、台江、黎平、榕江、从江、雷山、麻江、丹寨 黔南布依族苗族自治州:都匀市、福泉市、荔波、贵定、瓮安、独山、平塘、罗甸、长顺、龙里、惠水、三都水族自治县
云　南	8县级市、 42县、 29自治县	昆明市:路南彝族自治县、禄劝彝族苗族自治县 曲靖地区:寻甸回族彝族自治县 玉溪地区:峨山彝族自治县、新平彝族傣族自治县、元江哈尼族彝族傣族自治县 思茅地区:普洱哈尼族彝族自治县、墨江哈尼族自治县、景东彝族自治县、景谷傣族彝族自治县、镇沅彝族哈尼族拉祜族自治县、江城哈尼族彝族自治县、孟连傣族拉祜族佤族自治县、澜沧拉祜族自治县、西盟佤族自治县 丽江地区:丽江纳西族自治县、宁蒗彝族自治县 临沧地区:双江拉祜族佤族布朗族傣族自治县、耿马傣族佤族自治县、沧源佤族自治县 楚雄彝族自治州:楚雄市、双柏、牟定、南华、姚安、大姚、永仁、元谋、武定、禄丰 红河哈尼族彝族自治州:个旧市、开远市、蒙自、屏边苗族自治县、建水、石屏、弥勒、泸西、元阳、红河、金平苗族瑶族傣族自治县、绿春、河口瑶族自治县 文山壮族苗族自治州:文山、砚山、西畴、麻栗坡、马关、丘北、广南、富宁 西双版纳傣族自治州:景洪市、勐海、勐腊 大理白族自治州:大理市、漾濞彝族自治县、祥云、宾川、弥渡、南涧彝族自治县、巍山彝族回族自治县、永平、云龙、洱源、剑川、鹤庆 德宏傣族景颇族自治州:畹町市、瑞丽市、潞西市、梁河、盈江、陇川 怒江傈僳族自治州:泸水、福贡、贡山独龙族怒族自治县、兰坪白族普米族自治县 迪庆藏族自治州:中甸、德钦、维西傈僳族自治县
西　藏	1县级市、 76县、 1地级市	*拉萨市:林周、当雄、尼木、曲水、堆龙德庆、达孜、墨竹工卡 昌都地区:昌都、江达、贡觉、类乌齐、丁青、察雅、八宿、左贡、芒康、洛隆、边坝、盐井、碧土、妥坝、生达 山南地区:乃东、扎囊、贡嘎、桑日、琼结、曲松、措美、洛扎、加查、隆子、错那、浪卡子 日喀则地区:日喀则市、南木林、江孜、定日、萨迦、拉孜、昂仁、谢通门、白朗、仁布、康马;定结、仲巴、亚东、吉隆、聂拉木、萨嘎、岗巴 那曲地区:那曲、嘉黎、比如、聂荣、安多、申扎、索县、班戈、巴青、尼玛 阿里地区:普兰、札达、噶尔、日土、革吉、改则、措勤、隆格尔 林芝地区:林芝、工布江达、米林、墨脱、波密、察隅、朗县

民族自治地方县(旗)、市分布(四)

(1996年末)

地区	县(旗)、市数	县(旗)、市名称
甘肃	2县级市、 12县、 7自治县	天水市:张家川回族自治县 酒泉地区:肃北蒙古族自治县、阿克塞哈萨克族自治县 张掖地区:肃南裕固族自治县 武威地区:天祝藏族自治县 临夏回族自治州:临夏市、临夏、康乐、永靖、广河、和政、东乡族自治县、积石山保安族东乡族撒拉族自治县 甘南藏族自治州:合作市、临潭、卓尼、舟曲、迭部、玛曲、碌曲、夏河
青海	2县级市、 26县、 7自治县	西宁市:大通回族土族自治县 海东地区:民和回族土族自治县、互助土族自治县、化隆回族自治县、循化撒拉族自治县 海北藏族自治州:门源回族自治县、祁连、海晏、刚察 黄南藏族自治州:同仁、尖扎、泽库、河南蒙古族自治县 海南藏族自治州:共和、同德、贵德、兴海、贵南 果洛藏族自治州:玛沁、班玛、甘德、达日、久治、玛多 玉树藏族自治州:玉树、杂多、称多、治多、囊谦、曲麻莱 海西蒙古族藏族自治州:格尔木市、德令哈市、乌兰、都兰、天峻
宁夏	3县级市、 15县、 2地级市	*银川市:永宁、贺兰 *石嘴山市:平罗、陶乐、惠农 银南地区:吴忠市、青铜峡市、灵武市、中卫、中宁、盐池、同心 固原地区:固原、海原、西吉、隆德、泾源、彭阳
新疆	17县级市、 62县、 6自治县、 2地级市	*乌鲁木齐市:乌鲁木齐 *克拉玛依市 石河子市 吐鲁番地区:吐鲁番市、鄯善、托克逊 哈密地区:哈密市、巴里坤哈萨克自治县、伊吾 阿克苏地区:阿克苏市、温宿、库车、沙雅、新和、拜城、乌什、阿瓦提、柯坪 喀什地区:喀什市、疏附、疏勒、英吉沙、泽普、莎车、叶城、麦盖提、岳普湖、伽师、巴楚、塔什库尔干塔吉克自治县 和田地区:和田市、和田、墨玉、皮山、洛浦、策勒、于田、民丰 昌吉回族自治州:昌吉市、阜康市、米泉市、呼图壁、玛纳斯、奇台、吉木萨尔、木垒哈萨克自治县 博尔塔拉蒙古自治州:博乐市、精河、温泉 巴音郭楞蒙古自治州:库尔勒市、轮台、尉犁、若羌、且末、焉耆回族自治县、和静、和硕、博湖 克孜勒苏柯尔克孜自治州:阿图什市、阿克陶、阿合奇、乌恰 伊犁哈萨克自治州:奎屯市 伊犁地区:伊宁市、伊宁、察布查尔锡伯自治县、霍城、巩留、新源、昭苏、特克斯、尼勒克 塔城地区:塔城市、乌苏市、额敏、沙湾、托里、裕民、和布克赛尔蒙古自治县 阿勒泰地区:阿勒泰市、布尔津、富蕴、福海、哈巴河、青河、吉木乃

Distribution of Counties(Qis)and Cities in Minority National Autonomous Areas(1)

(End of 1996)

Region	Number of Counties (Qis) and Cities	Name of Counties (Qis) and Cities
Total	644 units at county level (73 county—level cities, 401 counties, 49 qis, 118 autonomous counties, 3 autonomous qis) 17 prefecture—level cities	
Hebei	6 autonomous counties	Qinhuangdao city:Qinglong Manchu autonomous county Langfang city:Dachang Hui autonomous county Chengde city: Kuancheng Manchu autonomous county, Fengning Manchu autonomous county, Weichang Manchu and Mongolian autonomous county Cangzhou city:Mengcun Hui autonomous county
Inner Mongolia	16 county—level cities, 17 counties, 49 qis, 3 autonomous qis, 4 prefecture—level cities	* Hohhot city: Tumd Zuo qi, Togtoh, Horinger, Qing Shuihe, Wuchuan * Baotou city:Tumd You qi,Guyang,Darhan Muminggan Lianhe qi * Wuhai city * Chifeng city: Ar Horqin qi, Bairin Zuo qi, Bairin You qi, Linxi, Hexigten qi, Ongniud qi, Harqin qi, Ningcheng, Aohan qi Hulun Buir Meng: Hailar city, Manzhouli city, Zalantun city, Yakeshi city, Genhe city, Ergun city, Arun qi, Morin Dawa Daur autonomous qi, Oroqen autonomous qi, Ewenki autonomous qi, Xin Barag You qi, Xin Barag Zuo qi, Chen Barag qi Xingan Meng: Ulanhot city, Arsan City, Horqin Youyi Qian qi, Horqin Youyi Zhong qi, Jalaid qi, Tuquan Jirem Meng:Tongliao city, Huolin Gol city, Horqin Zuoyi Zhong qi, Horqin Zuoyi Hou qi, Kailu, Hure qi, Naiman qi, Jarud qi Xinlin Gol Meng:Erenhot city, Xilinhot city, Abag qi, Sonid You qi, Sonid Zuo qi, Dong Ujimqin qi, Xi Ujimqin qi, Taibus qi, Xianghuang qi, Zhengxiangbai qi, Zhenglan qi, Duolun Ulanqab Meng: Jining city, Fengzheng city, Zhuozi, Huade, Shangdu, Xinghe, Liangcheng, Qahar Youyi Qian qi, Qahar Youyi Zhong qi, Qahar Youyi Hou qi, Siziwang qi Ih Ju Meng:Dongsheng city, Dalad qi, Jungar qi, Otog Qian qi, Otog qi, Hangjin qi, Uxin qi, Ejin Horo qi Bayan Nur Meng:Linhe city, Wuyuan, Dengkou, Urad Qian qi, Urad Zhong qi, Urad Hou qi, Hangjin Hou qi Alxa Meng: Alxa Zuo qi, Alxa You qi, Ejin qi
Liaoning	8 autonomous counties	Anshan city:Xiuyan Manchu autonomous county Fushun city:Xinbin Manchu autonomous county, Qingyuan Manchu autonomous county Benxi city:Benxi Manchu autonomous county, Huanren Manchu autonomous county Dandong city:Kuandian Manchu autonomous county Fuxin city:Fuxin Mongolian autonomous county Chaoyang city:Harqin Zuoyi Mongolian autonomous county

a)Qi. the name of the administrative district of Inner Mongolia, equal to county.
b)Meng. the name of the administrative district of Inner Mongolia, equal to prefecture.

Distribution of Counties (Qis) and Cities in Minority National Autonomous Areas (2)

(End of 1996)

Region	Number of Counties (Qis) and Cities	Name of Counties (Qis) and Cities
Jilin	6 county-level cities, 2 counties, 3 autonomous counties	Siping city: Yitong Manchu autonomous county Baishan city: Changbai Korean autonomous county Songyuan city: Qian Gorlos Mongolian autonomous county Yanbian Korean autonomous prefecture: Yanji city, Tumen city, Dunhua city, Hunchun city, Longjing city, Helong city, Wangqin, Antu
Hei-longjiang	1 autonomous county	Daqing city: Dorbod Mongolian autonomous county
Zhejiang	1 autonomous county	Lishui prefecture: Jingning She autonomous county
Hubei	2 county-level cities, 6 counties, 2 autonomous counties	Yichang city: Changyang Tujia autonomous county, Wufeng Tujia autonomous county Enshi Tujia and Miao autonomous prefecture: Enshi city, Lichuan city, Jianshi, Badong, Xuanen, Xianfeng, Laifeng, Hefeng
Hunan	1 county-level city, 7 counties, 7 autonomus counties	Shaoyang city: Chengbu Miao autonomous county Yong zhou city: Jianghua Yao autonomous county Huaihua prefecture: Mayang Miao autonomous county, Xinhuang Dong autonomous county, Zhijiang Dong autonomous county, Jingzhou Miao and Dong autonomous county, Tongdao Dong autonomous county Xiangxi Tujia and Miao autonomous prefecture: Jishou city, Luxi, Fenghuang, Huayuan, Baojing, Guzhang, Yongshun, Longshan
Guang-dong	3 autonomous counties	Shaoguan city: Ruyuan Yao autonomous county Qingyuan city: Lianshan Zhuang and Yao autonomous county, Liannan Yao autonomous county
Guangxi	10 county-level cities, 59 counties, 12 autonomous counties, 8 prefecture-level cities	* Nanning city: Yongning, Wuming * Liuzhou city: Liujiang, Liucheng * Guilin city: Yangshuo, Lingui * Wuzhou city: Cangwu * Beihai city: Hepu * Fanchenggang city: Dongxing City, Shangsi * Qinzhou city: Lingshan, Pubei * Guigang city: Guiping city, Pingnan Nanning prefecture: Pingxiang city, Hengxian, Binyang, Shanglin, Longan, Mashan, Fusui, Chongzuo, Daxin, Tiandeng, Ningming, Longzhou Liuzhou prefecture: Heshan city, Luzhai, Xiangzhou, Wuxuan, Laibin, Rongan, Sanjing Dong autonomous county, Rongshui Miao autonomous county, Jinxiu Yao autonomous county, Xincheng Guilin prefecture: Lingchuan, Quanzhou, Xingan, Yongfu, Guanyang, Longsheng Gezu autonomous county, Ziyuan, Pingle, Lipu, Gongcheng Yao autonomous county Wuzhou prefecture: Genxi city, Tengxian, Zhaoping, Mengshan, Hexian, Zhongshan, Fuchuan Yao autonomous county Yulin prefecture: Yulin city, Beiliu city, Rongxian, Luchuan, Buobai Baise prefecture: Baise city, Tianyang, Tiandong, Pingguo, Debao, Jingxi, Napuo, Lingyun, Leye, Tianlin, Longlin Gezu autonomous county, Xilin Hechi prefecture: Hechi city, Yizhou city, Luocheng Molao autonomous county, Huanjiang Maonan autonomous county, Nandan, Tian'e, Fengshan, Donglan, Bama Yaq autonomous county, Du'an Yao autonomous county, Du'an Yao autonomous county

Distribution of Counties(Qis)and Cities in Minority National Autonomous Areas(3)

(End of 1996)

Region	Number of Counties (Qis) and Cities	Name of Counties (Qis) and Cities
Hainan	7 autonomous counties	Baisha Li autonomous county, Changjiang Li autonomous county, Dongfang Li autonomous county, Ledong Li autonomous county, Ling shui Li autonomous county, Baoting Li and Miao autonomous county, Qiongzhou Li and Miao autonomous county
Sichuan	1 county—level city, 46 counties, 8 autonomous counties	Leshan city: E'bian Yi autonomous county, Mabian Yi autonomous county Qianjiang Prefecture: Shizhu Tujia autonomous county, Xiushan Tujia and Miao autonomous county, Qianjiang Tujia and Miao autonomous county, Youyang Tujia and Miao autonomous county, Pengshui Miao and Tujia autonomous county Aba Tibetan and Qiang autonomous prefecture: Wenchuan, Lixian, Maoxian, Songpan, Nanping, Jinchuan, Xiaojin, Heshui, Burkam, Zamtang, Aba, Zoige, Hongyuan Garze Tibetan autonomous prefecture: Kangding, Luding, Danba, Jiulong, Yajiang, Daowu, Luhuo, Garze, Xinlong, Dege, Baiyu, Shiqu, Seda, Litang, Batang, Xiangcheng, Daocheng, Derong Liangshan Yi autonomous Prefecture: Xichang city, Muli Tibetan autonomous county, Yanyuan, Dechang, Huili, Huidong, Ningnan, Puge, Butuo, Jingyang, Zhaojue, Xide, Mianning, Yuexi, Ganluo, Meigu, Leibo
Guizhou	4 county—level cities, 31 counties, 11 autonomous counties	Zunyi Prefecture: Daozhen Gelo and Miao autonomous county, Wuchuan Gelo and Miao autonomous county Tongren Prefecture: Yuping Dong autonomous county, Yinjiang Tujia and Miao autonomous county, Yanhe Tujia autonomous county, Songtao Miao autonomous county Bijie Prefecture: Weining Yi, Hui and Miao autonomous county Anshun Prefecture: Guanling Bouyei and Miao autonomous county, Zhenning Bouyei and Miao autonomous county, Ziyun Miao and Bouyei autonomous county Qianxinan Bouyei and Miao autonomous prefecture: Xingyi city, Xin—gren, Puan, Qinglong, Zhenfeng, Wangmo, Ceheng, Anlong Qiandongnan Miao and Dong autonomous prefecture: Kaili city, Huangping, Shibing, Sanhui, Zhenyuan, Cengong, Tianzhu, Jinping, Jianhe, Taijiang, Liping, Rongjiang, Congjiang, Leishan, Majiang, Danzhai Qiannan Bouyei and Miao autonomous prefecture: Duyun city, Fuquan city, Libo, Guiding, Wengan, Dushan, Pingtang, Luodian, Chang — shun, Longli, Huishui, Sandu Shui autonomous county

Distribution of Counties (Qis) and Cities in Minority National Autonomous Areas (4)

(End of 1996)

Region	Number of Counties (Qis) and Cities	Name of Counties (Qis) and Cities
Yunnan	8 county—level cities, 42 counties, 29 autonomous counties	Kunming city: Lunan Yi autonomous county, Luquan Yi and Miao autonomous county Qujing prefecture: Xundian Hui and Yi autonomous county Yuxi prefecture: Eshan Yi autonomous county, Xinping Yi and Dai autonomous county, Yuanjiang HaniYi and Dai autonomous county Simao prefecture: Puer Hani and Yi autonomous county, Mojiang Hani autonomous county, Jingdong Yi autonomous county, Jinggu Dai and Yi autonomous county, Zhenyuan Yi Hani and Lahu autonomous county, Menglian Dai Lahu and Va autonomous county, Lancang Lahu autonomous county, Ximeng Va autonomous county Lijiang prefecture: Lijiang Naxi autonomous county, Ninglang Yi autonomous county Lincang prefecture: Shuangjiang Lahu Va Blang and Dai autonomous county, Gengma Dai and Va autonomous county, Cangyuan Va autonomous county Chuxiong Yi autonomous prefecture: Chuxiong city, Shuangbai, Mouding, Nanhua, Yaoan, Dayao, Yongren, Yuanmo, Wuding, Lufeng Honghe Hani and Yi autonomous prefecture: Gejiu city, Kaiyuan city, Mengzi, Pingbian Miao autonomous county, Jianshui, Shiping, Mile, Luxi, Yuanyang, Honghe, Jinping Miao Yao and Dai autonomous county, Luchun, Hekou Yao autonomous county Wenshan Zhuang and Miao autonomous prefecture: Wenshan, Yanshan, Xichou, Malipo, Maguan, Qiubei, Guangnan, Funing Xishuangbanna Dai autonomous prefecture: Jinghong city, Menghai, Mengla Dali Bai autonomous prefecture: Dali city, Yangbi Yi autonomous county, Xiangyun, Binchuan, Midu, Nanjian Yi autonomous county, Weishan Yi and Hui autonomous county, Yongping, Yunlong, Eryuan, Jianchuan, Heqing Dehong Dai and Jingpo autonomous Prefecture: Wanding city, Ruili city, Luxi city, Lianghe, Yingjiang, Longchuan Nujiang Lisu autonomous prefecture: Lushui, Fugong, Gongshan Dulong and Nu autonomous county, Lanping Bai and Pumi autonomous county Diqing Tibetan autonomous prefecture: Zhongdian, Deqing, Weixi Lisu autonomous county

Distribution of Counties(Qis)and Cities in Minority National Autonomous Areas(5)

(End of 1996)

Region	Number of Counties (Qis) and Cities	Name of Counties (Qis) and Cities
Tibet	1 county—level city, 76 counties, 1 prefecture—level city	* Lhasa city: Lhunzhub, Damxung, Nyemo, Quxu, Doilungdeqen, Dagze Maizhokunggar Qamdo prefecture: Qamdo, Jomda, Gonjo, Riwoqi, Dengqen, Zhag'yab, Baxoi, Zogang, Markam, Lhorong, Banbar, Yanjing, Putog, Toba, Sinda Shannan prefecture: Nedong, Zhanang, Gonggar, Sangri, Qonggyai, Qusum, Comai, Lhozhag, Gyaca, Lhunze, Cona, Nagarze Xigaze prefecture: Xigaze city, Namling, Gyangze, Tingri, Sa'gya, Lhaze, Ngamring, Xaitongmoin, Bainang, Rinbung, Kangmar, Dinggye, Zhongba, Yadong, Gyirong, Nyalam, Saga, Gamba Nagqu prefecture: Nagqu, Lhari, Biru, Nyainrong, Amdo, Xainza, Sog Xian, Baingoin, Baqen, Nyima Ali prefecture: Burang, Zanda, Gar, Rutog Ge'gyai, Gerze, Coqen, Lunggar Nyingchi prefecture: Nyingchi, Gongbo'gyamda, Mainling, Medog, Bomi, Zayu, Nang Xian
Gansu	2 county—level city, 12 counties, 7 autonomous counties	Tianshui city: Zhangjiachuan Hui autonomous county Jiuquan prefecture: Subei Mongolian autonomous county, Aksay Kazak autonomous county Zhangye prefecture: Sunan Yugur autonomous county Wuwei prefecture: Tianzhu Tibetan autonomous county Linxia Hui autonomous Prefecture: Linxia city, Linxia, Kangle, Yongjing, Guanghe, Hezheng, Dongxiang autonomous county, Jishishan Baoan Dongxiang and Salar autonomous county Gannan Tibetan autonomous prefecture: Hezuo city, Lintan, Jone, Zhouqu, Diebu, Maqu, Luqu, Xiahe
Qinghai	2 county—level cities, 26 counties, 7 autonomous counties	Xining city: Datong Hui and Tu autonomous county Haidong prefecture: Minhe Hui and Tu autonomous county, Huzhu Tu autonomous county, Hualong Hui autonomous county, Xunhua Salar autonomous county Haibei Tibetan autonomous prefecture: Menyuan Hui autonomous county, Qilian, Haiyan, Gangcha Huangnan Tibetan autonomous prefecture: tongren, Jainca, Zekog, Henan Mongolian autonomous county Hainan Tibetan autonomous prefecture: Gonghe, Tongde, Guide, Xinghai, Guinan Guoluo Tibetan autonomous prefecture: Maqeen, Baima, Gade, Darlag, Jigzhi, Madoi Yushu Tibetan autonomous prefecture: Yushu, Zadoi, Chindu, Zhidoi, Nangqen, Qumarleb Haixi Mongolian autonomous prefecture: Golmud city, Delhi city, Ulan, Dulan, Tianjun

Distribution of Counties (Qis) and Cities in Minority National Autonomous Areas (6)

(End of 1996)

Region	Number of Counties (Qis) and Cities	Name of Counties (Qis) and Cities
Ningxia	3 county—level cities, 15 counties, 2 prefecture—level cities	* Yinchuan city: Yongning, Helan * Shizuishan city: Pingluo, Taole, Huinong Yinnan Prefecture: Wuzhong city, Qingtongxia city, Lingwu city, Zhongwei, Zhongning, Yanchi, Tongxin Guyuan Prefecture: Guyuan, Haiyuan, Xiji, Longde, Jingyuan, pengyang
Xinjiang	17 county—level cities, 62 counties, 6 autonomous counties, 2 prefecture—level cities	* Urumqi city: Urumqi * Karamay city Shihezi city Turpan prefecture: Turpan city, Shanshan, Toksun Hami Prefecture: Hami city, Barkol Kazak autonomous county, Yiwu Aksu prefecture: Aksu city, Wensu, Kuqa, Xayar, Xinhe, Baicheng, Wushi, Awat, Kalpin Kashi prefecture: Kashi city, Shule, Shufu, Yengisar, Zepu, Shache, Yecheng, Markit, Yopurga, Jiashi, Bachu, Taxkorgan Tajik autonomus county Hotan prefecture: Hotan city, Hotan, Moyu, Pishan, Lop, Qira, Yutian, Minfeng Changji Hui autonomous prefecture: Changji city, Fukang city, Miquan city, Hutubi, Manas, Qitai, Jimsar, Mori Kazak autonomous county Bortala Mongolian autonomous prefecture: Bole city, Jinghe, Wenquan Bayyingolin Mongolian autonomous prefecture: Korla city, Luntai, Yuli, Ruoqiang, Qiemo, Yanqi Hui autonomous county, Hejing, Hoxud, Bohu Kizilsu Kirgiz autonomous prefecture: Artux city, Akto, Akqi, Wuqia Ili Kazak autonomous prefecture: Kuytun city Ili prefecture: Yining city, Yining, Qapqal Xibe autonomous county, Huocheng, Gongliu, Xinyuan, Zhaosu, Tekes, Nilka Tacheng prefecture: Tacheng city, Usa city, Emin, Shawan, Toli, Yumin, Hobksar Mongolian autonomous county Altay prefecture: Altay city, Burqin Fuyun, Fuhai, Habahe, Qinghe, Ieminay

民族自治地方分地区面积(1996年)

Areas by Region of Minority National Autonomous Areas(1996)

单位:平方公里 (sq. km)

地　区 Region	※总面积 Total Land Area	#民族自治地方面积 Area of Minority National Autonomous Areas	民族自治地方面积占总面积% Percentage to Total Area	民族自治地方人口密度(人/平方公里) Density of Population of Minority National Au－tonomous Areas
合　计 Total	**8 346 088**	**6 162 904**	**73.8**	**26**
河　北 Hebei	190 000	24 008	12.6	79
内蒙古 Inner Mongolia	1 183 000	1 183 000	100.0	19
辽　宁 Liaoning	151 000	34 646	22.9	97
吉　林 Jilin	187 000	54 939	29.4	59
黑龙江 Heilongjiang	463 600	6 176	1.3	40
浙　江 Zhejiang	101 800	1 950	1.9	89
湖　北 Hubei	187 500	29 444	15.7	148
湖　南 Hunan	210 500	30 988	14.7	173
广　东 Guangdong	186 480	4 606	2.5	96
广　西 Guangxi	236 660	236 660	100.0	190
海　南 Hainan	33 920	13 657	40.3	133
四　川 Sichuan	569 000	318 286	55.9	27
贵　州 Guizhou	176 128	97 726	55.5	144
云　南 Yunnan	394 100	276 674	70.2	72
西　藏 Tibet	1 228 400	1 228 400	100.0	2
甘　肃 Gansu	396 500	179 202	45.2	16
青　海 Qinghai	723 700	715 742	98.9	4
宁　夏 Ningxia	66 400	66 400	100.0	77
新　疆 Xinjiang	1 660 400	1 660 400	100.0	10

注:1. 合计为全国民族自治地方面积合计数。

2. 总面积为全省区面积。

Note:a. The total is to be as the amount of total of minority national autonomous area.

b. The total land ares is the ares oh the Prouince or region.

全国国民经济和社会发展总量与速度指标(一)

指　　标	Item	1980
人口与就业	**Employment and Population**	
人口(万人)	**Population (10 000 persons)**	
年底总人口	Year-end Population	98 705
市镇人口	Urban	19 140
乡村人口	Rural	79 565
男性人口	Male	50 785
女性人口	Female	47 920
就业(万人)	**Employment (10 000 Persons)**	
从业人员数	Employment	42 361
#职工人数	Staff and Workers	10 444
城镇失业人数	Unemployed in Urban	541.5
宏观经济	**Macroeconomic Indicator**	
国民核算(亿元)	**National Accounting (100 000 000 yuan)**	
国民生产总值	Gross National Product	4 518
国内生产总值	Gross Domestic Product	4 518
第一产业	Primary Industry	1 359
第二产业	Secondary Industry	2 192
第三产业	Tertiary Industry	966
国内支出总额	Gross Domestic Expenditures	4 551
#最终消费	Total Consumption	2 976
居民消费	Resident Consumption	2 317
社会消费	Public Consumption	659
资本形成总额	Total Investment	1 590
固定资产	Fixed Assets	1 318
存贷	Stock	272
固定资产投资(亿元)	**Investment in Fixed Assets (100 000 000 yuan)**	
全社会固定资产投资总额	Total Investment in Fixed Assets	911
#国有经济	State-Owned Units	746
集体经济	Collective-Owned Units	46
个体经济	Individals	119
财政(亿元)	**Public Finance (100 000 000 yuan)**	
国家财政收入	Government Revenue	1 160
中央	Central	284
地方	Local	876
国家财政支出	Government Expenditures	1 229
中央	Central	667

Number and Percentage Change of National Economy and Social Development(1)

总量指标 Number				速度指标% Percentage Change						
				指数(1996年比以下各年) Index(1996 as percentage of following years)				平均增长速度 Average Annual Growth Rate		
1985	1990	1995	1996	1980	1985	1990	1995	1981—1996	1986—1996	1991—1996
105 851	114 333	121 121	122 389	124.0	115.6	107.0	101.0	1.4	1.3	1.1
25 094	30 191	35 174	35 950	187.8	143.3	119.1	102.2	4.0	3.3	3.0
80 757	84 142	85 947	86 439	108.6	107.0	102.7	100.6	0.5	0.6	0.4
54 725	58 904	61 808	62 200	122.5	113.7	105.6	100.6	1.3	1.2	0.9
51 126	55 429	59 313	60 189	125.6	117.7	108.6	101.5	1.4	1.5	1.4
49 873	63 909	67 947	68 850	162.5	138.1	107.7	101.3	3.1	3.0	1.2
12 358	14 059	14 908	14 845	142.1	120.1	105.6	99.6	2.2	1.7	0.9
238.5	383.2	519.6	552.8	102.1	231.8	144.3	106.4	0.1	7.9	6.3
8 989	18 598	57 495	67 560	462.5	277.3	189.6	109.7	10.0	9.7	11.2
8 964	18 548	58 478	68 594	469.1	282.1	193.2	109.6	10.1	9.9	11.6
2 542	5 017	11 993	13 884	234.8	158.0	128.7	105.1	5.5	4.2	4.3
3 867	7 717	28 538	33 613	618.1	383.9	249.8	112.1	12.1	13.0	16.5
2 556	5 814	17 947	21 097	550.7	271.2	173.3	107.8	11.3	9.5	9.6
8 792	18 320	59 405	68 498							
5 773	11 365	34 529	40 172							
4 589	9 113	27 839	32 589							
1 184	2 252	6 691	7 583							
3 386	6 444	23 877	26 867							
2 641	4 732	20 301	23 336							
745	1 712	3 577	3 531							
2 543	4 517	20 019	22 974	2 522.1	903.4	508.6	114.8	21.9	21.4	34.6
1 681	2 986	10 898	12 056	1 616.3	717.4	403.7	110.6	18.6	19.6	30.1
328	530	3 289	3 661	7 957.8	1 117.7	691.3	111.3	33.1	24.5	44.8
535	1 001	2 560	3 211	2 698.5	600.0	320.7	125.4	23.5	16.2	19.2
2 005	2 937	6 242	7 408	638.7	369.5	252.2	118.7	12.3	12.6	16.7
770	992	3 257	3 661	1 286.9	475.7	368.9	112.4	17.3	15.2	24.3
1 235	1 945	2 986	3 747	428.0	303.3	192.7	125.5	9.5	10.6	11.6
2 004	3 084	6 824	7 938	646.0	396.0	257.4	116.3	12.4	13.3	17.1
795	1 004	1 995	2 151	322.6	270.5	214.2	107.8	7.6	9.5	13.5

全国国民经济和社会发展总量与速度指标(二)

指　标	Item	1980
地　方	Local	562
物价总指数(上年=100)	**Price Indices (preceding year=100)**	
商品零售价格总指数	Overall Retail Price Index	106.0
居民消费价格总指数	Overall Residents Cost of Living Index	
农产品收购价格总指数	Overall Farm and Sideline Products Purchasing Price Index	107.1
利用外资(亿美元)	**Utilization of Foreign Capital (USD 100 000 000)**	
签订利用外资协议额	Value of Foreign Capital Through Signed Contracts Agreements	
实际利用外资额	Value of Foreign Capital Actually Used	
能源生产与消费(万吨标准煤)	**Production and Composition of Energy (10 000 tn of SCE)**	
能源生产总量	Total Energy Production	63 735
能源消费总量	Total Energy Consumption	60 275
产业	**Industry**	
农业	**Agricultural Production**	
耕地面积(千公顷)	Areas Under Cultivation (1 000 hectares)	99 305
农林牧渔业从业人员(万人)	Farming, Forestry, Animal Husbandry and Fishry (10 000)	29 808
农林牧渔业总产值(亿元)	Gross Output Value Farming FFAF (100 000 000 yuan)	1 923
主要农产品产量(万吨)	Output of Major Farm Products (10 000tn)	
粮食	Grain	32 056
棉花	Cotton	270.7
油料	Oil—Bearing Crops	769.1
甘蔗	Sugar Cane	2 280.7
甜菜	Beet Roots	630.5
茶叶	Tea	30.4
水果	Fruits	679.3
肉类	Meat	
水产品	Aquatic Products	449.7
工业	**Industrial Production**	
工业总产值(亿元)	Gross Output value of Industry (100 000 000 yuan)	5 154
主要工业产品产量	Output of Major Industrial Products	
布(亿米)	Cloth (100 000 000 m)	134.7
机制纸及纸板(万吨)	Machine—Made Paper and Paperboards (10 000tn)	535
糖(万吨)	Sugar (10 000 tn)	257
家用电冰箱(万台)	Household Refrigerators (10 000)	5
电视机(万台)	Television Sets (10 000)	249
#彩色电视机	Color Television Sets	3

Number and Per centage Change of National Economy and Social Development(2)

总量指标 Number				速度指标% Percentage Change						
				指数(1996年比以下各年) Index(1996 as percentage of following years)				平均增长速度 Average Annual Growth Rate		
1985	1990	1995	1996	1980	1985	1990	1995	1981—1996	1986—1996	1991—1996
1 209	2 079	4 828	5 786	1 029.6	478.6	278.3	119.8	15.7	15.3	18.6
108.8	102.1	114.8	106.1	349.5	294.9	182.0	106.1	8.1	10.3	10.5
109.3	103.1	117.1	108.3		327.9	198.5	108.3		11.4	12.1
108.6	97.4	119.9	104.2	420.6	329.8	200.8	104.2	9.4	11.5	12.3
98.7	120.9	1 032.1	816.1		826.8	675.0	79.1		21.2	37.5
46.5	102.9	481.3	548.0		1 178.5	532.6	113.9		25.1	32.1
85 546	103 922	129 034	131 557	206.4	153.8	126.6	102.0	4.6	4.0	4.0
76 682	98 703	131 176	138 811	230.3	181.0	140.6	105.8	5.4	5.5	5.8
96 846	95 673	94 971								
30 352	33 336	32 335	32 260	108.2	106.3	96.8	99.8	0.5	0.6	
3 620	7 662	20 341	23 428.7	292.9	197.6	156.7	109.4	6.9	6.4	7.8
37 911	44 624	46 662	50 454	157.4	133.1	113.1	108.1	2.9	2.6	2.1
414.7	450.8	476.8	420.3	155.3	101.4	93.2	88.2	2.8	0.1	
1 578.4	1 613.2	2 250.3	2 210.6	287.4	140.1	137.0	98.2	6.8	3.1	5.4
5 154.9	5 762.0	6 541.7	6 687.6	293.2	129.7	116.1	102.2	7.0	2.4	2.5
891.9	1 452.5	1 398.4	1 672.6	265.3	187.5	115.2	119.6	6.3	5.9	2.4
43.2	54.0	58.9	59.3	195.1	137.3	109.8	100.7	4.3	2.9	1.6
1 163.9	1 874.4	4 214.6	4 652.8	684.9	399.8	248.2	110.4	12.8	13.4	16.4
1 926.5	2 857.0	5 260.1	5 915.1		307.0	207.0	112.5		10.7	12.9
705.2	1 237.0	2 517.2	2 813.0	625.5	398.9	227.4	111.8	12.1	13.4	14.7
9 717	23 924	91 894	99 595.3	1 040.0	589.3	317.4	116.6	15.8	17.5	21.2
146.7	188.8	260.2	209.1	155.2	142.5	110.8	80.4	2.8	3.3	1.7
911	1 372	2 812	2 638	493.1	289.6	192.3	93.8	10.5	10.1	11.5
451	582	559	640	249.0	141.9	110.0	114.5	5.9	3.2	1.6
145	463	919	980	19 600.0	675.9	211.7	106.6	39.1	19.0	13.3
1 668	2 685	3 496	3 542	1 422.5	212.4	131.9	101.3	18.0	7.1	4.7
435	1 033	2 058	2 538	84 600.0	583.4	245.7	123.3	52.4	17.4	16.2

全国国民经济和社会发展总量与速度指标(三)

指标	Item	1980
家用洗衣机(万台)	Household Washing Machines (10 000)	25
录音机(万台)	Recorders (10 000)	74
照相机(万架)	Cameras (10 000)	37
原煤(亿吨)	Coal (100 000 000 tn)	6.2
原油(万吨)	Crude oil (10 000 tn)	10 595
发电量(亿千瓦小时)	Electricity (100 000 000 kwh)	3 006
钢(万吨)	Steel (10 000 tn)	3 712
成品钢材(万吨)	Rolled Steel (final products 10 000 tn)	2716
水泥(万吨)	Cement (10 000tn)	7 986
独立核算工业企业财务指标	Principal Financial Item of Industrial Enterprises with Independent	
年底固定资产原值(亿元)	Original Value of Fixed Assets (year－end) (100 000 000 yuan)	4 154
年底固定资产净值(亿元)	Net Value of Fixed Assets (year－end) (100 000 000)	2 843
利润和税金总额(亿元)	Per－Tax Profits (100 000 000)	1 065
建筑业	**Construction**	
建筑业企业人数(万人)	Employment (10 000 persons)	983
建筑业总产值(亿元)	Gross Output Value (100 000 000 yuan)	347
施工房屋面积(万平方米)	Floor Space of Buildings Under Construction (10 000 sq. m)	
竣工房屋面积(万平方米)	Floor Space of Buildings Completed (10 000 sq. m)	
交通运输	**Transportation**	
货运量(万吨)	Freight Traffic (10 000 tn)	546 537
铁路	Railways	111 279
公路	Highways	382 048
水运	Waterways	42 676
管道	Pipelines	10 525
空运	Civil Aviation	9
客运量(万人)	Passenger Traffic (10 000 person)	341 785
铁路	Railways	92 204
公路	Highways	222 799
水运	Waterways	26 439
空运	Civil Aviation	343
沿海主要港口货物吞吐量(万吨)	Cargo Handled at Princical Seaports (10 000 tn)	21 731
邮电通信业	**Postal and Telecommunications Services**	
邮电业务总量(亿元)	Business Revenue of PTS (100 000 000 yuan)	13
函件(亿件)	Letters Delivered (100 000 000)	33.1

Number and Percentage Change of National Economy and Social Development(3)

总量指标 Number				速度指标% Percentage Change						
				指数(1996年比以下各年) Index(1996 as percentage of following years)				平均增长速度 Average Annual Growth Rate		
1985	1990	1995	1996	1980	1985	1990	1995	1981—1996	1986—1996	1991—1996
887	663	948	1 075	4 300.0	121.2	162.1	113.4	26.5	1.8	8.4
1 393	3 024	8 581	8 633	11 666.2	619.7	285.5	100.6	34.6	18.0	19.1
179	213	3 326	4 121	11 137.8	2 302.2	1 934.7	123.9	34.3	33.0	63.8
8.7	10.8	13.6	14.0	225.8	160.9	129.6	102.9	5.2	4.4	4.4
12 490	13 831	15 005	15 733	148.5	126.0	113.8	104.9	2.5	2.1	2.2
4 107	6 212	10 077	10 813	359.7	263.3	174.1	107.4	8.3	9.2	9.7
4 679	6 635	9 536	10 124	272.7	216.4	152.6	106.2	6.5	7.3	7.3
3 693	5 153	8 980	9 338	343.8	252.9	181.2	104.0	8.0	8.8	10.4
14 595	20 971	47 591	49 119	615.1	336.5	234.2	103.3	12.0	11.7	15.2
6 926	14 390	44 989	52 027	1 252.5	751.2	361.5	115.6	17.1	20.1	23.9
4 725	10 139	32 287	34 493	1 213.3	730.0	340.2	106.8	16.9	19.8	22.6
1 657	1 946	5 050	5 147	483.3	310.6	264.5	101.9	10.3	10.9	17.6
1 701	1 717	2 512	2 992	304.4	175.9	174.3	119.1	7.2	5.3	9.7
985	1 948	9 505	11 579	403.2	314.0	193.7	105.1	9.1	11.0	17.6
35 492	37 923	89 863	129 087		363.7	340.4	143.6		12.5	22.6
17 073	19 553	35 666	60 048		351.7	307.1	168.4		12.1	20.6
745 763	970 602	1 234 810	1 296 200	237.2	173.8	133.5	105.0	5.5	5.2	4.9
130 709	150 681	165 855	168 803	151.7	129.1	112.0	101.8	2.6	2.4	1.9
538 062	724 040	940 387	983 860	257.5	182.9	135.9	104.6	6.1	5.6	5.2
63 322	80 094	113 194	127 430	298.6	201.2	159.1	112.6	7.1	6.6	8.0
13 650	15 750	15 274	15 992	151.9	117.2	101.5	104.7	2.6	1.4	0.3
20	37	101	115	1 277.8	575.0	310.8	113.9	17.3	17.2	20.8
620 206	772 682	1 172 596	1 244 722	364.2	200.7	161.1	106.2	8.4	6.5	8.3
112 110	95 712	102 745	94 162	102.1	84.0	98.4	91.6	0.1		
476 486	648 085	1 040 810	1 122 110	503.6	235.5	173.1	107.8	10.6	8.1	9.6
30 863	27 225	23 924	22 895	86.6	74.2	84.1	95.7			
747	1 660	5 117	5 555	1 619.5	743.6	334.6	108.6	19.0	20.0	22.3
31 154	48 321	80 166	85 152	391.8	273.3	176.2	106.2	8.9	9.6	9.9
30	82	989	1 342	3 793.7	2 380.1	862.8	135.7	25.5	33.4	43.2
46.8	54.9	79.6	78.7	237.8	168.2	143.4	98.9	5.6	4.8	6.2

全国国民经济和社会发展总量与速度指标(四)

指　　标	Item	1980
报刊期发数(万份)	Newspapers and Magazines Distributed(10 000)	16 431
交换机容量(万门)	Switchboards Capacity (10 000)	443.2
城市	Urben	200.3
农村	Rural	242.9
电话机(万部)	Telephones (10 000)	418.7
城市	Urben	284.1
农村	Rural	134.6
国内商业	**Domestic Trade**	
社会消费品零售总额(亿元)	Total Value of Retail Sales(100 000 000 yuan)	1 794
对外经济贸易和国际旅游	**Foreign Trade and Intermational Tourism**	
进出口总额(亿美元)	Total Value of Exports and Imports(USD 100 000 000)	381.4
进口额	Imports	200.2
出口额	Exports	181.2
国际旅游	**International Tourism**	
来华旅游人数(万人)	Nerber of tourists (10 000)	570
旅游外汇收入(亿美元)	Foreign Exchange Revenue from Tourism(USD100 000 000)	6.2
金融保险	**Banking and Insurance**	
金融机构各项存款(亿元)	Deposits of Financial Institution (100 000 000 yuan)	
金融机构各项贷款(亿元)	Loans of Financial Institution (100 000 000 yuan)	
国内保险承保额(亿元)	Domestic Insurance Value (100 000 000 yuan)	82
国外保险承保额(亿美元)	Overseas Insurance Value(USD 100 000 000)	
教育、科技、文化	**Education,Science and Technology and Culture**	
教育	**Education**	
专任教师数(万人)	Full－Time Teachers (10 000)	
普通高等学校	Institutions of Higher Education	24.7
中等学校	Secondary Schools	317.1
小学	Primary Schools	549.9
在校学生数(万人)	Students Enrollment (10 000)	
普通高等学校	Institutions of Higher Education	114.4
中等学校	Secondary Schools	5 677.8
小学	Primary Schools	14 627
国家用于教育支出(亿元)	Government Expenditures on Education (100 000 000 yuan)	114.2
科技	**Science and Technology**	

Number and Percentage Change of National Economy and Social Development(4)

总量指标 Number				速度指标% Percentage Change						
				指数(1996年比以下各年) Index(1996 as percentage of following years)				平均增长速度 Average Annual Growth Rate		
1985	1990	1995	1996	1980	1985	1990	1995	1981—1996	1986—1996	1991—1996
30 172	20 078	21 688	21 157	128.8	70.1	105.4	97.5	1.6		0.9
613.4	1 231.8	7 203.5	9 291	2 097.3	1 515.7	754.1	129.0	20.9	28.0	40.0
336.5	826.0	5 456.3	6 924	3 462.0	2 054.6	838.3	126.9	24.8	31.6	42.5
276.9	405.8	1 747.2	2 367	974.1	854.5	583.0	135.5	15.3	21.5	34.2
626.0	1 273.5	5 762.3	7 047	1 681.9	1 125.7	553.1	122.3	19.3	24.6	33.0
476.1	1 026.1	4 709.3	5 538	1 950.0	1 163.4	539.8	117.6	20.4	25.0	32.4
149.9	247.4	1 053.0	1 509	1 117.8	1 006.0	610.9	143.3	16.3	23.4	35.2
3 801	7 250	20 620	24 774	395.1	221.0	187.8	113.2	9.0	7.5	11.1
696.0	1 154.4	2 808.5	2 899.0	760.1	416.5	251.1	103.2	13.5	13.8	16.6
422.5	533.5	1 320.8	1 388.4	693.5	328.6	260.2	105.1	12.9	11.4	17.3
273.5	620.9	1 487.7	1 510.6	833.7	552.3	243.3	101.5	14.2	16.8	16.0
1 783	2 746	4 639	5 113	897.0	286.8	186.2	110.2	14.7	10.1	10.9
12.5	22.2	87.3	102.0	1 645.2	816.0	459.5	116.8	19.1	21.0	28.9
		53 882	68 596				127.3			
		50 544	61 157				121.0			
6 895	19 366	66 039	98 179		1 423.9	507.0	148.7		27.3	31.1
	599	46 450	28 283			4 721.7	60.9			90.1
34.4	39.5	40.1	40.3	163.2	117.2	102.0	100.5	3.1	1.4	0.3
296.7	349.2	388.3	404.0	127.4	136.2	115.7	104.0	1.5	2.8	2.5
537.7	558.2	566.4	573.6	104.3	106.7	102.8	101.3	0.3	0.6	0.5
170.3	206.3	290.6	302.1	264.1	177.4	146.4	104.0	6.3	5.3	6.6
5 092.6	5 105.4	6 191.5	6 635.7	116.9	130.3	130.0	107.2	1.0	2.4	4.5
13 370	12 241	13 195	13 615	93.1	101.8	111.2	103.2		0.2	1.8
226.8	462.5	1 193.8								

全国国民经济和社会发展总量与速度指标(五)

指　　标	Item	1980
科学家、工程师数(万人)	Number of Scientists and Education(10 000)	
研究与发展经费支出(亿元)	Expenditures on Research and Development(100 000 000 yuan)	
技术市场成交额(万元)	Volume of transaction in Market for Technical (10 000 yuan)	
文化	**Culture**	
出版数量	Publication	
图书(亿册、张)	Books Published (100 000 000 copies)	45.9
杂志(亿册)	Magazines Issued (100 000 000 copies)	11.2
报纸(亿份)	Newspapers Issued (100 000 000 copies)	140.4
故事影片产量(部)	Production of Feature Films(film)	82
电视节目制作时间(小时)	The Time for TV Programs Production(hours)	
家庭、生活、环境	**Family, Peopl's Livelihood and Environment**	
家庭	**Family**	
家庭总户数(万户)	Total Households (10 000)	22 271
城镇居民平均每户家庭人口(人)	Average Persons Per household in Urban Areas (Person)	4.2
农村居民平均每户家庭人口(人)	Average Persons Per household in Rural Areas (Person)	5.5
婚姻	**Marriage Status**	
结婚数(万对)	Marriage (10 000 couples)	719.8
离婚数(万对)	Divorces (10 000 couples)	34.1
居住	**Housing Stants**	
城市居民人均居住面积(平方米)	Urban Residents Per Capita Living Space(sq. m)	3.9
农村居民人均居住面积(平方米)	Rural Residents Per Capta Living Space(sq. m)	9.4
生活	**People's Livilihood**	
城镇居民人均生活费收入(元)	Urban Household Per Capita Income Available for Living (yuan)	439
农村居民人均纯收入(元)	Rural Household Per Capita Net Income(yuan)	191
城乡储蓄存款余额(亿元)	Deposits Balances in Urban and Rural Areas(100 000 000 yuan)	399.5
工资和福利	**Wage and Welfare**	
工资总额(亿元)	Total wage (100 000 000 yuan)	772.4
职工平均工资(元)	Average Wage for Staff(yuan)	762
职工保险福利费(亿元)	Labor Insurance and Welfare Funds(100 000 000 yuan)	136.4
离休、退休、退职职工人数(万人)	Number of Retired (10 000 Person)	816
离退休、退职职工保险福利费(亿元)	Labor Insurance and Welfare for Retired (100 000 000 yuan)	50.4

Number and Percentage Change of National Economy and Social Development (5)

总量指标 Number				速度指标% Percentage Change						
				指数(1996年比以下各年) Index(1996 as percentage of following years)				平均增长速度 Average Annual Growth Rate		
1985	1990	1995	1996	1980	1985	1990	1995	1981—1996	1986—1996	1991—1996
		154.58	166.73				107.9			
	125	286	327			260.8	114.3			17.3
	750 969	2 683 447	3 002 045			399.8	111.9			26.0
66.7	56.4	63.2	71.6	156.0	107.3	127.0	113.3	2.8	0.6	4.1
25.6	17.9	23.4	23.1	206.3	90.2	129.1	98.7	4.6	4.3	
199.8	160.5	178.9	179.5	127.8	89.8	111.8	100.3	1.5	1.9	
127	134	146	110	134.1	86.6	82.1	75.3	1.9		
38 056	91 572	383 513	550 739		1 447.2	601.4	143.6		27.5	34.9
23 804	27 738	31 676	32 008	143.7	134.5	115.4	101.0	2.3	2.7	2.4
3.9	3.5	3.2	3.2	76.2	82.1	91.4	100.0			
5.1	4.8	4.5	4.4	80.0	86.3	91.7	97.8			
831.3	951.1	929.7	934	129.8	112.4	98.2	100.5	1.6	1.1	
45.8	80.0	105.5	113.2	332.0	247.2	141.5	107.3	7.8	8.6	6.0
5.2	6.7	8.1	8.5	217.9	163.5	126.9	104.9	5.0	4.6	4.0
14.7	17.8	21.0	21.7	230.9	147.6	121.9	103.3	5.4	3.6	3.4
685	1 387	3 893	4 377	233.6	183.6	150.0	103.3	5.4	5.7	7.0
398	686	1 578	1 926	300.8	155.5	134.4	109.0	7.1	4.1	5.0
1 622.6	7 034.2	29 662.3	38 520.8	9 642.3	2 374.0	547.6	129.9	33.0	33.4	32.8
1 383.0	2 951.1	8 100.0	9 080.1	275.4	188.5	146.1	103.0	6.5	5.9	6.5
1 148	2 140	5 500	6 210	193.0	155.3	138.0	103.8	4.2	4.1	5.5
331.6	937.9	2 361.3	2 725.3	4 68.1	236.0	138.0	106.1	10.1	8.1	5.5
1 637	2 301	3 094	3 212	393.6	196.2	139.6	103.8	8.9	6.3	5.7
149.8	472.4	1 541.8	1 817.8	845.0	348.5	182.9	108.4	14.3	12.0	10.6

全国国民经济和社会发展总量与速度指标(六)

指　标	Item	1980
卫生	**Health Care**	
医院(个)	Hospital	65 450
医生(万人)	Doctors(10 000 Person)	115.3
医院床位数(万张)	Number of Hospital Beds(10 000)	198.2
市政建设	**City Construction**	
自来水供应量(亿吨)	Volume of Tap Water Suply(100 000 000 tn)	88.3
下水道长度(公里)	Length of Sewer Pipelines(km)	21 860
城市煤气和天然气供气量(万立方米)	Coal Gas and Natural Gas Suply(10 000 cu.m)	254 428
公共汽(电)车总数(辆)	Public Transportation Vehicles	32 098
铺装道路长度(公里)	Length of Paved Road (km)	29 485
绿地面积(公顷)	Green Land (ha.)	85 543
环境、灾害	**Environment and Disaster**	
治理污染资金使用额(亿元)	Funds Used for Pollution Treatment (100 000 000 yuan)	
环境污染事故数(起)	Number of Environment Pollution Accident	
环境污染事故罚金额(万元)	Fines for Environment Pollution(10 000 yuan)	
火灾发生数(起)	Number of Fire Disaster	54 333
火灾损失(万元)	Loss of Fire Disaster(100 000 yuan)	17 609
交通事故发生数(起)	Number of Traffic Accident	
交通事故损失(万元)	Loss of Traffic Accident(100 000 yuan)	

注:1.本表总量指标中的价值量指标除邮电业务总量指标外均按当年价格计算。

2.本表速度指标中,国民生产总值、国内生产总值及三次产业、物价指数、农林牧渔业总产值、工业总产值、建筑业总产值、邮电业务总量、社会消费品零售总额、城乡居民收入、工资总额、平均工资和职工保险福利费指标均按可比价格计算。

3.邮电业务总量,1991年起按1990年不变价格计算,1990年及以前按1980年不变价格计算。

Number and Percentage Change of National Economy and Social Development(6)

总量指标 Number				速度指标% Percentage Change						
				指数(1996年比以下各年) Index(1996 as percentage of following years)				平均增长速度 Average Annual Growth Rate		
1985	1990	1995	1996	1980	1985	1990	1995	1981—1996	1986—1996	1991—1996
59 614	62 454	67 807	67 964	103.8	114.0	108.8	100.2	0.2	1.2	1.4
141.3	176.3	191.8	194.1	168.3	137.4	110.1	101.2	3.3	2.9	1.6
222.9	262.4	283.6	286.6	144.6	128.6	109.2	101.1	2.3	2.3	1.5
128.0	382.3	496.6	466.1	527.9	364.1	121.9	93.9	11.0	12.5	3.4
31 556	57 787	110 293	112 812	516.1	357.5	195.2	102.3	10.8	12.3	11.8
411 853	2 389 354	1 940 248	1 985 908	780.5	482.2	83.1	102.4	13.7	15.4	
45 155	62 215	136 821	148 109	461.4	328.0	238.1	108.3	10.0	11.4	15.6
38 282	94 820	130 308	132 583	449.7	346.3	139.8	101.7	9.9	12.0	5.7
159 291	474 613	678 310	665 119	777.5	417.5	140.1	98.1	13.7	13.9	5.8
22.2	45.4	98.7	95.6		430.6	210.6	96.9		14.2	13.2
2 716	3 462	1 966	1 446		53.2	41.8	73.6			
926	1 602	407	376		40.6	23.5	92.4			
34 996	57 302	37 136	36 856	67.8	105.3	64.3	99.2		0.5	
28 422	51 182	107 776.5	102 909	584.4	362.1	201.1	95.5	11.7	12.4	12.3
97 573	250 244	217 843	287 685		294.8	115.0	105.8		10.3	2.4
6 599	35 362	152 267	171 769		2 603.0	485.7	112.8		34.5	30.1

a)In value terms figures are current prices.

b) Indices of GNP,GDP,price indices,gross output value of Farming,Forestry,animal husbandry and fishery ,gross output value of industry,gross output value of construction enterprises,revenue form postal and telecommunications services,value of retail sales,urban and rural housdhold per capita income,wage and welfare are based on comparable prices.

c)Figures for telecommunication services befor 1981 are at 1970 constant prices,form 1981 to 1990 at 1980 constant prices, and since 1991 at constant prices.

d)FFAF—Farming,Forestry,Animal Husbndry and Fishery.

e)PTS—Postal and Telecommunications Services.

民族自治地方国民经济主要指标

指标	Item	1978	1985	1990	1995	1996
一、民族自治地方社会经济	**I. Economic and Social Performance of Minority National Autonomous Areas**					
工农业总产值（亿元）	**Gross Output Value of Agriculture and Industry (100 000 000 yuan)**	**367.7**	**1 208.3**	**2 272.8**	**6 785.0**	**7 805.0**
农业总产值	Gross Output Value of Agriculture	155.6	436.5	977.8	2 536.6	2 947.2
工业总产值	Gross Output Value of Industry	212.1	771.7	1 295.1	4 248.4	4 857.8
国有单位基本建设投资(亿元)	**Capital Construction Investment of State－owned Units (100 000 000 yuan)**	**53.0**	**114.7**	**164.3**	**648.7**	**737.6**
农业	**Agriculture**					
耕地面积（万公顷）	Cultivated Areas (10 000 ha)	1 640	1 747	1 767	1 508	1 805
灌溉面积（万公顷）	Irrigated Areas (10 000 ha)	601	686	764	838	899
粮食产量（万吨）	Grain Output (10 000tn)	3 124	4 006	5 373	5 360	6 799
棉花产量（万吨）	Cotton Output (10 000tn)	5.97	19.36	47.40	94.60	94.99
大牲畜（万头）	Large Domestic Animals (10 000 heads)	3 807	4 749	5 286	5 618	7 261
羊（万只）	Goats and Sheep (10 000 heads)	9 580	9 757	11 362	11 906	12 208
猪（万头）	Hogs (10 000 heads)	3 260	4 533	5 665	7 240	7 139
工业	**Industry**					
钢产量（万吨）	Steel Output (10 000tn)	128.5	232.5	368.3	699.6	722.1
生铁产量（万吨）	Pig Iron Output (10 000tn)	168.2	258.1	417.0	554.7	663.7
原煤产量（万吨）	Coal Output (10 000tn)	6 081	8 597	12 077	16 639	17 205
原油产量（万吨）	Crude Oil Output (10 000tn)	577.7	804.9	1 265.0	1 609.6	1 813.0
发电量（亿千瓦小时）	Power Generation (100 000 000kwh)	174.0	389.0	738.5	1 186.5	1 228.9
木材产量（万立方米）	Timber Output (10 000cu. m)	1 212	1 826	1 761	3 257	3 453
棉布产量（亿米）	Cloth Output (100 000 000m)	3.73	5.42	7.37	6.93	6.17
运输邮电	**Transportation, Post and Telecommunication Services**					
铁路通车里程（公里）	Railways in Operation (km)	9 018	12 495	13 064	16 979	17 641

注：1. 工农业总产值按当年价格计算。
2. 全国少数民族文化教育为全国数。

Main Indicators of National Economy of Minority National Autonomous Areas

指标	Item	1978	1985	1990	1995	1996
公路里程（万公里）	Highways (10 000km)	20.80	25.41	29.20	33.21	36.33
邮路总长度（万公里）	Postal Routes (10 000km)	94.75	90.40	88.02	106.82	108.00
商业	**Domestic Trade**					
社会消费品零售总额（亿元）	Total Value of Retail Sales (100 000 000yuan)	150.80	411.60	780.57	1 692	1 867
国内纯购进总额（亿元）	Total Value of Final Domestic Purchases (100 000 000yuan)	103.30	237.70	610.60	2 542	2 531
卫生	**Public Health Care**					
卫生机构（个）	Number of Health Institutions	23 934	30 432	31 973	28 957	15 706
卫生机构床位（张）	Number of Hospitals and Sanatorium Beds	253 520	314 137	359 382	387 139	370 171
卫生技术人员（万人）	Medical Personnel (100 000)	27.94	42.37	48.87	52.74	57.97
二、全国少数民族文化教育	**Education and Publications for Minority Nationalities**					
少数民族在校学生（万人）	**Number of Students of Minority Nationalities Enrolled (10 000)**					
高等学校	Institutions of Higher Education	3.60	9.41	13.67	18.76	19.68
中等学校	Secondary Schools	252.62	236.10	312.81	397.7	424.8
小学校	Primary Schools	768.56	954.81	1 069.52	1 200.2	1 251.1
少数民族教师（万人）	**Number of Teachers of Minority Nationalities Enrolled (10 000)**					
高等学校	Institutions of Higher Education	0.59	1.28	1.75	2.20	2.20
中等学校	Secondary Schools	11.69	14.03	19.78	25.49	26.98
小学校	Primary Schools	31.02	39.78	45.87	50.19	51.55
少数民族文字出版物	**Published in Minority Languages**					
图书（万册）	Books (10 000)	3 179	3 629	3 867	4 791	5 060
杂志（万册）	Magazines (10 000)	313	1 035	1 027	1 197	1 011
报纸（万份）	Newspapers (10 000)	7 072	11 402	14 837	16 833	14 917

a)Gross Output Value of Agriculture and Lndustry at Current Prices.
b)Figures of Education and Publications for Minority Nationalities includes the whole country.

民族自治地方国民经济主要指标发展速度

指　标	Item	1996年为各年％ 1996 as Percentage of			平均增长％ Average Annual Increase Rate(％)	
		1985	1990	1995	1979—1996	1986—1996
一、民族自治地方社会经济	**I. Economic and Social Performance of Minority National Autonomous Areas**					
工农业总产值	**Gross Output Value of Agriculture and Industry**	**328.17**	**226.21**	**114.15**	**11.18**	**11.41**
农业总产值	Gross output Value of Agriculture	197.46	164.94	108.97	7.38	6.38
工业总产值	Gross Output Value of Industry	451.32	272.44	116.68	14.01	14.68
国有单位基本建设投资	**Capital Construction Investment of State—Owned Units**	**643.07**	**448.93**	**113.70**	**30.12**	**45.09**
农业	**Agriculture**					
耕地面积	Cultivated Areas	103.15	102.08	119.70	0.96	0.66
灌溉面积	Irrigated Areas	120.79	109.59	100.29	4.10	5.58
粮食产量	Gain Output	169.72	116.27	117.21	8.09	11.16
棉花产量	Cotton Output	488.73	200.36	100.12	31.88	37.45
大牲畜	Large Domestic Animals	152.90	142.35	129.24	6.67	8.86
羊	Goats and Sheep	125.12	107.45	102.54	2.45	4.58
猪	Hogs	157.49	126.02	98.60	8.15	9.51
工业	**Industry**					
钢产量	Steel Output	310.58	196.06	103.22	18.84	25.44
生铁产量	Pig Iron Output	257.15	159.16	119.65	14.71	20.79
原煤产量	Coal Output	200.13	142.46	103.40	10.96	14.88
原油产量	Crude Oil Output	225.25	143.35	112.66	12.12	17.63
发电量	Power Generation	315.91	166.40	103.57	21.59	25.87
木材产量	Timber Output	432.20	448.15	242.31	20.61	34.01
棉布产量	Cloth Output	113.84	83.72	89.16	5.16	2.63
运输邮电	**Transportation, Post and Telecommunication Services**					
铁路通车里程	Railways in Operation	141.18	135.04	135.04	6.94	7.14
公路里程	Highways	142.98	124.42	109.39	5.74	7.41
邮路总长度	Postal Routes	119.47	122.70	101.10	1.32	3.62

Indices of Main Indicators of National Economy of Minority National Autonomous Areas

指 标	Item	1996年为各年% 1996 as Percentage of			平均增长% Average Annual Increase Rate(%)	
		1985	1990	1995	1979—1996	1986—1996
商业	**Domestic Trade**					
社会消费品零售总额	Total Value of Retail Sales	453.69	239.24	110.34	28.61	35.32
国内纯购进总额	Total Value of Final Domestic Purchases	1 064.99	441.59	99.57	37.70	60.50
二、全国少数民族文化教育	**Ⅱ Education and Publications for Minority Nationalities Culture and Education**					
少数民族在校学生	**Number of Students of Minority Nationalities Enrolled**					
高等学校	Institutions of Higher Education	209.15	142.66	104.92	9.14	7.06
中等学校	Secondary Schools	117.84	103.00	95.62	3.86	3.34
小学校	Primary Schools	136.82	118.62	109.92	7.57	6.47
少数民族教师	**Number of Teachers of Minority Nationalities Enrolled**					
高等学校	Institutions of Higher Education	209.14	143.96	104.90	18.51	15.90
中等学校	Secondary Schools	179.94	135.81	106.82	5.34	12.47
小学校	Primary Schools	131.03	116.97	104.24	4.99	5.55
少数民族文字出版物	**Published in Minority Education**					
图书	Books	171.88	125.71	100.00	14.07	11.44
杂志	Magazines	192.30	136.40	105.85	8.72	13.97
报纸	Newspapers	129.59	112.38	102.71	5.21	5.32
卫生	**Public Health Care**					
卫生机构	Number of Health Institutions	139.43	127.55	105.61	4.76	6.87
卫生机构床位	Number of Hospitals and Sanatorium Beds	97.70	98.46	84.48	12.44	
卫生技术人员	Medical Personnel	130.83	100.55	88.62	7.75	5.52

注：工农业总产值发展速度按可比价格计算，并已消除1980年以后民族自治地方区域变动因素。

民族自治地方国民经济主要指标占全国的比重

The Proportion of Main Indicators of National Economy of Minority National Autonomous Areas in the National Economy as a Whole

指 标	Item	1980年	1985年	1990年	1995年	1996年
工农业总产值	Gross Output Value of Agriculture and Industry	6.0	6.6	7.2	6.0	6.3
农业总产值	Gross Output Value of Agriculture	10.5	12.1	14.3	12.5	12.6
工业总产值	Gross Output Value of Industry	4.6	4.9	5.4	4.6	4.9
耕地面积	Cultivated Area	16.7	18.0	18.5	22.5	26.9
粮食总产量	Grain Output	10.4	10.6	12.0	12.9	13.5
棉花产量	Cotton Output	3.1	4.7	10.5	19.8	22.6
油料总产量	Oil－Bearing Crops Output	4.8	12.2	12.9	11.7	11.4
大牲畜年末头数	Large Domestic Animals	41.2	41.7	40.6	38.2	43.5
羊年末只数	Goats and Sheep	53.3	62.6	54.1	49.5	40.1
猪年末头数	Hogs	10.7	13.7	15.6	17.4	15.6
钢产量	Steel Output	4.5	5.0	5.6	7.3	7.1
原煤产量	Coal Output	8.8	9.9	9.4	12.2	12.3
原油产量	Crude Oil Output	5.9	6.4	9.1	10.7	11.5
发电量	Power Generation	6.4	9.5	11.9	11.8	11.4
木材产量	Timber Output	30.2	28.9	31.6	49.3	51.5
布(混合数)	Cloth Output	3.3	3.7	3.9	2.7	3.0
铁路通车里程	Railway in Operation	23.1	22.7	24.5	31.6	31.1
公路线路里程	Highways	24.2	27.0	28.4	33.6	30.6
社会消费品零售总额	Total Value of Retail Sales	9.5	9.7	9.4	11.2	7.5
国内纯购进总额	Total Value of Final Domestic Purchases	5.8	6.7	7.4	8.1	6.6
国有单位基本建设投资	State－Owned Units Capital Construction Investment	10.2	10.7	9.6	10.4	8.6
财政收入	Finance Revenue	3.6	5.4	8.7	8.7	9.0
财政支出	Finance Expenditure	14.4	15.0	15.7	12.9	12.1
各级学校数	Schools by Level and Type	13.7	14.2	15.1	14.5	11.2
各级学校专任教师	Full－time Teachers by Level and Type	12.3	11.0	14.0	15.5	12.1
各级学校在校学生	Student Enrollment by Level and Type	11.3	13.0	14.3	12.9	11.9
医院数	Hospitals	15.9	16.9	16.9	19.4	3.7
医院床位数	Hospital Beds	12.0	16.2	12.3	13.0	9.0
卫生技术人员	Medical Personnel	11.6	12.4	12.5	17.7	11.1

注:1.财政收支占全国的比重是占全国地方财政收支的比重。

2.工农业总产值按当年价格计算。

a. The Proportion of finance Zevenue and expenditure is related to the total of the local.

b. The gross Output value of agriculture and industry are at current price.

民族自治地方分地区国内生产总值及构成(1996年)

Gross Domestic Products and the Composition by Region of Minority National Autonomous Areas(1996)

单位:万元 (10 000yuan)

地区 Region	国内生产总值 Gross Domestic Products				构成(以国内生产总值为100) Composition		
		第一产业 Primary Industry	第二产业 Secondary Industry	第三产业 Tertiary Industry	第一产业 Primary Industry	第二产业 Secondary Industry	第三产业 Tertiary Industry
合　计 Total	**56 583 455**	**18 766 087**	**20 281 840**	**17 535 528**	**33.2**	**35.8**	**31.0**
河　北 Hebei	604 868	223 219	195 250	186 399	36.9	32.3	30.8
内蒙古 Inner Mongolia	9 847 800	3 128 200	3 872 900	2 846 700	31.8	39.3	28.9
辽　宁 Liaoning	1 222 555	376 404	512 499	333 652	30.8	41.9	27.3
吉　林 Jilin	1 573 036	456 484	576 737	539 815	29.0	36.7	34.3
黑龙江 Heilongjiang	72 847	30 157	16 582	26 108	41.4	22.8	35.8
浙　江 Zhejiang	57 716	22 994	18 600	16 122	39.8	32.2	27.9
湖　北 Hubei	1 109 039	505 629	345 729	257 681	45.6	31.2	23.2
湖　南 Hunan	1 190 665	495 708	344 409	350 548	41.6	28.9	29.4
广　东 Guangdong	147 991	64 129	48 353	35 509	43.3	32.7	24.0
广　西 Guangxi	18 696 200	5 804 700	7 101 300	5 790 200	31.0	38.0	31.0
海　南 Hainan	553 467	273 670	138 624	141 173	49.4	25.0	25.5
四　川 Sichuan	1 601 462	651 025	460 169	490 268	40.7	28.7	30.6
贵　州 Guizhou	2 119 611	1 074 810	559 804	484 997	50.7	26.4	22.9
云　南 Yunnan	4 796 778	1 981 311	1 361 623	1 453 844	41.3	28.4	30.3
西　藏 Tibet	647 600	271 500	113 900	262 200	41.9	17.6	40.5
甘　肃 Gansu	409 580	176 473	124 783	108 323	43.1	30.5	26.4
青　海 Qinghai	870 672	305 742	320 873	244 057	35.1	36.9	28.0
宁　夏 Ningxia	1 936 200	432 400	797 400	706 400	22.3	41.2	36.5
新　疆 Xinjiang	9 125 368	2 491 531	3 372 305	3 261 532	27.3	37.0	35.7

注:本表按当年价格计算(at current price)。

民族自治地方分地区国内生产总值及构成(1996年)

Gross Domestic Products and the Composition by Region of Minority National Autonomous Areas(1996)

单位:万元 (10 000yuan)

地 区 Region	国内生产总值 Gross Domestic Products				构成(以国内生产总值为100) Composition		
		第一产业 Primary Industry	第二产业 Secondary Industry	第三产业 Tertiary Industry	第一产业 Primary Industry	第二产业 Secondary Industry	第三产业 Tertiary Industry
合 计 Total	**33 682 771**	**10 571 465**	**12 785 792**	**10 325 514**	**31.4**	**38.0**	**30.7**
河 北 Hebei	366 996	123 807	141 435	101 754	33.7	38.5	27.7
内蒙古 Inner Mongolia	5 697 300	1 665 700	2 207 000	1 824 600	29.2	38.7	32.0
辽 宁 Liaoning	970 020	268 274	442 549	259 197	27.7	45.6	26.7
吉 林 Jilin	993 596	250 744	413 641	329 211	25.2	41.6	33.1
黑龙江 Heilongjiang	60 082	26 737	12 961	20 384	44.5	21.6	33.9
浙 江 Zhejiang	30 171	11 333	10 829	8 009	37.6	35.9	26.5
湖 北 Hubei	598 614	240 874	212 700	145 040	40.2	35.5	24.2
湖 南 Hunan	731 740	299 139	226 550	206 051	40.9	31.0	28.2
广 东 Guangdong	88 743	34 238	32 392	22 113	38.6	36.5	24.9
广 西 Guangxi	10 709 500	3 043 400	4 485 900	3 180 200	28.4	41.9	29.7
海 南 Hainan	395 695	194 558	94 483	106 654	49.2	23.9	27.0
四 川 Sichuan	1 003 840	396 624	329 654	277 562	39.5	32.8	27.7
贵 州 Guizhou	1 421 013	649 493	401 439	370 081	45.7	28.3	26.0
云 南 Yunnan	3 150 210	1 173 546	997 280	979 384	37.3	31.7	31.1
西 藏 Tibet	535 700	187 600	97 600	250 500	35.0	18.2	46.8
甘 肃 Gansu	305 359	122 107	108 815	74 437	40.0	35.6	24.4
青 海 Qinghai	551 522	160 170	230 149	161 203	29.0	41.7	29.2
宁 夏 Ningxia	1 122 900	233 200	487 400	402 300	20.8	43.4	35.8
新 疆 Xinjiang	4 949 770	1 489 921	1 853 015	1 606 834	30.1	37.4	32.5

注:本表按1990年不变价格计算(at constant price of 1990)。

民族自治地方分地区国内生产总值指数(1996年)

Indices of Gross Domestic Products by Region of Minority National Autonomous Areas(1996)

(以1995年为100)

地 区 Region	国内生产总值 Gross Domestic Products	第一产业 Primary Industry	第二产业 Secondary Industry	第三产业 Tertiary Industry
合 计 Total	**110.6**	**110.1**	**112.3**	**109.1**
河 北 Hebei	122.2	119.8	128.2	117.4
内蒙古 Inner Mongolia	112.7	121.4	116.0	102.6
辽 宁 Liaoning	146.9	171.0	136.5	144.5
吉 林 Jilin	109.0	114.3	106.5	108.4
黑龙江 Heilongjiang	114.2	114.1	136.0	103.7
浙 江 Zhejiang	112.6	105.8	132.9	100.9
湖 北 Hubei	118.9	110.1	125.6	125.4
湖 南 Hunan	106.9	107.3	106.7	106.5
广 东 Guangdong	110.5	113.7	115.9	99.4
广 西 Guangxi	110.3	108.0	113.4	108.2
海 南 Hainan	130.9	143.5	119.1	121.9
四 川 Sichuan	82.6	82.4	82.0	83.7
贵 州 Guizhou	112.4	110.8	112.9	114.7
云 南 Yunnan	112.0	108.8	110.5	117.7
西 藏 Tibet	113.2	104.2	90.7	134.9
甘 肃 Gansu	211.9	223.5	250.3	161.8
青 海 Qinghai	103.7	98.0	103.9	109.8
宁 夏 Ningxia	110.5	118.1	108.9	108.5
新 疆 Xinjiang	105.1	99.6	108.2	107.1

注:本表按可比价格计算(at constant price)。

民族自治地方工农业总产值

Gross Output Value of Industry and Agriculture of Minority National Autonomous Areas

单位:亿元 (100 000 000yuan)

年 份 year	工农业总产值 Gross Output Value of Industry and Agriculture	农业总产值 Gross Output Value of Agriculture	工业总产值 Gross Output Value of Industry
		按1952年不变价格计算	
1949	36.6	31.2	5.4
1952	57.9	46.5	11.4
1957	92.0	62.5	29.5
		按1957年不变价格计算	
1962	87.8	48.0	39.8
1965	157.2	88.4	68.8
		按1970年不变价格计算	
1975	306.5	152.2	154.3
1978	367.7	155.6	212.1
1980	399.8	159.6	240.2
1981	416.7	171.5	245.2
		按1980年不变价格计算	
1982	564.9	268.9	296.0
1983	621.3	289.8	331.5
1984	681.9	317.1	364.6
1985	800.96	351.24	449.72
1986	872.37	363.53	508.84
1987	970.18	384.26	585.92
1988	1 092.46	406.53	685.93
1989	1 204.18	431.25	772.93
1990	1 290.17	475.18	814.99
		按1990年不变价格计算	
1990	2 438.24	1 062.34	1 375.90
1991	2 673.89	1 124.93	1 548.96
1992	3 045.49	1 209.99	1 835.50
1993	3 516.95	1 271.25	2 245.70
1994	4 237.56	1 361.04	2 876.52
1995	4 504.00	1 479.70	3 024.30
1996	5 141.22	1 612.80	3 528.43

注:1.本表工、农业总产值均按新口径统计。

2.本表未扣除区域变动因素,年度之间不可比。

民族自治地方分地区工农业总产值(1996年)
Gross Output Value of Industry and Agriculture by Region of Minority National Autonomous Areas(1996)

单位:万元 (10 000yuan)

地 区 Region	工农业总产值 Gross Output Value of Industry and Agriculture	农 业 Agriculture	工 业 Industry	轻工业 Light Industry	重工业 Heavy Industry
合 计 Total	**78 050 060**	**29 472 161**	**48 577 899**	**20 786 436**	**27 791 463**
河 北 Hebei	968 153	384 987	583 166	207 633	375 533
内蒙古 Inner Mongolia	14 040 439	4 653 300	9 387 139	3 691 733	5 695 407
辽 宁 Liaoning	3 019 630	697 568	2 322 062	1 143 147	1 178 916
吉 林 Jilin	2 077 431	711 664	1 365 767	605 876	759 891
黑龙江 Heilongjiang	132 401	86 039	46 362	23 325	23 037
浙 江 Zhejiang	99 261	36 180	63 081	37 553	25 528
湖 北 Hubei	1 503 809	768 161	735 648	386 807	348 841
湖 南 Hunan	1 949 112	790 987	1 158 125	641 663	516 462
广 东 Guangdong	172 560	77 814	94 746	22 966	71 780
广 西 Guangxi	26 346 978	8 995 847	17 351 131	8 631 807	8 719 324
海 南 Hainan	601 670	418 996	182 674	61 594	121 080
四 川 Sichuan	1 755 154	934 477	820 677	207 757	612 921
贵 州 Guizhou	2 966 940	1 689 136	1 277 804	581 169	696 635
云 南 Yunnan	6 436 184	3 115 396	3 320 788	1 649 160	1 671 628
西 藏 Tibet	488 493	385 282	103 211	27 761	75 450
甘 肃 Gansu	642 451	300 961	341 490	74 204	267 286
青 海 Qinghai	1 009 524	424 061	585 463	131 642	453 821
宁 夏 Ningxia	2 707 898	691 690	2 016 208	437 619	1 578 589
新 疆 Xinjiang	11 131 974	4 309 617	6 822 357	2 223 022	4 599 335

注:1. 本表按当年价格计算。
2. 本表工业总产值中包括村及村以下工业产值。
a. Caculated according current price.
b. Value of industry output included that at and below Village level.

民族自治地方分地区工农业总产值(1996年)

Gross Output Value of Industry and Agriculture by Region of Minority National Autonomous Areas(1996)

单位:万元 (10 000yuan)

地区 Region	工农业总产值 Gross Output Value of Industry and Agriculture	农业 Agriculture	工业 Industry	轻工业 Light Industry	重工业 Heavy Industry
合计 Total	**51 412 219**	**16 127 968**	**35 284 251**	**16 194 547**	**19 089 704**
河北 Hebei	660 271	212 029	448 242	161 545	286 696
内蒙古 Inner Mongolia	9 237 525	2 576 912	6 660 613	2 794 281	3 866 332
辽宁 Liaoning	2 486 291	448 221	2 038 070	996 933	1 041 137
吉林 Jilin	1 486 510	403 308	1 083 202	542 095	541 107
黑龙江 Heilongjiang	86 163	54 731	31 432	16 522	14 910
浙江 Zhejiang	83 555	23 377	60 178	36 826	23 352
湖北 Hubei	852 044	355 405	496 639	315 193	181 445
湖南 Hunan	1 303 302	448 468	854 834	475 488	379 345
广东 Guangdong	105 118	45 887	59 231	13 844	45 387
广西 Guangxi	18 686 841	4 870 058	13 816 783	6 969 288	6 847 494
海南 Hainan	311 142	203 415	107 727	43 146	64 581
四川 Sichuan	1 148 894	560 855	588 039	157 435	430 605
贵州 Guizhou	1 950 703	937 540	1 013 162	505 905	507 258
云南 Yunnan	4 117 178	1 726 293	2 390 885	1 197 767	1 193 119
西藏 Tibet	303 211	238 498	64 713	21 354	43 359
甘肃 Gansu	444 834	184 544	260 290	63 742	196 548
青海 Qinghai	609 179	215 072	394 107	97 143	296 964
宁夏 Ningxia	2 004 634	376 087	1 628 547	464 564	1 163 983
新疆 Xinjiang	6 136 943	2 247 268	3 889 675	1 494 818	2 394 857

注:1. 本表按1990年不变价格计算。

2. 本表工业总产值中包括村及村以下工业产值。

a. Caculated at constant price of 1990.

b. Value of industry output included that at and below village level.

民族自治地方分地区工农业总产值构成(1996年)

The Composition of Gross Output Value of Industry and Agriculture by Region of Minority National Autonomous Areas(1996)

(以工农业总产值为100)

地区 Region	农业 Agriculture	工业 Industry	轻工业 Light Industry	重工业 Heavy Industry
合计 Total	**37.8**	**62.2**	**26.6**	**35.6**
河北 Hebei	39.8	60.2	21.4	38.8
内蒙古 Inner Mongolia	33.1	66.9	26.3	40.6
辽宁 Liaoning	23.1	76.9	37.9	39.0
吉林 Jilin	34.3	65.7	29.2	36.6
黑龙江 Heilongjiang	65.0	35.0	17.6	17.4
浙江 Zhejiang	36.4	63.6	37.8	25.7
湖北 Hubei	51.1	48.9	25.7	23.2
湖南 Hunan	40.6	59.4	32.9	26.5
广东 Guangdong	45.1	54.9	13.3	41.6
广西 Guangxi	34.1	65.9	32.8	33.1
海南 Hainan	69.6	30.4	10.2	20.1
四川 Sichuan	53.2	46.8	11.8	34.9
贵州 Guizhou	56.9	43.1	19.6	23.5
云南 Yunnan	48.4	51.6	25.6	26.0
西藏 Tibet	78.9	21.1	5.7	15.4
甘肃 Gansu	46.8	53.2	11.6	41.6
青海 Qinghai	42.0	58.0	13.0	45.0
宁夏 Ningxia	25.5	74.5	16.2	58.3
新疆 Xinjiang	38.7	61.3	20.0	41.3

注:本表按当年价格计算(at current price)。

民族自治地方分地区工农业总产值指数(1996年)

Indices of Gross Output Value of Industry and Agriculture by Region of Minority National Autonomous Areas(1996)

(以1995年为100)(take 1995 as 100)

地 区 Region	工农业总产值 Gross Output Value of Industry and Agriculture	农 业 Agriculture	工 业 Industry		
				轻工业 Light Industry	重工业 Heavy Industry
合 计 Total	**114.1**	**109.0**	**116.7**	**118.2**	**115.4**
河 北 Hebei	116.2	117.5	115.6	118.7	114.0
内蒙古 Inner Mongolia	132.4	123.7	136.2	150.7	127.3
辽 宁 Liaoning	167.8	120.1	183.9	235.5	151.9
吉 林 Jilin	109.8	116.9	107.4	98.7	117.7
黑龙江 Heilongjiang	154.4	129.7	230.8	219.4	244.9
浙 江 Zhejiang	151.2	117.0	170.6	169.0	173.1
湖 北 Hubei	119.6	108.8	128.8	129.6	127.5
湖 南 Hunan	131.5	107.9	148.5	150.2	146.4
广 东 Guangdong	115.9	108.4	122.6	123.9	122.2
广 西 Guangxi	115.1	108.1	117.8	123.4	112.7
海 南 Hainan	114.5	111.3	121.1	125.3	118.4
四 川 Sichuan	73.6	73.8	73.4	49.4	89.2
贵 州 Guizhou	113.4	105.7	121.4	129.3	114.5
云 南 Yunnan	90.0	108.7	80.0	81.4	78.7
西 藏 Tibet	106.6	103.2	121.2	124.0	119.8
甘 肃 Gansu	116.8	142.1	103.7	137.0	96.2
青 海 Qinghai	111.5	101.5	117.9	105.7	122.5
宁 夏 Ningxia	129.2	119.2	131.7	168.2	121.2
新 疆 Xinjiang	98.9	104.2	96.1	73.5	119.0

注:本表按可比价格计算(at constant price)。

民族自治地方年末总人口及工农业总产值指数

Indices of Total Population and Gross Output Value of Industry and Agriculture at the End of Year of Minority National Autonomous Areas

（以1952年为100）(take 1952 as 100)

年 份 Year	年末总人口 Total Population (year-end)	#少数民族人口 Minority Population	工农业总产值 Gross Output Value of Agriculture and Industry	农业总产值 Gross Output Value of Agriculture	工业总产值 Gross Output Value of Industry
1952	100	100	100	100	100
1957	114.72	109.41	140.61	132.90	186.33
1962	125.06	112.96	143.63	123.18	264.93
1965	137.22	119.53	197.41	165.05	389.36
1970	160.23	222.21	249.40	183.58	639.84
1975	183.84	253.42	344.33	222.98	1 064.12
1978	187.38	285.63	413.50	347.53	1 456.31
1979	197.46	291.81	412.64	245.61	1 403.43
1980	200.64	362.98	442.34	245.46	1 610.22
1981	203.98	374.44	460.99	261.04	1 647.04
1982	207.43	397.88	514.95	292.27	1 835.82
1983	210.10	409.68	556.02	309.46	2 018.54
1984	213.22	432.75	609.09	335.40	2 232.51
1985	217.86	452.99	690.27	358.52	2 658.13
1986	221.19	465.88	742.58	365.12	2 981.29
1987	225.94	492.40	823.71	383.90	3 432.57
1988	230.49	507.27	927.25	404.63	4 027.28
1989	234.38	526.61	1 004.41	419.18	4 475.81
1990	238.94	546.18	1 081.41	465.84	4 732.80
1991	240.30	554.57	1 178.73	493.48	5 267.60
1992	242.90	560.84	1 342.57	530.98	6 242.10
1993	245.17	565.08	1 549.33	558.06	7 634.09
1994	248.26	573.56	1 866.78	697.48	9 778.51
1995	249.34	569.25	1 984.39	758.16	10 277.21
1996	252.23	569.96	2 265.18	826.39	11 991.45

注：产值按可比价格计算。

民族自治地方耕地面积、有效灌溉面积及农牧业主要产品产量指数(一)

Indices of Cultivated Area, Available Irrigated Area and Output of Major Farm Crops and Husbandry of Minority National Autonomous Areas(Ⅰ)

(以1952年为100)(take 1952 as 100)

年 份 Year	耕地面积 Cultivated Area	有效灌溉面积 Irrigated Area	粮 食 总产量 Grain Crops	棉 花 Cotton Crops	油 料 Oil—Bearing Crops	甘 蔗 Sugarcane
1952	100	100	100	100	100	100
1957	112.09	139.46	114.30	203.54	115.80	128.99
1962	118.33	156.61	107.06	135.35	52.82	78.10
1965	118.21	197.83	136.48	428.28	104.35	223.64
1970	115.80	229.82	159.55	376.77	110.99	281.56
1975	115.45	466.20	195.63	269.70	130.80	345.65
1978	115.86	475.41	200.08	304.55	146.73	484.79
1979	116.17	473.62	204.04	287.37	169.07	495.95
1980	115.64	473.73	199.41	424.24	197.08	512.23
1981	114.98	468.75	200.51	595.96	265.31	662.95
1982	114.34	464.72	221.34	771.72	320.13	893.89
1983	113.55	470.11	232.86	849.49	330.54	919.09
1984	112.47	461.26	231.60	1 054.04	363.12	1 032.34
1985	112.28	465.95	222.37	980.81	461.86	1 341.10
1986	111.94	475.54	220.67	1 131.31	470.96	1 520.93
1987	110.76	483.07	236.09	1 444.44	420.77	1 541.40
1988	111.90	486.50	233.81	1 428.28	428.65	1 756.41
1989	112.40	493.39	246.51	1 502.53	402.14	1 769.86
1990	113.46	513.59	285.69	2 392.42	499.95	1 943.24
1991	111.84	502.14	291.54	3 294.95	524.41	2 494.26
1992	113.33	553.04	296.61	3 428.79	536.19	2 892.31
1993	113.97	550.15	272.56	3 479.29	515.90	2 799.78
1994	115.88	563.49	269.13	4 499.40	533.79	2 840.71
1995	96.76	561.24	283.39	4 773.86	580.34	2 452.84
1996	115.82	562.84	332.16	4 793.54	555.16	3 480.88

民族自治地方农牧业主要产品产量指数(二)

Indices of Output of Major Farm Crops and Husbandry of Minority National Autonomous Areas(Ⅱ)

(以1952年为100)(take 1952 as 100)

年 份 Year	甜 菜 Beetroots	烟 叶 Tobacco Crops	#烤 烟 Fluecured Tobacco	大牲畜年末头数 Large Domestic Animals (year-end)	羊年末只数 Sheep and Goats (year-end)	生猪年末头数 Hogs (year-end)
1952	100	100	100	100	100	100
1957	15 306.25	132.90	213.37	116.91	136.33	145.48
1962	7 625.00	104.28	166.28	105.95	168.91	122.92
1965	24 637.50	169.14	258.14	135.81	221.01	190.00
1970	36 212.50	221.56	240.12	142.13	219.03	242.42
1975	36 575.00	295.72	373.26	155.60	237.98	273.68
1978	41 150.00	353.72	536.63	154.27	246.23	312.22
1979	54 806.25	296.28	506.40	156.68	255.43	311.80
1980	84 537.50	261.71	419.19	157.94	257.48	295.60
1981	80 106.25	365.99	642.44	163.38	266.50	296.65
1982	122 343.75	510.97	997.09	170.71	261.83	317.64
1983	129 200.00	413.38	938.37	172.92	248.86	325.11
1984	147 618.75	542.75	1 328.49	177.88	248.39	333.33
1985	215 206.25	767.10	1 943.60	186.13	249.62	360.44
1986	169 275.00	559.85	1 330.81	192.73	254.55	381.68
1987	191 312.50	630.67	1 471.51	195.10	259.80	385.70
1988	248 156.25	936.06	2 276.74	198.15	272.34	394.51
1989	208 437.50	942.94	2 242.44	200.79	285.32	414.46
1990	332 400.00	881.60	2 097.67	203.29	287.30	434.74
1991	409 575.00	1 183.83	3 020.93	203.86	285.20	424.74
1992	407 600.00	1 581.97	4 036.91	207.06	276.18	513.38
1993	357 031.25	1 682.16	4 481.40	208.52	276.31	491.78
1994	676 112.50	1 129.93	2 869.77	218.46	284.23	513.62
1995	395 535.00	1 203.16	3 217.44	223.92	301.00	552.66
1996	452 487.08	1 654.44	4 361.04	289.39	308.63	544.97

民族自治地方工业主要产品产量指数(一)

Indices of Output of Major Industrial Products of Minority National Autonomous Areas(I)

(以1952年为100) (take 1952 as 100)

年 份 Year	原 油 Crude Oil	钢 Steel	生 铁 Pig Iron	原 煤 Coal
1952	100	100	100	100
1957	183.11	2 085.71	192.52	313.19
1962	1 684.64	14 100.00	1 831.31	916.48
1965	1 867.75	55 557.14	2 647.20	1 028.02
1970	2 948.18	131 057.14	3 887.85	1 646.15
1975	8 461.80	94 785.71	4 205.61	2 483.52
1978	11 087.52	183 628.57	7 802.34	3 339.01
1979	11 979.08	220 657.14	8 403.27	3 257.69
1980	11 929.75	237 957.14	8 291.59	3 116.48
1981	11 833.78	237 842.86	8 823.36	3 130.77
1982	11 996.16	240 028.57	8 539.72	3 366.48
1983	12 906.72	247 914.29	9 107.48	3 785.16
1984	13 585.22	282 428.57	9 977.10	4 132.42
1985	14 882.73	331 400.00	12 043.93	4 774.73
1986	16 537.43	354 385.71	13 832.24	4 936.26
1987	17 262.57	403 942.86	16 177.10	5 169.78
1988	18 640.69	416 571.43	15 348.13	6 129.67
1989	21 738.58	456 757.14	16 956.07	6 326.92
1990	24 288.29	525 428.57	19 485.51	6 648.90
1991	26 907.49	591 628.57	17 610.28	6 718.13
1992	26 974.86	621 728.57	21 071.03	7 178.02
1993	31 429.07	699 444.64	24 081.31	7 778.57
1994	28 152.30	705 275.73	25 079.44	8 169.67
1995	30 911.23	1 000 080.99	25 392.14	9 150.03
1996	34 823.82	1 032 346.28	30 381.48	9 461.76

民族自治地方工业主要产品产量指数(二)

Indices of Output of Major Industrial Products of Minority National Autonomous Areas(Ⅱ)

（以1952年为100） (take 1952 as 100)

年 份 Year	发电量 Electricity Hydropower	木 材 Timber	布 Cloth	卷 烟 Cigarettes
1952	100	100	100	100
1957	489.60	266.72	222.49	139.45
1962	2 389.23	264.68	208.19	86.72
1965	3 614.02	439.04	461.12	327.34
1970	7 768.62	398.34	705.89	869.14
1975	14 614.28	518.63	649.85	1 361.33
1978	20 782.11	598.02	935.05	2 041.41
1979	23 114.90	649.70	997.09	2 518.36
1980	24 509.80	649.97	1 140.88	3 608.59
1981	26 270.32	615.76	1 180.66	4 299.22
1982	28 704.13	648.34	1 350.00	5 048.05
1983	31 397.26	679.91	1 376.68	5 826.95
1984	35 017.23	711.80	1 253.43	6 728.52
1985	49 910.83	750.34	1 375.15	8 210.55
1986	57 994.66	784.63	1 599.05	10 077.73
1987	64 843.60	790.10	1 701.33	12 642.19
1988	69 205.65	788.89	1 801.35	14 493.75
1989	84 491.92	722.26	1 948.97	16 166.41
1990	92 498.10	722.90	1 853.36	17 462.89
1991	89 111.67	740.83	1 789.40	17 237.11
1992	105 979.35	765.22	1 735.64	17 345.70
1993	124 046.85	822.57	1 685.33	18 741.40
1994	138 523.73	836.73	1 775.72	19 203.12
1995	148 358.91	1 334.58	1 756.31	13 813.68
1996	153 669.50	1 414.89	1 563.28	10 606.37

民族自治地方运输、邮电情况指数

Indices of Transportation, Post and Telecommunication Services of Minority National Autonomous Areas

（以1952年为100） (take 1952 as 100)

年 份 Year	铁路营业里程 Railway in Operation	公路通车里程 Length of Highways	邮电局(所)数 Number of Post Offices	邮路总长度 Length of Postal Routes
1952	100	100	100	100
1957	134.71	235.39	129.43	278.93
1962	177.37	438.97	151.52	300.10
1965	198.66	477.86	149.97	329.89
1970	200.91	576.72	170.21	429.07
1975	230.76	671.44	192.50	602.73
1978	252.71	776.96	197.87	624.44
1979	264.13	747.49	194.86	602.57
1980	290.13	804.43	193.66	593.47
1981	291.01	816.46	193.53	566.31
1982	293.39	838.91	196.25	566.40
1983	301.47	872.34	197.05	568.16
1984	310.86	869.74	199.85	560.57
1985	317.85	905.70	208.12	571.08
1986	312.35	885.54	207.73	564.71
1987	330.28	963.49	211.07	578.79
1988	329.09	1 005.66	212.53	570.42
1989	340.51	1 016.58	216.82	603.35
1990	343.27	1 022.88	218.13	574.70
1991	337.80	992.56	246.25	517.60
1992	355.58	979.75	218.52	535.00
1993	369.45	1 066.30	216.29	543.60
1994	425.50	1 078.40	226.36	528.87
1995	433.58	1 149.72	233.09	637.82
1996	448.88	1 257.73	233.24	644.87

民族自治地方国有经济固定资产投资指数

Indices of Investment in Fixed Assets of State-owned Units of Minority National Autonomous Areas

（以1979年为100） (take 1979 as 100)

年份 Year	固定资产投资 Investment in Fixed Asset	基建投资 Capital Construction	更新改造 Technical Updates and Transformation	其他投资 Others
1979	100	100	100	100
1980	119.79	106.05	2 377.28	100.00
1981	97.99	71.59	4 655.12	126.52
1982	149.85	101.68	8 178.18	316.46
1983	172.40	116.71	8 512.41	645.68
1984	211.18	150.22	8 305.22	1 014.28
1985	299.98	215.51	11 706.50	1 348.68
1986	322.63	209.28	16 585.30	1 526.08
1987	373.36	217.83	21 396.44	2 478.24
1988	466.08	262.45	29 230.36	2 875.65
1989	443.39	263.28	24 390.32	2 987.49
1990	473.48	301.49	24 335.48	2 557.61
1991	665.88	430.86	29 715.32	4 552.71
1992	1 037.42	718.88	29 928.61	6 426.39
1993	1 546.22	1 051.90	61 005.35	5 616.02
1994	1 942.05	1 355.90	72 413.35	6 177.60
1995	1 806.26	1 161.07	84 379.07	6 728.61
1996	1 983.01	1 318.58	87 880.86	7 504.30

民族自治地方社会商业及财政收支情况指数

Indices of Social Commerce and Governments Revenue and Expenditure of Minority National Autonomous Areas

(以1952年为100)(take 1952 as 100)

年 份 Year	社会商品零售总额 Total Value of Retail Sales	国内纯购进总额 Final Domestic Purchases	财政收入 Revenue	财政支出 Expenditure
1952	100	100	100	100
1957	223.74	343.83	204.60	280.93
1962	316.24	470.31	240.72	339.92
1965	374.51	655.19	353.75	525.69
1970	482.56	810.21	394.96	772.54
1975	697.39	1 300.56	448.91	1 223.48
1978	880.13	1 641.07	736.17	1 946.30
1979	977.50	1 807.39	590.40	1 966.88
1980	1 125.36	2 063.84	538.40	1 820.27
1981	1 237.70	2 309.47	528.41	1 725.59
1982	1 364.17	2 588.06	641.97	1 957.27
1983	1 522.88	2 878.87	738.78	2 251.47
1984	1 776.61	3 119.60	791.26	2 859.53
1985	2 155.28	3 576.91	1 114.46	3 417.91
1986	2 408.49	4 164.39	1 364.07	4 261.04
1987	2 771.88	5 277.71	1 639.62	4 487.20
1988	3 534.65	7 030.44	2 003.50	5 179.43
1989	3 828.69	7 829.15	2 441.20	5 822.23
1990	3 984.52	9 112.93	2 765.45	6 470.75
1991	4 470.06	10 235.04	3 371.95	7 368.26
1992	5 197.40	10 936.21	3 484.01	7 803.84
1993	5 378.48	15 524.92	4 920.75	9 223.69
1994	8 605.57	29 797.85	4 174.76	9 772.50
1995	10 774.17	37 336.71	4 293.32	12 041.67
1996	10 899.10	37 239.11	5 590.08	14 215.53

民族自治地方各级学校在校学生指数
Indices of Students Enrollment by Level of Schools of Minority National Autonomous Areas

(以1952年为100)(take 1952 as 100)

年份 Year	普通高等学校 Institutions of Higher Education	中等学校 Secondary Schools	#中等专业学校 Specialized Secondary Schools	#普通中学 Regular Secondary Schools	小学 Primary Schools
1952	100	100	100	100	100
1957	270.69	363.10	170.16	407.47	130.88
1965	687.45	795.66	249.49	797.26	238.44
1970	688.90	3 097.48	257.20	3 765.37	331.09
1978	1 276.69	5 081.02	406.91	6 174.09	361.83
1979	1 387.77	4 720.02	633.30	5 662.10	361.20
1980	1 590.43	4 451.25	657.54	5 297.79	359.45
1981	1 748.83	3 802.69	548.23	4 524.89	345.58
1982	1 617.44	3 556.64	485.72	4 233.34	347.59
1983	1 744.04	3 519.97	501.12	4 164.10	348.17
1984	1 985.42	3 730.54	613.70	4 367.18	353.85
1985	2 507.51	3 887.95	716.88	4 519.29	362.95
1986	2 749.80	4 264.25	753.70	4 964.31	369.87
1987	2 812.64	4 379.92	796.44	5 086.06	353.28
1988	2 981.20	4 402.70	894.20	5 075.36	351.57
1989	3 153.47	4 323.63	963.32	4 943.82	354.30
1990	3 057.40	4 310.60	1 040.18	5 078.18	352.43
1991	3 014.35	4 589.60	955.92	5 027.82	355.09
1992	3 160.33	4 331.24	990.27	5 115.92	361.94
1993	3 594.32	4 183.16	1 118.56	4 901.38	348.82
1994	4 029.98	4 438.33	1 252.90	5 184.90	378.02
1995	3 820.42	4 140.96	1 366.13	5 391.89	359.86
1996	3 832.60	4 405.82	1 681.16	5 697.17	383.72

民族自治地方各级学校专任教师指数

Indices of Full－Time Teachers by Level of Schools of Minority National Autonomous Areas

（以1952年为100） (take 1952 as 100)

年 份 Year	普通高等学校 Institutions of Higher Education	中等学校 Secondary Schools	#中等专业学校 Specialized Secondary Schools	#普通中学 Regular Secondary Schools	小 学 Primary Schools
1952	100	100	100	100	100
1957	460.47	220.16	227.57	218.98	123.44
1965	1 165.30	566.65	402.67	535.35	296.19
1970	1 479.43	2 041.81	468.45	2 297.00	409.61
1978	2 165.12	3 513.64	822.29	3 961.46	484.72
1979	2 603.94	3 455.45	1 026.60	3 849.29	680.46
1980	2 914.31	3 475.87	1 278.10	3 810.76	699.67
1981	2 834.88	3 251.85	1 277.97	3 550.43	707.81
1982	3 252.34	3 146.77	1 341.66	3 412.88	722.11
1983	3 643.29	3 102.22	1 359.52	3 352.30	717.40
1984	3 910.20	2 989.64	1 416.30	3 207.80	706.19
1985	4 234.35	3 186.29	1 548.37	3 411.56	725.29
1986	4 582.29	3 583.76	1 669.36	3 624.28	734.91
1987	4 999.46	3 536.28	1 828.03	3 786.09	738.58
1988	5 137.03	3 756.70	2 050.20	3 971.17	756.55
1989	5 178.89	3 813.19	2 063.10	4 037.90	756.06
1990	5 305.55	3 908.18	2 203.72	4 188.53	763.83
1991	4 835.60	3 949.29	2 109.32	4 152.29	753.46
1992	4 898.21	3 987.87	2 081.68	4 198.99	818.26
1993	4 874.49	3 933.24	2 066.36	4 242.70	821.11
1994	5 074.54	4 028.20	2 141.13	4 341.06	844.95
1995	5 348.57	4 608.26	2 651.49	4 427.17	882.13
1996	4 240.17	4 656.69	2 260.23	4 525.51	861.57

民族自治地方卫生事业基本情况指数

Indices of Public Health Care of Minority National Autonomous Areas

（以1952年为100） (take 1952 as 100)

年 份 Year	卫生事业机构数 Health Care Institutions	#医院个数 Hospitals	床位数 Beds	#医院病床数 Hospital Beds	专业卫生技术人员 Medical Technical Personnel
1952	100	100	100	100	100
1957	484.00	174.03	274.58	294.41	373.88
1962	623.54	406.98	666.82	649.18	508.36
1965	708.68	496.25	836.51	775.41	624.94
1970	615.18	963.57	1 120.90	1 131.19	697.77
1975	727.50	1 286.18	1 562.57	1 718.57	889.41
1978	838.18	1 424.55	1 833.37	2 011.90	1 095.07
1979	874.21	1 449.74	2 335.26	2 125.43	1 189.36
1980	909.03	1 459.30	1 984.69	2 216.82	1 273.56
1981	965.15	1 501.55	2 012.82	2 258.01	1 374.11
1982	956.34	1 510.59	2 049.54	2 303.29	1 432.34
1983	962.17	1 520.67	2 088.71	2 424.54	1 486.67
1984	978.71	1 548.06	2 141.21	2 487.56	1 530.14
1985	990.62	1 347.43	2 186.18	2 547.11	1 587.67
1986	1 002.28	1 323.51	2 228.70	2 599.44	1 623.80
1987	1 019.99	1 325.84	2 302.80	2 697.73	1 671.13
1988	1 033.14	1 419.12	2 358.39	2 771.94	1 726.66
1989	990.59	1 345.99	2 385.24	2 740.74	1 751.83
1990	1 014.20	1 366.80	2 447.67	2 895.36	1 778.92
1991	1 018.44	1 379.84	2 487.33	2 951.49	1 819.04
1992	984.63	1 319.12	2 554.98	3 026.45	1 757.71
1993	970.91	1 342.24	2 857.84	3 313.10	1 870.57
1994	969.20	1 612.65	2 826.05	3 317.87	1 898.96
1995	917.52	1 593.14	2 635.03	3 112.13	2 252.88
1996	497.65	329.20	2 519.54	2 246.34	1 986.24

全国民族自治区、自治州、自治县(旗)基本情况(1996年)(一)

地　区	Region	年末总人口(万人) Total Population at Year-End	#少数民族 Minority Popu-lation	少数民族占总人口% Minority Population As% of Total Population
内蒙古自治区	**Inner Mongolia Autonomous Region**	2 263.0	442.9	19.6
广西壮族自治区	**Guangxi Zhuang Autonomous Region**	4 545.5	1 752.0	38.5
西藏自治区	**Tibet Autonomous Region**	239.3	232.4	97.1
宁夏回族自治区	**Ningxia Hui Autonomous Region**	521.2	178.7	34.3
新疆维吾尔自治区	**Xinjiang Uygur Autonomous Region**	1 689.3	1 046.0	61.9
吉　林	**Jilin**			
延边朝鲜族自治州	Yanbian Korean Autonomous Prefecture	218.5	92.1	42.2
湖　北	**Hubei**			
恩施土家族苗族自治州	Enshi Tujia and Miao Autonomous Prefecture	374.6	179.8	48.0
湖　南	**Hunan**			
湘西土家族苗族自治州	Xiangxi Tujia and Miao Autonomous Prefecture	251.1	174.9	69.7
四　川	**Sichuan**			
甘孜藏族自治州	Ganzi Tibetan Autonomous Prefecture	85.9	69.6	81.0
凉山彝族自治州	Liangshan Yi Autonomous Prefecture	381.9	175.0	45.8
阿坝藏族羌族自治州	Aba Tibetan and Qiang Autonomous Prefecture	79.9	57.8	72.3
贵　州	**Guizhou**			
黔东南苗族侗族自治州	Qiandongnan Miao and Dong Autonomous Prefecture	389.7	293.4	75.3
黔南布依族苗族自治州	Qiannan Bouyei and Miao Autonomous Prefecture	349.3	187.8	53.8
黔西南布依族苗族自治州	Qianxinan Bouyei and Miao Autonomous Prefecture	271.9	109.2	40.2
云　南	**Yunnan**			
西双版纳傣族自治州	Xishuangbanna Dai Autonomous Prefecture	83.1	61.4	73.9
德宏傣族景颇族自治州	Dehong Dai and Jingpo Autonomous Prefecture	97.8	50.6	51.7
怒江傈僳族自治州	Nujiang Lisu Autonomous Prefecture	45.7	42.1	92.1
大理白族自治州	Dali Bai Autonomous Prefecture	318.5	156.6	49.2
迪庆藏族自治州	Diqing Tibetan Autonomous Prefecture	32.9	27.7	84.2
红河哈尼族彝族自治州	Honghe Hani and Yi Autonomous Prefecture	382.8	208.6	54.5
文山壮族苗族自治州	Wenshan Zhuang and Miao Autonomous Prefecture	301.2	173.9	57.7
楚雄彝族自治州	Chuxiong Yi Autonomous Prefecture	244.0	74.7	30.6
甘　肃	**Gansu**			
甘南藏族自治州	Gannan Tibetan Autonomous Prefecture	63.1	34.3	54.3
临夏回族自治州	Linxia Hui Autonomous Prefecture	180.1	100.1	55.6
青　海	**Qinghai**			
玉树藏族自治州	Yushu Tibetan Autonomous Prefecture	24.8	24.0	96.5

注:本表工农业总产值、人均工农业总产值均按当年价格计算,工业总产值为乡及乡以上企业工业产值,下同。

a. The grosg output value and the udlue per copita are caculated at current price. The same next pages.

Main Data about Autonomous Region, Autonomous Prefecture and Autonomous County(Qi) in China(1996)(Ⅰ)

工农业总产值(亿元) Gross Output Value of Agriculture and Industry			人均工农业总产值(元) Gross Output Value of Industry and Agriculture Per Capita	农民人均纯收入(元) Peasant's Net Income Per Capita	财政收支(万元) Revenue and Expenditure		
	农业 Agriculture	工业 Industry			财政收入 Revenue	财政支出 Expenditure	收支差额 Balance
1 109.1	465.3	643.7	4 901	1 476	932 400	1 263 800	−331 400
1 958.1	899.6	1 058.5	4 307	1 806	905 102	1 570 121	−665 019
48.3	38.5	9.7	2 017	975	24 388	368 458	−344 070
249.4	69.2	180.2	4 784	1 416	126 800	295 200	−168 400
578.5	431.0	146.5	3 424	1 221	483 000	1 149 000	−666 000
118.5	30.1	88.4	5 424	1 685	118 100	127 491	−9 391
81.9	42.5	39.4	2 186	1 125	67 440	79 544	−12 104
65.8	30.3	35.5	2 619	968	30 564	97 862	−67 298
17.1	11.1	6.0	1 991	802	12 529	55 121	−42 592
110.4	66.8	43.6	2 891	793	54 557	133 012	−78 455
28.9	11.3	17.6	3 619	882	17 154	48 638	−31 484
57.9	47.5	10.4	1 486	999	34 076	72 950	−38 874
46.3	26.7	19.7	1 327	836	34 492	82 970	−48 478
72.6	54.9	17.7	2 669	1 006	22 578	53 476	−30 898
36.1	29.4	6.8	4 345	1 252	24 712	44 917	−20 205
31.8	19.1	12.7	3 249	1 028	17 950	56 678	−38 728
7.9	4.1	3.8	1 725	637	5 395	32 101	−26 706
105.7	60.8	44.9	3 320	1 077	74 804	154 973	−80 169
6.5	4.0	2.5	1 961	599	4 771	32 853	−28 082
144.8	52.2	92.6	3 782	823	80 974	170 838	−89 864
40.4	28.4	12.1	1 342	462	22 076	89 266	−67 190
98.5	45.8	52.7	4 035	956	74 239	162 406	−88 167
11.4	6.7	4.7	1 815	876	7 690	30 028	−22 338
22.3	7.2	15.0	1 237	728	12 000	40 489	−28 489
2.0	1.5	0.5	812	601	2 417	14 854	−12 437

全国民族自治区、自治州、自治县(旗)基本情况(1996年)(二)

地 区	Region	年末总人口(万人) Total Population at Year-End	#少数民族 Minority Population	少数民族占总人口% Minority Population As% of Total Population
青 海	**Qinghai**			
海南藏族自治州	Hainan Tibetan Autonomous Prefecture	38.2	24.3	63.7
黄南藏族自治州	Huangnan Tibetan Autonomous Prefecture	19.0	17.5	92.2
海北藏族自治州	Haibei Tibetan Autonomous Prefecture	25.2	14.8	58.6
果洛藏族自治州	Guoluo Tibetan Autonomous Prefecture	12.5	11.5	91.9
海西蒙古族藏族自治州	Haixi Mongolian and Tibetan Autonomous Prefecture	31.1	7.6	24.6
新 疆	**Xinjiang**			
巴音郭楞蒙古自治州	Bayyingolin Mongolian Autonomous Prefecture	95.8	43.0	44.9
博尔塔拉蒙古自治州	Bortala Mongolian Autonomous Prefecture	38.6	16.0	41.5
克孜勒苏柯尔克孜自治州	Kizlsu Kirgiz Autonomous Prefecture	41.5	39.4	94.9
昌吉回族自治州	Changji Hui Autonomous Prefecture	114.0	33.6	29.4
伊犁哈萨克自治州	Ili Kazak Autonomous Prefecture	371.6	205.0	55.2
河 北	**Hebei**			
孟村回族自治县	Mengcun Hui Autonomous County	17.0	4.2	24.7
大厂回族自治县	Dachang Hui Autonomous County	10.9	2.3	21.4
青龙满族自治县	Qinglong Manchu Autonomous County	51.1	32.6	63.8
丰宁满族自治县	Fengning Manchu Autonomous County	36.8	23.8	64.7
围场满族蒙古族自治县	Weichang Manchu and Mongolian Autonomous County	50.1	25.3	50.5
宽城满族自治县	Kuancheng Manchu Autonomous County	23.3	14.5	62.2
内蒙古	**Inner Mongolia**			
鄂伦春自治旗	Oroqen Autonomous Qi	32.0	3.0	9.4
鄂温克族自治旗	Ewenki Autonomous Qi	14.2	5.4	38.0
莫力达瓦达斡尔族自治旗	Morindawa Daur Autonomous Qi	28.3	5.3	18.7
辽 宁	**Liaoning**			
喀喇沁左翼蒙古族自治县	Harqin Zuoyi Mongolian Autonomous County	41.5	7.5	18.1
阜新蒙古族自治县	Fuxin Mongolian Autonomous County	72.6	14.4	19.8
新宾满族自治县	Xinbin Manchu Autonomous County	31.4	22.9	72.9
岫岩满族自治县	Xiuyan Manchu Autonomous County	49.3	43.8	88.8
清原满族自治县	Qingyuan Manchu Autonomous County	34.9	20.5	58.7
本溪满族自治县	Benxi Manchu Autonomous County	30.0	17.5	58.3
桓仁满族自治县	Huanren Manchu Autonomous County	30.6	15.2	49.7
宽甸满族自治县	Kuandian Manchu Autonomous County	44.8	23.7	52.9

Main Data about Autonomous Region, Autonomous Prefecture and Autonomous County (Qi) in China (1996) (Ⅱ)

工农业总产值（亿元）Gross Output Value of Agriculture and Industry			人均工农业总产值（元）Gross Output Value of Industry and Agriculture Per Capita	农民人均纯收入（元）Peasant's Net Income Per Capita	财政收支（万元）Revenue and Expenditure		
	农业 Agriculture	工业 Industry			财政收入 Revenue	财政支出 Expenditure	收支差额 Balance
12.2	7.6	4.7	3 198	912	4 677	18 057	−13 380
5.4	3.8	1.5	2 822	662	3 957	14 784	−10 827
10.3	6.3	4.0	4 070	1 600	5 202	13 593	−8 391
2.5	1.8	0.7	1 972	1 020	2 978	12 578	−9 600
19.8	4.3	15.4	6 356	1 373	9 252	26 081	−16 829
84.0	27.0	57.0	8 771	1 524	36 692	67 984	−31 292
19.4	12.9	6.5	5 015	1 951	9 105	21 418	−12 313
3.1	1.9	1.2	742	856	2 596	26 874	−24 278
74.7	30.5	44.2	6 557	3 370	34 071	58 701	−24 630
48.2	48.2		1 297	1 475	59 004	164 375	−105 371
4.74	2.81	1.93	2 788	1 758	1 495	4 030	−2 535
14.65	4.33	10.32	13 440	3 384	3 074	4 961	−1 887
11.62	9.76	1.86	2 274	1 672	4 070	9 353	−5 283
13.03	8.36	4.67	3 541	1 197	2 588	7 876	−5 288
14.47	9.78	4.69	2 888	1 757	3 380	8 337	4 957
8.27	3.45	4.82	3 549	1 615	2 324	5 605	−3 281
7.24	4.98	2.26	2 263	1 754	6 543	8 398	−1 855
8.47	3.29	5.19	5 965	2 385	5 618	8 829	−3 211
12.54	9.40	3.14	4 431	1 987	6 724	12 178	−5 454
13.3	9.39	3.91	3 205	1 678	4 824	12 067	−7 243
26.81	21.08	5.73	3 693	1 905	12 447	17 481	−5 034
15.21	6.58	8.63	4 844	1 430	4 202	11 181	−6 979
17.08	8.08	9.00	3 465	1 862	4 649	14 118	−9 469
13.75	6.74	7.01	3 940	1 658	4 249	11 746	−7 497
16.91	5.55	11.36	5 637	1 900	6 138	13 347	−7 209
11.93	5.62	6.31	3 899	1 840	4 715	10 587	−5 872
19.31	6.71	12.60	4 310	1 500	10 315	17 866	−7 551

全国民族自治区、自治州、自治县(旗)基本情况(1996年)(三)

地区	Region	年末总人口(万人) Total Population at Year-End	#少数民族 Minority Popu－lation	少数民族占总人口% Minority Population As% of Total Population
吉　林	**Jilin**			
前郭尔罗斯蒙古族自治县	Qian Gorlos Mongolian Autonomous County	52.6	5.6	10.6
长白朝鲜族自治县	Changbai Korean Autonomous County	8.7	1.6	18.4
伊通满族自治县	Yitong Manchu Autonomous County	45.6	17.0	37.3
黑龙江	**Heilongjiang**			
杜尔伯特蒙古族自治县	Dorbod Mongolian Autonomous County	24.6	5.2	21.1
浙　江	**Zhejiang**			
景宁畲族自治县	Jingning She Autonomous County	17.4	1.7	9.8
湖　北	**Hubei**			
长阳土家族自治县	Changyang Tujia Autonomous County	42.4	21.1	49.8
五峰土家族自治县	Wufeng Tujia Autonomous County	20.9	14.1	67.6
湖　南	**Hunan**			
通道侗族自治县	Tongdao Dong Autonomous County	21.3	15.0	70.4
江华瑶族自治县	Jianghua Yao Autonomous County	43.6	25.3	58.0
城步苗族自治县	Chengbu Miao Autonomous County	24.7	14.1	57.1
新晃侗族自治县	Xinhuang Dong Autonomous County	24.9	20.7	83.1
芷江侗族自治县	Zhjijang Dong Autonomous County	34.2	19.8	57.9
靖州苗族侗族自治县	Jingzhou Miao and Dong Autonomous County	24.7	14.9	60.3
麻阳苗族自治县	Mayang Miao Autonomous County	34.9	26.8	76.8
广　东	**Guangdong**			
连南瑶族自治县	Liannan Yao Autonomous County	14.5	7.6	52.4
连山壮族瑶族自治县	Lianshan Zhuang and Yao Autonomous County	10.9	7.1	65.1
乳源瑶族自治县	Ruyuan Yao Autonomous County	19.1	2.2	11.5
广　西	**Guangxi**			
龙胜各族自治县	Longsheng Gezu Autonomous County	16.7	12.8	76.6
金秀瑶族自治县	Jinxiu Yao Autonomous County	14.5	11.3	77.9
融水苗族自治县	Rongshui Miao Autonomous County	45.6	32.6	71.5
三江侗族自治县	Sanjiang Dong Autonomous County	33.4	27.3	81.7
隆林各族自治县	Longlin Gezu Autonomous County	34.4	27.6	80.2
都安瑶族自治县	Duan Yao Autonomous County	61.9	60.2	97.3
巴马瑶族自治县	Bama Yao Autonomous County	23.2	19.8	85.3
富川瑶族自治县	Fuchuan Yao Autonomous County	28.1	13.4	47.7
罗城仫佬族自治县	Luocheng Mulao Autonomous County	35.3	25.6	72.5
环江毛南族自治县	Huanjiang Maonan Autonomous County	33.1	30.4	91.8

Main Data about Autonomous Region, Autonomous Prefecture and Autonomous Couty(Qi) in China(1996)(Ⅲ)

工农业总产值(亿元) Gross Output Value of Agriculture and Industry	农业 Agriculture	工业 Industry	人均工农业总产值(元) Gross Output Value of Industry and Agriculture Per Capita	农民人均纯收入(元) Peasant's Net Income Per Capita	财政收支(万元) Revenue and Expenditure		
					财政收入 Revenue	财政支出 Expenditure	收支差额 Balance
36.38	23.29	13.09	6 916	2 200	10 168	19 998	−9 830
5.77	3.01	2.76	6 632	2 486	2 467	5 633	−3 166
19.64	14.72	4.92	4 307	2 151	6 649	8 977	−2 328
11.87	8.60	3.27	4 825	1 193	8 590	8 529	61
7.45	3.62	3.83	4 282	787	1 872	7 797	−5 925
20.27	5.32	14.95	4 781	1 179	7 124	9 827	−2 703
4.21	2.08	2.13	2 018	1 015	2 510	6 569	−4 059
4.66	3.44	1.22	2 188	805	3 149	4 678	−1 529
13.25	10.26	2.99	3 039	792	6 336	7 387	−1 051
6.24	3.54	2.70	2 526	879	2 905	6 819	−3 914
7.72	3.60	4.12	3 110	1 114	3 035	6 654	−3 619
12.82	7.78	5.04	3 749	1 667	4 739	6 823	−2 084
10.10	5.76	4.34	4 089	1 535	6 229	6 733	−504
7.75	4.51	3.24	2 221	1 048	3 855	7 013	−3 158
4.51	2.38	2.13	3 110	1 294	1 046	10 055	−9 009
4.38	2.56	1.82	4 018	1 433	1 669	9 484	−7 815
6.26	2.85	3.41	3 277	1 600	3 289	12 959	−9 670
6.03	3.91	2.12	3 611	1 602	3 588	5 728	−2 140
4.15	2.94	1.21	2 862	1 362	1 677	3 778	−2 101
8.85	6.05	2.80	1 941	1 421	4 389	9 073	−4 684
4.37	3.08	1.29	1 308	1 226	1 921	6 401	−4 480
4.12	2.75	1.37	1 198	1 088	5 444	8 521	−3 077
6.58	5.37	1.21	1 063	821	2 074	7 269	−5 195
5.11	4.11	1.00	2 203		1 482	4 245	−2 763
11.91	8.24	3.67	4 238	1 729	3 954	7 420	−3 466
9.30	6.14	3.16	2 635	1 489	3 281	7 704	−4 423
14.63	6.32	8.31	4 420	1 176	3 999	6 585	−2 586

全国民族自治区、自治州、自治县(旗)基本情况(1996年)(四)

地区	Region	年末总人口(万人) Total Population at Year-End	#少数民族 Minority Population	少数民族占总人口% Minority Population As % of Total Population
大化瑶族自治县	Dahua Yao Autonomous County	41.0	37.6	91.7
恭城瑶族自治县	Gongcheng Yao Autonomous County	27.6	15.1	54.7
海南	**Hainan**			
乐东黎族自治县	Ledong Li Autonomous County	45.4	17.7	39.0
东方黎族自治县	Dongfang Li Autonomous County	34.2	7.3	21.3
琼中黎族苗族自治县	Qiongzhong Li and Miao Autonomous County	19.7	9.0	45.7
保亭黎族苗族自治县	Baoting Li and Miao Autonomous County	15.2	9.9	65.1
昌江黎族自治县	Changjiang Li Autonomous County	22.0	8.0	36.4
白沙黎族自治县	Baisha Li Autonomous County	16.8	10.3	61.3
陵水黎族自治县	Lingshui Li Autonomous County	30.8	24.1	78.2
四　川	**Sichuan**			
木里藏族自治县	Muli Tibetan Autonomous County	11.9	8.9	74.8
秀山土家族苗族自治县	Xiushan Tujia and Miao Autonomous County			
酉阳土家族苗族自治县	Youyang Tujia and Miao Autonomous County			
峨边彝族自治县	Ebian Yi Autonomous County	14.1	3.6	25.2
马边彝族自治县	Mabian Yi Autonomous County	16.7	6.1	36.3
彭水苗族土家族自治县	Pengshui Miao and Tujia Autonomous County			
黔江土家族苗族自治县	Qianjiang Tujia and Miao Autonomous County			
石柱土家族自治县	Shizhu Tujia Autonomous County			
贵　州	**Guizhou**			
威宁彝族回族苗族自治县	Weining Yi,Hui and Miao Autonomous County	94.9	24.7	26.0
松桃苗族自治县	Songtao Miao Autonomous County	57.3	22.7	39.6
三都水族自治县	Sandu Shui Autonomous County	28.7	27.5	95.8
镇宁布依族苗族自治县	Zhenning Bouyei and Miao Autonomous County	32.3	23.2	71.8
紫云苗族布依族自治县	Ziyun Miao and Bouyei Autonomous County	31.3	18.3	58.5
关岭布依族苗族自治县	Guanling Bouyei and Miao Autonomous County	29.6	19.2	64.9
玉屏侗族自治县	Yuping Dong Autonomous County	12.7	8.3	65.4
印江土家族苗族自治县	Yinjiang Tujia and Miao Autonomous County	37.2	24.3	65.3
沿河土家族自治县	Yanhe Tujia Autonomous County	49.8	25.5	51.2

Main Data about Autonomous Region, Autonomous Prefecture and Autonomous County(Qi) in China(1996)(Ⅳ)

工农业总产值（亿元）Gross Output Value of Agriculture and Industry			人均工农业总产值（元）Gross Output Value of Industry and Agriculture Per Capita	农民人均纯收入（元）Peasant's Net Income Per Capita	财政收支(万元) Revenue and Expenditure		
	农 业 Agriculture	工 业 Industry			财政收入 Revenue	财政支出 Expenditure	收支差额 Balance
9.97	3.00	6.97	2 432	768	7 435	11 008	−3 573
18.27	10.29	7.98	6 620	2 537	3 718	5 803	−2 085
13.11	12.11	1.00	2 888	1 086	4 096	8 782	−4 686
11.68	7.19	4.49	3 415	1 599	5 940	9 820	−3 880
3.62	3.39	0.23	1 838	765	2 185	6 318	−4 133
2.43	2.12	0.31	1 599	737	2 185	5 609	−3 424
11.50	5.82	5.68	5 227	1 049	6 329	11 147	−4 818
5.76	4.42	1.34	3 429	1 329	3 365	6 420	−3 055
8.62	6.86	1.76	2 799	1 052	3 769	6 970	−3 201
2.64	1.26	1.38	2 218	638	2 950	4 126	−1 176
5.58	1.79	3.79	3 946	1 188	2 380	3 984	−1 604
3.28	2.41	0.87	1 961	946	2 085	3 550	−1 465
13.37	10.71	3.02	1 447	900	8 475	13 378	−4 903
9.62	8.57	1.05	1 679	976	1 988	5 891	−3 903
4.97	3.47	1.50	1 732	751	1 439	3 492	−2 053
4.80	3.16	1.64	1 486	1 055	1 918	4 282	−2 364
4.41	4.13	0.28	1 409	1 009	1 301	3 431	−2 130
4.72	3.70	1.02	1 595	1 025	1 618	3 896	−2 278
6.17	2.25	3.92	4 858	1 257	1 129	2 761	−1 632
5.38	4.81	0.57	1 446	800	2 422	6 515	−4 093
6.18	5.57	0.61	1 241	610	2 328	5 818	−3 490

全国民族自治区、自治州、自治县(旗)基本情况(1996年)(五)

地 区	Region	年末总人口(万人) Total Population at Year-End	#少数民族 Minority Popu-lation	少数民族占总人口% Minority Population As% of Total Population
贵 州	**Guizhou**			
务川仡佬族苗族自治县	Wuchuan Gelao and Miao Autonomous County	37.6	29.8	79.3
道真仡佬族苗族自治县	Daozhen Gelao and Miao Autonomous County	30.6	19.3	63.1
云 南	**Yunnan**			
峨山彝族自治县	Eshan Yi Autonomous County	14.2	8.9	62.7
澜沧拉祜族自治县	Lancang Lahu Autonomous County	45.6	35.1	77.0
江城哈尼族彝族自治县	Jiangcheng Hani and Yi Autonomous County	9.1	7.4	81.3
孟连傣族拉祜族佤族自治县	Menglian Dai, Lahu and Va Autonomous County	10.5	9.2	87.6
耿马傣族佤族自治县	Gengma Dai and Va Autonomous County	23.8	12.2	51.3
宁蒗彝族自治县	Ninglang Yi Autonomous County	21.8	17.2	78.9
贡山独龙族怒族自治县	Gongshan Dulong and Nu Autonomous County	3.3	3.2	97.0
巍山彝族回族自治县	Weishan Yi and Hui Autonomous County	28.8	12.3	42.7
路南彝族自治县	Lunan Yi Autonomous County	21.2	7.1	33.5
丽江纳西族自治县	Lijiang Naxi Autonomous County	33.5	27.9	83.3
屏边苗族自治县	Pingbian Miao Autonomous County	14.2	8.6	60.6
河口瑶族自治县	Hekou Yao Autonomous County	7.6	4.8	63.2
沧源佤族自治县	Cangyuan Va Autonomous County	15.6	14.5	92.9
西盟佤族自治县	Ximeng Va Autonomous County	8.1	7.6	93.8
南涧彝族自治县	Nanjian Yi Autonomous County	20.7	10.1	48.8
墨江哈尼族自治县	Mojiang Hani Autonomous County	35.5	25.9	73.0
寻甸回族彝族自治县	Xundian Hui and Yi Autonomous County	47.0	10.1	21.5
元江哈尼族彝族傣族自治县	Yuanjiang Hani,Yi and Dai Autonomous County	18.4	14.5	78.8
新平彝族傣族自治县	Xinping Yi and Dai Autonomous County	25.5	17.8	69.8
维西傈僳族自治县	Weixi Lisu Autonomous County	14.2	11.8	83.1
漾濞彝族自治县	Yangbi Yi Autonomous County	9.7	6.1	62.9
禄劝彝族苗族自治县	Luquan Yi and Miao Autonomous County	44.2	13.4	30.3
金平苗族瑶族傣族自治县	Jinping Miao,Yao and Dai Autonomous County	30.5	26.1	85.6

Main Data about Autonomous Region, Autonomous Prefecture and Autonomous County(Qi) in China(1996)(Ⅴ)

工农业总产值(亿元) Gross Output Value of Agriculture and Industry			人均工农业总产值(元) Gross Output Value of Industry and Agriculture Per Capita	农民人均纯收入(元) Peasant's Net Income Per Capita	财政收支(万元) Revenue and Expenditure		
	农业 Agriculture	工业 Industry			财政收入 Revenue	财政支出 Expenditure	收支差额 Balance
7.93	3.89	4.04	2 109	1 174	3 589	5 006	−1 417
19.80	4.63	15.17	6 471	789	2 997	4 863	−1 866
6.16	2.82	3.34	4 338	1 614	4 376	14 562	−10 186
6.52	4.21	2.31	1 430	516	1 747	10 785	−9 038
1.46	1.02	0.44	1 604	382	415	5 241	−4 826
2.14	1.29	0.85	2 038	510	1 148	5 559	−4 411
8.72	5.37	3.35	3 664	635	4 952	9 591	−4 639
2.58	1.76	0.82	1 183	357	11 558	10 403	1 155
0.62	0.51	0.11	1 879	487	176	3 315	−3 139
6.64	5.79	0.85	2 306	872	176	3 315	−3 139
6.54	5.00	1.54	3 085	1 282	4 355	9 429	−5 074
8.35	4.71	3.64	2 493	723	3 644	19 344	−15 700
2.28	1.49	0.79	1 606	452	1 003	4 868	−3 865
1.84	1.44	0.40	2 421	500	2 240	5 556	−3 316
3.39	2.43	0.96	2 173	445	1 214	5 765	−4 551
0.55	0.37	0.18	679	274	197	7 070	−6 873
4.30	4.06	0.24	2 077	1 089	4 781	8 563	−3 782
3.51	2.28	1.23	989	313	1 958	8 722	−6 764
8.49	6.89	1.60	1 806	650	9 682	15 518	−5 836
7.77	4.20	3.57	4 223	1 246	3 468	15 603	−12 135
8.31	4.36	3.95	3 259	1 185	5 310	18 750	−13 440
2.29	1.86	0.43	1 613	444	1 639	8 644	−7 005
1.84	1.16	0.68	1 897	726	1 632	4 795	−3 163
8.74	7.34	1.40	1 977	713	6 958	17 662	−10 704
3.19	2.52	0.67	1 046	379	1 522	7 568	−6 046

全国民族自治区、自治州、自治县(旗)基本情况(1996年)(六)

地　区	Region	年末总人口(万人) Total Population at Year-End	#少数民族 Minority Popu－lation	少数民族占总人口% Minority Population As% of Total Population
云　南	**Yunnan**			
普洱哈尼族彝族自治县	Puer Hani and Yi Autonomous County	18.5	9.5	51.4
景东彝族自治县	Jingdong Yi Autonomous County	34.5	15.9	46.1
景谷傣族彝族自治县	Jinggu Dai and Yi Autonomous County	28.5	13.2	46.3
双江拉祜族佤族布朗族傣族自治县	Shuangjiang Lahu,Va, Blang and Dai Autonomous County Autonomous County	15.8	7.0	44.3
兰坪白族普米族自治县	Lanping Bai and Pumi Autonomous County	18.4	17.2	93.5
镇沅彝族哈尼族拉祜族自治县	Zhenyuan Yi,Hani and Lahu Autonomous County	20.1	10.3	51.2
甘　肃	**Gansu**			
天祝藏族自治县	Tianzhu Tibetan Autonomous County	22.1	7.4	33.5
肃北蒙古族自治县	Subei Mongolian Autonomous County	1.1	0.5	39.8
东乡族自治县	Dongxiang Autonomous County	24.5	21.2	86.3
张家川回族自治县	Zhangjiachuan Hui Autonomous County	28.5	19.6	68.8
肃南裕固族自治县	Sunan Yugur Autonomous County	3.6	2.0	55.6
阿克塞哈萨克族自治县	Aksay Kazak Autonomous County	0.8	0.3	38.0
积石山保安族东乡族撒拉族自治县	Jishishan Baoan,Dongxiang and Salar Autonomous County	21.6	11.5	53.2
青　海	**Qinghai**			
门源回族自治县	Menyuan Hui Autonomous County	14.2	8.3	58.6
互助土族自治县	Huzhu Tu Autonomous County	36.4	8.9	24.3
化隆回族自治县	Hualong Hui Autonomous County	21.9	17.1	78.1
循化撒拉族自治县	Xunhua Salar Autonomous County	10.9	10.1	92.4
河南蒙古族自治县	Henan Mongolian Autonomous County	2.7	2.5	92.6
民和回族土族自治县	Minhe Hui and Tu Autonomous County	35.8	19.3	53.9
大通回族土族自治县	Datong Hui and Tu Autonomous County	40.8	17.8	43.7
新　疆	**Xinjiang**			
焉耆回族自治县	Yanqi Hui Autonomous County	11.2	6.1	54.9
察布查尔锡伯自治县	Qapaqal Xibe Autonomous County	15.9	10.2	64.0
木垒哈萨克自治县	Mori Kazak Autonomous County	8.7	2.6	29.7
和布克赛尔蒙古自治县	Hoboksar Mongolian Autonomous County	4.8	3.1	64.6
塔什库尔干塔吉克自治县	Taxkorgan Tajik Autonomous County	2.9	2.7	96.1
巴里坤哈萨克自治县	Barkol Kazak Autonomous County	10.1	3.1	30.9

Main Data about Autonomous Region, Autonomous Prefecture and Autonomous County(Qi) in China(1996)(Ⅵ)

工农业总产值(亿元) Gross Output Value of Agriculture and Industry	农业 Agriculture	工业 Industry	人均工农业总产值(元) Gross Output Value of Industry and Agriculture Per Capita	农民人均纯收入(元) Peasant's Net Income Per Capita	财政收支(万元) Revenue and Expenditure 财政收入 Revenue	财政支出 Expenditure	收支差额 Balance
3.69	2.00	1.69	1 995	753	2 795	7 134	-4 339
6.87	5.10	1.77	1 991	600	3 053	9 280	-6 227
5.98	2.71	3.27	2 098	768	4 536	8 080	-3 544
2.76	1.74	1.02	1 747	411	1 299	5 369	-4 070
4.10	1.37	2.73	2 228	632	3 531	9 783	-6 252
3.57	2.18	1.39	1 777	529	2 350	7 137	-4 787
2.00	1.65	0.35	905	713	2 423	5 227	-2 804
0.91	0.37	0.54	8 053	3 298	1 188	1 926	-738
1.16	0.98	0.18	473	417	349	3 439	-3 090
3.41	2.39	1.02	1 196	855	1 518	4 821	-3 303
1.76	1.08	0.68	4 889	2 320	1 572	2 998	-1 426
1.28	0.13	1.15	16 203	3 115	1 150	2 655	-1 505
0.94	0.80	0.14	436	526	309	3 527	-3 218
3.97	2.82	1.15	2 800	1 400	1 547	3 235	-1 688
9.82	6.15	3.67	2 702	760	3 003	9 232	-6 229
2.99	2.01	0.98	1 365	761	973	5 392	-4 419
1.15	0.92	0.23	1 055	530	476	3 471	-2 995
1.14	1.06	0.08	4 191	930	365	1 816	-1 451
7.52	3.51	4.01	2 103	757	2 077	7 147	-5 070
6.80	4.50	2.32	1 672	982	4 005	10 050	-6 045
1.18	0.01	1.17	1 057	1 598	1 544	5 032	-3 488
2.20	1.67	0.53	1 385	879	788	5 085	-4 297
2.23	1.47	0.76	2 551	996	660	4 282	-3 622
1.45	0.20	1.25	3 021	1 170	1 185	4 067	-2 882
1.07	1.02	0.05	3 754	528	163	2 120	-1 957
2.07	1.09	0.98	2 052	1 085	586	4 866	-4 280

全国民族乡基本情况(1996年)
National Ethnic Town(1996)

地 区 Region	民族乡(个) Ethnic Township	#实际汇总数 Real Collected Number	年末总人口(万人) Total Popul-ation (year-end)	#少数民族人口 Minority Popul-ation	农业总产值(亿元) Gross Output Value of Agricul-ture	工业总产值(亿元) Gross Output Value of Industry	粮食总产量(万吨) Output of Grain Crops	财政收入(万元) Revenues	财政支出(万元) Expend-itures
全 国 National	1 272	1 264	1 714.58	889.13	326.34	451.45	953.93	141 068	166 668
北 京 Beijing	5	5	3.32	1.36	1.02	2.81	3.13	1 319	1 297
天 津 Tianjin	2	2	1.76	0.49	0.39	3.62	0.78	537	535
河 北 Hebei	54	54	85.52	31.67	23.36	38.00	56.48	6 448	4 680
内蒙古 Inner Mongolia	19	19	12.54	4.10	4.51	3.39	16.71	2 417	2 021
辽 宁 Liaoning	142	135	245.58	128.69	68.33	174.95	133.48	25 068	26 330
吉 林 Jilin	33	33	44.57	16.72	10.88	8.77	59.40	3 681	3 984
黑龙江 Heilongjiang	69	68	96.20	40.46	46.66	56.25	189.96	11 585	9 566
江 苏 Jiangsu	1	1	2.23	0.66	1.15	3.12	1.74	434	434
浙 江 Zhejiang	18	18	16.50	3.75	3.46	6.53	7.76	1 724	1 906
安 徽 Anhui	8	8	13.37	4.47	2.96	9.44	11.24	879	825
福 建 Fujian	17	17	30.29	11.50	9.15	26.03	15.07	5 020	5 180
江 西 Jiangxi	3	3	0.69	0.27	0.13	0.22	0.25	236	128
山 东 Shandong	7	7	14.31	3.04	5.52	4.78	11.25	3 084	2 421
河 南 Henan	20	20	51.74	13.15	5.30	28.84	17.74	5 454	4 086
湖 北 Hubei	11	11	14.26	7.39	2.92	3.50	7.99	1 213	1 034
湖 南 Hunan	87	87	70.00	50.77	10.64	10.88	27.61	6 209	5 471
广 东 Guangdong	6	6	5.53	2.51	1.92	0.81	2.43	672	747
广 西 Cuangxi	62	62	91.98	70.49	15.97	16.71	29.29	4 467	6 244
海 南 Hainan	12	12	11.40	8.62	5.42	1.48	4.56	1 495	1 880
四 川 Sichuan	119	119	63.04	28.99	8.57	10.47	26.90	4 137	4 819
贵 州 Guizhou	254	254	433.66	219.93	45.92	19.22	136.25	26 919	23 714
云 南 Yunnan	197	197	322.28	190.52	39.85	16.08	104.15	23 763	43 182
西 藏 Tibet	8	8	0.34	0.30			0.12		
陕 西 Shaanxi	4	4	1.92	0.90	0.17	0.08	0.07	51	81
甘 肃 Gansu	38	38	28.33	18.32	1.98	2.38	9.25	963	10 923
青 海 Qinghai	34	34	27.87	15.90	3.44	0.57	15.87		
新 疆 Xinjiang	42	42	25.33	14.19	6.73	2.50	64.55	3 293	5 181

主要统计指标解释

国内生产总值 是按市场价格计算的国内生产总值的简称。它是一个国家(地区)所有常驻单位在一定时期内生产活动的最终成果。国内生产总值有三种表现形态:即价值形态、收入形态和产品形态。从价值形态看,它是所有常驻单位在一定时期内所生产的全部货物和服务价值超过同期投入的全部非固定资产货物和服务价值的差额,即所有常驻单位的增加值之和;从收入形态看,它是所有常驻单位在一定时期内所创造并分配给常驻单位和非常驻单位的初次分配收入之和;从产品形态看,它是最终使用的货物和服务减去进口货物和服务。在实际核算中,国内生产总值的三种表现形态表现为三种计算方法,即生产法、收入法和支出法。三种方法分别从不同的方面反映国内生产总值及其构成。

国民生产总值 是按市场价格计算的国民生产总值的简称。它是一个国家所有常驻单位在一定时期内收入初次分配的最终成果。一国常驻单位从事生产活动所创造的增加值在初次分配过程中主要分配给该国的常驻单位,但也有一部分以劳动者报酬和财产收入等形式分配给该国的非常驻单位,同时,国外生产所创造的增加值也有一部分以劳动者报酬和财产收入等形式分配给该国的常驻单位从而产生了国民生产总值概念,它等于国内生产总值加上来自国外的劳动者报酬和财产收入减去付给国外的劳动者报酬和财产收入。与国内生产总值不同,国内生产总值是一个生产概念,而国民生产总值则是个收入概念。

国民生产总值同社会总产值、国民收入的区别,从核算范围看,社会总产值和国民收入都只计算物质生产部门的劳动成果,而国民生产总值除计算物质生产部门劳动成果外,还计算非物质生产部门的劳动成果。从这三个指标的价值构成看,社会总产值计算了社会产品的全部价值;国民生产总值计算在生产产品和提供劳务过程中增加的价值,即增加值,不计算中间产品和中间劳务投入的价值;而国民收入除了不计算中间产品价值外,还不包括固定资产折旧价值,即只计算净产值。

当年价格 指报告期的实际价格,如工厂的出厂价格,农产品的收购价格,商业的零售价格等。使用当年价格计算的数字,是为了使国民经济各项指标互相衔接,便于考察当年社会经济效益,便于对生产和流通、生产和分配、生产和消费进行经济核算和综合平衡。

按当年价格计算的价值指标,在不同年份之间进行对比时,因为包含有各年间价格变动的因素,不能确切地反映实物量的增减变动。必须消除价格变动因素后,才能真实反映经济发展动态。因此,在计算增长速度时都使用按可比价格计算的数字。

不变价格 指用同类产品的年平均价格作为固定价格,来计算各年产品价值。按不变价格计算的产品价值消除了价格变动因素,不同时期对比可以反映生产的发展速度。新中国成立后,随着工农业产品价格水平的变化,国家统计局先后五次制定了全国统一的工业产品不变价格和农业产品不变价格,从1949年到1957年使用1952年工(农)业产品不变价格,从1957年到1971年使用1957年不变价格,从1971年到1981年使用1970年不变价格,从1981年到1990年使用1980年不变价格,从1990年开始使用1990年不变价格。

平均每年增长速度 在我国计算平均增长速度有两种方法,一种是习惯上经常使用的“水平法”,又称几何平均法,是以间隔期最后一年的水平同基期水平对比来计算平均每年增长(或下降)速度。另一种是"累计法",又称代数平均法或方程法,是以间隔期内各年水平的总和同基期水平对比来计算平均每年增长(或下降)速度。

在一般正常情况下,两种方法计算的平均每年增长速度比较接近,但在经济发展不平衡,出现大起大落时,两种方法计算的结果差别较大。

本《年鉴》内所列的平均每年增长速度,除固定资产投资是用"累计法"计算以外,其余均用"水平法"计算。从某年到某年平均增长速度的年份,均不包括基期年在内。如建国43年的平均增长速度是以1949年为基期计算的,则写为1950—1992年平均增长速度,余此类推。

国有经济单位 指生产资料归国家所有的各种企业、事业单位,以及各级国家机关、人民团体等单位。

集体经济单位 指生产资料归公民集体所有的各种企业、事业单位。包括农村各种经济组织经营的农、林、牧、副、渔业,乡、村经营的企业、事业单位;城市、县、镇以及街道举办的集体经济性质的企业、事业单位。

三次产业 根据社会生产活动历史发展的顺序对产业结构的划分,产品直接取自自然界的部门称为第一产业,对初级产品进行再加工的部门称为第二产业,为生产和消费提供各种服务的部门称为第三产业。它是世界上通用的产业结构分类,但各国的划分不一致,我国的三次产业划分是:

第一产业:农业(包括种植业、林业、牧业、副业和渔业)。

第二产业:工业(包括采掘工业、制造业、自来水、电力、蒸气、热水、煤气)和建筑业。

第三产业:除第一、第二产业以外的其他各业。由于第三产业包括的行业多、范围广,根据我国的实际情况,第三产业可分为两大部门,一是流通部门,二是服务部门。具体又可分为四个层次。

第一层次:流通部门,包括交通运输业、邮电通讯业、商业、饮食业、物资供销和仓储业。

第二层次:为生产和生活服务的部门,包括金融、保险业,地质普查业,房地产、公用事业,居民服务业,咨询服务业和综合技术服务业,农、林、牧、渔、水利服务业和水利业,公路、内河(湖)航道养护业等。

第三层次:为提高科学文化水平和居民素质服务的部门,包括教育、文化、广播电视、科学研究、卫生、体育和社会福利事业等。

第四层次:为社会公共需要服务的部门,包括国家机关、政党机关、社会团体,以及军队和警察等。

二、人口、从业人员
POPULATION AND EMPLOYMENT STAFF

全国少数民族人口(一)

Population of China's Ethnics (Ⅰ)

单位:人 (Person)

民族 Ethnic	历次普查人口数 Census			
	1953年	1964年	1982年	1990年
全国总计 Total	**577 856 141**	**691 220 104**	**1 003 913 927**	**1 130 510 638**
汉　族 Han	542 824 056	651 296 368	936 674 944	1 039 187 548
少数民族合计 Total Minority Population	**34 013 782**	**39 883 909**	**66 434 341**	**90 567 245**
少数民族占全国比重(%)As %of Total Population	5.89	5.77	6.62	8.01
蒙古族 Mongolian	1 451 035	1 965 766	3 411 367	4 802 407
回　族 Hui	3 530 498	4 473 147	7 228 398	8 612 001
藏　族 Tibetan	2 753 081	2 501 174	3 847 875	4 593 072
维吾尔族 Uygur	3 610 462	3 996 311	5 963 491	7 207 024
苗　族 Miao	2 490 874	2 782 088	5 021 175	7 383 622
彝　族 Yi	3 227 750	3 380 960	5 453 564	6 578 524
壮　族 Zhuang	6 864 585	8 386 140	13 383 086	15 555 820
布依族 Bouyei	1 237 714	1 348 055	2 119 345	2 548 294
朝鲜族 Korean	1 111 275	1 339 569	1 765 204	1 923 361
满　族 Manchu	2 399 228	2 695 675	4 304 981	9 846 776
侗　族 Dong	712 802	836 123	1 426 400	2 508 624
瑶　族 Yao	665 933	857 265	1 411 967	2 137 033
白　族 Bai	567 119	706 623	1 132 224	1 598 052
土家族 Tujia		524 755	2 836 814	5 725 049
哈尼族 Hani	481 220	628 727	1 058 806	1 254 800
哈萨克族 Kazak	509 375	491 637	907 546	1 110 758
傣　族 Dai	478 966	535 389	839 496	1 025 402
黎　族 Li	360 950	438 813	887 107	1 112 498
傈僳族 Lisu	317 465	270 628	481 884	574 589
佤　族 Va	286 158	200 272	298 611	351 980
畲　族 She		234 167	371 965	634 700
高山族 Gaoshan	329	366	1 650	2 877
拉祜族 Lahu	139 060	191 241	304 256	411 545
水　族 Shui	133 566	156 099	286 908	347 116
东乡族 Dongxiang	155 761	147 443	279 523	373 669
纳西族 Naxi	143 453	156 796	251 592	277 750
景颇族 Jingpo	101 852	57 762	92 976	119 276

注:1. 各年度人口数均为中国大陆人口普查数,不包括现役军人。

2. 少数民族人口合计数中不包括其他未识别的民族人口和外国人加入中国籍人口数。

3. 1982年人口数未包括西藏间接调查的28 601人,据有关资料计算,如包括间接调查人口数,1982年门巴族约为624人,珞巴族约为2 065人。

全国少数民族人口(二)

Population of China's Ethnics (Ⅱ)

单位:人　　(Person)

民 族 Ethnic	历 次 普 查 人 口 数 Census			
	1953年	1964年	1982年	1990年
柯尔克孜族 Kirgiz	70 944	70 151	113 386	143 537
土　族 Tu	53 277	77 349	159 632	192 568
达斡尔族 Daur		63 394	94 126	121 463
仫佬族 Mulao		52 819	90 357	160 648
羌　族 Qiang	35 660	49 105	102 815	198 303
布朗族 Blang		39 411	58 473	82 398
撒拉族 Salar	30 658	34 664	69 135	87 546
毛南族 Maonan		22 382	38 159	72 370
仡佬族 Gelao		26 852	54 164	438 192
锡伯族 Xibe	19 022	33 438	83 683	172 932
阿昌族 Achang		12 032	20 433	27 718
普米族 Pumi		14 298	24 238	29 721
塔吉克族 Tajik	14 462	16 236	26 600	33 223
怒　族 Nu		15 047	22 896	27 190
乌孜别克族 Uzbek	13 626	7 717	12 213	14 763
俄罗斯族 Russian	22 656	1 326	2 917	13 500
鄂温克族 Ewenki	4 957	9 681	19 398	26 379
德昂族 De'ang		7 261	12 297	15 461
保安族 Baoan	4 957	5 125	9 017	11 683
裕固族 Yugur	3 861	5 717	10 568	12 293
京　族 Jing		4 293	13 108	18 749
塔塔尔族 Tatar	6 929	2 294	4 122	5 064
独龙族 Dulong		3 090	4 633	5 825
鄂伦春族 Oroqen	2 262	2 709	4 103	7 004
赫哲族 Hezhe		718	1 489	4 254
门巴族 Monba		3 809	1 140	7 498
珞巴族 Lhoba			1 066	2 322
基诺族 Jino			11 962	18 022
其他未识别民族 Unknown Ethnics	1 017 299	32 411	799 705	752 347
外国人加入中国籍 Foreigner with Chinese citizen－ship	1 004	7 416	4 937	3 498

历次人口普查少数民族人口的分布情况(一)

Geographic Distribution of Ethnic Population in Overall National Census(I)

单位:人 (Person)

地　区 Region	1953年			1964年		
	绝对数 Total Minority Population	占该地区总人口的比重(%) As%of Total Population	占全国少数民族人口的比重(%) As% of Total Minority Population in Country	绝对数 Total Minority Popul—ation	占该地区总人口的比重(%) As % of Total Population	占全国少数民族人口的比重(%) As %of Total Minority Population in Country
全　国 Total	**34 013 782**	**5.89**	**100**	**39 883 909**	**5.77**	**100**
北　京 Beijing	168 404	6.08	0.50	283 524	3.75	0.71
天　津 Tianjin	79 857	2.96	0.23	115 613	2.70	0.29
河　北 Hebei	715 752	1.75	2.10	621 926	1.50	1.56
山　西 Shanxi	20 316	0.14	0.06	40 100	0.22	0.10
内蒙古 Inner Mongolia	959 336	15.73	2.82	1 604 756	13.00	4.02
辽　宁 Liaoning	1 482 619	8.07	4.36	1 858 900	6.90	4.66
吉　林 Jilin	1 193 237	10.67	3.51	1 342 170	8.57	3.37
黑龙江 Heilongjiang	944 328	7.98	2.78	1 087 045	5.40	2.73
上　海 Shanghai	31 461	0.51	0.90	43 591	0.40	0.11
江　苏 Jiangsu	66 362	0.16	0.20	83 002	9.19	0.21
浙　江 Zhejiang	30 854	0.14	0.09	106 411	0.38	0.27
安　徽 Anhui	133 801	0.45	0.39	155 256	0.50	0.39
福　建 Fujian	19 979	0.15	0.06	147 017	0.88	0.37
江　西 Jiangxi	2 001	0.01	0.01	9 300	0.04	0.02
山　东 Shandong	252 506	0.52	0.74	294 643	0.53	0.74
河　南 Henan	405 715	0.93	1.19	517 195	1.03	1.30
湖　北 Hubei	35 434	0.13	0.10	183 035	0.54	0.46
湖　南 Hunan	586 737	1.78	1.72	1 275 719	3.43	3.20
广　东 Guangdong	430 279	1.25	1.27	747 181	1.75	1.87
广　西 Guangxi	7 337 944	37.51	21.57	8 553 300	41.03	21.45
海　南 Hainan						
四　川 Sichuan	2 022 315	3.11	5.95	1 728 955	2.54	4.33
贵　州 Guizhou	3 562 493	23.69	10.47	4 009 683	23.39	10.05
云　南 Yunnan	5 411 883	31.59	15.91	6 384 114	31.13	16.01
西　藏 Tibet	1 273 969	100.00	3.75	1 213 796	97.01	3.04
陕　西 Shaanxi	56 272	0.36	0.17	93 978	0.45	0.24
甘　肃 Gansu	1 486 775	11.71	4.37	955 396	7.56	2.40
青　海 Qinghai	854 136	50.95	20.51	829 318	38.65	2.18
宁　夏 Ningxia				650 366	30.86	1.63
新　疆 Xinjiang	4 449 017	93.01	13.08	4 948 619	68.07	12.41

历次人口普查少数民族人口的分布情况(二)

Geographic Distribution of Ethnic Population in Overall National Census (Ⅱ)

单位:人 (Person)

地　区 Region	1982年			1990年		
	绝对数 Total Minority Population	占该地区总人口的比重(%) As%of Total Population	占全国少数民族人口的比重(%) As% of Total Minority Population in Country	绝对数 Total Minority Popul－ation	占该地区总人口的比重(%) As % of Total Population	占全国少数民族人口的比重(%) As %of Total Minority Population in Country
全国总计 Total	**66 434 341**	**6.62**	**100**	**90 567 245**	**8.01**	**100**
北　京 Beijing	322 320	3.49	0.49	413 937	3.83	0.46
天　津 Tianjin	164 241	2.12	0.25	202 642	2.31	0.22
河　北 Hebei	853 275	1.61	1.28	2 408 876	3.94	2.66
山　西 Shanxi	63 760	0.25	0.10	82 061	0.29	0.09
内蒙古 Inner Mongolia	2 996 477	15.55	4.51	4 166 260	19.42	4.60
辽　宁 Liaoning	2 909 615	8.15	4.38	6 165 508	15.62	6.81
吉　林 Jilin	1 829 555	8.11	2.75	2 525 212	10.24	2.79
黑龙江 Heilongjiang	1 613 043	4.94	2.43	1 997 934	5.67	2.21
上　海 Shanghai	49 748	0.42	0.07	62 171	0.47	0.07
江　苏 Jiangsu	110 559	0.18	0.17	153 060	0.23	0.17
浙　江 Zhejiang	161 546	0.42	0.24	212 582	0.51	0.23
安　徽 Anhui	261 760	0.53	0.39	324 227	0.58	0.36
福　建 Fujian	250 449	0.97	0.38	465 995	1.55	0.51
江　西 Jiangxi	22 052	0.07	0.03	101 144	0.27	0.11
山　东 Shandong	407 849	0.55	0.61	505 694	0.60	0.56
河　南 Henan	799 338	1.07	1.20	1 008 972	1.18	1.11
湖　北 Hubei	1 778 494	3.72	2.68	2 140 488	3.97	2.36
湖　南 Hunan	2 201 087	4.08	3.31	4 823 649	7.95	5.33
广　东 Guangdong	1 057 527	1.78	1.59	354 625	0.56	0.39
广　西 Guangxi	13 933 250	38.26	20.97	16 577 113	39.24	18.30
海　南 Hainan				1 114 803	17.00	1.23
四　川 Sichuan	3 660 402	3.67	5.51	4 889 295	4.56	5.40
贵　州 Guizhou	6 675 360	23.38	10.05	10 504 828	32.43	11.60
云　南 Yunnan	10 277 069	31.57	15.47	12 351 834	33.41	13.64
西　藏 Tibet	1 769 935	94.97	2.66	2 112 168	96.18	2.33
陕　西 Shaanxi	133 098	0.46	2.20	156 403	0.48	0.17
甘　肃 Gansu	1 555 186	7.95	2.34	1 857 467	8.30	2.05
青　海 Qinghai	1 535 774	39.42	2.31	1 878 028	42.14	2.07
宁　夏 Ningxia	1 244 238	31.94	1.87	1 549 067	33.27	1.71
新　疆 Xinjiang	7 797 344	59.61	11.74	9 961 202	62.42	10.45

全国少数民族分布的主要地区(一)

Major Geographic Distribution of China's Ethnics(I)

民 族	Ethnic	分布的主要地区	Major Region by Geographic Distribution
蒙古族	Mongolian	内蒙古、辽宁、吉林、河北、黑龙江、新疆、青海、甘肃	Inner Mongolia, Liaoning, Jilin, Hebei, Heilongjiang, Xinjiang, Qinghai and Gansu
回 族	Hui	宁夏、甘肃、河南、新疆、青海、云南、河北、山东、安徽、辽宁、北京、内蒙古、天津、黑龙江、陕西、贵州、吉林、江苏、四川	Ningxia, Gansu, Henan, Xinjiang, Qinghai, Yunnan, Hebei, Shandong, Anhui, Liaoning, Beijing, Inner Mongolia, Tianjin, Heilongjiang, Shaanxi, Guizhou, Jilin, Jiangsu and Sichuan
藏 族	Tibetan	西藏、四川、青海、甘肃、云南	Tibet, Sichuan, Qinghai, Gansu and Yunnan
维吾尔族	Uygur	新疆	Xinjiang
苗 族	Miao	贵州、湖南、云南、四川、广西、湖北、海南	Guizhou, Hunan, Yunnan, Sichuan, Guangxi Hubei and Hainan
彝 族	Yi	云南、四川、贵州	Yunnan, Sichuan, Guizhou
壮 族	Zhuang	广西、云南、广东	Guangxi, Yunnan and Guangdong
布依族	Bouyei	贵州、云南	Guizhou and Yunnan
朝鲜族	Korean	吉林、黑龙江、辽宁、内蒙古	Jilin, Heilongjiang, Liaoning, Inner Mongolia
满 族	Manchu	辽宁、河北、黑龙江、吉林、内蒙古、北京	Liaoning, Hebei, Heilongjiang, Jilin Inner Mongolia and Beijing
侗 族	Dong	贵州、湖南、广西、湖北	Guizhou, Hunan, Guangxi and Hubei
瑶 族	Yao	广西、湖南、云南、广东、贵州	Guangxi, Hunan, Yunnan, Guangdong and Guizhou
白 族	Bai	云南、贵州、湖南	Yunnan, Guizhou and Hunan
土家族	Tujia	湖南、湖北、四川、贵州	Hunan, Hubei, Sichuan and Guizhou
哈尼族	Hani	云南	Yunnan
哈萨克族	Kazak	新疆、甘肃	Xinjiang and Gansu
傣 族	Dai	云南	Yunnan
黎 族	Li	海南、贵州	Hainan and Guizhou
傈僳族	Lisu	云南、四川	Yunnan and Sichuan
佤 族	Va	云南	Yunnan
畲 族	She	福建、浙江、江西、广东	Fujian, Zhejiang, Jiangxi, Guangdong
高山族	Gaoshan	台湾、福建	Taiwan and Fujian
拉祜族	Lahu	云南	Yunnan
水 族	Shui	贵州、广西	Guizhou and Guangxi

全国少数民族分布的主要地区(二)
Major Geographic Distribution of China's Ethnics(Ⅱ)

民 族	Ethnic	分布的主要地区	Major Region by Geographic Distribution
东乡族	Dongxiang	甘肃、新疆	Gansu and Xinjiang
纳西族	Naxi	云南	Yunnan
景颇族	Jingpo	云南	Yunnan
柯尔克孜族	Kirgiz	新疆	Xinjiang
土 族	Tu	青海、甘肃	Qinghai and Gansu
达斡尔族	Daur	内蒙古、黑龙江	Inner Mongolia and Heilongjiang
仫佬族	Mulao	广西	Guangxi
羌 族	Qiang	四川	Sichan
布朗族	Blang	云南	Yunnan
撒拉族	Salar	青海、甘肃	Qinghai and Gansu
毛南族	Maonan	广西	Guangxi
仡佬族	Gelao	贵州	Guizhou
锡伯族	Xibe	辽宁、新疆	Liaoning and Xinjiang
阿昌族	Achang	云南	Yunnan
普米族	Pumi	云南	Yunnan
塔吉克族	Tajik	新疆	Xinjiang
怒 族	Nu	云南	Yunnan
乌孜别克族	Uzbek	新疆	Xinjiang
俄罗斯族	Russian	新疆、黑龙江	Xinjiang and Heilongjiang
鄂温克族	Ewenki	内蒙古	Inner Mongolia
德昂族	De'ang	云南	Yunnan
保安族	Baoan	甘肃	Gansu
裕固族	Yugur	甘肃	Gansu
京 族	Jing	广西	Guangxi
塔塔尔族	Tatar	新疆	Xinjiang
独龙族	Dulong	云南	Yunnan
鄂伦春族	Oroqen	黑龙江、内蒙古	Heilongjiang and Inner Mongolia
赫哲族	Hezhe	黑龙江	Heilongjiang
门巴族	Monba	西藏	Tibet
珞巴族	Lhoba	西藏	Tibet
基诺族	Jinuo	云南	Yunnan

全国分地区年末总人口(1996年)

Total Population at the End of Year by Region(1996)

单位:人 (Person)

地区 Region	总人口 Population			总户数(户) Households	平均每户人数 Average Persons Per Household	占全国总人口比重(%) The Proportion of Population as a Whole
	合计 Total	男 Male	女 Female			
全国 Total	**1 195 462 742**	**616 298 013**	**579 164 729**	**321 676 467**	**3.72**	**100.00**
北京 Beijing	10 832 301	5 500 050	5 332 251	3 709 149	2.92	0.91
天津 Tianjin	9 024 263	4 577 394	4 446 869	2 796 299	3.23	0.75
河北 Hebei	64 610 338	32 978 135	31 632 203	17 643 427	3.66	5.40
山西 Shanxi	30 592 126	15 964 146	14 672 980	8 339 507	3.67	2.56
内蒙古 Inner Mongolia	22 630 019	11 754 077	10 875 942	6 071 534	3.73	1.89
辽宁 Liaoning	40 567 840	20 674 477	19 893 363	12 398 745	3.27	3.39
吉林 Jilin	25 791 372	13 155 065	12 636 307	7 179 438	3.59	2.16
黑龙江 Heilongjiang	36 051 038	18 418 496	17 632 542	9 907 839	3.64	3.02
上海 Shanghai	13 044 299	6 578 576	6 465 723	4 574 858	2.85	1.09
江苏 Jiangsu	69 081 330	35 289 463	33 791 867	21 130 735	3.27	5.78
浙江 Zhejiang	44 000 909	22 735 449	21 265 460	13 539 911	3.25	3.68
安徽 Anhui	60 539 835	31 437 709	29 102 126	15 690 431	3.86	5.06
福建 Fujian	32 106 099	16 585 272	15 520 827	7 694 447	4.17	2.69
江西 Jiangxi	39 810 324	20 617 453	19 192 871	9 611 344	4.14	3.33
山东 Shandong	87 470 477	44 519 075	42 951 402	24 912 667	3.51	7.32
河南 Henan	92 030 568	47 312 706	44 717 862	22 973 100	4.01	7.70
湖北 Hubei	57 763 665	29 795 824	27 967 841	15 058 807	3.84	4.83
湖南 Hunan	64 038 520	33 298 376	30 740 144	17 886 584	3.58	5.36
广东 Guangdong	68 967 736	35 595 395	33 372 341	16 737 080	4.12	5.77
广西 Guangxi	45 455 041	23 750 187	21 704 854	10 396 796	4.37	3.80
海南 Hainan	7 140 580	3 731 976	3 408 604	1 707 588	4.18	0.60
四川 Sichuan	112 382 334	58 446 427	53 935 907	32 282 106	3.48	9.40
贵州 Guizhou	34 595 447	17 907 576	16 687 871	8 415 156	4.11	2.89
云南 Yunnan	39 093 849	20 166 741	18 927 108	9 461 442	4.13	3.27
西藏 Tibet	2 392 999	1 189 128	1 203 871	431 725	5.54	0.20
陕西 Shaanxi	34 576 855	18 080 587	16 496 268	8 930 201	3.87	2.89
甘肃 Gansu	24 278 334	12 564 845	11 713 489	5 669 367	4.28	2.03
青海 Qinghai	4 626 499	2 368 208	2 258 291	1 033 594	4.48	0.39
宁夏 Ningxia	5 212 099	2 679 993	2 532 106	1 235 188	4.22	0.44
新疆 Xinjiang	16 755 646	8 625 207	8 130 439	4 257 402	3.94	1.40

注:本表为公安部年报数。

民族自治地方年末总人口及构成

The Composition and Overall Population at the End of Year of Minority National Autonomous Areas

单位:万人 (10 000 Persons)

年份 Year	民族自治地方总人口 Total Population	农业人口 Agric－ulture	非农业人口 Non－agr－iculture	#少数民族人口 Total Population of Minority Nation－alities	比重(以自治地方总人口为100) Proportion (Total Population in minority National Autonomous Areas＝100) 农业人口 Agriculture	非农业人口 Non－agriculture	少数民族人口占民族自治地方总人口的% Population of Minority Nationality As Percentage of Total Population in Minority National Autonomous areas
1952	5 600.95	4 967.73	633.22		88.59	11.31	
1957	6 464.90	5 663.04	801.86		87.60	12.40	
1965	7 739.20	6 618.05	1 121.15		85.51	14.49	
1975	10 441.43	8 873.60	1 567.83		84.98	15.02	
1978	11 077.22	9 376.34	1 700.88	4 342.36	84.65	15.35	39.2
1979	11 333.94	9 534.45	1 799.49		84.12	15.88	
1980	11 586.35	9 717.60	1 868.75	4 714.31	83.87	16.13	40.7
1981	11 767.29	9 864.52	1 902.77		83.83	16.17	
1982	12 127.26	10 161.43	1 965.83	5 007.50	83.79	16.21	41.3
1983	12 659.05	10 601.55	2 057.50	5 339.10	83.75	16.25	42.2
1984	12 899.98	10 769.19	2 130.79	5 491.20	83.48	16.52	42.6
1985	13 547.71	11 263.66	2 284.05	5 852.87	83.14	16.86	43.2
1986	13 927.03	11 567.63	2 359.40	6 072.23	83.06	16.94	43.6
1987	14 246.65	11 794.22	2 254.43	6 252.58	82.79	17.21	43.9
1988	14 579.84	12 037.74	2 542.10	6 442.79	82.56	17.44	44.2
1989	15 060.57	12 382.47	2 678.10	6 688.63	82.22	17.78	44.4
1990	15 295.71	12 580.41	2 715.30	6 879.58	82.24	17.76	45.0
1991	15 462.71	12 660.58	2 802.13	7 044.32	81.88	18.12	45.6
1992	15 630.06	12 768.95	2 861.11	7 125.20	81.69	18.31	45.6
1993	15 776.06	12 808.13	2 967.93	7 179.08	81.49	18.51	45.5
1994	15 974.68	12 890.12	3 084.56	7 286.83	80.69	19.31	45.6
1995	16 044.41	12 878.06	3 166.35	7 232.13	80.27	19.73	45.1
1996	16 230.51	12 941.79	3 288.72	7 393.99	79.74	20.26	45.6

注:本表未扣除区域变动因素,年度之间不可比。下同。

民族自治地方分地区年末总人口及构成(1996年)

Population and Composition at the End of Year by Region of Minority National Autonomous Areas(1996)

单位:万人 (10 000 Persons)

地 区 Region	总人口 Total Population	#少数民族人口 Minority Population	少数民族占人口的% As% of National Total	按市县分 By Urban and County 市总人口 City	县总人口 County	按农业非农业分 By Agriculture and Non—agriculture 农业人口 Agriculture	非农业人口 Non—agriculture
合 计 Total	**16 230.51**	**7 393.99**	**45.56**	**3 912.74**	**12 318.87**	**12 941.79**	**3 288.72**
河 北 Hebei	189.20	102.70	54.28		189.20	171.80	17.40
内蒙古 Inner Mongolia	2 263.00	442.90	19.57	753.50	1 509.50	1 517.60	745.40
辽 宁 Liaoning	335.09	130.57	38.97	5.30	329.79	261.06	74.03
吉 林 Jilin	325.40	116.60	35.83	169.90	155.50	154.70	170.70
黑龙江 Heilongjiang	24.60	5.20	21.14		24.60	18.30	6.30
浙 江 Zhejiang	17.40	1.70	9.77		17.40	15.90	1.50
湖 北 Hubei	437.86	215.05	49.11	43.69	394.16	390.32	47.54
湖 南 Hunan	541.30	376.70	69.59	25.60	515.70	646.40	76.90
广 东 Guangdong	44.50	16.90	37.98		44.50	36.00	8.50
广 西 Guangxi	4 545.50	1 752.00	38.54	1 424.00	3 122.00	3 771.00	775.00
海 南 Hainan	184.08	86.35	46.91		184.08	149.64	34.44
四 川 Sichuan	856.12	464.88	54.30	77.40	778.72	745.00	111.12
贵 州 Guizhou	1 424.20	805.70	56.57	150.00	1 274.20	1 297.20	127.00
云 南 Yunnan	1 997.10	1 079.70	54.06	201.40	1 795.80	1 764.80	232.30
西 藏 Tibet	239.30	232.36	97.10	22.33	216.97	206.29	33.01
甘 肃 Gansu	298.31	164.18	55.04	18.75	280.56	265.09	34.25
青 海 Qinghai	296.54	175.80	59.28	9.97	286.59	236.09	59.96
宁 夏 Ningxia	521.21	178.70	34.29	164.70	356.50	380.40	140.80
新 疆 Xinjiang	1 689.30	1 046.00	61.92	846.20	843.10	1 096.20	593.10

民族自治地方年末从业人员

Social Labor at the End of Year of Minority National Autonomous Areas

单位：万人 (10 000 Persons)

年份 Year	合计 Total	国有经济 State－Owned	集体经济 Collective－Owned	其他经济 Other	城镇个体从业人员 Urban Individual Labors	乡村从业人员 Rural Labor Force
1965	3 285.28	444.14	50.96			2 790.18
1978	4 359.67	814.60	118.86			3 426.22
1980	4 745.67	889.85	165.47			3 690.35
1981	4 816.16	923.84	174.58		14.36	3 703.38
1982	5 203.18	956.02	185.69		20.23	4 041.24
1983	5 511.64	1 001.88	192.83		35.24	4 281.69
1984	5 717.66	987.11	233.50		54.70	4 442.35
1985	5 965.34	1 022.31	243.55		77.33	4 622.15
1986	6 186.55	1 098.13	256.46		86.07	4 745.89
1987	6 489.21	1 138.36	258.43		93.47	4 998.95
1988	6 831.57	1 173.16	263.63		113.82	5 280.96
1989	7 071.31	1 228.86	269.59	4.40	98.13	5 471.33
1990	7 293.78	1 381.23	270.88	3.94	97.81	5 652.58
1991	7 404.84	1 310.59	276.74	5.41	111.42	5 700.67
1992	7 575.93	1 345.34	278.05	7.12	120.92	5 824.50
1993	7 761.69	1 339.20	262.22	17.65	131.23	6 011.39
1994	7 916.74	1 381.23	242.55	33.48	142.47	6 117.01
1995	7 869.52	1 365.19	231.04	79.01		6 194.38
1996	7 771.85	1 361.10	217.34	42.27		6 150.33

民族自治地方年末从业人员构成
The Composition of Social Labor at the End of Year of Minority National Autonomous Areas

单位：%

年 份 Year	合 计 Total	国有经济 State－Owned	集体经济 Collective－Owned	其他经济 Other	城镇个体从业人员 Urban Individual Labors	乡村从业人员 Rural Labor Force
1965	100	13.52	1.55			84.93
1978	100	18.68	2.73			78.59
1980	100	18.75	3.49			77.76
1981	100	19.18	3.49		3.30	76.89
1982	100	18.37	3.57		0.39	77.67
1983	100	18.18	3.50		0.64	77.68
1984	100	17.26	4.08		0.96	77.70
1985	100	17.14	4.08		1.30	77.48
1986	100	17.75	4.15		1.39	76.71
1987	100	17.54	3.98		1.44	77.04
1988	100	17.17	3.86		1.67	77.30
1989	100	17.36	3.81	0.06	1.39	77.38
1990	100	17.39	3.71	0.06	1.34	77.50
1991	100	17.70	3.74	0.07	1.50	76.99
1992	100	17.76	3.67	0.09	1.60	76.88
1993	100	17.25	3.38	0.23	1.69	77.45
1994	100	17.45	3.06	0.42	1.80	77.27
1995	100	17.35	2.98	1.00		78.71
1996	100	17.51	2.80	0.54		79.14

注：1996年城镇个体劳动者包括在其他经济从业人员中。

民族自治地方分地区年末从业人员(1996年)

Employment by Urban and Rural at the End of Year by Region of Minority National Autonomous Areas(1996)

单位:万人　　　　(按城乡分)　　　　(10 000 Persons)

地　区 Region	城镇从业人员 Staff and Workers	国有经济 State－Owned Units	集体经济 Collective Units	其他经济 Other Units	乡村劳动者 Rural Labor Force
合　计 Total	**1 621.52**	**1 361.60**	**217.34**	**42.27**	**6 150.33**
河　北 Hebei	10.60	8.40	1.70	0.50	76.20
内蒙古 Inner Mongolia	387.20	308.60	67.70	10.90	604.30
辽　宁 Liaoning	27.25	20.20	6.50	0.47	117.16
吉　林 Jilin	71.70	55.00	12.70	3.95	65.49
黑龙江 Heilongjiang	2.60	2.20	0.40		4.10
浙　江 Zhejiang	0.99	0.76	0.19	0.04	7.00
湖　北 Hubei	24.22	21.10	2.79	0.33	186.20
湖　南 Hunan	34.14	28.70	5.30	0.15	244.12
广　东 Guangdong	4.20	3.00	0.50	0.70	16.70
广　西 Guangxi	357.28	296.29	46.42	14.58	1 997.20
海　南 Hainan	16.39	11.37	4.95	0.07	56.30
四　川 Sichuan	42.82	38.98	3.28	0.57	282.65
贵　州 Guizhou	59.00	51.60	6.70	0.60	705.40
云　南 Yunnan	135.25	116.89	16.32	2.04	976.40
西　藏 Tibet	18.30	16.98	1.19	0.12	95.34
甘　肃 Gansu	14.31	12.36	1.74	0.21	118.31
青　海 Qinghai	29.07	26.87	2.16	0.05	110.06
宁　夏 Ningxia	72.70	61.60	8.70	2.30	168.70
新　疆 Xinjiang	313.50	280.70	28.10	4.70	318.70

主要统计指标解释

人口数 指一定时点、一定地区范围内的有生命的个人的总和。

年度统计的年末人口数是指每年12月31日24时的人口数。年度统计的全国人口总数内未包括台湾省和港澳同胞以及海外华侨人数。

市 是指经国家批准成立"市"建制的城市。

人口自然增长率 指在一定时期内(通常为一年)人口自然增加数(出生人数减死亡人数)与该时期内平均人数(或期中人数)之比，一般用千分率表示。计算公式：

$$人口自然增长率=\frac{本年出生人数-本年死亡人数}{年平均人数}\times 1000‰$$

人口自然增长率=人口出生率-人口死亡率

从业人员 指从事一定社会劳动并取得劳动报酬或经营收入的全部劳动力。包括：

(1)全部职工

(2)城镇私营企业从业人员

(3)城镇个体劳动者

(4)农村社会劳动者

(5)其他社会劳动者

这一指标反映了一定时期内全部劳动力资源的实际利用情况，是研究我国基本国情国力的重要指标。

各单位的从业人员是指在各级国家机关、政党机关、社会团体及企业、事业单位中工作，并取得劳动报酬的全部人员。包括职工、再就业的离退休人员、民办教师以及在各单位中工作的外方人员和港、澳、台方人员。

各单位的从业人员反映了各单位实际参加生产或工作的全部劳动力。

主要参考书目

三、农　业
AGRICULTURE

民族自治地方农村基层组织情况

Basic Rural Units of Minority National Autonomous Areas

年 份 Year	乡镇数（个） Township and Town Governments	乡村户数（万户） Households (10 000)	乡村人口（万人） Population (10 000)	乡村劳动力（万人） Social Labor Force by Gender (10 000)	#农林牧渔业劳动力 Farming, Forestry, Animal Husbandry Fishery
1983	10 129	2 024.28	10 268.99	4 281.69	4 141.33
1984	17 742	2 083.79	10 443.52	4 442.35	4 219.30
1985	18 429	2 189.20	10 968.25	4 622.15	4 411.43
1986	19 165	2 303.86	11 198.14	4 745.89	4 537.43
1987	18 776	2 361.84	11 794.22	4 998.95	4 679.94
1988	11 594	2 451.26	12 033.54	5 280.96	4 789.85
1989	11 792	2 575.50	12 998.49	5 471.33	4 868.75
1990	11 295	2 591.42	12 358.22	5 652.58	5 103.59
1991	11 149	2 700.09	12 446.36	5 700.67	5 194.16
1992	11 031	2 741.34	12 510.66	5 842.50	5 270.34
1993	10 501	2 750.84	12 602.12	6 011.39	5 273.05
1994	10 645	2 865.33	12 651.59	6 117.01	5 268.10
1995	10 491	2 869.52	12 676.90	6 194.38	5 138.11
1996	9 660	2 803.80	12 494.65	6 150.33	5 192.59

民族自治地方分地区农村基层组织情况(1996 年)
Basic Rural Units by Region of Minority National Autonomous Areas(1996)

地　区 Region	乡镇个数(个) Township and Town Govern-ments	#镇个数 Town Govern-ments	乡村户数(万户) Households (10 000)	乡村人口(万人) Population (10 000)	乡村实有劳动力(万人) Social Labor Force by Gender (10 000)	#农林牧渔业劳动力 Agriculture Animal Husbandry and Fishery	#工业劳动力 Industry
合　计 Total	**9 660**	**2 325**	**2 803.80**	**12 494.65**	**6 510.33**	**5 192.59**	**183.05**
河　北 Hebei	119	40	46.09	170.09	76.20	56.50	5.30
内蒙古 Inner Mongolia	1 554	271	345.90	1 418.60	604.30	514.19	18.30
辽　宁 Liaoning	182	91	72.44	269.86	117.16	87.41	8.10
吉　林 Jilin	164	79	39.37	155.43	65.49	51.27	2.56
黑龙江 Heilongjiang	11	4	4.03	16.40	4.10	3.60	0.20
浙　江 Zhejiang	24	5	4.00	15.90	7.00	5.60	0.20
湖　北 Hubei	134	47	109.61	387.70	186.20	150.20	5.20
湖　南 Hunan	390	108	115.75	482.03	244.12	207.57	5.41
广　东 Guangdong	42	23	9.28	42.30	16.70	12.90	0.50
广　西 Guangxi	1 360	668	840.72	3 901.22	1 997.20	1 579.85	61.06
海　南 Hainan	102	58	23.79	127.10	56.30	49.90	0.66
四　川 Sichuan	1 191	127	111.92	501.41	282.65	266.24	3.53
贵　州 Guizhou	749	337	294.27	1 300.60	705.40	616.80	16.20
云　南 Yunnan	950	214	392.64	1 756.90	976.40	888.80	18.30
西　藏 Tibet	918	34	35.87	208.90	95.34	88.68	1.29
甘　肃 Gansu	315	22	51.93	263.40	118.31	88.61	18.62
青　海 Qinghai	357	29	43.89	229.40	110.06	97.06	4.12
宁　夏 Ningxia	299	58	78.20	369.70	168.70	139.10	5.40
新　疆 Xinjiang	799	110	184.11	876.90	318.70	288.40	8.10

民族自治地方农、林、牧、渔业总产值

Gross Output Value of Farming, Forestry, Animal Husbandry and Fishery of Minority National Autonomous Areas

单位:亿元　　(100 000 000 yuan)

年份 Year	农、林、牧、渔业总产值 Total	农业 Farming	林业 Forestry	牧业 Animal Husbandry	副业 Sideline	渔业 Fishery
1980	159.61	105.25	7.68	35.39	10.57	0.72
1981	171.49	110.66	9.22	39.43	11.35	0.83
1982	268.92	167.03	18.24	59.22	22.51	1.92
1983	289.76	178.17	20.41	63.03	25.95	2.20
1984	317.05	190.87	25.05	68.35	30.40	2.38
1985	351.24	206.41	28.61	79.46	33.90	2.86
1986	363.53	209.93	27.31	85.38	37.63	3.28
1987	384.26	222.83	27.14	89.96	40.61	3.72
1988	406.40	234.36	27.88	95.04	44.96	4.16
1989	431.25	245.62	29.87	103.35	47.70	4.70
1990	475.18	283.19	31.61	108.13	45.35	6.90
1991	1 124.94	629.84	92.01	299.73	80.92	22.43
1992	1 209.99	677.76	98.43	324.80	83.06	25.94
1993	1 271.12	783.09	102.86	353.94		31.23
1994	1 361.04	821.30	109.21	388.61		41.91
1995	1 479.71	871.11	112.04	443.68		52.87
1996	1 612.80	942.31	114.72	493.17		62.59

注:1. 本表农、林、牧、渔业总产值1980年、1981年按1970年不变价格计算;1982—1990年按1980年不变价格计算;1991—1996年按1990年不变价格计算。

2. 1993年开始,农、林、牧、渔业总产值改用新的分组,将农、林、牧、副、渔五业合并为农、林、牧、渔四业。下同。

3. 本表未扣除区域变动因素,年度之间不可比。下同。

民族自治地方农、林、牧、渔业总产值比重

The Proportion of Output Value of Farming, Forestry, Animal Husbandry and Fishery of Minority National Autonomous Areas

单位：%

年份 Year	农、林、牧、渔业总产值 Total	农业 Farming	林业 Forestry	牧业 Animal Husbandry	副业 Sideline	渔业 Fishery
1980	100	65.94	4.82	22.17	6.62	0.45
1981	100	64.53	5.38	22.99	6.62	0.48
1982	100	62.11	6.78	22.02	8.37	0.72
1983	100	61.49	7.04	21.75	8.96	0.76
1984	100	60.20	7.90	21.56	9.59	0.75
1985	100	58.77	8.15	22.62	9.65	0.81
1986	100	57.75	7.51	23.49	10.35	0.90
1987	100	57.99	7.06	23.41	10.57	0.97
1988	100	57.67	6.87	23.38	11.06	1.02
1989	100	56.96	6.92	23.97	11.06	1.09
1990	100	59.60	6.65	22.75	9.55	1.45
1991	100	55.99	8.19	26.64	7.19	1.99
1992	100	56.02	8.13	26.84	6.86	2.15
1993	100	61.61	8.09	27.84		2.46
1994	100	60.03	8.03	28.55		3.08
1995	100	58.87	7.58	29.98		3.57
1996	100	58.43	7.11	30.58		3.88

注：本表按当年价格计算(at current Price)。

民族自治地方农、林、牧、渔业增加值(1996 年)

Value Increased in Farming, Forestry, Animal Husbandry and Fishery of Minority National Autonomous Areas(1996)

单位:万元 (10 000 yuan)

地 区 Region		总产值 Gross Output Value	中间消耗 Mid—Consume	增加值 Added—Value
合 计	**Total**	**29 472 162**	**10 735 919**	**18 736 243**
河 北	Hebei	384 987	160 743	224 244
内蒙古	Inner Mongolia	4 653 300	1 563 639	3 089 661
辽 宁	Liaoning	697 568	323 354	374 214
吉 林	Jilin	711 664	251 935	459 729
黑龙江	Heilongjiang	86 039	50 385	35 654
浙 江	Zhejiang	36 180	13 201	22 979
湖 北	Hubei	768 161	262 532	505 629
湖 南	Hunan	790 987	300 895	490 092
广 东	Guangdong	77 814	21 176	56 638
广 西	Guangxi	8 995 847	3 191 100	5 804 747
海 南	Hainan	418 996	140 544	278 452
四 川	Sichuan	934 477	283 890	650 587
贵 州	Guizhou	1 689 136	618 728	1 070 408
云 南	Yunnan	3 115 396	1 136 727	1 978 669
西 藏	Tibet	385 282	114 098	271 184
甘 肃	Gansu	300 961	103 481	197 479
青 海	Qinghai	424 061	123 593	300 467
宁 夏	Ningxia	691 690	259 345	432 345
新 疆	Xinjiang	4 309 617	1 816 552	2 493 065

注:本表按当年价格计算(at current price)。

民族自治地方分地区农、林、牧、渔业总产值(1996年)

Gross Output Value of Farming, Forestry, Animal Husbandry and Fishery by Region of Minority National Autonomous Areas(1996)

单位:万元 (10 000 yuan)

地区 Region		农、林、牧、渔业总产值 Total	农业 Farming	林业 Forestry	牧业 Animal Husbandry	渔业 Fishery
合计	**Total**	**29 472 161**	**17 964 027**	**1 378 864**	**9 183 807**	**945 463**
河北	Hebei	384 987	209 689	22 620	151 204	1 474
内蒙古	Inner Mongolia	4 653 300	2 995 300	139 700	1 485 600	32 700
辽宁	Liaoning	697 568	378 843	50 904	246 583	21 238
吉林	Jilin	711 664	477 815	19 158	204 368	10 323
黑龙江	Heilongjiang	86 039	41 984	1 206	34 135	8 714
浙江	Zhejiang	36 180	16 176	13 337	6 501	166
湖北	Hubei	768 161	499 043	42 909	223 253	2 956
湖南	Hunan	790 987	477 049	64 770	233 529	15 639
广东	Guangdong	77 814	43 811	10 676	21 363	1 964
广西	Guangxi	8 995 847	4 505 217	381 362	3 418 388	690 880
海南	Hainan	418 996	262 973	41 687	64 914	49 422
四川	Sichuan	934 477	538 850	51 265	338 191	6 171
贵州	Guizhou	1 689 136	1 106 597	105 144	461 710	15 685
云南	Yunnan	3 115 396	1 996 232	336 665	739 432	43 067
西藏	Tibet	385 282	192 155	8 774	184 083	269
甘肃	Gansu	300 961	178 839	6 851	114 710	561
青海	Qinghai	424 061	216 646	6 053	200 459	903
宁夏	Ningxia	691 690	486 073	13 844	179 824	11 949
新疆	Xinjiang	4 309 617	3 340 735	61 940	875 560	31 382

注:本表按当年价格计算(at current price)。

民族自治地方分地区农、林、牧、渔业总产值(1996年)

Gross Output Value of Farming, Forestry, Animal Husbandry and Fishery by Region of Minority National Autonomous Areas(1996)

单位:万元　　　　(10 000 yuan)

地　区 Region		农、林、牧、渔业总产值 Total	农业 Farming	林业 Forestry	牧业 Animal Husbandry	渔业 Fishery
合　计	**Total**	**16 127 968**	**9 423 154**	**1 147 220**	**4 931 728**	**625 865**
河　北	Hebei	212 029	108 389	17 661	84 649	1 330
内蒙古	Inner Mongolia	2 576 912	1 577 826	103 046	873 761	22 279
辽　宁	Liaoning	448 221	243 128	47 227	141 036	16 830
吉　林	Jilin	403 308	274 095	14 644	107 835	6 734
黑龙江	Heilongjiang	54 731	23 699	935	22 177	7 920
浙　江	Zhejiang	23 377	7 738	13 283	2 274	82
湖　北	Hubei	355 405	202 801	35 608	115 385	1 611
湖　南	Hunan	448 468	254 223	52 282	132 746	9 217
广　东	Guangdong	45 887	23 543	9 972	10 981	1 391
广　西	Guangxi	4 870 058	2 400 888	340 437	1 656 451	472 282
海　南	Hainan	203 415	104 984	34 870	37 259	26 302
四　川	sichuan	560 855	294 459	40 933	223 114	2 349
贵　州	Guizhou	937 540	602 095	85 571	243 044	6 831
云　南	Yunnan	1 726 293	1 046 517	272 566	385 583	21 627
西　藏	Tibet	238 498	92 587	11 261	134 502	147
甘　肃	Gansu	184 544	113 268	5 069	65 958	248
青　海	Qinghai	215 072	106 531	4 882	103 052	606
宁　夏	Ningxia	376 087	247 304	13 166	107 399	8 218
新　疆	Xinjiang	2 247 268	1 699 078	43 806	484 522	19 861

注:本表按1990年不变价格计算(at constant price of 1990)。

民族自治地方分地区农、林、牧、渔业总产值构成(1996 年)
The Composition of Gross Output Value of Farming, Forestry, Animal Husbandry and Fishery by Region of Minority National Autonomous Areas(1996)

(以农、林、牧、渔业总产值为 100)

地 区	Region	农业 Farming	林业 Forestry	牧业 Animal Husbandry	渔业 Fishery
合 计	**Total**	**61.0**	**4.7**	**31.2**	**3.2**
河 北	Hebei	54.5	5.9	39.3	0.4
内蒙古	Inner Mongolia	64.4	3.0	31.9	0.7
辽 宁	Liaoning	54.3	7.3	35.3	3.0
吉 林	Jilin	67.1	2.7	28.7	1.5
黑龙江	Heilongjiang	48.8	1.4	39.7	10.1
浙 江	Zhejiang	44.7	36.9	18.0	0.5
湖 北	Hubei	65.0	5.6	29.1	0.4
湖 南	Hunan	60.3	8.2	29.5	2.0
广 东	Guangdong	56.3	13.7	27.5	2.5
广 西	Guangxi	50.1	4.2	38.0	7.7
海 南	Hainan	62.8	9.9	15.5	11.8
四 川	Sichuan	57.7	5.5	36.2	0.7
贵 州	Guizhou	65.5	6.2	27.3	0.9
云 南	Yunnan	64.1	10.8	23.7	1.4
西 藏	Tibet	49.9	2.3	47.8	0.1
甘 肃	Gansu	59.4	2.3	38.1	0.2
青 海	Qinghai	51.1	1.4	47.3	0.2
宁 夏	Ningxia	70.3	2.0	26.0	1.7
新 疆	Xinjiang	77.5	1.4	20.3	0.7

注:本表按当年价格计算(at current price)。

民族自治地方耕地面积、总播种面积和粮食播种面积

Cultivated Areas, Total Sown Areas and Grain Crops Sown Areas of Minority National Autonomous Areas

单位:万公顷 (10 000 hectares)

年份 Year	耕地面积 Cultivated Areas	总播种面积 Total Sown Area	#粮食播种面积 Grain Crops Sown Area	粮食播种面积占总播种面积的% Grain Crops Sown Area As % of Total Sown Area
1952	1 347.97	1 548.56	1 344.16	86.80
1957	1 536.43	1 846.69	1 568.33	84.93
1962	1 629.33	1 770.48	1 531.27	86.49
1965	1 672.33	1 897.81	1 637.43	86.28
1975	1 635.47	1 962.02	1 659.29	84.57
1978	1 639.60	2 018.10	1 674.34	82.97
1980	1 657.56	1 939.90	1 583.71	81.64
1981	1 650.33	1 898.34	1 544.39	81.35
1982	1 651.91	1 933.57	1 561.88	80.78
1983	1 685.61	1 972.06	1 609.35	81.61
1984	1 661.42	1 965.80	1 576.22	80.18
1985	1 747.06	2 022.08	1 542.37	76.28
1986	1 697.07	2 061.43	1 579.60	76.63
1987	1 698.51	2 084.79	1 622.16	77.81
1988	1 725.04	2 139.69	1 619.59	75.69
1989	1 751.54	2 231.22	1 685.37	75.54
1990	1 763.39	2 274.08	1 717.69	75.53
1991	1 743.00	2 266.62	1 666.78	73.54
1992	1 766.25	2 352.48	1 697.90	72.17
1993	1 776.09	2 424.17	1 341.07	55.32
1994	1 805.89	2 410.23	1 281.97	53.19
1995	1 508.00	2 439.00	1 726.78	70.80
1996	1 804.98	2 469.04	1 742.38	70.57

民族自治地方分地区耕地面积和粮食播种面积(1996年)

Cultivated Areas and Grain Crops Sown Areas by Region of Minority National Autonomous Areas(1996)

单位:千公顷　　(1 000 hectares)

地　区 Region	年末实有耕地面积 Cultivated Area	粮食作物播种面积 Sown Area	#谷物 Cereal	#豆类 Soybeans	#薯类 Tubers	油料 Oil—Bearing Crops	棉花 Cotton Crops
合　计 Total	**18 049.77**	**17 423.77**	**13 669.30**	**1 845.29**	**1 668.68**	**1 900.42**	**812.60**
河　北 Hebei	230.60	217.60	165.20	15.70	36.70	12.80	2.70
内蒙古 Inner Mongolia	5 923.60	4 424.00	3 212.90	555.00	416.00	506.00	
辽　宁 Liaoning	376.23	309.54	254.55	46.85	8.14	12.76	0.22
吉　林 Jilin	33.51	450.90	353.40	87.30	11.20	6.90	
黑龙江 Heilongjiang	69.90	62.10	46.00	14.50	1.60	0.20	
浙　江 Zhejiang	7.00	12.00	7.00	1.00	4.00	0.30	
湖　北 Hubei	343.90	526.60	292.20	38.90	195.10	79.10	0.10
湖　南 Hunan	305.05	488.20	356.80	42.30	89.10	143.10	3.70
广　东 Guangdong	24.70	35.10	27.70	2.00	5.30	3.90	
广　西 Guangxi	2 632.30	3 707.97	3 050.63	334.83	322.51	351.44	2.32
海　南 Hainan	106.20	165.80	112.60	7.10	46.10	15.20	
四　川 Sichuan	514.47	619.79	448.10	70.41	101.28	14.50	
贵　州 Guizhou	791.40	1 168.00	882.80	98.90	186.30	196.90	2.50
云　南 Yunnan	1 749.10	2 080.30	1 679.40	308.40	92.50	89.70	1.80
西　藏 Tibet	224.00	192.00	176.00	15.00	0.90	18.00	
甘　肃 Gansu	285.71	242.82	162.57	38.18	42.07	27.98	0.06
青　海 Qinghai	442.95	276.78	220.36	30.88	25.74	115.04	
宁　夏 Ningxia	813.45	783.47	616.99	93.34	73.14	112.50	
新　疆 Xinjiang	3 175.70	1 659.80	1 604.10	44.70	11.00	194.10	799.20

民族自治地方主要农产品产量

Output of Major Farm Crops of Minority National Autonomous Areas

单位:万吨 (10 000 ton)

年份 Year	粮食 Grain crops	棉花 Cotton Crops	油料 Oil —Bearing Crops	烟叶 Tobacco Crops	#烤烟 Flue—cured Tobacco	甜菜 Beetroots	甘蔗 Sugarcane
1949	1 155.50	1.02					
1952	1 581.50	3.14	21.47	1.90	1.90	0.16	109.36
1957	1 882.50	5.98	28.79	3.68	3.68	24.48	132.38
1962	1 717.50	3.02	13.03			12.41	49.72
1965	2 217.00	8.87	27.49	5.47	5.47	39.43	232.56
1975	3 069.50	5.39	32.01	10.62	10.62	56.83	360.87
1978	3 123.50	5.97	36.15	12.29	12.29	65.68	512.78
1980	3 300.10	8.33	36.68	8.53	8.53	133.14	561.06
1981	3 371.00	11.73	106.79	17.33	13.51	127.21	727.94
1982	3 744.15	15.21	129.40	27.58	21.51	196.50	1 012.21
1983	4 026.64	16.83	140.51	17.72	13.61	207.68	1 019.47
1984	4 114.67	20.92	153.95	26.22	20.79	235.36	1 103.44
1985	4 006.33	19.36	192.82	46.40	33.72	243.59	1 537.09
1986	4 065.04	22.40	198.79	31.32	23.15	270.50	1 683.76
1987	4 338.74	28.58	175.58	35.14	26.66	306.06	1 702.23
1988	4 361.40	28.26	174.16	51.67	41.43	397.04	1 938.43
1989	4 662.37	29.80	169.33	53.65	42.29	335.89	1 803.46
1990	5 372.98	47.37	208.13	48.76	39.30	532.30	2 141.68
1991	5 516.37	65.24	230.06	63.69	51.96	655.32	2 749.17
1992	5 612.34	67.89	235.23	85.11		652.16	3 187.90
1993	5 157.09	68.93	226.29	90.50	77.08	571.25	3 085.91
1994	5 092.17	89.14	242.91	60.79	49.36	1 080.18	3 131.03
1995	5 800.83	94.60	264.09	65.32	55.34	631.93	2 703.76
1996	6 799.13	94.99	252.63	89.82	75.01	722.92	3 837.75

注:油料总产量,1952—1980年是花生、芝麻、油菜籽产量之和,1981年以后为油料总产量。

民族自治地方分地区主要农产品产量(1996年)(一)

Output of Major Farm Crops by Region of Minority National Autonomous Areas(1996)(Ⅰ)

单位:吨 (ton)

地区	Region	谷物 Cereal	稻谷 Rice	小麦 Wheat	玉米 Corn	谷子 Millet	高粱 Chinese Sorghum	其他谷物 Others
合计	**Total**	**60 542 515**	**24 717 702**	**11 227 430**	**20 587 296**	**657 485**	**1 432 364**	**1 920 238**
河北	Hebei	610 273	37 140	101 162	358 388	56 796	45 526	11 261
内蒙古	Inner Mongolia	13 017 235	510 051	3 189 256	7 514 750	493 213	741 490	568 475
辽宁	Liaoning	1 723 367	111 654	51 486	1 051 721	59 978	429 103	19 425
吉林	Jilin	2 524 253	558 439	21 136	1 811 631	6 519	113 365	13 163
黑龙江	Heilongjiang	196 184	34 990		129 288	10 514	19 759	1 633
浙江	Zhejiang	45 214	44 045	315	467			387
湖北	Hubei	1 125 049	431 875	102 791	586 876	11	757	2 739
湖南	Hunan	1 634 400	1 418 942	54 847	153 798		3 168	3 645
广东	Guangdong	174 158	162 495	59	10 399	39	123	1 043
广西	Guangxi	15 139 700	13 523 600	32 900	1 559 400	6 200	5 600	12 000
海南	Hainan	487 482	459 525		27 932		25	
四川	Sichuan	1 663 518	486 485	291 083	622 154		320	263 476
贵州	Guizhou	3 662 673	2 394 845	284 365	936 734	4 956	5 367	36 406
云南	Yunnan	6 168 154	3 481 948	763 462	1 711 224	278	3 578	207 664
西藏	Tibet	727 570	4 897	261 423	12 587			448 663
甘肃	Gansu	496 138		303 861	131 524	430	9	60 314
青海	Qinghai	708 406		528 776	12 998	4 845		161 787
宁夏	Ningxia	2 352 020	541 860	863 390	830 010	12 140	5 810	98 810
新疆	Xinjiang	8 086 721	514 911	4 377 118	3 125 415	1 566	58 364	9 347

民族自治地方分地区主要农产品产量(1996年)(二)

Output of Major Farm Crops by Region of Minority National Autonomous Areas(1996)(Ⅱ)

单位:吨 (ton)

地 区 Region	豆 类 Soybeans	薯 类 Tubers	油 料 Oil-Bearing Crops	棉 花 Cotton Crops	麻 类 Himp Crops	糖 类 Sugar Crops
合 计 Total	**2 917 599**	**4 531 155**	**2 526 346**	**949 929**	**60 646**	**45 390 309**
河 北 Hebei	26 926	104 903	11 686	4 155	88	3 747
内蒙古 Inner Mongolia	1 095 843	1 239 522	814 000		10 021	3 207 000
辽 宁 Liaoning	92 600	39 279	69 217	1 127	146	27 372
吉 林 Jilin	189 269	36 899	13 071		60	135 535
黑龙江 Heilongjiang	15 783	5 281	326			6 922
浙 江 Zhejiang	2 518	10 466	302	8		139
湖 北 Hubei	38 802	541 186	80 389	127	144	2 019
湖 南 Hunan	38 639	213 543	149 583	1 704	4 012	18 403
广 东 Guangdong	2 753	9 513	6 902		2	6 997
广 西 Guangxi	373 700	547 000	516 007	1 028	17 591	28 304 968
海 南 Hainan	9 909	110 981	30 856		100	592 266
四 川 Sichuan	126 833	322 575	16 216	8	366	560 062
贵 州 Guizhou	89 461	467 505	191 850	719	1 017	312 392
云 南 Yunnan	420 600	190 800	98 066	576	2 222	8 615 770
西 藏 Tibet	40 816	8 863	35 137			
甘 肃 Gansu	88 288	117 332	39 504	31	5 677	4 988
青 海 Qinghai	89 669	92 893	135 800		7	
宁 夏 Ningxia	79 870	147 600	7 921			46 496
新 疆 Xinjiang	95 321	325 014	309 513	940 446	19 194	3 545 233

民族自治地方分地区主要农产品产量(1996年)(三)

Output of Major Farm Crops by Region of Minority National Autonomous Areas(1996)(Ⅲ)

单位:吨 (ton)

地区 Region	烟叶 Tobacco Crops	#烤烟 Flue-cured Tobacco	茶叶 Tea	水果 Fruit
合计 Total	**898 243**	**750 107**	**83 365**	**4 555 288**
河北 Hebei	147			157 374
内蒙古 Inner Mongolia	17 962	15 947		198 456
辽宁 Liaoning	20 388	17 181	23	30 991
吉林 Jilin	24 405	19 530		87 830
黑龙江 Heilongjiang				437
浙江 Zhejiang	5		360	5 816
湖北 Hubei	163 145	57 124	13 614	43 556
湖南 Hunan	47 013	28 408	1 156	113 068
广东 Guangdong	911	291	198	12 303
广西 Guangxi	50 106	32 990	19 448	2 399 293
海南 Hainan	220	5	7	83 534
四川 Sichuan	44 687	42 591	1 657	183 540
贵州 Guizhou	147 731	158 460	5 858	119 715
云南 Yunnan	377 456	375 413	40 968	370 719
西藏 Tibet			77	5 974
甘肃 Gansu	8			33 231
青海 Qinghai	6			24 208
宁夏 Ningxia	2 180	2 167		136 182
新疆 Xinjiang	3 835			671 625

民族自治地方分地区林业主要指标(1996年)

Major Index of Forestry by Region of Minority National Autonomous Areas(1996)

地　区	当年造林面积(千公顷) Afforestation Areas (1 000 Hectares)	村及村以下各种组和农民竹木采伐 Cut by Villages and Peasants	
		木材(万立方米) Timber (10 000 cu. m)	竹材(万根) Bamboo (10 000)
合　计 Total	**5 283.99**	**977.64**	**40 508.40**
河　北 Hebei	111.70	11.60	
内蒙古 Inner Mongolia	353.90	16.90	
辽　宁 Liaoning	93.61	62.35	
吉　林 Jilin	4 025.40	12.40	
黑龙江 Heilongjiang	4.10	0.30	
浙　江 Zhejiang	0.30	10.60	8 011.00
湖　北 Hubei	40.90	16.70	2 490.40
湖　南 Hunan	16.36	67.00	752.20
广　东 Guangdong	1.00	12.70	79.70
广　西 Guangxi	80.00	322.00	3 617.00
海　南 Hainan	5.60	15.13	141.50
四　川 Sichuan	49.80	47.12	7 575.20
贵　州 Guizhou	124.10	66.30	1 046.40
云　南 Yunnan	262.90	271.00	16 669.00
西　藏 Tibet	4.00	14.00	126.00
甘　肃 Gansu	17.04	7.98	
青　海 Qinghai	20.00	2.43	
宁　夏 Ningxia	26.63		
新　疆 Xinjiang	46.65	21.13	

民族自治地方牲畜年末头(只)数及比重

The Number and the Proportion of Livestocks at the End of Year of Minority National Autonomous Areas

单位:万头(只) (10 000 head)

地区 Region	牲畜总头数 Total	大牲畜 Large Domestic Animals	猪 Hogs	羊 Sheep and Goats	比重(以牲畜总头数为 100) % 大牲畜 Large Domestic Animals	猪 Hogs	羊 Sheep and Goats
1949	4 108.00	1 646.00	796.00	1 666.00	40.07	19.38	40.55
1952	7 606.50	2 439.20	1 136.90	4 030.00	32.07	14.95	52.98
1957	9 914.20	2 926.30	1 589.00	5 398.90	29.52	16.03	54.45
1962	10 424.60	2 560.60	1 255.30	6 605.70	24.57	12.05	63.38
1965	14 119.70	3 372.90	2 151.40	8 595.40	23.89	15.24	60.87
1975	16 226.95	3 848.53	3 031.85	9 346.57	23.72	18.68	57.60
1978	16 656.50	3 807.20	3 256.70	9 579.60	22.87	19.58	57.55
1980	17 168.30	3 928.32	3 286.26	9 983.72	22.88	18.97	58.15
1981	17 713.95	4 057.86	3 314.11	10 341.98	22.91	18.71	58.38
1982	18 026.93	4 244.84	3 635.67	10 146.42	23.55	20.17	56.28
1983	17 983.04	4 339.77	3 970.58	9 672.69	24.13	22.08	53.79
1984	18 198.34	4 462.62	4 047.20	9 688.52	24.52	22.24	53.24
1985	19 038.77	4 748.79	4 532.86	9 757.12	24.94	23.81	51.25
1986	19 808.61	4 950.94	4 869.33	9 988.34	24.99	23.58	50.43
1987	20 260.96	5 046.00	4 968.82	10 246.14	24.91	24.52	50.57
1988	20 938.16	5 130.19	5 085.00	10 722.97	24.50	24.29	51.21
1989	21 948.68	5 229.87	5 434.73	11 284.08	23.83	24.76	51.41
1990	22 312.78	5 285.92	5 668.05	11 361.81	23.69	25.39	50.92
1991	22 151.91	5 308.61	5 564.71	11 278.59	23.96	25.12	50.91
1992	23 039.85	5 391.81	6 726.06	10 921.98	23.40	29.19	47.41
1993	22 799.51	5 429.58	6 443.30	10 926.63	23.81	28.26	47.93
1994	23 449.37	5 480.15	6 729.43	11 239.79	23.37	28.70	47.93
1995	24 763.73	5 618.25	7 239.62	11 905.86	22.69	29.23	48.08
1996	26 607.68	7 261.03	7 138.86	12 207.79	27.29	26.83	45.88

民族自治地方大牲畜、猪、羊年末头(只)数占全国的比重

The Proportion of the Number of Large Animals, Pigs, Sheep and Goats of Minority National Autonomous Areas in that of the Nation as a Whole

单位:%

地区 Region	牲畜总头数 Total	大牲畜 Large Domestic Animals	猪 Hogs	羊 Sheep and Goats
1949	25.66	27.42	13.78	39.34
1952	33.36	31.90	12.66	65.24
1957	30.20	34.91	10.89	54.77
1962	34.19	36.48	12.56	49.06
1965	36.20	40.05	12.89	61.82
1975	30.75	39.63	10.78	57.21
1978	28.71	60.55	10.82	56.37
1980	29.20	41.24	10.66	53.30
1981	30.58	41.56	11.28	55.09
1982	30.89	41.17	13.19	61.16
1983	31.61	41.93	13.30	57.94
1984	31.73	41.17	13.19	61.16
1985	31.67	41.72	13.67	62.48
1986	31.83	41.64	14.45	60.23
1987	32.16	41.39	15.16	56.82
1988	31.34	31.04	14.87	53.35
1989	31.69	40.84	15.40	53.32
1990	31.76	40.59	15.63	54.10
1991	31.30	40.23	15.05	54.69
1992	31.72	39.98	17.51	52.68
1993	30.39	38.82	16.40	50.30
1994	29.12	36.70	16.20	46.70
1995	30.81	38.20	17.40	49.50
1996	28.67	43.50	15.60	40.10

民族自治地方主要畜产品产量
Output of Major Livestocks Products of Minority National Autonomous Areas

单位:万吨 (10 000 ton)

年 份 Year	猪 肉 Pork	牛 肉 Beef	羊 肉 Mutton	牛 奶 Milk	羊 毛 Sheep and Goats Wool
1980	131.04	14.30	19.66	43.78	10.70
1981	124.29	19.34	20.56	54.41	11.66
1982	136.55	15.30	23.14	61.08	12.18
1983	135.20	18.58	29.08	65.02	12.59
1984	151.09	20.46	28.54	76.37	12.64
1985	179.85	27.41	31.13	86.76	15.76
1986	191.05	29.60	35.35	111.18	13.00
1987	212.84	30.18	36.32	123.15	13.86
1988	217.22	33.94	35.37	119.51	14.57
1989	235.76	39.12	43.31	126.07	15.62
1990	245.99	40.59	31.33	135.06	17.96
1991	301.63	45.97	51.21	129.32	15.82
1992	304.09	51.50	53.44	150.90	15.45
1993	336.61	56.56	37.20	159.31	15.15
1994	390.88	66.29	57.06	173.76	15.44
1995	454.16	78.77	65.07	185.79	19.34
1996	501.72	87.60	74.09	201.04	16.86

民族自治地方分地区牲畜出栏数和年底存栏数(1996年)

The Amounts of Slaughtering Livestocks and Feeding Livestocks at the End of Year by Region of Minority National Autonomous Areas(1996)

单位:万头(只)　　(10 000 head)

地区 Region	牲畜当年出栏数 Slaughtered Number			牲畜年末存栏数 Livestock Number		
	大牲畜 Large Animals	猪 Hogs	羊 Sheep and Goats	大牲畜 Large Animals	猪 Hogs	羊 Sheep and Goats
合　计 Total	**881.80**	**6 292.39**	**4 666.42**	**7 261.03**	**7 138.86**	**12 207.79**
河　北 Hebei	35.00	103.90	94.60	55.60	122.50	133.80
内蒙古 Inner Mongolia	96.50	639.90	1 406.50	732.90	770.10	3 561.80
辽　宁 Liaoning	37.67	169.80	53.64	97.15	172.14	89.30
吉　林 Jilin	32.70	93.40	30.30	76.50	72.00	51.80
黑龙江 Heilongjiang	3.70	9.30	3.60	15.00	8.70	11.60
浙　江 Zhejiang	0.10	5.00	0.30	1.30	8.30	0.90
湖　北 Hubei	12.10	270.70	26.10	37.90	309.90	63.10
湖　南 Hunan	12.00	289.90	50.30	92.40	294.70	100.20
广　东 Guangdong	0.90	19.90	0.10	8.50	20.30	0.10
广　西 Guangxi	108.65	2 854.34	81.99	856.00	2 555.00	182.00
海　南 Hainan	5.75	48.70	8.80	49.00	86.40	19.40
四　川 Sichuan	66.07	274.28	155.82	613.54	410.52	684.02
贵　州 Guizhou	37.40	452.30	55.80	401.90	697.30	99.70
云　南 Yunnan	54.50	728.20	128.10	626.90	1 236.50	478.40
西　藏 Tibet	62.49	12.23	382.82	2 276.00	23.00	1 693.00
甘　肃 Gansu	46.34	26.20	124.23	165.25	54.10	388.49
青　海 Qinghai	94.77	45.44	395.15	469.99	61.10	1 203.68
宁　夏 Ningxia	20.36	95.20	117.67	95.80	98.20	310.30
新　疆 Xinjiang	154.80	153.70	1 550.60	589.40	138.10	3 136.20

民族自治地方分地区畜产品和水产品产量(1996年)(一)

Output of Livestocks Products and Aquatic Products by Region of Minority National Autonomous Areas(1996)(Ⅰ)

单位:吨 (ton)

地区 Region	牛 肉 Beef	猪 肉 Pork	羊 肉 Mutton	家 禽 Poultry	奶 类 Milk
合 计 Total	**876 017**	**5 107 215**	**740 919**	**832 628**	**2 010 366**
河 北 Hebei	53 811	87 976	12 292	4 596	14 541
内蒙古 Inner Mongolia	117 164	591 220	211 373	56 384	566 157
辽 宁 Liaoning	59 171	161 778	7 287	13 849	3 948
吉 林 Jilin	38 653	60 670	4 689	28 805	4 525
黑龙江 Heilongjiang	4 660	8 332	494	1 130	72 122
浙 江 Zhejiang	77	5 104	68	312	1
湖 北 Hubei	1 633	212 148	3 374	3 340	93
湖 南 Hunan	11 819	194 522	7 037	18 419	2 548
广 东 Guangdong	863	14 907	4	2 742	
广 西 Guangxi	97 603	2 295 252	13 891	546 658	9 378
海 南 Hainan	5 195	77 017	1 316	11 929	1 360
四 川 Sichuan	67 173	197 829	28 667	14 228	173 610
贵 州 Guizhou	32 256	387 732	7 396	17 622	728
云 南 Yunnan	48 182	574 341	22 118	39 884	69 925
西 藏 Tibet	63 946	6 635	48 457		166 277
甘 肃 Gansu	29 407	29 760	22 432	4 407	60 999
青 海 Qinghai	68 543	31 536	61 243	931	153 434
宁 夏 Ningxia	24 100	66 126	19 461	19 196	168 720
新 疆 Xinjiang	151 761	104 330	269 321	48 195	542 000

民族自治地方分地区畜产品和水产品产量(1996年)(二)

Output of Livestocks Products and Aquatic Products by Region of Minority National Autonomous Areas(1996)(Ⅱ)

单位:吨 (ton)

地区 Region	山羊毛 Goat Wool	绵羊毛 Sheep wool	羊绒 Cashmere	禽蛋 Poultry Eggs	水产品 Aquatic Product
合计 Total	**9 513**	**159 135**	**6 153**	**747 969**	**1 581 754**
河北 Hebei	1 005	987	128	23 405	3 113
内蒙古 Inner Mongolia	3 106	62 003	4 150	201 778	52 764
辽宁 Liaoning	494	615	90	60 106	13 108
吉林 Jilin	18	2 834		47 702	18 680
黑龙江 Heilongjiang		406		4 295	18 400
浙江 Zhejiang				269	173
湖北 Hubei		10		13 524	3 284
湖南 Hunan	1			14 292	20 229
广东 Guangdong				670	2 649
广西 Guangxi				152 170	1 227 833
海南 Hainan				2 807	81 399
四川 Sichuan	289	3 183	16	13 602	4 771
贵州 Guizhou	1	296		19 518	14 624
云南 Yunnan	75	745	1	26 835	50 266
西藏 Tibet	1 013	8 041	593	1 541	354
甘肃 Gansu	406	5 819	87	10 225	603
青海 Qinghai	460	12 635	99	5 288	1 665
宁夏 Ningxia	444	3 862	209	46 643	19 950
新疆 Xinjiang	2 200	57 700	780	103 300	47 890

民族自治地方平均每人农业总产值和主要农产品产量

Per Capita of Gross Output Value of Agriculture and Output of Major Farm Products of Minority National Autonomous Areas

年份 Year	农业总产值(元) Output Value of Agriculture	粮食(公斤) Grain Crops	棉花(公斤) Cotton Crops	油料(公斤) Oil—Beaning Crops	大牲畜(头) Large Domestic Animals	猪(头) Pigs	羊(只) Sheep and Goats
1980	139.27	287.96	0.73		0.34	0.28	0.87
1981	146.86	288.69	1.01	9.15	0.35	0.28	0.89
1982	225.09	313.39	1.28	10.83	0.36	0.30	0.85
1983	233.81	324.91	1.36	11.34	0.35	0.32	0.78
1984	248.10	321.97	1.64	12.05	0.35	0.32	0.76
1985	265.61	302.96	1.47	14.58	0.36	0.34	0.74
1986	264.63	295.91	1.63	14.47	0.36	0.35	0.73
1987	272.78	308.00	2.03	12.46	0.36	0.35	0.73
1988	282.05	302.60	1.96	12.08	0.36	0.35	0.74
1989	290.99	314.60	2.01	11.43	0.35	0.37	0.76
1990	303.10	342.70	3.00	13.30	0.34	0.36	0.72
1991	727.52	356.75	4.22	14.88	0.34	0.36	0.73
1992	774.10	359.10	4.30	15.00	0.34	0.40	0.70
1993	819.20	330.90	4.40	14.60	0.35	0.40	0.70
1994	848.05	317.25	5.55	15.14	0.34	0.42	0.73
1995	924.15	374.97	5.91	16.14	0.35	0.45	0.74
1996	1 010.97	426.20	5.95	15.84	0.46	0.45	0.77

注：人均农业总产值1980年、1981年按1970年不变价格计算，1982—1990年按1980年不变价格计算，1991—1996年按1990年不变价格计算，并用新口径统计。下同。

民族自治地方分地区平均每人农业总产值和主要农产品产量(1996年)

Per Capita of Gross Output Value of Agriculture and Output of Major Farm Products by Region of Minority National Autonomous Areas(1996)

年份 Year	农业总产值(元) Output Value of Agriculture	粮食(公斤) Grain Crops	棉花(公斤) Cotton Crops	油料(公斤) Oil-Beaning Crops	大牲畜(头) Large Domestic Animals	猪(头) Pigs	羊(只) Sheep and Goats
合　计 Total	**1 010.97**	**426.20**	**5.95**	**15.84**	**0.46**	**0.45**	**0.77**
河　北 Hebei	1 120.66	392.23	2.20	6.18	0.29	0.65	0.71
内蒙古 Inner Mongolia	1 138.71	678.42		35.97	0.32	0.34	1.57
辽　宁 Liaoning	1 337.61	553.66	0.34	20.66	0.29	0.51	0.27
吉　林 Jilin	1 239.42	845.24		4.02	0.24	0.22	0.16
黑龙江 Heilongjiang	2 224.84	883.12		1.33	0.61	0.35	0.47
浙　江 Zhejiang	1 343.51	334.47	0.05	1.74	0.07	0.48	0.05
湖　北 Hubei	811.69	389.40	0.03	18.36	0.09	0.71	0.14
湖　南 Hunan	828.50	348.53	0.31	27.63	0.17	0.54	0.19
广　东 Guangdong	1 031.16	418.93		15.51	0.19	0.46	
广　西 Guangxi	1 071.28	353.29	0.02	11.35	0.19	0.56	0.04
海　南 Hainan	1 105.04	330.49		16.76	0.27	0.47	0.11
四　川 Sichuan	969.47	365.23		2.80	1.06	0.71	1.18
贵　州 Guizhou	658.29	296.28	0.05	13.47	0.28	0.49	0.07
云　南 Yunnan	864.40	339.47	0.03	4.91	0.31	0.62	0.24
西　藏 Tibet	996.65	324.80		14.68	9.51	0.10	7.07
甘　肃 Gansu	618.63	235.24	0.01	13.24	0.55	0.18	1.30
青　海 Qinghai	725.27	300.45		45.79	1.58	0.21	4.06
宁　夏 Ningxia	721.57	494.90		1.52	0.18	0.19	0.60
新　疆 Xinjiang	1 330.30	503.58	55.67	18.32	0.35	0.08	1.86

民族自治地方农业机械总动力和大中小型拖拉机拥有量
Total Power of Agricultural Machinery and Farm Machinery of Minority National Autonomous Areas

年份 Year	农业机械总动力(万千瓦) Total Power of Agr-icultural Machinery (10 000kw)	大中型农用拖拉机 Large and Medium Agricultural Tractors		小型拖拉机 Small Tractors	
		万台 Number	万千瓦 Power	万台 Number	万千瓦 Power
1980		12.08	410.0	20.75	183.2
1981		12.28	428.2	21.33	188.2
1982		12.45	452.5	23.25	207.1
1983	1 869.9	13.07	454.1	27.85	245.8
1984	1 964.5	13.25	480.5	33.83	301.3
1985	2 144.4	14.37	492.7	40.27	360.3
1986	2 468.7	15.25	501.0	51.46	478.0
1987	2 643.8	15.27	473.0	58.15	568.8
1988	2 908.4	16.41	562.2	75.53	668.6
1989	3 329.5	16.10	564.3	84.86	783.8
1990	3 817.1	15.89	646.0	90.74	1 019.6
1991	3 569.0	15.21	570.0	99.74	975.0
1992	3 675.7	15.01	551.7	105.37	983.9
1993	4 104.7	13.97	540.2	95.22	1 049.1
1994	4 137.4	12.89	529.1	107.78	1 210.3
1995	4 563.3	13.00	463.3	125.80	974.1
1996	5 053.4	13.80	503.6	131.85	1 394.4

民族自治地方机耕地面积、灌溉面积、农村用电量和化肥施用量

Areas Ploughed by Tractors, Irrigated Area, Electricity Consumed in Rural Areas and Consumption of Chemical Fertilizers of Minority National Autonomous Areas

年　份 Year	机耕地面积(万公顷) Machinery Cultivated Land (10 000 hectares)	灌溉面积(万公顷) Irrigated Area (10 000 hectares)	农村用电量(万千瓦小时) Electricity Consumed in Rural Area (10 000 kw・h)	化肥施用量(折纯、万吨) Cousumption of Chemical Fertilizers (10 000 ton)
1980	538.73	684.39	237 400	99.90
1981	439.34	677.29	260 443	98.30
1982	411.99	672.67	278 432	116.37
1983	393.42	689.30	292 538	138.72
1984	424.71	673.01	328 503	140.87
1985	377.02	685.53	335 832	154.74
1986	399.10	705.20	422 109	179.52
1987	456.23	717.61	463 331	197.23
1988	529.07	723.44	485 995	209.46
1989	577.02	736.79	568 346	245.69
1990	700.36	764.37	702 621	266.86
1991	732.08	749.85	691 599	307.51
1992	798.16	825.83	927 593	323.79
1993		821.52	991 140	363.87
1994		841.44	947 083	396.92
1995		837.80	1 109 215	458.42
1996		898.62	1 146 385	508.59

民族自治地方分地区农业机械化情况(1996年)
Mechanization of Agriculture by Region of Minority National Autonomous Areas(1996)

地区 Region	农业机械总动力(万千瓦特) Total Power of Agricul－tural Machinery	大中型拖拉机 Large and Medium Tractors		小型拖拉机 Small Tractors		农用载重汽车(辆) Tracks for Agriculture Use	农用运输车(辆) Transp－ortation Vehicles in Farming Use
		台 (Number)	万千瓦特 (10 000KW)	台 (Number)	万千瓦特 (10 000KW)		
合　计 Total	**5 053**	**137 966**	**503.55**	**1 318 502**	**1 394.38**	**104 610**	**79 520**
河　北 Hebei	64	428	2.20	14 162	13.10	2 265	3 039
内蒙古 Inner Mongolia	959	31 165	131.90	345 400	353.20	14 052	4 426
辽　宁 Liaoning	104	4 417	14.11	16 602	14.52	3 520	9 809
吉　林 Jilin	104	6 673	21.30	32 028	27.90	1 920	2 657
黑龙江 Heilongjiang	11	442	1.80	6 238	5.80	13	32
浙　江 Zhejiang	3			1 150	1.00	38	45
湖　北 Hubei	47	3 571	6.30	2 392	2.10	994	5 305
湖　南 Hunan	106	189	0.57	12 705	11.20	4 241	3 234
广　东 Guangdong	5	7		1 932	1.70	201	128
广　西 Guangxi	1 148	11 300	39.80	245 100	225.30	25 915	17 478
海　南 Hainan	41	376	1.26	5 348	20.42	802	1 743
四　川 Sichuan	474	570	1.50	21 421	116.80	5 518	2 828
贵　州 Guizhou	169	2 406	6.50	20 302	19.00	3 071	4 820
云　南 Yunnan	550	3 901	19.40	156 470	143.60	15 885	10 068
西　藏 Tibet	77	1 351	9.00	20 209	20.00	4 509	1 919
甘　肃 Gansu	73	13 408	2.86	24 314	23.45	1 626	374
青　海 Qinghai	165	1 742	10.30	75 707	66.55	2 873	1 468
宁　夏 Ningxia	256	3 667	14.85	119 880	113.94	4 808	1 528
新　疆 Xinjiang	698	52 353	219.90	197 142	214.80	12 359	8 619

民族自治地方分地区灌溉面积、农村用电量、化肥施用量和乡村水电站情况(1996年)

Irrigated Area, Electricity Consumed in Rural Areas, Chemically Fertilized and Hydropower Consumption of Stations in Rural Areas by Region of Minority National Autonomous Areas (1996)

地区 Region	乡、村办水电站 Hydropower Station in Rural Areas			农村用电量(万千瓦小时) Electricity Consumed in Rural Area (10 000kw·h)	农用化肥施用量(折纯,万吨) Consumption of Chemical Fertilizers (10 000 ton)	有效灌溉面积(千公顷) Irrigated Area (1 000h)
	个数(个) Number	装机容量(万千瓦) Capacity (10 000 kw)	发电量(万千瓦小时) Electricity Hydropower (10 000kw·h)			
合　计 Total	**7 147**	**200.78**	**227 055**	**1 146 385**	**508.59**	**8 986.23**
河　北 Hebei	7		6	33 671	6.80	63.80
内蒙古 Inner Mongolia	7	75.00		174 891	61.90	1 851.20
辽　宁 Liaoning	58	4.77	13 698	85 506	13.21	64.78
吉　林 Jilin	40	0.64	5 174	110 830	18.04	87.30
黑龙江 Heilongjiang				2 128	0.50	9.40
浙　江 Zhejiang	57	1.40	1	2 145	0.20	4.70
湖　北 Hubei	236	8.50	22 775	15 136	17.10	50.80
湖　南 Hunan	562	6.80	14 759	18 203	9.10	168.10
广　东 Guangdong	206	8.80	32 298	3 838	2.50	14.40
广　西 Guangxi	333	12.03	29 253	252 500	134.96	1 470.66
海　南 Hainan	28	0.12	44	1 466	2.76	51.60
四　川 Sichuan	1 299	17.82	47 438	32 542	7.50	160.60
贵　州 Guizhou	785	6.60	11 546	29 560	24.70	256.00
云　南 Yunnan	2 948	14.40	45 021	98 293	48.20	760.20
西　藏 Tibet	200	2.00	522	1 771	2.79	148.00
甘　肃 Gansu	76	31.27	3 193	22 379	8.70	64.26
青　海 Qinghai	46	0.73	1 327	11 381	4.63	137.73
宁　夏 Ningxia				65 476	67.80	781.40
新　疆 Xinjiang	259	9.90		184 670	77.20	2 841.30

民族自治地方分地区乡镇企业情况(1996年)(一)

Township and Village Enterprises by Regin of Minority National Autonomous Areas(1996)(Ⅰ)

单位:万元 (10 000 yuan)

地　区 Region	个数 (个) Number	从业人数 (万人) Employment	营业收入 Operating Total Revenue	成本费用 Production Cost	实际缴纳税金 Taxes	税后利润净额 After-Tax Profits
合　计 Total	**3 425 133**	**1 187.02**	**49 563 749**	**19 419 823**	**1 249 474**	**3 443 285**
河　北 Hebei	80 797	27.00	916 803	690 935	12 908	98 053
内蒙古 Inner Mongolia	710 490	268.90	11 997 548	9 700 046	402 003	1 186 794
辽　宁 Liaoning	79 070	34.00	1 838 678	1 534 994	53 096	94 339
吉　林 Jilin	98 733	23.60	317 860	581 330	27 930	54 713
黑龙江 Heilongjiang	4 539	1.20	57 359	49 900	886	5 473
浙　江 Zhejiang	2 891	0.84	48 648	13 060	683	556
湖　北 Hubei	74 143	20.90	473 810	419 427	13 903	27 951
湖　南 Hunan	141 396	35.50	1 151 022	1 002 238	27 878	80 683
广　东 Guangdong	10 118	3.10	107 129	73 809	3 159	16 718
广　西 Guangxi	878 048	382.15	25 016 161		423 724	1 324 378
海　南 Hainan	25 102	8.92	173 245	142 853	6 096	14 212
四　川 Sichuan	74 815	22.98	432 373	357 877	19 957	25 664
贵　州 Guizhou	239 075	66.70	1 160 470	713 829	36 515	96 763
云　南 Yunnan	528 600	139.00	2 873 304	2 010 281	97 164	187 662
西　藏 Tibet			32 000			
甘　肃 Gansu	48 394	21.68	342 557	282 647	7 810	26 942
青　海 Qinghai	27 130	9.07	441 005	131 334	8 181	10 366
宁　夏 Ningxia	119 059	43.30	256 352		30 631	55 609
新　疆 Xinjiang	282 733	78.18	1 927 425	1 715 263	76 950	136 410

注:乡镇企业各项指标均为乡、村及村以下全部乡镇企业数。

民族自治地方分地区乡镇企业情况(1996年)(二)

Township and Village Enterprises by Region of Minority National Autonomous Areas(1996) (Ⅱ)

单位:万元 (10 000 yuan)

地区 Region	工资总额 Total Salary	年末固定资产 Total Fixed Assets (year—end)		出口产品交货总额 Total Value Exports
		原值 Original Value	净值 Net Value	
合计 Total	**5 169 171**	**9 948 702**	**4 521 082**	**1 068 181**
河北 Hebei	71 935	157 931	125 161	22 253
内蒙古 Inner Mongolia	1 234 190	1 915 012	1 557 051	182 185
辽宁 Liaoning	98 063	286 602	201 711	69 120
吉林 Jilin	75 593	213 818	185 318	12 791
黑龙江 Heilongjiang	1 800	10 837	7 586	270
浙江 Zhejiang	1 509	2 525	1 658	76
湖北 Hubei	61 421	148 016	54 637	9 082
湖南 Hunan	154 873	249 750	207 104	13 518
广东 Guangdong	11 167	26 513	21 926	2 637
广西 Guangxi	2 385 573	3 944 123		689 098
海南 Hainan	28 976	18 149	11 838	500
四川 Sichuan	63 590	171 184	132 690	6 759
贵州 Guizhou	184 989	370 260	220 248	17 605
云南 Yunnan	383 962	1 091 199	884 437	20 009
西藏 Tibet				
甘肃 Gansu	43 150	99 461	87 285	2 544
青海 Qinghai	20 375	294 470	95 983	9 170
宁夏 Ningxia	89 501	189 441	151 843	
新疆 Xinjiang	258 504	759 411	574 606	10 564

主要统计指标解释

农、林、牧、渔业总产值　是以货币表现的农、林、牧、渔业全部产品的总量，它反映一定时期内农业生产的总规模和总成果。农、林、牧、渔业的统计范围是：

(1)**农业**　包括农作物种植业和其他农业。

农作物种植业　包括谷物、豆类、薯类、棉、油料、糖料、麻类、烟叶、蔬菜、药材、瓜类和其他农作物的种植，以及茶园、桑园、果园的生产经营。

其他农业　包括采集野生植物的果实、纤维、树胶、树脂、油料以及柴草、野生药材、菌类等及农民家庭兼营的商品性工业。

(2)**林业**　包括林木的栽培(不包括茶园、桑园和果园的栽培、管理和收获等活动)、林产品的采集和村及村以下合作经济组织与农户的竹木采伐。

(3)**牧业**　包括除渔业养殖以外的一切动物饲养和放牧以及野生动物的捕猎和饲养。

(4)**渔业**　包括水生动物和海藻类植物的养殖和捕捞。

从所有制看，包括国有经济的各种专业农(农、林、牧、渔)场以及国家各级机关团体学校、科研机构、部队经营的农业；集体所有制的乡镇村各级办农场；农村各种经济组织经营的农、林、牧、渔业以及工矿企业家属集体经营的农业；农民家庭自营的农、林、牧、渔业及兼营商品性工业等。

农、林、牧、渔业总产值的计算方法通常是按农、林、牧、渔业产品及其副产品的产量分别乘以各自单位产品价格求得，少数生产周期较长，当年没有产品或产品产量不易统计的，则采用间接方法匡算其产值，然后将四业产品产值相加即为农、林、牧、渔业总产值。

1957 年以前的农业总产值中包括了厩肥和农民自给性手工业(如农民自制衣服、鞋、袜，自己从事粮食初步加工等)。1958 年及以后的农业总产值，林业中增加了村及村以下竹木采伐产值；牧业中取消了厩肥产值；副业中取消了农民自给性手工业产值，增加了村及村以下办的工业产值；渔业中增加了海洋捕捞水产品产值。1980 年及以后的农业总产值，在副业中增加了农民家庭兼营工业商品部分的产值。从 1984 年起，村及村以下办工业产值划归工业。从 1993 年起，取消副业。将野生动物的捕猎划入牧业，野生植物采集和农民家庭兼营商品性工业划归农业，并将农业总产值改称农、林、牧、渔业总产值。

粮食产量　指全社会的产量。包括国有经济经营的、集体统一经营的和农民家庭经营的粮食产量，还包括工矿企业家属办的农场和其他生产单位的产量。粮食除包括稻谷、小麦、玉米、高粱、谷子及其他杂粮外，还包括薯类和大豆。其产量计算方法，豆类按去豆荚后的干豆计算；薯类(包括甘薯和马铃薯，不包括芋头和木薯)1963 年以前按每 4 公斤鲜薯折 1 公斤粮食计算，从 1964 年开始及以后改为按 5 公斤鲜薯折 1 公斤粮食计算。城市郊区作为蔬菜的薯类(如：马铃薯等)按鲜品计算，并且不作为粮食统计。其他粮食一律按脱粒后的原粮计算。

油料产量　指全部油料作物的生产量。包括花生、油菜籽、芝麻、向日葵籽、胡麻籽(亚麻籽)和其他油料。不包括大豆，也不包括木本油料和野生油料。花生以带壳干花生计算。

水产品产量　指人工养殖的水产品和天然生长的水产品的捕捞量。包括海水的鱼类、虾蟹类、贝类和藻类以及内陆水域的鱼类、虾蟹类和贝类，不包括淡水生植物。

猪、牛、羊肉产量　指当年出栏已屠宰后除去头蹄下水后带骨肉(即胴体重)的重量。

耕地面积 指年初可以用来种植农作物、经常进行耕锄的田地,除包括熟地、当年新开荒地、连续撂荒未满三年的耕地和当年的休闲地(轮歇地)外,还包括以种植农作物为主并附带种植桑树、茶树、果树和其他林木的土地,以及沿海、沿湖地区已围垦利用的“海涂”、“湖田”等面积。但不包括属于专业性的桑园、茶园、果园、果木苗圃、林地、芦苇地、天然或人工草地面积。

农作物播种面积 指实际播种或移植有农作物的面积。凡是实际种植有农作物的面积,不论种植在耕地上还是种植在非耕地上,均包括在农作物播种面积,同时还包括因遭灾而重新改种和初种的农作物面积,种一公顷算一公顷。

有效灌溉面积 指具有一定的水源,地块比较平整,灌溉工程或设备已经配套,在一般年景下当年能够进行正常灌溉的耕地面积。

农用化肥施用量 指本年内实际用于农业生产的化肥数量。包括氮肥、磷肥、钾肥和复合肥。化肥施用量要求按折纯量计算数量。折纯法化肥施用量是把氮肥、磷肥和钾肥分别按含氮、含五氧化二磷、含氧化钾的百分之一百成分折算后的数量。复合肥按其所含主要成分折算。

农业机械总动力 指主要用于农、林、牧、渔业的各种动力机械的动力总和。包括耕作机械、排灌机械、收获机械、农产品加工机械、运输机械、植物保护机械、牧业机械、林业机械、渔业机械和其他农业机械〔内燃机按引擎马力折成瓦(特)计算,电动机按功率折成瓦(特)计算〕。不包括专门用于乡、镇、村、组办工业、基本建设、非农业运输、科学试验和教学等非农业生产方面用的动力机械与作业机械。

四、工　业
INDUSTRY

民族自治地方年末工业企业单位数和工业总产值(按轻重工业分类)

The Amount of Industrial Enterprises and Gross Output Value of Industry of Minority National Autonomous Areas

(by Light and Heavy Industry)

单位:亿元 (100 000 000 yuan)

年份 Year	工业企业单位数(个) Number of Enterprises	工业总产值 Gross Output Value of Industry	轻工业 Light	重工业 Heavy
1980	37 881	240.14	122.32	117.82
1981	35 526	245.24	130.03	115.20
1982	37 184	296.01	149.53	146.49
1983	36 838	331.51	164.97	166.54
1984	39 769	364.63	180.09	184.54
1985	43 762	449.72	215.49	234.23
1986	46 588	508.84	249.39	259.45
1987	46 435	585.92	289.62	296.30
1988	53 495	685.93	341.15	344.80
1989	57 443	772.93	387.12	394.21
1990	53 451	814.99	405.73	409.26
1991	48 784	1 548.96	738.56	810.40
1992	48 938	1 835.50	876.65	958.85
1993	50 340	2 245.70	988.65	1 257.05
1994	53 191	2 876.52	1 340.14	1 536.39
1995	59 217	3 024.36	1 370.64	1 653.72
1996	58 419	3 528.43	1 619.45	1 908.97

注:1. 工业总产值1980年、1981年按1970年不变价格计算;1982—1990年按1980年不变价格计算;1991—1996年按1990年不变价格计算。

2. 工业总产值各年度均按新口径计算,产值中包括村办工业。

3. 工业企业单位数未包括村及村以下工业。

民族自治地方工业总产值(按经济类型分类)

Gross Output Value of Industry of Minority National Autonomous Areas(by the Ownership's)

单位:亿元 (100 000 000 yuan)

年 份 Year	工业总产值 Total	国有经济 State Owned	集体经济 Collective Owned	私营经济 Private	联营经济 Joint Management	城乡个体工业 Individu-al Owned	其他经济类型工业 Others
1980	240.14						
1981	245.24				11.27		
1982	296.01	238.75	56.52		12.06		0.74
1983	331.51	267.06	62.92		14.18		1.53
1984	364.63	283.58	75.96	12.11	15.02	2.59	2.50
1985	449.72	343.02	96.31	17.30	21.15	5.62	4.77
1986	508.84	378.07	125.70	23.02	33.51	3.72	1.35
1987	585.92	428.89	126.24	26.28	20.47	27.99	2.80
1988	685.93	487.73	154.15	31.21	25.74	35.73	8.32
1989	772.93	531.13	186.43	40.66	33.20	44.42	10.93
1990	814.99	558.24	193.00	42.95	33.96	53.62	10.13
1991	1 548.96	1 108.70	326.39	82.58	37.27	94.24	19.63
1992	1 835.50	1 266.64	401.67	111.72	51.37	141.15	26.04
1993	2 245.70	1 381.41	517.54	151.09	80.62	262.97	83.78
1994	2 876.52	1 422.95	766.83	166.80	14.02	410.25	22.43
1995	3 024.36	1 558.91	709.81	255.92	15.34	449.12	35.26
1996	3 528.43	1 323.68	1 375.34	271.34	15.57	713.51	171.01

注:1.工业总产值1980年、1981年按1970年不变价格计算;1982—1990年按1980年不变价格计算,1991—1996年按1990年不变价格计算。

2.1994—1996年工业总产值按新口径统计。

民族自治地方工业总产值构成
The Composition of Gross Output Value of Industry of Minority National Autonomous Areas

单位：%

年 份 Year	工业总产值 Total	国有工业 State－owned Enterprises	集体工业 Collective－Owned Enterprises	#乡办工业 Township Enterprises	#村办工业 Village Enterprises	城乡个体工业 Individual－Owned Enterprises	其他经济类型工业 Others
1980	100						
1981	100				4.60		
1982	100	80.66	19.09		4.07		0.25
1983	100	80.56	19.09		4.07		0.25
1984	100	77.77	20.83	3.32	4.12	0.71	0.69
1985	100	76.27	21.41	3.85	4.70	1.26	1.06
1986	100	74.30	24.70	4.52	6.58	0.73	0.27
1987	100	73.20	21.54	4.49	3.49	4.78	0.48
1988	100	71.11	22.47	4.55	3.75	5.21	1.21
1989	100	68.72	24.12	5.26	4.30	5.75	1.41
1990	100	68.50	23.68	5.27	4.17	6.58	1.24
1991	100	71.58	21.07	5.33	2.41	6.08	1.27
1992	100	69.01	21.88	6.09	2.80	7.69	1.42
1993	100	69.51	23.05	6.78	3.59	11.71	3.73
1994	100	55.28	24.43	7.40	3.88	14.33	5.96
1995	100	54.20	23.47	10.20	3.77	14.85	7.48
1996	100	46.13	14.47	7.42	5.77	21.86	4.25

注：1990年以前的村办工业中包括城乡合作经营工业，比重偏大。

民族自治地方乡村工业总产值占工业总产值比重
The Proportion of Gross Output Value of Township Industry in that of Industry of Minority National Autonomous Areas

单位:万元 (10 000 yuan)

年　份 Year	工业总产值 Gross Output Value	乡村工业产值 Output Value of Township—Run Industry	乡办工业 Township Enterprises	村及村以下工业 Village and Below	乡村工业产值占工业总产值比重(%) Output Value of Township—Run Industry As % of Gross Output Value
1984	3 646 306	271 348	121 104	150 244	7.44
1985	4 497 182	384 562	173 018	211 544	8.55
1986	5 088 353	565 316	230 241	335 075	11.11
1987	5 859 215	747 407	262 797	484 610	12.76
1988	6 244 628	926 765	312 092	614 673	14.84
1989	7 729 294	1 182 907	406 573	776 334	15.30
1990	8 149 929	1 305 324	429 500	875 824	16.02
1991	15 489 582	2 304 026	825 770	1 478 256	14.87
1992	18 354 947	3 309 161	1 117 165	2 191 996	18.03
1993	22 457 000	5 027 270	1 510 900	3 516 370	22.39
1994	28 765 200	8 231 154	2 116 788	6 114 366	28.61
1995	30 243 600	8 891 050	3 084 847	5 806 203	29.40
1996	35 284 251	13 728 255	2 770 363	10 957 892	38.91

注:本表1984—1990年按1980年不变价格计算;1991—1996年按1990年不变价格计算。

民族自治地方分地区乡及乡以上工业企业单位数(1996年)(一)

The Amount of Industrial Enterprises Involving Town Level by Region of Minority National Autonomous Areas(1996)(Ⅰ)

单位:个 (unit)

地区 Region	按轻重工业分 By Industry		按企业规模分 By Size		
	轻工业 Light	重工业 Heavy	大型企业 Large	中型企业 Medium	小型企业 Small
合　计 Total	**26 701**	**31 718**	**352**	**1 258**	**56 815**
河　北 Hebei	232	426		7	651
内蒙古 Inner Mongolia	5 511	6 135	77	299	11 270
辽　宁 Liaoning	817	1 242	2	19	2 038
吉　林 Jilin	1 113	1 034	17	75	2 055
黑龙江 Heilongjiang	47	56		2	101
浙　江 Zhejiang	118	105			223
湖　北 Hubei	852	833	1	5	1 679
湖　南 Hunan	967	1 100	2	25	2 040
广　东 Guangdong	90	257	1	1	345
广　西 Guangxi	6 936	7 801	134	452	14 151
海　南 Hainan	104	112	4	9	203
四　川 Sichuan	611	1 662	5	30	2 238
贵　州 Guizhou	1 265	2 007	7	19	3 252
云　南 Yunnan	2 124	2 593	17	92	4 608
西　藏 Tibet	198	231		6	423
甘　肃 Gansu	354	543	5	3	889
青　海 Qinghai	432	663	8	10	1 077
宁　夏 Ningxia	824	1 030	27	60	1 767
新　疆 Xinjiang	4 106	3 888	45	144	7 805

民族自治地方分地区乡及乡以上工业企业单位数(二)

(按经济类型分类)(1996 年)

单位:个

地区 Region	总计 Total	国有经济 State-Owned	集体经济 Collective-Owned	私营经济 Private
合　计 Total	**58 419**	**17 528**	**36 371**	**1 376**
河　北 Hebei	658	162	449	1
内蒙古 Inner Mongolia	11 646	3 372	7 407	333
辽　宁 Liaoning	2 059	390	1 512	114
吉　林 Jilin	2 147	561	1 268	43
黑龙江 Heilongjiang	103	27	76	
浙　江 Zhejiang	223	13	137	48
湖　北 Hubei	1 685	398	1 253	6
湖　南 Hunan	2 067	598	1 450	1
广　东 Guangdong	347	120	200	4
广　西 Guangxi	14 737	3 620	9 523	465
海　南 Hainan	216	124	74	9
四　川 Sichuan	2 273	690	1 451	36
贵　州 Guizhou	3 272	1 028	1 895	167
云　南 Yunnan	4 717	1 510	2 992	14
西　藏 Tibet	429	240	156	1
甘　肃 Gansu	897	238	635	2
青　海 Qinghai	1 095	491	536	22
宁　夏 Ningxia	1 854	569	1 134	28
新　疆 Xinjiang	7 994	3 377	4 223	82

The Amount of Industrial Enterprises Involving Town Level by Region of Minority National Autonomous Areas (1996)(Ⅱ)

(unit)

联营经济 Joint Management	股份制经济 Stock Ownership	外商投资经济 Foreign Invested	港澳台投资经济 Hong Kong, Macao, Taiwan Invested	其他经济 Others
574	**788**	**847**	**703**	**233**
6	23	9	6	3
64	187	146	133	4
3	4	25	11	
7	60	190	18	
1	24			
2	13	6	8	
3	3	2	10	
6	2	8	4	3
184	168	271	345	161
5		1	3	
33	39	6		18
99	33	17	6	27
39	60	53	49	
19		8	4	1
2	10	4		6
19	14	2	5	5
9	50	33	31	
73	98	66	70	5

民族自治地方分地区乡及乡以上工业总产值

（按经济类型分类）(1996 年)(一)

单位:万元

地区 Region	总计 Total	国有经济 State-Owned	集体经济 Collective-Owned	私营经济 Private
合　计 Total	**33 874 437**	**22 449 273**	**7 454 830**	**250 544**
河　北 Hebei	282 980	104 432	143 801	965
内蒙古 Inner Mongolia	6 437 216	4 525 595	1 183 854	47 000
辽　宁 Liaoning	654 458	164 179	376 156	41 348
吉　林 Jilin	1 091 427	754 901	176 511	3 383
黑龙江 Heilongjiang	32 663	11 767	20 896	
浙　江 Zhejiang	38 264	4 798	23 668	5 434
湖　北 Hubei	564 820	331 014	114 209	1 294
湖　南 Hunan	646 847	405 791	230 406	52
广　东 Guangdong	73 584	35 789	17 876	577
广　西 Guangxi	10 584 771	5 798 229	3 014 811	81 054
海　南 Hainan	148 055	129 195	9 148	3 695
四　川 Sichuan	720 255	480 375	172 355	15 229
贵　州 Guizhou	959 275	606 969	265 321	12 127
云　南 Yunnan	2 670 081	1 956 169	561 314	1 200
西　藏 Tibet	97 347	69 560	20 642	
甘　肃 Gansu	249 998	179 454	65 544	446
青　海 Qinghai	525 954	438 563	64 467	4 318
宁　夏 Ningxia	1 802 025	1 258 773	209 901	8 637
新　疆 Xinjiang	6 303 417	5 193 719	783 950	23 785

注:本表按当年价格计算(at current Price)。

Gross Output Value of Industry Involving Town Level by Regin of Minority National Autonomous Areas(by the Ownership's)(1996)(Ⅰ)

(10 000 yuan)

联营经济 Joint Management	股份制经济 Stock Ownership	外商投资经济 Foreign Invested	港澳台投资经济 Hong Kong,Macao,Taiwan Invested	其他经济 Others
184 968	**1 422 228**	**1 371 321**	**672 300**	**68 971**
658	9 960	1 607	1 196	20 361
13 410	231 300	231 855	204 108	95
7 663	2 469	44 835	7 637	1 172
5 122	54 640	82 596	14 274	
313	4 051			
1 796	111 816	3 362	1 330	
2 123	2 583	646	5 245	
1 528	930	7 145	6 295	3 444
66 512	609 985	699 113	274 468	40 597
619		1 059	4 339	
9 041	37 226	6 030		
22 528	11 914	36 790	2 777	848
8 761	85 401	34 314	22 921	
3 870		2 228	1 036	10
103	2 842	1 131		478
8 320	5 995	1 932	2 083	277
5 402	142 634	164 289	12 389	
27 200	108 482	52 389	112 202	1 690

民族自治地方分地区乡及乡以上工业总产值

（按经济类型分类）(1996 年)（二）

单位:万元

地区 Region	总计 Total	国有经济 State－Owned	集体经济 Collective－Owned	私营经济 Private
合　计 Total	**24 326 359**	**15 127 936**	**6 125 726**	**223 668**
河　北 Hebei	217 367	65 845	126 668	942
内蒙古 Inner Mongolia	4 538 788	2 982 221	997 075	40 559
辽　宁 Liaoning	567 839	136 328	327 493	42 766
吉　林 Jilin	862 576	562 026	165 011	2 285
黑龙江 Heilongjiang	22 047	8 488	13 559	
浙　江 Zhejiang	36 330	4 535	22 869	5 110
湖　北 Hubei	378 436	249 081	91 780	1 179
湖　南 Hunan	477 283	299 235	168 579	45
广　东 Guangdong	46 019	22 762	9 960	361
广　西 Guangxi	8 419 662	4 463 739	2 549 156	75 072
海　南 Hainan	86 792	73 037	5 987	1 857
四　川 Sichuan	537 887	340 121	151 701	14 645
贵　州 Guizhou	758 142	457 008	218 932	9 967
云　南 Yunnan	1 923 035	1 386 706	424 871	876
西　藏 Tibet	60 209	43 632	11 701	
甘　肃 Gansu	189 562	128 290	57 303	327
青　海 Qinghai	352 053	275 412	58 688	3 618
宁　夏 Ningxia	1 279 890	832 277	177 935	7 261
新　疆 Xinjiang	3 572 441	2 797 191	546 458	16 799

注:本表按 1990 年不变价格计算(at constant Price of 1990)。

Gross Output Value of Industry Involving Town Level by Region of Minority National Autonomous Areas(by the Ownership's)(1996)(Ⅱ)

(10 000 yuan)

联营经济 Joint Management	股份制经济 Stock Ownership	外商投资经济 Foreign Invested	港澳台投资经济 Hong Kong, Macao, Taiwan Invested	其他经济 Others
135 672	**992 630**	**1 102 533**	**564 473**	**53 722**
708	8 632	1 461	1 078	12 033
10 363	154 030	180 689	173 788	62
6 631	1 830	44 153	8 080	558
4 021	45 532	70 949	12 752	
276	3 540			
1 956	30 339	2 465	1 636	
1 544	3 595	412	3 873	
891	110	3 899	6 016	2 020
46 734	474 662	531 677	242 045	36 577
462		1 255	4 194	
2 619	23 951	4 851		
20 082	10 884	35 029	5 755	486
6 365	66 729	20 344	17 144	
1 713		2 118	1 036	10
82	2 292	881		387
6 826	4 046	1 332	1 896	235
4 762	86 803	158 265	12 587	
19 637	75 656	42 754	72 593	1 353

民族自治地方分地区乡及乡以上工业总产值

(按轻重工业和企业规模分类)(1996年)(一)

Gross Output Value of Industry Involving Town Level by Region of Minority National Autonomous Areas

(by Light and Heavy Industry and Enterprises Scale)(1996)(Ⅰ)

单位:万元 (10 000 yuan)

地区 Region	按轻重工业分 By Industry		按企业规模分 By Size		
	轻工业 Light	重工业 Heavy	大型企业 Large	中型企业 Medium	小型企业 Small
合　计 Total	**12 843 576**	**21 030 861**	**11 209 320**	**6 775 061**	**15 890 058**
河　北 Hebei	91 110	191 870		53 529	229 452
内蒙古 Inner Mongolia	2 163 671	4 273 546	2 589 691	1 274 422	2 573 103
辽　宁 Liaoning	198 041	447 418	9 964	71 429	564 066
吉　林 Jilin	467 507	623 920	397 976	330 344	363 107
黑龙江 Heilongjiang	14 836	17 827		7 520	25 143
浙　江 Zhejiang	20 151	18 113			38 264
湖　北 Hubei	287 226	277 594	103 435	121 902	339 483
湖　南 Hunan	332 840	314 007	58 381	155 804	432 662
广　东 Guangdong	17 244	56 340	4 700	1 326	67 558
广　西 Guangxi	4 856 213	5 728 558	2 898 424	2 480 167	5 206 180
海　南 Hainan	46 814	101 241	81 368	34 957	31 730
四　川 Sichuan	168 797	551 459	44 130	189 958	486 168
贵　州 Guizhou	419 011	540 264	117 747	102 672	738 856
云　南 Yunnan	1 377 234	1 292 847	561 365	711 642	1 397 075
西　藏 Tibet	21 933	75 414		11 507	85 840
甘　肃 Gansu	46 309	203 689	107 231	14 496	128 271
青　海 Qinghai	94 385	431 569	268 340	52 281	205 333
宁　夏 Ningxia	307 152	1 494 873	791 869	371 206	638 951
新　疆 Xinjiang	1 913 104	4 390 313	3 174 699	789 901	2 338 817

注:本表按当年价格计算(at current price)。

民族自治地方分地区乡及乡以上工业总产值

(按轻重工业和企业规模分类)(1996年)(二)

Gross Output Value of Industry Involving Town Level by Region of Minority National Autonomous Areas

(by Light and Heavy Industry and Enterprises Scale)(1996)(Ⅱ)

单位:万元 (10 000 yuan)

地区 Region	按轻重工业分 By Industry		按企业规模分 By Size		
	轻工业 Light	重工业 Heavy	大型企业 Large	中型企业 Medium	小型企业 Small
合　计 Total	**10 006 328**	**14 445 908**	**7 156 276**	**5 042 805**	**12 127 276**
河　北 Hebei	70 886	146 481		30 807	186 561
内蒙古 Inner Mongolia	1 637 688	2 901 100	1 650 301	863 384	2 025 102
辽　宁 Liaoning	172 710	395 129	8 802	60 923	498 114
吉　林 Jilin	418 292	444 284	324 820	231 137	306 619
黑龙江 Heilongjiang	10 509	11 538		5 856	16 191
浙　江 Zhejiang	19 761	16 569			36 330
湖　北 Hubei	234 049	144 387	23 962	105 698	248 776
湖　南 Hunan	246 643	230 641	26 602	128 662	322 020
广　东 Guangdong	10 395	35 624	4 647	535	40 837
广　西 Guangxi	3 920 888	4 498 774	2 276 872	1 963 441	4 179 349
海　南 Hainan	32 793	53 999	39 221	16 472	31 099
四　川 Sichuan	127 911	387 425	40 453	129 501	367 933
贵　州 Guizhou	364 747	393 396	54 910	93 445	609 787
云　南 Yunnan	1 000 270	922 765	449 881	546 628	926 526
西　藏 Tibet	16 871	43 338		10 555	49 654
甘　肃 Gansu	39 780	149 782	78 344	9 309	101 908
青　海 Qinghai	69 650	282 403	149 073	40 397	162 583
宁　夏 Ningxia	326 064	1 102 254	563 427	251 823	464 639
新　疆 Xinjiang	1 286 421	2 286 020	1 464 961	554 233	1 553 247

注:本表按1990年不变价格计算(at constant price of 1990)。

民族自治地方分地区工业企业单位数和工业总产值(1996 年)

单位:万元

地区 Region	工业企业单位数(个) Number of Enterprises	工业总产值 Gross Output Value	国有经济 State-Owned	集体经济 Collective-Owned
合　计 Total	**900 483**	**48 577 899**	**21 184 869**	**6 689 594**
河　北 Hebei	9 584	583 166	79 374	141 202
内蒙古 Inner Mongolia	115 892	9 387 139	4 375 241	1 104 931
辽　宁 Liaoning	36 114	2 322 062	139 830	344 808
吉　林 Jilin	21 667	1 365 767	729 941	172 548
黑龙江 Heilongjiang	1 002	46 362	11 767	20 896
浙　江 Zhejiang	2 733	63 081	4 566	21 485
湖　北 Hubei	22 977	735 648	392 075	98 291
湖　南 Hunan	62 936	1 158 125	401 497	211 460
广　东 Guangdong	3 827	94 746	33 373	17 757
广　西 Guangxi	270 250	17 351 131	5 491 699	2 875 370
海　南 Hainan	3 264	182 674	129 098	4 849
四　川 Sichuan	18 997	820 677	454 142	67 914
贵　州 Guizhou	67 766	1 277 804	534 264	202 119
云　南 Yunnan	151 862	3 320 788	1 779 759	442 921
西　藏 Tibet	6 128	103 211	63 973	13 124
甘　肃 Gansu	11 011	341 490	77 945	45 961
青　海 Qinghai	8 537	585 463	427 701	43 762
宁　夏 Ningxia	29 119	2 016 208	1 232 501	205 062
新　疆 Xinjiang	56 817	6 822 357	4 826 124	655 134

注:1. 本表按当年价格计算。

2. 工业企业单位数及工业总产值均包括村及村以下工业。

The Amount of Industrial Enterprises and Gross Output Value of Industry by Region of Minority National Autonomous Areas(1996)

(10 000 yuan)

#乡办工业 Township	#村办工业 Village	城乡联营工业和城乡个体工业 Joint Urban and Private	城镇联营 Urban Joint	农村联营 Ruval Joint	城镇个体 Urban Private	农村个体 Ruval Private
3 406 002	**2 649 823**	**12 053 639**	**599 803**	**1 415 897**	**2 087 176**	**7 950 763**
98 580	99 778	200 408	363	49 885	20 072	130 088
552 881	531 467	2 418 456	59 047	249 989	450 827	1 658 593
316 175	655 008	1 021 596	132 351		98 527	790 718
92 411	45 960	228 380	9 768	8 049	59 216	151 347
20 440	6 499	7 200			1 200	6 000
13 072		24 817			6 979	17 868
92 327	39 405	131 423	50	1 700	21 692	107 981
154 639	37 152	474 126	34 563	33 684	59 271	346 608
7 763	3 314	17 848	4 947	4 217	2 115	6 569
1 149 554	857 979	5 908 381	305 498	958 797	1 114 101	3 529 985
7 677	3 257	31 362	4 309	6 128	8 535	12 390
162 390	15 337	85 085	1 505	3 958	5 779	73 843
61 115	12 803	305 726	3 551	5 070	47 275	249 830
270 645	132 621	518 086	1 448	36 312	57 690	422 636
8 651		5 864	203	21	4 086	1 554
47 610	15 062	76 430	6 603	41 470	2 245	26 112
31 999	9 789	49 720	9 689	7 090	12 218	20 723
108 745	50 668	163 515	2 210	3 802	20 356	137 147
209 329	133 724	385 216	23 698	5 725	95 022	260 771

民族自治地方主要工业产品产量(一)

Output of Major Industrial Products of Minority National Autonomous Areas(I)

年 份 Year	生铁(万吨) Pig Iron (10 000 ton)	钢(万吨) Steel (10 000 ton)	原煤(万吨) Coal (10 000 ton)	原油(万吨) Crude Oil (10 000 ton)	发电量(万千瓦小时) Electricity Hydropower (10 000kw·h)	木 材(万立方米) Timber (10 000 cu·M)	纱(吨) Yarn (ton)	布(万米) Cloth (10 000M)
1952	0.90		178.00	5.20	8 100	233.00	483	3 500
1957	4.50		545.00	9.50	4 300	645.10	4 785	8 100
1962	41.70	10.30	1 631.00	100.60	234 000	219.90	11 521	8 000
1965	55.80	39.40	2 029.00	97.30	334 000	858.20	29 278	18 200
1975	89.90	66.20	4 561.00	440.90	1 256 500	1 034.40	45 542	25 700
1978	168.20	128.50	6 081.00	577.70	1 739 900	1 211.90	66 554	37 300
1980	177.52	166.60	5 418.15	623.60	1 933 600	1 618.95	79 400	44 300
1981	190.02	16 615	5 429.67	616.54	2 022 426	1 493.29	91 907	45 789
1982	182.76	167.59	5 799.31	625.00	2 212 512	1 545.01	103 619	52 136
1983	195.66	173.38	6 520.80	672.44	2 393 025	1 565.36	105 025	52 995
1984	214.98	197.82	6 992.55	704.63	2 609 017	1 664.70	98 992	474 141
1985	258.12	232.45	8 597.00	804.86	3 890 111	1 825.91	121 984	54 183
1986	295.08	248.06	8 874.54	861.60	4 008 111	2 048.76	146 097	67 766
1987	346.23	291.09	9 260.57	899.38	5 189 745	1 903.31	170 916	67 210
1988	328.60	291.36	10 995.00	973.14	5 533 367	1 931.13	173 602	69 419
1989	362.88	320.04	13 923.69	1 132.58	6 755 656	1 762.69	187 615	77 916
1990	417.03	368.25	12 076.67	1 264.97	7 388 007	1 761.32	220 499	73 705
1991	376.86	414.14	12 227.37	1 401.88	7 127 151	1 808.44	262 900	71 433
1992	450.92	435.21	13 064.40	1 405.39	8 476 228	1 867.99	272 100	69 287
1993	515.34	489.40	14 157.39	1 636.69	9 920 863	2 007.71	220 850	66 505
1994	536.70	493.48	14 860.12	1 466.05	11 078 677	2 042.28	316 616	70 072
1995	554.68	699.57	16 638.57	1 609.56	11 864 600	3 257.30	371 319	69 306
1996	663.67	722.14	17 205.43	1 813.29	12 289 300	3 452.95	328 504	61 689

民族自治地方主要工业产品产量(二)

Output of Major Industrial Products of Minority National Autonomous Areas(Ⅱ)

单位:万吨 (10 000 ton)

年份 Year	糖 Sugar	卷烟 (万箱) Cigarettes (10 000box)	水泥 Cement	化肥 (折纯) Fertilizers (Pure)	机制纸及纸板 Machine—made Paper and Paperboard
1952		2.58			1.31
1957		3.57			3.97
1962			11.92	1.03	5.86
1965	22.20	7.70	91.01	36.43	7.86
1975	32.72	36.28	334.98	48.67	20.97
1978	43.57	51.43	554.00		30.9
1980	65.62	89.39	576.09	57.10	32.07
1981	78.99	107.05	587.12	61.95	31.65
1982	82.30	131.60	699.87	67.11	34.56
1983	101.16	150.99	843.38	74.55	45.30
1984	107.32	174.47	940.78	80.18	44.51
1985	126.91	209.89	1 222.08	85.72	59.21
1986	174.52	257.20	1 343.15	100.03	64.33
1987	187.81	323.60	1 538.03	131.85	72.68
1988	180.75	371.08	1 667.50	128.64	79.68
1989	198.65	413.84	1 714.40	153.93	93.16
1990	222.62	443.10	1 957.83	197.05	94.10
1991	249.06	441.27	2 372.10	203.59	109.52
1992	372.82	444.05	2 828.96	213.31	131.85
1993	373.94	479.78	3 210.18	205.37	151.27
1994	280.20	491.60	3 952.47	205.25	153.00
1995	239.54	353.63	4 295.92	218.75	191.21
1996	312.42	271.45	4 181.51	189.47	172.84

民族自治地方分地区主要工业产品产量(1996年)(一)

Output of Major Industrial Products by Region of Minority National Autonomous Areas (1996) (Ⅰ)

地　区 Region	原　煤 (万吨) Coal	原　油 (万吨) Crude Oil	天然气 (万立方米) Natural Gas (1 000 cum)	原　盐 (吨) Crude Salt (ton)	木　材 (万立方米) Timber (10 000 cum)	糖 (万吨) Sugar	卷烟 (万箱) Cigarettes (20 000box)	纱 (吨) Yarn (ton)
合　计 Total	**17 205.43**	**1 813.29**	**158 859**	**2 146 139**	**3 452.95**	**312..42**	**271.45**	**328 504**
河　北 Hebei	22.50				15.00			
内蒙古 Inner Mongolia	7 316.80	155.00		832 200	540.70	27.07	24.13	18 921
辽　宁 Liaoning	442.88				47.07	0.09		
吉　林 Jilin	400.70	1.70			645.00		26.50	9 403
黑龙江 Heilongjiang								
浙　江 Zhejiang					0.40			
湖　北 Hubei	115.20			2 267	1 101.00	0.01	44.14	2 285
湖　南 Hunan	81.60				67.60	0.01	26.31	3 363
广　东 Guangdong	7.00		4		9.30			
广　西 Guangxi	1 252.00	3.60		106 300	388.42	236.55	93.81	72 300
海　南 Hainan				172 579	5.28	3.84		
四　川 Sichuan	148.90			23 078	222.56	4.35	13.54	
贵　州 Guizhou	1 180.60				41.50	1.04	25.74	4 614
云　南 Yunnan	1 289.51			28	280.28	0.01	0.01	7 725
西　藏 Tibet	0.30			13				
甘　肃 Gansu	119.20				26.08	0.07		156
青　海 Qinghai	226.64	140.10	12 666	643 500	2.72			
宁　夏 Ningxia	1 615.70	55.79	6 189	800	20.14	3.05	3.70	1 211
新　疆 Xinjiang	2 985.90	1 457.10	140 000	365 387	26.90	36.34	13.56	208 526

民族自治地方分地区主要工业产品产量(1996年)(二)

Output of Major Industrial Products by Region of Minority National Autonomous Areas(1996)(Ⅱ)

地 区 Region	布 (万米) Cloth (10 000 M)	机制纸及纸板 Machine Made Paper and Paperboard	平板玻璃 (万箱) Plate Glass (10 000 box)	农用化肥 (折纯) Chemical Fertilizers (pure)	水 泥 (万吨) Cement	生 铁 (万吨) Pig Iron	钢 (万吨) Steel	发电量 (亿千瓦小时) Electricity Hydropower (100 milhon kw·h)
合 计 Total	**61 689**	**172.84**	**767.32**	**189.47**	**4 181.51**	**663.67**	**722.14**	**1 228.93**
河 北 Hebei	8	0.53	19.28		30.80	0.20		0.17
内蒙古 Inner Mongolia	8 728	21.04	388.14	20.95	399.80	428.10	432.00	323.80
辽 宁 Liaoning	925	3.77		2.29	71.49	1.19	0.90	1.84
吉 林 Jilin	2 160	15.96		9.53	66.20	9.59	9.59	61.63
黑龙江 Heilongjiang		0.18		0.10	0.40			
浙 江 Zhejiang		0.39				3.86	90.00	1.08
湖 北 Hubei	571	1.20		7.31	79.98	0.03		34.36
湖 南 Hunan	2 003	2.31	5.16	5.12	72.50			13.46
广 东 Guangdong	2	0.27			30.20		0.10	12.14
广 西 Guangxi	12 748	86.24	221.33	49.84	1 933.52	88.74	87.26	266.14
海 南 Hainan		0.17		1.59	52.83	1.29		5.51
四 川 Sichuan	12	2.18		3.51	99.60	10.90	1.80	68.01
贵 州 Guizhou	1 721	5.68	51.25	43.08	138.40	8.50	0.20	50.40
云 南 Yunnan	5 140		3.45		420.00	18.66	1.43	92.49
西 藏 Tibet					23.11			5.15
甘 肃 Gansu		0.32		8.47	9.02	0.04	5.00	6.60
青 海 Qinghai		0.66		0.46	25.90		0.13	38.50
宁 夏 Ningxia	486	14.96	55.32		164.96	6.98	6.33	111.63
新 疆 Xinjiang	27 186	16.98	23.39	37.21	562.80	85.60	87.40	136.03

民族自治地方分地区国有独立核算工业企业主要财务指标(1996年)(一)

Financial Indicators of State－Owned Industrial Enterprises with Independent Accounting Systems by Region of Minority National Autonomous Areas(1996)(Ⅰ)

单位:亿元 (100 000 000 Yuan)

地 区 Region	企业个数(个) Number of Enterprises	#亏损企业 Loss-making Enterprises	工业总产值 Gross Output Vabelue of Industry 当年价格 at Current Price	1990年不变价格 at Constant Price of 1990	工业增加值(生产法) Average Value of Industry	全部职工年平均人数(万人) Average Annual Staff and Workers	流动资金年平均余额 Average Balance Circulating Funds
合 计 Total	**13 329**	**4 688**	**2 118.49**	**1 323.68**	**748.76**	**452.02**	**1 577.17**
河 北 Hebei	117	51	7.94	5.78	3.97	3.50	5.43
内蒙古 Inner Mongolia	2 449	708	437.52	188.41	165.76	105.01	383.32
辽 宁 Liaoning	298	111	13.98	11.56	3.85	5.84	11.94
吉 林 Jilin	569	203	72.99	54.48	25.30	24.09	59.56
黑龙江 Heilongjiang	27	8	1.18	0.85	0.17	0.32	0.70
浙 江 Zhejiang	12	5	0.46	0.43	0.17	0.10	0.47
湖 北 Hubei	1 393	250	39.21	29.70	16.78	8.20	24.70
湖 南 Hunan	504	198	40.15	28.03	15.32	8.19	19.93
广 东 Guangdong	97	37	3.34	2.16	1.73	0.27	2.37
广 西 Guangxi	2 565	1 207	549.17	424.91	162.40	141.53	391.03
海 南 Hainan	111	61	12.91	4.02	4.11	3.27	20.14
四 川 Sichuan	481	144	45.41	32.41	22.18	10.44	34.74
贵 州 Guizhou	810	284	53.43	39.22	21.82	11.13	41.32
云 南 Yunnan	1 051	343	177.98	128.24	72.31	28.39	120.78
西 藏 Tibet	176	43	6.40	3.93	4.29	1.40	4.96
甘 肃 Gansu	180	38	7.79	5.26	3.00	3.15	4.71
青 海 Qinghai	387	167	42.77	26.65	16.40	7.70	33.05
宁 夏 Ningxia	427	191	123.25	81.31	40.87	22.74	102.62
新 疆 Xinjiang	1 675	639	482.61	256.34	168.34	66.74	315.42

民族自治地方分地区国有独立核算工业企业主要财务指标(1996年)(二)

Financial Indicators of State-Owned Industrial Enterprises with Independent Accounting Systems by Region of Minority National Autonomous Areas(1996)(Ⅱ)

地 区 Region	固定资产 Fixed Assets 原 值(亿元) Original Value	固定资产 Fixed Assets 净 值(亿元) Net Value	工业销售产值(现行价格)(亿元) For Sales	产品销售收 入(亿元) Sales Revenue	利润总额(万元) Total After-Tax Profits	利税总额(万元) Total Pre-Tax Profits	应 交 所得税(万元) Paid Income Tax
合 计 Total	**3 485.69**	**2 356.60**	**2 041.61**	**2 034.12**	**−299 777**	**1 755 830**	**167 474**
河 北 Hebei	7.70	5.59	12.08	7.96	2 066	7 148	1 391
内蒙古 Inner Mongolia	786.07	478.63	425.10	442.59	8 694	394 488	33 353
辽 宁 Liaoning	16.59	13.44	12.91	11.85	−7 854	766	1 068
吉 林 Jilin	125.84	82.46	69.96	71.52	−54 082	5 934	11 996
黑龙江 Heilongjiang	0.94	0.67	0.88	0.76	−245	60	35
浙 江 Zhejiang	1.01	0.71	0.45	0.42	−36	187	29
湖 北 Hubei	41.61	30.35	38.03	34.92	−2 811	51 872	870
湖 南 Hunan	42.61	27.67	36.91	37.84	−1 312	80 157	5 177
广 东 Guangdong	7.22	4.93	3.12	3.37	2 730	5 071	473
广 西 Guangxi	720.48	500.29	531.35	524.05	−158 162	279 600	29 478
海 南 Hainan	35.41	38.08	11.13	11.37	−14 674	4 112	409
四 川 Sichuan	93.82	87.39	42.90	44.52	1 945	65 427	7 151
贵 州 Guizhou	58.04	40.49	49.20	42.97	7 843	63 581	5 862
云 南 Yunnan	226.32	154.08	174.06	185.48	65 765	410 090	30 604
西 藏 Tibet	20.89	13.17	4.90	5.94	4 173	9 363	1 318
甘 肃 Gansu	9.11	6.81	6.89	7.33	7 048	7 717	1 658
青 海 Qinghai	149.64	93.05	40.48	36.57	−45 619	−7 073	3 099
宁 夏 Ningxia	201.79	132.78	114.85	115.42	−9 217	80 766	13 510
新 疆 Xinjiang	940.61	646.02	467.28	449.24	−106 029	296 565	19 994

民族自治地方分地区国有独立核算工业企业主要经济效益指标(1996年)

Financial Ratios of State-Owned Industrial Enterprises with Independent Accounting Systems by Region of Minority National Autonomous Areas(1996)

单位:元 (yuan)

地区 Region	企业亏损面(%) Loss-making Enterprises As% Total	每百元固定资产原值实现的 From Original Value of Fixed Assets Per100RMB: 工业总产值 Gross Output Value: 1990年不变价格 at 1990 Constant Price	每百元固定资产原值实现的: 工业总产值: 当年价格 at Constant Price	每百元固定资产原值实现的: 利润和税金 Pre-Tax Profits and Taxes	每百元工业总产值实现的利税额 Pre-Tax Profit/Gross Output Value Per 100RMB: 1990年不变价格 at 1990 Constant Price	每百元工业总产值实现的利税额: 当年价格 at Constant Price	每百元工业总产值占用的流动资金 Circulating Funds /Gross Output Value Per100RMB: 1990年不变价格 at 1990 Constant Price	每百元工业总产值占用的流动资金: 当年价格 at Constant Price
合　计 Total	**35.17**	**37.97**	**60.78**	**5.52**	**13.26**	**8.29**	**119.2**	**74.4**
河　北 Hebei	43.59	75.06	103.04	11.09	12.36	9.01	93.9	68.4
内蒙古 Inner Mongolia	28.91	23.97	55.66	5.44	20.94	9.02	203.4	87.6
辽　宁 Liaoning	37.25	69.67	84.30	1.11	0.66	0.55	103.3	85.4
吉　林 Jilin	35.68	43.29	58.01	1.42	1.09	0.81	109.3	81.6
黑龙江 Heilongjiang	29.63	90.66	125.69	1.01	0.71	0.51	82.1	59.2
浙　江 Zhejiang	41.67	42.52	45.00	2.13	4.33	4.10	109.8	103.8
湖　北 Hubei	17.95	71.38	94.23	12.68	17.46	13.23	83.2	63.0
湖　南 Hunan	39.29	65.80	94.23	20.03	28.59	19.96	71.1	49.6
广　东 Guangdong	38.14	29.87	46.20	7.67	23.51	15.19	109.8	71.0
广　西 Guangxi	47.06	58.98	76.22	4.29	6.58	5.09	92.0	71.2
海　南 Hainan	54.95	11.34	36.46	1.28	10.24	3.19	501.5	156.0
四　川 Sichuan	29.94	34.55	48.40	7.74	20.18	14.41	107.2	76.5
贵　州 Guizhou	35.06	67.57	92.06	11.97	16.21	11.90	105.4	77.3
云　南 Yunnan	32.64	56.66	78.64	19.47	31.98	23.04	94.2	67.9
西　藏 Tibet	24.43	18.82	30.63	5.11	23.81	14.64	126.1	77.5
甘　肃 Gansu	21.11	57.72	85.60	10.30	14.68	9.90	89.5	60.4
青　海 Qinghai	43.15	17.81	28.58	-0.27	-2.65	-1.65	124.0	77.3
宁　夏 Ningxia	44.73	40.29	61.08	4.67	9.93	6.55	126.2	83.3
新　疆 Xinjiang	38.15	27.25	51.31	3.37	11.57	6.14	123.0	65.4

民族自治地方国有经济和集体经济独立核算工业企业全员劳动生产率

All Labor Productivity of State-Owned and Collective Industrial Enterprises with Independent Accounting Systems of Minority National Autonomous Areas

单位:元 (Yuan)

年 份 Year	全员劳动生产率 Productivity	国有经济 State-Owned	集体经济 Collective-Owned
1981	6 976		
1982	7 755		
1983	8 343	8 870	5 851
1984	8 088	8 609	5 658
1985	9 192	10 308	
1986	10 371	11 195	
1987	10 371	1 165	7 009
1988	11 484	12 732	8 296
1989	11 853	13 017	8 808
1990	12 627	13 733	9 663
1991	24 458	27 272	17 010
1992	26 691	29 295	19 359
1993	27 992	31 132	20 331
1994		32 056	
1995	33 420	35 233	26 092
1996	32 703	29 284	42 530

注:本表劳动生产率1981年按1970年不变价格计算,1982—1990年按1980年不变价格计算,1991—1996年按1990年不变价格计算,下同。

民族自治地方分地区国有经济独立核算工业企业全员劳动生产率（1996年）

All Labor Productivity of State－Owned Industrial Enterprises with Independent Accounting Systems by Region of Minority National Autonomous Areas(1996)

地 区 Region	职工年平均人数(人) Average Annual Staff and Workers	工业总产值(万元) Gross Output Value (10 000 yuan)	全员劳动生产率(元) Overall Labor Productivity (yuan)
合 计 Total	**4 520 167**	**13 236 819**	**29 284**
河 北 Hebei	34 968	57 819	16 535
内蒙古 Inner Mongolia	1 050 062	1 884 123	17 943
辽 宁 Liaoning	58 369	115 563	19 799
吉 林 Jilin	240 915	544 804	22 614
黑龙江 Heilongjiang	3 167	8 488	26 801
浙 江 Zhejiang	1 049	4 315	41 134
湖 北 Hubei	82 024	297 007	36 210
湖 南 Hunan	81 890	280 346	34 234
广 东 Guangdong	2 684	21 574	80 380
广 西 Guangxi	1 415 273	4 249 069	30 023
海 南 Hainan	32 739	40 159	12 266
四 川 Sichuan	104 416	324 141	31 043
贵 州 Guizhou	111 281	392 171	35 242
云 南 Yunnan	283 936	1 282 384	45 165
西 藏 Tibet	14 042	39 319	28 001
甘 肃 Gansu	31 541	52 557	16 663
青 海 Qinghai	76 980	266 504	34 620
宁 夏 Ningxia	227 393	813 096	35 757
新 疆 Xinjiang	667 438	2 563 381	38 406

民族自治地方分地区集体经济独立核算工业企业全员劳动生产率（1996年）

All Labor Productivity of Collective—Owned Industrial Enterprises with Independent Accounting Systems by Region of Minority National Autonomous Areas(1996)

地　区 Region	职工年平均人数(人) Average Annual Staff and Workers	工业总产值(万元) Gross Output Value (10 000 yuan)	全员劳动生产率(元) Overall Labor Productivity (yuan)
合　计 Total	**1 572 908**	**6 689 594**	**42 530**
河　北 Hebei	25 824	141 202	54 678
内蒙古 Inner Mongolia	401 573	1 104 931	27 515
辽　宁 Liaoning	85 699	344 808	40 235
吉　林 Jilin	85 764	172 548	20 119
黑龙江 Heilongjiang	2 515	20 896	83 085
浙　江 Zhejiang	2 306	21 485	93 170
湖　北 Hubei	30 082	98 291	32 674
湖　南 Hunan	46 307	211 460	45 665
广　东 Guangdong	3 147	17 757	56 425
广　西 Guangxi	428 409	2 875 370	67 117
海　南 Hainan	1 652	4 849	29 352
四　川 Sichuan	24 847	67 914	27 333
贵　州 Guizhou	53 674	202 119	37 657
云　南 Yunnan	113 621	442 921	38 982
西　藏 Tibet	5 571	13 124	23 558
甘　肃 Gansu	15 448	45 961	29 752
青　海 Qinghai	16 950	43 762	25 818
宁　夏 Ningxia	72 105	205 062	28 439
新　疆 Xinjiang	157 414	655 134	41 619

主要统计指标解释

工业 指从事自然资源的开采，对采掘品和农产品进行加工和再加工的物质生产部门。具体包括：(1)对自然资源的开采，如采矿、晒盐、森林采伐等(但不包括禽兽捕猎和水产捕捞)；(2)对农副产品的加工、再加工，如粮油加工、食品加工、轧花、缫丝、纺织、制革等；(3)对采掘品的加工、再加工，如炼铁、炼钢、化工生产、石油加工、机器制造、木材加工等，以及电力、自来水、煤气的生产和供应等；(4)对工业品的修理、翻新，如机器设备的修理、交通运输工具(包括小卧车)的修理等。

1984年以前农村的村及村以下办工业归属农业，1984年以后划归工业。

国有经济工业(即过去的全民所有制工业或国营工业) 指生产资料归国家所有的一种经济类型。包括中央和地方各级国家机关、部队、科研机构、学校、人民团体和国有经济企事业单位等举办的国有经济工业。1957年以前的公私合营和私营工业，后均改造为国营工业，1992年改为国有工业，这部分工业的资料不单独分列时，均包括在国有工业内。

集体经济工业 指生产资料归公民集体所有的一种经济类型，是社会主义公有制经济的组成部分。包括城乡所有使用集体投资举办的企业，以及部分个人通过集资自愿放弃所有权并依法经工商行政管理机关认定为集体所有制的企业。

其他经济类型工业 指除国有经济工业、集体经济工业以外的其他经济类型工业企业(单位)。包括私营经济、个体经济、联营经济、股份制经济(股份有限公司、有限责任公司)；外商投资经济(中外合资经营、中外合作经营、外资企业)；港、澳、台投资经济(与大陆合资经营、与大陆合作经营，港、澳、台独资企业)及其他经济类型的工业。

轻工业 指主要提供生活消费品和制作手工工具的工业。按其所使用的原料不同，可分为两大类：(1)以农产品为原料的轻工业，是指直接或间接以农产品为基本原料的轻工业。主要包括食品制造、饮料制造、烟草加工、纺织、缝纫、皮革和毛皮制作、造纸以及印刷等工业。(2)以非农业产品为原料的轻工业，是指以工业品为原料的轻工业。主要包括文教体育用品、化学药品制造、合成纤维制造、日用化学制品、日用玻璃制品、日用金属制品、手工工具制造、医疗器械制造、文化和办公用机械制造工业。

重工业 是指为国民经济各部门提供物质技术基础的主要生产资料的工业。按其生产性质和产品用途，可以分为下列三类：(1)采掘(伐)工业，是指对自然资源的开采，包括石油开采、煤炭开采、非金属矿开采和木材采伐等工业；(2)原材料工业，指向国民经济各部门提供基本材料、动力和燃料的工业。包括金属冶炼及加工、炼焦及焦炭化学、化工原料、水泥、人造板以及电力、石油和煤炭加工等工业；(3)加工工业，是指对工业原材料进行再加工制造的工业。包括装备国民经济各部门的机械设备制造工业、金属结构、水泥制品等工业，以及为农业提供生产资料如化肥、农药等工业。

工业总产值 是以货币表现的工业企业在一定时期内生产的已出售或可供出售工业产品总量，它反映一定时间内工业生产的总规模和总水平。它包括：在本企业内不再进行加工，经检验、包装入库(规定了需包装的产品除外)的成品价值，工业性作业价值，自制半成品、在产品期末期初差额价值(生产周期较长的企业计算)。工业总产值采用"工厂法"计算，即以工业企业作为一个整体，按企业工业生产活动的最终成果来计算，企业内部不允许重复计算，不能把企业内部各个车间(分厂)生产的成果相加。但在企业之间、行业之间、地区之间存在着重复计算。

轻重工业总产值的划分也是按“工厂法”计算的，即一个工业企业在正常情况下生产的主要产品的性质属于轻工业，则该企业的全部总产值作为轻工业总产值；一个工业企业生产的主要产品的性质属于重工业，则该企业的全部总产值作为重工业总产值。

固定资产原值 固定资产原值指企业在建造、购置、安装、改建、扩建、技术改造某项固定资产时所支出的全部货币总额。它一般包括买价、包装费、运杂费和安装费等。

固定资产净值 是指固定资产原值减去历年已提折旧额后的净额。

利税总额 指企业产品销售税金及附加和利润总额之和。

资金利税率 指在一定时期内已实现的利润、税金总额与同期的资产(固定资产净值和流动资产)之比。计算公式：

$$资金利税率(\%)=\frac{报告期累计实现利税总额}{固定资产净值平均余额+流动资产平均余额}\times100\%$$

资金利税率反映每单位(通常是每万元)资金所提供的利润税金额。它是考察和评价部门或企业资金运用的经济效益、分析资金投入效果的主要分析指标。

产品销售率 指一定时期内销售产值与同期全部工业总产值之比，反映工业产品生产已实现销售的程度。计算公式：

$$工业产品销售率(\%)=\frac{报告期现价工业销售产值}{报告期现价工业总产值}\times100\%$$

全员劳动生产率 指根据产品的价值量指标计算的平均每一个职工在单位时间内的产品生产量。是考核企业经济活动的重要指标，是企业生产技术水平、经营管理水平、职工技术熟练程度和劳动积极性的综合表现。目前我国的全员劳动生产率是将工业企业的工业增加值除以同一时期全部职工的平均人数来计算的。计算公式：

$$全员劳动生产率(\%)=\frac{工业增加值}{全部职工平均人数}\times100\%$$

为了使各年度的全员劳动生产率数字可以比较，1990 年以前各年的全员劳动生产率均按指数换算成 1990 年不变价格。

五、运输、邮电

TRANSPORTATION, POST AND TELECOMMUNICATIONS SERVICES

民族自治地方运输、邮电情况

Transportation, Post and Telecommunications Services of Minority National Autonomous Areas

年份 Year	铁路营业里程（万公里）Railways in Operation (10 000km)	公路通车里程（万公里）Length of Highways (10 000km)	全年铁路货运量（万吨）Railway Freight Traffic (10 000ton)	全年公路货运量（万吨）Highway Freight Traffic (10 000ton)	邮电局（所）（个）Post Offices	邮路及农村投递线路（万公里）Length of Postal Routes and Rural Delivery Routes (10 000 km)
1949	0.35	1.14				
1952	0.38	2.59		355.10	3 499	13.13
1957	0.55	6.27		1 425.23	4 452	39.72
1962	0.72	12.57			5 174	45.73
1965		12.55		4 164.67	5 272	36.37
1975		17.71		10 694.75		
1978	0.90	20.80		13 448.21	7 222	94.75
1980	0.20	21.16		10 266.06	7 136	88.68
1981	1.22	21.21		12 058.99	7 121	84.61
1982	1.23	21.65	9 998.54	14 960.01	7 226	86.19
1983	1.21	23.00	11 014.11	11 884.72	7 482	88.11
1984	1.21	23.54	12 065.78	12 864.07	7 578	87.04
1985	1.25	25.41	13 100.56	22 012.92	8 075	90.40
1986	1.26	25.09	13 212.37	31 628.04	8 809	88.37
1987	1.27	27.57	12 283.00	38 566.22	8 219	87.27
1988	1.27	27.68	14 044.97	53 936.53	8 276	86.61
1989	1.29	30.05	15 599.00	61 385.00	8 443	95.10
1990	1.31	29.37	18 077.87	58 371.07	8 436	88.02
1991	1.33	28.67	17 066.29	76 352.30	9 589	90.51
1992	1.35	28.30	17 651.02	68 366.10	8 509	84.25
1993	1.45	30.84	27 038.44	122 362.27	8 422	85.61
1994	1.67	31.19	23 117.00	128 162.00	8 814	83.29
1995	1.70	33.21	20 385.00	111 060.00	9 076	106.82
1996	1.76	36.33			9 082	108.00

注：本表未扣除区域变动因素，年度之间不可比。

民族自治地方分地区运输条件(1996年)
Transportation Conditions by Region of Minority National Autonomous Areas(1996)

单位:公里 (killmeter)

地　区 Region	公路线路里程 Length of Highway	内河航道里程 Length of Navigabler Inland Waterways	国有铁路营业里程 Length of Central Railway	地方铁路正线里程 Length of Local Railway	民用汽车(辆) Civil Motor Vehicles
合　计 Total	**363 271**	**9 107**	**12 480**	**5 161**	**1 264 946**
河　北 Hebei	2 844		110		5 577
内蒙古 Inner Mongolia	45 744	602	4 690	954	210 427
辽　宁 Liaoning	8 319	276	167	51	12 042
吉　林 Jilin	4 597		453		33 915
黑龙江 Heilongjiang	966				
浙　江 Zhejiang	483	135			313
湖　北 Hubei	10 291	438			14 790
湖　南 Hunan	37 311	862	307		15 037
广　东 Guangdong	1 898	28			2 338
广　西 Guangxi	42 696	4 521	1 950	610	237 054
海　南 Hainan	4 209	41	214	77	7 721
四　川 Sichuan	25 483	419	387		150 104
贵　州 Guizhou	17 632	1 201	205		38 462
云　南 Yunnan	75 789	70	926	913	159 519
西　藏 Tibet	21 842				30 543
甘　肃 Gansu	5 184	119	94		18 432
青　海 Qinghai	17 636		244		11 837
宁　夏 Ningxia	8 738	395	696	753	57 556
新　疆 Xinjiang	31 609		2 038	1 803	259 279

民族自治地方分地区邮电业情况(1996 年)

Post and Telecommunications Services by Region of Minority National Autonomous Areas(1996)

地　区 Region	邮电所总计(处) Post Offices	邮路总长度(公里) Length of Postal Routes (kilometer)	农村投递线路(公里) Length of Rural Delivery (kilometer)	市内电话机总部数(部) Urban Telephones	农村电话机总部数(部) Rural Telephones	邮电业务总量(当年价格)(万元) Revenue from Posts and Telecommunication (at current price)
合　计 Total	**9 082**	**483 706**	**596 309**	**3 839 327**	**656 389**	**817 235**
河　北 Hebei	77	1 674	5 573	30 844	19 944	5 273
内蒙古 Inner Mongolia	1 831	68 873	104 694	850 700	9 000	128 846
辽　宁 Liaoning	215	6 724	12 085	69 150	64 823	13 881
吉　林 Jilin	195	2 810	10 253	198 726	52 987	47 432
黑龙江 Heilongjiang	8	305	1 575	5 511	2 282	592
浙　江 Zhejiang	37	238	1 390	7 022	1 544	1 011
湖　北 Hubei	204	5 249	29 574	56 917	21 793	10 076
湖　南 Hunan	368	7 332	25 969	105 423	26 099	17 627
广　东 Guangdong	39	1 159	1 949	11 504	5 465	3 711
广　西 Guangxi	1 532	163 800	113 100	950 605	282 036	283 952
海　南 Hainan	122	1 130	3 333	19 497	7 126	9 035
四　川 Sichuan	372	13 252	17 911	71 516	14 444	12 028
贵　州 Guizhou	587	9 412	37 563	117 058	17 458	21 113
云　南 Yunnan	1 057	50 346	98 180	341 766	97 267	75 687
西　藏 Tibet	139	16 407	55 260			7 991
甘　肃 Gansu	172	4 055	12 780	36 472	5 828	5 514
青　海 Qinghai	155	5 473	9 396	54 863	2 869	7 398
宁　夏 Ningxia	328	19 800		213 828	18 624	33 941
新　疆 Xinjiang	1 644	105 667	55 724	697 925	6 800	132 128

主 要 统 计 指 标 解 释

铁路营业里程 又称营业长度,指办理客货运输业务的铁路正线总长度。凡是全线或部分建成双线及以上的线路,以第一线的实际长度计算;复线、站线、段管线、岔线和特别用途线以及不计算运费的联络线都不计算营业里程。铁路营业里程是反映铁路运输业基础设施发展水平的重要指标,也是计算客货周转量、运输密度和机车车辆运用效率等指标的基础资料。

铁路正线延展里程 是正线第一线、第二线、第三线和其他正线建筑里程之和,不包括站线、段管线、岔线及特殊用途线的延展里程。它是作为计算铁路线上钢轨、枕木及路基砂石需要量的主要依据。

公路里程 指在一定时期内实际达到《公路工程技术标准 JTJ01—88》规定的等级公路,并经公路主管部门正式验收交付使用的公路里程数。其计算单位为:km。它包括大中城市的郊区公路以及通过小城镇街道部分的公路里程,包括桥梁、渡口的长度,但不包括大中城市的街道、厂矿、林区生产用道和农业生产用道的里程。两条或多条公路共同经由同一路段,只计算一次,不得重复计算里程长度。公路里程是反映公路建设发展规模的重要指标,也是计算运输网密度等指标的基础资料。

内河航道里程 也称“内河通航里程”,是反映内河水运网规模、水平和发展情况的主要指标,是指在一定时期内,能通航运输船舶及排筏的天然河流、湖泊、水库、运河及通航渠道的长度。包括全年季节性通航累计三个月以上的航道,但不包括仅供零散流放竹、木排的河道。

六、固定资产投资
INVESTMENT IN FIXED ASSETS

民族自治地方国有经济固定资产投资和新增固定资产

Total Investment in Fixed Assets and Newly－increased Fixed Assets of State－Owned Units of Minority National Autonomous Areas

单位:万元　　(10 000 yuan)

年　份 year	固定资产投资 Fixed Assets	#基本建设投资 Capital Construction	#更新改造投资 Technical Updates and Transformation	新增固定资产 Increased Fixed Assets
1980		568 100		400 328
1981	616 191	378 850	237 341	292 454
1982	742 016	486 158	255 858	455 622
1983	932 396	626 472	305 924	632 058
1984	1 150 035	808 689	238 664	757 188
1985	1 619 410	1 146 957	332 535	1 188 813
1986	1 718 383	1 116 824	470 687	1 317 236
1987	2 001 690	1 153 559	604 804	2 419 201
1988	2 468 599	1 380 504	836 398	1 764 041
1989	2 309 884	1 335 246	705 143	1 931 483
1990	2 594 494	1 642 687	703 129	2 263 406
1991	3 408 360	2 120 179	857 978	2 509 954
1992	5 310 109	3 537 487	1 152 869	3 542 934
1993	7 914 431	5 177 365	1 761 423	5 430 725
1994	9 941 615	6 667 740	2 090 153	6 037 496
1995	9 826 022	6 487 224	2 483 422	9 246 492
1996	10 787 554	7 367 324	2 586 486	9 502 099

注:1. 固定资产投资额中还包括其他固定资产投资。

2. 本表未扣除区域变动因素,年度之间不可比。

民族自治地方国有经济基本建设投资

Capital Construction Investment of State－Owned Units of Minority National Autonomous Areas

单位:万元　　(10 000 yuan)

年　份 Year	基建投资 Capital Construction	年　份 Year	基建投资 Capital Construction
1950－1952	56 000	1990	1 642 687
1953－1957	407 800	1991	2 120 179
1958－1962	1 199 300	1992	3 537 487
1963－1965	450 600	1993	5 177 365
1966－1970	900 500	1994	6 667 740
1971－1975	1 521 200	1995	6 487 224
1976－1980	2 375 800	1996	7 367 324
1981－1985	3 447 126	1950－1996 累计	48 344 465
1986－1990	6 628 820		

民族自治地方分地区全社会固定资产投资(1996 年)

Total Investment in Fixed Assets by Region of Minority National Autonomous Areas(1996)

单位:万元 (10 000 yuan)

地区 Region	合计 Total	国有经济 State－Owned Unit	集体经济 Collective Owned Units	城乡个体 Individual Investment
合计 Tota	**116 113 721**	**10 787 554**	**2 748 035**	**2 578 133**
河北 Hebei	169 060	59 414	81 049	28 598
内蒙古 Inner Mongolia	2 755 400	2 080 969	232 631	441 800
辽宁 Liaoning	98 926	48 466	34 930	15 530
吉林 Jilin	320 496	185 460	97 516	37 520
黑龙江 Heilongjiang	2 781	2 347	22	412
浙江 Zhejiang	16 320	5 544	9 907	869
湖北 Hubei	211 979	120 788	78 031	13 160
湖南 Hunan	150 995	112 298	8 459	30 238
广东 Guangdong	57 619	37 700	15 792	4 127
广西 Guangxi	4 708 900	2 361 360	1 135 079	1 212 461
海南 Hainan	227 724	201 232	7 300	19 192
四川 Sichuan	272 893	150 226	77 301	45 366
贵州 Guizhou	467 546	325 482	56 407	85 657
云南 Yunnan	1 327 097	847 613	272 828	206 656
西藏 Tibet	303 700	281 781	12 801	9 118
甘肃 Gansu	76 570	40 121	28 612	7 837
青海 Qinghai	294 052	205 001	74 769	14 282
宁夏 Ningxia	773 191	603 634	94 354	75 203
新疆 Xinjiang	3 878 472	3 118 118	430 247	330 107

民族自治地方分地区国有经济固定资产投资(1996年)

Total Investment in Fixed Assets of State-Owned Units of Minority National Autonomous Areas(1996)

单位:万元　(10 000 yuan)

地区 Region	合计 Total	基本建设 Capital Construction	更新改造 Technical Updates and Transformation	其他 Others	房地产开发 Real Estate Management
合计 Total	**10 787 554**	**7 367 324**	**2 586 486**	**473 151**	**360 593**
河北 Hebei	59 414	44 253	14 943	218	
内蒙古 Inner Mongolia	2 080 969	1 459 973	516 503	34 796	69 697
辽宁 Liaoning	48 466	24 530	11 119	7 296	5 521
吉林 Jilin	185 460	128 609	36 963	10 370	9 518
黑龙江 Heilongjiang	2 347	1 595	752		
浙江 Zhejiang	5 544	2 921	2 377	246	
湖北 Hubei	120 788	84 060	33 585	477	2 666
湖南 Hunan	112 298	83 216	23 998	615	4 469
广东 Guangdong	37 700	15 201	22 396	50	53
广西 Guangxi	2 361 360	1 574 560	630 700	27 000	129 100
海南 Hainan	201 232	188 284	7 562	4 926	460
四川 Sichuan	150 226	125 300	18 660	2 913	3 353
贵州 Guizhou	325 482	228 263	88 175	3 062	5 982
云南 Yunnan	847 613	503 797	281 573	35 666	26 577
西藏 Tibet	281 781	257 570	20 842	1 750	1 619
甘肃 Gansu	40 121	29 567	8 875	693	986
青海 Qinghai	205 001	127 229	41 760	35 472	540
宁夏 Ningxia	603 634	409 016	154 881	4 380	35 357
新疆 Xinjiang	3 118 118	2 079 380	670 822	303 221	64 695

民族自治地方分地区基本建设投资(1996年)

Capital Construction Investment of State－Owned Unites by Region of Minority National Autonomous Areas(1996)

(按工程用途分类)(According to the Usage)

单位:万元 (10 000 yuan)

地区 Region	合计 Total	农林牧渔业 Farming Forestry Animal Husbandry and Fishery	工业、建筑业 Industry and Constr-uction	商业、运输邮电业 Commerce Transpor-tation Telecomm-unication	住宅 House-hold	其他 Others
合计 Total	**8 605 572**	**415 190**	**3 654 235**	**1 880 114**	**1 095 589**	**1 560 444**
河北 Hebei	44 520	4 291	3 581	11 887	13 269	11 492
内蒙古 Inner Mongolia	2 142 458	22 276	1 267 296	397 117	243 505	212 264
辽宁 Liaoning	54 207	1 876	20 532	8 468	12 037	11 294
吉林 Jilin	138 360	27	26 677	30 546	49 799	31 311
黑龙江 Heilongjiang	1 595				862	733
浙江 Zhejiang	9 539		6 651	963	729	1 196
湖北 Hubei	121 598	2 087	67 389	21 237	14 497	16 388
湖南 Hunan	84 408	525	21 296	14 962	18 928	28 697
广东 Guangdong	18 896	162	6 521	6 835	2 360	3 018
广西 Guangxi	1 744 608	41 268	379 842	674 620	208 312	440 566
海南 Hainan	220 649	13 838	173 123	8 863	9 003	15 822
四川 Sichuan	176 464	2 774	82 431	31 420	24 709	35 130
贵州 Guizhou	241 535	5 342	168 056	22 798	17 628	27 711
云南 Yunnan	554 340	21 112	161 725	102 648	104 934	163 921
西藏 Tibet	303 696	20 547	69 144	108 755	28 055	77 195
甘肃 Gansu	30 327	144	7 542	3 488	6 192	12 961
青海 Qinghai	171 471	10 353	108 696	16 559	21 329	14 534
宁夏 Ningxia	418 094	13 335	161 255	142 880	37 626	62 998
新疆 Xinjiang	2 128 807	255 233	922 478	276 068	281 815	393 213

民族自治地方分地区基本建设投资(1996年)

Capital Construction Investment of State-Owned Units by Region of Minority National Autonomous Areas(1996)

(按资金来源分类)(by Sector)

单位:万元 (10 000 yuan)

地 区 Region	合 计 Total	国家预算内资金 State Appropriation	国内贷款 Domestic Loans	债 券 Bonds	利用外资 Foreign Investment	自筹资金 Fund-Raising	其他资金 Others
合 计 Total	**8 355 889**	**562 603**	**2 158 407**	**18 946**	**645 464**	**3 885 697**	**1 084 772**
河 北 Hebei	49 661	6 006	4 404		2 243	18 664	18 344
内蒙古 Inner Mongolia	2 084 247	134 827	684 096	13 200	103 678	904 023	244 423
辽 宁 Liaoning	66 398	975	10 210		7 016	31 455	16 742
吉 林 Jilin	126 102	3 178	21 483		9 720	49 017	42 704
黑龙江 Heilongjiang	1 595					779	816
浙 江 Zhejiang	9 491	139	238			8 661	453
湖 北 Hubei	124 292	18 470	50 997		1 167	45 652	8 006
湖 南 Hunan	76 806	8 310	14 423		2 532	35 839	15 711
广 东 Guangdong	14 195	70	1 020		818	10 078	2 209
广 西 Guangxi	1 720 055	96 634	348 803	1 230	112 612	929 270	231 506
海 南 Hainan	150 957	2 582	51 503		57 876	34 418	4 578
四 川 Sichuan	177 134	15 127	53 438	19	190	84 479	23 881
贵 州 Guizhou	229 828	7 385	103 346		62 164	41 032	15 901
云 南 Yunnan	580 530	30 401	132 739	249	12 965	311 172	93 004
西 藏 Tibet	303 700	75 278	47 541		315	139 706	40 860
甘 肃 Gansu	26 658	8 098	3 377	2 166	143	6 748	6 126
青 海 Qinghai	156 994	12 329	52 014		6 549	67 667	18 435
宁 夏 Ningxia	417 788	47 217	172 081	2 044	14 105	127 211	55 130
新 疆 Xinjiang	2 039 458	95 586	406 694	38	251 371	1 039 826	245 943

民族自治地方分地区国有经济新增固定资产(1996 年)

Newly-Increased Fixed Assets of State-Owned Units by Region of Minority National Autonomous Areas(1996)

单位:万元 (10 000 yuan)

地 区 Region	合 计 Total	基本建设 Capital Construction	更新改造 Technical Updates and Transformation	其 他 Others	房地产开发 Real Estate Management
合 计 Total	**9 502 099**	**6 134 152**	**2 201 420**	**603 323**	**563 204**
河 北 Hebei	55 751	37 595	13 719	4 437	
内蒙古 Inner Mongolia	1 956 137	1 432 252	378 360	62 475	83 050
辽 宁 Liaoning	76 258	49 781	13 648	6 724	6 105
吉 林 Jilin	228 294	114 545	32 967	59 142	21 640
黑龙江 Heilongjiang	2 695	1 943	752		
浙 江 Zhejiang	10 323	6 573	2 195	1 435	120
湖 北 Hubei	188 515	95 783	87 228	3 375	2 129
湖 南 Hunan	78 441	48 761	21 499	3 390	4 791
广 东 Guangdong	18 047	13 363	1 848	2 836	
广 西 Guangxi	2 227 810	1 369 910	526 888	88 113	242 899
海 南 Hainan	265 281	250 921	6 873	7 027	460
四 川 Sichuan	190 017	164 766	16 480	7 636	1 135
贵 州 Guizhou	225 021	131 091	81 855	5 934	6 141
云 南 Yunnan	809 639	457 426	234 297	83 967	33 949
西 藏 Tibet	215 295	197 719	17 073		503
甘 肃 Gansu	39 423	28 487	7 562	1 273	2 101
青 海 Qinghai	80 789	11 954	35 217	33 042	576
宁 夏 Ningxia	448 259	240 083	140 582	16 187	51 407
新 疆 Xinjiang	2 386 104	1 481 199	582 377	216 330	106 198

主要统计指标解释

全社会固定资产投资 固定资产投资是社会固定资产再生产的主要手段。通过建造和购置固定资产的活动，国民经济不断采用先进技术装备，建立新兴部门，进一步调整经济结构和生产力的地区分布，增强经济实力，为改善人民物质文化生活创造物质条件。这对我国的社会主义现代化建设具有重要意义。

固定资产投资额是以货币表现的建造和购置固定资产活动的工作量，它是反映固定资产投资规模、速度、比例关系和使用方向的综合性指标。全社会固定资产投资包括国有经济单位投资、城乡集体经济单位投资、各种经济类型的单位投资和城乡居民个人投资。按照我国现行计划管理体制，国有经济单位固定资产投资总额分为基本建设、更新改造、商品房屋建设投资和其它固定资产投资四个部分；城乡集体经济单位投资包括城镇集体所有制单位投资和农村集体所有制单位投资；各种经济类型的单位投资包括联营经济、股份制经济、中外合资经营、中外合作经营、外资、与大陆合资经营、与大陆合作经营、港澳台独资及其他经济类型的单位投资。城镇居民个人投资包括城市、县城、镇、工矿区所辖范围内的个人建房和农村个人建房及购买生产性固定资产的投资。

基本建设投资 基本建设是国有企业、事业单位以扩大生产能力或工程效益为主要目的的新建、扩建工程及有关工作。包括工厂、矿山、铁路、桥梁、港口、农田水利、商店、住宅、学校、医院等工程的建造和机器设备、车辆、船舶、飞机等的购置。

基本建设投资额是以货币表现的基本建设完成的工作量，是反映一定时期内基本建设规模和建设进度的综合性指标。它是根据工程的实际进度按预算价格（预算价格是编制施工图预算时所用的价格）计算的工作量，没有形成工程实体的建筑材料和没有开始安装的设备都不计算投资完成额。

更新改造投资 更新改造是指国有企业、事业单位对原有设施进行固定资产更新和技术改造，以及相应配套的工程和有关工作（不包括大修理和维护工程）。更新改造投资是以货币表现的更新改造完成的工作量。根据我国现行统计制度，基本建设和更新改造的划分是：(1)列入基本建设计划的项目作为基本建设投资，列入更新改造计划的项目作为更新改造投资；(2)更新改造计划与基本建设计划结合安排的项目及未列入计划的项目，根据工程性质作为基本建设投资或更新改造投资。属于对企业、事业单位原有设施进行技术改造或更新的项目和增建主要生产车间、分厂等，其新增生产能力或效益尚未达到大中型标准的项目，以及由于城市环境保护和安全生产的需要而进行的迁建工程，作为更新改造投资。

其他固定资产投资 是指按照国家规定不纳入基本建设和更新改造计划管理，其总投资在五万元以上的固定资产投资。具体包括：国有经济单位用油田维护费和石油开发基金进行的油田维护和开发工程；煤炭、铁矿、森林工业等采掘采伐业用维检费进行的开拓延伸工程；交通部门用公路养路费对原有公路、桥梁进行改建的工程；商业部门用简易建筑费建造的仓库工程。

新增固定资产 指通过投资活动所形成的新的固定资产价值。包括已经建成投入生产或交付使用的工程价值和达到固定资产标准的设备、工具、器具的价值及有关应摊入的费用。它是以价值形式表示的固定资产投资成果的综合性指标，可以综合反映不同时期、不同部门、不同地区的固定资产投资成果。

七、国内贸易

DOMESTIC TRADE

民族自治地方社会商品零售总额、国内纯购进总额

Total Value of Retail Sales and Total Value of Domestic Purchases of Minority National Autonomous Areas

单位:万元 (10 000 yuan)

年 份 Year	社会商品零售总额 Total Value of Retail Sales	#农业生产资料 Agricultural Produce Goats	国内纯购进总额 Total Domestic Purchases	#农副产品购进 Farm and Sideline Products Purchases
1949	98 000			
1952	179 000	8 021	48 000	44 555
1957	397 000	23 508	240 000	143 740
1962	513 000			149 665
1965	644 000	56 069	429 000	245 075
1975	1 223 000	196 042	822 000	367 351
1978	1 508 000	257 278	1 033 000	419 725
1980	2 034 369	267 692	1 312 315	580 922
1981	2 213 028	245 484	1 458 005	637 266
1982	2 453 322	279 043	1 635 685	750 532
1983	2 785 739	311 833	1 855 000	855 536
1984	3 271 982	369 149	1 996 858	871 628
1985	4 115 650	411 172	2 377 386	943 146
1986	4 618 564	464 099	2 776 517	1 059 218
1987	5 331 124	565 122	3 601 207	1 334 979
1988	6 822 764	750 064	4 978 322	1 857 569
1989	7 529 843	892 608	5 547 402	1 978 194
1990	7 805 739	987 318	6 185 838	2 270 140
1991	8 788 178	1 158 564	6 965 967	2 605 173
1992	10 218 137	1 314 060	7 443 181	2 582 836
1993	10 574 371	1 359 864	10 565 961	1 532 927
1994	16 955 235	2 180 443	20 278 503	2 808 566
1995	27 565 098	1 813 931	25 417 284	3 947 460
1996	27 884 737	1 983 360	25 350 841	3 854 899

民族自治地方分地区社会商业机构、网点、人员(1996年)

单位:个,人

地 区 Region	批发贸易业 Wholesale 法人机构 Corpor- ations	附营单位 Affiliated Units	网 点 Outlets	人 员 Personnel	法人机构 Corporations
合 计 Total	**30 262**	**28 280**	**166 906**	**947 123**	**55 886**
河 北 Hebei	144	157	1 164	9 028	269
内蒙古 Inner Mongolia	4 880	6 349	14 676	199 211	6 570
辽 宁 Liaoning	758	237	2 546	71 737	806
吉 林 Jilin	1 040	271	4 302	39 652	905
黑龙江 Heilongjiang	64	104	214	3 226	81
浙 江 Zhejiang	29		203	825	9
湖 北 Hubei	78		4 365	12 493	87
湖 南 Hunan	482	80	6 884	33 907	467
广 东 Guangdong	120	183	382	1 831	128
广 西 Guangxi	9 850	14 035	50 976	233 233	9 609
海 南 Hainan	4 532	8	6 554	15 100	221
四 川 Sichuan	370	96	3 785	16 551	2 490
贵 州 Guizhou	2 438	2 625	8 679	3 2 854	26 280
云 南 Yunnan	1 732	98	10 685	57 442	2 266
西 藏 Tibet	62	1	6 285	10 079	274
甘 肃 Gansu	98	2	16 283	30 006	388
青 海 Qinghai	395	391	1 085	5 906	1 172
宁 夏 Ningxia	826	896	5 248	31 580	863
新 疆 Xinjiang	2 364	2 747	22 590	142 462	3 001

Number of Commercial Agencies, Outlets and Personnel by Region of Minority National Autonomous Areas(1996)

(unit, person)

零售贸易业 Retail Sale			餐饮业 Food Service			
附营单位 Affiliated Units	网点 Outlets	人员 Personnel	法人机构 Corpor-ations	附营单位 Affiliated Units	网点 Outlets	人员 Personnel
52 667	**1 863 360**	**3 517 312**	**8 879**	**8 685**	**447 417**	**737 740**
285	32 393	74 584	11	28	3 882	10 575
3 802	232 850	572 516	945	1 258	40 747	125 295
448	25 162	59 110	90	35	4 219	19 535
514	55 546	107 895	144	67	8 101	20 927
150	4 209	6 069	12	39	776	2 275
	1 977	2 470	1		257	395
	34 926	55 851	47		5 212	13 448
79	57 750	124 169	47	40	13 326	31 776
245	5 219	9 744	23	29	1 241	3 132
14 122	581 454	974 947	1 236	2 204	97 055	205 712
45	11 378	24 053	9	99	1 422	4 759
296	49 601	78 202	1 787	81	13 729	25 054
26 475	87 730	637 348	3 950	3 978	140 296	22 958
312	162 275	259 997	100	76	37 850	72 871
26	17 092	29 310	23	5	5 400	11 477
143	262 203	51 052	6	43	5 018	11 563
1 034	24 620	42 299	103	63	4 819	11 232
965	38 684	77 401	105	164	11 141	27 105
3 726	178 291	330 295	240	476	52 926	117 651

民族自治地方分地区社会商品购进总额(1996 年)
Total Purchase for Commodity by Region of Minority National Autonomous Areas(1996)

单位:万元 (10 000 yuan)

地区 Region	商品购进总额 Purchases	从生产者购进 Purchases from Producer	#农副产品购进 Farm and Sideline Products	从批发零售贸易业购进 Purchases from Wholesale and Retail Sales	进口 Imports	其他 Others
合计 Total	**25 350 841**	**12 645 130**	**3 854 899**	**11 746 456**	**783 228**	**176 026**
河北 Hebei	160 956	63 546	20 228	97 046		364
内蒙古 Inner Mongolia	3 520 387	1 845 813	494 034	1 545 540	98 252	30 783
辽宁 Liaoning	253 801	123 672	53 225	127 940	131	2 058
吉林 Jilin	630 762	318 751	131 272	263 838	44 940	3 233
黑龙江 Heilongjiang	26 510	21 077	9 054	5 433		
浙江 Zhejiang	16 747	5 001	1 871	11 335		410
湖北 Hubei	392 784	238 903	95 392	151 779	94	2 008
湖南 Hunan	422 335	214 703	60 487	204 303		3 330
广东 Guangdong	53 575	16 214	10 204	35 725		1 636
广西 Guangxi	7 149 346	3 585 549	593 165	3 313 459	189 669	60 669
海南 Hainan	63 131	14 721	4 472	40 038	214	8 158
四川 Sichuan	439 585	234 403	70 335	201 549		3 632
贵州 Guizhou	672 421	314 414	127 960	356 898	404	705
云南 Yunnan	2 885 399	1 580 012	574 540	1 242 259	55 826	7 302
西藏 Tibet	113 076	52 699	10 199	56 437	2 169	1 771
甘肃 Gansu	154 055	48 102	20 397	67 257	26 853	11 844
青海 Qinghai	188 943	61 260	35 496	125 857	1 547	279
宁夏 Ningxia	894 873	457 946	78 719	413 946	14 730	8 251
新疆 Xinjiang	7 312 157	3 448 346	1 463 850	3 485 818	348 400	29 593

民族自治地方分地区社会商品销售、库存总额(1996 年)
Total Sales and Stocks for Commodity by Region of Minority National Autonomous Areas(1996)

单位:万元　　　　　　　　　　　　　　　　　　　　　　　　(10 000 yuan)

地　区 Region	商品销售总额 Sales	批发合计 Total Whole－sale	对生产经营单位批发 Wholsale to Pro-ducer	#对农民农业生产资料批发 Sales of Agricu-ltural Means of Prod-uction to Farmers	对批发零售贸易业批　发 Wholesale to widesale, Retail and Trade	出　口 Exports	零　售 Retail	年末库存总额 Stock (year-end)
合　计 Total	**27 884 737**	**21 382 046**	**6 718 184**	**1 983 360**	**13 302 465**	**1 361 402**	**6 502 696**	**7 148 659**
河　北 Hebei	150 856	97 191	12 579	19 889	83 954	658	53 665	35 816
内蒙古 Inner Mongolia	4 012 511	2 756 658	933 881	226 143	1 665 804	156 973	1 255 853	1 097 003
辽　宁 Liaoning	283 985	181 900	73 267	28 124	107 516	1 117	102 087	167 413
吉　林 Jilin	652 260	434 743	170 208	32 263	228 950	35 585	217 519	268 121
黑龙江 Heilongjiang	30 355	18 489	9 570	9 269	8 920		11 866	16 156
浙　江 Zhejiang	20 165	13 509	3 066	2 568	8 621	1 823	6 656	2 190
湖　北 Hubei	414 672	320 104	103 032	40 546	213 407	3 666	94 567	117 534
湖　南 Hunan	495 226	358 220	132 303	42 901	221 577	4 340	137 004	141 835
广　东 Guangdong	61 580	31 247	10 785	3 634	20 462		30 333	33 908
广　西 Guangxi	7 866 418	6 027 180	1 735 726	461 127	3 601 756	689 699	1 839 237	1 358 291
海　南 Hainan	68 739	36 526	8 168	5 636	28 358		32 213	15 424
四　川 Sichuan	489 522	338 543	130 306	34 243	203 906	4 330	150 982	138 991
贵　州 Guizhou	733 940	534 921	218 954	66 624	310 703	5 264	199 019	279 356
云　南 Yunnan	3 433 728	2 792 837	715 639	244 890	1 877 748	199 450	640 892	651 993
西　藏 Tibet	110 536	35 968	15 794	6 426	20 097	77	74 568	80 360
甘　肃 Gansu	160 133	74 671	29 594	26 567	45 077		85 462	36 985
青　海 Qinghai	196 067	105 539	43 376	204 127	60 765	1 400	90 528	107 295
宁　夏 Ningxia	941 047	667 657	224 215	86 055	336 816	106 627	273 391	321 025
新　疆 Xinjiang	7 762 998	6 556 143	2 147 722	442 330	4 258 028	150 393	1 206 855	2 278 963

民族自治地方分地区社会消费品零售总额(1996年)

(按经济类型分类)

单位:万元

地 区 Region	社会消费品零售总额 Total Value of Retail Sales	国有经济 State-owned	集体经济 Collective-owned	私营经济 Private
合 计 Total	**18 673 997**	**5 606 659**	**2 341 198**	**465 691**
河 北 Hebei	180 985	61 686	23 886	101
内蒙古 Inner Mongolia	3 353 601	1 140 999	605 616	82 979
辽 宁 Liaoning	434 960	64 756	55 747	28 561
吉 林 Jilin	762 124	128 617	59 595	15 793
黑龙江 Heilongjiang	21 232	10 365	4 318	
浙 江 Zhejiang	24 661	4 114	5 026	857
湖 北 Hubei	282 500	79 957	45 111	6 663
湖 南 Hunan	499 148	120 961	40 377	14 402
广 东 Guangdong	44 117	13 469	4 539	
广 西 Guangxi	6 113 439	1 401 294	867 691	150 791
海 南 Hainan	140 859	30 164	9 458	661
四 川 Sichuan	438 877	145 574	30 560	7 388
贵 州 Guizhou	585 513	182 733	61 928	24
云 南 Yunnan	1 535 985	541 228	208 967	15 384
西 藏 Tibet	263 945	78 391	6 664	452
甘 肃 Gansu	149 299	48 092	17 146	26 537
青 海 Qinghai	232 091	94 327	17 262	4 557
宁 夏 Ningxia	657 064	259 598	84 206	19 868
新 疆 Xinjiang	2 953 597	1 200 335	193 102	90 672

Total Value of Retail Sales for Consumer Goods by Region of Minority National Autonomous Areas(1996)

(10 000 yuan)

个体经济 Individual	联营经济 Joint Management	股份制经济 Stock Owned	外商投资经济 Foreign Investment	港澳台投资经济 Investment From Hong Kong Macao and Taiwan	其他经济 Others
6 936 435	**21 280**	**429 598**	**43 823**	**60 201**	**2 769 115**
77 505	1 398	5			16 412
1 008 457	600	84 003	3 813	2 419	424 716
226 086			101		59 709
394 986		51 926	2 928	19	108 260
5 531					1 018
9 976		303			4 385
110 311	297	4 872	13	1 021	34 255
244 022		338	1 377	39	77 634
22 548					3 561
2 534 830	9 895	207 574	29 553	55 698	856 112
76 757	4 170			104	19 545
156 315	706	2 945	43	18	95 328
211 567	16	250			128 995
473 281	1 382	16 673	212	146	278 713
145 518	1 064				31 856
40 188	892				16 446
82 795	188	498			32 465
162 216	103	1 897	319	158	128 697
953 545	578	58 314	5 464	579	451 007

国家专项安排用于民族贸易和民族用品生产的主要原材料和贷款
Main Raw Material and Loans Used in National Trade and Production of Ethnic Uses Arranged by the State

年度 Year	专项原材料 Special Raw Materials		专项贷款(万元) Special Loans	
	黄金(两) Gold	白银(万两) Silver	中央 Central	地方 Local
1991	8 000	23.23		
1992	8 100	23.23		
1993	14 600	23.23	4 000	5 488
1994	24 000	23.23	4 000	5 964
1995	25 600	25.36	4 000	15 900
1996	24 000	25.36		

注:1992年设立民族贸易网点建设和民族用品生产企业技改专项贴息贷款。

全国分地区居民消费价格指数和商品零售物价指数(1996 年)

Indice of Overall Residents Consumer Price and Commodity Retail Price(1996)

上年=100 (preceding year=100)

地 区 Region	居民消费价格指数 Residents Consumer Price Index			商品零售价格指数 Retail Price Index of commodities		
	全省(区、市) Province	城市 Urban	农村 Rural	全省(区、市) Province	城市 Urban	农村 Rural
全　国 National	**108. 3**	**108. 8**	**107. 9**	**106. 1**	**105. 8**	**106. 4**
北　京 Beijing	111. 6			107. 3		
天　津 Tianjin	109. 0			105. 1		
河　北 Hebei	107. 1	107. 6	106. 8	106. 2	106. 0	106. 3
山　西 Shanxi	107. 9	108. 3	107. 3	106. 2	106. 0	106. 5
内蒙古 Inner Mongolia	107. 6	107. 5	107. 7	105. 8	105. 9	105. 6
辽　宁 Liaoning	107. 9	108. 2	106. 8	105. 4	105. 5	104. 9
吉　林 Jilin	107. 2	107. 7	105. 8	105. 1	105. 1	105. 0
黑龙江 Heilongjiang	107. 1	107. 6	105. 8	105. 1	105. 2	105. 1
上　海 Shanghai	109. 2			105. 0		
江　苏 Jiangsu	109. 3	110. 8	107. 1	106. 8	106. 8	106. 8
浙　江 Zhejiang	107. 9	109. 8	107. 0	105. 8	106. 4	105. 1
安　徽 Anhui	109. 9	110. 1	109. 7	107. 1	107. 0	107. 2
福　建 Fujian	105. 9	106. 9	105. 4	104. 5	104. 4	104. 7
江　西 Jiangxi	108. 4	108. 1	108. 6	106. 6	106. 4	106. 7
山　东 Shandong	109. 6	110. 5	109. 0	107. 0	106. 7	107. 4
河　南 Henan	110. 5	109. 5	110. 9	107. 9	106. 2	109. 4
湖　北 Hubei	109. 4	110. 2	107. 9	106. 5	106. 2	106. 9
湖　南 Hunan	107. 7	107. 2	108. 2	105. 2	105. 2	105. 1
广　东 Guangdong	107. 0	107. 2	106. 5	104. 4	104. 1	105. 0
广　西 Guangxi	106. 5	105. 5	107. 4	104. 5	104. 1	104. 9
海　南 Hainan	104. 3	104. 8	103. 7	102. 3	102. 7	101. 4
四　川 Sichuan	109. 3	109. 8	109. 1	107. 7	106. 4	108. 8
贵　州 Guizhou	109. 1	110. 6	107. 8	106. 9	107. 2	106. 5
云　南 Yunnan	108. 7	108. 2	108. 8	106. 6	105. 0	108. 4
西　藏 Tibet						
陕　西 Shaanxi	109. 7	110. 3	109. 6	108. 1	107. 7	109. 5
甘　肃 Gansu	110. 2	110. 3	109. 7	106. 6	106. 6	107. 9
青　海 Qinghai	110. 8	111. 4	108. 8	107. 8	108. 1	107. 3
宁　夏 Ningxia	106. 8	106. 6	106. 9	106. 7	106. 3	107. 4
新　疆 Xinjiang	110. 5	110. 4	110. 6	108. 8	108. 7	109. 0

主要统计指标解释

社会消费品零售额 指各种经济类型的批发零售贸易业、餐饮业、制造业和其他行业对城乡居民和社会集团的消费品零售额。这个指标反映通过各种商品流通渠道向居民和社会集团供应了多少生活消费品来满足他们生活需要，是研究人民生活、社会消费品购买力、货币流通等问题的重要指标。社会消费品零售额包括：(1)售给城乡居民作为生活用的商品和住房及修建房屋用的建筑材料；(2)售给机关、团体、学校、部队、企业、事业单位的职工食堂和旅店(招待所)附设专门供本店旅客食用，不对外营业的食堂的各种食品、燃料；企业、单位和国营农场直接售给本单位职工和职工食堂的自己生产的产品；(3)售给部队干部、战士生活用的粮食、副食品、衣着品、日用品、燃料；(4)售给来华的外国人、华侨、港澳台同胞的消费品；(5)居民自费购买的中、西药品、中药材及医疗用品；(6)报社、出版社直接售给居民和社会集团的报纸、图书、杂志，集邮公司出售的新、旧纪念邮票、特种邮票、首日封、集邮册、集邮工具等；(7)旧货寄售商店自购、自销部分的商品零售额；(8)煤气公司、液化石油气站售给居民和社会集团的煤气灶具和罐装液化石油气；(9)城市建设、房产管理等部门、企业、事业单位售给居民的商品房；(10)农民售给非农业居民和社会集团的商品。不包括：售给国民经济各部门企业、事业单位(包括国有经济的农场)生产经营用的各种原材料、燃料、设备、工具等和售给批发零售贸易业、餐饮业作为转卖用的商品，旧货寄售商店受托寄售卖出的商品，服务业的营业收入，邮局出售邮票的收入，自来水、电力、煤气生产(供应)单位的产品供应收入，也不包括农民之间的商品销售。

批发零售贸易业商品购、销、存总额 指以各种经济类型的批发、零售贸易业(不包括个体)为总体的商品购、销、存。

商品购进总额 指从本企业(单位)以外的单位和个人购进(包括从国外直接进口)作为转卖或加工后转卖的商品。这个指标反映批发零售贸易业从国内、国外市场上购进商品的总量。商品购进总额包括：(1)从工农业生产者购进的商品；(2)从出版社、报社的出版发行部门购进的图书、杂志和报纸；(3)从各种经济类型的批发零售贸易企业(单位)购进的商品；(4)从其他单位购进的商品，如从机关、团体、企业单位购进的剩余物资，从餐饮业、服务业购进的商品，从海关、市场管理部门购进的缉私和没收的商品，从居民处收购的废旧商品等；(5)从国(境)外直接进口的商品。不包括企业(单位)为自身经营用，和未通过买卖行为而收入的商品以及销售退回、商品升溢等。

商品销售总额 指对本企业(单位)以外的单位和个人出售〔包括对国(境)外直接出口〕的商品。这个指标反映批发零售贸易业在国内市场上销售商品以及出口商品的总量。商品销售总额包括：(1)售给城乡居民和社会集团消费用的商品；(2)售给工业、农业、建筑业、运输邮电业、批发零售贸易业、餐饮业、服务业等作为生产、经营使用的商品；(3)售给批发零售贸易业作为转卖或加工后转卖的商品；(4)对国(境)外直接出口的商品。不包括：出售本企业(单位)自用的废旧包装用品，未通过买卖行业付出的商品，经本单位介绍，由买卖双方直接结算，本单位只收取手续费的业务，购货退出的商品以及商品损耗和损失等。

批发零售贸易业年末库存 指年末各种经济类型的批发零售贸易企业(单位)已取得所有权的商品。它反映各地区、各批发零售贸易企业

(单位)的商品库存情况,和对市场商品供应的保证程度。期末库存包括:(1)存放在批发零售贸易业经营单位(如门市部、批发站、经营处)仓库、货场、货柜和货架中的商品;(2)挑选、整理、包装中的商品;(3)已记入购进而尚未运到本单位的商品,即发货单或银行承兑凭证已到而货未到部分;(4)寄放他处的商品,如因购货方拒绝承付而暂时存放在购货方的商品和已办完加工成品收回手续而未提回的商品;(5)委托其他单位代销(未作销售或调出)尚未售出的商品;(6)代其他单位购进尚未交付的商品。不包括所有权不属于本单位的商品、拨付除批发零售贸易业以外的其他行业所属独立核算加工厂等加工生产尚未收回成品的商品、代国家物资储备部门保管的商品等。期末库存总额计算方法是:农副产品采购单位按购进价计算,批发单位按进货价计算,零售单位按什么价格核算就按什么价格计算。

零售价格指数　是反映城乡商品零售价格变动趋势的一种经济指数。零售物价的调整变动直接影响到城乡居民的生活支出和国家的财政收入,影响居民购买力和市场供需平衡,影响消费与积累的比例。因此,计算零售价格指数,可以从一个侧面对上述经济活动进行观察和分析。

零售价格指数采用加权算术平均公式计算。每年根据住户调查资料调整一次权数。1992年全国有146个市、80个县城作为基层填报单位。城市指数所选商品352种左右,县城指数所选商品404种左右。每种商品的指数采用代表规格品的平均价格计算。

居民消费价格总指数　是反映一定时期内城乡居民所购买的生活消费品价格和服务项目价格变动趋势和程度的相对数。是综合了城市居民消费价格指数和农民消费价格指数计算取得。利用居民消费价格指数,可以观察和分析消费品的零售价格和服务价格变动对城乡居民实际生活费支出的影响程度。

1952年以前采用固定数量加权综合法(即总值法)计算,1953年到1956年采用加权算术平均公式计算,1957年以后根据消费品零售价格指数与服务项目价格指数汇编居民生活费用价格指数。1993年计算指数所选商品和服务项目为382种。

城市居民消费价格指数　是反映城市职工及其家庭所购买的生活消费品和服务项目价格变动趋势及其程度的相对数。编制城市居民消费价格指数,可以观察和分析消费品的零售价格和服务项目价格变动对职工货币工资的影响,作为研究职工生活和确定工资政策的依据。

农村居民消费价格指数　是反映农村居民家庭所购买的生活消费品的价格和服务项目价格变动趋势和程度的相对数。用它可以观察农村消费品的零售价格和服务项目价格变动对农村居民生活消费支出的影响,直接反映农民生活水平的实际变化情况,为分析和研究农村居民生活问题提供依据。

八、财政、金融
FINANCE AND BANKING

民族自治地方财政收支情况

Financial Revenue and Expenditures of Minority National Autonomous Areas

单位：亿元 (100 000 000 yuan)

年份 Year	收入 Revenue			支出 Expenditure			收支差额 Balance
	合计 Total	五个自治区 Five Autonomous Regions	自治州、县 Autonomous Prefectures Counties	合计 Total	五个自治区 Five Autonomous Regions	自治州、县 Autonomous Prefectures Counties	
1952	4.96	3.81	1.15	4.39	3.34	1.05	0.57
1957	11.48	8.91	2.57	12.43	9.58	2.85	−0.95
1960	29.19	21.92	7.27	42.87	35.12	7.75	−13.68
1961	16.58	12.54	4.04	21.36	16.54	4.82	−4.78
1962	13.23	9.93	3.30	14.15	11.10	3.05	−0.92
1963	15.71	11.57	4.14	16.69	12.60	4.09	−0.98
1964	17.62	13.22	4.40	20.55	16.09	4.46	−2.93
1965	19.67	15.09	4.58	23.06	18.48	4.58	−3.39
1966	21.18	16.65	4.53	26.07	21.00	5.07	−4.89
1968	10.68	8.74	1.94	17.02	13.12	3.90	−6.34
1972	22.05	15.94	6.11	43.12	31.55	11.57	−21.07
1973	22.72	15.13	7.59	47.83	34.91	12.92	−25.11
1974	22.87	15.31	7.56	49.66	36.90	12.76	−26.79
1975	23.49	15.80	7.69	50.63	38.01	12.62	−27.14
1976	24.41	16.24	8.17	55.70	41.24	14.46	−31.29
1977	28.46	19.26	9.20	59.97	43.35	16.62	−31.51
1978	40.79	30.18	10.61	83.35	62.02	21.33	−42.56
1979	34.00	25.88	8.12	87.97	69.93	18.04	−53.97
1980	31.07	22.44	8.63	8.12	62.45	18.75	−50.13
1981	29.67	19.77	9.90	76.13	56.17	19.96	−46.46
1982	36.31	23.86	12.45	86.81	63.42	23.39	−50.50
1983	41.48	27.81	13.67	100.62	73.11	27.51	−59.14
1984	45.33	30.65	14.68	131.58	96.28	35.30	−86.25
1985	63.45	42.32	21.13	156.98	112.67	44.31	−93.53
1986	80.66	55.04	25.62	198.62	142.22	56.40	−117.96
1987	97.51	65.62	31.89	210.43	147.92	62.51	−112.92
1988	119.39	78.74	40.65	241.10	167.49	73.61	−121.71
1989	147.65	96.49	51.16	273.26	182.62	90.64	−125.61
1990	166.74	109.28	57.46	304.37	202.37	102.00	−137.63
1991	204.35	136.28	68.07	342.70	227.70	115.00	−138.35
1992	210.00	135.17	74.83	367.52	239.11	128.41	−157.52
1993	302.69	199.59	103.10	462.31	301.48	160.83	−159.62
1994	201.49	139.97	61.52	516.97	338.53	178.44	−315.48
1995	260.13	172.55	87.58	593.87	397.04	196.84	−333.74
1996	338.70	235.46	103.24	701.08	431.60	269.48	−362.38

注：表列五个自治区，系指内蒙古自治区、广西壮族自治区、西藏自治区、宁夏回族自治区和新疆维吾尔自治区。
自治州、县系指除上述五个自治区以外各省所属的民族自治州、自治县。

民族自治地方分地区财政收支情况

Financial Revenue and Expenditures by Region of Minority National Autonomous Areas

单位:万元　　(10 000 yuan)

地区 Region	1995年		1996年		1996年为1995年的%	
	财政收入 Revenue	财政支出 Expenditure	财政收入 Revenue	财政支出 Expenditure	财政收入 Revenue	财政支出 Expenditure
合　计 Total	**2 601 345**	**5 938 739**	**3 387 024**	**7 010 840**	**130.20**	**118.05**
河　北 Hebei	14 233	29 423	16 931	40 162	118.96	136.50
内蒙古 Inner Mongolia	437 028	1 021 780	932 400	1 263 800	213.35	123.69
辽　宁 Liaoning	48 591	98 422	51 639	108 393	106.27	110.13
吉　林 Jilin	129 403	142 284	137 384	162 099	106.17	113.93
黑龙江 Heilongjiang	2 455	4 163	8 590	8 529	349.90	204.88
浙　江 Zhejiang	1 201	6 175	1 872	7 797	155.87	126.27
湖　北 Hubei	62 363	85 846	71 074	95 940	112.17	111.76
湖　南 Hunan	62 953	139 945	69 007	163 383	109.62	116.75
广　东 Guangdong	6 069	19 703	6 004	32 498	98.93	164.94
广　西 Guangxi	794 422	1 405 892	905 102	1 570 121	113.93	111.68
海　南 Hainan	25 398	50 718	28 931	55 066	113.91	108.57
四　川 Sichuan	94 527	279 266	88 705	244 305	93.84	87.48
贵　州 Guizhou	91 138	213 517	118 911	265 237	130.47	124.22
云　南 Yunnan	282 588	713 672	366 191	956 468	129.58	134.02
西　藏 Tibet	21 500	348 749	24 388	368 458	113.43	105.65
甘　肃 Gansu	22 582	67 318	28 199	88 146	124.87	130.94
青　海 Qinghai	31 302	117 903	39 015	135 239	124.64	114.70
宁　夏 Ningxia	89 792	229 963	12 680	295 200	14.12	128.37
新　疆 Xingjiang	382 800	964 000	480 000	1 150 000	125.39	119.29

民族自治地方国家银行信贷及城乡居民储蓄存款

National Banking System Credit Funds and Deposits of Rural and City Residents of Minority National Autonomous Areas

单位:万元 (10 000 yuan)

年份 Year	国家银行信贷(年末余额) National Banking Systern Credit Funds(year—end)		城乡居民储蓄存款年末余额 Saving Deposits of Urban and Rural Residents (year—end)		
	各项存款 Deposits	各项贷款 Loans		城镇储蓄 Urban	农户储蓄 Rural
1980			383 325	241 884	141 441
1981			488 666	316 823	171 843
1982			628 837	405 095	223 542
1983			824 629	603 007	221 622
1984			1 057 310	784 016	273 293
1985			1 510 339	1 109 248	401 151
1986			2 094 782	1 557 426	537 356
1987			2 822 182	2 178 099	644 083
1988			3 505 988	2 712 953	793 035
1989	8 241 929	10 412 814	4 528 025	3 642 891	855 134
1990	10 489 990	14 497 060	6 234 347	5 061 099	1 173 148
1991	12 264 842	15 256 218	7 910 856	6 443 396	1 467 460
1992	16 716 350	20 124 904	10 077 235	8 195 671	1 881 564
1993	20 488 075	24 516 855	13 162 683	10 781 789	2 380 894
1994	26 540 124	29 619 485	17 988 422	14 751 826	3 236 596
1995	38 657 087	40 357 215	23 909 337	19 960 318	3 949 019
1996	44 831 948	47 285 929	29 061 990	24 397 935	4 664 055

民族自治地方分地区国家银行信贷及城乡居民储蓄存款(1996 年)

National Banking System Credit Funds and Deposits of Rural and City Residents by Region of Minority National Autonomous Areas(1996)

单位:万元 (10 000 yuan)

地区 Region	国家银行信贷 National Banking System Credit Funds(year—end)		城乡居民储蓄存款年末余额 Saving Deposits of Urban and Rural Residents (year—end)		
	各项存款 Deposits	各项贷款 Loans		城镇储蓄 Urban	农户储蓄 Rural
合　计 Total	**44 831 948**	**47 285 929**	**29 061 990**	**24 397 935**	**4 664 055**
河　北 Hebei	951 945	311 664	315 963	219 978	95 985
内蒙古 Inner Mongolia	7 037 693	10 029 833	5 054 804	4 399 034	655 770
辽　宁 Liaoning	842 601	984 079	663 413	481 731	181 682
吉　林 Jilin	1 325 324	2 001 661	1 377 536	1 130 719	246 817
黑龙江 Heilongjiang	20 986	18 011	20 986	11 542	9 444
浙　江 Zhejiang	31 883	26 379	20 292	13 499	6 793
湖　北 Hubei	850 042	854 395	282 010	202 779	79 231
湖　南 Hunan	656 798	911 190	428 460	315 753	112 707
广　东 Guangdong	120 717	81 012	99 742	71 210	28 532
广　西 Guangxi	13 611 700	12 034 100	8 845 500	7 165 357	1 680 143
海　南 Hainan	361 142	416 752	302 023	285 729	16 294
四　川 Sichuan	920 671	722 116	647 711	491 780	155 931
贵　州 Guizhou	1 124 413	1 385 694	839 419	649 912	189 507
云　南 Yunnan	4 183 414	3 695 973	2 344 385	1 818 072	526 313
西　藏 Tibet	854 659	593 957	267 651	226 789	40 862
甘　肃 Gansu	283 402	264 040	238 701	177 562	61 139
青　海 Qinghai	530 756	1 243 663	357 972	324 786	33 185
宁　夏 Ningxia	2 217 802	2 332 410	1 427 422	1 264 702	162 720
新　疆 Xingjiang	8 906 000	9 379 000	5 528 000	5 147 000	381 000

主要统计指标解释

中央财政和地方财政　财政是国家为了实现其职能，凭借政治权力，对一部分社会产品进行分配和再分配的经济活动。中央财政和地方财政，是指财政体制上划分中央政府和地方政府以及地方各级政府之间财政管理权限的一项根本制度。它是经济管理体制的重要组成部分，它在财政管理体制中居于主导地位。它具体规定了各级政府筹集资金、支配使用资金的权力、范围和责任，使各级政府在财政管理上有责有权。这对于正确处理中央和地方之间，以及地方各级之间的分配关系，充分发挥各级政府的积极性，更好地完成国家财政收支任务，促进社会主义建设的发展有着极其重要的意义。中央财政收入和地方财政收入，是指中央和地方各级负责组织征收的收入，不是按财政体制计算的收入分成数，其收入中还包括了国外借款。

存款　企业、机关、团体或居民根据可以收回的原则，把货币资金存入银行或其他信用机构保管并取得一定利息的一种信用活动形式。根据存款对象的不同可划分为企业存款、财政存款、机关团体存款、基本建设存款、城镇储蓄存款、农村存款等项目。它是银行信贷资金的主要来源。

贷款　银行或其他信用机构根据必须归还的原则，按一定利率，为企业、个人等提供资金的一种信用活动形式。我国银行贷款，分流动资金贷款、固定资产贷款、城乡个体工商户贷款以及农户贷款等科目。

全国城乡储蓄存款余额　全国城乡储蓄存款，包括城镇居民储蓄存款和农民个人储蓄存款两部分。不包括居民的手存现金和工矿企业、部队、机关团体等集团存款。储蓄存款余额，是指城乡居民存入银行及农村信用社储蓄的时点数（存入数扣除取出数的余额），如月末、季末或年末数额。

九、人民生活
PEOPLE'S LIVELIHOOD

民族自治地方从业人员年平均工资

Average Annual Wage of Employment of Minority National Autonomous Areas

单位:元 (yuan)

年 份 Year	合 计 Total	国有经济 State-Owned	集体经济 Collective	其他经济 Others
1981	816	848	650	
1982	845	827	686	
1983	884	917	711	
1984	1 026	1 077	810	
1985	1 142	1 202	899	
1986	1 320	1 392	1 011	
1987	1 465	1 535	1 156	
1988	1 739	1 815	1 396	
1989	1 850	1 931	1 420	
1990	2 040	2 150	1 525	2 033
1991	2 214	2 318	1 718	2 284
1992	2 527	3 006	1 949	2 538
1993	3 074	3 210	2 363	3 652
1994	3 970	4 092	3 185	4 205
1995	4 559	4 857	3 492	4 801
1996	5 268	5 436	4 033	5 513

注:本表未扣除区域变动因素,年度之间不可比。下同。

民族自治地方分地区从业人员年平均人数和劳动报酬(1996 年)(一)

Number of Annual Average Personnel and Income of Employment by Region of Minority National Autonomous Areas(1996)(Ⅰ)

地区 Region	合计 Total			国有经济 State－Owned		
	从业人员年平均人数(万人) Employment	劳动报酬(万元) Total Wages	平均每一名劳动报酬(元) Wages of Employment Per Capita	从业人员年平均人数(万人) Employment	劳动报酬(万元) Total Wages	平均每一名劳动报酬(元) Wages of Employment Per Capita
合　计 Total	**1 599.75**	**8 426 741**	**5 268**	**1 345.32**	**7 312 980**	**5 436**
河　北 Hebei	10.70	42 110	3 935	8.40	33 881	4 034
内蒙古 Inner Mongolia	379.50	1 778 623	4 687	303.10	1 497 958	4 942
辽　宁 Liaoning	26.55	92 128	3 470	19.93	76 089	3 818
吉　林 Jilin	67.40	327 473	4 859	53.20	274 527	5 160
黑龙江 Heilongjiang	2.60	6 394	2 459	2.20	5 906	2 685
浙　江 Zhejiang	0.96	5 148	5 363	0.75	4 266	5 688
湖　北 Hubei	24.23	110 090	4 543	20.80	43 150	2 075
湖　南 Hunan	33.02	158 093	4 788	27.80	137 759	4 955
广　东 Guangdong	4.20	22 740	5 414	3.00	18 110	6 037
广　西 Guangxi	350.88	1 864 161	5 313	291.18	1 579 197	5 423
海　南 Hainan	16.36	71 615	4 377	11.36	66 965	5 895
四　川 Sichuan	42.72	225 102	5 269	38.97	208 521	5 351
贵　州 Guizhou	57.90	227 101	3 922	50.50	203 428	4 028
云　南 Yunnan	133.61	747 671	5 596	115.43	665 946	5 769
西　藏 Tibet	18.22	189 855	10 420	16.97	183 443	10 810
甘　肃 Gansu	14.20	47 844	3 369	12.35	43 394	3 514
青　海 Qinghai	29.20	203 272	6 961	26.88	194 040	7 219
宁　夏 Ningxia	72.80	410 323	5 636	61.40	357 400	5 821
新　疆 Xingjiang	314.70	1 897 000	6 028	281.10	1 719 000	6 115

民族自治地方分地区从业人员年平均人数和劳动报酬(1996年)(二)
Number of Annual Average Personnel and Income of Employment by Region of Minority National Autonomous Areas(1996)(Ⅱ)

地　区 Region	集体经济 Collective－Owned			其他经济 Others		
	从业人员年平均人数（万人）Employment	劳　动 报　酬（万元）Total Wages	平均每一名劳动报酬（元）Wages of Employment Per Capita	从业人员年平均人数（万人）Employment	劳　动 报　酬（万元）Total Wages	平均每一名劳动报酬（元）Wages of Employment Per Capita
合　计 Total	**211.98**	**854 988**	**4 033**	**41.55**	**229 067**	**5 513**
河　北 Hebei	1.80	6 519	3 622	0.50	1 709	3 418
内蒙古 Inner Mongolia	65.30	233 266	3 572	11.90	47 399	3 983
辽　宁 Liaoning	6.30	14 973	2 377	0.27	1 066	3 949
吉　林 Jilin	10.40	34 874	3 353	3.75	18 072	4 819
黑龙江 Heilongjiang	0.40	489	1 223			
浙　江 Zhejiang	0.16	693	4 331	0.04	189	4 725
湖　北 Hubei	3.07	33 940	11 055	0.36	3 300	9 046
湖　南 Hunan	5.10	19 571	3 837	0.12	763	6 357
广　东 Guangdong	0.50	1 461	2 922	0.70	3 169	4 527
广　西 Guangxi	45.64	193 976	4 250	14.06	90 988	6 474
海　南 Hainan	4.94	4 101	830	0.06	549	9 150
四　川 Sichuan	3.18	13 555	4 262	0.57	3 019	5 297
贵　州 Guizhou	6.60	21 131	3 202	0.60	2 542	4 236
云　南 Yunnan	16.22	71 142	4 386	1.96	10 583	5 399
西　藏 Tibet	1.14	4 949	4 341	0.12	1 463	12 193
甘　肃 Gansu	1.74	4 282	2 462	0.10	166	1 661
青　海 Qinghai	2.29	8 972	3 925	0.04	260	7 111
宁　夏 Ningxia	9.10	39 093	4 296	2.30	13 830	6 013
新　疆 Xingjiang	28.10	148 000	5 267	4.10	30 000	7 317

民族自治地方农村经济收益分配
Distribution of Rural Area's Economic Benefits of Minority National Autonomous Areas

单位:万元 (10 000 yuan)

年 份 Year	总收入 Total Revenue	总费用 Total Cost	纯收入 Net Income	农村居民人均纯收入(元) Average Per capita Net Income of Rural Household	抽样调查的农(牧)民人均纯收入(元) Net Income Per Capita of Peasants Surveyed
1980	1 150 891	340 849	810 042	76	
1981	1 185 423	306 249	879 174	85	
1982	1 469 052	325 352	1 143 700	121	
1983	2 365 174	523 817	1 841 357	196	
1984	2 934 551	664 198	2 270 353	213	311
1985	4 374 432	1 197 661	3 176 771	272	320
1986	4 659 810	1 475 707	3 184 103	282	338
1987	5 612 773	1 843 054	3 769 719	316	376
1988	7 269 734	2 614 861	4 654 873	357	420
1989	8 384 964	3 310 070	5 074 894	390	483
1990	9 808 134	3 557 847	6 250 287	402	546
1991	11 103 900	4 257 723	6 846 177	508	555
1992	14 516 956	6 839 613	7 677 343	568	584
1993	17 647 399	9 213 249	8 434 150	629	696
1994	26 941 170	15 745 332	12 395 140	820	944
1995	39 168 900	24 476 400	14 634 500	945	1 142
1996	58 982 800	30 164 200	16 527 500	1 300	1 306

注:农村居民人均收入系指生产经营性收入。抽样调查的农(牧)民人均纯收入是全部收入。

民族自治地方分地区农村经济收益分配(1996年)

Distribution of Rural Area's Economic Benefits by Region of Minority National Autonomous Areas(1996)

地 区 Region	农村经济收益分配 Distribution of Rural Economic Benefits							抽样调查的农(牧)民纯收入(元) Net Income of Peasants Surveyed
	总收入(亿元) Total Revenue	总费用(亿元) Total Cost	纯收入(亿元) Net Income	国家税收(万元) State Tax	各种提留(万元) Payments of All Kinds	农村居民纯收入(万元) Net Income of Rural Household	农民人均纯收入(元) Average Net Income Rural Household Per Capita	
合 计 Total	**5 898.28**	**3 016.42**	**1 652.75**	**951 680**	**332 898**	**7 793 514**	**1 300**	**1 306**
河 北 Hebei	99.15	66.85	32.30	14 754	18 319	289 915	2 055	2 055
内蒙古 Inner Mongolia	637.75	426.54	211.20	150 052	55 695	1 808 855	1 476	1 602
辽 宁 Liaoning	1 337.69	85.63	44.62	37 521	11 482			
吉 林 Jilin	67.91	34.43	33.47	22 408	7 925	296 609	1 952	
黑龙江 Heilongjiang	4.82	2.81	2.02	1 383	865	17 916	1 193	1 194
浙 江 Zhejiang	2.44	1.23	1.34	540	300	12 497	787	
湖 北 Hubei	95.06	49.60	45.46	16 854	11 442	426 765	1 125	1 125
湖 南 Hunan	82.66	26.33	38.43	21 524	18 407	361 118	1 064	1 165
广 东 Guangdong	11.23	5.71	5.57	3 070	633	27 727	1 442	
广 西 Guangxi	2 545.99	1 807.40	738.58	439 088	63 054		1 806	1 703
海 南 Hainan	23.76	11.51	15.19	3 596	2 359	146 289	1 599	1 317
四 川 Sichuan	74.04	32.07	42.09	16 425	8 656	387 153	839	839
贵 州 Guizhou	198.48	79.37	123.10	42 774	22 992	1 153 392	891	1 066
云 南 Yunnan	333.33	179.90	153.43	89 317	41 382	1 403 595	803	
西 藏 Tibet							975	
甘 肃 Gansu	59.75	27.57	20.96	8 919	3 502	205 228	780	
青 海 Qinghai	36.12	14.42	21.92	12 044	5 016	202 129	856	
宁 夏 Ningxia							1 416	1 416
新 疆 Xingjiang	288.11	165.04	123.06	71 410	60 869	1 054 327	1 221	1 290

民族自治地方农民人均收入水平 2 500 元以上县、市分布(1996 年)
County and City Distribution for Per Peasant Household Income Over RMB 2 500 of Minority National Autonomous Areas(1996)

单位:元、万人 (yuan,10 000 Persons)

县　名	Name of County	平均每人 Per Person	人口 Population
河北	**Hebei**		
大厂回族自治县	Dachang Hui Autonomous County	3 399	9.1
内蒙古	**Inner Mongolia**		
呼和浩特市郊区	Suburb of Hohhot City	2 585	23.7
海拉尔市	Hailar City	3 260	1.5
东乌珠穆沁旗	Dong Ujimqin Qi	3 544	2.5
额尔古纳市	Ergun City	6 746	0.2
广西	**Guangxi**		
恭城瑶族自治县	Gongcheng Yao Autonomous County	2 537	24.0
北流市	Beiliu City	2 558	98.0
北海市铁山港区	Tieshan District,Beihai City	2 622	14.0
荔浦市	Lipu City	2 742	32.0
兴安县	Xingan County	2 901	32.0
北海市海城区	Haicheng District,Beihai City	3 076	5.0
北海市银海区	Yinhai District,Beihai City	3 087	11.0
甘肃	**Gansu**		
阿克塞哈萨克族自治县	Aksay Kazak Autonomous County	3 117	0.3
肃北蒙古族自治县	Subei Mongolian Autonomous County	3 297	0.6
新疆	**Xinjiang**		
乌鲁木齐县	Wulumuqi County	2 507	12.5
乌苏县	Wusu County	2 533	9.0
米泉县	Miquan County	2 566	9.4
呼图壁县	Hutubi County	2 581	6.5
沙湾县	Shawan County	2 607	13.1
克拉玛依市	Kelamayi City	2 803	0.2
昌吉市	Changji City	2 851	8.5
石河子市	Shihezi City	3 320	1.6
玛纳斯县	Manas County	3 656	7.9

民族自治地方农民人均收入水平500元以下县、市分布(1996年)(一)

County and City Distribution for Per Peasant Household Income Under RMB 500 of Minority National Autonomous Areas(1996)(Ⅰ)

单位:元、万人 (yuan,10 000 Person)

县名	Name of County	平均每人 Per Person	人口 Population
湖南	**Hunan**		
泸溪县	Luxi County	493	22.5
四川	**Sichuan**		
布拖县	Butuo County	428	12.0
雷波县	Leibo County	429	20.0
石渠县	Shique County	435	6.0
甘洛县	Ganluo County	444	15.0
喜德县	Xide County	469	11.0
贵州	**Guizhou**		
剑河县	Jianhe County	425	18.1
台江县	Taijiang County	437	13.7
沿河土家族自治县	Yanhe Tujia Autonomous County	480	47.0

民族自治地方农民人均收入水平500元以下县、市分布(1996年)(二)

County and City Distribution for Per Peasant Household Income Under RMB 500 of Minority National Autonomous Areas(1996)(Ⅱ)

单位:元、万人 (yuan,10 000 Persons)

县名	Name of County	平均每人 Per Person	人口 Population
云南	**Yunnan**		
西盟佤族自治县	Ximeng Va Autonomous County	274	7.0
墨江哈尼族自治县	Mojiang Hani Autonomous County	313	33.0
宁蒗彝族自治县	Ninglang Yi Autonomous County	357	20.1
绿春县	Luchun County	359	18.0
麻栗坡县	Malipo County	369	24.0
富宁县	Funing County	378	34.8
金平苗族瑶族傣族自治县	Jinping Miao, Yao and Dai Autonomous County	379	28.7
江城哈尼族彝族自治县	Jiangcheng Hani and Yi Autonomous County	382	7.1
红河县	Honghe County	410	23.9
双江拉祜族佤族布朗族傣族自治县	Shuangjiang Lahu, Va, Blang and Dai Autonomous County	411	14.2
广南县	Guangnan County	433	67.0
元阳县	Yuanyang County	434	33.1
马关县	Maguan County	438	31.3
维西傈僳族自治县	Weixi Lisu Autonomous County	444	13.2
沧源佤族自治县	Cangyuan Va Autonomous County	445	13.3
屏边苗族自治县	Pingbian Miao Autonomous County	452	12.9
贡山独龙族怒族自治县	Gongshan Dulong and Nu Autonomous County	487	2.8
丘北县	Qiubei County	496	38.3
河口瑶族自治县	Hekou Yao County	500	4.2
宁夏	**Ningxia**		
隆德县	Longde County	403	19.1

主要统计指标解释

从业人员劳动报酬 指各单位在一定时期内直接支付给本单位从业人员的劳动报酬总额。

工资总额的计算原则应以直接支付给职工的全部劳动报酬为根据。各单位支付给职工的劳动报酬以及其他根据有关规定支付的工资，不论是计入成本的还是不计入成本的，不论是按国家规定列入计征奖金税项目的还是未列入计征奖金税项目的，不论是以货币形式支付的还是以实物形式支付的，均包括在工资总额内。

从业人员平均工资 指企业、事业、机关单位的职工在一定时期内平均每人所得的货币工资额。它表明一定时期职工工资收入的高低程度，是反映职工工资水平的主要指标。计算公式为：

从业人员平均工资＝报告期实际支付的从业人员工资总额÷报告期从业人员平均人数

农村居民家庭纯收入 指农村常住居民家庭总收入中，扣除从事生产和非生产经营费用支出、缴纳税款和上交承包集体任务金额以后剩余的，可直接用于进行生产性、非生产性建设投资、生活消费和积蓄的那一部分收入。它是反映农民家庭实际收入水平的综合性的主要指标。农民家庭纯收入既包括从事生产性和非生产性的经营收入，又包括取自在外人口寄回带回和国家财政救济、各种补贴等非经营性收入；既包括货币收入，又包括自产自用的实物收入。但不包括向银行、信用社和向亲友借款等属于借贷性的收入。

十、教 育、科 技

EDUCATION AND SCIENCE

民族自治地方各类学校
Schools by Type of Minority National Autonomous Areas

单位:所 (number)

年份 Year	普通高等学校 Institutions of Higher Education	中等学校 Secondary Schools	中等专业学校 Specialized Secondary Schools	普通中学 Regular Secondary Schools	小学 Primary Schools
1952	11	531			59 597
1957	14	1 115			57 480
1965	37	4 777			140 056
1975	35	8 353			121 110
1978	56	14 277			142 865
1979	63	12 249	545	11 704	139 256
1980	63	11 765	588	11 177	131 123
1981	67	11 072	563	10 509	117 581
1982	68	11 056	586	10 470	114 164
1983	76	11 493	516	10 977	119 418
1984	74	11 406	567	10 839	117 643
1985	86	11 644	560	11 084	121 712
1986	93	11 677	547	11 130	121 874
1987	100	11 849	541	11 308	119 879
1988	101	12 038	583	11 455	119 614
1989	106	14 441	2 815	11 626	120 118
1990	105	12 273	648	11 625	117 717
1991	104	12 882	571	11 563	103 139
1992	102	12 148	560	11 588	99 916
1993	101	12 051	570	11 481	97 858
1994	104	12 677	559	11 880	99 160
1995	105	13 550	584	11 606	97 650
1996	96	13 460	570	11 484	90 982

注:本表未扣除区域变动因素,年度之间不可比,下同。

民族自治地方各类学校专任教师
Full-Time Teachers by Type of Minority National Autonomous Areas

单位:人 (person)

年 份 Year	普通高等学校 Institutions of Higher Education	中等学校 Secondary Schools	中等专业学校 Specialized Secondary Schools	普通中学 Regular Secondary Schools	小 学 Primary Schools
1952	559	10 220			
1957	2 574	22 246			
1965	6 232	53 045			
1975	7 910	274 670			
1978	14 912	376 996			
1979	16 837	347 774	16 319	331 455	612 537
1980	15 128	351 040	19 396	331 644	730 077
1981	15 133	318 682	19 283	299 399	722 891
1982	16 730	320 467	20 174	300 293	742 320
1983	18 998	324 084	20 911	303 173	771 204
1984	20 320	310 812	21 718	289 094	758 487
1985	21 756	335 320	23 883	311 437	600 295
1986	23 872	356 639	25 777	330 862	805 751
1987	25 533	373 918	27 831	346 087	807 081
1988	26 746	398 605	31 963	366 642	832 073
1989	34 041	475 747	103 602	372 145	840 058
1990	27 658	415 486	32 966	382 520	847 802
1991	27 031	430 947	32 357	389 028	839 600
1992	27 056	425 336	31 933	393 403	833 900
1993	26 925	429 196	31 698	397 498	836 800
1994	28 030	439 558	32 845	406 713	861 100
1995	36 862	488 988	40 674	414 781	858 300
1996	29 223	494 127	34 672	423 994	838 300

注:本表中等学校未包括职业中学。

民族自治地方各类学校在校学生

Students Enrollment by Type of School of Minority National Autonomous Areas

单位:人 (person)

年 份 Year	普通高等学校 Institutions of Higher Education	中等学校 Secondary Schools	中等专业学校 Specialized Secondary Schools	普通中学 Regular Secondary Schools	小 学 (万人) Primary Schools
1952	4 475	209 394			467.31
1957	12 007	493 892			599.45
1965	30 511	954 137			1 124.44
1975	31 077	3 624 594			1 416.10
1978	56 492	6 820 032			1 705.24
1979	61 955	6 283 893	74 972	6 101 909	1 685.50
1980	70 796	6 011 353	185 635	5 825 718	1 701.73
1981	77 914	5 091 473	153 839	4 937 634	1 629.57
1982	71 803	4 691 540	137 467	4 554 073	1 645.07
1983	77 579	4 864 083	145 215	4 718 868	1 711.15
1984	87 283	5 083 804	176 193	4 907 611	1 752.13
1985	104 423	5 732 874	206 482	5 166 392	1 836.90
1986	116 122	5 956 024	218 332	5 737 692	1 875.90
1987	123 833	6 087 191	228 257	5 858 934	1 840.70
1988	132 284	6 108 576	256 372	5 852 204	1 833.20
1989	139 849	7 071 708	273 298	5 798 410	1 997.00
1990	135 504	6 096 440	252 454	5 843 986	1 852.90
1991	131 596	6 654 413	273 853	5 892 961	1 877.44
1992	141 651	6 279 907	283 692	5 996 215	1 913.65
1993	161 103	6 065 209	320 445	5 744 764	1 844.30
1994	180 630	6 435 178	358 930	6 076 248	1 998.69
1995	185 977	7 210 874	391 368	6 318 822	1 889.49
1996	186 570	7 672 089	481 617	6 676 581	2 014.76

民族自治地方各类学校毕业生
Graduates by Type of Schools of Minority National Autonomous Areas

单位:人 (person)

年 份 Year	普通高等学校 Institutions of Higher Education	中等学校 Secondary Schools	中等专业学校 Specialized Secondary Schools	普通中学 Regular Secondary Schools	小 学 (万人) Primary Schools
1952	255	29 279			22.56
1957	1 378	74 443			69.43
1965	8 234	156 960			60.82
1975	7 591	1 037 071			158.30
1978	10 576	1 823 140			254.10
1979	10 519	2 196 843	34 946	2 161 897	224.69
1980	7 393	1 835 607	66 560	1 769 047	222.16
1981	12 058	1 323 550	81 674	1 241 876	217.55
1982	25 653	1 423 338	68 958	1 354 380	203.81
1983	20 434	1 438 935	53 305	1 295 630	214.51
1984	17 681	1 278 828	49 663	1 229 165	215.58
1985	20 407	1 430 034	54 022	1 376 012	228.02
1986	23 657	1 521 702	65 605	1 456 097	243.31
1987	35 367	1 626 350	72 564	1 553 786	251.29
1988	36 426	1 759 643	76 524	1 683 119	244.39
1989	36 272	1 857 544	413 299	1 444 246	283.60
1990	40 369	1 827 614	90 618	1 736 996	218.97
1991	39 790	1 777 074	89 833	1 619 845	237.50
1992	38 137	1 738 022	83 874	1 654 148	306.08
1993	36 483	1 786 425	88 034	1 698 391	261.09
1994	40 742	1 704 339	87 081	1 617 258	258.53
1995	52 870	1 938 608	99 396	1 711 612	257.68
1996	53 218	2 017 396	111 232	1 768 942	262.93

民族自治地方分地区高等学校基本情况(1996年)

Institutions of Higher Education by Region of Minority National Autonomous Areas(1996)

单位:人 (person)

地　区 Region	学校数(所) Schools	在校研究生数 Postgraduates Enrollment	在校学生数 Students Enrollment	招生数 New Students Enrollment	毕业生数 Graduates	教职工数 Staff and Workers	#专任教师数 Full-Time Teachers
合　计 Total	**96**	**2 781**	**186 570**	**60 941**	**53 218**	**66 034**	**29 223**
河　北 Hebei							
内蒙古 Inner Mongolia	19	682	38 191	12 180	10 763	15 356	6 683
辽　宁 Liaoning	2		289	125	94	23	18
吉　林 Jilin	1	393	7 316	2 404	1 763	3 185	1 453
黑龙江 Heilongjiang							
浙　江 Zhejiang							
湖　北 Hubei	2		3 412	1 150	781	1 061	517
湖　南 Hunan	1		2 877	933	908	709	337
广　东 Guangdong							
广　西 Guangxi	27	1 056	63 528	21 806	17 721	17 613	7 448
海　南 Hainan							
四　川 Sichuan	4		5 367	2 239	1 609	1 212	535
贵　州 Guizhou	4		4 300	1 407	1 049	1 020	553
云　南 Yunnan	5		5 683	1 984	1 460	1 499	1 002
西　藏 Tibet	4		3 412	909	1 242	1 720	833
甘　肃 Gansu	1	2	910	350	316	275	141
青　海 Qinghai	1		754	160	105	156	106
宁　夏 Ningxia	7	69	6 138	3 090	3 277	3 926	1 762
新　疆 Xinjiang	18	579	44 393	12 204	12 130	18 279	7 835

民族自治地方分地区普通中等学校基本情况(1996年)
Middle Schools by Region of Minority National Autonomous Areas(1996)

单位:人 (person)

地区 Region	学校数(所) Schools	在校学生数 Students Enrollment	招生数 New Students Enrollment	毕业生数 Graduates	教职工数 Staff and Workers	#专任教师数 Full-Time Teachers
合计 Total	**13 460**	**7 672 089**	**2 867 097**	**2 017 396**	**676 890**	**494 127**
河北 Hebei	214	115 416	38 835	21 645	8 408	6 806
内蒙古 Inner Mongolia	2 367	1 361 944	492 878	351 159	141 708	100 169
辽宁 Liaoning	278	158 586	53 432	49 000	16 456	12 330
吉林 Jilin	351	214 220	73 113	62 465	22 659	17 745
黑龙江 Heilongjiang	35	12 843	4 774	3 264	1 182	985
浙江 Zhejiang	14	9 142	3 296	2 181	582	477
湖北 Hubei	334	165 569	67 826	42 158	15 529	12 711
湖南 Hunan	409	231 151	89 241	52 023	18 547	14 631
广东 Guangdong	50	26 855	10 547	6 473	1 950	1 510
广西 Guangxi	3 590	2 426 239	942 692	655 675	169 721	120 018
海南 Hainan	150	76 827	28 053	18 476	6 455	4 542
四川 Sichuan	368	146 093	55 095	37 738	18 807	13 950
贵州 Guizhou	839	443 378	191 645	123 296	36 013	28 325
云南 Yunnan	1 383	744 499	285 597	190 127	62 530	46 091
西藏 Tibet	105	40 945	15 026	11 413	5 561	3 994
甘肃 Gansu	166	75 662	24 073	19 080	7 598	6 057
青海 Qinghai	310	111 500	40 253	32 662	12 102	8 104
宁夏 Ningxia	469	292 012	102 059	86 141	25 896	19 978
新疆 Xinjiang	2 028	1 019 208	348 662	252 420	105 186	75 704

注:本表包括中等专业学校、普通中学和职业中学校。

民族自治地方分地区中等专业学校基本情况(1996年)

Specialized Secondary Schools by Region of Minority National Autonomous Areas(1996)

单位:人 (person)

地区 Region	学校数(所) Schools	在校学生数 Students Enrollment	招生数 New Students Enrollment	毕业生数 Graduates	教职工数 Staff and Workers	#专任教师数 Full-Time Teachers
合计 Total	**570**	**481 617**	**144 285**	**111 232**	**69 171**	**34 672**
河北 Hebei	3	2 864	1 532	1 018	309	212
内蒙古 Inner Mongolia	106	59 792	21 718	19 176	15 988	7 687
辽宁 Liaoning	6	3 333	1 079	830	497	352
吉林 Jilin	13	9 291	3 359	2 983	1 633	1 122
黑龙江 Heilongjiang						
浙江 Zhejiang						
湖北 Hubei	12	5 512	6 335	3 261	1 344	830
湖南 Hunan	10	10 046	3 454	2 392	1 105	560
广东 Guangdong	1	268	115	131	20	15
广西 Guangxi	126	126 769	44 732	30 377	17 744	8 370
海南 Hainan	3	1 255	329	299	184	115
四川 Sichuan	25	15 300	5 627	4 724	2 357	1 271
贵州 Guizhou	32	23 250	9 186	6 295	3 134	1 677
云南 Yunnan	53	33 800	11 675	9 532	4 700	2 476
西藏 Tibet	16	5 383	1 517	1 353	1 462	794
甘肃 Gansu	11	3 763	1 197	1 148	791	463
青海 Qinghai	13	4 833	1 519	1 580	994	490
宁夏 Ningxia	25	12 758	4 600	4 432	3 014	1 447
新疆 Xinjiang	115	163 400	26 311	21 701	13 895	6 791

民族自治地方分地区普通中学基本情况(1996 年)

Regular Secondary Schools by Region of Minority National Autonomous Areas(1996)

单位:人 (person)

地区 Region	学校数(所) Schools	在校学生数 Students Enrollment	招生数 New Students Enrollment	毕业生数 Graduates	教职工数 Staff and Workers	#专任教师数 Full-Time Teachers
合计 Total	**11 484**	**6 676 581**	**2 518 104**	**1 768 942**	**556 418**	**423 994**
河北 Hebei	203	102 699	33 268	17 834	7 062	6 052
内蒙古 Inner Mongolia	1 829	1 138 590	401 520	288 361	107 380	79 265
辽宁 Liaoning	239	150 408	50 568	46 572	15 412	11 621
吉林 Jilin	290	183 009	63 586	53 037	18 840	15 032
黑龙江 Heilongjiang	26	10 832	4 045	3 039	1 017	849
浙江 Zhejiang	7	8 286	3 001	1 884	503	421
湖北 Hubei	292	149 646	56 885	35 995	13 000	11 009
湖南 Hunan	350	199 831	77 433	44 559	15 440	12 572
广东 Guangdong	46	26 045	10 192	6 233	1 840	1 436
广西 Guangxi	3 117	2 163 455	846 615	592 302	140 084	103 923
海南 Hainan	137	74 259	27 151	17 668	6 021	4 255
四川 Sichuan	322	126 976	47 726	31 785	15 900	12 290
贵州 Guizhou	681	391 367	169 773	107 599	30 235	24 763
云南 Yunnan	1 216	659 534	256 688	168 358	53 690	40 930
西藏 Tibet	88	34 957	13 301	9 798	3 982	3 142
甘肃 Gansu	142	70 717	22 195	17 600	6 572	5 431
青海 Qinghai	285	103 956	37 745	29 670	10 795	7 400
宁夏 Ningxia	438	278 158	97 064	81 353	22 710	18 375
新疆 Xinjiang	1 776	803 856	299 348	215 295	85 935	65 228

民族自治地方分地区职业中学基本情况(1996年)

Vocational Middle Schools by Region of Minority National Autonomous Areas(1996)

单位:人 (person)

地　区 Region	学校数(所) Schools	在校学生数 Students Enrollment	招生数 New Students Enrollment	毕业生数 Graduates	教职工数 Staff and Workers	#专任教师数 Full－Time Teachers
合　计 Total	**1 407**	**513 891**	**204 708**	**137 222**	**51 301**	**35 461**
河　北 Hebei	8	9 853	4 053	2 793	1 037	542
内蒙古 Inner Mongolia	432	163 562	69 640	43 622	18 340	13 217
辽　宁 Liaoning	33	4 845	1 785	1 598	547	357
吉　林 Jilin	48	21 920	6 168	6 445	2 186	1 591
黑龙江 Heilongjiang	9	2 011	729	225	165	136
浙　江 Zhejiang	7	856	295	297	79	56
湖　北 Hubei	30	10 411	4 606	2 902	1 185	872
湖　南 Hunan	49	21 274	8 354	5 072	2 002	1 499
广　东 Guangdong	3	542	240	109	90	59
广　西 Guangxi	347	136 015	51 345	32 996	11 893	7 725
海　南 Hainan	10	1 313	573	509	250	172
四　川 Sichuan	21	3 817	1 742	1 229	550	389
贵　州 Guizhou	126	28 761	12 686	9 402	2 644	1 885
云　南 Yunnan	115	51 165	17 234	12 237	4 140	2 685
西　藏 Tibet	1	605	208	262	117	58
甘　肃 Gansu	13	1 182	681	332	235	163
青　海 Qinghai	12	2 711	989	1 412	313	214
宁　夏 Ningxia	6	1096	395	356	172	156
新　疆 Xinjiang	137	51 952	23 003	15 424	5 356	3 685

民族自治地方分地区小学基本情况(1996年)

Elementary Schools by Region of Minority National Autonomous Areas(1996)

单位:万人 (10 000 persons)

地 区 Region	学校数(所) Schools	在校学生数 Students Enrollment	招生数 New Students Enrollment	毕业生数 Graduates	教职工数 Staff and Workers	#专任教师数 Full-Time Teachers
合 计 Total	**90 982**	**2 014.76**	**358.53**	**262.93**	**99.21**	**83.83**
河 北 Hebei	1 418	24.20	4.20	3.40	0.90	0.80
内蒙古 Inner Mongolia	13 133	232.38	45.03	42.52	17.28	15.32
辽 宁 Liaoning	2 047	34.02	5.76	5.05	2.51	2.23
吉 林 Jilin	1 369	36.90	6.00	5.60	2.70	2.40
黑龙江 Heilongjiang	156	2.89	0.50	0.44	0.19	0.18
浙 江 Zhejiang	333	1.34	0.23	0.29	0.08	0.07
湖 北 Hubei	3 306	49.67	8.20	6.30	2.50	1.75
湖 南 Hunan	5 603	67.20	11.70	8.50	2.90	0.98
广 东 Guangdong	280	6.20	1.00	1.00	0.30	0.30
广 西 Guangxi	16 068	638.37	100.98	86.06	22.74	19.56
海 南 Hainan	1 038	28.06	3.62	2.84	1.80	1.39
四 川 Sichuan	6 602	60.61	12.83	5.81	3.40	3.12
贵 州 Guizhou	9 241	204.40	39.80	21.70	8.00	7.30
云 南 Yunnan	13 743	246.80	44.50	29.40	11.00	9.90
西 藏 Tibet	790	28.44	7.32	1.60	1.47	1.39
甘 肃 Gansu	2 520	30.21	6.58	2.58	2.98	1.38
青 海 Qinghai	2 436	30.07	5.68	3.53	1.96	1.46
宁 夏 Ningxia	3 852	62.80	11.70	8.40	3.40	3.10
新 疆 Xinjiang	7 047	230.20	42.90	27.90	13.10	11.20

民族自治地方分地区成人教育基本情况(1996年)
Adult Education by Region of Minority National Autonomous Areas(1996)

单位:人 (person)

地 区 Region	学校数(所) Schools	在校学生数 Students Enrollment	招生数 New Students Enrollment	毕业生数 Graduates	教职工数 Staff and Workers	#专任教师数 Full-Time Teachers
合 计 Total	**4 014**	**586 542**	**415 756**	**563 128**	**41 879**	**19 341**
河 北 Hebei	1 098	233 000	118 000	21 000	3 000	1 000
内蒙古 Inner Mongolia	231	82 875	34 647	26 896	10 983	5 558
辽 宁 Liaoning	50	15 500	14 200	16 100	100	100
吉 林 Jilin	5	2 000	1 000		1 000	
黑龙江 Heilongjiang						
浙 江 Zhejiang		800		2 300		
湖 北 Hubei	22	6 000	2 900		600	380
湖 南 Hunan	4	700	200	200	200	
广 东 Guangdong						
广 西 Guangxi	148	107 409	41 836	33 124	7 707	4 240
海 南 Hainan	19	2 360	2 260	1 600	140	30
四 川 Sichuan	42	13 000	11 800	15 600	400	200
贵 州 Guizhou	6	2 000	2 000	1 000		
云 南 Yunnan		86 000	165 000	425 000	1 000	
西 藏 Tibet	137	66	53			
甘 肃 Gansu	97	9 204	5 780	3 118	179	33
青 海 Qinghai	5	198			70	
宁 夏 Ningxia	35	12 000	5 700	2 800	1 500	800
新 疆 Xinjiang	2 115	13 430	10 380	14 390	15 000	7 000

全国少数民族专任教师

Number of Full－Time Ethnic Teachers of China

单位:人 (person)

年份 Year	普通高等学校 Institutions of Higher Education	中等技术学校 Technical Schools	中等师范学校 Teacher's Training Schools	普通中学 Regular Secondary Schools	职业中学 Vocational Schools	小学（万人） Primary Schools (10 000 Persons)
1951				2 708		
1952	623			4 453		5.98
1957	1 941			11 729		9.82
1963	3 096	1 168	494	13 194	628	7.24
1965	3 311	1 122	380	14 635	2 752	13.32
1975	2 655			68 452		27.17
1978	5 876	2 714	1 970	112 261		31.02
1979	7 150	2 917	2 191	108 192		31.30
1980	7 808	3 519	2 570	112 331	739	32.94
1981	8 364	3 844	2 420	105 187	860	33.06
1982	9 150	4 419	2 698	104 158	1 336	34.32
1983	10 791	4 867	2 748	107 153	2 283	34.49
1984	10 841	5 151	2 825	112 364	3 615	37.80
1985	12 775	5 985	3 178	125 560	5 551	39.78
1986	14 236	7 801	3 624	139 210	6 816	42.13
1987	15 412	8 093	4 186	150 463	8 377	43.68
1988	16 920	8 471	4 435	158 369	16 270	42.12
1989	17 495	9 205	4 745	173 922	10 256	46.25
1990	17 787	9 714	5 133	182 991	10 925	45.87
1991	18 869	10 061	5 338	192 134	11 934	46.41
1992	19 361	10 502	5 067	200 034	12 947	47.63
1993	19 384	10 374	5 226	202 110	13 892	47.72
1994	21 101	10 972	5 240	207 573	14 037	47.88
1995	22 028	11 580	5 831	222 510	15 003	50.19
1996	21 975	12 211	6 007	233 429	18 182	51.55

全国少数民族专任教师占全国专任教师总数的比重

The Proportion of Full－Time Ethnic Teachers in the Full－Time Teachers of the Whole Nation

单位：%

年 份 Year	普通高等学校 Institutions of Higher Education	中等技术学校 Technical Schools	中等师范学校 Teacher's Training Schools	普通中学 Regular Secondary Schools	职业中学 Vocational Schools	小 学 Primary Schools
1951				2.6		
1952				2.9		
1957	2.8			3.9		4.3
1963	2.2	2.5	4.1	3.1	3.9	2.8
1965	2.4	2.5	3.5	3.2	1.4	3.5
1975	1.7	4.2		3.3		5.2
1978	2.9	3.9	6.6	3.5		5.9
1979	3.0	3.7	6.4	3.5		5.8
1980	3.2	3.9	6.9	3.7	3.2	6.0
1981	3.4	3.9	6.4	3.7	3.0	5.9
1982	3.2	4.0	6.7	3.9	3.3	6.2
1983	3.6	4.2	6.9	4.1	3.1	6.4
1984	3.4	4.3	6.6	4.4	3.5	7.0
1985	3.7	4.7	6.9	4.7	3.9	7.4
1986	3.8	5.4	7.3	5.0	4.2	7.8
1987	4.0	5.2	7.8	5.2	4.5	8.0
1988	4.3	5.1	7.7	5.4	8.0	7.7
1989	4.4	5.4	8.2	5.8	4.8	8.3
1990	4.4	5.5	8.7	6.0	4.9	8.2
1991	4.8	5.7	9.3	6.2	5.1	8.4
1992	5.0	5.9	8.9	6.4	5.2	8.6
1993	5.0	5.7	9.0	6.4	5.3	8.6
1994	5.3	5.9	8.7	5.3	5.1	8.5
1995	5.5	5.9	9.4	6.7	5.1	8.9
1996	5.5	6.0	9.5	6.7	5.9	9.0

全国分地区少数民族教职工(1996年)(一)
Ethnic School Staff by Region(1996)(Ⅰ)

单位:人 (person)

地区 Region	普通高等学校 Institutions of Higher Education	中等专业学校 Specialized Secondary Schools	中技 Technical Schools	中师 Teacher's Training Schools	普通中学 Regular Secondary Schools
全　国 National	**47 084**	**33 095**	**23 280**	**9 815**	**120 196**
北　京 Beijing	14 446	536	431	105	646
天　津 Tianjin	850	190	161	29	304
河　北 Hebei	1 190	747	519	228	3 669
山　西 Shanxi	171	97	89	8	
内蒙古 Inner Mongolia	4 018	3 698	2 612	1 086	18 922
辽　宁 Liaoning	4 345	2 121	1 463	658	6 113
吉　林 Jilin	4 617	1 408	1 018	390	6 472
黑龙江 Heilongjiang	2 145	749	456	293	3 098
上　海 Shanghai	557	96	87	9	135
江　苏 Jiangsu	744	221	192	29	54
浙　江 Zhejiang	152	90	38	52	298
安　徽 Anhui	364	143	110	33	244
福　建 Fujian	212	103	73	30	655
江　西 Jiangxi	118	59	47	12	24
山　东 Shandong	645	254	205	49	975
河　南 Henan	831	488	374	114	2 445
湖　北 Hubei	1 349	767	576	191	3 513
湖　南 Hunan	1 301	1 172	864	308	8 901
广　东 Guangdong	560	237	197	40	573
广　西 Guangxi	3 633	4 485	3 378	1 107	1 541
海　南 Hainan	159	137	96	41	3 446
四　川 Sichuan	1 066	1 252	721	531	5 269
贵　州 Guizhou	1 739	2 581	1 663	918	4 639
云　南 Yunnan	2 412	2 673	1 771	902	3 506
西　藏 Tibet	818	717	479	238	543
陕　西 Shaanxi	680	121	94	27	67
甘　肃 Gansu	928	522	371	151	1 363
青　海 Qinghai	763	788	338	450	3 005
宁　夏 Ningxia	481	342	250	92	1 357
新　疆 Xinjiang	5 790	6 288	4 594	1 694	38 419

全国分地区少数民族教职工(1996年)(二)
Ethnic School Staff by Region(1996)(Ⅱ)

单位:人　　　　(person)

地　区 Region	职　业 中　学 Vocational Schools	工　读 学　校 Schools for Juvenile Delinqents	特殊教育 学　校 Schools of Special Education	#盲、聋、哑学校 Schools For the Blind Deaf and Deafmutes	小　学 Primary Schools	幼儿园 Kinder-gartens
全　国 National	**5 931**	**231**	**158**	**69**	**207 150**	**7 753**
北　京 Beijing	109				1 252	169
天　津 Tianjin	47				548	61
河　北 Hebei	78				3 605	80
山　西 Shanxi					157	
内蒙古 Inner Mongolia	2 295		31		34 953	2 293
辽　宁 Liaoning	343				7 517	820
吉　林 Jilin	142		65	65	8 611	1 186
黑龙江 Heilongjiang	26				5 001	183
上　海 Shanghai					156	60
江　苏 Jiangsu					9	61
浙　江 Zhejiang					287	7
安　徽 Anhui					961	6
福　建 Fujian	72				1 229	84
江　西 Jiangxi					170	6
山　东 Shandong					1 204	134
河　南 Henan	36				4 456	205
湖　北 Hubei	238				3 371	177
湖　南 Hunan	569		62	4	12 743	193
广　东 Guangdong	15				1 202	77
广　西 Guangxi	66				1 134	77
海　南 Hainan	153				6 945	110
四　川 Sichuan	203	231			15 473	449
贵　州 Guizhou	389				3 961	76
云　南 Yunnan	332				2 745	82
西　藏 Tibet					1 540	58
陕　西 Shaanxi					248	77
甘　肃 Gansu	44				2 110	166
青　海 Qinghai	67				10 298	
宁　夏 Ningxia	10				1 625	
新　疆 Xinjiang	697				73 639	856

全国分地区少数民族专任教师(1996年)(一)

Full－Time Ethnic Teachers by Region(1996)(Ⅰ)

单位:人 (person)

地区 Region	普通高等学校 Institutions of Higher Education	中等专业学校 Specialized Secondary Schools	中技 Technical Schools	中师 Teacher's Training Schools	普通中学 Regular Secondary Schools
全　国 National	**21 975**	**18 218**	**12 211**	**6 007**	**233 429**
北　京 Beijing	1 933	286	223	63	2 227
天　津 Tianjin	408	92	76	16	659
河　北 Hebei	553	391	276	115	9 484
山　西 Shanxi	81	54	50	93	
内蒙古 Inner Mongolia	1 961	2 055	1 347	708	18 887
辽　宁 Liaoning	2 143	1 215	832	383	24 339
吉　林 Jilin	2 299	857	616	241	8 541
黑龙江 Heilongjiang	890	418	242	176	6 628
上　海 Shanghai	284	47	43	4	337
江　苏 Jiangsu	322	98	84	14	431
浙　江 Zhejiang	84	57	24	33	606
安　徽 Anhui	119	77	58	19	782
福　建 Fujian	99	64	46	18	618
江　西 Jiangxi	55	26	21	5	42
山　东 Shandong	286	132	106	26	1 574
河　南 Henan	360	267	201	66	1 846
湖　北 Hubei	723	494	343	151	8 048
湖　南 Hunan	557	588	392	196	17 963
广　东 Guangdong	290	164	128	36	1 051
广　西 Guangxi	1 501	2 192	1 523	669	36 276
海　南 Hainan	46	63	47	16	1 954
四　川 Sichuan	445	698	371	327	7 171
贵　州 Guizhou	789	1 452	899	553	20 174
云　南 Yunnan	1 117	1 520	933	587	17 954
西　藏 Tibet	375	307	222	85	2 264
陕　西 Shaanxi	251	65	46	19	242
甘　肃 Gansu	416	276	212	64	2 518
青　海 Qinghai	338	496	201	295	3 441
宁　夏 Ningxia	223	165	122	43	2 883
新　疆 Xinjiang	3 027	3 593	2 518	1 075	34 396

全国分地区少数民族专任教师(1996年)(二)

Full－Time Ethnic Teachers by Region(1996)(Ⅱ)

单位:人

(person)

地区 Region	职业中学 Vocational Schools	工读学校 Schools for Juvenile Delinqents	特殊教育学校 Schools of Special Education	#盲、聋、哑学校 Schools For the Blind Deaf and Deafmutes	小学 Primary Schools	幼儿园 Kinder-gartens
全　国 National	**18 182**	**211**	**119**	**46**	**515 476**	**5 748**
北　京 Beijing	180				2 642	89
天　津 Tianjin	67				968	9
河　北 Hebei	790				11 552	73
山　西 Shanxi	7				139	
内蒙古 Inner Mongolia	2 319		25		36 922	1 638
辽　宁 Liaoning	1 694				40 034	610
吉　林 Jilin	712		42	42	11 875	969
黑龙江 Heilongjiang	253				10 502	139
上　海 Shanghai	22				204	38
江　苏 Jiangsu	57				420	43
浙　江 Zhejiang	92				1 241	7
安　徽 Anhui	80				905	5
福　建 Fujian	43				1 893	79
江　西 Jiangxi					212	6
山　东 Shandong	40				1 893	126
河　南 Henan	144				3 077	149
湖　北 Hubei	707				16 982	149
湖　南 Hunan	1 669		52	4	35 266	166
广　东 Guangdong	95				1 738	42
广　西 Guangxi	2 068				77 156	62
海　南 Hainan	56				6 415	65
四　川 Sichuan	501	211			23 231	368
贵　州 Guizhou	1 529				59 895	64
云　南 Yunnan	1 042				61 167	55
西　藏 Tibet	8				13 256	33
陕　西 Shaanxi	34				381	41
甘　肃 Gansu	103				6 857	122
青　海 Qinghai	82				9 345	
宁　夏 Ningxia	103				7 166	
新　疆 Xinjiang	3 685				72 142	601

全国少数民族在校学生

Number of Ethnic Students Enrollment of China

单位：人 (person)

年 份 Year	普通高等学校 Institutions of Higher Education	中等技术学校 Technical Schools	中等师范学校 Teacher's Training Schools	普通中学 Regular Secondary Schools	职业中学 Vocational Schools	小学（万人） Primary Schools (10 000 person)
1950	1 285					
1951		660	4 531	40 316		94.3
1952	2 948	2 550	16 245	73 248		147.4
1957	16 101	17 715	19 689	276 926		319.4
1962	28 729	13 122	9 449	294 720		
1963					12 135	299.2
1965	21 870	10 871	8 073	371 792	13 466	521.9
1975	30 607			1 556 934		770.8
1978	36 030	28 424	30 255	2 467 476		768.6
1979	37 378	32 218	39 702	2 058 721		737.8
1980	42 944	39 312	44 669	1 992 954	14 592	752.2
1981	51 220	39 061	39 049	1 770 637	13 569	735.6
1982	53 739	41 021	34 644	1 779 646	17 664	823.9
1983	59 630	44 754	37 401	1 829 697	36 153	821.9
1984	69 333	52 365	42 112	2 020 746	61 699	910.1
1985	94 095	66 491	49 825	2 244 707	87 445	954.8
1986	99 468	75 737	56 157	2 540 634	103 179	1 033.7
1987	118 735	84 955	62 159	2 800 651	124 335	1 051.3
1988	125 422	88 268	61 780	2 816 409	263 931	983.6
1989	131 599	99 463	62 819	2 835 400	136 508	1 052.1
1990	137 948	114 117	67 717	2 946 236	150 629	1 069.5
1991	141 767	119 291	67 043	3 085 924	165 069	980.6
1992	152 858	127 119	70 922	3 208 789	183 653	1 122.3
1993	163 224	142 963	76 728	3 136 943	186 204	1 140.2
1994	177 854	156 931	75 236	3 242 257	189 827	1 149.2
1995	187 572	184 320	88 384	3 466 478	237 786	1 200.2
1996	196 800	210 538	90 233	3 701 890	245 707	1 251.1

全国少数民族在校学生占全国在校学生总数的比重

The Proportion of Ethnic Students Enrollment in Students Enrollment of the Whole Nation

单位：%

年　　份 Year	普通高等学　校 Institutions of Higher Education	中等技术学　校 Technical Schools	中等师范学　校 Teacher's Training Schools	普通中学 Regular Secondary Schools	职业中学 Vocational Schools	小　　学 Primary Schools
1951	1.4	0.4	2.1	2.6		2.2
1952	1.5	0.9	4.7	2.9		2.9
1957	3.7	3.7	6.7	4.4		5.0
1962	3.5	3.7	5.2	3.9	3.9	4.1
1965	3.2	2.8	5.2	4.0	2.3	4.5
1975	6.1	7.6		3.5	5.0	5.1
1978	4.2	5.4	8.4	3.8		5.3
1979	3.7	4.5	8.2	3.5		5.0
1980	3.8	5.2	9.3	3.6	3.2	5.1
1981	4.0	6.2	8.9	3.6	2.8	5.1
1982	4.7	6.5	8.4	3.9	2.5	5.9
1983	4.9	6.5	8.2	4.2	3.0	6.0
1984	5.0	6.5	8.2	4.4	3.5	6.7
1985	5.3	6.6	8.9	4.8	3.8	7.1
1986	5.3	6.6	9.2	5.2	4.0	7.8
1987	6.1	7.0	9.5	5.7	4.7	8.2
1988	6.1	6.5	9.0	5.9	9.4	7.8
1989	6.3	6.7	9.2	6.3	4.8	11.2
1990	6.6	7.3	10.0	6.4	5.1	8.7
1991	6.9	7.4	10.1	6.6	5.2	8.1
1992	7.0	7.3	10.7	6.7	5.4	9.2
1993	6.4	6.8	10.6	6.6	5.1	9.2
1994	6.4	6.5	9.6	5.5	4.7	9.0
1995	6.5	6.4	10.4	6.5	5.3	9.1
1996	6.5	6.3	10.3	6.5	5.2	9.2

全国分地区少数民族在校学生(1996年)(一)

Ethnic Students Enrollment by Region(1996)(Ⅰ)

单位:人 (person)

地区 Region		普通高等学校 Institutions of Higher Education	中等专业学校 Specialized Secondary Schools	中技 Technical Schools	中师 Teacher's Training Schools	普通中学 Regular Secondary Schools
全国	**National**	**196 780**	**300 771**	**210 538**	**90 233**	**3 701 890**
北京	Beijing	11 619	3 281	2 792	489	31 932
天津	Tianjin	2 918	1 008	822	186	11 379
河北	Hebei	5 353	9 507	6 771	2 736	144 463
山西	Shanxi	456	125	120	5	1 094
内蒙古	Inner Mongolia	9 586	14 515	9 813	4 702	246 755
辽宁	Liaoning	20 846	19 326	15 367	3 959	251 873
吉林	Jilin	11 513	9 634	6 557	3 077	92 662
黑龙江	Heilongjiang	5 856	5 060	2 233	2 827	71 895
上海	Shanghai	3 058	413	400	13	3 941
江苏	Jiangsu	2 337	1 446	1 372	74	3 393
浙江	Zhejiang	650	561	232	329	9 813
安徽	Anhui	576	554	404	150	10 079
福建	Fujian	825	1 033	745	288	17 400
江西	Jiangxi	533	303	286	17	469
山东	Shangdong	1 066	919	719	200	23 561
河南	Henan	1 362	2 979	2 168	811	41 413
湖北	Hubei	9 537	12 388	10 163	2 225	111 008
湖南	Hunan	13 276	23 026	17 953	5 073	289 182
广东	Guangdong	1 576	673	431	242	12 525
广西	Guangxi	21 624	48 000	35 096	12 904	734 773
海南	Hainan	1 115	2 047	1 006	1 041	47 659
四川	Sichuan	6 306	15 647	9 726	5 921	115 588
贵州	Guizhou	14 151	38 636	27 294	11 342	375 425
云南	Yunnan	11 824	35 828	23 844	11 984	406 971
西藏	Tibet	1 633	3 266	1 477	1 789	29 643
陕西	Shaanxi	3 121	295	156	139	4 548
甘肃	Gansu	4 660	3 866	2 527	1 339	38 234
青海	Qinghai	2 523	6 963	3 007	3 959	53 416
宁夏	Ningxia	2 816	2 472	1 611	861	57 718
新疆	Xinjiang	24 064	36 928	25 374	11 554	463 078

全国分地区少数民族在校学生(1996年)(二)

Ethnic Students Enrollment by Region(1996)(Ⅱ)

单位:人 (person)

地　区 Region		职业中学 Vocational Schools	工读学校 Schools for Juvenile Delinqents	特殊教育学校 Schools of Special Education	#盲、聋、哑学校 Schools for the Blind, Deaf and Deafmutes	小　学 Primary Schools	幼儿园 Kinder-gartens
全　国	**National**	**245 707**	**5 847**	**11 145**	**2 492**	**12 510 736**	**883 204**
北　京	Beijing	5 856	31	215	35	32 979	37 933
天　津	Tianjin	1 543		53	2	16 668	807
河　北	Hebei	10 837		146	106	330 332	34 922
山　西	Shanxi	31		20	1	2 064	293
内蒙古	Inner Mongolia	21 564	3	302	51	498 093	23 727
辽　宁	Liaoning	15 244	11	555	220	477 103	71 843
吉　林	Jilin	5 383		495	474	164 104	31 206
黑龙江	Heilongjiang	2 044		17	13	127 310	16 406
上　海	Shanghai	162	3	2	1	2 422	87
江　苏	Jiangsu	449		33	21	3 861	1 680
浙　江	Zhejiang	250		2	2	23 103	1 760
安　徽	Anhui	1 403		16		22 064	2 348
福　建	Fujian	750		11	5	58 899	8 348
江　西	Jiangxi					4 154	173
山　东	Shangdong	1 002		151	12	42 724	5 605
河　南	Henan	2 459	2	50	16	96 108	15 085
湖　北	Hubei	6 773		475	41	366 470	34 189
湖　南	Hunan	24 018		1 463	45	856 654	65 752
广　东	Guangdong	249		3	1	31 953	2 108
广　西	Guangxi	28 577		3 083	353	2 710 562	205 214
海　南	Hainan	982				197 163	6 697
四　川	Sichuan	5 466	5 520	2	2	530 536	36 198
贵　州	Guizhou	23 193	277	2 133	245	1 709 658	81 433
云　南	Yunnan	29 574		1 243	417	1 700 511	107 410
西　藏	Tibet	492				275 615	3 157
陕　西	Shaanxi	416				10 652	1 525
甘　肃	Gansu	1 425		71	20	186 677	5 460
青　海	Qinghai	2 245		115		194 307	15 199
宁　夏	Ningxia	1 368		82	45	207 567	11 652
新　疆	Xinjiang	51 952		407	364	1 630 423	54 987

全国民族学院(大学)教职工(一)

School Staff of Colleges and Institutes of Ethnic(I)

单位:人 (person)

年 份 Year	合 计 Total	中央民族大学 Central Ethnic University	中南民院 Centre South Ethnic College	湖北民院 Hubei Ethnic College	广东民院 Guangdong Ethnic College	广西民院 Guangxi Ethnic College	西南民院 Southwest Ethnic College
1978	4 888	1 173			145	759	630
1979	5 616	1 380			179	808	738
1980	6 241	1 674			240	845	803
1981	7 652	1 849	674		279	917	829
1982	7 997	1 911	718		338	918	950
1983	8 255	1 933	803		364	914	992
1984	8 466	1 945	877		394	295	1 046
1985	9 431	2 125	1 000		411	970	1 127
1986	9 902	2 200	1 085		436	1 007	1 168
1987	10 403	2 386	1 145		429	1 055	1 204
1988	10 377	2 248	1 218		423	1 054	948
1989	10 641	2 034	1 231	477	434	1 045	1 206
1990	10 593	1 938	1 265	512	421	1 049	1 192
1991	10 612	2 034	1 264	518	410	1 033	1 170
1992	10 570	1 877	1 264	550	399	1 018	1 161
1993	10 584	1 837	1 254	540	419	1 049	1 164
1994	10 629	1 791	1 210	558	439	1 047	1 157
1995	10 752	1 821	1 215	591	463	1 050	1 143
1996	10 452	1 551	1 220	601	467	1 048	1 108

全国民族学院(大学)教职工(二)

School Staff of Colleges and Institutes of Ethnic(Ⅱ)

单位:人 (Person)

年 份 Year	贵州民院 Guizhou Ethnic College	云南民院 Yunnan Ethnic College	西藏民院 Tibet Ethnic College	西北民院 Northwest Ethnic College	青海民院 Qinghai Ethnic College	西北第二民院 The 2nd Northwest Ethnic College
1978	139	416	568	586	472	
1979	186	484	633	634	574	
1980	224	509	630	655	661	
1981	335	624	641	828	676	
1982	378	725	650	844	565	
1983	415	776	609	873	576	
1984	402	783	609	903	582	
1985	906	554	562	941	654	181
1986	654	915	559	1 011	639	228
1987	722	953	597	1 011	654	247
1988	780	948	873	971	655	268
1989	792	956	581	958	659	268
1990	792	960	561	970	646	281
1991	753	944	567	981	648	290
1992	843	953	574	998	614	319
1993	882	928	575	996	616	324
1994	888	980	577	1 010	594	378
1995	920	984	591	1 000	589	385
1996	956	918	601	1 006	570	406

全国民族学院(大学)专任教师(一)

Full－Time Teachers of Colleges and Institutes of Ethnic(Ⅰ)

单位:人 (person)

年 份 Year	合 计 Total	中央民族大学 Central Ethnic University	中南民院 Centre South Ethnic College	湖北民院 Hubei Ethnic College	广东民院 Guangdong Ethnic College	广西民院 Guangxi Ethnic College	西南民院 Southwest Ethnic College
1978	2 121	563			68	307	318
1979	2 430	673			84	315	324
1980	2 891	818	185		96	327	347
1981	3 253	732	306		113	410	356
1982	3 334	775	302		129	381	426
1983	3 479	781	344		153	400	461
1984	3 516	809	363		160	410	432
1985	3 874	804	419		167	435	488
1986	4 092	834	439		181	449	464
1987	4 208	855	432		182	445	468
1988	4 557	821	525		182	446	495
1989	4 484	800	462	197	189	447	490
1990	4 393	763	472	228	180	441	444
1991	4 241	720	471	225	177	424	442
1992	4 332	687	503	243	174	426	440
1993	4 466	678	522	233	192	453	518
1994	4 486	701	512	282	202	470	439
1995	4 629	740	526	296	202	500	448
1996	4 702	797	530	326	211	431	473

全国民族学院(大学)专任教师(二)

Full－Time Teachers of Colleges and Institutes of Ethnic(Ⅱ)

年份 Year	贵州民院 Guizhou Ethnic College	云南民院 Yunnan Ethnic College	西藏民院 Tibet Ethnic College	西北民院 Northwest Ethnic College	青海民院 Qinghai Ethnic College	西北第二民院 The 2nd Northwest Ethnic College
1978	34	163	193	246	229	
1979	56	182	223	272	301	
1980	68	209	203	314	314	
1981	119	272	226	389	330	
1982	156	321	209	376	259	
1983	157	340	185	400	258	
1984	163	336	185	401	257	
1985	388	219	235	424	211	84
1986	283	403	235	438	270	96
1987	302	436	224	474	287	103
1988	386	442	389	436	298	137
1989	359	445	244	431	292	128
1990	375	422	234	429	274	131
1991	306	406	229	439	271	131
1992	385	389	232	444	241	168
1993	418	376	238	443	226	169
1994	420	377	232	449	209	193
1995	430	396	233	437	222	199
1996	429	416	243	427	217	202

全国民族学院(大学)在校学生(一)

Students Enrollment in Colleges and Institutes of Ethnic(Ⅰ)

单位:人 (person)

年　份 Year	合　计 Total	中央民族大学 Central Ethnic University	中南民院 Centre South Ethnic College	湖北民院 Hubei Ethnic College	广东民院 Guangdong Ethnic College	广西民院 Guangxi Ethnic College	西南民院 Southwest Ethnic College
1978	6 902	1 337			402	1 306	933
1979	7 384	1 474			532	1 316	1 198
1980	8 477	1 778			123	1 586	1 439
1981	10 059	2 126	161		547	1 584	1 436
1982	9 556	1 977	514		395	1 366	1 513
1983	11 337	2 135	1 078		518	1 493	1 674
1984	14 045	2 487	1 591		737	1 933	1 924
1985	18 369	3 255	2 060		1 041	2 562	2 315
1986	21 497	3 211	3 826		1 266	2 479	2 386
1987	20 267	3 171	2 760		1 144	2 285	2 471
1988	22 144	3 374	3 004		1 569	2 302	2 680
1989	22 932	2 983	3 039	1 639	1 850	2 204	2 572
1990	22 095	2 723	3 064	1 792	1 204	2 188	2 480
1991	21 400	2 416	2 952	1 834	1 052	2 022	2 649
1992	22 836	2 366	2 997	2 099	1 298	2 492	2 740
1993	26 638	2 726	3 532	2 143	1 594	2 942	3 197
1994	30 782	2 871	4 393	2 178	2 215	3 464	3 708
1995	32 625	3 512	4 750	2 211	2 464	3 602	3 585
1996	33 516	3 948	5 536	2 348	2 530	3 634	3 664

全国民族学院(大学)在校学生(二)

Students Enrollment in Colleges and Institutes of Ethnic(Ⅱ)

单位:人 (Person)

年 份 Year	贵州民院 Guizhou Ethnic College	云南民院 Yunnan Ethnic College	西藏民院 Tibet Ethnic College	西北民院 Northwest Ethnic College	青海民院 Qinghai Ethnic College	西北第二民院 The 2nd Northwest Ethnic College
1978	178	793	496	514	943	
1979	176	854	201	790	843	
1980	260	895	314	734	1 108	
1981	241	1 167	438	1 006	1 353	
1982	391	858	418	1 005	1 119	
1983	638	1 068	409	1 118	1 206	
1984	910	1 432	409	1 302	1 320	
1985	1 338	1 979	559	1 631	1 363	266
1986	1 603	2 344	838	1 909	1 241	394
1987	1 728	2 366	837	1 949	1 185	371
1988	1 764	2 665	1 098	2 067	1 218	403
1989	1 728	2 489	697	2 046	1 141	544
1990	1 654	2 526	663	2 009	1 149	643
1991	1 477	2 557	586	2 006	1 100	689
1992	1 450	2 562	618	2 299	1 124	891
1993	1 726	2 653	951	2 731	1 248	1 195
1994	2 173	2 618	1 184	2 879	1 376	1 723
1995	2 663	2 528	1 539	2 613	1 450	1 708
1996	2 181	2 624	1 283	2 640	1 508	1 620

全国民族学院(大学)教职工基本情况(1996 年)

School Staff in Main Colleges and Institutes of Ethnic(1996)

单位:人 (Person)

	合计	校本部职工	#专任教师	教授	副教授	讲师	助教	教员	科研机构人员	校办厂农场职工	附设机构人员
合计	**10 452**	**9 455**	**4 702**	**228**	**1 151**	**2 123**	**929**	**271**	**280**	**79**	**638**
中央民族大学	1 551	1 409	797	90	230	370	67	40	70		72
中南民院	1 220	995	530	22	150	236	99	23	21	21	183
湖北民院	601	539	326	2	72	112	80	60	12		50
广东民院	467	439	211	6	60	93	44	8	8		20
广西民院	1 048	957	431	24	130	152	122	3			91
西南民院	1 108	1 060	473	21	140	230	82		35	13	
贵州民院	956	881	429	15	80	220	82	32	10		65
云南民院	918	839	416	18	98	222	60	18	49		30
西藏民院	601	579	243	8	33	124	57	21	1	11	10
西北民院	1 006	884	427	12	88	204	90	33	42	32	48
青海民院	570	501	217	5	33	90	65	24	30		39
西北二院	406	372	202	5	37	70	81	9	2	2	30

全国民族学院(大学)学生基本情况(1996 年)

Students Enrollment in Main Colleges and Institutes of Ethnic(1996)

单位:人 (Person)

	本专科学生		
	在校学生数	招生数	毕业生数
合计	**33 516**	**10 846**	**9 427**
中央民族大学	3 948	1 127	674
中南民院	5 536	1 869	1 149
湖北民院	2 348	700	507
广东民院	2 530	753	665
广西民院	3 634	1 207	1 145
西南民院	3 664	1 150	1 104
贵州民院	2 181	889	908
云南民院	2 624	820	721
西藏民院	1 283	359	542
西北民院	2 640	1 032	992
青海民院	1 508	450	419
西北二院	1 620	490	601

民族自治地方县以上政府部门属研究与开发机构及情报文献机构、人员和经费(1996年)

State－Owned Institutions for Research and Development, Information Agencies, Personnel and Funds and Expenditures of Institutions above County Level of Minority National Autonomous Areas(1996)

地 区 Region	机构数(个) Number Institutions	职工总数(人) Number of Staff and Workers	#科学家及工程师 Scientists and Engineers	#其他科技人员 Other Technical Personnel	经费支出总额(万元) Expendit－ures (10 000 yuan)
合 计 Total	**956**	**106 082**	**47 839**	**18 201**	**123 949**
河 北 Hebei					
内蒙古 Inner Mongolia	144	8 944	5 211		35 333
辽 宁 Liaoning	54	10 023	4 526	7 618	507
吉 林 Jilin	31	871	442	177	1 113
黑龙江 Heilongjiang					
浙 江 Zhejiang	11	35		35	
湖 北 Hubei	18	784	481	64	2 304
湖 南 Hunan	29	15 263	2 892	11 133	
广 东 Guangdong	3	371	2	12	
广 西 Guangxi					
海 南 Hainan	3	42	7		3 110
四 川 Sichuan	17	591	186	1	1 957
贵 州 Guizhou	31	4 536	930	394	819
云 南 Yunnan	45	6 085	1 362	300	6 338
西 藏 Tibet					
青 海 Qinghai	298	5 295	674	2 404	1 300
甘 肃 Gansu	4	8 055	622	3 589	71
宁 夏 Ningxia	60	4 892	1 366	563	1 382
新 疆 Xinjiang	208	40 295	29 138	3 033	69 583

主要统计指标解释

普通高等学校 指按照国家规定的设置标准和审批程序批准举办，通过国家统一招生考试，招收高中毕业生为主要培养对象，实施高等教育的全日制大学、独立设置的学院和高等专科学校、短期职业大学。

成人高等学校 指按照国家有关规定审批，招收通过全国成人高教统一招生考试的、具有高中毕业或同等学历的在职从业人员，利用脱产、半脱产、业余或函授等多种形式对其实施高等学历教育，培养高等教育专科或本科毕业水平的专门人才，修业年限、课程设置和总学时数均按高等学历教育要求付诸实施的学校。包括广播电视大学、职工高等学校、农民高等学校、管理干部学院、教育学院、独立设置的函授学院等。

独立研究与开发机构 指有明确的任务和研究方向，有一定学术水平的业务骨干和一定数量的研究人员，具有研究、开发、开展学术工作的基本条件，主要进行科学研究与技术开发活动，并且在行政上有独立的组织形式，财务上独立核算盈亏，有权与其他单位签订合同，在银行有单独户头的单位。包括国务院各部门、中国科学院、中国社会科学院和各省、自治区、直辖市以及地（市）以上[含地（市）]各部门所属的国有独立的科学研究与技术开发机构。

独立研究与开发机构职工 指在科学研究与技术开发机构工作，并由其支付工资的各种人员。包括长期职工和临时职工，不包括编制以外的离休、退休人员和停薪留职人员，但包括招聘人员。

科学家和工程师 指具有大学本科及以上学历和不具备上述学历，但有高、中级职称的人员。

其他科技人员 指大专、中专毕业和具有初级职称的从事科技活动人员。

自然科学技术人员 指已取得科学技术职称，或大学、中专的理、工、农、医科系毕业，以及国民经济各部门从工作实践中提拔，从事理、工、农、医等自然科学技术的研究、教学、生产的专业人员和在机关、企业、事业中从事科学技术业务管理工作的专业人员。

十一、文化、出版

CULTURE AND PUBLICATIONS

民族自治地方艺术事业机构

Number of Arts Organizations of Minority Natioal Autonomous Areas

单位:个 (unit)

年份 Year	合计 Total	艺术表演团体 Art Performance Troupes	#少数民族歌舞团 Ethnical Performance Groups	剧场、影剧院 Theaters and Music Halls	其他 Others
1979	645	589	24	56	
1980	672	603	37	69	
1981	682	603	34	79	
1982	690	600	43	90	
1983	703	608	39	95	
1984	709	614	43	95	
1985	726	630	46	96	
1986	887	616	56	180	91
1987	889	607	64	184	98
1988	923	592	67	182	149
1989	843	565	52	177	101
1990	846	557	54	184	105
1991	843	545	59	182	113
1992	828	540	59	175	111
1993	820	530	60	179	109
1994	821	535	62	176	108
1995	827	535	63	179	113
1996	834	516	61	183	135

注:本表未扣除区域变动因素,年度之间不可比。下同。

民族自治地方艺术事业机构职工

Personnel of Arts Organizations of Minority National Autonomous Areas

单位:人 (person)

年 份 Year	合 计 Total	艺术表演团体 Art Performance Troupes	#少数民族歌舞团 Ethnical Performance Groups	剧场、影剧院 Theaters and Music Halls	其 他 Others
1979	28 466	27 883	2 322	583	
1980	29 516	28 661	3 861	855	
1981	30 291	29 319	3 504	972	
1982	29 665	28 590	4 528	1 075	
1983	29 013	27 909	4 053	1 104	
1984	28 967	27 821	4 411	1 146	
1985	27 961	26 831	4 168	1 130	
1986	32 299	28 429	4 855	2 702	1 168
1987	32 370	28 216	5 214	2 798	1 356
1988	31 047	26 518	5 098	2 848	1 681
1989	29 237	24 930	3 770	2 931	1 379
1990	29 419	25 105	3 790	2 996	1 308
1991	29 528	24 650	4 753	3 151	1 663
1992	28 836	24 097	4 728	3 099	1 599
1993	28 196	23 323	4 762	3 174	1 653
1994	27 491	22 881	4 908	2 972	1 601
1995	27 160	22 470	4 786	3 044	1 646
1996	26 307	21 240	4 401	3 261	1 806

民族自治地方群众文化事业、图书馆事业机构

Number of Public Cultural and Library of Minority National Autonomous Areas

单位:个 (unit)

年 份 Year	群众文化事业机构 Total	群众艺术馆 Mass Art Centers	文 化 馆 Cultural Center	文 化 站 Cultural Stations	图 书 馆 Library
1979	2 568		544	2 024	
1980	3 158		568	2 590	
1981	3 436		582	2 854	331
1982	3 974		562	3 412	332
1983	5 008		566	4 442	407
1984	7 169		856	6 313	469
1985	7 699		579	7 120	494
1986	8 164	73	614	7 476	533
1987	8 030	77	620	7 333	547
1988	7 980	77	623	7 280	549
1989	7 866	80	670	7 114	551
1990	7 994	79	637	7 278	556
1991	8 295	79	626	7 590	561
1992	7 531	78	635	6 818	573
1993	8 231	79	629	7 523	573
1994	8 222	81	630	7 511	577
1995	8 323	79	639	7 605	584
1996	7 624	79	653	6 892	573

民族自治地方群众文化事业、图书馆事业机构职工
Personnel of Public Cultural and Library of Minority National Autonomous Areas

单位:人 (person)

年份 Year	群众文化事业职工 Total	群众艺术馆 Mass Art Centers	文化馆 Cultural Center	文化站 Cultural Stations	图书馆 Library
1979	7 101		4 896	2 205	
1980	8 436		5 441	2 995	
1981	9 408		6 147	3 261	2 853
1982	10 655		6 282	4 373	3 031
1983	11 928		6 527	5 401	3 722
1984	14 682		7 153	7 529	4 278
1985	15 198		6 657	8 541	4 698
1986	18 717	1 702	7 495	9 517	5 411
1987	19 162	1 837	7 392	9 933	5 775
1988	19 058	1 858	7 451	9 749	6 124
1989	19 180	1 973	7 814	9 393	6 241
1990	19 934	1 949	8 221	9 764	6 507
1991	20 313	2 001	8 264	10 048	6 794
1992	19 651	1 995	8 182	9 474	7 024
1993	20 425	1 971	8 176	10 278	7 088
1994	20 076	1 970	8 106	10 000	7 052
1995	22 305	1 991	8 159	12 155	7 165
1996	16 459	1 855	7 614	6 990	7 002

民族自治地方主要文化事业机构(1996 年)

Main Cultural Organizations of Minority National Autonomous Areas(1996)

单位:个　　(unit)

类别 Category		合计 Total	文化部门 Cultural Departments			其他部门 Other Depart－ments
			小计 Subtotal	国有单位 State－owned	集体单位 Collective owned	
总　计	**Total**	**9 696**	**7 943**	**7 248**	**692**	**3 1 753**
艺术事业	Art Institution	834	834	815	19	
1. 艺术表演团体	Art Performance Troupes	516	516	500	16	
#少数民族歌舞团	Ethnic Performance Groups	61	61	61		
2. 艺术表演场所	Art Centers	183	183	180	3	
#剧场、影剧院	Theaters and Music Halls	183	183	180	3	
3. 其　他	Others	135	135	135		
图书馆事业	Libraries	573	573	573		
群众文化事业	Mass Cultural Units	7 624	5 872	5 199	673	1 752
群众艺术馆	Mass Cultural Centers	79	79	79		
文　化　馆	Cultural Centers	653	653	653		
文　化　站	Cultural Stations	6 892	5 140	4 467	673	1 752
文物事业	Cultural	544	543	540	3	1
文物保护管理	Cultural Relics	401	400	397	3	1
博　物　馆	Museums	121	121	121		

民族自治地方主要文化事业机构职工(1996年)

Personnel of Main Cultural Organizations of Minority National Autonomous Areas(1996)

单位:人 (person)

类别	Category	合计 Total	文化部门 Cultural Departments 小计 Subtotal	国有单位 State-owned	集体单位 Collective owned	其他部门 Other Depart-ments
总计	**Total**	**56 652**	**54 738**	**53 827**	**910**	**1 914**
艺术事业	Art Institution	26 307	26 307	25 887	420	
1. 艺术表演团体	Art Performance Troupes	21 240	21 240	20 833	407	
#少数民族歌舞团	Ethnic Performance Groups	401	4 401	4 401		
2. 艺术表演场所	Art Centers	3 261	3 261	3 248	13	
#剧场、影剧院	Theaters and Music Halls	3 261	3 261	3 248	13	
3. 其他	Others	1 806	1 806	1 806		
图书馆事业	Libraries	7 002	7 002	7 002		
群众文化事业	Mass Cultural Units	16 459	14 546	14 056	490	1 913
群众艺术馆	Mass Cultural Centers	1 855	1 855	1 855		
文化馆	Cultural Centers	7 614	7 614	7 614		
文化站	Cultural Stations	6 990	5 077	4 587	490	1 913
文物事业	Cultural	6 884	6 883	6 882		1
文物保护管理	Cultural Relics	2 189	2 188	2 187		1
博物馆	Museums	1 945	1 945	1 945		

民族自治地方分地区艺术事业机构(1996年)

Number of Arts Organizations by Region of Minority National Autonomous Areas(1996)

单位:个、座 (unit)

地区 Region		艺术事业 Art Institutions					
		合计 Total	艺术表演团体 Perform-ance of Art Troupes	#少数民族歌舞团 Ethnic Performa-nce Groups	艺术表演场所 Art Centers	#剧场影剧院 Theaters and Music Halls	其他 Others
合计	**Total**	**834**	**516**	**61**	**183**	**183**	**135**
河北	Hebei	6	4		2	2	
内蒙古	Inner Mongolia	173	115	12	29	29	29
辽宁	Liaoning	15	9	2	5	5	1
吉林	Jilin	39	13	3	13	13	13
黑龙江	Heilongjiang	1	1	1			
浙江	Zhejiang						
湖北	Hubei	17	11	3	5	5	1
湖南	Hunan	22	8	2	9	9	5
广东	Guangdong	3	3	3			
广西	Guangxi	182	119	6	32	32	31
海南	Hainan	16	7		8	8	1
四川	Sichuan	15	9	1	1	1	5
贵州	Guizhou	18	5		1	1	12
云南	Yunnan	88	68	12	13	13	7
西藏	Tibet	46	25	2	19	19	2
甘肃	Gansu	17	10	4	6	6	1
青海	Qinghai	7	6	4			1
宁夏	Ningxia	39	14		16	16	9
新疆	Xinjiang	130	89	6	24	24	17

民族自治地方分地区艺术事业机构职工(1996 年)

Number of Arts Organizations by Region of Minority National Autonomous Areas(1996)

单位:人　　　　(person)

地　区 Region	艺　术　事　业 Art Institutions					
	合　计 Total	艺术表演团体 Perform－ance of Art Troupes	#少数民族歌舞团 Ethnic Performa－nce Groups	艺术表演场　所 Art Centers	#剧场影剧院 Theaters and Music Halls	其　他 Others
合　计　Total	**26 307**	**21 240**	**4 401**	**3 261**	**3 261**	**1 806**
河　北 Hebei	103	91		12	12	
内蒙古 Inner Mongolia	6 791	5 486	1 498	695	695	610
辽　宁 Liaoning	387	299	64	84	84	4
吉　林 Jilin	1 388	1 027	327	278	278	83
黑龙江 Heilongjiang	50	50	50			
浙　江 Zhejiang						
湖　北 Hubei	357	348	139	3	3	6
湖　南 Hunan	320	216	96	83	83	21
广　东 Guangdong	55	55	55			
广　西 Guangxi	5 107	4 179	228	457	457	471
海　南 Hainan	908	166		736	736	6
四　川 Sichuan	368	312	116	21	21	35
贵　州 Guizhou	508	351		23	23	134
云　南 Yunnan	2 047	1 932	594	84	84	31
西　藏 Tibet	1 133	963	98	107	107	63
甘　肃 Gansu	440	392	242	44	44	4
青　海 Qinghai	409	394	273			15
宁　夏 Ningxia	1 461	957		360	360	144
新　疆 Xinjiang	4 475	4 022	621	274	274	179

民族自治地方分地区文化事业机构(1996年)

Main Cultural Organizations by Region of Minority National Autonomous Areas(1996)

单位:个、座 (unit)

地区 Region	图书馆事业 Libraries	群众文化事业 Mass Culture Institutions			
		合计 Total	群众艺术馆 Mass Arts Center	文化馆 Cultural Center	文化站 Cultural Stations
合计 Total	**573**	**5 872**	**79**	**653**	**5 140**
河北 Hebei	6	6		6	
内蒙古 Inner Mongolia	105	704	13	101	590
辽宁 Liaoning	10	259		10	249
吉林 Jilin	12	176	1	18	157
黑龙江 Heilongjiang	1	2		1	1
浙江 Zhejiang	1	25		1	24
湖北 Hubei	11	200	1	14	185
湖南 Hunan	18	412	1	17	394
广东 Guangdong	3	45		3	42
广西 Guangxi	105	1 415	15	97	1 303
海南 Hainan	9	130	1	8	121
四川 Sichuan	20	407	4	55	348
贵州 Guizhou	48	346	1	46	299
云南 Yunnan	81	948	8	75	865
西藏 Tibet	1	76	6	35	35
甘肃 Gansu	20	22	2	20	
青海 Qinghai	35	175	6	34	135
宁夏 Ningxia	19	49	4	21	24
新疆 Xinjiang	68	475	16	91	368

民族自治地方分地区文化事业机构职工(1996年)

Personnel of Cultural Organizations by Region of Minority National Autonomous Areas(1996)

单位:人 (person)

地　区 Region	图书馆事业 Libraries	群众文化事业 Mass Culture Institutions 合　计 Total	群众艺术馆 Mass Arts Center	文化馆 Cultural Center	文化站 Cultural Stations
合　计　Total	**7 002**	**14 546**	**1 855**	**7 614**	**5 077**
河　北　Hebei	39	72		72	
内蒙古　Inner Mongolia	1 938	2 728	405	1 576	747
辽　宁　Liaoning	157	407		227	180
吉　林　Jilin	304	630	40	438	152
黑龙江　Heilongjiang	12	16		14	2
浙　江　Zhejiang	7	63		26	37
湖　北　Hubei	111	283	13	118	152
湖　南　Hunan	168	612	20	243	349
广　东　Guangdong	17	46		19	27
广　西　Guangxi	1 341	2 889	325	1 173	1 391
海　南　Hainan	103	201	16	68	117
四　川　Sichuan	182	742	81	475	186
贵　州　Guizhou	358	657	9	366	282
云　南　Yunnan	661	1 961	138	795	1 028
西　藏　Tibet	41	250	182	52	16
甘　肃　Gansu	149	206	41	165	
青　海　Qinghai	232	463	93	241	129
宁　夏　Ningxia	406	562	141	413	8
新　疆　Xinjiang	776	1 758	351	1 133	274

民族自治地方分地区文物事业机构、职工(1996 年)

Number of Cultural Undertaking and Personnel by Region of Minority National Autonomous Areas(1996)

单位:人

(person)

地 区 Region	总 计 Total		文物保护管理机构 Cultural Relics		博 物 馆 Museums	
	机构数 (个) Institutions (unit)	职工人数 (人) Personnel (person)	机构数 (个) Institutions (unit)	职工人数 (人) Personnel (person)	机构数 (个) Institutions (unit)	职工人数 (人) Personnel (person)
合 计 Total	**544**	**6 884**	**401**	**2 189**	**121**	**1 945**
河 北 Hebei	8	23	6	16	2	7
内蒙古 Inner Mongolia	91	1 829	66	658	18	469
辽 宁 Liaoning	14	107	12	72	2	34
吉 林 Jilin	14	132	12	56	2	76
黑龙江 Heilongjiang	2	18	1	9	1	9
浙 江 Zhejiang	1	2	1	2		
湖 北 Hubei	13	74	7	34	6	40
湖 南 Hunan	27	166	19	75	8	91
广 东 Guangdong	3	6			3	6
广 西 Guangxi	108	1 115	66	261	37	580
海 南 Hainan	6	30	1	2	5	28
四 川 Sichuan	18	152	14	76	4	76
贵 州 Guizhou	44	156	42	144	1	8
云 南 Yunnan	55	752	47	175	7	111
西 藏 Tibet	16	206	12	112	2	36
甘 肃 Gansu	8	58	3	17	5	41
青 海 Qinghai	20	84	16	51	4	33
宁 夏 Ningxia	25	602	20	121	3	106
新 疆 Xinjiang	71	1 372	56	308	11	194

民族自治地方广播、电视事业机构
Broadcasting and Television Stations of Minority National Autonomous Areas

单位：个 (unit)

年份 Year	广播电台 Broadcasting Stations	电视中心台 Television Center Stations	电视发射台和转播台 Television Transmission Stations and Relay Stations	市、县广播站 Broadcarting Station of City and County	广播喇叭（万只） Loudspeakers
1952	5			55	0.17
1957	6			316	5.03
1965	14			726	75.06
1975	42			2 233	907.29
1978	50			2 873	1 102.91
1979	25			2 591	1 015.81
1980	25			1 317	903.67
1981	34			3 266	692.31
1982	34			3 270	573.96
1983	33			2 209	510.55
1984	42	16		2 359	446.36
1985	54	44		4 185	489.06
1986	64	69	187	4 085	489.66
1987	75	69	410	6 574	465.95
1988	133	88	3 386	14 755	495.50
1989	107	94	4 626	935	424.40
1990	111	96	4 021	952	507.84
1991	133	96	5 435	1 260	565.94
1992	189	106	6 720		
1993	152	126	7 744		
1994	209	142	9 568		
1995	247	206	5 365		
1996	205	215	13 398		

民族自治地方分地区广播、电视事业情况(1996年)

Broadcasting and Television Stations by Region of Minority National Autonomous Areas(1996)

地　区 Region	广播电台(座) Broadcasting Stations	节目套数(套) Programs (sets)	对国内外广播使用语言(种) Languages used in Broadcasting	卫星电视地面站(座) Satellite Television Stations	电视台(座) Television Stations	节目套数(套) Programs (sets)	电视发射台、转播台(座) Broadcast Transmitting Stations and Relay Stations
合　计 Total	**205**	**393**		**29 557**	**215**	**449**	**13 398**
河　北 Hebei	5	4	1	255	6	2	43
内蒙古 Inner Mongolia	48	63	2	3 670	32	32	1 080
辽　宁 Liaoning	16	17	9	497	29	68	231
吉　林 Jilin	11	14	3	596	11	12	216
黑龙江 Heilongjiang	1	1	2	1	1	1	7
浙　江 Zhejiang				187			119
湖　北 Hubei	10	10	1	2 928	4	4	240
湖　南 Hunan	8	21	10	1 136	10	47	44
广　东 Guangdong	3	2	5	71	2	1	38
广　西 Guangxi	26	31	3	25	21	22	25
海　南 Hainan	8	16	2	48	4	39	70
四　川 Sichuan	1	112	6	2 452	3	3	1 325
贵　州 Guizhou	2	2	1	2 691	3	13	1 115
云　南 Yunnan	7	7	13	12 111	9	9	7 515
西　藏 Tibet	2	2	2	1 422			328
甘　肃 Gansu	10	10	6	602	5	14	408
青　海 Qinghai	2	2	4	415	44	110	147
宁　夏 Ningxia	8	11	1	331	5	5	49
新　疆 Xinjiang	37	68	5	119	26	67	398

民族自治地方分地区电影事业情况(1996 年)
Basic Statistics on Movie Production by Region of Minority National Autonomous Areas(1996)

地　区 Region	全年生产民族语故事片（部、本） Over Year Feature films With Ethnic Languages	全年完成民族语翻译片（部、本） Over Year Translated Films in Ethnic Languages	各类电影放映单位（个） Films Projection Units	电影观众人数（万人次） Movie Audience
合　计　Total	**21**	**679**	**10 980**	**21 193.443**
河　北　Hebei			163	871.60
内蒙古　Inner Mongolia		33	1 048	380.00
辽　宁　Liaoning	20	1	308	700.90
吉　林　Jilin			66	66.40
黑龙江　Heilongjiang			22	820.00
浙　江　Zhejiang			8	11.30
湖　北　Hubei			300	822.70
湖　南　Hunan			400	639.00
广　东　Guangdong			30	109.90
广　西　Guangxi			2 871	7 497.00
海　南　Hainan			209	388.99
四　川　Sichuan		655	50	832.60
贵　州　Guizhou			783	1 433.90
云　南　Yunnan			2 179	4 398.00
西　藏　Tibet				
甘　肃　Gansu			196	171.21
青　海　Qinghai			716	112.63
宁　夏　Ningxia			327	1 587.30
新　疆　Xinjiang	1	699	595	350.00

民族自治地方出版物情况
Basic Statistics on Publications of Minority National Autonomous Areas

单位：种数：种；印数：千册（份）

年份 Year	图书 Published Books		杂志 Magazines		报纸 Newspapers	
	种数 Number of Publications	印数 Printed Copies	种数 Number of Publications	印数 Printed Copies	种数 Number of Publications	印数 Printed Copies
1978	1 336	142 794	78	13 064	44	282 713
1979	2 018	133 325	76	12 268	62	477 396
1980	2 081	161 625	114	22 505	68	451 099
1981	2 343	239 646	160	37 707	67	526 782
1982	3 242	280 896	163	83 856	68	545 945
1983	2 613	174 779	165	24 807	79	498 946
1984	2 859	280 652	231	86 067	117	636 274
1985	3 365	359 069	321	78 188	175	768 472
1986	3 435	292 878	332	71 719	176	1 502 819
1987	4 507	291 674	358	72 736	214	929 644
1988	5 107	307 548	445	86 204	236	932 744
1989	5 696	301 270	447	65 029	239	764 040
1990	5 784	301 663	544	178 664	227	791 196
1991	6 662	398 103	507	65 619	245	873 420
1992	6 707	412 770	487	67 050	334	894 120
1993	5 907	422 633	502	98 333	248	716 071
1994	8 052	609 863	631	85 412	350	101 678
1995	7 647	422 750	633	78 810	340	949 848
1996	7 979	444 973	560	74 821	298	1 028 611

民族自治地方分地区图书、杂志、报纸出版情况(1996年)

Published Books,Magazines and Newspapers by Region of Minority National Autonomous Areas(1996)

单位：种数：种　印数：万册(份)

地区 Region	图书 Published Books		杂志 Magazines		报纸 Newspapers	
	种数 Number of Publications	印数 Printed Copies	种数 Number of Publications	印数 Printed Copies	种数 Number of Publications	印数 Printed Copies
合计 Total	**7 979**	**44 497.30**	**560**	**7 482.13**	**298**	**102 861.14**
河北 Hebei						
内蒙古 Inner Mongolia	1 244	7 582.00	140	1 903.00	62	18 606.00
辽宁 Liaoning					6	162.62
吉林 Jilin	1 216	2 298.60	20	119.70	13	2 769.80
黑龙江 Heilongjiang						
浙江 Zhejiang						
湖北 Hubei	34	15.30	13	10.50	6	10.00
湖南 Hunan					3	467.00
广东 Guangdong					1	
广西 Guangxi	2 265	24 892.00	153	4 355.00	60	48 494.00
海南 Hainan			1	0.20		
四川 Sichuan			12	3.40	7	1 274.40
贵州 Guizhou			1	0.80	7	741.80
云南 Yunnan	23	11.30	10	10.60	15	2 471.00
西藏 Tibet	497	494.00	22	26.00	14	2 868.00
甘肃 Gansu			2	1.35	3	271.16
青海 Qinghai			6	3.18		9.36
宁夏 Ningxia	691	3 115.10	26	11.40	14	4 716.00
新疆 Xinjiang	2 009	6 089.00	154	1 037.00	87	20 000.00

全国少数民族文字出版物情况

Publications with Ethnic Characters of China

单位：种数：种
印数：万册（份）

年份 Year	图书 Published Books		杂志 Magazines		报纸 Newspapers	
	种数 Number of Publications	印数 Printed Copies	种数 Number of Publications	印数 Printed Copies	种数 Number of Publications	印数 Printed Copies
1952	621	661	15	169	20	2 933
1957	1 763	1 462	35	244	32	2 434
1962	942	910	27	170	32	2 252
1965	1 694	2 480	36	268	36	3 955
1970	312	1 331	5	93	5	3 262
1975	1 226	3 365	18	237	10	6 461
1978	1 386	3 179	35	313	11	7 072
1980	1 921	3 427	42	575	18	7 384
1981	1 904	2 652	63	590	18	6 631
1982	2 270	3 330	75	631	18	7 063
1983	2 327	3 358	74	616	19	7 927
1984	2 524	3 514	76	748	42	15 175
1985	2 759	3 629	109	1 035	57	11 402
1986	2 972	3 635	126	1 085	56	12 561
1987	3 157	4 184	128	1 148	70	13 306
1988	3 294	3 816	1 541	350	76	13 411
1989	3 260	3 853	153	1 280	75	9 031
1990	3 251	3 867	131	1 027	79	14 837
1991	3 575	4 922	142	1 006	81	11 983
1992	3 065	4 326	167	1 354	83	11 981
1993	3 500	5 090	173	1 291	87	11 513
1994	3 248	4 552	178	1 247	92	12 526
1995	3 342	4 791	185	1 197	92	16 833
1996	3 209	5 060	183	1 011	89	14 917

全国少数民族文字出版的图书(一)
Published Books with Ethnic Characters of China(I)

种数:种
单位:印数:万册(份)
印张:万印张

年份 Year	图书 Published Books				书籍 Works			
	种数 Number of Publications		印数 Printed Copies	印张 Printed Signatures	种数 Number of Publications		印数 Printed Copies	印张 Printed Signatures
	合计 Total	#新出 Late Published Books			合计 Total	#新出 Late		
1952	621	534	661	1 714	391	341	281	739
1957	1 763	1 504	1 462	6 320	1 204	1 120	685	3 122
1962	942	627	910	4 111	361	341	202	1 230
1965	1 694	1 290	2 480	9 276	644	560	1 002	4 650
1970	312	247	1 331	4 874	159	134	797	3 556
1975	1 226	1 072	3 365	12 428	762	720	1 868	8 514
1978	1 386	1 120	3 179	12 346	750	689	874	4 914
1979	1 544	1 290	2 707	14 166	803	791	716	5 571
1980	1 921	1 456	3 427	16 854	1 047	976	905	6 449
1981	1 904	1 471	2 652	16 249	1 038	973	776	6 991
1982	2 270	1 713	3 330	18 882	1 232	1 132	1 033	7 919
1983	2 237	1 683	3 358	19 783	1 267	1 182	1 113	8 974
1984	2 524	1 931	3 514	21 177	1 483	1 379	1 142	9 854
1985	2 759	2 075	3 629	20 253	1 602	1 478	1 111	8 168
1986	2 972	2 108	3 635	21 030	1 679	1 567	1 021	8 158
1987	3 157	2 022	4 184	22 878	1 752	1 532	1 215	9 134
1988	3 294	1 975	3 816	21 647	1 842	1 580	1 046	7 958
1989	3 260	1 783	3 853	22 059	1 709	1 385	1 124	8 088
1990	3 251	1 869	3 867	21 673	1 734	1 422	1 049	7 853
1991	3 575	1 913	4 922	25 103	1 700	1 369	1 201	8 220
1992	3 065	1 556	4 326	2 549	1 536	1 207	1 096	8 104
1993	3 500	1 995	5 090	26 069	1 704	1 353	1 398	9 087
1994	3 428	1 827	4 552	25 869	2 277	1 535	2 136	12 926
1995	3 342	1 473	4 791	24 943	1 547	1 085	1 411	8 521
1996	3 209	1 431	5 060	26 523	1 607	1 080	1 648	8 635

全国少数民族文字出版的图书(二)
Published Books with Ethnic Characters of China(Ⅱ)

种数:种
单位:印数:万册(份)
印张:万印张

年份 Year	课本 Textbooks				图片 Photographs			
	种数 Number of Publications		印数 Printed Copies	印张 Printed Signatures	种数 Number of Publications		印数 Printed Copies	印张 Printed Signatures
	合计 Total	#新出 Late Published Books			合计 Total	#新出 Late		
1952	230	193	380	975	41	41	29	18
1957	509	341	759	3 180	50	43	18	18
1962	550	256	640	2 820	31	30	68	61
1965	787	561	1 150	4 404	263	169	328	222
1970	75	35	316	1 144	78	78	218	174
1975	358	246	939	3 481	106	106	558	433
1978	537	340	1 629	6 829	99	91	676	603
1979	654	413	1 547	8 286	87	86	444	309
1980	808	414	1 958	9 713	66	66	564	692
1981	803	436	1 692	8 998	63	62	184	260
1982	974	517	2 170	10 820	64	64	27	143
1983	975	420	2 020	10 499	85	81	225	310
1984	946	464	2 198	11 145	95	88	174	121
1985	1 084	525	2 326	11 885	73	72	192	201
1986	1 263	515	2 561	12 686	30	26	53	179
1987	1 330	416	2 847	13 566	75	74	124	154
1988	1 400	345	2 669	13 197	52	50	101	299
1989	1 509	356	2 624	13 644	42	42	105	154
1990	1 482	413	2 754	13 582	35	34	64	226
1991	1 828	497	3 671	16 616	47	47	50	233
1992	1 488	309	3 154	14 261	41	40	76	163
1993	1 780	628	3 623	16 837	16	14	71	97
1994	1 137	283	2 361	12 843	14	9	55	99
1995	1 780	373	3 346	16 283	15	15	34	20
1996	1 592	343	3 403	17 860	10	8	9	10

全国少数民族文字出版的杂志、报纸

Published Magazines and Newspapers with Ethnic Characters

种数:种
单位:印数:万册(份)
印张:万印张

年份 Year	杂志 Magazines Published			报纸 Newspaper Published		
	种数 Number of Publications	印数 Printed Copies	印张 Printed Signatures	种数 Number of Publications	印数 Printed Copies	印张 Printed Signatures
1950				14	259	205
1952	15	169	311	20	2 933	2 043
1957	35	244	757	32	2 434	2 432
1962	27	170	617	32	2 252	2 002
1965	36	268	846	36	3 955	4 159
1970	5	93	659	5	3 262	3 880
1975	18	237	1 346	10	6 461	6 211
1978	35	313	2 022	11	7 072	7 416
1979	41	392	2 084	12	6 078	6 291
1980	42	575	2 441	18	7 384	6 231
1981	63	590	2 462	18	6 631	5 541
1982	75	631	2 432	18	7 063	6 598
1983	74	616	2 495	19	7 927	8 377
1984	76	748	3 123	42	15 175	13 657
1985	109	1 035	4 745	57	11 402	9 331
1986	126	1 085	4 991	56	12 561	11 070
1987	128	1 148	4 742	70	13 306	11 571
1988	154	1 350	5 823	76	13 411	11 829
1989	153	1 280	5 188	75	9 031	7 998
1990	131	1 027	4 221	79	14 837	13 957
1991	142	1 006	4 151	81	11 983	10 819
1992	167	1 354	5 124	83	11 981	10 410
1993	173	1 291	5 011	87	11 513	8 831
1994	178	1 247	4 577	92	12 526	12 102
1995	185	1 197	4 544	92	16 833	14 078
1996	183	1 011	3 983	89	14 917	10 728

全国分地区少数民族文字出版的图书(1996年)(一)

Published Books with Ethnic Characters by Region(1996)(Ⅰ)

种数:种
单位:印数:万册(份)
印张:千印张

地区 Region	图书总计 Total Amount of Published Books				书籍合计 Total Amount of Works			
	种数 Number of Publications		印数	印张	种数 Number of Publications		印数	印张
	合计 Total	#新出 Late Published Books	Printed Copies	Printed Signatures	合计 Total	#新出 Late Published	Printed Copies	Printed Signatures
全国总计 Total	**3 209**	**1 431**	**5 060**	**265 228**	**1 607**	**1 080**	**1 648**	**86 348**
中央 Central	163	121	139	8 313	131	115	45	6 962
地方 Local	3 046	1 310	4 921	256 915	1 476	965	1 603	79 386
内蒙古 Inner Mongolia	576	211	748	43 072	224	164	172	8 136
辽宁 Liaoning	71	66	19	1 835	71	66	19	1 835
吉林 Jilin	753	311	1 103	57 970	449	230	648	30 703
黑龙江 Heilongjiang	23	21	13	1 349	23	21	13	1 349
四川 Sichuan	7	7	3	355	7	7	3	355
贵州 Guizhou	7	6	1	59	7	6	1	59
云南 Yunnan	23	23	4	218	23	23	4	218
西藏 Tibet	235	54	367	15 904	44	34	34	1 367
甘肃 Gansu	21	18	17	1 102	21	18	17	1 102
青海 Qinghai	154	55	55	3 712	59	36	21	1 497
新疆 Xinjiang	1 176	538	2 591	131 339	548	360	671	32 765

全国分地区少数民族文字出版的图书(1996年)(二)

Published Books with Ethnic Characters by Region(1996)(Ⅱ)

种数:种
单位:印数:万册(份)
印张:千印张

地区 Region		课本合计 Total Amount of Textbooks Published				图片合计 Amount of Photographs				附:活页文选用纸
		总数 Number of Publications		印数 Printed Copies	印张 Printed Signatures	种数 Number of Publications		印数 Printed Copies	印张 Printed Signatures	
		合计 Total	#新出 Late Publ—ished Books			合计 Total	#新出 Late Publ—ished			
全国总计	**Total**	**1 592**	**343**	**3 403**	**178 599**	**10**	**8**	**9**	**102**	**179**
中央	Central	32	6	94	1 351					
地方	Local	1 560	337	3 309	177 248	10	8	9	102	179
内蒙古	Inner Mongolia	352	47	576	34 936					
辽宁	Liaoning									
吉林	Jilin	304	81	455	27 261					6
黑龙江	Heilongjiang									
四川	Sichuan									
贵州	Guizhou									
云南	Yunnan									
西藏	Tibet	191	20	333	14 537					
甘肃	Gansu									
青海	Qinghai	95	19	34	2 042					173
新疆	Xinjiang	618	170	1 911	98 472	10	8	9	102	

全国分地区少数民族文字出版的杂志(1996 年)(一)

Magazines with Ethnic Characters by Region(1996)(Ⅰ)

种数:种
单位:印数:万册(张)
印张:千印张

地　区 Region	合　计 Total				综　合 General			
	种数 Number of Publi－cation	平均期印　数 Printed Copies for Average	总印数 Total Printed Copies	总印张 Total Printed Signatures	种数 Number of Publi－cation	平均期印　数 Printed Copies for Average	总印数 Total Printed Copies	总印张 Total Printed Signa－tures
全国总计 Total	**183**	**107.2**	**1 011.2**	**39 830**	**24**	**32.2**	**325.6**	**12 227**
中　央 Central	16	11.2	72.8	2 890	7	9.7	55.1	2 263
地　方 Local	167	96	938.4	36 940	17	22.5	270.5	9 964
内蒙古 Inner Mongolia	43	16.0	153.0	5 892	2	1.6	19.2	744
吉　林 Jilin	15	11.7	118.8	5 724	3	2.8	30.4	1 342
黑龙江 Heilongjiang	3	2.6	15.6	618				
广　西 Guangxi	1	0.1	0.7	14				
四　川 Sichuan	3	1.1	4.4	144				
云　南 Yunnan	3	0.6	1.6	69				
西　藏 Tibet	10	2.7	11.2	584	2	0.6	1.8	72
甘　肃 Gansu	3	0.5	1.5	81				
青　海 Qinghai	6	1.6	7.6	432				
新　疆 Xinjiang	80	59.1	624	23 381	10	17.5	219.1	7 806

全国分地区少数民族文字出版的杂志(1996年)(二)

Magazines with Ethnic Characters by Region(1996)(Ⅱ)

种数:种
单位:印数:万册(张)
印张:千印张

地　　区 Region	哲学、社会科学 Philosophy and Social Science				自然科学、技术 Natural Science and Technology			
	种　数 Number of Publi－cation	平均期印　数 Printed Copies for Average	总印数 Total Printed Copies	总印张 Total Printed Signa－tures	种数 Number of Publi－cation	平均期印　数 Printed Copies for Average	总印数 Total Printed Copies	总印张 Total Printed Signa－tures
全国总计　Total	**45**	**24.5**	**273.8**	**9 100**	**28**	**9.9**	**84.2**	**2 285**
中　央　Central	3	1.2	14.3	429				
地　方　Local	42	23.3	259.5	8 671	28	9.9	84.2	2 285
内蒙古　Inner Mongolia	13	5.5	53.3	2 211	7	1.4	12.1	421
吉　林　Jilin	2	1.4	14.4	576	1	0.4	2.5	75
黑龙江　Heilongjiang								
广　西　Guangxi								
四　川　Sichuan	2	0.8	3.2	96				
云　南　Yunnan								
西　藏　Tibet	3	0.9	4.4	189				
甘　肃　Gansu	2	0.2	0.3	18				
青　海　Qinghai	2	0.3	1.6	59				
新　疆　Xinjiang	18	14.2	182.3	5 523	20	8.1	69.6	1 789

全国分地区少数民族文字出版的杂志(1996年)(三)
Magazines with Ethnic Characters by Region(1996)(Ⅲ)

种数:种
单位:印数:万册(张)
印张:千印张

地区 Region	文化、教育 Culture and Education				文学、艺术 Literature and Arts			
	种数 Number of Publi-cation	平均期印数 Printed Copies for Average	总印数 Total Printed Copies	总印张 Total Printed Signa-tures	种数 Number of Publi-cation	平均期印数 Printed Copies for Average	总印数 Total Printed Copies	总印张 Total Printed Signa-tures
全国总计 Total	**17**	**11.5**	**122.1**	**4 769**	**58**	**25.3**	**164.8**	**10 463**
中央 Central								
地方 Local	17	11.5	122.1	4 769	58	25.3	164.8	10 463
内蒙古 Inner Mongolia	5	1	8.7	331	14	3.8	27.1	1 535
吉林 Jilin	4	4.6	53.1	2 526	5	2.5	18.4	1 205
黑龙江 Heilongjiang					3	2.6	15.6	618
广西 Guangxi					1	0.1	0.7	14
四川 Sichuan	1	0.3	1.2	48				
云南 Yunnan					3	0.6	1.6	69
西藏 Tibet	1	0.3	1.2	64	4	0.9	3.8	260
甘肃 Gansu					1	0.3	1.2	63
青海 Qinghai	1	0.3	1.8	90	3	1.0	4.2	283
新疆 Xinjiang	5	5.0	56.1	1 710	24	13.5	92.2	6 417

全国分地区少数民族文字出版的杂志(1996年)(四)
Magazines with Ethnic Characters by Region(1996)(Ⅳ)

种数:种
单位:印数:万册(张)
印张:千印张

地区 Region	少儿读物 Books Published for Children				画刊 Pictorials			
	种数 Number of Publi-cation	平均期印数 Printed Copies for Average	总印数 Total Printed Copies	总印张 Total Printed Signa-tures	种数 Number of Publi-cation	平均期印数 Printed Copies for Average	总印数 Total Printed Copies	总印张 Total Printed Signa-tures
全国总计 Total	**3**	**3.1**	**35**	**675**	**8**	**0.7**	**5.7**	**311**
中央 Central					6	0.3	3.4	198
地方 Local	3	3.1	35	675	2	0.4	2.3	113
内蒙古 Inner Mongolia	2	2.7	32.6	651				
吉林 Jilin								
黑龙江 Heilongjiang								
广西 Guangxi								
四川 Sichuan								
云南 Yunnan								
西藏 Tibet								
甘肃 Gansu								
青海 Qinghai								
新疆 Xinjiang	1	0.4	2.4	24	2	0.4	2.3	113

全国分地区少数民族文字出版的报纸(1996年)

Newspapers with Ethnic Characters by Region(1996)

种数:种

单位:印数:万册(张)

印张:千印张

地区 Region	合计 Total				#省、自治区、直辖市级 Province, Autonomous Regions and Cities directly under Central Government			
	种数 Number of Publi-cation	平均期印数 Printed Copies for Average	总印数 Total Printed Copies	总印张 Total Printed Signa-tures	种数 Number of Publi-cation	平均期印数 Printed Copies for Average	总印数 Total Printed Copies	总印张 Total Printed Signa-tures
合计 Total	**89**	**119.7**	**14 917**	**107 281**	**27**	**73.7**	**10 469**	**74 680**
内蒙古 Inner Mongolia	14	2.9	642	4 585	3	1.3	295	2 677
辽宁 Liaoning	2	0.9	126	1 233	1	0.8	121	1 208
吉林 Jilin	8	64.0	6 190	32 749	1	45.0	4 770	23 850
黑龙江 Heilongjiang	1	2.2	680	6 800	1	2.2	680	6 800
广西 Guangxi	1	0.2	7	36	1	0.2	7	36
四川 Sichuan	3	0.9	178	903				
云南 Yunnan	5	0.7	66	329				
西藏 Tibet	6	4.1	845	7 513	4	2.7	663	6 603
甘肃 Gansu	1	0.2	32	160				
青海 Qinghai	5	2.1	102	668	4	2.0	94	630
新疆 Xinjiang	43	41.3	6 049	52 305	12	19.5	3 839	32 876

主要统计指标解释

文化事业机构　指从事专业文化工作和为专业文化工作服务的独立建制的单独核算的单位。不包括这些单位另外举办独立核算的其他机构和各部门的业余文化组织。

艺术表演团体　指从事戏曲、音乐、舞蹈、杂技等专业技术表演，有独立帐户，实行单独核算的团体。不包括半工半艺、半农半艺的业余剧团。

十二、卫生、体育

PUBLIC HEALTH AND SPORTS

民族自治地方卫生机构、床位、人员

Health Care Institutions, Beds and Personnel of Minority National Autonomous Areas

年份 Year	机构（个）Health Care Insititutions	医院 Hospitals	床位（张）Beds	医院 Hospital Beds	卫生技术人员（人）Medical Technical Personnel	医生 Doctors
1949	361	230	3 310		3 531	
1952	1 176	378	5 711		17 877	
1957	13 819	603	26 470	20 773	65 649	26 825
1962	19 763	3 203	94 769	71 356	129 818	59 086
1965	25 306	6 275	120 781	89 497	156 889	72 832
1975	21 575	9 749	219 055	190 980	232 218	97 957
1978	23 934	10 191	253 520	22 927	279 387	120 711
1980	26 073	10 433	271 463	241 679	324 300	140 752
1981	27 604	10 735	276 119	246 922	353 395	154 439
1982	28 237	10 803	281 555	251 805	368 850	159 927
1983	28 800	11 349	290 067	267 382	387 690	169 141
1984	29 794	11 659	302 321	279 259	406 880	176 305
1985	30 432	10 061	312 137	288 732	432 733	182 503
1986	31 168	10 012	318 144	294 676	435 882	186 717
1987	31 838	10 129	332 116	307 350	451 429	192 597
1988	31 931	10 520	338 892	313 677	463 900	215 187
1989	31 081	10 342	347 555	321 659	478 304	224 851
1990	31 973	10 574	359 382	331 955	488 661	230 088
1991	32 142	10 680	365 439	338 425	500 254	232 819
1992	31 075	10 210	375 377	347 194	512 996	236 402
1993	30 642	10 389	419 873	380 079	545 934	253 329
1994	30 588	12 482	415 203	380 626	554 220	259 481
1995	28 957	12 331	387 139	357 024	527 438	250 733
1996	15 706	2 548	370 171	257 701	455 220	209 508

注：本表未扣除区域变动因素，年度之间不可比，下同。

民族自治地方卫生机构
Health Care Institutions of Minority National Autonomous Areas

单位:个 (unit)

年 份 Year	合 计 Total	医 院 Hospitals	疗养院、所 Sanatoriums	门诊部、所 Clinics	专科防治所、站 Specialized Stations	卫生防疫站 Sanitation and Dise－ase Control Stations	妇幼保健所、站 Maternity and Childcare Center	其 他 Others
1957	13 819	603	17	5 541		146	641	6 871
1962	19 763	3 203	69	15 279		387	363	462
1965	25 306	6 275	43	17 626		485	427	450
1975	21 575	9 749	25	10 292		633	412	464
1978	23 934	10 191	30	11 866		649	478	720
1979	25 027	10 254	30	12 676	124	635	478	830
1980	26 073	10 433	34	13 457	140	672	497	840
1981	27 604	10 735	36	14 661	146	694	505	827
1982	28 237	10 803	41	15 175	164	720	511	823
1983	28 800	11 349	44	15 130	173	727	522	855
1984	29 794	11 659	43	15 713	187	763	545	884
1985	30 432	10 061	47	17 761	221	817	559	966
1986	31 168	10 012	47	18 342	249	847	591	1 080
1987	31 838	10 129	49	18 817	277	873	600	1 093
1988	31 931	10 520	48	18 488	283	862	603	1 127
1989	31 081	10 342	46	17 744	291	892	606	1 160
1990	31 973	10 574	48	18 312	300	910	625	1 204
1991	32 142	10 680	48	18 307	313	915	634	1 245
1992	31 075	10 210	49	11 568	315	930	640	1 363
1993	30 642	10 389	64	16 772	309	1 004	649	1 423
1994	30 588	12 482	65	14 651	350	994	643	1 403
1995	28 957	12 331	45	13 282	331	995	630	1 343
1996	15 706	2 548	44	377	311	881	593	1 299

民族自治地方卫生机构床位

Number of Beds in Health Care Institutions of Minority National Autonomous Areas

单位：张 (unit)

年份 Year	合计 Total	医院 Hospital	疗养院、所 Sanatoriums	门诊部、所 Clinics	专科防治所、站 Specialized Stations	卫生防疫站 Sanitation and Disease Control Stations	妇幼保健所、站 Maternity and Childcare Center	其他 Others
1957	26 470	20 773	1 277					4 420
1962	94 769	71 356	4 954					18 459
1965	120 781	89 497	3 732					27 552
1975	219 055	190 980	3 178					24 897
1978	253 520	220 927	3 482					29 111
1979	263 202	230 877	3 736	25 127	1 035	60	426	1 941
1980	271 463	241 679	4 318	21 471	1 248	60	661	2 026
1981	276 119	246 922	4 844	19 735	1 299	60	882	2 377
1982	281 555	251 805	5 436	19 811	1 174	60	1 063	2 206
1983	290 067	267 382	5 651	12 034	1 243	60	1 376	2 321
1984	302 321	279 259	5 851	12 120	1 113	60	1 530	2 388
1985	312 137	288 732	6 213	11 972	770	75	1 536	2 839
1986	318 144	294 676	6 367	11 191	944	75	1 824	3 067
1987	332 116	307 350	6 681	11 589	1 090	84	1 994	3 328
1988	338 892	313 677	6 294	11 756	967	118	2 130	3 950
1989	347 555	321 659	5 981	11 757	1 384	116	2 261	4 391
1990	359 382	331 955	6 262	12 051	1 717	117	2 509	4 771
1991	365 439	338 425	6 157	11 548	1 772	216	2 533	4 788
1992	375 377	347 194	6 508					
1993	419 813	380 079	12 088	12 709	1 761	146	3 464	5 913
1994	415 203	380 626	11 464	12 087	1 087	68	3 478	5 593
1995	387 139	357 024	6 511	12 017	1 621	241	4 076	5 649
1996	370 171	257 701	6 588	2 720	1 308	238	4 578	5 282

民族自治地方专业卫生人员

Full－Time Persons in Public Health Care of Minority National Autonomous Areas

单位：人 (person)

年份 Year	专业卫生人员 Health Care Personnel	＃卫生技术人员 Medical Technical Personnel	＃中医 Traditional Chinese Medicine	＃西医师 Western Medicine Senior	＃西医士 Western Medicine Junior	＃中、西医结合高级医师 Senior Doctors who Integrate Traditional Chinese Therapeutics with Western
1957	77 221	65 649	15 014	2 997	8 814	
1962	152 872	129 818	25 980	10 360	22 764	
1965	184 446	156 889	26 448	17 860	28 524	
1975	288 559	232 218	16 126	35 498	46 333	
1978	349 249	279 387	20 575	42 574	57 562	
1979	379 396	302 034	22 663	45 174	61 018	
1980	407 629	324 300	24 770	52 258	63 724	
1981	443 076	353 395	28 562	58 808	66 940	129
1982	461 245	368 850	30 106	60 692	68 954	175
1983	482 042	387 690	32 706	65 544	70 723	168
1984	505 994	406 880	37 010	65 707	73 377	211
1985	526 965	432 733	39 634	64 999	77 710	160
1986	544 777	435 882	39 909	66 237	80 391	180
1987	562 349	451 429	41 722	69 372	81 304	199
1988	573 682	463 900	43 647	114 098	57 023	419
1989	592 461	478 304	44 250	123 978	65 180	443
1990	606 085	488 661	44 266	127 894	57 470	458
1991	621 172	500 254	42 922	129 825	59 664	408
1992	638 230	512 996	42 764	130 294	62 864	480
1993	693 651	548 899	44 089	143 005	61 875	755
1994	696 548	554 240	43 862	152 530	62 169	920
1995	657 512	527 438	41 406	146 031	62 171	1 125
1996	579 693	455 220				

民族自治地方少数民族专业卫生人员

Full－Time Ethnic Persons in Public Health Care of Minority National Autonomous Areas

单位：人 (person)

年份 Year	专业卫生人员 Health Care Personnel	#卫生技术人员 Medical Technical Personnel	#中医 Traditional Chinese Medicine	#西医师 Western Medicine Senior	#西医士 Western Medicine Junior	#中、西医结合高级医师 Senior Doctors who Integrate Traditional Chinese Therapeutics with Western
1980	71 694	56 823	5 815	8 656	13 782	
1981	96 115	74 843	7 318	11 197	18 556	9
1982	100 672	80 521	8 083	12 038	18 943	19
1983	108 287	87 216	8 803	13 509	20 104	30
1984	117 473	95 310	10 928	13 818	22 252	36
1985	135 745	105 656	11 884	14 926	22 792	23
1986	139 196	112 058	12 051	15 516	25 284	35
1987	147 783	118 748	12 464	15 360	24 550	32
1988	154 894	123 586	13 736	31 191	18 347	115
1989	163 731	189 603	14 758	34 717	18 569	114
1990	170 738	141 448	14 957	36 825	20 570	129
1991	178 890	145 406	11 689	37 943	21 402	109
1992	187 543	149 635	14 235	38 438	22 800	156
1993	172 504	143 744	13 136	39 007	19 931	101
1994	180 811	151 953	14 220	41 238	20 391	118
1995	180 049	152 523	13 379	41 363	20 999	141
1996	174 537	144 575				

民族自治地方农村村级卫生组织

Rural Health Care Unions of Minority National Autonomous Areas

单位:个 (unit)

年　份 Year	村总数 Total Villages	有卫生机构的村数 Villages with Health Care Station	占村总数的% AS% to Total	无医疗点的村数 Villages without Health Care Stations	占村总数的% AS% to Total
1978	67 937	56 655	83.4	11 282	16.6
1979	68 783	44 324	64.4	24 459	35.6
1980	68 916	39 325	55.6	30 591	44.4
1981	75 257	53 434	71.0	21 823	29.0
1982	75 523	54 240	71.8	21 283	28.2
1983	79 105	64 006	80.9	15 099	19.1
1984	80 406	60 790	75.6	19 616	24.4
1985	86 764	65 426	75.4	21 338	24.6
1986	92 575	67 353	72.8	25 222	27.2
1987	92 822	69 005	74.3	23 817	25.7
1988	96 096	65 248	67.9	30 848	32.1
1989	97 459	65 665	67.4	31 794	32.6
1990	91 092	68 843	75.6	22 249	24.4
1991	96 525	70 045	72.6	26 480	27.4
1992	76 188	59 356	77.9	16 832	22.1
1993	93 939	74 260	79.1	19 679	20.9
1994	97 287	76 244	78.4	21 043	21.6
1995	96 685	74 375	76.9	29 310	23.1
1996	97 140	76 059	78.3	21 081	21.7

民族自治地方乡村医生、卫生员、农村接生员

Rural Doctors, Health Care Workers and Rural Midwives of Minority National Autonomous Areas

单位：人 (person)

年 份 Year	乡村医生和卫生员 Rural Doctors and Medical Technical Personnel	#少数民族乡村医生和卫生员 Minority Rural Doctors and Medical Technical Personnel	乡村医生 Rural Doctors	卫生员 Medics	农村接生员 Ruaral midwife
1982	116 965	49 743	47 933	69 032	86 158
1983	116 754	49 228	55 580	61 174	88 703
1984	118 730	52 630	58 109	60 621	96 148
1985	131 381	55 914	62 255	69 129	101 291
1986	135 634	57 423	67 480	68 154	106 411
1987	139 901	56 634	72 374	67 527	107 692
1988	135 751	55 188	73 106	62 645	106 464
1989	136 780	56 304	75 228	61 552	141 857
1990	135 424	54 594	75 935	59 489	107 261
1991	139 332	58 052	79 709	59 623	104 869
1992	146 472	44 695	83 518	62 954	97 374
1993	163 129	63 582	100 993	62 136	98 064
1994	154 147	63 573	96 347	57 800	94 585
1995	158 014	64 290	102 376	55 639	91 630
1996	159 529	66 865	101 416	58 113	84 919

民族自治地方分地区卫生机构、床位(1996 年)(一)

Health Care Institutions and Beds by Region of Minority National Autonomous Areas(1996)(Ⅰ)

单位:个、张

地区 Region	合计 Total		医院 Hospital					
					市 City		县 County	
	机构 Health Care Institutions	床位 Beds	机构 Health Care Institutions	床位 Beds	机构 Health Care Institutions	床位 Beds	机构 Health Care Institutions	床位 Beds
合计 Total	**15 706**	**370 171**	**2 548**	**257 701**	**938**	**128 444**	**1 610**	**129 257**
河北 Hebei	227	3 545	14	1 818			14	1 818
内蒙古 Inner Mongolia	2 114	48 756	398	33 789	175	20 380	223	13 409
辽宁 Liaoning	314	12 057	53	7 064	5	770	48	6 294
吉林 Jilin	355	12 702	83	9 652	50	6 332	33	3 320
黑龙江 Heilongjiang	21	297	4	247			4	247
浙江 Zhejiang								
湖北 Hubei	250	6 568	29	3 347	11	1 400	18	1 947
湖南 Hunan	518	9 781	42	5 552	5	1 150	37	4 402
广东 Guangdong	64	926	8	558			8	558
广西 Guangxi	2 309	84 480	467	62 053	220	36 522	247	25 531
海南 Hainan	269	7 227	76	5 746	13	1 898	63	3 848
四川 Sichuan	2 124	19 125	139	10 948	14	1 807	125	9 141
贵州 Guizhou	1 337	21 665	131	12 655	35	5 522	96	7 133
云南 Yunnan	1 382	38 249	231	24 552	46	6 660	185	17 892
西藏 Tibet	997	6 131	105	4 541	10	1 486	95	3 055
甘肃 Gansu	457	4 712	48	3 067	5	632	43	2 435
青海 Qinghai	565	8 886	107	6 872	9	801	98	6 071
宁夏 Ningxia	476	12 746	95	10 868	50	6 760	45	4 108
新疆 Xinjiang	1 926	71 971	517	54 025	289	35 977	228	18 048

民族自治地方分地区卫生机构、床位(1996 年)(二)

Health Care Institutions and Beds by Region of Minority National Autonomous Areas(1996)(Ⅱ)

单位:个、张

地区 Region		疗养院、所 Sanatoriums		门诊部、所 Clinics		专科防治所、站 Specialized Stations		卫生防疫站 Sanitation and Disease Control Stations		妇幼保健所、站 Maternity and Childcare Centers		其他卫生机构 Others	
		机构 Health Care Institutions	床位 Beds	机构 Health Care Institutions	床位 Beds	机构 Health Care Institutions	床位 Beds	机构 Health Care Institutions	床位 Beds	机构 Health Care Institutions	床位 Beds	机构 Health Care Institutions	床位 Beds
合　计	**Total**	**44**	**6 588**	**377**	**2 720**	**311**	**1 308**	**881**	**238**	**593**	**4 578**	**1 299**	**5 282**
河　北	Hebei	2	70	1	30	2		6		6	70	8	
内蒙古	Inner Mongolia	9	1 753	58	92	55	105	118	4	88	653	181	350
辽　宁	Liaoning	3	1 050	2		16	55	10	60	8	30	21	
吉　林	Jilin	5	368	9		11	28	23		17	99	52	490
黑龙江	Heilongjiang					1		1		1		2	
浙　江	Zhejiang												
湖　北	Hubei					1	15	11		11	169	30	14
湖　南	Hunan					11	38	16		16	112	48	48
广　东	Guangdong	1		1	12	3	4	3		3		7	15
广　西	Guangxi	11	1 478	31	104	66	88	114		80	1 109	255	1 076
海　南	Hainan					18		12		10	34	30	168
四　川	Sichuan			39	455	25	174	60		59	382	151	726
贵　州	Guizhou			7	10	29		49		46	491	146	681
云　南	Yunnan	2	316	7	38	40	319	75	51	73	877	174	748
西　藏	Tibet	1	120					82		21	37	12	
甘　肃	Gansu			7		5		21		20	44	40	130
青　海	Qinghai					3		47	9	35	224	18	
宁　夏	Ningxia	2	150	7	100	9	82	28		25	143	29	
新　疆	Xinjiang	8	1 283	208	1 879	16	400	205	114	74	104	95	836

民族自治地方分地区卫生部门卫生机构、床位(1996年)(一)

Health Care Institutions and Beds of Health Care Departments by Region of Minority National Autonomous Areas(1996)(Ⅰ)

单位:个、张

地区 Region	合计 Total		医院 Hospital					
					市 City		县 County	
	机构 Health Care Institutions	床位 Beds	机构 Health Care Institutions	床位 Beds	机构 Health Care Institutions	床位 Beds	机构 Health Care Institutions	床位 Beds
合　计 Total	**10 955**	**250 603**	**1 322**	**176 336**	**339**	**79 783**	**983**	**96 553**
河　北 Hebei	70	2 689	11	1 688			11	1 688
内蒙古 Inner Mongolia	1 095	29 001	178	21 681	63	12 405	115	9 276
辽　宁 Liaoning	197	8 905	38	6 267	4	740	34	5 527
吉　林 Jilin	236	7 523	34	5 719	19	3 810	15	1 909
黑龙江 Heilongjiang	20	277	3	227			3	227
浙　江 Zhejiang								
湖　北 Hubei	245	6 238	25	3 017	8	1 090	17	1 927
湖　南 Hunan	264	7 404	34	4 952	3	840	31	4 112
广　东 Guangdong	59	859	6	518			6	518
广　西 Guangxi	2 034	70 308	254	49 814	101	28 876	153	20 938
海　南 Hainan	195	3 566	16	2 245	6	995	10	1 250
四　川 Sichuan	1 342	13 624	84	8 115	7	1 302	77	6 813
贵　州 Guizhou	1 242	18 491	89	10 157	14	3 757	75	6 400
云　南 Yunnan	1 194	29 576	129	17 109	19	4 135	110	12 974
西　藏 Tibet	995	6 011	104	4 541	10	1 486	94	3 055
甘　肃 Gansu	385	4 053	39	2 608	4	556	35	2 052
青　海 Qinghai	504	65 554	73	4 790	3	381	70	4 409
宁　夏 Ningxia	418	9 506	44	7 838	17	4 466	27	3 372
新　疆 Xinjiang	459	25 653	160	24 703	60	14 597	100	10 106

民族自治地方分地区卫生部门卫生机构、床位(1996年)(二)

Health Care Institutions and Beds of Health Care Departments by Region of Minority National Autonomous Areas(1996)(Ⅱ)

单位:个、张

地区 Region		疗养院、所 Sanatoriums		门诊部、所 Clinics		专科防治所、站 Specialized Stations		卫生防疫站 Sanitation and Disease Control Stations		妇幼保健所、站 Maternity and Childcare Centers		其他卫生机构 Others	
		机构 Health Care Institutions	床位 Beds	机构 Health Care Institutions	床位 Beds	机构 Health Care Institutions	床位 Beds	机构 Health Care Institutions	床位 Beds	机构 Health Care Institutions	床位 Beds	机构 Health Care Institutions	床位 Beds
合 计	**Total**	**4**	**663**	**73**	**411**	**298**	**1 308**	**725**	**138**	**577**	**4 578**	**1 014**	**1 480**
河 北	Hebei			1	30	2		6		6	70	8	
内蒙古	Inner Mongolia	3	463	9		45	105	86	4	82	653	173	350
辽 宁	Liaoning			1		16	55	10	60	8	30	19	
吉 林	Jilin					11	28	13		9	99	51	30
黑龙江	Heilongjiang					1		1		1		2	
浙 江	Zhejiang												
湖 北	Hubei					1	15	11		11	169	29	14
湖 南	Hunan					11	38	16		16	112	47	3
广 东	Guangdong					3	4	3		3		6	
广 西	Guangxi			13	79	64	88	107		80	1 109	249	792
海 南	Hainan					18		9		9	34	20	8
四 川	Sichuan			11	106	25	174	59		59	382	51	100
贵 州	Guizhou			1		28		49		46	491	100	15
云 南	Yunnan			5	24	40	319	73	51	73	877	105	22
西 藏	Tibet							82		21	37	12	
甘 肃	Gansu			2		5		21		20	44	19	46
青 海	Qinghai					3		45	9	35	224	18	
宁 夏	Ningxia			6	40	9	82	25		25	143	29	
新 疆	Xinjiang	1	200	24	132	16	400	109	14	73	104	76	100

民族自治地方分地区专业卫生人员(1996年)(一)

Full－Time Health Care Personnel by Region of Minority National Autonomous Areas(1996)(Ⅰ)

单位:人 (person)

地区 Region	专业卫生人员 Health Care Personnel	#卫生技术人员 Medical Technical Personnel	#医生 Doctors
合计 Total	**579 693**	**455 220**	**209 508**
河北 Hebei	4 456	3 791	1 936
内蒙古 Inner Mongolia	89 682	69 785	33 476
辽宁 Liaoning	15 446	11 915	4 894
吉林 Jilin	23 316	17 664	7 210
黑龙江 Heilongjiang	664	468	209
浙江 Zhejiang			
湖北 Hubei	11 687	9 526	3 799
湖南 Hunan	13 020	10 843	4 854
广东 Guangdong	1 586	1 286	627
广西 Guangxi	131 238	100 539	44 846
海南 Hainan	12 517	9 829	3 804
四川 Sichuan	27 000	22 527	11 942
贵州 Guizhou	35 063	29 723	15 173
云南 Yunnan	49 999	39 279	19 536
西藏 Tibet	10 249	7 996	4 400
甘肃 Gansu	7 746	6 604	3 655
青海 Qinghai	11 833	9 646	4 639
宁夏 Ningxia	23 450	18 313	8 495
新疆 Xinjiang	110 178	85 067	35 846

民族自治地方分地区专业卫生人员(1996 年)(二)

Full－Time Health Care Personnel by Region of Minority National Autonomous Areas(1996)(Ⅱ)

单位:人　　(person)

地　区 Region	市属卫生人员 Health Care personnel at City Level	#卫生技术人员 Medical Technical Personnel	#医生 Doctors	县属专业卫生人员 Health Care Pers－onnel at County Level	#卫生技术人员 Medical Technical Personnel	#医生 Doctors
合　计 Total	**253 539**	**189 588**	**81 323**	**326 154**	**265 632**	**128 185**
河　北 Hebei	23	19	11	4 433	3 772	1 925
内蒙古 Inner Mongolia	44 907	33 335	15 016	44 775	36 450	18 460
辽　宁 Liaoning	1 796	1 419	578	13 650	10 496	4 316
吉　林 Jilin	13 932	10 193	4 169	9 384	7 471	3 041
黑龙江 Heilongjiang	10	8	6	654	460	203
浙　江 Zhejiang						
湖　北 Hubei	4 239	3 327	1 362	7 448	6 199	2 437
湖　南 Hunan	2 058	1 555	662	10 962	9 288	4 192
广　东 Guangdong	22	19	14	1 564	1 267	613
广　西 Guangxi	68 704	50 952	21 266	62 534	49 587	23 580
海　南 Hainan	3 894	2 991	1 144	8 623	6 838	2 660
四　川 Sichuan	3 836	2 903	1 365	23 164	19 624	10 577
贵　州 Guizhou	9 905	7 642	3 372	25 158	22 081	11 801
云　南 Yunnan	11 408	8 675	3 809	38 591	30 604	15 727
西　藏 Tibet	3 424	2 283	1 114	6 825	5 713	3 286
甘　肃 Gansu	1 522	1 238	554	6 224	5 366	3 101
青　海 Qinghai	1 508	1 113	449	10 325	8 533	4 190
宁　夏 Ningxia	13 300	9 912	4 102	10 150	8 401	4 393
新　疆 Xinjiang	68 488	51 585	22 163	41 690	33 482	13 683

民族自治地方分地区卫生部门专业卫生人员(1996年)(一)

Full－Time Health Care Personnel in Health Care Departments by Region of Minority National Autonomous Areas(1996)(Ⅰ)

单位:人 (person)

地　区 Region	专业卫生人员 Health Care Personnel	#卫生技术人员 Medical Technical Personnel	#医生 Doctors
合　计　Total	**416 588**	**326 931**	**153 527**
河　北　Hebei	3 350	2 742	1 276
内蒙古　Inner Mongolia	56 762	44 422	21 682
辽　宁　Liaoning	11 835	9 174	3 781
吉　林　Jilin	15 603	11 646	4 937
黑龙江　Heilongjiang	634	447	203
浙　江　Zhejiang			
湖　北　Hubei	11 087	9 170	3 619
湖　南　Hunan	10 721	8 712	3 700
广　东　Guangdong	1 514	1 225	593
广　西　Guangxi	114 257	88 102	39 375
海　南　Hainan	6 846	5 182	2 022
四　川　Sichuan	19 847	16 295	8 732
贵　州　Guizhou	31 567	26 777	13 800
云　南　Yunnan	41 233	32 508	16 747
西　藏　Tibet	10 179	7 962	4 386
甘　肃　Gansu	6 803	5 761	3 227
青　海　Qinghai	9 283	7 545	3 863
宁　夏　Ningxia	19 282	15 050	7 225
新　疆　Xinjiang	45 222	33 792	14 192

民族自治地方分地区卫生部门专业卫生人员(1996年)(二)

Full—Time Health Care Personnel in Health Care Departments by Region of Minority National Autonomous Areas(1996)(Ⅱ)

单位:人 (person)

地区 Region	市属卫生人员 Health Care personnel at City Level	#卫生技术人员 Medical Technical Personnel	#医生 Doctors	县属专业卫生人员 Health Care Pers—onnel at County Level	#卫生技术人员 Medical Technical Personnel	#医生 Doctors
合　计 Total	**166 704**	**124 172**	**53 511**	**249 884**	**202 759**	**100 016**
河　北 Hebei				3 350	2 742	1 276
内蒙古 Inner Mongolia	27 649	20 779	9 602	29 113	23 643	12 080
辽　宁 Liaoning	1 571	1 224	493	10 264	7 950	3 288
吉　林 Jilin	9 497	6 760	2 886	6 106	4 886	2 051
黑龙江 Heilongjiang	10	8	6	624	439	197
浙　江 Zhejiang						
湖　北 Hubei	3 654	2 986	1 188	7 433	6 184	2 431
湖　南 Hunan	1 893	1 437	622	8 828	7 275	3 078
广　东 Guangdong	22	19	14	1 492	1 206	579
广　西 Guangxi	56 795	42 564	17 546	57 462	45 538	21 829
海　南 Hainan	2 412	1 775	705	4 434	3 407	1 317
四　川 Sichuan	2 716	1 971	916	17 131	14 324	7 816
贵　州 Guizhou	7 764	5 870	2 669	23 803	20 907	11 131
云　南 Yunnan	8 085	6 190	2 783	33 148	26 318	13 964
西　藏 Tibet	3 362	2 256	1 105	6 817	5 706	3 281
甘　肃 Gansu	1 384	1 127	498	5 419	4 634	2 729
青　海 Qinghai	940	662	267	8 343	6 883	3 596
宁　夏 Ningxia	10 131	7 518	3 187	9 151	7 532	4 038
新　疆 Xinjiang	28 256	20 607	8 857	16 966	13 185	5 335

民族自治地方分地区少数民族专业卫生人员(1996年)

Full－Time Health Care Ethnic Personnel by Region of Minority National Autonomous Areas(1996)

单位:人　　(person)

地　区 Region	专业卫生人员 Health Care Personnel	#卫生技术人员 Medical Technical Personnel	#医生 Doctors
合　计　Total	**174 537**	**144 575**	**65 525**
河　北　Hebei	2 448	2 195	817
内蒙古　Inner Mongolia	19 891	16 204	7 771
辽　宁　Liaoning	3 755	3 014	1 354
吉　林　Jilin	9 857	7 594	3 154
黑龙江　Heilongjiang	149	82	47
浙　江　Zhejiang			
湖　北　Hubei	5 688	4 875	1 866
湖　南　Hunan	7 005	5 927	2 532
广　东　Guangdong	333	302	160
广　西　Guangxi	32 865	27 089	12 078
海　南　Hainan	2 146	1 746	657
四　川　Sichuan	9 088	8 202	4 653
贵　州　Guizhou	12 384	10 505	5 404
云　南　Yunnan	14 295	12 004	5 238
西　藏　Tibet	8 589	7 010	3 592
甘　肃　Gansu	2 325	2 105	1 317
青　海　Qinghai	4 067	3 568	1 772
宁　夏　Ningxia	2 721	2 434	1 481
新　疆　Xinjiang	36 931	29 719	11 632

民族自治地方分地区乡村医生、卫生员和农村接生员(1996年)

Rural Doctors,Health Care and Rural Midwives by Region of Minority National Autonomous Areas(1996)

单位:人 (person)

地 区 Region	乡村医生、卫生员 Total	乡村医生 Rural Doctors	卫生员 Medics	#少数民族乡村医生、卫生员 Minority Rural Doctors and Medical Technical Personnel	农村接生员 Midwife
合 计 Total	**159 529**	**101 416**	**58 113**	**66 865**	**84 919**
河 北 Hebei	3 244	2 529	715	1 486	1 074
内蒙古 Inner Mongolia	18 139	12 826	5 313	3 718	6 163
辽 宁 Liaoning	5 101	4 311	790	1 278	1 528
吉 林 Jilin	2 928	1 917	1 011	933	1 023
黑龙江 Heilongjiang	36	34	2	1	1
浙 江 Zhejiang					
湖 北 Hubei	5 436	3 196	2 240	2 756	2 907
湖 南 Hunan	6 679	4 353	2 326	2 904	4 580
广 东 Guangdong	280	203	77	45	593
广 西 Guangxi	45 684	31 583	14 101	13 344	26 915
海 南 Hainan	1 723	808	915	967	2 452
四 川 Sichuan	8 010	4 538	3 472	4 264	3 426
贵 州 Guizhou	16 058	7 042	9 016	8 576	9 763
云 南 Yunnan	17 488	9 878	7 610	8 322	11 424
西 藏 Tibet	4 402	2 680	1 722	4 284	534
甘 肃 Gansu	2 904	1 834	1 070	1 089	1 485
青 海 Qinghai	4 727	3 562	1 165	2 307	2 464
宁 夏 Ningxia	4 434	2 853	1 581	1 061	4 251
新 疆 Xinjiang	12 256	7 269	4 987	9 530	4 336

民族自治地方分地区中医中的民族医生(1996年)

Ethnic Doctors Engaged in Traditional Chinese Medicine by Region of Minority National Autonomous Areas(1996)

单位:人 (person)

地区 Region	蒙医 Mongolian	藏医 Tibetan	维医 Uygur	傣医 Dai
合计 Total	**3 202**	**1 801**	**461**	**93**
河北 Hebei	21			
内蒙古 Inner Mongolia	2 662	5		
辽宁 Liaoning	168			
吉林 Jilin	26			
黑龙江 Heilongjiang	4			
浙江 Zhejiang				
湖北 Hubei	2			
湖南 Hunan				
广东 Guangdong				
广西 Guangxi	1	2		1
海南 Hainan	1		2	
四川 Sichuan	146	140		
贵州 Guizhou				
云南 Yunnan	23	43		88
西藏 Tibet	16	875		
甘肃 Gansu	9	349		
青海 Qinghai	48	387		4
宁夏 Ningxia	10			
新疆 Xinjiang	65		459	

全国分地区少数民族在队运动员(1996年)

Ethnic Active Athletes by Region(1996)

单位:人 (person)

地　　区 Region	少数民族运动员 Ethnic Active Athletes	地　　区 Region	少数民族运动员 Ethnic Active Athletes
全　国　National	**1 018**	江　西　Jiangxi	
中央合计	**14**	山　东　Shandong	5
地方合计	**1 004**	河　南　Henan	45
北　京　Beijing	51	湖　北　Hubei	2
天　津　Tianjin	7	湖　南　Hunan	5
河　北　Hebei	28	广　东　Guangdong	10
山　西　Shanxi	1	广　西　Guangxi	82
内蒙古　Inner Mongolia	168	海　南　Hainan	1
辽　宁　Liaoning	93	四　川　Sichuan	25
吉　林　Jilin	62	贵　州　Guizhou	14
黑龙江　Heilongjiang	12	云　南　Yunnan	85
上　海　Shanghai	23	西　藏　Tibet	116
江　苏　Jiangsu	1	陕　西　Shaanxi	19
浙　江　Zhejiang	3	甘　肃　Gansu	20
安　徽　Anhui	4	青　海　Qinghai	21
福　建　Fujian		宁　夏　Ningxia	17
		新　疆　Xinjiang	84

全国分地区少数民族在队教练员(1996年)

Ethnic Active Coaches by Region(1996)

单位:人 (person)

地　　区 Region	少数民族教练员 Ethnic Active Coaches	地　　区 Region	少数民族教练员 Ethnic Active Coaches
全　国　National	**258**	江　西　Jiangxi	1
中央合计	**6**	山　东　Shandong	6
地方合计	**252**	河　南　Henan	12
北　京　Beijing	6	湖　北　Hubei	4
天　津　Tianjin	8	湖　南　Hunan	3
河　北　Hebei	1	广　东　Guangdong	2
山　西　Shanxi	2	广　西　Guangxi	13
内蒙古　Inner Mongolia	39	海　南　Hainan	
辽　宁　Liaoning	8	四　川　Sichuan	4
吉　林　Jilin	25	贵　州　Guizhou	5
黑龙江　Heilongjiang	12	云　南　Yunnan	27
上　海　Shanghai	1	西　藏　Tibet	16
江　苏　Jiangsu		陕　西　Shaanxi	5
浙　江　Zhejiang		甘　肃　Gansu	7
安　徽　Anhui	2	青　海　Qinghai	6
福　建　Fujian		宁　夏　Ningxia	8
		新　疆　Xinjiang	29

主要统计指标解释

医院 指名称为医院，设有固定床位能收容病人住院并能为病人提供医疗、护理服务的医疗机构。包括县及县以上医院、农村乡卫生院、其他医院三部分。按所属性质分为卫生部门、工业及其他部门、集体经济单位三类。其中县及县以上医院按业务性质分为综合医院和专科医院。

卫生技术人员 指卫生事业机构支付工资的全部固定职工和合同制职工中现任职务为卫生技术工作的专业人员，包括中医师、西医师、中西医结合高级医师、护师、中药师、西药师、检验师、其他技师、中医士、西医士、护士、助产士、中药剂士、西药剂士、检验士、其他技士、其他中医、护理员、中药剂员、西药剂员、检验员，其他初级卫生技术人员。

医生 指经卫生部门审查合格，从事医疗工作的专业人员。分为中医医生和西医医生。包括卫生技术人员中的中医师、西医师、中西结合高级医师、中医士、西医士和其他中医。

等级运动员人数 指经考核正式批准授予等级运动员称号的人数。运动员等级分为国际级运动健将、运动健将、一级运动员、二级运动员、三级运动员、少年级运动员。

等级裁判员人数 指经考核正式批准授予等级裁判员称号的人数。裁判员等级分为国际裁判、国家级裁判、一级裁判、二级裁判、三级裁判。

附　　录：

Appendix

民族工作机构名录

List of Ethnic Work Organs

（资料截止时间:1996 年 12 月 31 日）

Up to Dec31,1996

国家民族事务委员会

地　　址:北京市西城区太平桥大街252号
邮政编码:100800
主　任、党组书记:司马义·艾买提(维吾尔)
副主任、党组副书记:陈　虹　江家福(壮)
副主任、党组成员:文　精(蒙古)
　　图道多吉(藏)　李晋有
党组成员:塔瓦库勒(维吾尔)郝文明(满)
国家民委委员(兼职):陈耀邦　石万鹏
　　王明达　韩德乾
　　李延龄　张汉夫
　　张延喜　马李胜
　　李国华　高占祥
　　杨伟光　殷大奎
　　戴相龙　李永贵
　　于友先　潘蓓蕾
国家民委委员(专职):王福临　杨侯弟(藏)

办公厅

主　任:郝文明(满)
副主任:赵显人
传真号码:(010)66017375
总值班室电话:66017375

经济司

司　长:王福临
副司长:杨　帆(女,蒙古)　曲木林古(彝)
传真号码:(010)66032133
办公室电话:66032133

政法司

司　长:杨侯弟(藏)
副司长:黄凤祥(壮)张崇根
传真号码:(010)66060500
办公室电话:66060500

文化宣传司

司　长:方鹤春(朝鲜)
副司长:陈家才(回)
少数民族语言文字
　工作办公室主任:宝斯尔(蒙古)
传真号码:(010)66086388
办公室电话:66072757
少数民族语言文字工作办公室电话:66076105

教育司

司　长:沈昌荣
副司长:王延星
传真号码:(010)66084063
办公室电话:66084152

政策研究室

主　任:吴仕民
副主任:项丽华(女,蒙古)　王铁志(蒙古)
传真号码:(010)66020062
办公室电话:66020062

外事司

副司长:李兴亚
传真号码:(010)66024923
办公室电话:66024925

计划财务司

副司长:赵建新　单玉华(女)
传真号码:(010)66024921
办公室电话:66017449

人事司

司　长:塔瓦库勒(维吾尔)
副司长:李建辉
传真号码:(010)66056188
办公室电话: 66056181

直属机关党委

常务副书记:郭玺来
副书记兼纪委副书记:李瑞志 (回)
办公室电话:66017446

监察部驻国家民委监察专员办公室

监察专员:杨汉元
副司级监察专员:唐建新(苗)
办公室电话:66017366

审计署驻国家民委审计局

副局长:梁玉华(女)
办公室电话:66079040

离退休干部局

局　长:卢书勤
副局长:蒋桂芳(女)
办公室电话:66017457

机关服务局

局　长:黄忠彩(侗)
副局长:贾守成 王建忠
传真号码:(010)66070865
办公室电话: 66070865

国家民委直属单位

国家民委民族问题研究中心

地　　址：北京市海淀区红联北村6号楼4门5、6室
邮政编码：100088
传真号码：(010)62250824
电　　话：62233266
主　　任：吴仕民(兼)
副 主 任：王铁志(兼)

全国少数民族古籍整理研究室

地　　址：北京市西城区复兴门内大街49号
邮政编码：100800
副 主 任：李冬生(藏)

中国民族博物馆

地　　址：北京市西城区北长街20号
邮政编码：100031
电　　话：66068100 66068200
馆　　长：谢启晃(壮)
副 馆 长：张　蒙(蒙古)

民族文化宫

地　　址：北京市西城区复兴门内大街49号
邮政编码：100031
传真号码：(010)66039310
电　　话：66024433(总机)
党委书记、主任：春世增(蒙古)
副 主 任：胡建生　郭正英(裕固)

中国民族语文翻译中心

地　　址：北京市海淀区倒座庙1号
邮政编码：100080
传真号码：(010)62553624
电　　话：62555131—237
党委书记、主任：哈图卓日克(蒙古)
党委副书记：肖华成
副 主 任：吐鲁甫·巴拉提(维吾尔)
　　　　　祁继先(藏)

中央民族歌舞团

地　　址：北京市海淀区白石桥路25号
邮政编码：100081
电　　话：(010)68410304
党委书记、副团长：岳桂洪(女)
副 团 长：李毓珊(回)
党委副书记：洪季兴(回)

民族出版社

地　　址：北京市东城区和平里北街14号
邮政编码：100013
传真号码：(010)64211126
电　　话：64234411(总机)
党组书记、总编辑：戴　贤(藏)
副总编辑：库尔马西(哈萨克)
　　　　　阿里木江·沙比提(维吾尔)
副 社 长：朴文哲(朝鲜)
党委副书记：丁顺长
纪委书记：德　吉(藏)

民族印刷厂

地　　址:北京市海淀区魏公村路5号
邮政编码:100081
传真号码:(010)68422964
电　　话:68424889
党委书记:迟伟达
厂　　长:姚连成

民族画报社

地　　址:北京市东城区和平里北街14号
邮政编码:100013
传真号码:(010)64662798
电　　话:64234411(总机)
副 社 长:扎 西(藏)　张永发
副总编辑:刘鸿孝 车文龙(纳西)

民族团结杂志社

地　　址:北京市东城区和平里北街14号
邮政编码:100013
传真号码:(010)64255496
电　　话:64234411(总机)
社长兼总编辑:李金池(苗)
副社长兼副总编辑:刘金锁(蒙古)
副总编辑:聂文华　伊德里斯(维吾尔)
副 社 长:张德安

中央民族大学

地　　址:北京市海淀区白石桥路27号
邮政编码:100081
传真号码:(010)68421862
电　　话:(010)68420077(总机)
党委书记、校长:哈经雄(回)
党委副书记:郑玉顺(女,朝鲜)　丹珠昂奔(藏)
副　校　长:刘树松　朱玛洪(维吾尔)
　　　　　王美逢　陈　理(土家)　严玉明

中央民族管理干部学院

地　　址:北京市海淀区白石桥路27号
邮政编码:100081
电　　话:(010)68420077－2479
分党委书记:丹珠昂奔(兼)
院　　长:朱玛洪(兼)
党委副书记:马全忠(回)
副 院 长:张　儒　热依木(维吾尔)

中南民族学院

地　　址:湖北省武汉市武昌区民族大道5号
邮政编码:430074
传真号码:(027)7801223
电　　话:7801741(总机)
党委书记:黄子亮(回)
院　　长:彭英明(土家)
党委副书记:徐柏才
副 院 长:唐奇甜(壮)　李步海

西南民族学院

地　　址:四川省成都市武侯区青龙村21号
邮政编码:610041
传真号码:(028)5589294
电　　话:5553811(总机)
党委书记兼院长:苏克明(彝)
党委副书记:陈达云(彝)　赵心愚
副 院 长:罗布江村(藏)　王倬云(白)
　　　　陈玉屏　曾启富

西北民族学院

地　　址:甘肃省兰州市城关区北新村4号
邮政编码:730030
传真号码:(0931)8487162
电　　话:8488364
党委书记:宋耀禄
院　　长:马麒麟(回)

党委副书记、纪委书记：高　瑞（藏）
副 院 长：李克正　马景泉（回）
　　　　米力克·阿吉（维吾尔）

西北第二民族学院

地　　址：宁夏银川市新市区文昌北路
邮政编码：750021
电　　话：(0951)2075030
党委书记：杨大庆
院　　长：谢玉杰
副 院 长：于永茂　丁文庆（回）
副 书 记：栗学武

东北民族学院

地　　址：辽宁省大连市开发区
邮政编码：116001
电　　话：(0411)7612616
党委书记：赵安君
院　　长：金　涛（朝鲜）
党委副书记：黎树斌（满）
副 院 长：蔡明德　范圣第

中国民族经济开发总公司

地　　址：北京市西单北大街小石虎胡同 33 号
邮政编码：100031
传真电话：(010)66017833
电　　话：66023335（总机）
总 经 理：王哲东

中国民族国际信托投资公司

地　　址：北京市西城区展览路北露园 1 号楼
　　　　10 层
邮政编码：100837
传真号码：(010)68301070
电　　话：68301020
董事长、总经理：马茂宗（回）
副董事长、副总经理：郭承康　李玉安（回）
　　　　葛忠兴（赫哲）
副总经理：王桢琦

中国民族旅行社

地　　址：北京市西城区文华胡同 32 号
邮政编码：100031
传真号码：(010)66023906
电　　话：66068487
总 经 理：张平生
副总经理：滕建民

中国牛黄技术开发公司

地　　址：北京市海淀区太平路 36 号
邮政编码：100039
地　　址：北京市西单北大街小石虎胡同 33 号
邮政编码：100031
传真号码：(010)66065626
电　　话：66065626、68213938
总 经 理：闫美连
副总经理：铁木尔（蒙古）

中国民族医药卫生用品公司

地　　址：北京市海淀区北太平庄路 15 号
邮政编码：100088
传真号码：(010)62378414
电　　话：62379702
总 经 理：王　义
副总经理：张　伟　孙　伟

省、自治区、直辖市民委工作机构

北京市民族事务委员会

地　　址:北京市王府井大街甘雨胡同57号
邮政编码:100006
传真号码:(010)65121639
主　　任:沙之沅(回)
副 主 任:赵　书(满)　季文渊　哈金起(回)
　　马大军(回)　张寿崇(满)
办公室电话:65121639

天津市民族事务委员会

地　　址:天津市成都道77号
邮政编码:300050
传真号码:(022)23314121
主　　任:李仁智(回)
副 主 任:张静波(回)　谢凤友(蒙古)
办公室电话:23314121

河北省民族宗教事务厅

地　　址:石家庄市裕华西路377号
邮政编码:050051
传真号码:(0311)7024891
厅　　长:鞠志强(满)
副 厅 长:时振国(回)　扈本训　王步文(回)
办公室电话:7024891

山西省民族宗教事务局

地　　址:太原市府东街101号
邮政编码:030072
传真号码:(0351)3046793
局　　长:周新玉
副 局 长:赵树枝　刘志敏
办公室电话:3046952

内蒙古自治区民族事务委员会

地　　址:呼和浩特市新华大街1号院6号楼
邮政编码:010055
传真号码:(0471)6964083
主　　任:韦　弦(蒙古)
副 主 任:朝克图(蒙古)　李联盟
　　张德斌(回)
办公室电话:6964083

辽宁省民族事务委员会（省宗教事务局）

地　　址:沈阳市于洪区崇山东路6号
邮政编码:110032
传真号码:(024)6899702
主　　任:张贤焕(朝鲜)
常务副主任:白　非(回)
副 主 任:佟钟时(锡伯)　包玉梅(女,蒙古)
办公室电话:6899701

吉林省民族事务委员会

地　　址:长春市新发路11号
邮政编码:130054
传真号码:(0431)8904610
主　　任:金　华(女,朝鲜)
副主任:居儒木图(蒙古)　奎　速(女,满)
　　戚发祥
办公室电话:8916460

黑龙江省民族事务委员会

地　　址：哈尔滨市南岗区复华三道街50号
邮政编码：150001
传真号码：(0451)6223910
主　　任：舒景祥(赫哲)
副 主 任：李祯镐(朝鲜)　通拉嘎(蒙古)
　　　　　关立卓(满)
办公室电话：6235266

上海市民族事务委员会

地　　址：上海市静安区南京西路722号
邮政编码：200041
传真号码：(021)62552508
主　　任：哈宝信(回)
副 主 任：方宗伟(回)
办公室电话：62536320—60

江苏省民族事务委员会

地　　址：南京市长江路292号
邮政编码：210018
传真号码：(025)4416527
主　　任：周加才
副 主 任：袁普泉　苏贵章　王　波
办公室电话：6644014

浙江省民族宗教事务委员会

地　　址：杭州市省府路5号楼
邮政编码：310007
传真电话：(0571)7053874
主　　任：茅临生
副 主 任：严紫娟(女)　李绍瑛(畲)
办公室电话：7053874

安徽省民族事务委员会

地　　址：合肥市长江路85号
邮政编码：230001
传真号码：(0551)2642614
主　　任：李继学
副 主 任：沙启湛(回)　张森渠
　　　　　马美红(女，回)
办公室电话：2601742、2601762

福建省民族事务委员会

地　　址：福州市东大路大营街1号
邮政编码：350001
传真号码：(0591)7548249
主　　任：邱林华
副 主 任：钟明森(畲)　余险峰　雷　斌(畲)
办公室电话：7548249

江西省民族宗教事务局

地　　址：南昌市四纬路22号(省军区礼堂内
　　　　　南燕大厦二楼)
邮政编码：330006
传真号码：(0791)6813395
局　　长：严春忠
副 局 长：罗峻雄　张国培
办公室电话：6813395

山东省民族事务委员会

地　　址：济南市省府前街1号
邮政编码：250011
传真号码：(0531)6908094
主　　任：于学田
副 主 任：王高廷(回)　马存益(回)　常正方
办公室电话：6902842

河南省民族事务委员会

地　　址：郑州市政五街省政府综合楼
邮政编码：450003
传真号码：(0371)5952700
主　　任：马迎洲(回)

副 主 任:郑洪芳(回)　陈宗坤　铁代生(回)
办公室电话:5993442

湖北省民族宗教事务委员会

地　　址:武汉市武昌区水果湖洪山路 16 号
邮政编码:430071
传真号码:(027)7825277
主　　任:袁仲由(土家)
副 主 任:赵崇辉　潘桂香(女)
　　　　牟廉玖(土家)
办公室电话:7825277

湖南省民族事务委员会

地　　址:长沙市蔡锷北路彭家井 32 号
邮政编码:410008
传真号码:(0731)4313191
主　　任:石昌禄(苗)
副 主 任:龙尚明　彭继宽(土家)
　　　　马昌忠(回)
办公室电话:4313525

广东省民族事务委员会(省宗教局)

地　　址:广州市东风中路 305 号
邮政编码:510031
传真号码:(020)83331771
主　　任:刘文炎
副 主 任:林道英(黎)　莫新银(壮)　黄德才
办公室电话:83133853

广西壮族自治区民族事务委员会

地　　址:南宁市星湖路北三里 2—2 号
邮政编码:530022
传真号码:(0771)5867063
主　　任:黄海坤(壮)
副 主 任:梁进杰(壮)　唐　勋　冯成善(瑶)
办公室电话:5853837

海南省民族宗教事务厅

地　　址:海口市海府大道 59 号
邮政编码:570204
传真号码:(0898)5335174
厅　　长:王亚保(黎)
副 厅 长:陈业江　龙　文　林玉强(黎)
办公室电话:5342356

四川省民族事务委员会

地　　址:成都市文殊院街 18 号
邮政编码:610017
传真号码:(028)6749005
主　　任:朱洪明
副 主 任:周礼成(羌)　王雨顺(藏)
　　　　杨宁超(彝)　郭全喜
　　　　袁本朴(土家)
办公室电话:6748876

贵州省民族事务委员会

地　　址:贵阳市云岩区八角岩省政府大院五号楼
邮政编码:550004
传真号码:(0851)6892367
主　　任:苏太恒(布依)
副 主 任:郝鑫中　严天华(土家)
　　　　余　克(彝)　潘万洪(侗)
　　　　李明金(苗)
办公室电话:6892834

云南省民族事务委员会

地　　址:昆明市大观路 39 号
邮政编码:650032
传真号码:(0871)5311487
主　　任:马立三(彝)
副 主 任:马化清(回)　高　广
　　　　赵　和(佤)　段金录(佤)

马　泽(藏)
办公室电话:5321689

西藏自治区民族宗教事务委员会

地　　址:拉萨市色拉路15号—付3号
邮政编码:850000
传真号码:(0891)6336213
主　　任:向巴嘎登(藏)
副 主 任:塔尔青(藏)　王春林
甲热·洛桑丹增(藏)
措　姆　(女,门巴)　马崇英(回)
办公室电话:6336213

陕西省民族宗教事务委员会

地　　址:西安市新城大院省政府大楼前八楼
邮政编码:710004
传真号码:(029)7293433
主　　任:李仁义(回)
副 主 任:岳松华　马良驯(回)
办公室电话:7294002

甘肃省民族事务委员会(省宗教事务局)

地　　址:兰州市城关区农民巷69号
邮政编码:730000
传真号码:(0931)8419037
主　　任(局长):李　膺(回)
副 主 任(副局长):武惠民
副 主 任:马世峰(保安)　郭长乐
副 局 长:马成华(回)　赵克甲(藏)　潘年发
办公室电话:8416329

青海省民族事务委员会

地　　址:西宁市城中区西大街2号
邮政编码:810000
传真号码:(0971)8247967
主　　任:李　庆(藏)
副 主 任:吴天春　多麻加布(蒙古)
马文焕(回)　李巷秀(藏)
办公室电话:8247711

宁夏回族自治区民族事务委员会

地　　址:银川市解放西街217号
邮政编码:750001
传真号码:(0951)5012847
主　　任:海健民(回)
副 主 任:马凤虎(回)　马国权(回)　蔡　明
办公室电话:5043418

新疆维吾尔自治区民族宗教事务委员会

地址:乌鲁木齐市友好南路22号
邮政编码:830000
传真号码:(0991)4515365
党组书记:刘彦清
主　　任:热合曼·买苏木(维吾尔)
副 主 任:乔尔东(蒙古)　阿不都热西提·尼亚孜(维吾尔)　班吉苏(锡伯)
阿日夫(哈萨克)　许世杰
库瓦达力(柯尔克孜,纪检组长)
办公室电话:4516258